担保法实务札记

担保纠纷裁判思路精解

司伟 肖峰◎著

中国法制出版社
CHINA LEGAL PUBLISHING HOUSE

前　言

担保作为融资增信的有效方式以及保障债权安全的重要手段，在促进资金融通、商品生产流通、金融创新等方面均具有不可替代的地位，是现代市场经济发展中不可或缺的重要制度。担保法横跨物权法、债权法两大领域，是民商法领域最为活跃、最为变动不居的一个领域，其不仅理论博大精深，而且实践性很强。因此，坚持问题导向，以审判实践为出发点，以问题背后所蕴含的法理为依托，分析探讨担保法中的热点和难点问题的解决之道，是从司法实务视角研究担保法的最佳方式。

“徒法不足以自行。”《担保法》实施于 1995 年，担保法司法解释实施于 2000 年，物权法实施于 2007 年，至今均已十年有余。十年来，我国社会经济飞速发展，经济领域的新情况新问题不断涌现，担保在经济交往中的作用越发突出，基于当事人对市场交易安全的渴求，新的担保方式也如雨后春笋般肆意生长。与此同时，担保法中的一些传统疑难问题也一直没能得到很好的解决，长期困扰着司法审判实践。有鉴于此，笔者尝试着将自己在长期审判实务工作中的一些“所见、所思、所悟”进行梳理，在总结担保法理论和实践经验的基础上，针对担保纠纷中的一些重点、热点和难点问题，结合自己的体会加以分析探讨。

在写作上，本书有以下几个特点：

一是紧盯实践，与时俱进。本书并非担保法的教科书，因此并不刻意追求体系的完备和内容的面面俱到，而是紧紧围绕近年来担保纠纷审判实务中的重点、热点和难点问题，在阐明相关法理的基础上，直击司法裁判中需要重点关注之处，并从审判工作的视角，基于解释论加以分析说明，提出笔者的见解和观点。

二是全面梳理，分析到位。解决实务问题，离不开理论的支撑。但实务中所见纠纷背后所蕴含的法理往往既博大精深又相互勾连，同时许多问题又多有观点分歧。在此情况下，全面梳理理论界和实务操作中的不同观点和做法的碰撞就尤为必要。笔者力求借此为读者展开一幅有关问题探讨各派观点的“全景画”，以使读者通过阅读可全面掌握某一问题的各种观点以及最新研究成果，在此基础上即可进行自我分析判断。

三是回应问题、精准指导。最高人民法院的观点对于全国的司法裁判的指导和影响作用是毋庸置疑的。因此，本书尽可能地在每一探讨的问题中都明确指出最高人民法院的观点或倾向性观点，此外，在大部分问题之后都精选了相应的最为典型的案例，这160个案例中的大部分都是最高法院发布的指导性案例，《最高人民法院公报》《人民司法》《人民法院报》《民事审判指导与参考》《商事审判指导》《人民法院案例选》等刊物上刊登的具有指导意义的典型案例，最高人民法院近年发布的较为典型的案例，或者是部分高级人民法院发布的参阅案例。这些案例的裁判思路和结果，在相当程度上反映了司法审判实践中的主流观点，因此，对理论研究的借鉴意义及对实践的指导意义重大。为了便于读者理解适用，本书对每一个案例，除了简要查明案件事实和审理情况外，还提炼了其核心裁判要旨。

总之，本书既是一本适用于法官、律师、金融法务等法律从业者处理担保法问题的实用工具书，也是一本适合于担保法研习者学习研究担保法的实用教科书。希望能够为读者正确理解和适用法律、明晰裁判理论与实务要义提供一定的帮助。

最后，本书的编辑、出版，得到了中国法制出版社的大力支持，在此一并致以诚挚的谢意。

此外，由于时间仓促及水平所限，书中错误、纰漏之处在所难免，敬请法律界同人和各位读者批评指正。

司伟　肖峰

2019年3月

缩略语表

1. 本书中法律、行政法规名称均使用简称，如《中华人民共和国物权法》，简称为《物权法》。

2. 本书中下列司法解释及相关文件使用简称：

名称	发文字号	简称
最高人民法院关于适用《中华人民共和国担保法》若干问题的解释	法释〔2000〕44号	担保法解释
最高人民法院关于适用《中华人民共和国物权法》若干问题的解释（一）	法释〔2016〕5号	物权法解释（一）
最高人民法院关于适用《中华人民共和国合同法》若干问题的解释（一）	法释〔1999〕19号	合同法解释（一）
最高人民法院关于审理票据纠纷案件若干问题的规定	法释〔2000〕32号	票据纠纷规定
最高人民法院关于审理买卖合同纠纷案件适用法律问题的解释	法释〔2012〕8号	买卖合同解释
最高人民法院关于审理商品房买卖合同纠纷案件适用法律若干问题的解释	法释〔2003〕7号	商品房买卖合同解释
最高人民法院关于审理民间借贷案件适用法律若干问题的规定	法释〔2015〕18号	民间借贷规定
最高人民法院关于适用《中华人民共和国民事诉讼法》的解释	法释〔2015〕5号	民诉法解释
最高人民法院关于人民法院民事执行中查封、扣押、冻结财产的规定	法释〔2004〕15号	查封规定
最高人民法院关于人民法院民事执行中拍卖、变卖财产的规定	法释〔2004〕16号	拍卖变卖规定

目　　录

第一章 总 论

第一节 担保法的适用范围

民法上的担保，是指债的担保，是以第三人的信用或者特定财产担保债务的履行，保障债权实现的法律制度。[①] 担保法是调整担保关系的法律规范的总和。我国的担保法律制度，主要由担保法及其司法解释、物权法担保物权编组成。

担保与债的关系密切，但担保法所调整对象却并不能扩展到所有债的范围。为此，担保法采用了“经济活动”来表示担保与特定债权之间的对应关系。《担保法》第 2 条第 1 款规定：“在借贷、买卖、货物运输、加工承揽等经济活动中，债权人需要以担保方式保障其债权实现的，可以依照本法规定设定担保。”依据该规定的文义，我国担保法系以典型担保方式为自己的调整对象，即调整当事人在借贷、买卖、货物运输、加工承揽等经济活动中依法设定的、保障债权实现的保证、抵押、质押、留置、定金法律关系，不调整行政活动、司法活动中的担保法律关系，也不调整保证、抵押、质押、留置、定金等法律关系以外的担保关系，如所有权保留、证券回购等，也不调整其他法律或国际惯例予以调整的担保关系，如保证保险、涉外保函等担保关系。[②] 但债的发生的原因并不限于合同之债，民法通则对债的定义是：债，是指按照合同的约定或者依照法律的规定，在当事人之间产生的特定权利和义务关系。债主要因合同行为、侵权行为、不当得利和无因管理而产生。根据担保法的上述文义理解，对于因无

---

① 高圣平：《担保法论》，法律出版社 2009 年版，第 1 页。

② 曹士兵：《中国担保制度与担保方法》（第四版），中国法制出版社 2017 年版，第 21 页。

因管理、不当得利、侵权行为而发生的债权债务关系，似乎不适用担保法。对此，《最高人民法院关于适用〈中华人民共和国担保法〉若干问题的解释》（以下简称《担保法解释》）第1条作出了进一步的解释："当事人对由民事关系产生的债权，在不违反法律、法规强制性规定的情况下，以担保法规定的方式设定担保的，可以认定为有效。"可以说，《担保法解释》对担保法的调整对象作了扩大解释，肯定了担保法可以调整其他民事关系中对债权实现设定的担保法律关系，将担保法的调整对象从经济活动扩大到民事活动。具体分析担保法司法解释关于担保法调整对象的解释，包含以下三层意思：一是担保法调整对象扩展于民事担保关系，不仅限于经济活动，但仍然排除国家经济管理行为、行政行为、司法行为中的担保关系对担保法的适用；二是调整民事活动中产生的有债权债务内容的担保关系，但不包括因人格、身份关系产生的债权债务担保关系对担保法的适用；三是调整民事法律行为所产生的债权债务关系。因侵权行为、不当得利、无因管理产生的债权不可能通过设定担保方式加以保障，但因上述行为已经产生的债权，属于普通债权，可以用担保方式来保障偿还。对此，法律并无限制。①

《物权法》第171条第1款对于物权法担保物权编的适用范围规定："债权人在借贷、买卖等民事活动中，为保障实现其债权，需要担保的，可以依照本法和其他法律的规定设立担保物权。"物权法的这一规定与担保法及其司法解释的规定是一致的，即设立担保物权，应当是为了担保因民事活动而发生的债权；这一债权既包括合同债权，也包括非合同债权。

问题1. 人事保证是否为担保法调整

由上所述，契约之债、侵权之债、不当得利之债、无因管理之债、缔约过失之债均可以设定担保，并依据物权法、担保法及其司法解释的有关规定处理，已不存疑问。但在实践中，常常出现的一种情况是，第三人为劳动合同中的劳动者一方设定担保，那么，劳动者在提供劳务过程中违反

---

① 曹士兵：《中国担保制度与担保方法》（第四版），中国法制出版社2017年版，第22页。

劳动合同义务或者违反法律规定造成用人单位损害的，用人单位能否依据担保法的规定，要求担保人承担担保责任?

对此，存在不同观点。第一种观点认为，担保合同是担保人的真实意思表示，且其担保的对象亦为债权，符合担保法之规定，担保人应当按照合同的约定承担担保责任；第二种观点认为，人事保证合同的对象具有不确定性，人事担保本身是一种人格担保，人格具有极强的不确定性，难以作为担保法调整的对象，且担保的适用范围亦不包括侵权行为、无因管理、不当得利产生的债权，因此人事保证无效。

所谓人事保证，是指雇佣人与保证人签订的，约定若因被保证之受雇人于受雇佣期间因职务上的行为而对雇佣人应负损害赔偿责任时，由保证人代负其责的合同。在立法例上，我国台湾地区“民法”称之为“人事保证”，日本称之为“身元保证”或“身元引受”，瑞士则分称为“职务保证”与“雇佣保证”。人事保证是否属于民法上的保证?学界对此颇有争议。有的认为其已非单纯的保证，而是具有损害担保契约性质的一种无名契约（如史尚宽）；有的则认为它属于一种特殊保证（如郑玉波）；也有人认为它仍属保证（戴修瓒）。[①]

笔者认为，人事保证大致可以分为三种基本类型：“有谓在劳动者就职工作期间，有可归责其事由导致用人单位损害，担保人对此承担连带责任；有谓对劳动者提供信息真实、能力胜任应聘岗位等方面的保证；还有要求保证人监督、教育劳动者的保证。”[②] 我国司法实践中常见的人事担保主要有：当事人为了亲友就业向企业提供担保，以担保亲友不损坏生产设备，或者担保其不侵占企业财产；当事人为亲属海外劳务输出提供担保，担保该亲属到海外工作于指定的厂家，不跳槽等。[③] 人事保证与一般保证是一对容易混淆的概念，二者区别主要在于：担保对象不同，人事保证的担保对象主要是劳动者因其执行职务对用人单位产生的损害（具有不确定性)，一般保证的担保对象为债务人对债权人业已确定的债务；担保基础

---

① 曾隆兴：《现代非典型契约论》，三民书局股份有限公司 1988 年版，第 141 页；转引自高圣平：《担保法论》，法律出版社 2009 年版，第 12 页。

② 潘俊、张娇东：《人事保证合同之效力研究》，载《法律适用》2014 年第 12 期。

③ 曹士兵：《中国担保制度与担保方法》（第四版），中国法制出版社 2017 年版，第 22 页。

不同，人事保证中的担保人之动机主要出于与劳动者的情谊，相比于一般保证的担保人与债务人，在利害关系上更为紧密；担保人能否行使追偿权不同，人事保证中担保人通常对劳动者不具有追偿权，而一般保证中，在担保人承担责任后，对债务人享有法定的追偿权。因劳动者不履行或不完全履行劳动合同义务而产生的违约责任，用人单位因劳动者所实施的职务行为而遭受的损害承担代为赔偿的责任，与一般债务并无不同。担保人对此提供担保的合同，属于当事人意思自治范畴，一般而言，只要当事人的约定不违反法律法规的强制性、禁止性规定，就应当认可其法律效力，此类担保关系按照《担保法解释》第1条的规定，可以适用担保法中的相关规定予以调整。但值得注意的是，民事关系中的担保主要是按照意思自治原则确定各方当事人的权利义务，民法、合同法关于合同的一般规定当然适用，担保法不具有优先适用的效力。原则上，当民法、合同法没有规定时，可以参照担保法予以调整。另外，因担保法主要用于调整经济活动中的担保关系，所以当适用担保法的有关规定调整民事担保关系，出现明显扭曲当事人订立担保合同的目的，违背当事人意思自治时，则不能参照担保法。①

问题2. 为解除财产保全提交担保金是否为担保法所调整

对此问题，应结合担保法的调整范围以及财产保全担保的性质加以分析。

财产保全担保是发生在民事诉讼活动中并经法院审查的诉讼行为，与实体法中经民事法律行为产生的民事担保有着本质的区别。首先，财产保全中的担保未经担保法所要求的要约、承诺的合同成立程序，不是基于自愿原则签订的，而是依照法律规定，申请人和被申请人履行法定的义务和生效法律文书的行为，它在很大程度上反映的是国家的意志，所以，它是法院根据法律规定所采取的财产保全措施的一部分，是一种强制措施。其次，民事担保的目的是保证债权的实现，当债务人无法履行到期债务时，

---

① 曹士兵：《中国担保制度与担保方法》（第四版），中国法制出版社2017年版，第22页。

由担保人代为清偿债务。财产保全担保根据发生阶段的不同目的各有所不同，在财产保全和先予执行阶段，对被申请人来说，是为了保障其利益不至于因申请人的错误申请而遭受损害，对申请人来说，法院要求被申请人提供担保以解除保全是为了防止被申请人转移财产，逃避其最终可能承担的义务，保障其合法权利的最终实现；在执行阶段，被执行人提供担保的目的是阻却和延缓执行，以免被执行人因强制执行导致重大损失，同时又不至于因延缓执行期间被执行人丧失履行能力而最终无法履行判决。因此，民事担保与财产保全担保在成立生效、目的内容、法律后果等方面各不相同，分别属于实体法和程序法的不同范畴。

根据《民事诉讼法》第104条规定的“财产纠纷案件，被申请人提供担保的，人民法院应当裁定解除保全”来看，财产保全担保实质上是财产保全的一种替代措施，其功能是保障财产保全在诉讼中的功能得以实现，因此，财产保全担保的性质与财产保全的性质应当作同一解释，即财产保全的性质决定了财产保全担保的性质。笔者认为，民事诉讼是一种行之有效的公力救济方法，但是，诉讼不仅消耗经济上的成本。而且还大大消耗时间上的成本，因此，至终审判决确定之日，如果不采取任何措施而对诉讼长期置之不理的话，则权利义务关系始终无法确定，这对于一直支配现状的一方（往往是被告）来说始终是有利的。为平衡当事人之间的权利，人民法院必须在终审判决之前采取某种临时性的强制措施，以改善这样的状况，而最合适的方法就是财产保全。因为它一方面具有强制性，可以有效地抬升原告的诉讼地位，打击被告因久居有利地位而产生的优越感。另一方面又具有临时性，表现在法院的终审判决一旦作出，双方当事人之间的权利义务关系就由法院判决来确定，财产保全平衡双方诉讼地位的作用就告终止。由此可见，财产保全具有临时救济的性质，它并不能起到债务抵销作用，也不属于事先对是非作出的判断，更不是为原告的诉讼请求所设立的担保。归根结底，它只是一种对被告权益临时性的限制，限制其所有权部分权能的行使或债权的实现，它的根本目的是实现诉讼双方在诉讼中地位和处境的平衡。因此，财产保全担保作为财产保全的再平衡措施，其性质也应限于临时救济范畴，它并不创设一种实体权利，只具备程序法上的意义。

综上所述，财产保全担保是发生在民事诉讼活动中并经法院审查的临时救济行为，仅具程序法属性，并不产生实体法上的法律效果。而如前所述，担保法及其司法解释排除了国家经济管理行为、行政行为、司法行为中的担保关系对担保法的适用。因此，财产保全担保并不适用担保法的相关规定。

典型案例裁判文书

浙江省台州市中级人民法院(2013)浙台商终字第340号民事判决书

【典型案例 1】

案例索引：南通中远克莱芬船舶工程有限公司与浙江金港船业股份有限公司、浙江利群律师事务所破产债权确认纠纷案①。一审：（2012）台温商初字第 2037 号；二审：（2013）浙台商终字第 340 号。

案情简介：2012 年 6 月 20 日，原告中远公司与被告金港公司因船舶建造合同纠纷，经宁波海事法院（2011）甬海法台商初字第 139 号民事判决书判决，被告金港公司支付原告中远公司工程款 60 万元及利息等。在上述（2011）甬海法台商初第 139 号船舶建造合同纠纷一案诉讼中，宁波海事法院因原告的申请于 2011 年 12 月 29 日作出财产保全裁定：冻结债务人被告金港公司银行存款人民币 85 万元，并查封了债务人的银行账户，债务人被告金港公司于 2012 年 1 月 17 日向宁波海事法院提交人民币 85 万元现金作为担保金，后宁波海事法院解除了对债务人的财产保全。被告利群事务所在 2012 年 10 月 26 日债权人会议上所提交的金港公司第一次债权人会议表决资料中，将原告的债权列为没有担保的债权，为此原告有异议，并提起本案的诉讼，请求确认原告对被告的债权为有担保债权，担保物为宁波海事法院现存的担保金 85 万元。另，2012 年 7 月 13 日，原审法院对金港公司破产清算一案，以（2010）台温破字第 1—1 号决定书指定利群事务所为金港船业公司的管理人。

法院裁判：金港公司交存于海事法院的 85 万元保证金系金港公司为解除财产保全措施而提供的担保，根据《中华人民共和国民事诉讼法》第一

---

① 夏群佩、林恩伟：《为解除财产保全提交担保金不构成担保法上的担保》，载《人民司法·案例》2014 年第 8 期。

百条第一款的规定，诉讼保全措施的目的主要是保障判决的执行，被申请保全财产一方为解除诉讼保全措施而提供的担保，其功能和目的也是保障将来判决的执行。而当事人在债权债务上设立担保，尤其是设立抵押、质押等担保，其目的在于保障相关债权人的债务清偿顺位，即保障相关债权人在债务清偿中获得优先受偿权。故两者在性质和目的上有所不同。该85万元担保金系根据相关程序法的规定产生，不符合担保法规定的动产质押生效的条件。

裁判要旨：虽然海事诉讼特别程序法与民事诉讼法中有关诉讼保全担保的规定与担保法中关于担保的规定均用“担保”一词，但对该词不能作同一解释。财产保全担保是发生在民事诉讼活动中并经法院审查的临时救济行为，仅具程序法属性，并不产生实体法上的法律效果，故财产保全中以现金方式提供的担保以及由此产生的相应法律后果，并不适用担保法的相关规定，也不产生担保物权的法律后果。

第二节　担保合同的效力认定

根据《民法总则》《民法通则》《合同法》的相关规定，担保合同效力认定的一般要件主要有：当事人是否具有相应的民事行为能力；意思表示是否真实；是否违反法律、行政法规的强制性规定，违背公序良俗。另外，根据《最高人民法院关于适用〈中华人民共和国合同法〉若干问题的解释（一）》（以下简称《合同法解释（一）》）第9条的规定，依照《合同法》第44条第2款的规定，法律、行政法规规定合同应当办理批准手续，或者办理批准、登记等手续才生效，在一审法庭辩论终结前，当事人仍未办理批准手续的，或者仍未办理批准、登记等手续的，人民法院应当认定该合同未生效；法律、行政法规规定合同应当办理登记手续，但未规定登记后生效的，当事人未办理登记手续，不影响合同效力。这在对外担保当中体现得比较明显，《担保法解释》第6条对此作出了明确的规定。本部分选取担保合同效力认定中的一些疑难问题加以重点分析。

问题 3. 以公益为目的的事业单位、社会团体、基金会、社会服务机构提供担保的担保合同是否有效

《担保法解释》第 3 条规定：“国家机关和以公益为目的的事业单位、社会团体违反法律规定提供担保的，担保合同无效。因此给债权人造成损失的，应当根据担保法第五条第二款的规定处理。”这是认定事业单位、社会团体提供担保的担保合同效力的基本法律依据。而根据《民法总则》第 87 条规定：“为公益目的或者其他非营利目的成立，不向出资人、设立人或者会员分配所取得利润的法人，为非营利法人。非营利法人包括事业单位、社会团体、基金会、社会服务机构等。”因此，以公益为目的的非营利法人的范围，不限于事业单位、社会团体，还包括基金会、社会服务机构等。从《担保法解释》第 3 条的规范目的看，其所针对的对象就是国家机关和公益法人，因此，以公益为目的的基金会、社会服务机构提供担保的担保合同效力认定，也应适用该条的规定。

对于公益法人是否可以以其财产为自己债务提供担保，应区分不同情形。

《担保法》第 9 条规定：“学校、幼儿园、医院等以公益为目的的事业单位、社会团体不得为保证人。”

据此，以公益为目的的事业单位、社会团体、基金会、社会服务机构，如学校、幼儿园、医院等，不得充当保证人。公益法人是为公共利益而设立的，公益法人担任保证人与其设立宗旨不相符。其财产主要体现为固定资产，如学校教育大楼、办公大楼、学生宿舍等，医院医务大楼、各种医疗设施等，如允许其担任保证人，有可能变卖这些固定资产以及教育设施、医疗设施等来承担保证责任，这样势必影响教育工作、医疗工作等公益事业的进行。但如果事业单位、社会团体、基金会、社会服务机构不是以公益为目的的，则可以提供保证。《担保法解释》第 16 条规定：“从事经营活动的事业单位、社会团体为保证人的，如无其他导致保证合同无效的情况，其签订的保证合同应当认定为有效。”

因此，对于事业单位、社会团体、基金会、社会服务机构提供保证的效力认定，要对公益法人的范围有准确的把握。对此，实践中一直存在不

同观点。第一种观点认为，应当以是否实行企业化管理来认定该组织是否为公益组织。有些事业单位或者社会团体，虽然实行的是事业单位的编制，但是实行企业化的管理，如出版社、律师事务所等，这些事业单位或者社会团体，并非以公益为目的。也就是说，这些事业单位、社会团体并非公益法人。第二种观点认为，《担保法解释》第 16 条已经提供了认定“公益”与“非公益”的标准，即是否从事经营活动。考察事业单位或者社会团体是否属于公益单位，主要以其是否从事经营活动为准。从事经营活动的事业单位和社会团体，根据该条的解释可以作保证人，而不论他们的所有权性质、从事的行业。第三种观点认为，要把事业单位和社会团体以公益为目的的活动与适当的经营活动区别开来，以公益为目的的事业单位和社会团体不是不能进行任何经营活动，这些单位利用本单位拥有的技术和知识，向社会提供服务，取得一定的报酬，从事适当的经营活动以更好地实现公益目的并不违反法律的规定。不能作为保证人的以公益为目的的事业单位和社会团体不仅仅限于国有企事业单位，其他所有制形式的事业单位和社会团体，只要符合以公益为目的这个条件，就不能作为担保人，像私立学校、幼儿园、中外合资医院，也不能作为保证人。《担保法》对“公立”与“私立”未作区分，只要是公益法人，虽然其设立的动机和直接目的，绝大多数是为了营利，但其客观效果上也起到教书育人、救死扶伤或教育和照顾幼儿等作用，同样具有公益性，亦应一体适用《担保法》第 9 条的规定，禁止充当保证人。[①] 笔者赞同第三种观点。“以公益为目的”和“从事经营活动”并非完全对立，应当以是否“以公益为目的”考察，从而确定该法人所订立的保证合同是否有效。《全国人民代表大会常务委员会法制工作委员会对关于私立学校、幼儿园、医院的教育设施、医疗卫生设施能否抵押的请示的意见》（法工办发〔2009〕231 号）称：“住房和城乡建设部办公厅：你部建法函〔2009〕264 号来函收悉，经研究，交换意见如下：同意请示中的第二种意见。”由此可见，即使是营利性的事业单位，基于其社会职能、经营范围，也完全有可能被认定为“以公益为目的的事业单位”，适用《物权法》和《担保法》禁止性规定。对

① 高圣平：《担保法论》，法律出版社 2008 年版，第 40 页。

于民办学校的保证人资格，如何认定是否属于从事经营活动的事业单位及社会团体等问题，本书还将在“保证”部分中进一步加以分析。

根据《担保法》第37条、《物权法》第184条的规定，学校、幼儿园、医院等以公益为目的的事业单位、社会团体的教育设施、医疗卫生设施和其他社会公益设施不得用于抵押，即不论公益事业单位、社会团体是为他人债务还是为自身债务提供担保，均不得以其社会公益设施提供抵押担保。但是，公益事业单位、社会团体如果以其社会公益设施以外的其他财产为其自身债务提供担保，则根据《担保法解释》第53条的规定，可以认定抵押有效。从立法目的考查，该特殊规定意在解决社会公益事业单位、社会团体的发展问题，使其可以通过设定抵押获得新贷资金的支持等。

根据《担保法》的规定，担保的方式包括保证、抵押、质押、留置和定金五种方式。至于留置公益事业单位、社会团体、基金会、社会服务机构的财产问题，从《担保法》及《担保法解释》的立法宗旨看，其规范的是公益事业单位、社会团体、基金会、社会服务机构“提供”担保的行为，而并不涉及留置这一法定担保方式。基于留置成立的情形，因无所谓“提供”问题，故不属于《担保法解释》第3条的适用范围。

典型案例裁判文书

重庆市第五中级人民法院(2016)渝05民终5168号民事判决书

【典型案例2】

案例索引：重庆市两江新区润通小额贷款有限公司与何旭、刘璐、重庆鑫百利食品有限责任公司、重庆市聚英技工学校金融借款合同纠纷案[①]。一审：(2015)中区法民初字第02903号；二审：(2016)渝05民终5168号。

案情简介：2014年9月3日，润通公司与何旭、刘璐，保证人鑫百利公司、聚英技工学校签订个人借款合同，约定何旭、刘璐向润通小贷公司借款100万元用于流动资金，借款期限12个月，自2014年9月3日起至2015年9月3日止；贷款利率为固定月利率9.9‰；若何旭、刘璐未按时还款，出现逾期情况，润通公司可随时以通知的方式解除合同借款期限约

① 郝绍彬、屈冬梅：《公益性民办学校为他人借款担保无效》，载《人民司法·案例》2018年第5期。

定，宣布贷款提前到期，要求何旭、刘璐立即偿还借款本息。该借款由鑫百利公司与聚英技工学校提供连带责任保证担保。另外，合同还对贷款费用、贷款费率、分期还款方式、逾期利息、违约金、纠纷解决方式及担保范围等作了约定。

2014年9月3日，何旭、刘璐向润通公司支付了2万元，润通公司按约向何旭、刘璐发放贷款100万元。贷款发放后，何旭、刘璐于2014年10月8日、2014年10月31日、2014年12月2日向润通公司偿还本息共计279699.99元。2015年2月26日，润通公司向何旭、刘璐发出贷款提前到期通知书，宣布该笔贷款于2015年2月26日提前到期。嗣后，何旭、刘璐未按约履行还款义务。

润通公司认为何旭、刘璐的行为已构成违约，遂向重庆市渝中区人民法院起诉，请求判令何旭、刘璐偿还借款本金769386.76元，支付到期贷款利息25838.17元，支付逾期利息及违约金；鑫百利公司、聚英技工学校对上述债务承担连带清偿责任。

法院裁判：第一，非营利性民办学校系不适格保证主体。根据《民办教育促进法》第三条、《民办学校分类登记实施细则》第三条、第七条的规定，本案中，聚英技工学校登记为民办非企业单位，故其性质应为非营利性民办学校，即具备社会公益性。《担保法》第九条规定："学校、幼儿园、医院等以公益为目的的事业单位、社会团体不得为保证人。"该条规定的侧重点是不适格保证主体的公益性，且立法原意是防止担保行为损害公益事业。担保法并未将学校限定为公立学校或民办学校，故具有公益性的民办学校也应禁止作为保证人。第二，非营利性民办学校不能为他人借款提供担保。根据《担保法解释》第五十三条的规定，学校、幼儿园、医院等以公益为目的的事业单位、社会团体设定抵押有效有两个前提：一是抵押物为教育设施、医疗卫生设施和其他社会公益设施以外的非公益性设施；二是该抵押是为学校自身的债务所设定。本案中，聚英技工学校作为非营利性的民办学校为他人债务提供担保明显不符合上述情形，故此类担保应属无效。同时，非营利性的民办学校经费虽非出自国家财政，但其作为传道授业解惑的教育机构，稳定的资产不仅有利于教育这一公益目的的实现，还能更好地保障民办学校教职工队伍及受教育者的合法权益。若非营利性的民办学校可作为保证人为他人债务提供担保，将会严重危害民办学校、教职工和受教育者的合法权益，导致办学的社会公益目的难以实现，并会造成此类案件难执行。第三，根据《担保法解释》第三条、第七条、第九条的规定，无效担保合同当事人的缔约过失责任范围，取决于债权人因担保合同无效所造成的损失及担保人和债权人对无效合同的过错程度等因素。担保人因无效担保合同向债权人承担代偿性赔偿责任后，可向债务人追偿。本案中，因聚英技工学校不符合保证人主体资格，导致所签订的保证合同无效，故聚英技工学校不承担保证责任，但是否应承担缔约过失责任，则要看润通公司是否因此受到损失。若何旭、刘璐能清偿时，则润通公司不存在损失，此时聚英技工学校不承担任何责任。若何旭、刘璐不能清偿时，因聚英技工学校对润通公司损失系间接因素，应依法根据其过错程度承担赔偿责任。何旭、刘璐及润通公司有过错的，也应承担相应的民事责任。

裁判要旨：民办技工学校作为非企业单位具有社会公益性，所签订借款担保合同因不符合法定的保证人主体资格而无效，但对担保合同无效仍应承担缔约过失的赔偿责任。

典型案例裁判文书

最高人民法院(2015)民一终字第240号民事判决书

【典型案例 3】

案例索引：周润泽与内蒙古玛拉沁医院、赵晖等借款合同纠纷案。一审：(2014) 内民一初字第 00003 号；二审：(2015) 民一终字第 240 号。

案情简介：2011 年 11 月 21 日，周润泽作为抵押权人，玛拉沁医院（私立营利性医院）作为抵押人，双方签订了 2011 年抵字第 0102 号《抵押合同》。合同约定：借款人邢科因资金周转需要，于 2011 年 4 月 8 日从周润泽处借款 8000 万元，玛拉沁医院提供抵押担保，抵押财产为玛拉沁医院所有国有土地。合同签订后双方当事人未办理抵押登记手续。2012 年 11 月 20 日，周润泽向呼和浩特市公安局报案，称邢科骗取其 8000 万元。2013 年 1 月 5 日，该局以邢科涉嫌诈骗立案侦查，同年 3 月 30 日，该局刑事拘留了邢科，同年 5 月 6 日呼和浩特市人民检察院决定逮捕邢科。周润泽向内蒙古高院起诉，要求邢科还本付息，兴诚担保公司承担保证责任，并对玛拉沁医院提供的抵押物享有优先受偿权。

法院裁判：一审法院判决：（1）借款构成合同诈骗罪，故借款合同无效，但邢科应返还借款及利息；（2）因主合同无效，故抵押合同无效，但玛拉沁医院对于抵押合同无效存在过错，故其应承担不超过主债权三分之一的损害赔偿责任。最高法院二审认为，2011年11月21日，周润泽与玛拉沁医院签订一份《抵押合同》，玛拉沁医院为邢科的借款提供担保，将其所有的位于新城区迎新中路西侧4140.74平方米国有土地抵押给周润泽。《中华人民共和国物权法》第一百八十四条规定："下列财产不得抵押：……（三）学校、幼儿园、医院等以公益为目的的事业单位、社会团体的教育设施、医疗卫生设施和其他社会公益设施；……"玛拉沁医院虽为私人所有的营利性医疗机构，相较于公办医疗机构，仅是投资渠道上的不同，并不能否定其公益属性，私立医院中的医疗卫生设施仍属于社会公益设施。根据上述法律规定，玛拉沁医院为邢科的借款提供担保的财产属依法不得抵押的财产。由此，周润泽与玛拉沁医院签订的《抵押合同》为无效合同。《最高人民法院关于适用〈中华人民共和国担保法〉若干问题的解释》第七条规定："主合同有效而担保合同无效，债权人无过错的，担保人与债务人对主合同债权人的经济损失，承担连带赔偿责任；债权人、担保人有过错的，担保人承担民事责任的部分，不应超过债务人不能清偿部分的二分之一。"本案中，周润泽、玛拉沁医院在签订合同时均应知悉玛拉沁医院为邢科所负债务提供担保的财产属依法不得抵押的财产，周润泽、玛拉沁医院对案涉《抵押合同》无效均存在过错，对此，周润泽、玛拉沁医院应当根据其过错各自承担相应的民事责任。一审法院对玛拉沁医院的责任认定适用《最高人民法院关于适用〈中华人民共和国担保法〉若干问题的解释》第八条的规定，适用法律不当。但周润泽并未对玛拉沁医院的责任分担问题提起上诉，应视为周润泽对自己权利的处分，本院对此不予审理。综上，玛拉沁医院有关其不应承担责任的上诉主张，缺乏事实和法律依据，不能获得支持。

裁判要旨：私人所有的营利性医疗机构，相较于公办医疗机构，仅是投资渠道上的不同，并不能否定其公益属性，私立医院中的医疗卫生设施仍属于社会公益设施。根据《物权法》第一百八十四条第三项的规定，其服务于公益目的的财产属依法不得抵押的财产。

问题4. 父母代表未成年子女签订的担保合同是否有效

《民法通则》第18条第1款规定："监护人应当履行监护职责，保护被监护人的人身、财产及其他合法权益，除为被监护人的利益外，不得处理被监护人的财产。"《民法总则》第35条第1款亦作出了类似的规定："监护人应当按照最有利于被监护人的原则履行监护职责。监护人除为维护被监护人利益外，不得处分被监护人的财产。"对于这一规定应当如何理解？是否父母代表未成年子女签订的担保合同均构成对上述法律规定的违反，是否因此而均一律无效？实践中存在一定分歧。

一种观点认为，《民法通则》第18条第1款属于禁止性规定。法定代理人制度在于保护限制民事行为能力人和无民事行为能力人的利益，法定代理人代理或同意从事民事法律行为以维护限制民事行为能力和无民事行为能力人的利益为条件而担保合同的设定目的在于保护债权人的利益，而担保人在担保合同关系中，纯受不利益。[①] 因此，无论监护人是否出具声明承诺担保不损害未成年人的利益，均难以认定系为"被监护人的利益"，故系对《民法通则》第18条第1款的违反，应当认定无效。

另一种观点认为，应当区分不同的担保类型。对于抵押担保，我国现行法律对抵押人的身份并无限制，未成年人的监护人代其签订抵押合同并不违反法律禁止性规定，应当认定为有效。实践中认定抵押有效的理由主要有：其一，认为抵押合同是为了未成年人利益。[②] 根据监护制度的内涵，父母作为监护人，为了未成年子女的利益处置其财产，是积极履行监护职责的表现。在此条件下，即使监护人是抵押合同的签订者，但由于未成年人是利益的最终承担者，也应当承担担保责任，抵押合同合法有效。其

---

① 高圣平：《担保法论》，法律出版社2008年版，第16页。

② 见"中国银行股份有限公司无锡惠山支行与阙树旺、周国花等金融借款合同纠纷案"，无锡市惠山区人民法院（2013）惠商初字第1185号民事判决书。

二，以父母享有的法定代理权为依据。[①] 根据《民法总则》第 19 条、第 20 条及《民法通则》的相关规定，认为父母基于法定代理权可以子女财产从事抵押行为，抵押合同有效，未成年子女以其财产价值承担担保责任。其三，认为第 18 条的规定为管理性规定。[②] 该条款旨在通过限制监护人的代理权限进而保护被监护人利益，且第 3 款明确赋予未成年人的权利救济途径，即监护人不履行监护职责或者侵害被监护人的合法权益的，应当承担责任；造成损失的，应当赔偿。该规定并未明确指出如果违反，将导致合同无效，且监护人超越代理权限签订合同并不损害国家利益和社会公共利益，故该规定不应被认定为效力性强制性规定。监护人违反该规定对外签订抵押合同，不应当然被认定为无效。[③] 其四，未成年人财产来源于父母，在未成年人财产是以家庭财产出资购买的情况下，父母以此财产提供抵押担保，并不会对未成年人的利益造成损害，因此未成年人的抵押担保责任不能免除。[④] 但对于保证担保，《担保法》第 7 条规定："具有代为清偿债务能力的法人、其他组织或者公民，可以作保证人。"如无证据证明未成年人已经具备劳动能力，并由此具备法律要求的具有代为清偿债务能力的保证人主体资格的，则应认定保证合同无效。

笔者倾向于赞同后一种观点，但对于保证合同无效的理由，笔者有不同看法。此外，对于抵押合同效力的认定，上述观点可作为一般原则，但在具体案件审理时尚需结合具体案情加以判断。

对于保证，笔者认为，《担保法》第 7 条系对保证人代偿能力的规定，但保证人的代偿能力并非保证人资格的必备要素之一。也就是说，不具备代偿能力的保证人所签订的保证合同，并不因此即构成主体不适格，而应认定无效。《担保法》第 7 条关于保证人代偿能力的规定，应理解为一种提

---

① 见"中国工商银行股份有限公司无锡分行诉孙健等金融借款合同纠纷案"，无锡市南长区人民法院（2014）南商初字第 0485 号民事判决书。

② 见"肖羽与中国工商银行股份有限公司上海市分行营业部、上海秋铄金属材料有限公司等金融借款合同纠纷案"，上海市第二中级人民法院（2015）沪二中民六（商）终字第 526 号民事判决书。

③ 刘燕波、戎喆：《监护人以未成年人所有的财产设置抵押时的合同效力》，载《人民司法·案例》2016 年第 8 期。

④ 见"李莹等诉上海新联纺进出口有限公司等借款合同纠纷案"，上海市第一中级人民法院（2014）沪一中民四（商）终字第 1540 号民事判决书。

示性条款，意在要求保证人本着诚实、谨慎的原则，有能力才为保证，同时也提醒债权人对保证人的代偿能力应作审查，避免接受无代偿能力人提供的保证担保。在担保法对代偿能力的内涵、外延均未作明确界定，以及我国信用征信制度并不健全的情况下，保证人有无代偿能力债权人难以判断，法院认定也比较困难，加上认定保证合同无效对债权人未必有利，因此代偿能力不宜在认定保证合同效力时适用。[①] 但保证系以保证人的财产、信用、技术力量、知识产权等为债务履行所作的担保。未成年人尚处幼年，不具备劳动能力，其在成年前的生活学习等仍需监护人照料，若判令未成年人承担保证责任，将会对其日后的生活学习造成严重影响，从而有损未成年人的利益。故未成年人提供保证担保，违反了《民法通则》第 18 条第 1 款、《民法总则》第 35 条第 1 款的规定，保证合同因此应当认定无效。

对于抵押、质押，我国现行法律对自然人作为抵押人、质押人的身份并无限制，因此，一般而言，未成年人的监护人代其签订抵押合同或质押合同并不违反法律禁止性规定，应当认定为有效。但在具体案件中，还应进一步结合系为未成年人或其家庭负债，或者其监护人实际控制的企业负债提供担保，还是除此之外的第三人负债所作的担保加以区分。例如，在中国建设银行股份有限公司舟山城关支行与郭某确认合同无效纠纷一案[②]中，浙江省高级人民法院即认为："案涉《最高额抵押合同》签订时，郭某系未成年人。虽然郭庆出具了声明书，承诺抵押贷款事宜不损害郭某的利益，但是，案涉《最高额抵押合同》并非为郭某个人或其所在家庭的借款等提供担保，而是为案外人浙江升宇船舶技术有限公司提供担保，难以认定该《最高额抵押合同》的签订系为'被监护人的利益'。一旦抵押权人行使抵押权处分抵押房产，未成年人的利益必然受损。《中华人民共和国民法通则》第十八条第一款规定，'监护人应当履行监护职责，保护被监护人的人身、财产及其他合法权益，除为被监护人的利益外，不得处理被监护人的财产'，该规定属于禁止性规定。郭某起诉主张《最高额抵押合同》无效，一、二审法院予以支持，有相应依据。"而在南京华能南方

---

① 高圣平：《担保法论》，法律出版社 2008 年版，第 98 页。

② 浙江省高级人民法院（2016）浙民申 393 号。

实业开发股份有限公司与朱国平、朱丽霞等买卖合同纠纷一案[①]中，江苏省高级人民法院认为："朱某认为案涉抵押担保合同因签订时其系限制民事行为能力人，朱国平、朱丽霞作为监护人并非为被监护人朱某利益而签订抵押担保合同，故抵押担保合同无效，该观点不能成立。理由是：首先，'为被监护人利益'的认定应当根据案件具体情况予以认定。本案中，朱某认为案涉抵押担保合同的签订并非为其利益，但就此未提供充分证据，根据查明事实，尚无法得出案涉抵押担保合同并非为朱某利益而签订。第一，朱国平、朱丽霞作为朱某的父母，系朱某的监护人，也是其抚养义务人，朱某作为未成年人，生活来源一般而言主要来源于父母，朱国平的股权投资等各类收入，是朱某生活来源的资金保障。第二，主债务人飞达板材公司从2009年即开始结欠华能公司货款未能清偿，飞达板材公司系飞达控股集团的全资子公司，朱国平作为飞达控股集团的股东及法定代表人，其与朱丽霞共同以与朱某共有的房产为前述欠款提供抵押担保，为飞达板材公司得以持续经营提供了条件，有利于作为飞达控股集团股东的朱国平的利益。第三，案涉房屋系朱国平、朱丽霞签署合同购买，并将朱某登记为共同共有人，朱某认为购房资金来源中有一千多万元是其压岁钱，但并未就此提供证据证明。其次，在缺乏证据证明朱国平、朱丽霞并非为监护人利益而以与朱某共有房产提供抵押担保的情况下，亦难以认定华能公司知道或者应当知道案涉抵押担保合同损害朱某的利益，故案涉抵押担保合同亦不存在其他无效情形，在不动产登记机构依法登记后，华能公司已取得相应抵押权，原审判决关于案涉抵押担保合同无效、华能公司不享有相应优先受偿权的认定错误，华能公司就此提出的上诉理由成立，本院予以支持。"

【典型案例4】

案例索引：郭超与中国建设银行股份有限公司舟山城关支行抵押合同纠纷案[②]。一审：（2014）舟定商初字第00787号；二审：（2015）浙舟商

---

① 江苏省高级人民法院（2015）苏商终字第00157号。

② 刘燕波、戎喆：《监护人以未成年人所有的财产设置抵押时的合同效力》，载《人民司法·案例》2016年第8期。

终字第58号。

案情简介： 郭庆与郭超系父子关系，郭超出生于1994年11月4日。2000年6月21日，郭庆、郭超取得舟山市定海区东大街某号三楼的房屋所有权，两人系共同共有。2011年10月25日，郭庆与建设银行城关支行签订了合同编号为X706270925010201107708的最高额抵押合同，约定：郭庆愿意为浙江升宇船舶技术有限公司（以下简称升宇船舶公司）与建设银行城关支行在2011年10月25日至2013年10月24日签订的人民币资金借款合同等主合同下的一系列债务提供最高额抵押担保；最高限额为513.80万元；抵押物为坐落于舟山市定海区东大街某号三楼的房产等内容。2011年12月26日，郭庆与建设银行城关支行在房管部门办理了房屋抵押登记手续，房屋他项权证号为舟房他证定字第103417号。2014年6月30日，郭超以建设银行城关支行与郭庆擅自签订房产抵押合同的行为严重损害了郭超的合法权益，诉至法院，请求判决确认郭庆与建行城关支行于2011年10月25日签订的最高额抵押合同无效。

法院裁判： 根据《民法通则》第十八条规定，为保护未成年人利益，监护人除为被监护人利益外，不得处理被监护人的财产。涉案房屋产权属于郭庆、郭超共同所有，因签订合同时郭超未成年，郭庆作为郭超的法定监护人有权代郭超履行民事法律行为，但不得损害郭超的利益。现郭庆将涉案房产为他人借款设定抵押的行为增加了郭超的财产被处置的风险，损害了未成年人郭超的利益，违反法律强制性规定，其行为应为无权处分行为。根据法律规定，无处分权的人处分他人财产并不必然导致合同无效，涉案最高额抵押合同应为效力待定合同，但因郭超现已经成年，其对郭庆的抵押行为并没有追认，且郭超的另一监护人王莺在诉讼中对郭庆的无权处分行为亦明确予以否认，故认定郭庆与建设银行城关支行签订的最高额抵押合同为无效合同。同时，建设银行城关支行还主张即使最高额抵押合同无效，但其已经向升宇船舶公司发放贷款且已完成涉案房屋抵押登记，有权基于善意取得涉案房屋抵押权。根据审理查明的事实，涉案房屋产权证上明确载明郭超为共同共有人，建设银行城关支行对郭庆的无权处分行为事实理应知晓；建设银行城关支行作为专业的金融放贷机构，在办理涉未成年人房产抵押时应履行严格的注意义务，但其并未履行相应的义务，径行与郭庆签订合同并办理抵押登记手续，存在过失。在此情况下，建设银行城关支行不能认定为善意第三人，其关于基于善意能够取得涉案房屋抵押权的主张，应不予支持。

裁判要旨：为保护未成年人利益，监护人除为未成年人利益外，不得处理未成年人的财产，否则构成无权代理，监护人与他人签订合同的效力依照无权代理的相关规定予以认定。

【典型案例 5】

案例索引：黄某妃与华夏银行股份有限公司深圳天安支行、昶皓照明股份有限公司、上赫股份有限公司、黄恒燊、温小乔一般担保合同纠纷案。一审：(2012) 深中法商初字第 39 号；二审：(2013) 粤高法民二终字第 97 号；再审审查：(2014) 民申字第 308 号。

典型案例裁判文书

最高人民法院(2014)民申字第308号民事裁定书

案情简介：2011 年 6 月 28 日，华夏银行天安支行与昶皓公司签订《流动资金借款合同》。当日，华夏银行天安支行又分别与上赫公司、黄恒燊、黄某妃和温小乔签订了《最高额保证合同》，约定上赫公司、黄恒燊、黄某妃和温小乔分别为昶皓公司上述《最高额融资合同》提供连带责任保证担保。同日，华夏银行天安支行还与黄恒燊和黄某妃（未成年，系黄恒燊之女）签订了《个人最高额抵押合同》，黄某妃的签字由其母温小乔代签。该合同约定以黄恒燊和黄某妃共同拥有的相关房产，为上述借款本息提供抵押担保。2011 年 6 月 30 日，华夏银行天安支行依约向昶皓公司发放了贷款 8000 万元，2012 年 6 月 30 日上述贷款到期。经华夏银行天安支行催收，昶皓公司未能按时归还贷款本金，其他担保人亦未履行担保责任。华夏银行天安支行向深圳中院起诉，要求昶皓公司还本付息，保证人上赫公司、黄恒燊、黄某妃和温小乔承担连带责任，并主张对抵押物享有优先受偿权。

法院裁判：第一，关于黄某妃作为未成年人向华夏银行天安分行出具的《最高额保证合同》是否有效的问题。黄某妃于 1999 年 10 月出生，其在 2011 年 6 月 28 日向华夏银行天安分行出具《最高额保证合同》时，尚不满十六周岁，属限制民事行为能力人。《担保法》第七条规定："具有代为清偿债务能力的法人、其他组织或者公民，可以作保证人。"现有证据显示，黄某妃年纪尚幼，不具备劳动能力，尚不具备我国法律要求的具有代为清偿债务能力的保证人主体资格，故黄某妃向华夏银行天安分行出具的《最高额保证合同》应认定为无效。第二，抵押合同中涉及以黄某妃持有的"深圳市龙岗镇植物园栖湖25号别墅"份额所设立的抵押担保效力应如何认定。虽然《民法通则》第十八条规定，"监护人应当履行监护职责，保护被监护人的人身、财产及其他合法权益，除为被监护人的利益外，不得处理被监护人的财产"，但华夏银行天安分行二审期间提供的黄某妃父母出具的两份《声明》可证实，黄某妃的父母黄恒燊和温小乔在2011年6月28日借款融资合同、保证合同、抵押合同签订之前，已经注意到我国法律对未成年人合法权益的保护，专门于2011年6月20日分别向华夏银行天安分行出具两份《声明》，明确表示用黄某妃所有的位于深圳市龙岗镇植物园栖湖25号别墅提供抵押担保的行为，是为了黄某妃本人的利益，不存在侵害黄某妃合法权益的情形。此外，黄某妃持有99%所有权的深圳市龙岗镇植物园栖湖25号别墅是其父黄恒燊购买的房产，而非黄某妃通过家族继承取得的财产，且华夏银行天安分行基于对黄某妃法定监护人所做声明的信赖，完全有理由相信接受黄某妃与其父黄恒燊共有的上述别墅做抵押担保，不会损害未成年人的合法权益；华夏银行天安分行基于保证和抵押担保等担保方式，实际向昶皓公司发放了9000万元贷款，现黄某妃以抵押担保侵害其未成年人合法权益为由要求免除抵押担保责任，有违诚实信用原则。而且，《民法通则》第十八条第三款规定，监护人不履行监护职责或者侵害被监护人的合法权益的，应当承担责任。因此，即便监护人温小乔代黄某妃签订抵押合同的行为损害了黄某妃的利益，法律也仅规定由监护人来承担相应责任，而非由此否定合同效力并由合同相对人承担责任。在此情况下，认定案涉抵押合同有效，并无不当。此外，黄某妃的监护人当初为获取贷款利用未成年人黄某妃名下的财产进行抵押并出具不损害其利益的声明，在获得贷款之后又以损害未成年人利益为由主张合同无效，该抗辩理由属恶意抗辩，违背诚实信用原则。

裁判要旨：未成年人本身尚处幼年根本没有劳动能力，不符合《担保法》第七条规定的作为保证人的资格条件，故其出具的保证合同认定无效。未成年人的监护人抵押未成年人名下的房屋，但该房屋系监护人购买并登记在未成年人名下，而非未成年人通过继承方式取得的财产，故在未成年人的监护人为获取贷款利用未成年人名下的财产进行抵押并出具不损害其利益的声明的情况下，一般不宜认定损害未成年人利益；而且根据《民法通则》第十八条第三款的规定，损害未成年人利益的，应由监护人来承担相应责任，故并不能以此为由否定抵押合同效力。

【典型案例 6】

案例索引：中国工商银行股份有限公司上海市分行营业部与肖某、徐晓娟、肖仙华、徐先勤、上海昊朔贸易有限公司、蔡强、杨振玲、刘志锋、徐先云、林翔、徐其发、肖政容、上海钢垒企业发展有限公司金融借款合同纠纷案。一审：（2013）黄浦民五（商）初字第 10317 号；二审：（2015）沪二中民六（商）终字第 144 号。

典型案例裁判文书

上海市第二中级人民法院(2015)沪二中民六(商)终字第144号民事判决书

案情简介：肖仙华、徐晓娟系肖某的父母，工行营业部与徐晓娟、肖仙华、肖某签订了《个人借款最高额抵押合同》，约定徐晓娟、肖仙华、肖某为自 2012 年 8 月 30 日至 2013 年 8 月 30 日工行营业部依据与徐先勤、蔡强、杨振玲、刘志锋、徐先云、林翔、徐其发、肖政容签订的《个人借款/担保合同》而享有的对借款人的债权提供最高额抵押担保，最高限额为 7200 万元。后借款人未能履行还款义务，工行营业部诉至法院请求实现抵押权。

法院裁判：首先，限制民事行为能力人除可以进行与其年龄、智力相适应的民事活动外，其他民事活动由他的法定代理人代理，或须征得其法定代理人的同意。肖某未亲自参与签订相关合同的抗辩，不能直接影响合同效力的认定。肖仙华系限制民事行为能力人肖某的父亲，是肖某的监护人和法定代理人，故肖仙华有权代理肖某对外签订合同。其次，《民法通则》第十八条第一款规定，监护人除为被监护人的利益外，不得处理被监护人的财产，该法条第三款同时规定，由监护人承担不履行监护职责或侵害被监护人合法权益的责任并赔偿损失。故《民法通则》第十八条已经对监护人违法处理被监护人财产的法律后果作出了明确的规定，即由监护人承担相应责任，但并不因此必然导致监护人处理被监护人财产与第三人签订的合同无效的法律后果。最后，监护人对被监护人财产的处分行为，从保障交易安全的角度考虑，该处分行为的效力认定应当审查交易相对方是否属于善意取得。工行营业部在取得系争抵押房产的抵押权过程中，已经审核了抵押房产共有人之间的直系亲属关系，鉴于肖某的未成年人身份，肖仙华、徐晓娟与肖某之间的父女、母女关系，工行营业部有理由相信肖仙华、徐晓娟作为肖某的法定代理人和监护人有权将共有房产设定抵押。且肖仙华、徐晓娟为租金收入等经济利益为他人借款提供担保，该利益及于肖某。在此情况下，工行营业部系善意第三人，工行营业部在取得抵押权时并无过错，系善意取得，依法享有抵押权。

裁判要旨：《民法通则》和《民法总则》对监护人违法处理被监护人财产的法律后果作出了明确的规定，即由监护人承担相应责任，但并不因此必然导致监护人处理被监护人财产与第三人签订的合同无效的法律后果。

问题5. 当事人有关担保合同独立于主合同的约定是否有效

担保行为的基本特性是从属性与附随性。担保合同是主合同的从合同，担保关系是从属或附随于主合同关系的，没有主合同、主债权，担保合同、担保权利就没有了实现的可能和存在的意义。[①]《担保法》第5条第1款规定，“担保合同是主合同的从合同，主合同无效，担保合同无效”。《物权法》第172条第1款规定，“担保合同是主债权债务合同的从合同”。这两法规定的内容都充分体现了担保权的从属性。

担保的从属性、附随性，在内容上一般包括发生上的从属、消灭上的从属、抗辩权上的从属和特定性上的从属。具体是：1. 发生上的从属，指主债权发生，担保权利随之发生；主债权无效，担保权利随之无效；主债

---

① 曹士兵：《中国担保制度与担保方法》（第四版），中国法制出版社2017年版，第38页。

权被撤销，担保权利也溯及既往地无效。2. 消灭上的从属，指主债权消灭，担保权利消灭，无论是人保还是物保。3. 抗辩权上的从属，指债务人对债权人的抗辩权，担保人也可以享有，除非担保人自愿放弃抗辩权。一般来说，债权人无权向债务人主张清偿，也不能向担保人主张。4. 特定性上的从属，指担保权利从属于特定的债权，债权人和债务人未经担保人同意变更主合同的，担保人原则上可以拒绝承担担保责任。根据担保的特定性上的从属，债权人同意债务人转让债务，或者与债务人修改主合同的债权额、履行期限等条款，均构成担保人免责的有效理由。我国担保法规定的担保合同与主合同之间的从属关系、附随关系是法院判断担保关系当事人之间权利义务的基本点。①

但在法律允许时，当事人可以约定排除担保对主债权的从属性，使担保合同与主合同的关系相互独立。这就是通常所谓的独立担保。所谓独立担保，是指担保人对受益人作出的保证当受益人提交符合承保书条款规定的简单索款请求或附有其他单据文件的索款请求时，即向其支付一定金额的独立承诺。它是一种担保人特别承诺而与被担保债权没有从属关系的担保，担保人不得主张依基础交易合同产生的抗辩，更不能主张检索抗辩权。独立担保的“独立性”所针对的是传统保证的从属性，主要是独立于其所担保的“基础合同”。只要担保人一经出具即应按其条款对受益人承担担保责任，而不以基础合同是否有效或履行为前提。独立担保所具有的这一特性，实质在于否定担保权的从属性，从根本上颠覆了担保的“从属性”，是对传统担保理论的一个突破。独立担保是担保方式的一种，也是当事人之间意思表示的产物。在不同的国家、不同学者的著作和不同的法律文件中表述并不一致，有见单即付的担保、见索即付的担保及无条件、不可撤销的担保等。独立担保合同的当事人对从属性通过特别意思表示进行排除，结果就形成了不同情形的独立担保。在国际惯例中，独立担保包括独立保证（又称独立保函或见索即付保函）和备用信用证两种形式。

《物权法》实施前，我国并无限制独立担保存在的法律、法规。《担保法》第5条第1款规定：“担保合同是主合同的从合同。主合同无效，担保

---

① 曹士兵：《中国担保制度与担保方法》（第四版），中国法制出版社2017年版，第39页。

合同无效。担保合同另有约定的，按照约定。”由于该规定并未禁止当事人对担保合同的效力是否独立于主合同的效力进行约定，《担保法解释》也未对此作出明确规定，可以说该条规定是我国独立担保的法律依据，但我国司法界对独立担保的运用领域存在争议。从而导致审判实践中对独立性担保合同的法律效力判断，存在两种不同的意见：第一种意见认为，在国际贸易或者融资中，合同当事人可以约定担保合同的性质，担保作为一种独立的、非从属性的法律行为，已为大陆法系的国家和英美法系的国家所接受，并在法院判例和学理上都承认了这种独立性的担保，对其效力予以确认，并与从属性的担保制度并存。第二种意见认为，独立的、非从属性的担保合同只能适用于涉外经济、贸易、金融等国际经济活动中，而不能适用于国内经济活动。在国内担保活动中，对其适用范围应当予以限制，否则将给国内担保法律制度带来重大影响。而第二种意见在实践中占据主导地位，最高人民法院的主流观点倾向于对国内经济活动中的独立担保采取否定态度，只承认其在国际经济活动中的法律效力。最高人民法院在这一问题上严格区分国内和国际两种情况，对于对外担保和外国银行、机构对国内机构的独立担保的效力予以承认，而对于国内企业、银行之间的独立担保采取否定态度，不承认当事人约定的法律效力。1998 年最高人民法院在“湖南机械进出口公司、海南国际租赁公司与宁波东方投资公司代理进口合同案”中裁判认为，担保函中虽然有“不因委托人的原因导致代理进口协议书无效而失去担保责任”的约定，但在国内民事活动中不应采取此种独立担保方式，因此该约定无效。最高人民法院对国内独立担保的不予承认的理由主要就是独立担保存在欺诈和滥用权利的弊病，易引起更多的纠纷。①

但是《物权法》第 172 条第 1 款规定：“设立担保物权，应当依照本法和其他法律的规定订立担保合同。担保合同是主债权债务合同的从合同。主债权债务合同无效，担保合同无效，但法律另有规定的除外。”该条明显有别于《担保法》第 5 条第 1 款“担保合同另有约定的，按照约定”的表述。全国人大常委会法工委给出的主要理由是：担保物权依附于主债权

① 李国光、奚晓明、金剑峰、曹士兵：《关于适用〈中华人民共和国担保法若干问题的解释〉理解与适用》，吉林人民出版社 2000 年版，第 29 页。

债务而存在，没有主债权债务，就没有担保物权。法律如果允许当事人作出主债权债务合同无效，担保合同仍有效的约定，那么，即使不存在主债权债务，担保人也要承担担保责任。这不但对担保人不公平，而且可能导致欺诈和权利的滥用，还可能损害其他债权人的利益。我国担保法调整的范围除了包括抵押权等物权性担保方式外，还包括保证、定金等非物权性担保方式，担保法允许约定的情形是针对国际贸易中通行的见索即付、见单即付的保证合同。物权法只调整抵押权等物权性担保，因此，不在物权法中作这样的规定是合适的。可见，《物权法》在担保合同的从属性问题上，采取了比《担保法》更为严格的限制，即秉承物权法定主义原则，《物权法》鲜明地表达了当事人不能通过合同约定独立性担保物权的立法态度。因此，《物权法》实施后，除非法律对独立担保（物保）另有规定，否则，法规、规章、规范性文件以及当事人的约定中有关担保合同的效力独立于主合同的条款均属无效。

在《物权法》存在上述规定的前提下，在国内并不存在独立性担保物权的适用空间。但对于独立保证担保，目前法律、司法解释均未有明确的限制，随着我国经济融入世界经济体程度的不断加深，未来存在进一步放松的可能。事实上，2016 年 11 月 18 日发布的《最高人民法院关于审理独立保函纠纷案件若干问题的规定》，已经明确了独立保函作为一种非典型性担保，在国际和国内的广泛运用。该司法解释统一承认了涉外、国内保函独立性的效力，认可金融机构开立国内保函的效力、统一国内外保函的认定规则，完善了我国信用保障制度，尊重了当事人意思自治和对市场主体的平等保护。至于因独立保函项下付款责任严苛，导致存在的欺诈和滥用付款请求权风险，该司法解释将开立人的范围限定于对独立保函风险有成熟认知的金融机构，还对独立保函欺诈例外的认定以及止付程序作出明确规定，债务人在受益人欺诈或滥用索赔权利时有了司法救济手段，为独立保函在国内的运行提供了较为完善的法律框架。同时，该司法解释也明确了独立保函与担保法规定的保证有本质区别。独立保函是以相符交单为条件的付款承诺，与信用证性质相同，属于一种特殊的信用证。因此，独立保函虽然具有担保债权实现的功能，但不属于我国担保法规定的法定担保方式，不适用我国担保法关于保证的规定。

根据《最高人民法院关于审理独立保函纠纷案件若干问题的规定》第1条第1款规定，独立保函是指银行或非银行金融机构作为开立人，以书面形式向受益人出具的，同意在受益人请求付款并提交符合保函要求的单据时，向其支付特定款项或在保函最高金额内付款的承诺。根据该条规定，独立保函具有如下法律特征：1. 独立保函的要式性。独立保函必须以书面形式出具。2. 开立人付款义务的单务性、独立性及单据性。独立保函是开立人同意在一定条件下向受益人承担付款责任的单方允诺，受益人并无对待给付义务。开立人的付款义务是附条件的，所附条件是受益人请求付款并提交符合保函要求的单据。单据是决定开立人是否能否付款的唯一依据。独立保函独立于基础交易法律关系，开立人仅处理单据，并不受基础交易法律关系和独立保函申请法律关系的有效性、履行、变更等情况的影响。3. 开立人抗辩权的单一性。开立人并不享有先诉抗辩权、基础交易中债务人的抗辩权等。除法定情形外，开立人只能以受益人提交单据与独立保函文本规定不符为由提出抗辩。4. 付款金额的确定性。独立保函须载明最高付款金额或可确定的金额。

同时，《最高人民法院关于审理独立保函纠纷案件若干问题的规定》第3条规定，当事人主张保函性质为独立保函的，人民法院应予支持，但保函未载明据以付款的单据和最高金额的除外：（一）保函载明见索即付；（二）保函载明适用国际商会《见索即付保函统一规则》等独立保函交易示范规则；（三）根据保函文本内容，开立人的付款义务独立于基础交易关系及保函申请法律关系，其仅承担相符交单的付款责任。当事人以独立保函记载了对应的基础交易为由，主张该保函性质为一般保证或连带保证的，人民法院不予支持。当事人主张独立保函适用担保法关于一般保证或连带保证规定的，人民法院不予支持。该条第1款规定了三类能够认定开立人具有提供独立保函意思表示的情形，此外，独立保函必须记载两项要素：一是据以付款的单据；二是最高金额。若这两项要素缺失，开立人要在单据之外确定基础交易的履行情况，也就无从保证独立保函的独立性和跟单性。该条第2款则强调独立保函记载对应的基础交易这一事实本身时，并不影响开立人付款义务的独立性和跟单性，故仍应认定为独立保函的性质。

总的来说，区分一份保函究竟是独立保函还是担保法规定的保证，关键在于文本是否为开立人设定了相符交单情形下的独立付款义务，而不在于是否使用关于保证责任的个别措辞。

【典型案例 7】

案例索引：信达资产管理公司与某城建公司、某建设投资公司借款及担保合同纠纷案①。

案情简介：1999 年 9 月，投资公司就城建公司向银行贷款 1 亿元提供连带责任保证，特别约定："除贷款人和借款人提高约定的最高借款限额，以及进行货币互换、调期、展期、宣布借款提前到期等情况之外，对借款合同的任何修改、补充和变更均不影响保证人履行本合同项下的义务，并无须征得保证人同意。"借款到期后，银行依据城建公司指示，将城建公司设在银行专用还款账户的 1.3 亿余元扣划用于归还案外人建筑公司的银行贷款，投资公司据此主张免责，银行主张依特别约定的担保条款要求投资公司承担担保责任。两审均认为银行划款行为加重了担保人责任，投资公司应免责。银行向最高人民法院申请再审。

法院认为：判断是否构成独立担保，不能一概而论。特别是对国内"无条件"担保条款约定，如存在对独立担保的争议，应运用合同解释方式进行解释。本案债权人银行与担保人投资公司所签保证合同约定体现出的当事人意思，应理解为：保证人承诺主合同之债的附条件变更，不构成担保人免除担保责任的原因，担保人在符合上述意思自治的约定时仍应承担担保责任。故案涉保证内容即为特别约定的保证条款，性质上是相对不附属于主合同的独立担保条款。一般而言，合同必要条款的变更会影响保证人利益，非必要条款的变更不至于影响保证人利益。合同变更应以变更结果对保证人实际影响为标准，以判断保证人应承担的保证责任。债权人与债务人履行行为的变更如损害了担保人利益，保证人可依《担保法解释》第三十条规定，就加重部分免除保证责任。合同特别条款约定变更必要条款不能免除保证责任的，法官应尊重当事人意思自治。本案中，银行

① 江必新主编：《最高人民法院民事立案业务指导》，中国法制出版社 2015 年版。

将城建公司划入系争账户内款项用于代案外人归还其他借款，因本案关于还款方式变更，是否属于主合同必要条款变更的事实有待进一步查证，故应予再审。

裁判要旨：判断是否构成独立担保，不能一概而论。特别是对国内的“无条件”担保条款约定，如果存在对独立担保的争议，应运用合同解释方式进行解释。合同特别条款约定变更必要条款不能免除保证责任的，法官应尊重当事人的意思自治。

问题 6. 公司对外担保的效力及责任承担

《公司法》第 16 条规定：“公司向其他企业投资或者为他人提供担保，依照公司章程的规定，由董事会或者股东会、股东大会决议；公司章程对投资或者担保的总额及单项投资或者担保的数额有限额规定的，不得超过规定的限额。公司为公司股东或者实际控制人提供担保的，必须经股东会或者股东大会决议。前款规定的股东或者受前款规定的实际控制人支配的股东，不得参加前款规定事项的表决。该项表决由出席会议的其他股东所持表决权的过半数通过。”该条专门对公司担保问题进行了规范，一方面肯定了公司具有对外担保的能力，另一方面也规定了公司为股东担保或为他人担保的程序以及审议机制，该条在一定程度上为公司担保行为提供了指引。但该条款中并没有规定违规进行担保的法律后果，而《公司法》中法律责任一章亦未对此加以明确，这就给《公司法》第 16 条的司法适用留下了很大的解释空间。

对于违反《公司法》第 16 条而设定的“违规担保”，大致存在无效论、有效论、审查义务论等三种观点。无效论援引《合同法》第 52 条第 5 项之规定，认为违规担保因违反了法律、行政法规的强制性规定而应认定无效。有效论主张，《公司法》第 16 条仅系内部决策程序，不能对抗第三人，故不影响公司对外担保的效力。审查义务论则认为，法定限制应推定相对人知晓，故《公司法》第 16 条应拘束第三人，根据《合同法》第 50 条关于越权代表制度的规定，违规担保的效力取决于相对人是否尽到必要的审查义务。相对人尽到审查义务的，则担保有效；未尽审查义务的，推定其知晓代表权瑕疵，担保无效。[①]

从当前主流裁判思路来看，法官对这一问题的裁判规范依据主要有二：一是依据《合同法》及其司法解释的相关规定，认为《公司法》第16条仅系规范公司内部决策程序的管理性规定，而非效力性强制性规定，既不能约束作为外部第三人的担保权人，也不应据此认定违规担保无效。二是依据《合同法》第50条以及《担保法解释》第11条规定的越权行为的"表见代表"规则，认为即使公司的法定代表人或负责人未经公司决议程序，超越权限违规提供担保，但因担保权人对公司内部控制程序不负审查义务，故担保权人作为相对人为善意，公司担保的表见代表行为有效。表见代表（代理）行为的法理基础乃商事外观主义。可见，法官将公司担保法律关系区分为公司内部关系和公司外部关系两个场域，并认为《公司法》第16条作为规范公司内部关系的管理性规定，不得对抗和约束外部交易关系。公司内部的违规行为，不影响外部交易关系的效力。[②]

学说和裁判上就《公司法》第16条的规范性质主要存在以下观点：第一，任意性规定说。此说认为，《公司法》第16条并非强制性规定或禁止性规定，而系调整公司内部股东之间权利义务的规范，其目的在于加强公司内部管理和监督，对公司以外的其他人并不具有对抗效力或拘束力。第二，管理性强制性规定说。此说认为：该条并没有规定违反该条将导致担保合同无效，而且，如认定担保合同有效，可能损害的是公司股东的利益，而非国家利益和社会公共利益。因此，违反该规定的后果是当事人可能招致其他法律责任，但不影响担保合同的效力。[③] 第三，效力性强制性规定说。该说认为，《公司法》第16条是法律对公司民事权利能力的限制，且民事权利能力属于强行性规范，行为人不能抛弃，不能以意思表示予以改变，违反者将导致公司的投资、担保行为无效。[④] 上述三种观点通过对《公司法》第16条规范性质的认定来判断违反该条规定签订的担保合同的

---

① 几种观点的详细分析可参见詹巍、杨密密：《公司越权担保效力之理论与实证分析》，载罗培新主编：《金融法苑》，中国金融出版社2011年版，第160—162页。

② 詹巍：《公司担保案件裁判规则的反思与重构——基于交易成本的分析视角》，载《证券法苑》2016年第2卷（总第18卷）。

③ 高圣平：《公司担保相关法律问题研究》，载《中国法学》2013年第2期。

④ 黄承军：《违反公司法第十六条将导致合同无效》，载《人民法院报》2008年10月9日。

效力，且都有司法实践的支持。但这一论证模式又存在先天的不足，通过确定法条的规范性质进而判断担保合同效力的法律适用方法存在循环论证的逻辑错误：法条之所以为效力性强制性规定，是因为它能影响合同效力；合同效力之所以被否定，是因为它违反了效力性强制性规定。

《最高人民法院关于适用〈中华人民共和国合同法〉若干问题的解释（二）》（以下简称《合同法解释（二）》）第14条虽然将“强制性规定”区分为“管理性强制性规定”和“效力性强制性规定”，但实践中区分两者并非易事。司法解释的起草者们就此给出了正反两个识别标准。在肯定性识别上，如果该强制性规定明确规定了违反的后果是导致合同无效，则属于效力性强制性规定；法律、行政法规虽然没有规定违反将导致合同无效，但违反该规定如使合同继续有效将损害国家利益和社会公共利益的，也属于效力性强制性规定。在否定性识别上，法律、行政法规的强制性规定仅是为了行政管理或纪律管理需要的，一般不属于效力性强制性规定。① 但这些认定标准颇值质疑，就第一个肯定性识别标准而言，既然法律、行政法规已明定违反强制性规定将导致合同无效，还有什么必要去识别它为效力性强制性规定？更何况现行法上明令违之将导致合同无效的一些强制性规定，在性质上却属于管理性规定。例如，《最高人民法院关于审理建设工程施工合同纠纷案件适用法律问题的解释》第1条明确规定：“建设工程施工合同具有下列情形之一的，应当根据合同法第五十二条第（五）项的规定，认定无效：（一）承包人未取得建筑施工企业资质或者超越资质等级的；（二）没有资质的实际施工人借用有资质的建筑施工企业名义的；（三）建设工程必须进行招标而未招标或者中标无效的。”在这里，建筑法上关于承包人资质的规定应为市场准入型管理性强制性规定，但司法解释却将之做了无效处理。就第二个肯定性识别标准而言，违反国家利益和社会公共利益本身即为导致合同无效的判断因素之一（《合同法》第52条第1项、第4项），根本无须借助效力性强制性规定（《合同法》第52条第5项）的识别来认定合同无效。就否定性识别标准而言，可以说这根本就不是什么效力性规定的认定标准，而只是在认定了某一强制性规定为管理性

---

① 最高人民法院研究室编著，沈德咏、奚晓明主编：《最高人民法院关于合同法司法解释（二）理解与适用》，人民法院出版社2009年版，第112页。

强制性规定之后符合逻辑的推论——因为不是管理性强制性规定就是效力性强制性规定。由此可见，前述效力性强制性规定的所谓识别标准对审判实践并无多大价值。可能是意识到上述司法解释中的问题，最高人民法院在其后颁布的《最高人民法院关于当前形势下审理民商事合同纠纷案件若干问题的指导意见》第15条明确指出："人民法院应当注意根据《合同法解释（二）》第十四条之规定，注意区分效力性强制规定和管理性强制规定。违反效力性强制规定的，人民法院应当认定合同无效；违反管理性强制规定的，人民法院应当根据具体情形认定其效力。"这一规定被迫改变了"违反效力性规定，无效；违反管理性规定，有效"的两分式格局，尤见违反强制性规定效力判断上的复杂性。[①] 但这条规定的实用价值也不大，实践中认定强制性规范的性质仍然往往会陷入这样一种逻辑循环：合同之所以违反某法条无效，是因为该法条为效力性强制性规范；该法条之所以为效力性强制性规范，是因为违反该条的合同无效。

可见，仅将判断公司对外担保合同的效力焦点聚于《公司法》第16条是否系强制性规范、是效力性强制性规范还是管理性强制性规范的性质讨论上，并非解决该问题的正确之道，甚至可以说"在效力性与管理性强制规定二分格局下的讨论，根本就是错置找法路径"。《公司法》第16条的违反，形成私法上的越权代表，但并不因违反《合同法》第52条第5项、《合同法解释（二）》第14条中的"效力性强制性规定"而无效。效力性与管理性强制性规定的二分并不能涵括私法上的越权交易，无论越权交易的合同是否有效，法律效果均与《合同法》第52条第5项无关。[②] 由此，应当根据《公司法》第16条的规范意旨，在承认公司内、外部关系在公司对外担保问题上的牵连关系的基础上，结合《合同法》第50条、《担保法解释》第11条等相关法律、司法解释的规定，判断行为人是否有权代表公司对外担保，相对人是否知道或应当知道行为人系超越代表权限，是否尽到了必要的审查义务，如此才能对这一问题作出全面正确的分析认定。

司法实践中，在判断公司对外担保合同的效力时，应当分别从主体是否适格、意思表示是否真实、内容是否适法背俗这三个方面分别进行

---

① 高圣平：《公司担保相关法律问题研究》，载《中国法学》2013年第2期。

② 高圣平：《公司担保中相对人的审查义务》，载《政法论坛》2017年第5期。

评价。

在主体是否适格的事实认定方面，主要是为了确定行为的效果是否归属于公司，审查的重点可以分为两个方面：

首先，审查行为人是否实际享有以公司名义为他人提供担保的代表、代理权限。立法规定公司决议前置程序的目的是确保该担保行为符合公司的意思，因此审理的重点应当放在公司意思的审查方面。这种公司意思的探究，既可以通过书面决议的方式加以证明，也可以从相关事实中加以推定。书面决议的存在能够直接证明公司存在同意提供担保的意思，如果系争担保行为业经公司机构决议，则应当认定行为人有权以公司名义提供担保。除了书面决议之外，实践中还存在一些虽然没有经过决议，但通过行为人的身份、股东之间的控制或人身依附关系、公司成立的目的等案件事实，能够得出公司同意提供担保这一结论的，亦应当认定行为人有相应的代表或代理权限。从实践中的情况来看，担保关系的当事人之间往往存在着为双方合作提供融资便利等商业合同，在这种情况下，一方提供担保的行为不仅在实质上符合公司的利益，也符合当事人之间的合同约定。考虑到公司运作不规范的现实情况，在缺乏直接证明公司同意提供担保的意思的证据时，也可以从担保行为是否符合公司设立的目的、公司利益的角度来审查、认定担保合同的效果归属。如果能够确定行为人提供担保的行为虽然未经决议，但并不违反为公司最佳利益行事的忠实义务时，也可以直接认定担保行为的效果归属于公司。此外，由于未经决议前置的行为系效力待定行为，如果在案件审理过程中公司决议机构同意追认，亦应当认定行为人具有相应的权限。①

其次，如果行为人提供担保的行为构成越权行为，则应审查相对人关于表见代表、表见代理的主张是否成立。《合同法》第50条规定："法人或者其他组织的法定代表人、负责人超越权限订立的合同，除相对人知道或者应当知道其超越权限的以外，该代表行为有效。"这里，所谓"该代表行为有效"，是指法定代表人超越权限订立的合同应当视为法人的行为，合同并不因此而无效，法人仍应承担责任，法人不得以其法定代表人超越

---

① 周伦军：《审理公司担保纠纷案件的裁判方法》，载《人民司法·案例》2017年第35期。

权限为由否定合同对公司的效力。依反面解释，如果相对人知道或者应当知道法定代表人超越权限，则越权行为对法人无效。《担保法解释》第11条规定："法人或者其他组织的法定代表人、负责人超越权限订立的担保合同，除相对人知道或者应当知道其超越权限的以外，该代表行为有效。"该条规定将合同法越权代表的规定落实到了担保领域。由此可见，越权担保是否对公司有效，则取决于相对人是否知道或者应当知道法定代表人超越了权限。这一规则本身旨在保护善意相对人的信赖利益。[①] 民法理论认为，交易安全为与财产静态安全相对应的动态安全。静的安全保护的是财产所有权，保障当事人对本来享有之利益不受他人任意夺取；动的安全主要是指交易安全，其保护对象着眼于当事人新的利益之取得。从二者关系上看，静的安全是原则，动的安全是例外。因此，当事人之交易行为，要获得其所期待和信赖的合法性与确定性，其主观上必须是善意无过失的心理状态。这是适用表见代理、表见代表制度必须强调的一个前提。

在举证责任分配方面，由于在公司对外提供担保这一问题上法律特别规定了决议前置的权限规范，行为人的权限问题并非完全是公司法人的内部问题，而是衡量债权人在接受担保时是否善意无过失的重要事实，担保权人对此负有自证善意的举证责任。从审判实践中担保纠纷案件的审理情况来看，越权担保主要分为四种类型：（1）未经决议，公司法定代表人对外实施的担保行为。（2）未经决议，公司的非法定代表人以公章代表公司对外提供担保。（3）尽管事实上未经决议，但公司的法定代表人或其他人员向被担保人提供了虚假的决议。（4）虽经决议，但决议事项违反公司章程规定的议事机关、议事规则或关于限额的规定。这四种情况，虽然本质上都是越权行事，但其间存在担保权人是否善意的差别。在前面两种情况下，担保权人的过失是非常明显的，但在后两种情况下，担保权人是否善意无过失，是案件审理中必须查明的问题。

关于担保权人善意无过失的衡量标准，学理上虽有实质审查和形式审查两种不同的主张，但从审判实践中的情况来看，主张形式审查说为主流的看法。与此相应，"不知道或不应当知道"就是指担保权人事实上不知

---

① 高圣平：《公司担保相关法律问题研究》，载《中国法学》2013年第2期。

道，或者在尽了形式审查义务之后仍然不可能知道行为人无权提供担保的事实。在具体案件中，担保权人要证明自己的善意，必须举证证明自己尽到了如下注意义务：

一方面，担保权人已经依法审查了担保人提供的与担保相关的决议、章程等。就担保权人是否有义务查阅上述公司资料的问题，存在肯定说和否定说两种截然相反的观点。否定说认为，上述公司的文件仅属于公司内部治理规范性文件，不具有对世效力，故并不具有对抗第三人的效力，也就不要求担保权人负有审查上述文件的义务。最高人民法院的一些裁判体现了这一观点。（2014）民一终字第270号判决认为，《公司法》第16条"属于公司对内的程序性规定，其并未规定公司以外的第三人对此负有审查义务"。（2015）民一终字第72号判决也认为："公司是否召开股东会或股东大会，属于公司对内的程序性规定，与公司交易的第三人不应受该内部程序性规定的约束。对是否存在股东会或者股东大会决议，公司以外的第三人不应负有审查义务，否则将严重影响交易安全。因此，公司对外提供担保是否经股东会或者股东大会决议，不影响担保合同效力。"沿着这种内外有别的思路，（2016）民申字第1006号裁定进一步论证道："应严格区分公司的对内关系与对外关系，否则会损害交易安全。与公司交易的第三人应当不受公司内部程序性规定的约束。《公司法》第16条意在防止公司的实际控制人或者高级管理人员损害公司、小股东或者其他债权人的利益，公司是否召开股东会以及股东会的决议，是公司的内部控制程序，不能约束与公司交易的第三人。第三人无义务审查是否已经召开股东会，亦无义务对于股东会决议进行审查。该规定不属于效力性强制性规定，不能据此主张合同无效。是否提交股东会决议以及股东会决议上的签名是否为公司股东，均不影响担保责任的承担。"（2016）最高法民再字第194号判决也采纳了这一思路："《公司法》第16条第1款的规定，系规范公司治理的管理性规范，在公司内部对股东、董事、监事及高级管理人员具有普遍约束力，但对外并不发生影响合同效力的法律约束力，债权人对公司担保是否经决议机关决议或是否经股东同意不负审查义务。"[①] 肯定说认为，担

① 高圣平：《公司担保中相对人的审查义务》，载《政法论坛》2017年第5期。

保权人对于担保人公司上述文件负有审慎的审查义务。《公司法》第16条既然将公司担保的决策机构、权限等定为明文，即具有普遍适用效力，担保权人在与公司签订担保合同时，就应当注意到法律的既有规定。这种法定决策程序既是对公司的限制和要求，也是对担保权人的限制和要求。最高人民法院的一些裁判体现了这一观点。(2007) 民二终字第184号判决认为："（债权人）作为金融机构应当知道上述部门规章关于上市公司对外提供担保的规定，在签订担保合同时应审查合同签订人是否获得合法授权，该担保合同是否经过（提供担保的公司）董事会或股东大会决议。"(2012) 民提字第156号判决中，一审法院认为债权人应对《股东会担保决议》进行审查，认为"对于上述明显瑕疵（债权人）经审查应能很容易审查出，但其却未尽到应有的审查义务，故可以确定（债权人）知道或应当知道（法定代表人）系超越权限订立抵押合同及不可撤销担保书。"再审中，最高人民法院亦认为招行东港支行在接受担保人担保行为过程中存在审查义务。(2014) 民申字第1876号裁定强调，"（《公司法》第16条的）法律规定具有公示作用，（债权人）应当知晓。因法律有明确规定，（债权人）应当知道（提供担保的公司）为（债务人）的债务提供担保须经（公司）股东会决议，而其并未要求（债务人）出具（提供担保的公司）的股东会决议，（债权人）显然负有过错，因而其不能被认定为善意第三人"。(2015) 民申字第3236号裁定也认为，《公司法》第16条的"法律规定具有公示作用，任何第三人均应知悉"，相对人"未尽相应审查义务，属于存在过失"。类似地，(2016) 最高法民申字第2633号裁定认为，"在判断公司法定代表人违反《公司法》第16条越权签订担保合同是否对公司有效时，还应考察该行为是否构成《合同法》第50条规定的表见代表，相对人是否尽到了合理的审查义务，是否为善意……（债权人）作为专门从事担保业务的专业机构，本应对（法定代表人）是否越权尽到更为谨慎的审查义务，但其并未进行形式上的审查，因此不构成善意。"[①] 此外，还有观点认为应区分不同情形来确定相对人是否负有审查义务。其一，区分上市公司与非上市公司。上市公司的公司章程、决议具有较明显的公示性，担保

① 高圣平：《公司担保中相对人的审查义务》，载《政法论坛》2017年第5期。

权人理应知道相关内容；但非上市公司的公司内部文件则不同，在交易实践中不宜苛求任何人在交易之前均去查询。其二，区分一般担保和关联担保。就一般担保而言，公司内部文件仅对公司、股东、董事、监事、高级管理人员具有约束力（《公司法》第11条），如果担保权人不在上述范围之内，即不受公司内部文件规定的约束；就关联担保而言，因为立法中明确规定关联担保应经股东（大）会决议，任何人对立法规定均应知晓，如未经股东（大）会决议即对外提供担保，担保权人属于知道或应当知道法定代表人超越权限，从而该担保行为对公司无效。笔者赞同第二种观点，《公司法》第16条的立法理念之一就是将公司对外提供担保时的内部决策程序、决策权限在公司法总则之中晓谕公众，以图发生一体遵循的立法效果，该规定不仅调整公司内部管理事务，而且也规范公司外部交往事务。[①] 因此，既然《公司法》第16条已经对公司担保作出明文规定，法律具有普遍适用的效力，相对人则在与公司签订合同时，应当注意到法律的既有规定，并将公司章程及担保决议等文件纳入担保权人控制交易风险的必查文件。这一审查义务在性质上属于担保权人为控制交易风险应尽注意义务的当然内容，如若疏于查阅，其权利自不应得到法律的惠顾。此外，不宜区分不同情形分别判断相对人是否存在审查义务。在平等竞争的市场环境下，同样的商事行为应适用同样的法律规则，如此才能贯彻法律的平等保护原则。提供或接受担保的主体不同，只是在认定相对人是否善尽审查义务、判断相对人是否知道或应当知道法定代表人超越代表权限时，才具有区分的意义，并不存在据此限缩解释从而在特定主体的担保交易中排除相对人审查义务的正当性。[②]

就审查范围而言，根据《公司法》第16条、第105条和第122条的规定，相对人应当审核的文件包括：公司章程，董事会或者股东会、股东大会的决议，有关财务资料。具言之，若相对人经审查公司章程，了解到公司为他人债务提供担保应经股东（大）会决议，或关联担保中应由股东（大）会做出决议的情形，对股东签署的公司担保决议进行形式审查是相对人的进一步工作。其一，审查决议中签章的股东是否对应于公司章程中

---

① 参见徐海燕：《公司法定代表人越权签署的担保合同的效力》，载《法学》2007年第9期。

② 高圣平：《公司担保中相对人的审查义务》，载《政法论坛》2017年第5期。

的记载，既核对股东的姓名或名称，还核对股东的签章。相对人仅需按照理性人标准对公司担保决议中的股东签章与公司章程上的股东签章进行表面上的核对即可，无须鉴别签章的真实性。其二，审查决议中同意担保的股东所持表决权（股权、股份）之和是否达到法律规定的或公司章程中载明的股东（大）会决议形成的最低表决权要求。相对人可从公司章程中获悉相应信息。其三，审查决议中的担保的数额是否超过章程中对单项担保的限额规定。一般来说，对于公司担保决议中的担保数额与章程中单项担保限额的对当关系，该项审查并不困难，但对于担保数额是否超过章程对担保总额的限额规定，相对人较难判断。公司此前是否为他人债务提供过担保、每项担保的具体数额等，涉及公司的商业秘密，相对人无从知悉。要求相对人核实担保是否超过总额限制，超出了相对人的能力范围，增加了交易成本，不利于交易便捷。此外，若担保人为上市公司，还应审查担保金额与公司最近一期经审计确认的总资产的关系。否则，担保总额的限制不宜纳入相对人审查义务的范围，应由相对人对公司担保决议中的担保数额是否超过章程中单项担保限额进行审查即可。①

若相对人通过查阅公司章程，得知公司的担保决策机构为董事会，则其需进一步对董事签署的公司担保决议进行形式审查。其一，审查决议中签章的董事是否对应于公司登记（备案）申请书中的记载。与股东签章不同的是，相对人并无获得董事签章样本的渠道，也无鉴别签章真假的专业水平，也就无须核实董事签章的真实性。其二，审查同意担保的董事是否达到法律规定的或公司章程中载明的董事会决议形成的最低人数要求。如公司章程规定公司担保决议应经公司全体董事过半数或 2/3 以上多数同意，在公司担保决议中签名的董事应达到相应的人数。其三，审查决议中的担保的数额是否超过章程中对单项担保的限额规定。此时，与股东（大）会决议的审查要求相同。②

若经由公司章程的审查，相对人发现章程中禁止公司为他人债务提供担保时，相对人即不应接受该公司提供的担保；相对人发现章程中对公司担保决策机构未作规定时，因公司法未否定公司的担保能力，对该公司提

---

① 高圣平：《公司担保中相对人的审查义务》，载《政法论坛》2017 年第 5 期。

② 高圣平：《公司担保中相对人的审查义务》，载《政法论坛》2017 年第 5 期。

供的担保，相对人可以接受。此际，公司担保决策即推定为仍由股东（大）会保有。董事会有代表公司从事经营活动的概括性权利，但公司担保已经脱溢出公司正常经营活动的边界，不属于董事会的概括职权范围。准此，董事会是否有权决策公司担保，取决于公司章程的授权，既然章程就此未作规定，即表明股东未通过公司章程授权董事会就此进行决议。①

另一方面，相关资料在形式上相互一致。相对人经过审查，认为现有资料能够证明公司担保的决议机关、决议程序和担保限额在形式上符合《公司法》第 16 条、第 105 条、第 122 条的规定，即可认为尽到了相应的注意义务。

至于相关行为主体如股东签章或董事签名的实际真伪，担保决议的形成程序是否违法、内容是否真实，以及相关上市公司已经对外作出担保的数额和公司的总资产的关系是否存在虚假，这些都不是相对人的审查能力所能及，不应将其作为考量因素。也就是说，只要相对人对公司的章程、决议文件和证明资料进行了必要而合理的形式上的审查，没有发现决议文件虚假或者其他违反法律规定之处，就应当认定担保合同的效果归属于公司。

此外，相对人尽了上述形式审查义务，即便股东会或者股东大会、董事会决议嗣后因程序瑕疵或内容违法被人民法院依法撤销或确认无效，也不影响公司依法应承担的担保责任。对这一问题，《民法总则》第 85 条明确规定：营利法人的权力机构、执行机构作出决议的会议召集程序、表决方式违反法律、行政法规、法人章程，或者决议内容违反法人章程的，营利法人的出资人可以请求人民法院撤销该决议，但是营利法人依据该决议与善意相对人形成的民事法律关系不受影响。在公司承担责任之后，就公司因此所受的损害，公司有权根据《公司法》第 20 条、第 21 条、第 149 条第 1 款第 3 项和第 150 条的规定追究控制股东、实际控制人、董事、监

---

① 参见罗培新：《公司担保法律规则的价值冲突与司法考量》，载《中外法学》2012 年第 6 期；曹士兵：《公司法修订前后关于公司担保规定的解读》，载《人民司法》2008 年第 1 期；最高人民法院公司法司法解释小组：《最高人民法院关于适用〈中华人民共和国公司法〉若干问题的规定（三）研讨会综述》，载最高人民法院民事审判第二庭：《民商事审判指导》（2008 年第 4 辑），人民法院出版社 2009 年版，第 14 页。转引自高圣平：《公司担保中相对人的审查义务》，载《政法论坛》2017 年第 5 期。

事和高级管理人员的责任。[①]

在相对人不构成善意无过失的情况下，如何认定相对人“应当知道”行为人无权提供担保的事实，是一个极富挑战性的问题。与“知道”这一证据能够证明的事实相比，“应当知道”是一个需要结合个案衡量的事实推定问题，学理上难以抽象出一个统一的认定标准。在合同法的立法史上，对“应当知道”曾经采用了“因重大过失而不知”的标准。所谓“因重大过失而不知”，是指对相对人而言，根据其所知悉的一切情形，行为人超越权限是如此显而易见，只要不是熟视无睹，不可能不知其超越了权限。具体到公司担保领域，由于法律规定本身具有公示作用，任何第三人均应当了解，所以对第三人应当知道的情况应采取推定方式。也就是说，如果相对人在接受担保时没有审查公司决议和相关资料，且公司事实上确未经过决议，就可以推定相对人应当知道公司无权提供担保。如在审判实践中，公司未经决议即行具函称“本公司承诺，相关担保业经股东（大）会/董事会决议批准”“本公司承诺以公司所有资产为某某公司提供担保”等，即可认为相对人因重大过失而不知，推定其应当知道公司无权提供担保。此外，有些情况下公司虽然提供了相关决议，但债权人未能审查发现明显存在的瑕疵，如控制股东参加了同意为其担保的股东会决议的表决，且扣除其表决权后并未达到剩余表决权的多数，就可以认定相对人具有重大过失。[②]

在行为人未尽审查义务的情况下，将产生何种法律后果？实践中也存在争议。有观点认为，在相对人知道或应当知道代表人超越代表权限情形下，相对人仍然坚持与之交易，表明相对人主观上存在恶意，不应受到法律的保护，该代表行为应被认定为无效。但笔者认为，相对人未尽审查义务构成《合同法》第50条但书“知道或者应当知道”的情形，但该条不能依反对解释认定合同无效。由于法律对相对人知道或应当知道法定代表人越权代表的法律后果并未明确规定，而代表与代理在形式上都是在与第三人进行法律行为时由他人代一方当事人表达意志，在权限范围内由出名当事人承担法律行为的后果，故可类推适用代理的规定对其效力问题加以认定。据此，若法定代表人越权担保，相对人知道或应当知道法定代表人超

① 周伦军：《审理公司担保纠纷案件的裁判方法》，载《人民司法·案例》2017年第35期。
② 周伦军：《审理公司担保纠纷案件的裁判方法》，载《人民司法·案例》2017年第35期。

越代表权限，未尽到审查义务，担保合同并不当然无效，其是否对公司发生效力取决于公司的追认。如未经公司追认，该担保合同即对公司不发生效力，其法律后果不能归属于公司。①

而在担保合同的效果不归属于公司的情况下，行为人应当承担何种责任？现行立法存在着不同的规定。《合同法》第 48 条规定“由行为人承担责任”，《民法总则》第 171 条第 4 款规定由“相对人和行为人按照各自的过错承担责任”。此前民法学界的通说认为，无权代理行为未经被代理人追认，对被代理人不发生效力，由该无权代理人自己作为当事人履行该民事行为中对相对人的义务，或者不能履行时对善意相对人承担损害赔偿责任。但在相对人属于恶意即明知的情形，无权代理人可以不承担损害赔偿责任。在越权担保的案件中，除行为人不知自己越权的极个别情形外，行为人一方基本上恒定地处于实际知情的状态。在相对人实际知道的情况下，二者的过错至少相当，不能排除相对人自甘风险的赌博心态，甚至与法定代表人恶意串通的极端状态。在这种情况下，虽然民法总则作出了不同于以往的制度安排，但根据该法第 171 条第 4 款关于“相对人和行为人按照各自的过错承担责任”的规定，并不能得出个案中必然排除应当由相对人责任自负的结论。②

最后，在解决了担保合同的效果归属之后，如果当事人对担保合同的意思表示是否真实、合同内容是否违反法律行政法规的强制性规定及公序良俗还有争议，应当作为另外的法律事实加以审理、认定。③

典型案例裁判文书

最高人民法院(2012)民提字第156号民事判决书

【典型案例 8】

案例索引：招商银行股份有限公司大连东港支行与大连振邦氟涂料股份有限公司、大连振邦集团有限公司借款合同纠纷案④。一审：（2009）大民三初字第 36 号；二审：

① 高圣平：《公司担保中相对人的审查义务》，载《政法论坛》2017 年第 5 期。
② 周伦军：《审理公司担保纠纷案件的裁判方法》，载《人民司法·案例》2017 年第 35 期。
③ 周伦军：《审理公司担保纠纷案件的裁判方法》，载《人民司法·案例》2017 年第 35 期。
④ 载《最高人民法院公报》2015 年第 2 期（总第 220 期）。

(2010) 辽民二终字第15号；再审：(2012) 民提字第156号。

案情简介：2006年4月30日，招行东港支行与振邦集团公司签订了一份借款合同，向振邦集团公司发放1496.5万元的贷款。2006年4月30日，振邦股份公司与招行东港支行签订了两份《抵押合同》，分别以其相关土地使用权和房产为上述借款提供抵押担保，双方办理了抵押登记手续，招行东港支行在中国银行之后成为第二抵押权人。2006年6月8日，振邦股份公司又出具《不可撤销担保书》，为上述借款提供连带保证。借款合同到期后，振邦集团公司未能偿还借款本息，振邦股份公司也没有履行连带保证义务。值得说明的是，振邦集团公司是振邦股份公司的股东之一，签订合同时两家公司的董事长及法定代表人皆为周建良。两份《抵押合同》和《不可撤销担保书》都是周建良越权签订的，没有经过公司董事会或股东会决议。在2008年10月，周建良不再担任振邦股份公司的董事长和法定代表人。2008年6月18日，招行东港支行向法院起诉，要求振邦集团公司履行还款义务，振邦股份公司承担连带保证责任，而没有对抵押物的优先受偿权提起诉请。

法院裁判：首先，作为公司组织及公司行为当受《公司法》调整，同时其以合同形式对外担保行为亦受合同法及担保法的制约。案涉公司担保合同效力的认定，因其并未超出平等商事主体之间的合同行为的范畴，故应首先从合同法相关规定出发展开评判。关于合同效力，《中华人民共和国合同法》(以下简称《合同法》) 第五十二条规定："有下列情形之一的，合同无效。……(五) 违反法律、行政法规的强制性规定。"关于前述法律中的"强制性"，《最高人民法院关于适用〈中华人民共和国合同法〉若干问题的解释（二）》(以下简称《合同法解释（二）》) 第十四条则作出如下解释规定："合同法第五十二条第（五）项规定的'强制性规定'是指效力性强制性规定。"因此，法律及相关司法解释均已明确了将违反法律或行政法规中效力性强制性规范作为合同效力的认定标准之一。公司作为不同于自然人的法人主体，其合同行为在接受合同法规制的同时，当受作为公司特别规范的公司法的制约。《公司法》第一条开宗明义规定："为了规范公司的组织和行为，保护公司、股东和债权人的合法权益，维护社会经济秩序，促进社会主义市场经济的发展，制定本法。"《公司法》第十六条第二款规定："公司为公司股东或者实际控制人提供担保的，必须经股东会或者股东大会决议。"上述公司法规定已然明确了其立法本意在于限制公司主体行为，防止公司的实际控制人或者高级管理人员损害公司、小股东或其他债权人的利益，故其实质是内部控制程序，不能以此约束交易相对人。故此上述规定宜理解为管理性强制性规范。对违反该规范的，原则上不宜认定合同无效。另外，如作为效力性规范认定将会降低交易效率和损害交易安全。譬如股东会何时召开，以什么样的形式召开，何人能够代表股东表达真实的意志，均超出交易相对人的判断和控制能力范围，如以违反股东决议程序而判令合同无效，必将降低交易效率，同时也给公司动辄以违反股东决议主张合同无效的不诚信行为留下了制度缺口，最终危害交易安全，不仅有违商事行为的诚信规则，更有违公平正义。其次，合同效力的认定应适用《合同法》第五十条，即需要判断招行东港支行是否知道或者应当知道周建良越权签订合同的事实，振邦股份公司提供给招行东港支行的股东会决议上的签字及印章与其为担保行为当时提供给招行东港支行的签字及印章样本一致。而振邦股份公司向招行东港支行提供担保时使用的公司印章真实，亦有其法人代表真实签名，且案涉抵押担保在经过行政机关审查后也已办理了登记。至此，招行东港支行在接受担保人担保行为过程中的审查义务已经完成，其有理由相信作为担保公司法定代表人的周建良本人代表行为的真实性。《股东会担保决议》中存在的相关瑕疵必须经过鉴定机关的鉴定方能识别，必须经过查询公司工商登记才能知晓、必须谙熟公司法相关规范才能避免因担保公司内部管理不善导致的风险，如若将此全部归属于担保债权人的审查义务范围，未免过于严苛，亦有违合同法、担保法等保护交易安全的立法初衷。担保债权人基于对担保人法定代表人身份、公司法人印章真实性的信赖，基于担保人提供的股东会担保决议盖有担保人公司真实印章的事实，完全有理由相信该股东会担保决议的真实性，无须也不可能进一步鉴别担保人提供的《股东会担保决议》的真伪。因此，招行东港支行在接受作为非上市公司的振邦股份公司为其股东提供担保过程中，已尽到合理的审查义务，主观上构成善意。本案中周建良的行为构成表见代表，振邦股份公司对案涉保证合同应承担担保责任。

裁判要旨：《公司法》第十六条第二款规定，公司为公司股东或者实际控制人提供担保的，必须经股东会或者股东大会决议。该条款是关于公司内部控制管理的规定，不应以此作为评价合同效力的依据。担保人抗辩认为其法定代表人订立抵押合同的行为超越代表权，债权人以其对相关股东会决议履行了形式审查义务，主张担保人的法定代表人构成表见代表的，人民法院应予支持。

【典型案例 9】

案例索引：中建材集团进出口公司与北京大地恒通经贸有限公司、北京天元盛唐投资有限公司、天宝盛世科技发展（北京）有限公司、江苏银大科技有限公司、四川宜宾俄欧工程发展有限公司进出口代理合同纠纷案①。一审：（2008）二中民初字第13716号；二审：（2009）高民终字第1730号。

案情简介：2006年，银大公司为恒通公司所欠中建材公司款项的偿还出具承担连带保证责任的承诺书，银大公司法定代表人何某在加盖公司公章的承诺书复印件上签字。嗣后，银大公司否认担保效力。

法院裁判：对于公司法定代表人越权对外提供担保的情形，公司对外仍应对善意第三人承担民事责任，故本案银大公司的担保责任不能免除。中建材公司应为善意第三人。有限责任公司的公司章程不具有对世效力，有限责任公司的公司章程作为公司内部决议的书面载体，它的公开行为不构成第三人应当知道的证据。强加给第三人对公司章程的审查义务不具有可操作性和合理性，第三人对公司章程不负有审查义务。第三人的善意是由法律所推定的，第三人无须举证自己善意；如果公司主张第三人恶意，应对此负举证责任。因此，不能仅凭公司章程的记载和备案就认定第三人应当知道公司的法定代表人超越权限，进而断定第三人恶意。故在上诉人银大公司不能举证证明中建材公司存在恶意的情形下，应当认定中建材公司为善意第三人，中建材公司已经尽到合理的审查义务。可见，银大公司出具的《承诺书》担保形式完备，内容不违反法律、法规有关效力性的强

① 载《最高人民法院公报》2011年第2期。

制性法律规定，应认定为构成合法有效的第三人保证，银大公司应承担连带保证责任。故银大公司关于其法定代表人何某对外提供担保，其行为违反公司章程的规定，并没有经过股东会、股东大会或者董事会同意，故何某对外担保因违反《公司法》第十六条的强制性法律规定，应为无效担保。此外，中建材公司未能尽到审慎的审查义务，不能作为善意的第三人要求银大公司承担保证责任的理由，不予支持。

裁判要旨：公司法定代表人在保证承诺书上签字，系以公司名义所为法律行为，由此产生的权利义务对公司法人具有约束力。

【典型案例 10】

典型案例裁判文书

最高人民法院(2014)民申字第1876号民事裁定书

案例索引：吴文俊与泰州市天利投资发展有限公司、扬州东煜贸易发展有限公司、周文英金融借款合同纠纷案。一审：(2013)扬民初字第 0015 号；二审：(2014)苏民终字第 0009 号；再审审查：(2014)民申字第 1876 号。

案情简介：2011 年 10 月 26 日、12 月 2 日、12 月 27 日，戴其进委托东煜公司的韩小林从卡号为 62××××96 的银行卡上向吴文俊汇款 120 万元。2012 年 4 月 20 日、4 月 21 日、7 月 2 日、9 月 7 日、9 月 24 日，戴其进委托东煜公司的韩小林从卡号为 62×××96 银行卡上通过网上银行向吴文俊委托的收款人张超汇款 344 万元。2012 年 10 月 16 日，吴文俊与江苏法之泽律师事务所签订律师代理合同，律师代理费用 30 万元。2013 年 6 月 3 日，江苏法之泽律师事务所向吴文俊出具律师代理费发票 4 张，共计金额 30 万元。天利公司设立于 2010 年 9 月 29 日，注册资本为 2000 万元，原股东为戴其进、朱庆春，各占 50%股份，法定代表人为戴其进。2012 年 8 月 15 日，戴其进将在天利公司 50%的股权全部转让给季阳，现天利公司的股东为季阳、朱庆春，法定代表人为季阳。现吴文俊诉请三被告立即代为偿还借款本金 1000 万元及逾期还款违约金。

法院裁判：首先，根据《公司法》第十六条第二款，戴其进作为天利公司的法定代表人，未经公司股东会决议，擅自以公司名义为其个人债务提供担保，违反上述法律规定，但上述法律规定系对公司内部的约束，法律并未明确违反该规定必然导致担保合同无效。其次，天利公司提供担保时，戴其进系天利公司法定代表人，其在借贷合同中担保人处加盖天利公司的公章，并以天利公司法定代表人的身份签名，作为借款合同中的出借人吴文俊，对戴其进持有的天利公司公章及享有相应权限具有合理信赖，已履行形式审查义务。再次，天利公司提供担保的行为未经公司股东会决议，该担保属于越权担保。最后，《公司法》第十六条第二款规定，为股东提供担保这种无对价的特殊关联交易，必须经股东会或股东大会决议。法律一经公布即具有公开宣示效力，担保权人理应知晓并遵守，不得以不知法律有规定或宣称对法律有不同理解而免于适用该法律。天利公司提供担保未经股东会决议，理应成为担保权人吴文俊应当知道的内容。吴文俊未能证明自己查阅天利公司章程，仅仅以法定代表人签字和天利公司公章就信赖天利公司的担保行为，属于未尽慎重注意义务，不属于法律保护的善意相对人。因此，其法律后果应由戴其进自行承担。

裁判要旨：《公司法》第十六条属于管理性规定，不能仅据此认定公司对外担保合同无效。其明文的公示宣告效力，产生相对人的形式审查义务。未履行形式审查义务的，不属于善意相对人，法律不予保护。[1]

【典型案例 11】

案例索引：林文章与林聪明、林一平、福建省漳浦县乙平工贸有限公司民间借贷纠纷案[2]。一审：（2016）闽 0623 民初 399 号；二审：（2017）闽 06 民终 1485 号。

典型案例裁判文书

福建省漳州市中级人民法院(2017)闽06民终1485号民事判决书

案情简介：2006 年 2 月 19 日，林聪明因需用资金向原告林文章借款 126000 元，未约定借款期限和利率。2007 年 1 月 15 日，林聪明又向林文章借款 96 万元，约定月利息按 2%计算，未约定借款期限。借款同日，林聪明均出具借条一张给林文章收执。

---

① 王晓利：《公司对外担保合同中相对人负有形式审查义务》，载《人民司法·案例》2017 年第 35 期。

② 林振通：《公司对其法定代表人对外担保行为之责任》，载《人民司法·案例》2017 年第 32 期。

2007年3月15日，以林文章为甲方，与林聪明、林一平共同作为乙方签订土地使用权转让协议书，约定将乙平工贸公司竞拍所得址在漳浦县绥安镇原弹簧钢板厂的一块约640平方米的土地使用权（该地块尚未办理土地使用权转让的相关手续），以120万元转让给甲方林文章所有，乙方负责将土地证、准建证等手续办至甲方林文章名下，办证的费用由乙方承担，转让金在乙方交付土地证时一次性付清等事项。林文章与林聪明、林一平分别在土地使用权转让协议书上签字。

2013年3月3日，乙平工贸公司以担保抵押人名义出具借款抵押担保书给林文章收执，确认乙平工贸公司将公司竞买的址在漳浦县绥安镇原弹簧钢板厂约640平方米地块的土地使用权作为林聪明向林文章借款的抵押担保。林聪明若不能还清向林文章的借款，公司愿将上述土地变卖优先偿还林文章的借款。乙平工贸公司的登记股东为林冬梅、林一平，法定代表人为林冬梅，林冬梅、林一平在该担保书上签字确认。

事后，林聪明未归还借款本息，林文章起诉请求林聪明归还借款本金及利息，乙平工贸公司承担连带偿还责任。

法院裁判：林文章与林聪明之间的借贷行为成立并生效，双方债权债务关系明确，应予确认，林聪明负有还款的义务。乙平工贸公司以涉案土地使用权为本案借款提供抵押担保，并出具借款抵押担保书，该担保书虽然没有公司盖章，但系以公司名义作出，且有公司法定代表人及登记全体股东的签名，根据《民法通则》第四十三条、《民法总则》第六十一条第二款规定，林冬梅以乙平工贸公司法定代表人的身份在涉案担保书上签名的行为，视为乙平工贸公司订立该合同，相应的合同权利义务应由乙平工贸公司享有并承担。且根据《公司法》第十六条的规定，乙平工贸公司的登记股东林冬梅、林一平均在担保书上签字确认，应视为已经全体股东同意。乙平工贸公司已经通过拍卖程序取得土地使用权，是否办理权属登记手续，不影响其享有涉案土地使用权。该抵押担保行为系双方当事人真实意思表示，且未违反法律法规禁止性规定，该借款抵押担保书应认定合法有效。因此，乙平工贸公司应对其法人代表林冬梅的对外担保行为依法或者依约承担民事责任。

裁判要旨：法定代表人以法人名义从事的民事活动，其法律后果由法人承受。公司对其法人代表对外担保行为所产生的法律后果应承担民事责任。

【典型案例 12】

案例索引：许尔兵与江苏金烁置业公司、汪陆军等民间借贷纠纷案①。一审：宿迁市中级人民法院（2013）宿中商初字第 0293 号；二审：江苏省高级人民法院（2014）苏商终字第 00472 号。

典型案例裁判文书

江苏省高级人民法院(2014)苏商终字第00472号民事判决书

案情简介：2012 年，汪某向许某借款 395 万元，并以其担任股东和法定代表人的开发公司名义提供担保。2013 年，因汪某逾期未偿致诉。开发公司以公司为股东担保未经股东会决议、加盖公章违反内部用章管理规定为由抗辩。

法院裁判：《公司法》第十六条第二款规定，公司为公司股东或者实际控制人提供担保的，必须经股东会或者股东大会决议。该条款规范的是公司内部决策程序，其立法本意在于通过规范公司为其股东或实际控制人提供担保的决策程序，防止公司实际控制人或大股东损害公司及小股东利益，属管理性强制性规范，对违反该规定的，不应一律认定为无效。公司法定代表人违反《公司法》上述规定，未经股东会决议以公司名义为其股东提供担保的，除相对人知道或应当知道该法定代表人超越权限的以外，该担保行为有效，公司应承担担保责任。本案中，汪某既系债务人，同时亦系开发公司法定代表人，其对案涉债权债务关系形成及开发公司担保事实均知悉，其作为开发公司法定代表人在担保意思表示明确的借款合同和借条上加盖公司印章，应认定为开发公司行为。公章由谁保管、如何使用系公司内部管理规定，不影响公司对外意思表示真实性判断，不能仅凭公司内部用章规定而认定第三人知道或应当知道公司法定代表人超越权限，进而断定第三人恶意，故即使如开发公司所称公司法定代表人违反公司内部规定对外提供担保，亦应认定有效，其担保责任不能免除。

① 载《江苏省高级人民法院公报》2015 年第 5 期。

裁判要旨：公司法定代表人违反《公司法》规定，未经股东会决议以公司名义为其股东提供担保的，该担保行为不应一律认定无效。

问题7. 合伙人越权提供合伙企业担保的效力认定

《合伙企业法》第31条确立了合伙企业对外担保的一致同意规则，但是对于合伙企业未经全体合伙人一致同意而对外担保的效力，司法实践中则存在争议。少数观点认为，《合伙企业法》第31条为效力性强制性规定，违反该规定将导致担保无效。多数观点认为，《合伙企业法》第31条属管理性强制性规定，仅涉及合伙企业内部决策程序，而不得约束外部主体，故对外担保不因违反一致同意规则而无效。

上述两种观点的逻辑思路基本一致：首先界定《合伙企业法》第31条的规范性质；进而，如为效力性强制性规定，则违反导致担保无效，如为管理性强制性规定，则违反不影响担保的效力。但问题在于，区分效力性强制性规定与管理性强制性规定的标准并不清晰。笔者认为，参考前述有关公司对外担保效力认定的分析思路，对合伙人以合伙企业名义对外提供的保证，能否视为合伙企业的行为，相应的规范基础包括《合伙企业法》第26条前两款①、第37条②等。据此，合伙人越权提供担保的行为能否归属于合伙企业，核心问题是债权人是否属于善意第三人，亦即其是否知道或者应当知道该合伙人不具有代表合伙企业提供担保的权限。此问题包含两个层次：第一，债权人是否负有义务审查合伙人有无代表合伙企业的权限；第二，此种审查义务应至何种程度。具体来说，根据《合伙企业法》第31条“除合伙协议另有约定外”的规定，合伙企业对外担保权的归属取决于合伙协议的约定，那么，合伙协议及合伙企业的内部意思形成载体（如合伙人决议等书面文件或其他非书面形式的载体）是否属于债权人的审查义务范围？

关于第一层次的问题，基于诚实信用原则和商业交易应有的审慎，债

---

① 合伙人对执行合伙事务享有同等的权利。按照合伙协议的约定或者经全体合伙人决定，可以委托一个或者数个合伙人对外代表合伙企业，执行合伙事务。

② 合伙企业对合伙人执行合伙事务以及对外代表合伙企业权利的限制，不得对抗善意第三人。

权人自当注意交易对手的代表权限（如是否具有代表合伙企业的形式外观），但于后一层次的问题，债权人的审查义务无须深入至合伙协议及合伙企业内部意思形成过程，主要理由在于：

首先，“合伙分为对内和对外关系。就外部关系而言，虽然合伙协议也进行调整，但外部关系主要由法律法规的强制性规定调整，因此对外部关系上的责任承担，主要应根据法律的规定加以确认。”[①] 但是，《合伙企业法》未对违反合伙协议之行为的外部责任作出规定，而是在第 97 条[②]确立了内部追偿的解决路径。通过体系解释可知，违反合伙协议或法律规定的一致同意规则，不构成第三人产生外部责任的依据。但是，向债权人课以审查合伙协议、合伙人决议等文件的义务，逻辑上的后果将是债权人就担保人内部决策的瑕疵承担外部责任，此种状态有悖立法原意。

其次，虽然主流意见认为在担保人是公司的情形下，债权人负有审查公司章程和决议的义务，但此种结论不应照搬至担保人为合伙企业之情形。其一，公司法的价值取向除保护债权人外，还包括保护中小股东利益，故须尤其注意平衡债权人与中小股东的利益。但较之公司，合伙企业犹如熟人社会，合伙人基于某种密切的人身关系形成的利益通常一致，因此，合伙企业一般不存在类似于公司中小股东（相对独立于大股东）的利益群体，因而也难以肯认合伙人具有类似公司中小股东需要平等于乃至优先于债权人而受保护之地位。相反，由于合伙企业高度的人合性，合伙人更可能合谋利用一致同意规则损害外部债权人的利益。其二，《公司法》第 16 条明确规定公司担保决策的方式是召开股东（大）会或董事会，内部意思形成的载体是决策机构决议，但《合伙企业法》第 31 条仅规定“一致同意”，而未对一致同意的方式、载体等作出规定，这使得债权人的审查难度陡然增大（如合伙人可能以口头或其他难以审查的方式达成一致）。此时，若要求债权人审查合伙协议及合伙企业内部意思形成过程，极易激发合伙人的道德风险。其三，公司奉行股东有限责任原则，债权实现所依赖的责任财产（公司财产）数量相对固定，因而公司对特定债权人提供担

---

① 王利明：《论合伙协议与合伙组织体的相互关系》，载《当代法学》2013 年第 4 期。

② 合伙人对本法规定或者合伙协议约定必须经全体合伙人一致同意始得执行的事务擅自处理，给合伙企业或者其他合伙人造成损失的，依法承担赔偿责任。

保，意味着其他债权人的受偿风险可能增大，故对担保债权人施加审查义务，有利于平衡公司多个债权人之间的利益。而合伙人原则上对合伙企业债务承担无限连带责任，故合伙企业担保特定债权一般不会对其他债权的受偿产生显著影响。基于上述理由，将控制合伙人越权担保风险的义务分配给合伙企业，更具有法律上的正当性和经济上的合理性。

最后，债权人不承担审查合伙协议及合伙企业意思形成载体的义务，虽可能诱使合伙人利用合伙企业对外担保而损害其他合伙人的利益，但此种风险应理解为追求合伙企业的灵活与效率所付出的成本。[①] 合伙企业维系于合伙人之间的信任，对于信任崩塌的风险和损失，亦应由合伙企业内部消化而不是外溢于债权人。

综上，在担保人是合伙企业的情形中，只要债权人尽到初步的、表面的审查义务，即应推定为《合伙企业法》第 37 条所指的善意第三人。[②]

问题 8. 以买卖合同作为借贷担保的效力认定

近年来，在借贷交易中出现了一种新的担保方式：双方当事人同时签订借款合同和买卖合同，并约定若到期债务清偿，买卖合同不再履行；若到期债务不清偿，双方则履行买卖合同，借款债务与买卖价金相抵销。司法实践中，借款合同与房屋买卖合同的联立最为常见，如当事人同时签订借贷合同和商品房买卖合同，办理商品房预售网签或预告登记，并约定当借款人未按约定还款时将履行商品房买卖合同，将房屋过户到出借人名下。对于这类买卖合同的性质与效力，实践中存在较大争议。

一种观点认为，在合同、协议均依法成立并已经生效的情况下，应当认定当事人之间同时成立商品房买卖和民间借贷两个民事法律关系，该行为并不违反法律、行政法规的强制性规定。借款到期后，借款人不能按期

---

① 合伙中各个普通合伙人对合伙事务的代表权，从根本上是为了降低交易成本而采取的措施。叶林、叶敏：《〈合伙企业法〉的定位与法律协调》，载《国家检察官学院学报》2006 年第 6 期。

② 郭佑宁：《合伙人越权提供合伙企业担保的效力》，载微信公众号“天同诉讼圈”2016 年 12 月 6 日文章。

偿还借款，对方当事人要求并履行商品房买卖合同取得所有权，不违反《担保法》第40条及《物权法》第186条禁止流押的规定，因此，认为此类担保行为应属合法有效。此种观点，公开的判决中采用得比较少。刊登于《最高人民法院公报》上的最高人民法院（2011）民提字第344号案采用了这一观点。该案中，朱俊芳与嘉和泰公司于2007年1月25日签订14份《商品房买卖合同》，约定朱俊芳向嘉和泰公司购买14套目标商铺，并于同日办理了销售备案登记手续，嘉和泰公司出具了相应销售不动产发票。2007年1月26日，双方签订《借款协议》，约定嘉和泰公司向朱俊芳借款1100万元。嘉和泰公司自愿将其开发的目标商铺抵押给朱俊芳，抵押的方式为："和朱俊芳签订商品房买卖合同，并办理备案手续，开具发票"，"如到期偿还借款，则将抵押手续（合同、发票、收据）退回；到期不能偿还，将以该抵押物抵顶借款，双方互不支付对方任何款项"。该借款到期后嘉和泰公司未能偿还，朱俊芳诉至法院，请求确认"商品房买卖合同"有效，判令嘉和泰公司履行该合同。对此，最高人民法院经审理认为：双方当事人基于同一笔款项先后签订《商品房买卖合同》和《借款协议》，并约定如借款到期，偿还借款，《商品房买卖合同》不再履行；若借款到期，不能偿还借款，则履行《商品房买卖合同》。在合同、协议均依法成立并已生效的情况下，应当认定当事人之间同时成立了商品房买卖和民间借贷两个民事法律关系。该行为并不违反法律、行政法规的强制性规定。借款到期，借款人不能按期偿还借款。对方当事人要求并通过履行《商品房买卖合同》取得房屋所有权，不违反《担保法》第40条、《物权法》第186条有关"禁止流押"的规定。

另一种观点认为，在当事人一方主张系房屋买卖关系，另一方主张系借贷关系，且双方证据均有缺陷的情况下，应结合双方当事人提交的证据，探究合同签订时双方当事人的真实意思表示，判断法律关系的性质。在借贷关系成立的前提下，签订商品房买卖合同并办理备案登记的行为，足以构成一种非典型的担保，债权人依照合同约定请求直接获得房屋所有权的主张，违反了禁止流质的规定，应该属于无效。相比于实务中的第一种做法而言，此种观点在公开的判决中采用得较多。在最高人民法院（2013）民提字第135号案中，杨伟鹏与嘉美公司于2007年6月27日签订

《商品房买卖合同》，购买目标商铺53间。当日，杨伟鹏向嘉美公司支付了购房款340万元，嘉美公司向杨伟鹏开出了“销售不动产统一发票”，但该发票由嘉美公司持有。次日，双方对销售的53间商品房进行了备案登记，房产局为上述53间商品房出具了《商品房备案证明》。但是，嘉美公司一直未按约定交付目标商品房从而引发纠纷。对此，最高人民法院经审理认为，“杨伟鹏向嘉美公司支付340万元并收取利息的行为，足以认定双方之间成立了债权债务关系。嘉美公司从杨伟鹏处取得340万元的真实意思是融资还债，其与杨伟鹏签订《商品房买卖合同》的目的，则是为了担保债务的履行。鉴于双方未办理抵押登记，其约定也不符合《中华人民共和国担保法》规定的担保方式，故双方签订《商品房买卖合同》并办理商品房备案登记的行为应认定为非典型的担保方式。即在嘉美公司不能按时归还340万元的情况下，杨伟鹏可以通过拍卖或者变卖案涉房屋的方式确保其能够实现债权。如果嘉美公司按时归还340万元，则杨伟鹏是不能就案涉的53间商铺主张权利的。嘉美公司对交易的控制体现在借款合同和其没有将《销售不动产统一发票》原件交付给杨伟鹏，而缺少了发票，杨伟鹏是无法实际取得商铺并办理产权登记手续的。《物权法》第186条规定，抵押权人在债务履行期限届满前，不得与抵押人约定债务人不履行到期债务时抵押财产归债权人所有。该规定主要是基于平衡双方当事人利益的考虑，防止居于优势地位的债权人牟取不当暴利，损害债务人特别是其他债权人的利益。尽管本案中双方当事人签订《商品房买卖合同》并办理商品房备案登记的行为并不导致抵押权的成立，但足以在双方当事人之间成立一种非典型的担保关系。既然属于担保，就应遵循物权法有关禁止流质的原则，也就是说在债权人实现担保债权时，对设定的担保财产，应当以拍卖或者变卖的方式受偿。”最终，最高人民法院再审撤销了一审、二审法院判决，驳回了杨伟鹏要求交付的诉讼请求。

对于这一类交易中的买卖合同，目前得到较为普遍认同的称谓是买卖型担保或买卖式担保。对于其性质，理论界的观点也不尽一致，现有学说在解释此类行为时有两个方向：一个是解释为以物抵债之清偿，其学说有“代物清偿预约”“附条件代物清偿”“债之更改”等理论形态；另一个是解释为担保，其学说有“让与担保说”“后让与担保说”“抵押权说”等。

其中第一个方向又以代物清偿预约说较为流行，该说认为，担保型买卖合同虽然冠以买卖之名，但买卖不过是其借用的外衣，究其实质是双方预先约定如到期不能清偿债务则以物抵债，其在民法概念体系中的定位应是代物清偿预约。所谓代物清偿，是指债权人受领他种给付来代替原定给付，从而使原有债务关系归于消灭的合同。通俗地说，代物清偿就是以物抵债。①

"担保"方向的学说中，让与担保说认为，当事人双方签订房屋买卖合同表达了转移所有权以设定担保的意思，而且还通过办理备案登记具备了相应的公示方法，符合让与担保的构成要件。② 该观点在实务中有所体现。例如，在"浙江某有限公司与陈某某民间借贷纠纷案"中，一审法院认为，当事人以签订房屋买卖合同方式提供抵押担保的行为构成让与担保，并且让与担保的内容系其签订《房地产抵押借款合同》时的真实意思表示，因此债权人对标的物享有优先受偿权。③

后让与担保说认为，将这种用商品房买卖合同为债权设置的担保叫作后让与担保，在于发生担保作用的不是商品房买卖合同的债权，而是商品房买卖合同的标的物即房屋及其所有权，其中也包括商品房的地基及建设用地使用权，在签订商品房买卖合同作为担保的时候，担保标的物的所有权并没有转移，房屋也没有交付，仅仅是约定了交付担保标的物的债权。如果债务人不履行债务，债权人即可主张履行商品房买卖合同，交付担保标的物的所有权以清偿债务，显然是以约定的商品房所有权的后转让作为担保。后让与担保既表达了其与让与担保之间的联系，也表现了与让与担保之间的区别，概括了这种担保物权的基本特征，是一个形象、具体、具有表现力的概念。④

---

① 高治：《担保型买卖合同纠纷的法理辨析与裁判对策》，载《人民司法·应用》2014年第23期。这一观点在山东法院系统较为流行，还可参见济南市中级人民法院课题组："买卖式担保的实践类型与裁判规则研究"，载《山东审判》2016年第2期；赵振飞：《名为买卖实为担保行为的性质与效力认定——基于一个〈最高人民法院公报〉案例的思考》，载《山东审判》2016年第1期。

② 参见梁曙明、刘牧晗：《借贷关系中签订房屋买卖合同并备案登记属于让与担保》，载《人民司法·案例》2014年第16期。

③ 参见浙江省金华市中级人民法院（2014）浙金商终字第1016号民事判决书。

④ 杨立新：《后让与担保：一个正在形成的习惯法担保物权》，载《中国法学》2013年第3期。

抵押说认为，让与担保在《物权法》起草过程中前受厚托、后遭摈弃的境遇表明，让与担保这一概念已被抵押权所涵盖，不动产让与担保实质上为不动产抵押。而这种所谓的后让与担保与不动产抵押之间，也仅存在形式上的“名”之不同，不存在法律上的“实”之差异。[①]

笔者认为，对于该类型合同性质的认识，还是应以当事人的意思作为判断的基础。就上述案例所反映的典型的买卖型担保而言，当事人签订买卖合同，其目的在于为借贷提供一种担保，暂且撇开依据当事人的意思而设定的担保是否符合法律规定不论，当事人的这一目的是明确的，这也是正确认知其性质以及处理此类纠纷的基础。基于此，笔者认为，代物清偿预约说等以物抵债之清偿观点在解释当事人签订买卖合同的意图时存在明显偏差，有为了追究合同有效而事后倒推之嫌，虽然其目的是尽可能地尊重当事人的意思自治，但如果外部表示的法律效果并非当事人的真实追求，若为有效，显属效果强加，与私法自治相悖，故不足取。

“让与担保说”“后让与担保说”“抵押权说”则均立足于当事人提供担保的本意，这一点值得肯定。对此几种观点，简要评析如下：

第一，让与担保，是指债务人或第三人为担保债务人的债务，将担保标的物的财产权移转于担保权人，而使担保权人在不超过担保的目的范围内，取得担保标的物的财产权，于债务清偿后，标的物应返还与债务人或第三人，债务人不履行时，担保权人可就该担保物受偿的非典型担保。让与担保的典型特征是“以转移标的物所有权的方式担保债务清偿”。[②] 其成立时，标的物至少在外部上须要转移给担保权人。就不动产而言，不动产让与担保自完成所有权移转登记时起发生效力。在这类担保中，当事人签订房屋买卖合同时，只是作出如果不清偿债务则履行买卖合同并交付房屋的约定，在债务履行期限届满前并不会转移房屋所有权。虽然当事人签订买卖合同时已经存在通过转移所有权进行担保的合意，但有让与的合意与所有权现实转移不可同日而语。因此，并不符合让与担保的构成要件。

第二，在所谓的后让与担保中，在债务履行期届满前，不会转移房屋所有权，双方仅存在一种合同关系，债权人对标的物并无物权，其要求交

① 董学立：《也论“后让与担保”——与杨立新教授商榷》，载《中国法学》2014 年第 3 期。

② 谢在全：《民法物权论》（上），中国政法大学出版社 2011 年版，第 1100 页。

付房屋的请求权也不具备行使条件，担保功能无从体现。在所谓的后让与担保中，只有当债务人届期不履行债务时，债权人才能请求履行买卖合同，交付房屋，其仍只是一种请求权，与物权的支配性不相符合。而且，在担保物完成交付时，主债权便会因清偿而消灭，担保效力无从谈起。此外，基于《物权法》第9条规定，我国在不动产物权变动上以登记生效为原则，显然，在后让与担保合同成立时，债权人并不因此而享有担保物权，债权人无论基于何种理由要求债务人交付房屋，在性质上都仅为债权请求权，而不具有担保物权的支配属性。

第三，将买卖合同型担保解释为不动产抵押也存在较为明显的障碍。我国不动产抵押采登记生效主义，由于当事人签订房屋买卖合同后往往不会进行抵押登记，不动产抵押权便无从成立。因此将买卖合同型担保解释为抵押，既不符合当事人签订合同的本意，也与法律对不动产抵押的规定不符。

对于买卖合同型担保的效力问题的处理，笔者认为，主要应把握以下三点：

第一，在性质认定上，应认识到买卖合同型担保是契约自由原则的体现，司法实践中处理此类担保时绝不应忽视或者扭曲当事人的真实意思。在以买卖合同作为借贷担保的关系中，当事人之间实际上成立了两个法律关系，一个是借款合同，一个是买卖合同。但这两者是密切联系的，借款合同是主合同，往往是被隐藏起来的。而买卖合同是从合同，是明显表现出来的。买卖合同实际上是对借款合同的担保，这种担保方式既非担保物权，也非保证，而是当事人通过合意创设的担保法、物权法所明定的担保方式之外的担保，这是一种以当事人之间的债的制度安排为形式的担保。如果扭曲当事人的缔约真意，一味着眼于非典型担保物权，实则是对意思自治原则的违反。

事实上，我们一般将担保定义为法律规定或者当事人约定的保证债务履行的方法和手段，这虽然能揭示担保产生的方式以及担保所具有的确保债权实现的作用，对于正确认识和运用担保具有一定的理论意义和实践价值，但是该概念并未解释出担保的法律特质，未能将担保与其他债权保护方法区别开来。根据该概念，凡是能够用以督促债务人履行债务，保障债权实现的各种方法均可称“担保”，如合同应采用书面形式、内容必须全面、违约责任以及公证、备案等，都能对债务的履行起到某种确保作用，甚至整个债法制度都是为保障债权的顺利实现而设立的。[①] 因此，当事人通过买卖合同形成的一种债的安排，目的则是保障债权的实现，在本质上就是当事人之间为保障债权实现而为的担保，虽然这一担保方式因未被担保法、物权法所认可而在优先受偿等效力方面存在欠缺，但这并不能否定其担保的性质。

买卖合同的担保功能主要通过买卖合同标的物的价格波动得以实现。在出借人同意并且希望借款人以签订买卖合同的形式为民间借贷合同提供保障时，从出借人的角度剖析，其对买卖合同标的物的价格至少是认可甚至是看涨的。尤其是标的物的价格在民间借款合同履行期届满时出现了大幅上涨，如果此时借款人无法履行民间借贷合同，出借人很可能会乐见其成，因为买卖合同的履行能让出借人获得更大的收益。从借款人的角度剖析，其履行还款义务的动力与意愿将会大大增强，因为没有任何一位借款人会愿意自己的资产发生减损。因而，买卖合同具有促使借款人竭尽所能地去全面履行还款义务的担保功能。这与违约责任明显不同。正常情况下，如果违约是违约方主动造成的，那么违约方一般是为了获得更大的经济利益。设计违约责任主要是为了填补未违约方所受的损失，不允许使其额外获利。因此，违约责任不具有此种担保功能。以商品房买卖合同为例，用商品房买卖合同对借贷合同进行担保，确实能够起到担保作用。特别是在商品房买卖合同约定的房价较低，而房价持续上涨的时候，更能够督促借款人及时清偿债务，避免承担对自己不利的违约后果。在前引嘉美公司案中，嘉美公司向杨伟鹏借款，以新债还旧债的动机是为了避免向旧债权人履行交付所涉房产的买卖合同，因为所涉房产价格已经远远高于所负债务。嘉美公司作为以追求利润为目的的商主体，自然会千方百计防止自身资产的减少，极力对旧债务作出履行。而之后嘉美公司不同意向杨伟鹏履行所涉房产的买卖合同，其实仍是出于价格原因。嘉美公司在向最高人民法院的上诉理由中就明确表示《商品房买卖合同》中约定价款仅为同

---

① 孙鹏、王勤劳、范雪飞：《担保物权法原理》，中国人民大学出版社2009年版，第1页。

时期、同位置商铺最低价格的15%。只是此时嘉美公司认为买卖合同不具有约束力，故不愿意再受买卖合同促使其履行债务的担保功能的束缚。在前引朱俊芳案中，最高人民法院反驳了嘉和泰公司关于买卖合同无效的主张。因为在最高人民法院看来，嘉和泰公司具有履行合同的选择权，其完全可以选择履行对其有利的给付方式。嘉和泰公司既没有在约定期间内履行合同，也没有在法定期间内对合同效力提起诉讼，其不诚信行为不能获得支持。当民间借贷合同履行期届至时，假使买卖合同标的物的价格下滑乃至低于借款金额，买卖合同仍旧具有担保功能。市场交易主体作为理性的经济人，其本就应当审慎地进行交易，对自己的交易决策负责。况且，在签订民间借贷合同过程中，对买卖合同标的物价格主观上的良好预期的确能够促进民间借贷合同的签订，此时买卖也相当于提供了类似于立约定金促进合同订立的担保功能。强大的对抗效力是基于担保物权形式与内容的法定，对于灵活多变的市场交易而言，法定也代表着一定程度的滞后。当担保物权所展现的担保功能无法满足市场的交易需求，甚至在某些特定条件下，整个法定担保类型都不被市场所选择与青睐时，允许通过债的方式来实现担保功能就不失为一种高明的替代。承认市场经济交易所衍生出的具有担保功能的法律构造，是对市场规律的尊重。①

第二，在效力认定上，首先，如上所述，既然以买卖合同而为借款的担保并非为设定担保物权而为，则当然就不应以违反《物权法》和《担保法》对流押契约的禁止性规范为由而认定无效。其次，实践中有观点认为，买卖合同为借款作担保是当事人之间为规避物权法禁止流质约定的一种规避法律行为，即脱法行为，故应当认定为无效。② 笔者认为，根据《物权法》的规定，禁止流质规则的适用须以存在抵押和质押关系为前提。由于《物权法》担保物权的一般规定没有设置禁止流质规则，如果论证禁止流质规则为担保物权的一般性规则，实际上是对禁止流质规则的目的性扩张解释。援用禁止流质规则来规制非本问题所探讨的担保型买卖合同，

① 张伟：《买卖合同担保民间借贷合同的解释论——以法释〔2015〕18号第24条为中心》，载《法学评论》2016年第2期。

② 参见黄芬：《以商品房买卖（合同）设定的担保的法律属性与效力——兼评最高人民法院公报案例"朱某与山西某房地产开发公司商品房买卖合同纠纷案"》，载《河北法学》2015年第10期。

则更是属于对禁止流质规则的目的性扩张解释无疑。而立法机关规定禁止流质规则最基本的理论立足点是流质条款“不仅不利于保护债务人的合法权益，也与民法规定的平等、公平原则相悖”。[①] 但该立法理由的合理性一直备受质疑。当然，由于《物权法》已对禁止流质规则作出了规定，故基于解释论，我们只能在现有规则框架下进行探讨。但是，在适用该规则时，就应当更加谨慎，将其适用范围限缩为质押与抵押。通过目的性扩张解释来拓宽禁止流质规则的调整范围，不存在合理性，因此以规避禁止流质规则的脱法行为为由来否定买卖合同的效力不具有正当性。[②] 再次，还有观点认为，为借贷提供担保而签订的买卖合同，因双方均无真实买卖的意思，而系一种为债权债务提供担保的措施，故构成通谋虚伪表示，因而无效。[③] 最高人民法院在林福汉与毛来华、刘宣求执行异议之诉纠纷案中即持此种观点，认为：“案涉《房屋买卖合同》买卖店面的约定本身是当事人之间的虚伪意思表示，刘宣求与林福汉签订案涉《房屋买卖合同》的真实目的是以案涉店面担保刘宣求本金为 800 万元、借款期限为三个月、利率为日 3‰的债务的履行，当事人间达成一致的真实意思即隐匿行为是将案涉店面作为借款合同的担保。根据《民法总则》第 146 条之规定，本院认定案涉《房屋买卖合同》本身作为伪装行为无效，而借款担保作为隐藏行为，在不违反法律、行政法规的强制性规定的情况下，可以肯定其在当事人之间的合同效力。因此，林福汉请求确认其与刘宣求双方于 2012 年 6 月 20 日签订的《房屋买卖合同》合法有效，缺乏法律依据，本院予以驳回。”[④] 对此，笔者持保留意见。通谋虚伪表示指表意人与相对人通谋，不表示内心真意的假装实施法律行为的意思表示。在虚伪表示中，表意人没有作出意思表示的真意，相对人对此明知并达成合意，因此该意思表示在当事人之间无效。而出借人既然愿意借款人以签订买卖合同的形式为其借

---

① 胡康生主编：《物权法释义》，法律出版社 2007 年版，第 108 页。

② 张伟：《买卖合同担保民间借贷合同的解释论——以法释〔2015〕18 号第 24 条为中心》，载《法学评论》2016 年第 2 期。

③ 参见高治：《担保型买卖合同纠纷的法理辨析与裁判对策》，载《人民司法·应用》2014 年第 23 期；张海鹏：《担保性房屋买卖合同法律性质之探析——兼析〈民间借贷司法解释〉第 24 条》，载《东方法学》2016 年第 2 期。

④ 参见（2016）最高法民再 113 号民事判决书。

贷提供保障，并且买卖合同具有现实的担保功能，那么出借人就没有与借款人通谋为虚伪意思表示的动机。出借人作为理性的经济人，向借款人出借资金的目的是获取利息收益从而让资金得以增值。当所签订的买卖合同可能会使出借人获取超额收益时，逐利的心态会使其极力促成买卖合同的订立，因此不存在与出借人共同为虚伪意思表示的可能。此外，在买卖合同作为借贷担保的情况下，也不会存在单方虚伪表示（即真意保留）的可能。因为真意保留是指表意人故意隐匿其真意，而表示与其真意不同之意思表示。真意保留并不影响法律行为的效力，只有相对人明知时，才会发生无效的效果。在买卖合同为借贷担保的情形下，明知真意保留从而导致意思表示无效的情况难以发生。从出借人一方来分析，其在明知借款人真意保留的情况下，将不会耗费精力与借款人签订一份不能实现担保功能的无效买卖合同。从借款人一方来分析，借款人为了获取借款，其即使内心真意保留，也不会让出借人得知。因为出借人在获知借款人不诚信或者无法获得担保的情况下，为了规避风险，其很可能会打消借款的意愿。①

综上所述，笔者认为，一般而言，以买卖合同作为借贷担保的行为是合法有效的。当然，如果当事人这种担保的约定存在显失公平等情形，如以价值极高的房产担保数额较少的借款，则当事人自可请求法院予以变更或撤销。

第三，在法律后果上，一方面，以买卖合同为民间借贷提供担保，并不能使债权人获得相应的担保物权，债权人无法就买卖的标的物优先受偿。另一方面，在买卖合同的双方当事人之间，应当以买卖合同为基础实现对债权的担保。但在是否得直接请求履行买卖合同的问题上，实践中则又存在分歧。《最高人民法院关于审理民间借贷案件适用法律若干问题的规定》（以下简称《民间借贷规定》）第 24 条第 2 款规定："按照民间借贷法律关系审理作出的判决生效后，借款人不履行生效判决确定的金钱债务，出借人可以申请拍卖买卖合同标的物，以偿还债务。就拍卖所得的价款与应偿还借款本息之间的差额，借款人或者出借人有权主张返还或补偿。"据此，有观点认为，债权人不能请求履行买卖合同，而只能根据

① 参见张伟：《买卖合同担保民间借贷合同的解释论——以法释〔2015〕18 号第 24 条为中心》，载《法学评论》2016 年第 2 期。

《民间借贷规定》第24条第2款，申请拍卖买卖合同标的物，以偿还债务。但就拍卖所得的价款与应偿还借款本息之间的差额，借款人或者出借人有权主张返还或补偿。即在实现这一非典型担保时，债权人负有强制清算义务。笔者不赞成此种观点，如果我们对《民间借贷规定》第24条作严格的文义解释，认为当事人不能请求履行买卖合同而只能申请拍卖，且如拍卖所得价款高于借款本息还必须返还债务人，则当事人在交易中创设的这种担保方式，在法律上就几乎会成为一张废纸。因为即使没有这份买卖合同，只要获得了民间借贷的胜诉生效判决，当事人一样可以在强制执行程序中申请拍卖、变卖作为当事人的责任财产来实现债权。买卖合同签订与否，根本不影响债权实现。因此，这种理解实际上就意味着在法律后果上相当于宣布了当事人之间的权利义务安排无效。而这种对法律行为效力的强势干预，并不具有足够的合理性和正当性。当然，笔者也能理解该条规定所体现的司法裁判者所要追求的价值导向。因为近年来民间借贷普遍存在着变相高息，从而使得出借人因此获得法律所不支持的暴利、借款人债务负担沉重，进而导致实体经济融资成本高昂、中小微企业融资困难，该条规定实属司法机关试图在这样的局面下通过发挥法律的价值导向功能对此加以矫正的无奈之举。但不可否认的是，正因如此，也确有矫枉过正之嫌。因此，笔者认为，在实践中适用该条规定时不宜过于机械，还是应结合个案的具体情况加以具体分析，尽量尊重当事人之间的交易安排，辅之以显失公平等制度加以调整，该条司法解释所规定的“清算”程序应仅作为兜底性的调整手段使用为宜。

第三节 主合同与担保合同的关系及责任承担

问题9. 主合同有效而担保合同无效时的法律责任

担保合同是担保人和债权人之间的协议，其主体不包括债务人。担保合同是从合同，其无效可产生于两种情形之中。一种是主合同和担保合同均无效。另一种是主合同有效，但担保合同无效。担保合同无效时，担保人无须承担保证责任，但仍会产生无效合同的民事赔偿责任。合同无效时，当事人承担的是缔约过失责任是我国民法学界的通说。担保合同是合同的类型之一，其无效时产生的责任当然是缔约过失赔偿责任。且该责任的大小与债权人与担保人在缔约过程中的过错相关联。至于担保人与主债务人之间的法律关系是另一层面的问题，即使其有无效或被撤销的事由，对担保合同的效力不产生任何影响。

对于担保合同无效时相关当事人的民事责任问题，《担保法》第5条第2款规定，担保合同被确认无效后，债务人、担保人、债权人有过错的，应当根据其过错各自承担相应的民事责任。《物权法》第172条第2款规定，担保合同被确认无效后，债务人、担保人、债权人有过错的，应当根据其过错各自承担相应的民事责任。两者规定完全一致，故对于该问题，仍应根据上述法律规定的基本原则，按照《担保法解释》第7条、第8条的规定加以具体处理。

《担保法解释》第7条规定："主合同有效而担保合同无效，债权人无过错的，担保人与债务人对主合同债权人的经济损失，承担连带赔偿责任；债权人、担保人有过错的，担保人承担民事责任的部分，不应超过债务人不能清偿部分的二分之一。"故在担保合同因自身原因而无效时，当事人的缔约过失责任范围，取决于债权人因担保合同无效所造成的损失及担保人和债权人对无效合同的过错程度等因素。

1. 债权人无过错的

如果主合同的债权人对于担保合同的无效没有过错，那么就只能说明该担保合同之所以无效，是因为债务人或担保人的过错，或者二者均有过错。例如，抵押人以欺诈的方式将禁止抵押的教育设施抵押给债权人，债权人对此并不知情。这种情况下，债权人对于抵押合同的无效显然没有过错，抵押人存在严重的过错。当债权人对于担保合同的无效没有过错时，如果债务人就是担保人，只要债务人向债权人承担赔偿责任即可；如果债务人与担保人是不同的民事主体，则担保人与债务人向债权人承担连带赔偿责任。① 由于债权人无过错，司法解释支持债权人可以获得与担保有效

---

① 程啸：《担保物权研究》，中国人民大学出版社2017年版，第97页。

时相当的赔偿。在此种情况下，担保人的责任较重，其地位与债务人相等，均为债权人的连带债务人。债务人与担保人承担连带赔偿责任的理论基础与共同侵权相似，但需要区分的是，担保合同因担保人的主体资格不具备而无效，比如国家机关做担保人的，不属于债权人无过错的情况，不能认定担保人与债务人承担连带赔偿责任。因为担保人主体资格的欠缺是显而易见的，在法律禁止某类主体作担保人的背景下，债权人仍然接受这种担保，债权人是明知或应知担保无效而设定担保，债权人应当被认为有过错（故意或者重大过失）。①

此外，《担保法解释》第 9 条规定："担保人因无效担保合同向债权人承担赔偿责任后，可以向债务人追偿，或者在承担赔偿责任的范围内，要求有过错的反担保人承担赔偿责任。担保人可以根据承担赔偿责任的事实对债务人或者反担保人另行提起诉讼。"据此，担保人因无效担保合同向债权人承担代偿性赔偿责任后，可向债务人追偿。

2. 债权人有过错的

根据缔约过失责任理论，在为债权人全部过错的时候，担保人不承担任何民事责任（如债权人欺诈担保人而签订的担保合同被撤销时，担保人免除责任）；在债权人、担保人均有过错的时候，担保人承担部分赔偿责任。

债权人的过错是认定担保人民事责任大小的关键。从类型上分，过错既包括故意也包括过失，具体情形有：（1）与债务人串通、骗取担保人提供保证；（2）采取欺诈、胁迫等手段，使担保人在违背真实意思的情况下提供保证；（3）明知或者应当知道分支机构没有取得企业法人的书面授权仍与之签订担保合同。对于前两种情况，对债权人而言违反了诚信原则，对担保人而言违反了自愿原则，《合同法》及《民法总则》规定为可撤销的保证合同，在担保人未请求撤销前，担保合同有效；《担保法》30 条直接规定为担保人不再承担民事责任。因可撤销合同和无效合同的结果相同，且《担保法》已直接规定此时担保人无须承担民事责任，因此不必僵化于程序上要求担保人先请求撤销担保合同才可免除己方责任。在债权人

① 曹士兵：《中国担保制度与担保方法》（第四版），中国法制出版社 2017 年版，第 98—99 页。

欺诈、胁迫担保人在违背真实意思的情况下提供保证时，债权人主观上是故意，该过错是担保合同无效的根本原因，故担保合同无效的责任只由债权人承担。但应当注意在债务人与担保人有关联关系时，对债权人过错的认定问题。首先，债务人与担保人之间的关系属于委托合同关系，债务人与担保人有关联关系的事实不必然等于债务人欺诈、胁迫担保人，二者是不同的事实要件。其次，即使债务人对担保人构成欺诈，也只是委托合同无效的理由，而不能据此认定担保合同无效。只有当债权人知道或者应当知道欺诈事实的，也构成欺诈，担保合同才可因此而无效，且该无效与担保人无涉，担保人可免责。对于后一种情况，也就是债权人和企业法人分支机构均有过错时。此种担保合同虽然是当事人双方自愿设立的，但因违反了《担保法》而无效。法律明文规定分支机构没有法人书面授权时不得作担保人，该规定对全社会有约束力，任何相对人包括债权人都推定应当知道，债权人不得以不知道该规定为由主张免责。

担保人的责任，依据《担保法解释》第 7 条的规定，双方应当依据各自的过错承担相应的责任，但是担保人承担民事责任的部分，不应超过债务人不能清偿部分的二分之一。这是《担保法解释》规定的此种情形下担保人的责任上限。作为上限，不要求所有案件中都按照二分之一判决，只要不超过二分之一，就符合司法解释的精神。在二分之一以下，具体判多少，视担保人与债权人的过错大小定，而过错大小，原则上由审判人员或合议庭在案件事实基础上进行确定。之所以定二分之一为上限，是因为债权人、担保人有过错，应当分担损失，债权人、担保人作为两方，按照均分原则，担保人承担的责任份额为二分之一。①

此外，实践中还需要注意以下问题：1. 根据《担保法解释》第 7 条的规定，此处计算责任份额基数应当是债务人不能清偿部分而非债权人全部损失的。所谓“不能清偿部分”，是指债务人在债务到期后清偿债务的剩余部分，与债务人是否还有清偿能力有关。债务人仍有能力清偿的，仍应先执行债务人的财产。但在民事执行中也无须等到债务人财产全部受执行后才执行担保人的财产，判断“不能清偿”应以债务人方便执行的财产是

---

① 曹士兵：《中国担保制度与担保方法》（第四版），中国法制出版社 2017 年版，第 99 页。

否受执行为标准，方便执行的财产已经受执行的，债务的剩余部分即为不能清偿的部分。[①]

2.《担保法》5 条第 2 款规定“根据其过错各自承担相应的民事责任”。对此，根据民法基本理论，确定民事责任的范围不能脱离担保合同的效力及无效情形。合同无效产生的缔约过失赔偿责任不同于违约责任，其赔偿范围是信赖利益损失，即因信赖合同有效而遭受的损失，不包括预期利益的损失。一般包括缔约人支付的缔约费用，在缔约过程中遭受的人身、财产损失，缔约机会的丧失（在担保法领域表现为“丧失得到合格的保证人的机会”）所遭受的损失等。要注意不能将主合同的可得利益（例如利息）与从合同即担保合同的可得利益混淆。以无效担保合同只赔偿信赖利益为由否定主合同的可得利益，是错误的。依合同实际履行原则，债务人应依约履行其所有债务，未得到满足的部分才是债权人的损失，也就是因信赖保证有效而产生的损失，担保人应在此范围内按过错承担责任。也就是说，在主合同有效而担保合同无效时，担保人应在债务人违约责任赔偿范围的基础上承担缔约过失责任，包括主债权、利润、利息和实现债权的费用等。因此，《担保法解释》第 7 条对前述担保合同无效后“相应的民事责任”的基础范围根据债权人有无过错，分别规定为“主合同债权人的经济损失”及“债务人不能清偿部分”两种类型。

典型案例裁判文书

最高人民法院(2004)民二终字第31号民事判决书

【典型案例 13】

案例索引：中国长城资产管理公司北京办事处与中国华北电力集团公司北京供电公司借款担保合同纠纷案[②]。二审：(2004) 民二终字第 31 号。

案情简介：1996 年至 2000 年，电缆公司向银行贷款 8000 万余元，电力集团下属的领取营业执照的分支机构供电公司提供连带责任保证。

法院裁判：因供电公司违反《担保法》第十条关于企业法人的分支机

① 曹士兵：《中国担保制度与担保方法》(第四版)，中国法制出版社 2017 年版，第 99 页。

② 载奚晓明主编：《民商事审判指导》2005 年第 1 辑，人民法院出版社 2005 年版，第 240 页。

构未经法人书面授权不得为保证人的规定向银行提供担保，该担保合同应为无效。供电公司在明知自己不具备法人资格且未经集团公司授权的情况下提供担保，对上述保证条款无效负有过错，应承担相应民事责任；银行作为银行金融机构，在订立合同时疏于审查保证人主体资格等即接受供电公司担保，对保证条款无效有一定过错，亦应承担相应民事责任。依《担保法解释》第七条关于主合同有效而担保合同无效的规定，债权人和担保人有过错的，担保人承担民事责任的部分不应超过债务人不能清偿部分的二分之一的规定，供电公司对该笔债务在电缆公司不能清偿部分的二分之一范围内承担赔偿责任。

裁判要旨：企业法人分支机构未经法人书面授权对外提供担保，该担保合同无效，债权人和担保人有过错的，担保人承担民事责任的部分不应超过债务人不能清偿部分的二分之一。

问题 10. 主合同无效导致担保合同无效时的民事责任承担

（一）担保人民事责任的认定

《担保法解释》第 8 条规定："主合同无效而导致担保合同无效，担保人无过错的，担保人不承担民事责任；担保人有过错的，担保人承担民事责任的部分，不应超过债务人不能清偿部分的三分之一。"据此，依据担保人有无过错，可将主合同无效导致担保合同无效时的民事责任的承担分为以下两种情形。

1. 担保人无过错的

主合同的当事人是债权人和债务人，担保人不是合同当事人，主合同无效的结果应当由债权人和债务人承担。因此，当担保人对主合同的无效原因不知也不应知，或不存在明知主合同无效仍促成主合同成立或为主合同的签订作中介等情节的，担保人则免于承担赔偿责任。①

2. 担保人有过错的

所谓担保人有过错，是指担保人明知主合同无效仍为之提供担保、担

① 曹士兵：《中国担保制度与担保方法》（第四版），中国法制出版社 2017 年版，第 100 页。

保人明知主合同无效仍促使主合同成立或为主合同的签订做中介等。[①] 担保人的此种过错的特点在于：首先，它是主合同无效的过错向担保人的延伸，是担保人承担赔偿责任的根据。按照民事责任的原理，担保人主观上具有过错，又实施了无效的民事行为，并造成了损害后果，当然需要承担民事责任。其次，担保人的此种过错并非表现在其是造成主合同无效的原因，而在于其缔约时已经认识到主合同无效，就应知道该合同并无法律约束力，担保合同也应该无效，在此情况下，担保人对主合同的债权人就负有通知等义务，不让无效的结果发生。担保人不履行该项义务，仍提供担保，说明其放任合同无效的结果发生，错上加错，故对无效合同所产生的法律后果就应承担责任。[②] 在促成债权人与债务人订立主合同方面，担保人的过错情形可以概括为：（1）明知主合同具有无效事由而提供担保，从而使债权人产生信赖，与债务人订立主合同；（2）明知或应知主合同无效，仍为主合同的订立进行居间活动；（3）主合同的内容上违法，担保合同同时订立，可认为担保人对主合同的订立有错；（4）如果主合同以合法形式掩盖非法目的，保证人已经查知真实目的时，仍为其提供担保的，无论担保人有无过错，举证责任均在债权人一方。总之，判断担保人过错，要从担保合同订立的时间、内容，担保人在主合同订立的作用方面加以综合判断。例如，在建设工程领域的担保中，如果担保人明知建设工程施工合同未经合法招投标程序，违反相关法律的强制性规定，属无效合同，而仍提供担保，即应认为担保人有过错。

虽然担保人知道或者应当知道主合同无效仍提供担保是存在过错的行为，但这种过错毕竟不是导致主合同无效的直接原因，因此，担保人的责任原则上不应当超过主合同当事人的责任。对于债权人的损失，债权人、债务人、担保人作为三方，根据《担保法解释》的规定，按照均分计算的结果，担保人承担的责任，不应超过债务人不能清偿部分的三分之一。[③] 实践中，一般而言，法院多直接按照三分之一来作出裁判。至于其承担的责任份额具体应为多少，则一般可根据担保人是否有减少责任承担的事由

---

① 曹士兵：《中国担保制度与担保方法》（第四版），中国法制出版社 2017 年版，第 101 页。
② 程啸：《担保物权研究》，中国人民大学出版社 2017 年版，第 100 页。
③ 曹士兵：《中国担保制度与担保方法》（第四版），中国法制出版社 2017 年版，第 101 页。

来加以衡量。担保人可以提出的减少责任承担的理由一般有：债权人对于合同无效存在较大的故意或者过失；债权人对于特定担保人所承担损失扩大具有责任，如债权人主动放弃其他担保；债权人主动找担保人提供担保等。

（二）担保人民事责任的时效

《担保法解释》第8条明确了担保人承担的责任是民事责任，而非保证责任，故在主合同无效的情况下，担保人责任并不受原担保合同中担保期间的限制，债权人请求担保人承担责任受诉讼时效限制，应该从知道或者应当知道权利受到损害之日起3年，并同时适用最长诉讼时效，自权利受到损害之日起20年。

债权人请求担保人承担责任的起算点是何时呢？弄清这个问题前，要先明确担保人承担责任的性质。担保人承担的是主合同无效的缔约过失责任的补充责任，担保合同在缔约过程中，担保人与主债权人已由一般抽象的社会关系转化为一种具体的利益关系，缔约双方互负通知、协助、保护、忠诚之法定义务，担保人违反此类法定义务，催化主合同的无效，导致主债权人不利益，自然要负赔偿责任。作为债务人债务履行的辅助人，担保人的赔偿责任也含在债务人的缔约过失责任中，是债务人缔约过失后果的一部分，那么债权人追诉担保人的诉讼时效起算点应该与债务人是一样的。判断无效责任诉讼时效起算点，应根据履行期限是否届满而做出区分。在争议发生时，合同本身约定的履行期限尚未届满的，应当在起诉的时间点起算诉讼时效；如在争议发生时合同约定的履行期限已经届满的，则应根据所约定的期限届满的时点起算诉讼时效，以督促当事人及时履行权利。[①]

【关联问题】

何为“不能清偿”？

对此，《担保法解释》第131条规定：“本解释所称‘不能清偿’指对债务人的存款、现金、有价证券、成品、半成品、原材料、交通工具等可

① 敬玲：《主合同无效后担保责任的承担》，载微信公众号“高杉LEGAL”2016年11月4日文章。

以执行的动产和其他方便执行的财产执行完毕后，债务仍未能得到清偿的状态。”该条是判断债务人是否已经达到“不能清偿”状态的法律标准。

在理解担保法上的“不能清偿”的含义时，要注意其与相关概念的区别：

第一，债务人“不能清偿”不等于债务人破产。人民法院在执行债务人财产时不必对债务人进行破产清算，要避免在普通民事诉讼中纠缠破产清算程序。实际上，债务人资不抵债的，也可能对某一特定债务仍有清偿能力，而债务人没有到资不抵债地步的，也可能在一定时间内对特定债务“不能清偿”。

第二，“不能清偿”不是“未清偿”。“不能清偿”是指债务人欠缺清偿能力，而“未清偿”只是债务未受清偿的实际状态，与债务人的清偿能力没有关系。一般保证人或无效担保人承担民事责任的条件均是“不能清偿”，不以债务“未受清偿”为标准。

判断“不能清偿”的程序前提是主债务经过裁判和债务人经过强制执行。《担保法》第 17 条第 2 款规定：“一般保证的保证人在主合同纠纷未经审判或者仲裁，并就债务人财产依法强制执行仍不能履行债务前，对债权人可以拒绝承担保证责任。”因此，当事人和法官均不能依主观或自由裁量来判断“不能清偿”状态，而需要由执行部门来判断。执行部门在对债务人方便执行的财产已经执行完毕的，即可以判断债务人是否已经属于“不能清偿”，因此关键是对债务人方便执行的财产范围的确定。

《担保法解释》第 131 条中所谓方便执行的财产，是指无须变现或变现容易的财产，一般指司法解释列举的存款、现金、有价证券、成品、半成品、原材料、交通工具等动产，但不限于动产，不排除方便执行的不动产，如国有出让土地、商品房等建筑物。与动产相比，不动产变现困难，变现周期长，一般不属于方便执行的财产，因此对不动产是否属于方便执行的财产，由人民法院根据不动产的实际状态来灵活判断。企业的设备也是如此。债务人的对外债权一般不属于方便执行的财产。如果债务人有方便执行的财产没有被执行，就不属于“不能清偿”的状态，不能执行一般保证人或无效担保人的财产。如果债务人方便执行的财产已经执行完毕，即便债务人还有其他财产没有被执行，仍属于“不能清偿”的状态，可以执行一般保证人或无效担保人等第二顺序债务人的财产。[①]

【典型案例 14】

案例索引：中国银行重庆江北支行与中国农业银行襄樊市樊东支行、重庆市渝北区对外贸易公司信用证纠纷案[②]。一审：(2001) 渝高法民重字第 26 号；二审：(2005) 民四终字第 21 号。

典型案例裁判文书

最高人民法院(2005)民四终字第21号民事判决书

案情简介：1997 年，外贸公司以受实业公司委托代理进口钢材为名，向中行申请开立信用证，先后申请开立 4 笔共计 1400 万余美元，农行向中行出具不可撤销担保书。1998 年，中行调查组认定外贸公司以所谓转口贸易为名利用无贸易背景信用证进行逃套汇。外贸公司法定代表人因信用证诈骗罪被判无期徒刑。1999 年，中行起诉外贸公司、农行要求连带承担偿付其信用证垫款 1400 万余美元本息。

法院裁判：根据《审计报告》及《情况报告》的内容，案涉四单信用证是在无贸易背景的情况下开立的，是外贸公司虚构进口事实、骗开信用证套取国家外汇的行为，根据《民法通则》第五十八条第一款第（三）项，即一方以欺诈、胁迫的手段或者乘人之危，使对方在违背真实意思的情况下所为的民事行为无效的规定，本案开证法律关系应认定无效。根据《担保法》第五条即“担保合同是主合同的从合同，主合同无效，担保合同无效”的规定，本案担保法律关系亦应认定无效。在主合同无效导致担保合同无效的情形下，担保人并非主合同当事人，主合同无效不应要求非合同当事人的担保人承担无效结果。故担保人的过错不应是指担保人在主合同无效上的过错。担保人的过错应包括：担保人明知主合同无效仍为之提供担保、担保人明知主合同无效仍促使主合同成立或为主合同的签订作中介等。就本案而言，开证法律关系无效是由于外贸公司欺诈开证行开立无贸易背景的信用证造成的，担保人农行从申请开证环节上无法获知合同

---

① 参见曹士兵：《中国担保制度与担保方法》（第四版），中国法制出版社 2017 年版，第 104—106页。

② 载《最高人民法院公报》2006 年第 3 期。

的违法性。故应认定农行无过错。根据《担保法解释》第八条，即“主合同无效而导致担保合同无效，担保人无过错的，担保人不承担民事责任；担保人有过错的，担保人承担民事责任的部分，不应超过债务人不能清偿部分的三分之一”的规定，农行不承担民事责任。

裁判要旨：在主合同无效导致担保合同无效的情形下，担保人并非主合同的当事人，主合同无效不应当要求非合同当事人的担保人承担无效结果。因此，担保人的过错不应是指担保人在主合同无效上的过错。担保人的过错应当包括：担保人明知主合同无效仍为之提供担保、担保人明知主合同无效仍促使主合同成立或为主合同的签订作中介等。

问题 11. 主合同解除后担保责任的承担

合同解除是合同权利义务终止的一种情形，根据《合同法》第97条的规定，合同被解除后，尚未履行的，终止履行；已经履行的部分，当事人可以根据履行情况和合同的性质要求采取恢复原状或其他补救措施，并有权要求损害赔偿。因此，在合同解除后，债务人仍可能要承担一定的民事责任。如果此时担保也归于消灭，则显然对债权人不利。因此，《担保法解释》第10条规定：“主合同解除后，担保人对债务人应当承担的民事责任仍应承担担保责任。但是，担保合同另有约定的除外。”据此，应把握如下要点：

（一）主合同解除后担保责任承担的条件

根据《担保法解释》第10条的规定，主合同解除后，担保人承担担保责任须满足以下两个条件：第一，债务人应当承担民事责任。担保人承担担保责任的核心要件便是债务人不履行债务，基于担保责任的从属性，担保人应当对债务人的民事责任承担担保责任。若债务人不承担任何民事责任，担保人的担保责任自然免除。第二，主债务人承担的民事责任在担保人的担保范围内。这是担保之债的代偿性的要求，如果主债务人承担的民事责任不属于担保范围，则担保人不承担担保责任。[①]

---

① 曹士兵：《中国担保制度与担保方法》（第四版），中国法制出版社2017年版，第110页。

（二）主合同解除后担保人承担担保责任的范围

根据《担保法解释》第10条的规定，主合同解除后担保人承担担保责任的范围是“在债务人承担责任的范围内”。有观点认为，债务人因主合同解除承担责任的范围包括合同不履行所造成的损失和恢复原状的损失，但不包括履行利益（所失利益）的损失。也有观点认为，解除合同后一方享有的损害赔偿请求权是针对因违约发生的损害的赔偿，以履行利益为主，也可以包括其他的损害的赔偿。对合同解除后法律后果的不同理解，决定了担保人承担担保责任的范围差异。《担保法解释》执笔人认为，主合同解除后，担保人承担的担保责任一般小于主合同未解除时的责任范围，即担保人承担的担保责任范围既不能超过债务人应当承担的范围，也不能超过担保合同约定的担保范围。①

（三）主合同解除后担保人是否承担担保责任的具体情形

《担保法解释》第10条并不意味着主合同解除后担保人必须承担担保责任，具体区分如下情况：

第一，主合同在债务人没有任何违约、无须承担责任的情况下解除的。担保作为一种担保方式，其宗旨在于保障主债务的履行。当主合同的债务人不存在不履行债务的情况，也无须承担民事责任时，此时担保人承担担保责任的前提便不存在，无须承担担保责任。

第二，担保合同中约定担保责任随主合同的解除而免除的。根据《担保法解释》第10条“担保合同另有约定的除外”之规定，即便主合同的债务人在主合同的解除后仍承担民事责任，只要担保合同中约定了类似“担保责任随主合同的解除而免除”的规定，当事人的真实意思表示就在这类任意性规范中优先于法律规定适用，担保人无须承担担保责任。

第三，担保合同中没有特别规定的情况下，主合同解除后，债务人确应承担民事责任的，担保人在其应承担的民事责任范围内承担担保责任。合同解除后债权人与债务人的债权债务关系消灭，但债务人对于已履行的债务应当恢复原状或采取其他补救措施，对债权人利益的损失应予赔偿，实际上是将原来债权人的债权履行请求权变为损害赔偿请求权、恢复原状

① 曹士兵：《中国担保制度与担保方法》（第四版），中国法制出版社2017年版，第109页。

请求权。通说认为，合同解除所生的损害赔偿请求权在性质上属于违约损害赔偿请求权，而《担保法》所界定的担保范围本身就包括代为履行或承担赔偿责任，在主合同债务人不履行债务时，因其不履行债务所生的损害赔偿责任自然属于该担保范围，但另有约定的除外。[①] 并且前已述及，担保系为保障主债务之履行而设立的，因合同解除而生的恢复原状请求权基本上系因原主合同债务不履行所引起，担保人对之承担担保责任，不会科以其过重的责任，也不违反担保人的通常意思，因此对于恢复原状请求权，除非有相反约定，应由担保人承担。

典型案例裁判文书

最高人民法院(2001)民二终字第68号民事判决书

【典型案例 15】

案例索引：中国新型建筑材料（集团）公司与中国信达资产管理公司长沙办事处等借款担保合同纠纷案[②]。一审：（2000）湘法经一初字第 09 号；二审：（2001）民二终字第 68 号。

案情简介：1991 年至 1993 年，南县建行与建材厂签订了四份借款合同，均由建筑公司提供连带责任保证。南县建行发放了贷款，但建材厂并未依约分期偿还。2000 年，受让该不良金融债权的资产公司以建材厂已列入 2000 年全国企业兼并破产第三批审查项目名单为由，诉请解除第三、四份借款合同，提前还贷，建筑公司承担连带保证责任。

法院裁判：第三、四份借款合同虽尚未到期，但由于建材厂始终未能按期偿还任何贷款并已濒临破产，被列入兼并破产审查名单，其行为已构成根本违约，依《合同法》第九十四条第四款规定，银行有权要求解除尚未到期的第三、四份借款合同。建筑公司与银行签订的保证合同系本案借款合同的从合同，而银行已将上述债权合法转让给资产公司，参照《担保法解释》第十条的规定，资产公司要求解除合同、提前收贷符合法律规定，建筑公司仍应承担担保责任。

裁判要旨：主合同解除后，担保人对债务人应当承担的民事责任仍应

---

① 高圣平：《担保法论》，法律出版社 2009 年版，第 178—179 页。

② 载李国光主编：《民商事审判指导》2002 年第 1 卷，人民法院出版社 2002 年版，第 395 页。

承担担保责任。

第四节 担保物权竞存的处理

同一财产上可以存在数个担保物权，由此可能引发不同权利人之间的权利冲突，也就是数个担保物权中哪一个位次在先、效力优先。实践中，主要存在动产抵押权与动产质权竞合、动产抵押权与所有权保留竞合、动产抵押权（质权）与留置权竞合、抵押权与建设工程价款优先权竞合等情形，本部分主要对动产抵押权与动产质权、动产抵押权与所有权保留竞合的处理进行分析，其他则在本书后面的相应章节中加以探讨。

问题 12. 动产抵押权与动产质权竞合的处理

动产上既可以设立质权，也可以设立抵押权。而抵押权不以占有抵押财产为内容，质权却以占有质物为内容。因此，先被抵押的动产再被出质或者先被质押的动产后被抵押的情形都可能发生。当债务人不履行到期债务或发生当事人约定的担保物权实现事由时，同一动产上的抵押权与质权就会发生何者优先受偿的问题。《物权法》和《担保法》均未规定动产抵押权与动产质权冲突时的解决方法。

在物权法实施之前，《担保法解释》第 79 条第 1 款规定："同一财产法定登记的抵押权与质权并存时，抵押权人优先于质权人受偿。"由此创造了一项新的原则——无论质权成立于何时，法定登记的抵押权永远优先于质权。司法解释中所谓的"法定登记抵押权"，即《担保法》第 41 条、第 42 条规定的需登记生效的车辆、企业设备等动产抵押权，不包括其他动产抵押权。虽然司法解释的规定在物权法理论上并无支持，但也有积极意义，主要是考虑到抵押权的登记时间容易确定，而质权的设立时间不易确定，当事人可以在设定抵押后与第三人恶意串通更改质权的设定时间以对抗抵押权人。但司法解释也考虑到动产的广泛性、流动性，在规定中进一步采取了限制，仅承认登记生效的动产抵押权具有优先于质权的效力。物权法生效后，担保法所规定的需登记生效的动产抵押权已经被物权法所抛弃，所有的动产抵押权均依抵押合同生效取得，因此司法解释规定的“法定登记的抵押权优先于质权”的规定失去了存在的基础，在物权法生效后不应继续适用。①

从理论上说，同一财产上存在多个物权时，原则上应当遵循“时间在先，权利在先”的原则，即先来后到。因此，对于同一动产上抵押权与质权并存时，因抵押权和质权均系依法律行为设立的担保物权，原则上除法律另有规定外，以抵押权和质权设定的先后顺序确定次序，顺序相同的，按照各自担保的债权比例清偿。但完全按照权利成立先后时间来决定优先受偿顺序并不妥当。因为依据《物权法》第 188 条，动产抵押权自抵押合同生效时就成立了，而合同是特定当事人之间的法律关系，不具有社会典型公开性。他人既无从得知，也容易出现第三人倒签合同时间等欺诈行为。而动产质权毕竟要交付质押财产，质权人对质押财产的占有的公示力虽然弱于登记，但相对于仅存在于当事人之间的合同还是要强一些的。②因此，确定抵押权与质权的次序的方法应为对比动产抵押登记时间与出质动产交付时间，以此确定孰先孰后。未经登记的抵押权因无对抗效力，即便设立于质权之前，也不能对抗质权，质权享有优先次序。③

典型案例裁判文书

安徽省宣城市中级人民法院(2018)皖18民终466号民事判决书

【典型案例 16】

案例索引：朱子芽与翟慧、匡勇军、宣城正宇土石方工程有限公司民间借贷纠纷案。一审：（2017）皖 1802 民初 5194 号；二审：（2018）皖 18 民终 466 号。

案情简介：匡勇军、翟慧、正宇公司分别于 2016 年 7 月 1 日、7 月 6 日向朱子芽借款 200000 元、280000 元，约定利息为月利率 3%。2017 年 7 月 6 日正宇公司用其所有的皖 P××、皖 P××号车辆为上述借款提供质押担保并于当日交付了质物，担保范围为本金、利息、诉讼费等。2017 年 1 月 20 日，翟慧对 2016 年 7 月 1 日的 200000 元借款归还了 180000 元，余

---

① 曹士兵：《中国担保制度与担保方法》（第四版），中国法制出版社 2017 年版，第 277 页。
② 程啸：《担保物权研究》，中国人民大学出版社 2017 年版，第 483 页。
③ 曹士兵：《中国担保制度与担保方法》（第四版），中国法制出版社 2017 年版，第 276 页。

款至今未付。另，正宇公司名下的皖P××、皖P××号车辆抵押给案外人丰小慧并于2016年7月22日办理了抵押登记手续。

法院裁判：正宇公司用其所有的皖P××、皖P××号车辆为上述借款提供质押担保，该质押权依法成立并生效，但该两辆车抵押给案外人丰小慧并办理了抵押登记手续，因此丰小慧的抵押权优先于朱子芽的质押权，朱子芽对案涉车辆在实现抵押权后的剩余价值范围内享有优先受偿权。

裁判要旨：动产抵押权与质权并存时，抵押权设立在先并办理了抵押登记的，优先于质权人受偿。

问题13. 动产浮动抵押权与其他担保物权竞合的处理

浮动抵押，是指担保权人以其现有的和嗣后取得的全部财产或部分财产为其债务提供担保，担保人仍得占有、使用并在正常经营活动中处分其担保物并免受担保权之追及，在债务人不履行到期债务或发生当事人约定的实现担保权的情形时，担保权人有权就实现担保权时的财产优先受偿的一种担保制度。我国《物权法》第181条规定："经当事人书面协议，企业、个体工商户、农业生产经营者可以将现有的以及将有的生产设备、原材料、半成品、产品抵押，债务人不履行到期债务或者发生当事人约定的实现抵押权的情形，债权人有权就实现抵押权时的动产优先受偿。"据此，在我国，动产浮动抵押是指企业、个体工商户、农业生产经营者以其现有和将有的生产设备、原材料、半成品、产品抵押，抵押人在正常经营活动中可自由处分其抵押财产，在发生法定或约定事由时，抵押财产得以确定，抵押权人就此确定的抵押财产优先受偿的一种特殊抵押。[①]

由于在浮动抵押期间，浮动抵押的客体不是确定的，而是处于变动不定的状态。因此，一旦发生债务人不履行到期债务或者当事人约定的抵押权实现的情形时，抵押权人要实现抵押权时就必须确定浮动抵押中的财产，否则浮动抵押权将因客体未被特定而无法行使。《物权法》第196条规

① 高圣平：《担保法论》，法律出版社2009年版，第449页。

定："依照本法第一百八十一条规定设定抵押的，抵押财产自下列情形之一发生时确定：（一）债务履行期届满，债权未实现；（二）抵押人被宣告破产或者被撤销；（三）当事人约定的实现抵押权的情形；（四）严重影响债权实现的其他情形。"浮动抵押权的效力（其中主要涉及动产浮动抵押权与其他担保物权竞合时应如何处理的问题）是否因抵押标的物确定的前后而有所不同呢？这涉及对该条规定的理解。

对于该条规定的"确定"的性质，有观点认为这就是我国法上的"结晶"制度[①]，"结晶"之前的浮动抵押权没有优先效力可言。有观点则认为这并非"结晶"规则，而只是抵押物的确定规则，在抵押物确定前抵押权就已经发生了物权效力。[②] 考察立法目的，当初制定这一条，是因为"抵押权人需要行使抵押权时，抵押财产应当是确定的"，也就是说，之所以制定该条是为了抵押权的执行，而非为了抵押权效力的发生或者效力"休眠的复苏"。因此，我国《物权法》中并不存在"结晶"等制度，《物权法》第196条只是抵押财产的"确定"制度，其立法目的是为了抵押权的执行。[③]

根据上述两种对于我国《物权法》第196条规定的性质的不同理解，对于浮动抵押权与其他担保物权竞合时如何处理的问题，也相应地形成了两种观点：

一种观点认为，浮动抵押标的物确定前，浮动抵押权人对未特定化的标的物无控制力和支配力，因此浮动抵押权仅具有合同效力，仅对抵押人有效，即为抵押人预设了一个将在未来特定化的抵押负担，而对于包括一般债权人在内的第三人均无对抗效力。一般债权人查封企业财产并以之受偿，浮动抵押权人不得以企业财产已设定浮动抵押权为由对抗财产执行。在企业财产上设立的抵押标的"固定化"的普通抵押权、质权以及其他标的物固定的优先权，均优先于浮动抵押权。浮动抵押标的物确定后，浮动抵押权转化为固定标的物的普通（集合）抵押权，对一般债权人有优先受

---

① 高圣平：《担保法论》，法律出版社2009年版，第451页。所谓"结晶"，就是从浮动抵押转化为固定抵押。

② 参见王洪亮：《动产抵押登记效力规则的独立性解析》，载《法学》2009年第11期。

③ 龙俊：《动产抵押对抗规则研究》，载《法学家》2016年第3期。

偿效力。未办理抵押登记的浮动抵押权，不得对抗善意第三人；已办理抵押登记的浮动抵押权，在抵押标的物确定后对第三人有对抗效力。①

另一种观点认为，既然我国《物权法》中不存在“结晶”制度，《物权法》中的“浮动抵押权”只是增加了“嗣后财产取得条款”的动产抵押权，效力与一般动产抵押权相当，也不适用“一般动产抵押权优先于浮动抵押权”的规则，而是统一适用《物权法》第 199 条的“登记在先效力优先规则”。②

目前我国最高司法机关赞同第一种观点。最高人民法院物权法研究小组编著的《〈中华人民共和国物权法〉条文理解与适用》一书中即指出，在浮动抵押效力顺位上，应该区分浮动抵押转换为特定担保之前和之后的不同情况。因担保权的实行、债务人违约、约定事件、企业合并或企业破产等确定事由发生而转换为特定担保，抵押人当时拥有的全部动产才能特定为抵押物。因此，在全部动产特定为抵押物之前，其他担保物权应优先于浮动抵押权；一旦浮动抵押财产特定为抵押物，该浮动抵押权即成为固定抵押，抵押财产的流动性也不复存在，在此种场合，浮动抵押权的效力应当优先于在此之后设立的担保物权以及其他无担保债权。③ 最高人民法院正在起草的担保物权司法解释征求意见稿中也持此观点。

问题 14. 动产抵押权与所有权保留竞合的处理

所有权保留是指在移转财产所有权的商品交易中，根据法律的规定或者当事人的约定，财产所有人移转标的物的占有于对方当事人，但仍保留其对该财产的所有权，待对方当事人支付部分或全部价款，或完成特定条件时，该财产的所有权才发生移转的一种法律制度。所有权保留适用于买卖、互易、赠与等领域，尤以买卖合同中的所有权保留条款最为常见。

---

① 曹士兵：《中国担保制度与担保方法》（第四版），中国法制出版社 2017 年版，第 309—310 页。

② 龙俊：《动产抵押对抗规则研究》，载《法学家》2016 年第 3 期。

③ 最高人民法院物权法研究小组编著：《〈中华人民共和国物权法〉条文理解与适用》，人民法院出版社 2007 年版，第 567 页。

《合同法》第 134 条明文规定了所有权保留制度，即“当事人可以在买卖合同中约定买受人未履行支付价款或者其他义务的，标的物的所有权属于出卖人”。《最高人民法院关于审理买卖合同纠纷案件适用法律问题的解释》（以下简称《买卖合同解释》）第 34 条对所有权保留的适用范围作出了规定：“买卖合同当事人主张合同法第一百三十四条关于标的物所有权保留的规定适用于不动产的，人民法院不予支持。”由于动产抵押权的设立不以登记为生效要件，且抵押权本身又不以占有为内容，故此，容易出现动产抵押权与所有权保留这一担保方式的冲突。具体可分为两种情形：

一是先押后卖。即所有权人在同一标的物上设定抵押权后再进行保留所有权的买卖，该所有权保留是否具有对抗抵押权的效力，立法例有不同的规定。我国台湾地区“动产担保交易法”第 31 条规定，已经设定抵押的动产，不得为所有权保留买卖的标的物，否则，无效。《美国统一商法典》第 9－205 条、第 9－306 条的规定，并不限制设定担保权益的人处分担保标的物，设定担保权益的人可以不经报告而使用、处置担保标的物的全部或部分，且其处分不影响已存在于标的物上的担保权益，所以，已经设定担保的财产，仍可以作为所有权保留的标的物。《物权法》第 191 条第 2 款规定：“抵押期间，抵押人未经抵押权人同意，不得转让抵押财产，但受让人代为清偿债务消灭抵押权的除外。”但该款并未规定抵押人未经抵押权人同意转让财产的行为的效力如何。从物权法规定的区分原则看，抵押财产转让合同的效力并不受此影响。至于买受人与抵押权人的权利发生冲突时，何者优先，则应考虑动产抵押是否办理登记。如果办理了抵押登记，则抵押权可以对抗所有权保留中买受人的权利。

二是先卖后押。例如，甲出卖一台机器给乙，约定了所有权保留，甲又将该机器抵押给丙。有观点认为，既然出卖人已经将标的物先为所有权保留让与，就不能再将同一标的物抵押给他人，这种行为不仅违反了买卖合同，是不诚信的违约行为，而且对已为有效公示的所有权保留而言属于无权处分，因此该抵押行为属于无效行为。笔者不赞同这种观点。即便买受人已经取得了所有权，出卖人将已经约定所有权保留的财产再行抵押给第三人，也属于效力待定的无权处分行为，第三人能否取得抵押权仍需要根据《物权法》第 106 条来判断是否构成抵押权的善意取得。如果第三人能够善意取得抵押权，买受人因支付了全部价款或标的物总价款的 75% 以上的价款，此时，也需要依据《物权法》第 188 条的规定加以判断，即抵押权是否办理了登记，如果已办理登记，则抵押权可以对抗买受人，否则不能对抗买受人。

如果买受人将出卖人保留了所有权的动产抵押给第三人的，则第三人是否取得抵押权，同样要依据《物权法》第 106 条的规定加以判断。若构成善意取得，则应当保护第三人的抵押权。对此，《买卖合同解释》第 36 条第 2 款有明文规定，即在买受人将标的物出卖、出质或者作出其他不当处分的情形下，第三人依据《物权法》第 106 条的规定已经善意取得标的物所有权或者其他物权，出卖人主张取回标的物的，人民法院不予支持。①

第五节 混合共同担保的法律适用

担保制度的目的在于保障债权人的债权得以实现，亦即债务人的债务得以履行。基于更充分地保障债权得以实现的考量，一个债权上可能存在两个以上的担保，此即共同担保。共同担保的形态有单一担保方式构成的共同保证、共同抵押、共同质押，还有混合担保方式的保证与抵押并存、保证与质押并存、抵押与质押并存，或者既有保证、又有抵押和质押并存等。担保法对共同担保中的共同保证作了规定，但未涉及共同抵押、共同质押以及混合共同担保，担保法司法解释对共同担保人之间的关系作了一些补充规定，《物权法》第 176 条对混合共同担保又作了与担保法及其司法解释存在一定不同的规定。本部分即以《物权法》第 176 条、第 194 条第 2 款的适用为中心，对混合共同担保规则中的重点问题进行梳理分析。

问题 15. 人保与物保并存时，债权人实现债权的顺位

《物权法》第 176 条规定："被担保的债权既有物的担保又有人的担保

① 程啸：《担保物权研究》，中国人民大学出版社 2017 年版，第 392 页。

的，债务人不履行到期债务或者发生当事人约定的实现担保物权的情形，债权人应当按照约定实现债权；没有约定或者约定不明确，债务人自己提供物的担保的，债权人应当先就该物的担保实现债权；第三人提供物的担保的，债权人可以就物的担保实现债权，也可以要求保证人承担保证责任。提供担保的第三人承担担保责任后，有权向债务人追偿。”该条第一句通过三个分句，规定了人保和物保并存时，处理债权人主张权利顺序的三项原则。

（一）当事人对人保和物保的责任顺序和责任分担有约定的，约定优先

物保与人保责任顺序问题一直是司法实践的难点问题，对此，《担保法》第 28 条第 1 款规定：“同一债权既有保证又有物的担保的，保证人对物的担保以外的债权承担保证责任。”这就意味着，只要同一债权既有担保物权又有保证担保，则无论担保物权是担保主债权的全部还是部分，也无论担保物权是债务人抑或第三人提供的，债权人于主债务履行期间届满而未受清偿时都应当先实行担保物权来满足债权。无论是从公平效率的角度，还是从维护债权人利益的角度而言，《担保法》关于在同一债权上物保与人保并存时的责任顺序的规定限制了债权人担保权利的行使顺序，无形中降低了债权人维护自身债权的效率，并且还使得“保证制度”的设定形同虚设，不利于担保制度的完整发展，因此，自《担保法》颁布施行以后，理论界与实务界对于此规定均提出了许多意见和建议。《担保法解释》第 38 条对此即进行了缓和处理，区分不同情形有限制地适用《担保法》第 28 条第 1 款的规定，即：当物保是由债务人自己提供时，债权人仍须按照《担保法》规定的顺序进行求偿；当物保是由债务人以外的第三人提供时，债权人可以自由选择两者其一进行行使。《物权法》第 176 条则对此规则进行了进一步修订，改变了不论当事人之间的合意，一概物保绝对优先的做法，而是增加了尊重当事人约定的规定，并将当事人的约定置于优先地位，即在人保和物保并存时，债权人实现其债权的顺序应当首先取决于当事人之间的约定。此时，债权人究竟按照何种顺序实现其债权，仅涉及当

事人之间的“利益”，与“公益”无涉，当事人的意思自治应当得到尊重。①

（二）当事人没有约定或者约定不明的，债务人提供的物保优先

在物保和人保并存且物保是由债务人提供的情况下，如果就各类担保权的行使问题没有约定或者约定不明确的，依据《物权法》第176条的规定，债权人应当先实现该物的担保。其理由在于：同一债权既有债务人提供的担保物权，又有保证人提供的一般保证担保，债权人于债务履行期限届满而未受偿之时，因担保物属于债务人的财产，如果债权人不先实行该担保物权的，根据《担保法》第17条第2款的规定，一般保证人可以行使先诉抗辩权而拒绝债权人提出的要求保证人承担保证责任的请求。如果保证人提供的是连带责任保证，由于债务人是最终的债务承担者，保证人在承担了担保责任后，对债务人享有追偿权。在债务人自己提供物的担保的情况下，先以担保物清偿债务，可以避免日后出现追偿权的问题。②

（三）当事人没有约定或者约定不明的，第三人物保和人保无先后顺序

依据《物权法》第176条，当物的担保是由第三人提供之时，应遵循平等原则，即债权人可以就物的担保实现债权，也可以要求保证人承担保证责任。其理由在于：在没有约定或者约定不明确，既有第三人提供的物的担保，又有人的担保的情况下，第三人与保证人属于担保人的平等地位，都不是最终的债务承担者，债务人才是最终义务人。因此，债权人无论是先实现物的担保还是先实现人的担保，物上保证人或者保证人都存在向债务人求偿的问题。为保障债权人的债权得以充分实现，法律应当尊重债权人的意愿，允许债权人在这种情况下享有选择权。③ 如果一味要求必须先实行物的担保，可能会导致物上保证人因为债务人没有偿还能力而成为债务的最终承担人，这对于物上保证人显然是不公平的。从公平原则出发，在当事人没有特别约定或者法律没有特别规定的情况下，应当说此种可能出现的债务人无法偿还的风险应由保证人与物上保证人合理地分摊，

① 高圣平：《担保法论》，法律出版社2009年版，第69页。

② 曹士兵：《中国担保制度与担保方法》（第四版），中国法制出版社2017年版，第63页。

③ 胡康生：《中华人民共和国物权法释义》，法律出版社2007年版，第380—381页。

而不能完全由物上保证人承担。此外，物的担保并非任何时候都易于实行，都对债权人一定有利。有的时候由于保证人的资力雄厚，债权人可能更愿意先要求保证人承担保证责任，而非实现担保物权。考虑到我国担保物权的实现成本较高，这种情形发生的可能性更大。[①] 因此，赋予债权人以选择权，就能使得其根据自己的选择而最大程度地保障自己债权的实现。

这里需要注意的是，根据《担保法》的规定，根据保证方式的不同，保证担保分为一般保证和连带责任保证之分。相应地，保证人承担担保责任的情形也存在区别。但《物权法》第 176 条第 3 句并未区分一般保证人和连带保证人。那么，这是否意味着无须区分一般保证和连带责任保证，债权人均可行使“可以就物之担保实现债权，也可以要求保证人承担保证责任”选择权呢？根据《担保法》第 18 条的规定，在保证人承担连带责任的情况下，债务人在主合同规定的债务履行期届满没有履行债务的，债权人可以要求债务人履行债务，也可以要求保证人在其保证范围内承担保证责任。所以，在保证人承担连带保证责任情形下，债权人根据《物权法》第 176 条规定行使此选择权时，无论是选择仅要求保证人承担保证责任或者仅要求就物之担保实现债权，还是选择同时向保证人和要求就物之担保实现债权，适用该条规定并无障碍。而根据《担保法》第 17 条的规定，一般保证人享有先诉抗辩权，即在一般保证中，债务人不履行到期债务的，债权人应当先行向债务人请求实现债权，在主债纠纷未经审判或者仲裁，并就债务人财产依法强制执行仍不能履行债务前，一般保证人对债权人可以拒绝承担保证责任。在保证人承担一般保证责任情形下，债权人根据《物权法》第 176 条规定行使选择权时选择仅要求保证人承担保证责任或者同时向保证人和物之担保人要求实现债权时，适用该条规定就存在一定问题，因为如果此前即使债权人未向债务人请求实现债权，主债纠纷未经审判或者仲裁，也并未就债务人财产依法强制执行而仍不能履行债务，则承担一般保证责任的保证人依据先诉抗辩权可以拒绝债权人的这一请求，从而与《物权法》第 176 条第 3 句赋予债权人行使选择权相背离。由此可见，

① 程啸：《担保物权研究》，法律出版社 2017 年版，第 145 页。

结合《担保法》关于一般保证与连带责任保证的规定看，《物权法》第 176 条第 3 句的适用前提或条件还应作符合保证担保特点的限缩解释，即每一个担保均必须已经具备实现条件。当然，这实际上主要是针对一般保证而言的，即只有在债权人先行向债务人请求实现债权，在主合同纠纷经审判或者仲裁，并就债务人财产依法强制执行仍不能履行债务后，债权人方可依据《物权法》第 176 条的规定，要求一般保证人承担保证责任或者同时向一般保证人和物之担保人要求实现债权。

【典型案例 17】

典型案例裁判文书

重庆市渝中区人民法院(2016)渝0103民初12007号民事判决书

案例索引：重庆银行股份有限公司小企业信贷中心与龚小燕、张仁华、樊芸、蔡夕英金融借款合同纠纷案。一审：（2016）渝 0103 民初 12007 号（已生效）。

案情简介：原告重庆银行股份有限公司小企业信贷中心（以下简称重庆银行小贷中心）与被告龚某某、张某某、樊某签订借款合同，约定龚某某、张某某、樊某共同向重庆银行小贷中心借款 92 万元。借款人龚某某、张某某分别与重庆银行小贷中心签订了抵押合同，约定龚某某提供经开区回龙路 2 号房屋、张某某提供九龙坡区谢家湾 8 号房屋为涉案贷款提供抵押担保。另外，重庆银行小贷中心与蔡某某签订保证合同，由蔡某某为本案所涉借款提供担保。保证合同约定：保证方式为连带责任担保，当借款人未按照主合同约定履行债务时，无论债权人对其债权是否拥有其他担保，债权人均有权直接要求保证人在保证范围内承担全部保证责任。在签订上述借款合同、抵押合同、保证合同的同日，重庆银行小贷中心与龚某某、张某某办理了房屋抵押登记。在办理抵押登记过程中，重庆银行小贷中心又与龚某某、张某某分别签订了由登记管理部门提供的重庆市房地产抵押合同，在该合同的备注栏载明：龚某某提供的经开区回龙路 2 号房屋、张某某提供的九龙坡区谢家湾 8 号房屋均抵押给重庆银行小贷中心，作为贷款 92 万元的担保，不足部分由蔡某某信用担保补足。该两份抵押合同分别由债权人重庆银行小贷中心与债务人龚某某、张某某签字盖章，抵押登记管理部门加盖了登记业务专用章。现债务人龚某某、张某某、樊某未按借款合同约定偿还借款，重庆银行小贷中心遂向法院提出诉讼，请求判令：1. 龚某某、张某某、樊某偿还借款本金以及利息；2. 蔡某某对龚某某、张某某、樊某的上述债务承担连带保证责任；3. 小贷中心对龚某某、张某某所提供的抵押房屋享有优先受偿权。

法院裁判：我国《物权法》第一百七十六条规范属任意性规范，将当事人的约定置于优先地位。因此，在人保和物保并存时，债权人的追偿顺序应当首先取决于当事人的约定。

裁判要旨：在物保和人保并存的情形下，物权法确定了债权人追偿顺序应当以当事人约定为优先的原则。如果保证人与债权人在保证合同中明确约定即使有其他担保的情况下，债权人也可以直接请求保证人承担保证责任，那么保证人在保证合同中即无条件赋予了债权人在债务人未履行还款义务时直接向其追索的权利，则债权人就有权在不对债务人提供物的担保实现受偿的情况下直接请求保证人承担保证责任。①

问题 16. 如何理解《物权法》第 176 条所称的“债权人应当按照约定实现债权”中的“约定”

实践中，对于《物权法》第 176 条所称的“债权人应当按照约定实现债权”中的“约定”所针对的内容、进行约定的当事人范围以及如何判断约定达到明确的程度均存在不同程度的争议。对这些内容的理解，将直接影响到约定优先原则的适用，因此必须予以明确。②

（一）“约定”的含义

“债权人应当按照约定实现债权”的“约定”旨在确定或限制人的担保与物的担保并存时债权人的选择权，其内容仅限于人的担保与物的担保之间的责任顺序和责任分担范围，亦即对债权人实现债权的选择权起到确定或限制作用的约定。“所谓当事人的约定，包括当事人可以约定无论在

① 叶永忠、王其生：《确定担保责任顺序应遵循当事人约定优先原则》，载《人民司法·案例》2017 年第 32 期。

② 对此，高圣平教授在《混合共同担保的法律规则：裁判分歧与制度完善》一文中作了非常详细和精彩的分析，本部分下面的内容，主要参考自该文。

何种情形下，债权人均可自由选择实现任何一种担保，当事人也可以约定即便物的担保是债务人提供的，债权人也必须先实现保证。”[①]

就“债权人应当按照约定实现债权”的“约定”内容，从《物权法》第176条前句后段“没有约定或者约定不明确，债务人自己提供物的担保的，债权人应当先就该物的担保实现债权；第三人提供物的担保的，债权人可以就物的担保实现债权，也可以要求保证人承担保证责任”来看，这里的“约定”应指人的担保责任与物的担保责任之间的顺序。相关司法解释的规定即体现了这一点。例如，《担保法解释》第75条第2款明确将共同抵押人约定的内容界定为“当事人对其提供的抵押财产所担保的债权份额或者顺序”；《最高人民法院关于适用〈中华人民共和国民事诉讼法〉的解释》第365条明确将“债权人应当按照约定实现债权”的“约定”解释为“对实现担保物权的顺序”的“约定”。不过，虽然该条仅为就实现担保物权案件特别程序所作的解释，自不包括实现保证债权的情形，但就其所规整的内容而言，条文中的“实现担保物权的顺序”应为“实现担保权的顺序”。因为，仅在数个担保物权并存时，才有所谓实现担保物权顺序的约定，在物的担保和人的担保并存时，两者的顺序约定仅为实现担保权顺序的约定。[②]

在解释上，就各项担保之间的关系，当事人之间完全可以约定各担保人仅对债权承担按份的担保责任，如此，各担保人承担按份的共同担保责任，仅在约定的分担范围内承担担保责任。这一按份的共同担保约定，同样限制债权人实现债权时选择权的行使，债权人仅享有向各担保人主张约定份额范围内的担保权利。由此可见，当事人之间约定各担保人仅承担按份的共同担保责任的，“债权人应当按照约定实现债权”。[③]

综上，“债权人应当按照约定实现债权”的“约定”，既包括关于人的担保与物的担保之间责任顺序的约定，也包括了关于两者责任分担范围的约定。

---

① 程啸：《混合共同担保中担保人的追偿权与代位权》，载《政治与法律》2014年第6期。

② 高圣平：《混合共同担保的法律规则：裁判分歧与制度完善》，载《清华法学》2017年第5期。

③ 高圣平：《混合共同担保的法律规则：裁判分歧与制度完善》，载《清华法学》2017年第5期。

此外，还需要特别注意的是，《物权法》第176条中，还存在另一“约定”：“债务人不履行到期债务或者发生当事人约定的实现担保物权的情形。”这一表述指的是混合共同担保中各担保权可得行使的条件，此处的“约定”，系指当事人之间在“债务人不履行到期债务”之外，其他关于实现担保物权情形的“约定”，与后句“按照约定实现债权”的“约定”意义迥异。担保合同围绕担保权的内容和行使条件而展开，但人的担保与物的担保并存时，“债权人应当按照约定实现债权”的“约定”，非指单个担保合同中就某一具体担保权的担保范围与行使条件的约定。准此，并不是有了“实现担保物权情形的约定”，就得先就物的担保实现债权。实践中，有观点认为：“对实现担保物权有明确约定的情形下，无论是对人的担保合同还对是物的担保合同，均要审查是否存在‘当事人约定的实现担保物权的情形’，即是否对实现担保物权作出明确约定，有此约定的，即应优先按照该类约定进行处理，无论该类关于实现担保物权的约定是就债务人提供的物保所作约定，还是就第三人提供的物保所作约定，均应当按照该明确约定实现债权。”[①] 这实际上是把《物权法》第176条“债务人不履行到期债务或者发生当事人约定的实现担保物权的情形”中“约定”直接套入同条后段“债权人应当按照约定实现债权”，即变成“债权人应当按照实现担保物权的情形的约定实现债权”，如此，在保证合同中不可能约定“实现担保物权的情形”的情况下，将会直接导致物的担保合同中如约定了“实现担保物权的情形”时物上保证人即应优先承担担保责任的结果，这样不可避免地会导致《物权法》第176条所确立的当事人之间就人的担保和物的担保的责任顺序和责任分担范围没有约定或者约定不明确时“人的担保与物的担保平等”的规则失去意义。[②] 上述观点实际上是对《物权法》第176条中“约定”的误解。

（二）“约定”的主体

“债权人应当按照约定实现债权”的“约定”原则上是债权人与保证

---

① 江苏索普（集团）有限公司、上海儒仕实业有限公司与中国农业发展银行乾安县支行保证合同纠纷上诉案，（2016）最高法民终40号民事判决书。

② 高圣平：《混合共同担保的法律规则：裁判分歧与制度完善》，载《清华法学》2017年第5期。

人、物上保证人之间的约定，而不能仅仅只是债权人与个别担保人之间的约定。[①] 这一约定的一方当事人是债权人，另一方当事人是全部担保人。但从日常担保交易实践来看，由债权人与保证人、物上保证人共同签订三方协议约定债权人实现担保权顺序的，并不常见。常见的情况反倒是，物保和人保合同并非同时订立时，对于债权人实现担保权的顺序，往往是在不同的合同中，由债权人与不同的当事人各自做出的约定。

那么，债权人与个别担保人之间的约定，虽然原则上不能拘束其他担保人，但该约定并非均为无效。[②] 基于在先有效成立的合同本身的拘束力，只要在后成立的合同安排不变更在先合同中对于先成立合同物上保证人或者保证人有利的合同约定，也就是不加重在先的物保或者人保的责任，那么，在后的合同中关于实现担保权顺序的约定，应为有效，即亦应属于《物权法》第 176 条中“债权人应当按照约定实现债权”中的“约定”。比如在先的物保约定，如有在后的人保，则人保优先，在后的合同约定在先的物保优先就是没有效力的。反之，在先的物保约定物保永远优先，在后的人保又约定人保永远优先，此时在后的约定就不是对于在先约定不利的约定。对此种，一方面，毕竟债权人在强调人保优先的同时，并没有同时明确放弃其可以主张物保优先的权利，因为在后的合同赋予其可以主张人保优先的权利同时，就必须剥夺其可以主张人保优先的权利，未必符合其意图。另一方面，后一种理解在没有加重在先约定的物保的责任，从而不违背物保人意图的同时，在债权人先主张物保时，实际上会减轻人保对于债权人责任的效果，也不违反在后保证人的预期。因此，就应当认为有效的约定。

综上，无论物保合同中约定不管是否存在其他担保债权人均可首先行使担保物权，还是人保合同中约定保证人仅在债权人就担保物权实现其债权之后才承担保证责任，这些虽然是债权人与个别担保人之间的约定，但

---

① 程啸：《混合共同担保中担保人的追偿权与代位权》，载《政治与法律》2014 年第 6 期。

② 高圣平：《混合共同担保的法律规则：裁判分歧与制度完善》，载《清华法学》2017 年第 5 期。

却具有限制或赋予债权人选择权行使的作用，应为有效的约定。[①]

（三）何为“约定”明确？

由前所述，根据《物权法》第176条的规定，只有在就人的担保与物的担保之间的责任顺序或责任分担范围约定明确的情形之下，债权人才能依该约定实现债权。那么，在金融机构的借款（反）担保合同文本中，较为普遍地存在以下条款：“无论债权人对主合同项下的债权是否拥有其他担保（包括但不限于保证、抵押、质押、保函、备用信用证等担保方式），不论上述其他担保何时成立、是否有效，债权人是否向其他担保人提出权利主张，或放弃、部分放弃任何担保债权，也不论是否有第三人同意承担主合同项下的全部或部分债务，也不论其他担保是否由债务人自己所提供；担保人在本合同项下的担保责任均不因此减免，债权人均可直接要求担保人依照本合同约定在其担保范围内承担担保责任，担保人将不提出任何异议。”就此类条款是否构成债权人实现债权顺序的明确约定，裁判实践中存在较大争议。

第一种观点认为，“该约定确定了本案债权在人的担保和物的担保并存情况下，担保权实现的规则”。[②]“应为保证人对于担保实现顺序的明确，说明保证人放弃了债权人应当先就物的担保实现债权的权利”，[③]“已明确约定……所涉担保在实现债权的顺位上不受主合同项下其他担保的影响，即提供担保的一方放弃了在实现债权时位于债务人自己提供物的担保的顺位之后等相关权利”，[④]“此项关于债权人如何选择实现债权的约定，具体、明确，是当事人的真实意思表示，且与公序良俗、诚实信用原则均不违背，法律、法规对此亦无禁止性规定。债权人……有权基于其如何更有利

---

① 高圣平：《混合共同担保的法律规则：裁判分歧与制度完善》，载《清华法学》2017年第5期。

② “哈尔滨银行股份有限公司安发支行与北大荒电子商务集团有限公司、龙江县丰裕粮食有限责任公司等借款合同纠纷上诉案”，黑龙江省高级人民法院（2016）黑民终543号民事判决书。

③ “安徽德合典当有限公司与安徽省勤上光电科技有限公司、东莞勤上光电股份有限公司等典当合同纠纷上诉案”，安徽省高级人民法院（2014）皖民二终字第00113号民事判决书。

④ “中国长城资产管理公司广州办事处与广州云山大酒店有限公司、兰燕等合同纠纷上诉案”，最高人民法院（2016）民终字第554号。

于实现债权的判断，依据合同约定选择保证人承担担保责任”。[①]

第二种观点认为，该约定“没有明确表明是物的担保优先还是人的担保优先，故属于法律规定的约定不明确情形”，[②]“不能认定为是对本案担保债权实现顺序的约定，无法推导出（债权人）对此担保债权的实现顺序享有选择权”。[③]

正如前述，“债权人应当按照约定实现债权”的“约定”目的在于确定或限制人的担保与物的担保并存时债权人的选择权，只要当事人之间的约定内容达到了这一程度，即应认定为当事人之间就债权人实现其债权有了明确约定。这里，既包括限制债权人选择权的约定，也包括确定或赋予债权人选择权的约定。所谓就债权人实现债权顺序的明确约定，并不仅限于“是物的担保优先还是人的担保优先”，还包括债权人在担保权可得行使之时，可以自由选择主张何种担保权的情形。如担保合同中约定：“当债务人未履行债务时，无论债务人对主合同项下的债权是否拥有其他担保，债权人均有权直接要求担保人承担担保责任。”这里，当事人之间的意思至为明确，在债务人不履行债务时，债权人既可以直接要求保证人承担保证责任，又可以直接就物的担保实现债权，而不管这些担保是以什么形式由谁提供的。准此，此类约定即为债权人实现债权顺序的明确约定。再如保证合同中约定：“如有主合同债务人为主合同项下债务履行提供物的担保，债权人有权选择实现担保权的顺序，可以先行要求保证人承担连带责任保证责任，保证人放弃债务人自身物保的先诉抗辩权。”这里，保证人明确放弃了其本可享有的债权人应先就债务人自己提供的物的担保实

---

① “招商银行股份有限公司合肥马鞍山路支行与黄山长江徽杭高速公路有限责任公司、上海新华闻投资有限公司借款担保合同纠纷上诉案”，最高人民法院（2011）民二终字第113号民事判决书。

② “贵州银行股份有限公司六盘水钟山支行与贵州万海隆矿业集团股份有限公司、楚俊林、谭莲香等金融借款及担保合同纠纷案”，贵州省高级人民法院（2016）黔民初73号民事判决书。类似的案例还有“中国华融资产管理股份有限公司贵州省分公司与黄山汇鑫房地产集团有限公司、浙江汇鑫控股集团有限公司等债权转让合同欠款纠纷案”，贵州省高级人民法院（2014）黔高民商初字第33号民事判决书；“上海浦东发展银行股份有限公司贵阳分行与贵阳华中房地产开发有限责任公司、罗丹等借款合同纠纷上诉案”，贵州省高级人民法院（2016）黔民终272号民事判决书。

③ “中国长城资产管理公司贵阳办事处诉六枝特区佳顺焦化有限公司、贵州路鑫喜义工矿股份有限公司等债权转让及担保合同纠纷上诉案”，最高人民法院（2015）民二终字第280号民事判决书。

现债权的抗辩，赋予债权人以自由选择权，亦应属于债权人实现其债权顺序的明确约定。前引信贷实践中普遍存在的条款亦应作相同解释。

债权人在与各担保人签订的数份担保合同中均有“可以（或有权）直接要求担保人承担担保责任”的约定，相互之间是否存在冲突，并进而构成“约定不明确”？笔者认为，这里的“可以”“有权”等文句仅是赋予了债权人选择的权利，并未改变其他担保合同中有关债权人有权直接要求相应担保人承担担保责任的约定，经由债权人的选择，担保人承担担保责任的顺序得以明确，因而也不属于“约定不明确”的情形。相反，当事人的此类约定正好表明了，在主合同债权有复数担保时，债权人可以（有权）直接就人的担保或物的担保实现债权，并不是必须直接就物的担保实现债权。准此，此类约定并未限制混合共同担保中债权人的选择权，相反，担保权人“有权直接要求担保人承担担保责任”赋予了债权人的任意选择权，而不管该担保人是债务人、保证人还是物上保证人。①

（四）是否存在格式条款控制规则的适用空间？

基于风险控制和节约交易成本的考量，目前各金融机构广泛采用示范文本制度。如此规格化、定型化的交易，明显会落入格式条款控制规则的规制范畴。如此，这些关于保证人放弃“物保优先”的约定条款，是否会因债权人未尽到特别提示和说明的义务而无效呢？对于这一问题，可以确定的是，这些条款大多属于“为了重复使用而预先拟定”，但问题的关键在于如何认定“在订立合同时未与对方协商”？主张该条款构成格式条款并受特别规定的一方，应负担举证责任。已在担保合同文本上签章的担保人，较易证明该条款是“为了重复使用而预先拟定”，但很难证明条款提供方在订立合同时未与其协商。即使认定该条款构成格式条款，我国实定法上的司法规制路径包括：首先，根据《合同法解释（二）》第 9 条的规定，判断该条款是否属于“免除或者限制债权人责任的条款”，并进而判定债权人是否采取合理的方式提请了担保人注意该条款，且按照担保人的要求，对该条款作了说明，否则担保人可以申请撤销该条款。在具有无偿性的担保交易中，债权人仅享有权利，基本没有享有的义务和责任，上述

① 高圣平：《混合共同担保的法律规则：裁判分歧与制度完善》，载《清华法学》2017 年第 5 期。

条款也没有免除或者限制债权人的责任，自无提请担保人注意和就该条款予以说明的必要。其次，判断该条款是否存在绝对无效事由，主要集中于判断债权人是否借由该条款“免除其责任、加重对方责任、排除对方主要权利”。在混合共同担保之中，保证人对于提供物的担保的债务人在未作约定或约定不明确的情形下享有顺序利益，允许当事人依约定予以排除适用。保证人与债权人签订担保合同，即应承担约定的保证责任，在担保交易中并无对待给付的权利。该顺序利益并不构成保证人的主要权利，排除其适用也没有加重保证人的责任。最后，《物权法》176 条的立法意旨明显允许当事人作出例外安排，排除保证人的顺位利益，只是改变了各担保人承担担保责任的顺序，与该任意性规范的立法意旨并不矛盾，无须借助显失公平制度加以调整。[①]

【典型案例 18】

案例索引： 中国长城资产管理公司广州办事处与广州云山大酒店有限公司、兰燕等合同纠纷案。一审：(2015) 粤高法民初字第 3 号；二审：(2016) 最高法民终 554 号。

典型案例裁判文书

最高人民法院(2016)最高法民终554号民事判决书

基本案情： 2013 年 7 月 18 日，云山公司与案外人广州市大铭装饰有限公司（以下简称大铭公司）签订《云山国际项目改造装修工程合同》，约定云山公司将云山国际项目改造装修工程发包给大铭公司总包。2014 年 6 月 20 日，云山公司与大铭公司及广东建设工程监理有限公司签订《债权债务确认协议》，三方确认云山公司尚欠大铭公司工程款 117015538 元未支付，该债务已到期。

2014 年 1 月 27 日，案外人秦灏阳与中国工商银行股份有限公司广州庙前直街支行（以下简称工行庙前直街支行）及云山公司签订《委托贷款借款合同》，约定工行庙前直街支行接受秦灏阳的委托向云山公司发放贷款 1 亿元，贷款自 2014 年 1 月 27 日起至 2014 年 5 月 27 日止。同日，工行庙前直街支行将 1 亿元转账给云山公司。后三方签订《一般委托贷款展

---

① 高圣平：《混合共同担保的法律规则：裁判分歧与制度完善》，载《清华法学》2017 年第 5 期。

期协议》，约定将贷款期限展期至2014年9月26日。

2013年3月26日，工行庙前直街支行与云山公司签订号《固定资产支持融资借款合同》，约定工行庙前直街支行向云山公司贷款3.7亿元，借款期限自实际提款日起算为10年。双方为此于2013年6月26日签订《最高额抵押合同》，云山公司以其名下房屋在662672700元额度内为上述债权设定了最高额抵押。工行庙前直街支行与兰燕于2013年3月26日签订《最高额保证合同》，兰燕在4.5亿元额度内向工行庙前直街支行对云山公司的债权提供保证担保。工行庙前直街支行与兰海于2013年3月26日签订《最高额保证合同》，兰海在4.5亿元额度内向工行庙前直街支行对云山公司的债权提供保证担保。工行庙前直街支行先后于2013年6月26日、2013年7月10日向云山公司转款1千万元、1千万元、3.5亿元。

2014年，工行庙前直街支行对云山公司的前述债权转让给了中国长城资产管理公司广州办事处（以下简称长城公司），工行庙前直街支行与长城公司共同向云山公司告知了债权转让的事实，债权转让行为已经完成。

2014年7月24日，长城公司与云山公司、百特公司、兰燕、廖振新、潘国山、王慧签订了《债务重组协议》，约定：合同各方确认长城公司对《债权转让协议》项下的债权5.05亿元一并重组。重组期限为三年，从2014年8月29日起至2017年8月28日止。自还款期起始日起至满12个月、24个月、27个月、30个月、33个月之日，云山公司累计偿还本金不少于1.01亿元、3.03亿元、3.535亿元、4.04亿元、4.545亿元，还款期届满日偿还全部本金。

2014年7月24日，长城公司与百特公司、兰燕、廖振新、潘国山、王慧签订《连带保证合同》，约定百特公司、兰燕、廖振新、潘国山、王慧为云山公司欠长城公司的债务本金5.05亿元及利息提供不可撤销连带责任保证。2014年7月24日，长城公司与百特公司、兰燕签订《股权质押合同》，约定百特公司将其在云山公司持有的70%的股权及派生权益、兰燕将其在云山公司持有的30%的股权及派生权益质押给长城公司，为云山公司在《债务重组协议》中对长城公司的债务5.05亿元本金、利息及其他费用提供担保。2014年9月26日，广州市工商行政管理局越秀分局办理了百特公司与兰燕在云山公司股权的出质登记手续，质权人为长城公司。

2014年8月13日，长城公司与云山公司签订《抵押合同》，约定云山公司将其拥有的位于广东省广州市越秀区先烈中路云鹤北街8号主楼、南楼B101房—803房及广东省广州市越秀区先烈中路云鹤北街8号之二B101房—523房为云山公司对长城公司的债务本金5.05亿元及其利息提供抵押。2014年8月20日，上述房屋在广州市国土资源和房屋管理局办理了抵押登记，抵押权人为长城公司。

云山公司于2014年8月19日至2015年9月30日共计向长城公司支付款项合计14809961.89元。

长城公司提起诉讼，请求：判令云山公司立即向长城公司支付重组债务本金5.05亿元、重组收益49489587.47元及违约金652951.97元；百特公司、兰燕、廖振新、潘国山、王慧对云山公司的全部债务承担连带清偿责任；长城公司就本案全部债权对百特公司、兰燕所提供的质押股权在该股权折价、拍卖、变卖后所得价款享有优先受偿权；确认长城公司就本案全部债权对云山公司为长城公司设定抵押的房屋折价、拍卖、变卖所得价款享有优先受偿权；等等。

法院裁判：第一，涉案《债务重组协议》《连带保证合同》《股权质押合同》《抵押合同》均是各方当事人的真实意思表示，其内容不违反法律、行政法规的禁止性规定，合法有效。第二，涉案《连带保证合同》的甲方为长城公司，乙方为百特公司、兰燕、廖振新、潘国山、王慧；涉案《股权质押合同》的甲方为长城公司，乙方为百特公司、兰燕。以上合同当事人在《连带保证合同》第7.2.4条、《股权质押合同》第5.3条就担保顺位均作了下列约定，“无论甲方对主合同项下的债权是否拥有其他担保（包括但不限于保证、抵押、质押、保函、备用信用证等担保方式），不论上述其他担保何时成立、是否有效、甲方是否向其他担保人提出权利主张，或放弃、部分放弃任何担保债权，也不论是否有第三方同意承担主合同项下的全部或部分债务，也不论其他担保是否由乙方自己所提供，乙方在本合同项下的担保责任均不因此减免，甲方均可直接要求乙方依照本合同约定在其担保范围内承担担保责任，乙方将不提出任何异议”。根据《物权法》第一百七十六条的规定，《连带保证合同》《股权质押合同》已明确约定该两合同所涉担保在实现债权的顺位上不受主合同项下其他担保的影响，即提供担保的一方放弃了在实现债权时位于债务人自己提供物的担保的顺位之后等相关权利，因此长城公司可以要求抵押人云山公司，质押人百特公司、兰燕，以及保证人百特公司、兰燕、廖振新、潘国山、王慧对涉案债务直接承担担保责任，而无担保责任顺位的限制。第三，云山公司未依照《债务重组协议》约定归还欠款利息，逾期超过30天，经长城公司催告仍不能依约偿还欠款利息，长城公司依照涉案合同约定主张云山公司的行为构成违约，提出解除合同、债务提前到期并要求云山公司清偿债务本息、各担保人承担担保责任，有充分的事实和法律依据。涉案《债务重组协议》约定，涉案债务的利息按未偿还重组债务本金的13%/年计算，日利率为重组利率除以360日，逾期还款的，逾期罚息利率按19.5%/年计算，不能按时支付的利息，罚息利率按季计收复利；若云山公司不按约定的期限、金额清偿本金、利息的，则长城公司可按未清偿金额的日万分之一点二五支付违约金。依照上述约定进行核算，长城公司、云山公司、兰燕均确认云山公司已归还的重组收益与长城公司起诉主张的利息、罚息、复利和违约金总计不超过年利率24%。因此，对长城公司主张的没有超过年利率24%的涉案债务的利息、罚息、复利及违约金予以支持。第四，根据长城公司的自认，其仅同意涂销其中一套位于广东省广州市越秀区先烈中路云鹤北街8号之二413号房屋的抵押用于出售，故除此房屋外，确认长城公司对于其他已办理抵押登记的房屋具有优先受偿权。

裁判要旨：债权人与不同担保人在两份担保合同中作出的“无论甲方对主合同项下的债权是否拥有其他担保（包括但不限于保证、抵押、质押、保函、备用信用证等担保方式），不论上述其他担保何时成立、是否有效、甲方是否向其他担保人提出权利主张，或放弃、部分放弃任何担保债权，也不论是否有第三方同意承担主合同项下的全部或部分债务，也不论其他担保是否由乙方自己所提供，乙方在本合同项下的担保责任均不因此减免，甲方均可直接要求乙方依照本合同约定在其担保范围内承担担保责任，乙方将不提出任何异议”的约定，已明确表明该两合同所涉担保在实现债权的顺位上不受主合同项下其他担保的影响，即提供担保的一方放弃了在实现债权时位于债务人自己提供物的担保的顺位之后等相关权利，根据《物权法》第一百七十六条的规定，抵押权人可以就债务人提供的抵押物，质押人提供的质押物，以及保证人对涉案债务直接承担担保责任，而无担保责任顺位的限制。

问题 17. 债务人物保与第三人物保并存时，债权人实现债权的顺位

对此问题，实践中存在不同意见。一种观点认为，《物权法》第 176 条规定的是在被担保的债权既有物的担保又有保证，又在没有约定或者约定不明确的情形下，债务人自己提供物的担保的，债权人应当先就该物的担保实现债权。而如果是债务人物保与第三人物保并存时，并没有法律明确规定要求债权人先就债务人物保实现债权。因此，应当根据《担保法解释》第 75 条第 2 款的规定“同一债权有两个以上抵押人的，当事人对其提供的抵押财产所担保的债权份额或者顺序没有约定或者约定不明的，抵押权人可以就其中一或者各个财产行使抵押权”，抵押权人可对债务人提供的物保与第三人提供的物保在同一顺序受偿。另一种观点则认为，从《物权法》第 176 条规定的精神看，债务人物保与第三人物保并存时，债权人应当先就债务人物保实现债权，此说又被称为“债务人优先负担主义”。以共同抵押为例，如我国台湾地区“民法・物权编”修正后的第 875 条之一即规定：“为同一债权之担保，于数不动产上设定抵押权，抵押物全部或者部分同时拍卖时，拍卖之抵押物中有为债务人所有者，抵押权人应先就该抵押物卖得之价金受偿。”

笔者赞同后一种观点，主要理由如下：

第一，从体系解释的角度来看，若认为债务人物保与第三人物保之间的实现顺位无孰优孰劣之分，则将导致法律内在体系的不协调。

关于担保实现顺位，涉及的法条主要是《物权法》第 176 条和《担保法》第 28 条。《物权法》第 176 条规定：“被担保的债权既有物的担保又有人的担保的，债务人不履行到期债务或者发生当事人约定的实现担保物权的情形，债权人应当按照约定实现债权；没有约定或者约定不明确，债务人自己提供物的担保的，债权人应当先就该物的担保实现债权；第三人提供物的担保的，债权人可以就物的担保实现债权，也可以要求保证人承担

保证责任。提供担保的第三人承担担保责任后，有权向债务人追偿。”该条分为三个部分。第一部分明确了意思自治原则在担保实现顺位领域的适用，同时，确立了大前提，即被担保的债权同时存在物保和人保。第二部分和第三部分分类讨论了无约定或者约定不明时，在物保分别为债务人物保和第三人物保这两种情形下的担保实现顺位。具体而言，在实现顺位上，“债务人物保＞人保”；“第三人物保＝人保”。《担保法》第 28 条第 1 款规定：“同一债权既有保证又有物的担保的，保证人对物的担保以外的债权承担保证责任。”由此规定可得，在实现顺位上，“债务人物保＞人保”，“第三人物保＞人保”。通过比较可以发现，在第三人物保与人保实现顺位的问题上，《物权法》第 176 条与《担保法》第 28 条的规定有出入。而根据《物权法》第 178 条的规定，物权法的效力优于担保法，故我国现行法律对待第三人物保与人保实现顺位问题的态度是，“第三人物保＝人保”。

由上述分析可得，在担保实现顺位上，“债务人物保＞人保”，“第三人物保＝人保”。若认为“债务人物保＝第三人物保”，那么债务人物保、第三人物保和人保并存时，将无法列出一个同时符合前述三种实现顺位的公式，也就是说，此时，无论对这三种担保的实现顺位作出何种排序，都将产生不符合法律规定的结果。而其实依据“债务人物保＞人保”和“第三人物保＝人保”这两个公式，可以很容易地得出“债务人物保＞人保、第三人物保”这一公式，即债务人物保应当先于人保和第三人物保实现。

而且，按照《物权法》第 194 条第 2 款的规定，债务人以自己的财产设定抵押，抵押权人放弃该抵押权……其他担保人在抵押权人丧失优先受偿权益的范围内免除担保责任。言下之意，抵押权人放弃在第三人财产上设定的抵押权益的，其他担保人不能“在抵押权人丧失优先受偿权益的范围内免除担保责任”。该规定将抵押权人放弃第三人财产上的担保权益情形予以排除，即有要求债务人的抵押财产先行清偿被担保债权的意思，因为，只有当债务人的抵押财产必须先行承担担保责任时，抵押权人放弃在债务人财产上的担保权益，其他担保人将失去“屏蔽”成为先顺序担保义务人，利益必然受损，因此需要法律特别给予免责保护。抵押权人放弃在第三人财产上的担保权益，法律对其他担保人不需要给予特别保护，因为抵押权人放弃对第三人财产上的担保权益，不影响其他担保人的利益。可见，债务人以外的物上保证人与保证人一样属于第三人，在债务人的抵押财产未承担担保责任之前享有先诉抗辩权，《担保法》第 28 条关于保证人与物的担保的规定，应当类推适用于物上保证人的情形。①

第二，《担保法解释》第 75 条第 2 款是基于担保法而作出，自《物权法》施行后即应不再适用。

根据《担保法解释》第 75 条第 2 款的规定，债权人就债权人物保与第三人物保实现债权无顺序限制。但是，该担保法司法解释是对担保法的解释。而《物权法》第 176 条在第三人物保和人保的实现顺序问题上，对担保法规定的原则作出了改变，第三人物保不再优先于人保实现，而是与人保处于同一实现顺位，由此，也导致债务人物保优先于第三人物保实现。故《担保法解释》第 75 条第 2 款因不再符合现行法的规定，而不应再作为处理债务人物保与第三人物保实现顺位的法律依据。

第三，从利益衡量的角度来看，债务人物保先于第三人物保实现，将有利于避免诉累和社会资源的浪费。

利益衡量是法官处理具体案件的一种价值判断。著名法学家杨仁寿先生对此作过精辟论述："法官在阐释法律时，应摆脱逻辑的机械规则之束缚，而探求立法者于制定法律时衡量各种利益所为之取舍，设立法者本身对各种利益业已衡量，而加取舍，则法义甚明，只有一种解释之可能性，自须尊重法条之文字。若有许多解释可能性时，法官自须衡量现行环境及各种利益之变化，以探求立法者若处于今日立法时，所可能表示之意思，而加取舍。斯即利益衡量。换言之，利益衡量乃在发现立法者对各种问题或利害冲突，表现在法律秩序内，由法律秩序可观察而得之立法者的价值判断。"②

在债务人提供的物保足以完全实现主债权的情况下，若法律不将第三人物保的实现顺位置于债务人物保之后，则债权人可能先就第三人物保实现债权，依据《物权法》第 176 条的规定，第三人在承担担保责任之后，可以向债务人追偿。由此，一个新的诉讼将可能产生。在前述情形下，若

---

① 曹士兵：《中国担保制度与担保方法》（第四版），中国法制出版社 2017 年版，第 60—61 页。

② 杨仁寿：《法学方法论》（第二版），中国政法大学出版社 2013 年版，第 221—222 页。

法律严格限定债务人物保先于第三人物保实现，则新的诉讼完全可以避免。而这恰恰也是《物权法》第176条规定债务人物保应当先于与第三人物保处于同一实现顺位的人保实现的立法目的。

典型案例裁判文书

最高人民法院(2017)最高法民终230号民事判决书

【典型案例19】

案例索引：海口明光大酒店有限公司与海口农村商业银行股份有限公司龙昆支行、海口明光酒店管理有限公司、海南明光新天地餐饮娱乐管理有限公司、吕光、武大民、吕明、吕凤桃金融借款合同纠纷案。一审：（2016）琼民初24号；二审：（2017）最高法民终230号。

基本案情：2014年10月16日，原告海口农商银行与被告明光酒店公司签订了《固定资产贷款合同》，约定贷款种类为固定资产贷款，贷款金额为15000万元，贷款期限96个月，自2014年10月16日起至2022年10月16日止，贷款年利率为10.45%，其中包含诚信奖励金率和贡献奖励金率。合同第三条系关于年率、诚信奖励金、贡献奖励金的约定。同日，海口农商银行与被告明光酒店公司签订《流动资金贷款合同》，合同约定贷款为流动资金贷款，贷款金额4000万元，贷款期限36个月，自2014年10月16日起至2017年10月16日止，贷款年利率为10.45%，其中包含诚信奖励金率和贡献奖励金率。关于诚信奖励金、贡献奖励金、违约责任、费用等约定与《固定资产贷款合同》的约定一致。

2014年10月16日，海口农商银行与明光酒店公司签订《最高额抵押合同》，以明光酒店公司名下位于海口市南海大道9号明光国际大厦第一层至第五层面积共19550.28平方米房产及其所占的面积共4063.57平方米的土地使用权为上述两笔贷款提供最高额抵押担保并办理了最高额抵押登记，最高额贷款余额19000万元，担保范围包括主合同项下全部借款本金、利息、复利、罚息、违约金、赔偿金、实现抵押权的费用和所有其他应付的费用。同日，海口农商银行与明光酒店公司、被告明光管理公司分别签订了《最高额质押合同》以及《应收账款质押登记协议》，以两者的经营收费权（包括但不限于租金收入、管理费收入等）提供最高额质押担保并在中国人民银行征信中心的应收账款质押登记公示系统办理了质押登记，最高额贷款余额19000万元，担保范围包括主合同项下全部借款本金、利息、复利、罚息、违约金、赔偿金、实现抵押权的费用和所有其他应付的费用。同日，海口农商银行与被告明光管理公司、明光餐饮公司签订《保证合同（法人）》，与被告吕光、武大民、吕明、吕凤桃签订《保证合同（自然人）》，由明光管理公司、明光餐饮公司、吕光、武大民、吕明、吕凤桃为上述借款提供连带责任保证担保，保证期间为“自主合同确定的借款到期日之次日起两年”，保证范围为“主合同项下的借款本金、利息、复利、罚息、违约金、赔偿金、实现抵押权的费用和所有其他应付费用”。明光管理公司、明光餐饮公司内部均出具了同意提供担保的股东会决议。

2014年11月27日，海口农商银行已依约向明光酒店公司分别发放《固定资产贷款合同》项下贷款15000万元、《流动资金贷款合同》项下贷款4000万元。两份借款借据上所载还款方式为定期结息，分期还本。明光酒店公司从2014年12月21日起开始偿还借款利息，并从2015年8月21日起不能正常支付《流动资金贷款合同》项下利息、从2015年9月21日起不能正常支付《固定资产贷款合同》项下利息。根据《流动资金贷款合同》的约定，至本案起诉前，明光酒店公司应于2015年5月30日偿还借款本金500万元，于2015年11月30日偿还借款本金500万元，但明光酒店公司仅分别于2015年6月30日、7月1日偿还《流动资金贷款合同》项下借款本金495500元、504500元。2014年12月21日至2016年4月20日，明光酒店公司已偿还《流动资金贷款合同》项下借款本金100万元，支付《流动资金贷款合同》项下借款利息（含诚信奖励金和贡献奖励金）4848722.81元，支付《固定资产贷款合同》项下借款利息（含诚信奖励金和贡献奖励金）19758125.03元。

海口农商银行起诉请求明光酒店公司立即偿还本息196619291.41元，明光管理公司、明光餐饮公司、吕光、武大民、吕明、吕凤桃对上述债务承担担保责任。

法院裁判：明光酒店公司应立即偿还海口农商银行《固定资产贷款合同》项下借款本金1.5亿元、《流动资金贷款合同》项下剩余借款本金3900万元并按合同约定计付利息。首先，本案之债权既有明光酒店公司的抵押、质押，又有明光管理公司的质押，还有明光管理公司、明光餐饮公司、吕光、武大民、吕明、吕凤桃的保证。依照《物权法》第一百七十六条的规定，被担保的债权既有物的担保又有人的担保的，在没有约定或者约定不明确时，债务人自己提供物的担保的，债权人应当先就该物的担保实现债权。此时债务人的物的担保与第三人的人的担保在清偿顺序上并不具有平等性，债权人不享有选择权；第三人提供物的担保的，债权人可以就该物的担保实现债权，也可以要求保证人承担保证责任。第三人的物的担保与第三人的人的担保在清偿顺序上平等视之，债权人享有选择权。从《物权法》第一百七十六条关于共同担保责任的立法本意看，债权人优先就债务人的物的担保实现债权，可以避免提供担保的第三人承担担保责任后向债务人的追偿及可能由此形成的不必要成本。故在本案债权既有明光酒店公司自己提供的物的担保又有第三人提供的物的担保情形下，海口农商银行应先就明光酒店公司提供的物的担保实现债权。《物权法》第一百九十四条第二款规定："债务人以自己的财产设定抵押，抵押权人放弃该抵押权、抵押权顺位或者变更抵押权的，其他担保人在抵押权人丧失优先受偿权益的范围内免除担保责任，但其他担保人承诺仍然提供担保的除外。"此意味着，在债务人应先以自己提供的物的担保承担担保责任的情形下，抵押权人放弃债务人自己提供的物的担保，将使其他担保人丧失抵押权顺位利益，故其他担保人在抵押权人放弃优先受偿权益范围内免除担保责任。本案中，明光酒店公司是案涉债务承担者，在其自己提供了物的担保情形下，若海口农商银行不优先就该物的担保实现债权，却转而要求就第三人提供的物的担保或人的担保实现债权，有违公平原则。其次，《保证合同》第1.4条约定，"如借款人未按主合同约定履行偿付借款本息和相应费用的义务，乙方可直接向甲方追索，甲方授权乙方甲方开立在本省农村信用社及其所有分支机构的所有账户中的资金以抵偿主合同项下的债务。"第8.3条约定，"主债务履行期届满，乙方债权全部或部分未受清偿的，有权要求甲方按照本合同承担担保责任"。上述约定是关于实现保证债权而非实现担保物权的约定，并未明确在明光酒店公司自己提供的物的担保与明光管理公司、明光餐饮公司、吕光、武大民、吕明、吕凤桃的保证并存时海口农商银行实现债权的顺序。根据《物权法》第一百七十六条的规定，在约定不明确的情形下，海口农商银行仍应先就明光酒店公司提供的物的担保实现债权。因此，海口农商银行应优先就明光酒店公司自己提供的抵押及质押实现债权。

裁判要旨：被担保的债权既有债务人自己提供的物的担保，又有第三人提供的物的担保，在没有约定或者约定不明确时，债权人应先就债务人提供的物的担保实现债权，债权人不享有选择权。

问题18. 人保与物保并存时担保人之间有无追偿权

同一债权既有物上保证人担保，又有保证，当物上保证人或者保证人向债权人承担担保责任后，能否向未承担责任或者承担部分责任的担保人进行追偿，要求他们清偿应当分担的份额？对这一问题，理论界和实务界均长期存在不同观点和做法，我国立法上也经历了立场变化的过程。

《担保法》没有对担保人的追偿权作出规定，但《担保法解释》第38条第1款规定："同一债权既有保证又有第三人提供物的担保的，债权人可以请求保证人或者物的担保人承担担保责任。当事人对保证担保的范围或者物的担保的范围没有约定或者约定不明的，承担了担保责任的担保人，可以向债务人追偿，也可以要求其他担保人清偿其应当分担的份额。"可见，该条规定明确承认了担保人之间的追偿权。该司法解释的执笔者认为，虽然《担保法》没有对担保人的追偿权作出规定，但"为了平衡保证人和物上保证人之间的关系"，司法解释本条仍承认了担保人的追偿权，符合民法的公平原则和诚信原则的要求。此外，我国法上对保证人与物上保证人追偿权的规定，可以视为我国担保制度的特点。[①] 由此，在担保人之间有无追偿权的问题上的争论，暂时告一段落。

但《物权法》实施后第176条规定："被担保的债权既有物的担保又有人的担保的，债务人不履行到期债务或者发生当事人约定的实现担保物权的情形，债权人应当按照约定实现债权；没有约定或者约定不明确，债务人自己提供物的担保的，债权人应当先就该物的担保实现债权；第三人提

① 参见曹士兵：《中国担保诸问题的解决与展望——基于担保法及其司法解释》，中国法制出版社2001年版，第85页。

供物的担保的，债权人可以就物的担保实现债权，也可以要求保证人承担保证责任。提供担保的第三人承担担保责任后，有权向债务人追偿。”对物上保证人或者保证人一方承担担保责任后，仅规定了有权向债务人追偿，而对能否向另一方进行追偿并未明确。对于这个条文到底该怎么解读，是法律规定了承担担保责任的人只能向债务人追偿从而修改了之前的《担保法解释》第38条第1款的规定，还是法律仅仅是再次强调了可以向债务人追偿而并未废除司法解释确立的追偿规则，众说纷纭，莫衷一是。由此又再次引燃了理论界和实务界对担保人之间有无追偿权问题的争论。

否定说认为，在当事人没有明确约定承担连带担保责任时，规定各个担保人之间相互追偿是不妥的，主要理由：第一，理论上讲不通。除非当事人之间另有约定，各担保人之间没有任何法律关系的存在，要求各担保人之间相互追偿，实质是法律强行在各担保人之间设定相互担保。这意味着，没有履行担保义务的担保人除了为债务人提供担保外，还必须为其他担保人提供担保，这既违背担保人的初衷，也不合法理。第二，从程序上讲费时费力、不经济。在存在多个担保人时，债务人是最终责任人，担保人在承担担保责任后，应当直接向债务人追偿。如果他还可以向其他担保人追偿的话，就意味着其他担保人承担责任后，仍需要向最终的责任人即债务人追偿。从程序上讲，这是不经济的。第三，履行了担保责任的担保人不能向其他担保人追偿恰恰是公平原则的体现。除非当事人之间另有规定，每个担保人在设定担保时都明白自己面临的风险：即在承担担保责任后，只能向债务人追偿。如果债务人没有能力偿还，自己就会受到损失。这种风险就是担保人设定担保时最为正常的风险且可以预见到的风险，必须由自己承担。担保人希望避免这种风险，就应当在设定担保时进行特别约定。第四，向其他担保人追偿可操作性很差。向其他担保人追偿，首先面临的一个问题就是如何确定追偿的份额。在保证与担保物权并存的情况下确定份额是很难的。[①]

司法实践中，部分法院的研究或裁判采纳了这一观点。如福建省高级人民法院民二庭《担保物权纠纷案件若干问题研究》认为，“《物权法》第一百七十六条在没有约定或约定不明的情况下，取消担保人之间的追偿权的规定，实质上是更好地维护了公平原则。因为除非担保人之间另有明确约定，否则各担保人之间并没有任何法律关系存在。如果允许担保人之间互相追偿，则意味着没有履行担保义务的担保人除了为债务人提供担保外，还必须被强制为其他担保人提供担保，这实际上部分违背担保人仅对债务人提供担保的初衷。”“相较《担保法解释》第 38 条，《物权法》第 176 条否定了担保人之间的求偿权，”“《担保法解释》第 38 条第 1 款由于与《物权法》第 176 条规定不一致，因此不能再继续引用作为审判依据。”

在东部路桥公司与王军、杨捷、施彦平、王京、瑞桓公司担保合同追偿纠纷一案［南京中院（2016）苏 01 民终 3182 号］中，南京中院认为，虽然担保法司法解释规定承担了担保责任的担保人可以向债务人追偿，也可以要求其他担保人清偿其应当分担的份额。但《物权法》第 176 条只规定了提供担保的第三人在承担担保责任后有权向债务人追偿，未再规定提供物权担保的第三人与保证人之间的追偿权。根据上述法律规定的变化，一审法院从立法本意角度考量，认定东部路桥公司在本案中无权向王军、杨捷、施彦平、王京行使追偿权，该认定并无不当之处。具体理由如下：首先，担保法理论以担保发生的原因为标准，将担保分为法定担保和约定担保，根据现行法律规定，除留置权属于法定担保外，其他担保方式均为约定担保。可见担保关系的设立应以当事人意思自治为基础，在人保与物

---

① 胡康生主编：《中华人民共和国物权法释义》，法律出版社 2007 年版，第 381 页。相关论述还可参见崔建远：《物权法》，中国人民大学出版社 2011 年版，第 426 页；杨明刚：《新物权法——担保物权适用解说与典型案例评析》，法律出版社 2007 年版，第 11 页；韩松等编著：《物权法》，法律出版社 2008 年版，第 366 页；江海、石冠彬：《论共同担保人内部追偿规则的构建——兼评〈物权法〉第 176 条》，载《法学评论》2013 年第 6 期；王昌颖：《人保与物保并存时担保人之间追偿权初探——对物权法第一百七十六条的比较分析》，载《人民法院报》2013 年 4 月 3 日；李红建、雷新勇：《人保与第三人物保的相互追偿及担保物权未设立的责任问题探讨》，载《法律适用》2011 年第 8 期；代晨：《论物保与人保并存之法律适用》，载《昆明大学学报》2008 年第 1 期；黄品：《保证与物的担保并存时法律规则之探讨——以〈物权法〉第 176 条的规定为中心》，载《南京大学学报》2010 年第 3 期。

保并存的情形下，除担保人之间有特别约定或保证人与物上担保人共同与债权人设定担保关系外，各担保人之间并无共同担保的意思表示，担保人之间追偿缺乏法律基础。且现行法律已为分散担保人的风险设计了反担保制度，没有必要再以牺牲私法自治为代价对人保、物保并存情形下的相互追偿权提供特别优待。从本案来看，东部路桥公司与王军、杨捷、施彦平、王京之间并无关于相互追偿权的协议，亦未共同向债权人设定担保关系，故东部路桥公司关于追偿权的诉请无合同和法律依据。其次，《民法通则》第 87 条规定："债权人或者债务人一方人数为二人以上的，依照法律的规定或者当事人的约定，享有连带权利的每个债权人，都有权要求债务人履行义务；负有连带义务的每个债务人，都负有清偿全部债务的义务，履行了义务的人，有权要求其他负有连带义务的人偿付他应当承担的份额。"因此，除法律规定或当事人特别约定外，不得适用连带之债。担保之债属于约定之债，在人保与物保并存时，由于各担保人并无共同担保的意思表示，相互之间并非当然的共同担保关系，故不能推定担保人之间存在连带担保责任。再次，《物权法》将保证人和提供物保的第三人的担保责任置于平等地位，是为了充分保证债权人的选择权和放弃权，并不表示其他担保人必须实际平等分担已承担了担保责任的担保人的损失。如认可二者之间存在追偿权，不仅强行改变了担保人担保责任的性质，也必将在事实上限制或剥夺债权人的选择权。最后，《物权法》第 176 条明确了该规范的任意性属性，将当事人的约定置于优先地位。因此，在人保和第三人提供的物保并存时，承担了担保责任的担保能否向其他担保人追偿，应当首先取决于当事人的约定。如没有约定或约定不明，则只能向债务人追偿。

肯定说认为，应当允许承担了担保责任的物上保证人或保证人向其他保证人或物上保证人追偿，主要理由是：第一，在同一债权同时存在物的担保和人的担保且遵循平等主义的前提下，物的担保与保证逻辑地存在比例关系，亦即物上保证人与保证人对债务履行的担保责任存在比例关系。如果某一担保人承担的担保责任超出了自己的份额，只能向主债务人追偿，即便主债务人没有履行能力，也无法向其他担保人求偿，显然是不公平的。[①] 第二，担保人在提供担保的时候就应当意识到其有义务承担担保责任，即便是其他担保人向其追偿也是其本应承担的担保责任的体现，况且，承担了担保责任的担保人只是按份地追偿，因此对这些被追偿的担保人并无不公平的问题。[②] 而一旦否定了相互追偿权，那无异于免除了某一（或部分）混合共同担保人的担保责任，出现一部分担保人“遍体鳞伤”，而其他担保人“毫发无损”的结果。而肯定混合共同担保中的相互追偿权，正好可以视为是要求全体担保人承担担保责任的体现，从而与反对论者所谓的担保人在提供担保时应当预料到要担责的目的相契合。[③] 第三，在混合共同担保中，如果物上保证人和保证人没有就各自的担保份额作出约定，则物上保证人与保证人之间的关系是符合连带债务的成立要件的，完全可以将他们作为连带债务人而使之连带地负担保责任。[④]《物权法》第176条在明确了“物的担保责任与人的担保责任平等说”的同时，其实也就隐含了物上保证人与保证人之间存在多数人之债的假设，否则如果物上保证人与保证人之间并无多数人之债的关联，而只是数个毫无联系的单一之债的简单并存，那么某一担保人向债权人承担了担保责任后就不能对其他的担保人发生绝对的效力。[⑤] 第四，从目的上讲，共同担保不仅具有累积多个担保人的资信以确保债权获得清偿的功能，同时对于担保人而言，也具有有效分散单个担保人所承担的担保责任风险的功能。而要实现担保人分散担保责任的目的就需要肯定担保人之间的相互追偿权。[⑥] 第五，如果禁止担保人之间的追偿，则会鼓励债权人与某一担保人串通、恶意选择其他担保人承担责任从而免除其应负担保责任的滥用选择权情形发生，明

---

① 高圣平：《混合共同担保之研究——以我国〈物权法〉第176条为分析对象》，载《法律科学》2008年第2期；高圣平：《担保法论》，法律出版社2009年版，第73页。

② 参见梅夏英、高圣平：《物权法教程》，中国人民大学出版社2007年版，第347页。

③ 黄忠：《混合共同担保之内部追偿权的证立及其展开——〈物权法〉第176条的解释论》，载《中外法学》2015年第4期。

④ 程啸：《担保物权研究》，法律出版社2017年版，第155页。

⑤ 黄忠：《混合共同担保之内部追偿权的证立及其展开——〈物权法〉第176条的解释论》，载《中外法学》2015年第4期。

⑥ 黄忠：《混合共同担保之内部追偿权的证立及其展开——〈物权法〉第176条的解释论》，载《中外法学》2015年第4期。

显有违诚实信用原则。[①] 第六，程序烦琐与追偿份额的复杂计算不应当成为否认追偿的正当性理由。[②] 此外，虽然从字面上看《物权法》第 176 条只是规定了承担责任的物上保证人或保证人可以向债务人追偿，但该法并没有否认其可以向其他保证人或物上保证人追偿。[③④]

司法实践中，部分法院的研究或裁判采纳了这一观点。例如，湖北省高级人民法院民二庭在《当前商事审判疑难问题裁判指引》（2016 年 11 月）之 22“担保人承担担保责任后行使追偿权的对象和范围”中指出：“同一债权既有保证又有第三人提供物的担保的，债权人可以请求保证人或者物的担保人承担担保责任。当事人对保证担保的范围或者物的担保的范围没有约定或者约定不明的，承担了担保责任的担保人，可以向债务人追偿，也可以要求其他担保人清偿其应当分担的份额。”

在顾正康与汇城公司、荣华公司、华泰龙公司、钱云富追偿权纠纷一案［湖北高院（2014）鄂民二终字第 00078 号］中，湖北高院认为：关于各担保人之间是否享有追偿权的问题。《担保法解释》第 38 条第 1 款赋予承担担保责任的担保人可以向其他担保人主张应当清偿的份额，而《物权法》第 176 条并未明确上述权利，因而引发关于法律渊源的争议。对此，本院认为：1. 从法律特征来看。法理通说认为担保人承担担保责任后，继受了债权人地位，因此对债务人的追偿以及对其他担保人的清偿请求，均源自债权的效力，所发生的法律关系也属于债法范畴，不属于物权法调整范围。2. 从法律功能来看。《担保法》在于规范包括人的保证和物的担保在内的担保行为，因此，该法律及其司法解释应当对涉及混合担保的情形作出规定。而《物权法》则主要规范基于物上权利所发生的物的担保的行

---

① “湖北汇城置业有限公司与十堰荣华东风汽车专营有限公司、顾正康等追偿权纠纷上诉案”，湖北省高级人民法院（2014）鄂民二终字第 00078 号民事判决书。

② 高圣平：《混合共同担保之研究——以我国〈物权法〉第 176 条为分析对象》，载《法律科学》2008 年第 2 期。

③ 杨文杰：《混合共同担保人内部追偿问题研究》，载《河北法学》2009 年第 10 期。

④ 相关论述还可参见郭明瑞：《担保法》，法律出版社 2010 年版，第 55 页；王闯：《冲突与创新——以物权法与担保法及其解释的比较为中心而展开》，载最高人民法院民事审判第二庭编：《担保案件审判指导》，法律出版社 2014 年版，第 9—12 页；关倩：《论审理混合担保内部求偿权案件的裁判规则——以碰撞漏洞填补方法为研究视角》，载《人大法律评论》2013 年第 1 辑，第 117—130 页。

为，人的保证不在其调整范围之内，因此《担保法》对混合担保仅做衔接性规定即赋予担保人向债务人追偿权利而对担保责任消灭后各担保人之间是否具有追偿权不作进一步的明确规定，应属受其立法目的和法律功能的限制，并非对《担保法》及其司法解释关于混合担保的担保人互有追偿权条款的否定。3. 从公平原则来看。如果保证人和物上保证人没有就承担担保责任后如何分担进行约定，则其权利义务的事后平衡应当适用公平原则予以实现。担保人承担担保责任后，其他担保人担保责任随之免除，就其所订立担保合同面临的风险而言，获得了实际的法律利益，如禁止承担担保责任的担保人请求分担清偿则会显失公平。4. 从恶意危险防范来看。保证人和物上担保人在实现担保权程序中均为维护同一债权人利益，两者权利之间并不产生冲突。另因并未在同一物上产生物权与债权的堆叠冲突、物权优先于债权原则排除适用，故而应当允许债权人可以选择通过履行人的保证或物的担保来实现债权。这从《担保法》第 28 条所采保证人绝对优待主义到该法司法解释第 38 条第 1 款所采平等主义的变迁足以看出。但如果禁止担保人之间的追偿，则会鼓励债权人与某一担保人串通、恶意选择其他担保人承担责任从而免除其应负担保责任的滥用选择权情形发生，明显有违诚实信用原则。综上所述，法律尤其是《物权法》并无关于禁止承担担保责任的担保人请求其他担保人承担清偿责任的规定，混合担保的担保人之间可互有清偿请求权的制度设置更符合公平原则和诚实信用原则等债法基本规则。故汇城公司在承担担保责任后，向包括顾正康在内的其他保证人追偿，并不违反上述法律和司法解释的相关规定和立法宗旨，依法应予支持。[①]

在丁黎爽、沈国红与金某甲、朱某等追偿权纠纷一案［绍兴中院(2015)浙绍商终字第1452号］中，绍兴中院认为：《物权法》第176条系授权性规定，该条仅是规定了提供物保的第三人在履行了担保责任后，可以向债务人追偿，但并没有否定其可以向其他保证人进行追偿的权利。在物权法没有明确规定的情况下，应根据《担保法解释》第38条认定提供物的担保的第三人承担了担保责任后，可以向其他保证人追偿。另外，《物权法》第176条赋予债权人在没有特别约定的情况下，就保证与第三人物保实现债权时的选择权，故保证与第三人物保在对债权的担保功能、责任上处于平等地位，且提供物保的第三人承担担保责任后，其他保证人确也在其履行担保责任的范围内免除了相应的保证责任，允许提供物保的第三人与保证人之间可以互相追偿，系公平原则的应有之义，故原判认定提供物保的第三人在承担担保责任后，有权向其他保证人追偿并无不当。

客观而言，上述两种观点均有一定道理。而就立法及司法实践层面看，我国现行立法无论是《担保法》还是《物权法》，均未明确规定担保人之间的追偿权，因而否定说有着更为突出的法律基础；但学界站在比较法的基础之上，主流观点倾向于肯定说，《担保法解释》受到学界观点的影响较大，因而在《担保法》并未明确规定担保人之间的追偿权的情况下，仍然通过司法解释的形式进行了规定，在《物权法》实施后，各级法院在处理相关案件时，受到该司法解释的影响仍然非常明显，出于各种考虑，仍然更倾向于直接援引《担保法解释》第38条的规定作出裁判，最高

① 该案所陈述的理由在司法实践中产生了一定的影响，甚至为后来一些法院在判决中直接引用，如抚州市中级人民法院(2017)赣10民终1031号民事判决书。另外，需要说明的是，对于(2014)鄂民二终字第00078号民事判决，相关当事人向最高法院申请再审，最高人民法院以(2015)民申字第1280号裁定提审该案，并于2017年12月29日作出了(2017)最高法民再137号民事判决。该判决秉承了最高法院民二庭一以贯之的倾向性观点，肯定了(2014)鄂民二终字第00078号民事判决对于混合担保中担保人之间享有追偿权的认定，故抵押人汇城公司承担担保责任后对保证人顾正康享有追偿权。该判决纠正了(2014)鄂民二终字第00078号民事判决对于汇城公司追偿范围的认定，认为顾正康与汇城公司均为农行华中支行的担保人，二者之间并未约定承担担保责任的一方在行使追偿权时有权要求另一方承担连带责任，因此，应当根据《担保法解释》第38条规定，汇城公司承担抵押担保责任后，有权要求顾正康清偿其“应当分担”的份额，即顾正康对汇城公司应承担按份责任。

法院民二庭的多数观点也一直认为应当肯定担保人之间的追偿权。但抛开司法机关部门之见，综合考虑我国现行法的规定以及混合共同担保中的责任承担机理，笔者更倾向于赞同“否定说”。主要理由如下：

第一，无论是《担保法》还是《物权法》，均未明确规定物的担保与人的担保并存时担保人之间的追偿关系，对于这一事实，即使持肯定说者也不否认。肯定说对此的辩驳理由主要是《物权法》囿于其主要规范物的担保行为的限制而未对此规定，因而，并不构成对《担保法解释》第38条第1款的否定。笔者认为，首先，《担保法》本身就没有明确规定物的担保与人的担保并存时担保人之间的追偿关系，《担保法解释》第38条第1款的规定在本质上实系创设了担保人之间的追偿规则，虽然这一规则因与国外的立法模式以及民法学界的主流观点基本一致而较少引起争论，但单就司法解释的功能定位来看，这一创设本身就存在一定程度的“越法”解释之嫌。其次，《物权法》第176条虽然是物权法中的条文规定，但其本身就是关于混合共同担保的规范，其所涵盖的范围当然不仅限于物的担保，而且包括了人的担保。最后，《物权法》第176条的表述明显有别于《担保法解释》第38条第1款，得出《物权法》不承认物上保证人和保证人之间的求偿关系的结论，是符合立法原意的。而且，《物权法》第178条规定，担保法与本法的规定不一致的，适用本法。在《物权法》对此并未明文规定的情况下，不宜再机械适用《担保法解释》第38条第1款的规定。

第二，从《物权法》体系解释的角度看，抵押权人放弃债务人提供的抵押担保时，其他担保人有权在抵押权人丧失优先受偿权益的范围内免除担保责任。该款乃至整个《物权法》都没有规定抵押权人放弃物上保证人或保证人的担保时，其他担保人在被放弃的担保范围内可以免除担保责任，这样的规定正是以担保人之间不能追偿为前提的。

第三，《民法通则》第87条规定：“债权人或者债务人一方人数为二人以上的，依照法律的规定或者当事人的约定，享有连带权利的每个债权人，都有权要求债务人履行义务；负有连带义务的每个债务人，都负有清偿全部债务的义务，履行了义务的人，有权要求其他负有连带义务的人偿付他应当承担的份额。”《民法总则》第178条第3款规定：“连带责任，由法律规定或者当事人约定。”因此，除法律规定或当事人约定外，不得适用连带之债。担保之债属于约定之债，在人保与物保并存时，除非担保人之间就共同担保作出约定，否则各担保人并无共同担保的意思表示，相互之间并非当然的共同担保关系，故推定担保人之间存在连带担保责任，与法律规定的连带责任承担的基本原则不符。

第四，从担保制度设立的目的来看，从债务人角度看，是债务人担保其履行债务的手段，实现其融资等目的；从债权人方面，设立担保是确保实现债权的保障手段。特别是保证合同具有单务性、无偿性、独立性特点，并无分担其他担保人责任之义。此外，物上保证人和保证人往往并非同时设立，设立存在先后顺序，物上保证人和保证人有时并非相互知情，承认物上保证人和保证人相互追偿，则在物上保证人和人保并没有法律关系情形之下，强行将向债务人追偿不能风险转嫁其他担保人承担，违背担保人提供担保初衷，与主债权清偿消灭、债的担保亦消灭制度相悖。

第五，物保人与保证人的存在以及出现人保、物保并存的原因都旨在保护债权人的利益，物上担保人与保证人之间并不存在任何法律上的关系，持肯定说的学者主张追偿最大的原因在于要求物上担保人与保证人之间能够分担担保责任以体现公平，但这是以毫无理论根据侵犯其余担保人权益为前提的利益平衡，法律强行地在各个担保人为债权人提供担保时在担保人之间也设立了互相担保。法律不能为了这种形式上的公平任意地要求其余担保人为已经承担担保责任的担保人来分担责任，各个担保人在提供担保责任时就应当清楚自己承担的担保责任是由债务人是否偿债所决定的，而担保人是否承担担保责任的选择权是由债权人行使的，债权人要求特定担保人承担担保责任时，债务人与债权人之间的债权债务关系归于消灭，所谓的债务人给其他担保人带来的风险即应当理解为消灭，而最为重要的理由在于承担担保责任的担保人所需要承担的担保责任也是自己所预知的风险。[①] 混合共同担保人的预期取决于法律是否规定可以互相求偿，在法律没有规定的情况下，如果混合共同担保人之间互不知情，任一担保人自然均对承担全部风险存有预期，由其承担全部担保责任并无不公平之处。

---

① 江海、石冠彬：《论混合共同担保——兼评〈物权法〉第176条》，载《海南大学学报（人文社会科学版）》2012年第6期。

第六，《物权法》第176条确立的是意思自治优先的原则，即首先赋予当事人对担保责任承担的顺序、份额等事项进行约定的权利，只要当事人进行了明确约定，即从其约定。在无约定，明确了保证人与物上保证人处于同等地位，才赋予债权人选择权。当保证人和物上保证人不愿其优先代为受偿，亦可通过相关约定顺位，进而排斥债权人的自由选择权利。因此，物权法在相关制度的设计安排上是平衡的，并不具有明显的可非难性。

第七，在债务清偿期届满，债务人未清偿债务，由物上保证人和保证人承担了担保责任的，物上保证人抑或保证人即可成为债务人的债权人，有权向债务人追偿。物上保证人或保证人为保障追偿权的实现，可以事先要求债务人提供反担保，在债务人不履行债务时候，可向反担保人请求履行担保责任，亦可受偿债权。通过反担保制度，可在相当程度上解决肯定说受担心的债权人与某一担保人串通、恶意选择其他担保人承担责任从而免除其应负担保责任的滥用选择权风险的发生。

至于人大法工委的官方理由中所称的程序性代价烦琐和操作不方便，虽然这种制度设计确实可以带来法律适用上的简化，但把这两个理由作为《物权法》对追偿制度设计的依据，说服力不足，毕竟法律制度总有程序成本，不能仅仅为了操作方便而侵犯特定人的利益。但作为立法者在制度选择时的考虑因素而言，由于债务人是最终的责任者，在保证人或物上保证人承担责任后，径行向债务人追偿，确实更加便捷、经济，因此作为考量因素之一也未尝不可。

综上，笔者认为，在我国现行法的框架下，在当事人没有明确约定承担连带担保责任时，承担了担保责任的物上保证人或保证人无权向其他物上保证人或保证人追偿。

【典型案例20】

案例索引：南京东部路桥工程有限公司与王军、杨捷、施彦平、王京、江苏瑞桓建设有限公司担保合同追偿纠纷案。一审：（2012）建商初字第338号；二审：（2016）苏01民终

典型案例裁判文书

江苏省南京市中级人民法院(2016)苏01民终3182号民事判决书

3182号。

案情简介：2011年11月20日，东部路桥公司与建设银行签订《本金最高额保证合同》，约定东部路桥公司为瑞桓公司与建设银行在2011年11月20日至2012年11月19日的一系列借款向建设银行提供最高额7500万元本金余额的最高额保证。2012年5月11日，瑞桓公司与建设银行签订《人民币流动资金贷款合同》，约定建设银行向瑞桓公司发放贷款1500万元，借款期限为6个月。2012年5月3日，瑞桓公司提供沥青混凝土拌和楼一台、沥青摊铺机两台、铣铯机一台、乳化沥青封浆封层机两台，合计六台设备，抵押给建设银行，建设银行为此领取了《动产抵押登记书》。次日，建设银行与瑞桓公司就上述动产办理了抵押登记。诉讼中，瑞桓公司提出上述六台设备已经灭失。

2012年5月3日，建设银行与杨捷、施彦平、王京分别签订《南京市房地产抵押合同》，三自然人分别将其相应房产抵押给建设银行，作为瑞桓公司上述借款的担保。约定房产均办理了抵押登记。

2012年10月11日，建设银行与东部路桥公司签订了《代偿合同》，约定东部路桥公司为履行保证义务，就瑞桓公司上述借款合同项下剩余的1000万元本金进行代偿。建设银行将其对瑞桓公司的案涉债权及相关合同项下的全部权利（包括不限于5.1、5.2、5.3、5.4款中的抵押权）转让给东部路桥公司，并将相关权利证书全部移交东部路桥公司，由东部路桥公司行使代位追偿权。同日，东部路桥公司为瑞桓公司向建设银行代偿本金1000万元，建设银行向东部路桥公司出具了《代偿证明书》。

王军以瑞桓公司与建设银行之间的《人民币流动资金贷款合同》项下的债务已还清为由，起诉至南京市鼓楼区人民法院，请求判令建设银行办理注销王军名下位于本市雨花台区雨花南路58—××号房屋的他项权证手续，解除王军为瑞桓公司与建设银行之间《人民币流动资金贷款合同》项下债务设定的抵押权。经法院生效判决，判令建设银行应协助注销王军名下位于南京市雨花台区雨花南路58—××号房屋上的抵押权登记及他项权证（他项权证号：房他证雨字第××号）。

现东部路桥公司起诉请求判令瑞桓公司立即支付其代偿款1000万元及利息；对杨捷、施彦平、王京、王军提供抵押担保的房产及瑞桓公司名下在《动产抵押登记书》项下的设备等抵押物折价或拍卖、变卖的价款优先受偿。

法院裁判：虽然《担保法解释》规定承担了担保责任的担保人可以向债务人追偿，也可以要求其他担保人清偿其应当分担的份额。但《物权法》第一百七十六条只规定了提供担保的第三人在承担担保责任后有权向债务人追偿，未再规定提供物权担保的第三人与保证人之间的追偿权。根据上述法律规定的变化，东部路桥公司在本案中无权向王军、杨捷、施彦平、王京行使追偿权。具体理由如下：首先，担保法理论以担保发生的原因为标准，将担保分为法定担保和约定担保，根据现行法律规定，除留置权属于法定担保外，其他担保方式均为约定担保。可见担保关系的设立应以当事人意思自治为基础，在人保与物保并存的情形下，除担保人之间有特别约定或保证人与物上担保人共同与债权人设定担保关系外，各担保人之间并无共同担保的意思表示，担保人之间追偿缺乏法律基础。且现行法律已为分散担保人的风险设计了反担保制度，没有必要再以牺牲私法自治为代价对人保、物保并存情形下的相互追偿权提供特别优待。从本案来看，东部路桥公司与王军、杨捷、施彦平、王京之间并无关于相互追偿权的协议，亦未共同向债权人设定担保关系，故东部路桥公司关于追偿权的诉请无合同和法律依据。其次，《民法通则》第八十七条规定："债权人或者债务人一方人数为二人以上的，依照法律的规定或者当事人的约定，享有连带权利的每个债权人，都有权要求债务人履行义务；负有连带义务的每个债务人，都负有清偿全部债务的义务，履行了义务的人，有权要求其他负有连带义务的人偿付他应当承担的份额。"因此，除法律有规定或当事人有特别约定外，不得适用连带之债。担保之债属于约定之债，在人保与物保并存时，由于各担保人并无共同担保的意思表示，相互之间并非当然的共同担保关系，故不能推定担保人之间存在连带担保责任。再次，物权法将保证人和提供物保的第三人的担保责任置于平等地位，是为了充分保证债权人的选择权和放弃权，并不表示其他担保人必须实际平等分担已承担了担保责任的担保人的损失。如认可二者之间存在追偿权，不仅强行改变了担保人担保责任的性质，也必将在事实上限制或剥夺债权人的选择权。最后，《物权法》第一百七十六条明确了该规范的任意性属性，将当事人的约定置于优先地位。因此，在人保和第三人提供的物保并存时，承担了担保责任的担保能否向其他担保人追偿，应当首先取决于当事人的约定。如没有约定或约定不明，则只能向债务人追偿。

裁判要旨：《物权法》第一百七十六条明确了该规范的任意性属性，将当事人的约定置于优先地位。因此，在人保和第三人提供的物保并存时，承担了担保责任的担保能否向其他担保人追偿，应当首先取决于当事人的约定。如没有约定或约定不明，则只能向债务人追偿。

问题 19. 担保物权的放弃对其他担保人担保责任的影响

（一）放弃担保物权的认定

根据《物权法》第 194 条、第 218 条的规定，担保物权人可以放弃担保物权。根据《物权法》第 177 条的规定，债权人放弃担保物权，是担保物权的消灭原因之一。

放弃担保物权的方式有作为和不作为两种，担保物权人有抛弃担保物权的明确意思表示，或者向登记部门申请涂销登记属于作为方式，但对于以登记为生效要件的不动产担保物权以及权利质权而言，应当以前述两者同时具备为必要。对此，参与物权立法的专家认为，“抵押权人不行使抵押权或者怠于行使抵押权的，不得推定抵押权人放弃抵押权”。[①] 裁判实践中亦有观点认为：“虽然（债权人）在一定的条件下有放弃抵押权的意思表示，但其放弃后并未办理抵押权登记注销手续，因此，该放弃仅在相对人之间具有合同效力，物权效力尚未发生，作为（抵押人）而言，其在申请查封时，是知晓该查封标的上有（债权人）的抵押权存在，故该标的用于实现（债权人）的债权，并未超出（抵押人）申请查封时的心理预期，对其利益也并未造成新的损害。”[②] 此外，担保物权人明确放弃担保物权次序上的利益，放弃顺序在先的担保物权的次序，也属于以作为的方式放弃

---

① 全国人大常委会法制工作委员会民法室：《中华人民共和国物权法条文说明、立法理由及相关规定》（第二版），北京大学出版社 2017 年版，第 355 页．

② “徐州联兴担保有限公司与徐州市铜山区刘集镇棉布村村民委员会执行异议之诉纠纷上诉案”，江苏省高级人民法院（2015）苏商终字第 00668 号民事判决书。

担保物权。但在后者，担保物权并不消灭，而是变为后顺序担保物权。

以不作为的方式放弃担保物权的情形有：1. 怠于行使担保物权，致使权利消灭，如拒绝领取提存担保物变现价金致使被上交国库的。2. 因担保物权人的行为致使该权利的实现较为困难或使担保物的实际价值减少的，如担保物权人承租担保物，因疏于维护致担保物价值减少的。3. 因债权人的原因使权利的实际财产内容减少，如债权人在保管担保物期间，擅自出租给第三人，因此致该标的物价值降低，保证人也可相应免责。①

对此，《担保法解释》第 38 条第 3 款规定："债权人在主合同履行期届满后怠于行使担保物权，致使担保物的价值减少或者毁损、灭失的，视为债权人放弃部分或者全部物的担保。保证人在债权人放弃权利的范围内减轻或者免除保证责任。"就"怠于行使"的表述，可以看出此项放弃物的担保之"视为"，隐含着债权人须具有"过错"之要件。准此，只有根据一般常识足以认定债权人的行为显著失当，或者违反诚实信用原则以减损其他担保人求偿权之行使效果时，才可将其认定为放弃物的担保。② 如此看来，放弃物的担保应作广义解释。债权人使担保物权价值减少的故意或过失行为、因故意或过失造成担保物部分或全部毁损灭失、担保物权顺位的放弃或变更，应根据其价值减损情况，视为物的担保的全部或部分放弃。这一观点也与德国、法国、日本和我国台湾地区的学说判例相一致，③ 我国审判实践也对此予以认可。例如，"中国长城资产管理公司与黑龙江粮油集团有限公司金融债权追偿纠纷案"中，法院即认为："案涉物的担保行为发生于 2002 年，担保物系粮食作物，难以久存，而（债权人）于 2012 年才提起诉讼行使抵押权，而此时抵押物已被处分，且难以确定受让人及代位物，应属债权人怠于行使担保物权，根据前述司法解释的规定，保证人……亦应免除相应的保证责任。"④

值得注意的是，仅有抵押权人不行使抵押权或怠于行使抵押权的事

---

① 参见李国光、奚晓明、金剑锋、曹士兵：《最高人民法院〈关于适用中华人民共和国担保法若干问题的解释〉理解与适用》，吉林人民出版社 2000 年版，第 162—163 页。

② 孙鹏、王勤劳、范雪飞：《担保物权法原理》，中国人民大学出版社 2009 年版，第 78 页。

③ 参见叶名怡：《混合担保中债权人过错对保证责任之影响》，载《法商研究》2016 年第 4 期。

④ "黑龙江粮油集团有限公司、黑龙江省油脂公司债权纠纷案"，黑龙江省高级人民法院（2012）黑高商初字第 8 号民事判决书。

实，没有已经因此造成抵押物价值减少或者毁损、灭失的证据，并不能认定为抵押权人放弃抵押权。即使对《担保法解释》第38条第3款作扩大解释，也不应扩大到仅基于抵押权人不起诉、不追加抵押人的事实，即认定其对抵押权的放弃。[①]“因（保证人）、（物上保证人）已承诺在债权人放弃其他担保物权或变更其他担保物权的顺位或内容时仍然提供担保，故（债权人）虽在本案中撤回了对（抵押人）的起诉，（保证人）、（物上保证人）的担保责任并不因此免除或者减轻。”[②]

实践中较为普遍地存在着因物的担保的设定条件未成就导致物的担保未成立的情形，学说上有观点认为，本着相同事务应作同一处理的基本法理，因债权人的故意或懈怠导致担保物价值的减损，视为债权人放弃物的担保，同样，因债权人的故意或懈怠导致本能设立的担保物权未能设立，亦应视为债权人放弃物的担保。[③] 对此，笔者认为，担保物权放弃属于担保物权消灭的原因之一，而担保物权于此时尚未成立，故消灭则无从谈起，故不应属于担保物权的放弃。实践中有裁判即认为，“根据本案保证合同记载的保证事项，保证人提供保证均没有以抵押担保成立为前提。而抵押物的登记属于法律强制性规定，抵押物没有登记，抵押合同不能生效，受损失的应当是权利人，是否设立抵押权这也是权利人选择的结果，这与保证人无关。《担保法》规定，只有抵押物登记合同生效后，抵押权人放弃了抵押担保，保证人才能在其放弃的范围内免除保证责任，在法律有明文规定的情况下，不可以作扩大解释。因此，抵押权既不成立也就不存在权利人放弃的事实……免除保证人责任的理由缺乏事实依据……”[④]“由于当事人未对（债务人）提供担保的地块办理抵押登记手续导致抵押权未设立，故也不存在抵押权人放弃抵押的情形，因为适用此条的前提是存在抵押。因此，（保证人）对涉案借款应承担连带保证责任，且不符合

---

① 高圣平：《混合共同担保的法律规则：裁判分歧与制度完善》，载《清华法学》2017年第5期。

② “中国民生银行股份有限公司武汉分行与武汉市金石物资有限责任公司、湖北宏鑫工贸有限公司等金融借款合同纠纷上诉案”，湖北省高级人民法院（2016）鄂民终978号民事判决书。

③ 程啸：《担保物权研究》，中国人民大学出版社2017年版，第149页。

④ “中国信达资产管理公司与九江化学纤维总厂、九江化工厂等借款担保纠纷上诉案”，最高人民法院（2003）民二终字第195号民事判决书。

在抵押权丧失优先受偿权益的范围内免除担保责任的情形。”[①]

（二）担保物权的放弃对其他担保人担保责任的影响

《物权法》第 194 条第 2 款规定：“债务人以自己的财产设定抵押，抵押权人放弃该抵押权、抵押权顺位或者变更抵押权的，其他担保人在抵押权人丧失优先受偿权益的范围内免除担保责任，但其他担保人承诺仍然提供担保的除外。”第 218 条规定：“质权人可以放弃质权。债务人以自己的财产出质，质权人放弃该质权的，其他担保人在质权人丧失优先受偿权益的范围内免除担保责任，但其他担保人承诺仍然提供担保的除外。”

相较《担保法》第 28 条第 2 款“债权人放弃物的担保的，保证人在债权人放弃权利的范围内免除保证责任”的规定，《物权法》第 194 条第 2 款和第 218 条增加了“债务人以自己的财产设定抵押”“债务人以自己的财产出质”等限定条件。其主要原因在于，《物权法》第 176 条改变了《担保法》第 28 条第 1 款“同一债权既有保证又有物的担保的，保证人对物的担保以外的债权承担保证责任”的理论基础，主张人的担保与物的担保平等，同时不承认保证人与物上保证人之间的内部求偿关系，债权人放弃对某一担保人的担保权，对其他担保人不发生影响。但在债务人自己提供的物的担保时，如当事人之间没有相反约定，债权人应先就该物的担保实现债权，其他担保人享有顺序利益，仅对不能通过该物的担保获得清偿的债权承担担保责任。由此，《物权法》第 194 条第 2 款和第 218 条明确，只有在债务人以自己的财产设定物的担保，债权人放弃该物的担保的，其他担保人在债权人丧失优先受偿权益的范围内免除担保责任。至于以第三人的财产设定物的担保，即使债权人放弃该物的担保，对其他担保人承担担保责任亦不产生影响，不管债权人是否放弃该物的担保，其他担保权人均应依债权人的请求承担约定的担保责任。[②]

由《物权法》第 176 条与第 194 条第 2 款、第 218 条的体系解释可知，仅有在债权人先应就债务人提供的物的担保实现债权的情形下，债权人放

---

① “徐会军与江苏沪武建设集团有限公司民间借贷纠纷上诉案”，江苏省高级人民法院（2015）苏民终字第 00455 号民事判决书。

② 高圣平：《混合共同担保的法律规则：裁判分歧与制度完善》，载《清华法学》2017 年第 5 期。

弃该物的担保才会引发第 194 条第 2 款的适用，因为此时其他担保人享有顺序利益。准此，即使有债务人自己提供的物的担保，但当事人之间已就人的担保与物的担保之间的关系另有约定，保证人已经放弃其顺序利益的，也无该款适用的空间。①

值得注意的是，《担保法解释》第 38 条第 3 款规定："债权人在主合同履行期届满后怠于行使担保物权，致使担保物的价值减少或者毁损、灭失的，视为债权人放弃部分或者全部物的担保。保证人在债权人放弃权利的范围内减轻或者免除保证责任。"该款是对《担保法》第 28 条第 2 款关于"债权人放弃物的担保的，保证人在债权人放弃权利的范围内免除保证责任"规定的解释。《担保法解释》第 38 条规定的是人的担保与物的担保并存时的相关规则，该条承认保证人与物上保证人地位平等，同时承认保证人与物上保证人内部存在求偿关系。债权人放弃部分或者全部物的担保，会危及其他担保人求偿权的行使。基于此，其他担保人在债权人放弃权利的范围内可以减轻或者免除保证责任。但《物权法》已经改变了相应的法理基础，《担保法解释》第 38 条第 3 款自无适用空间，该款的规定"需要目的性限缩，将第三人提供物的担保排除在外"。《物权法》在此没有形成立法漏洞，无须借助《担保法解释》的规定加以补充。②

典型案例裁判文书

湖北省高级人民法院
(2016)鄂民终978号
民事判决书

【典型案例 21】

案例索引：中国民生银行股份有限公司武汉分行与湖北宏鑫工贸有限公司、李有全、程重辉、湖北宏鑫实业有限公司、武汉市金石物资有限责任公司、刘斌金融借款合同纠纷案。一审：(2014) 鄂武汉中民商初字第 00602 号；二审：(2016) 鄂民终 978 号。

案情简介：2013 年 12 月 6 日，金石公司与民生银行武汉分行签订

---

① 高圣平：《混合共同担保的法律规则：裁判分歧与制度完善》，载《清华法学》2017 年第 5 期。

② 高圣平：《混合共同担保的法律规则：裁判分歧与制度完善》，载《清华法学》2017 年第 5 期。

《综合授信合同》，约定金石公司自2013年12月6日至2014年12月6日内可向民生银行武汉分行申请使用23000万元的最高授信额度。同日，金石公司与民生银行武汉分行签订编号《最高额抵押合同》，约定金石公司提供坐落于武汉市江夏区经济开发区藏龙岛逸城·亲水生态住宅（西区）联排87栋1—2层2室房产为金石公司在2013年12月6日至2016年12月6日与民生银行武汉分行发生的债权债务在最高本金余额23000万元范围内提供抵押担保，并办理了房屋他项权证及土地他项权证，载明担保的债权数额为441.18万元。宏鑫工贸公司与民生银行武汉分行签订《最高额抵押合同》，约定宏鑫工贸公司提供坐落于武汉市江岸区沿江大道171号房地产为金石公司在2013年12月6日至2016年12月6日与民生银行武汉分行发生的债权债务在最高本金余额23000万元范围内提供抵押担保，并办理了房屋他项权证及土地他项权证，载明担保的债权数额为5000.15万元。2013年12月16日，李有全、刘斌、程重辉分别与民生银行武汉分行签订《个人最高额保证合同》，由三人分别在最高本金余额23000万元范围内为金石公司上述《综合授信合同》项下债务承担连带保证责任，保证期间为两年。2013年12月17日，金石公司与民生银行武汉分行签订《应收账款最高额质押合同》，约定金石公司提供因与东风公司、宏鑫实业公司签订购销合同项下应收账款债务人享有的2013年12月16日至2015年12月16日发生的全部合格应收账款为上述《综合授信合同》在最高主债权本金余额23000万元范围内提供质押担保。同日，民生银行武汉分行在中国人民银行征信中心办理了登记。上述《最高额抵押合同》《最高额保证合同》及《应收账款最高额质押合同》在有关担保权的实现部分约定：如除本合同的担保方式外，主合同项下还存在其他担保的（包括主合同债务人以自己的财产向债权人提供的抵押/质押担保），则担保人对债权人承担的担保责任不受任何其他担保的影响，也不因之而免除或减少。债权人有权选择优先行使本合同项下的担保权利，担保人放弃任何其他担保的优先抗辩权；债权人因任何原因放弃对主合同债务人财产享有的抵押权/质权、变更抵押权/质权的顺位或内容，造成债权人在上述抵押权/质权项下的优先受偿权丧失或减少时，担保人承诺对债权人承担的担保责任也不因之而免除或减少。2013年12月16日，金石公司与民生银行武汉分行签订《银行承兑协议》。根据承兑协议及承兑申请，民生银行武汉分行向金石公司签发出以武汉钢铁股份有限公司为收款人的银行承兑汇票一张，汇票金额为3000万元，票据到期日为2014年6月18日。上述汇票到期后民生银行武汉分行支付了汇票金额，扣除金石公司已缴纳的1500万元保证金及利息后，其为金石公司实际垫款14769000元。金石公司对该垫付款及罚息均未偿还。现民生银行武汉分行起诉请求金石公司偿还借款本息，担保人承担担保责任。

法院裁判：《物权法》第二百一十八条规定，质权人可以放弃质权。债务人以自己的财产出质，质权人放弃该质权的，其他担保人在质权人丧失优先受偿权益的范围内免除担保责任，但其他担保人承诺仍然提供担保的除外。第一百七十六条又规定，被担保的债权既有物的担保又有人的担保的，债务人不履行到期债务或者发生当事人约定的实现担保物权的情形，债权人应当按照约定实现债权；没有约定或者约定不明确，债务人自己提供物的担保的，债权人应当先就该物的担保实现债权；第三人提供物的担保的，债权人可以就物的担保实现债权，也可以要求保证人承担保证责任。提供担保的第三人承担担保责任后，有权向债务人追偿。本案中，宏鑫工贸公司、李有全、程重辉与民生银行武汉分行签订的《最高额抵押合同》《最高额保证合同》在有关担保权的实现部分约定：如除本合同的担保方式外，主合同项下还存在其他担保的（包括主合同债务人以自己的财产向债权人提供的抵押/质押担保），则担保人对债权人承担的担保责任不受任何其他担保的影响，也不因之而免除或减少。债权人有权选择优先行使本合同项下的担保权利，担保人放弃任何其他担保的优先抗辩权；债权人因任何原因放弃对主合同债务人财产享有的抵押权/质权、变更抵押权/质权的顺位或内容，造成债权人在上述抵押权/质权项下的优先受偿权丧失或减少时，担保人承诺对债权人承担的担保责任也不因之而免除或减少。依照上述法律规定和合同约定，因宏鑫工贸公司、李有全、程重辉已承诺在债权人放弃其他担保物权或变更其他担保物权的顺位或内容时仍然提供担保，故民生银行武汉分行虽在本案中撤回了对东风公司的起诉，宏鑫工贸公司、李有全、程重辉的担保责任并不因此免除或者减轻。

裁判要旨：担保人已承诺在债权人放弃其他担保物权或变更其他担保

物权的顺位或内容时仍然提供担保的，担保权人即使在诉讼中撤回了对部分担保人的起诉，其他担保人的担保责任并不因此免除或者减轻。

【典型案例 22】

案例索引：江苏沪武建设集团有限公司与徐会军民间借贷纠纷案。一审：（2014）扬民初字第 00109 号；二审：（2015）苏民终字第 00455 号。

典型案例裁判文书

江苏省高级人民法院(2015)苏民终字第00455号民事判决书

案情简介：2010 年 4 月 9 日，金源公司向徐会军借款，沪武公司提供连带责任保证。借款到期后，金源公司未能偿还借款本息，后与徐会军商定后将该笔债务转移给嘉联公司。2012 年 4 月 11 日，嘉联公司与徐会军签订《最高额抵押借款合同》一份，嘉联公司以其所有的扬国用（2007）第 0587 号土地证作为贷款抵押物抵押给徐会军。2012 年 4 月 12 日，江都公证处对此出具了（2012）扬江证经内字第 708 号《具有强制执行效力的债权文书公证书》。2012 年 4 月 12 日，为保证上述《最高额抵押借款合同》项下的贷款能够按期归还，徐会军、嘉联公司和沪武公司共同签订了一份《贷款保证书》，约定：一、嘉联公司为第一保证人，自愿以江都公证处出具的具有强制执行效力的债权文书公证书载明的抵押物为保证按期归还支付贷款本息；……三、沪武公司为第二保证人，为嘉联公司向徐会军借款提供担保。借款方抵押物被嘉联公司或其他单位处置或无法偿还以上贷款本息，沪武公司愿意承担连带担保责任。《最高额抵押借款合同》及《贷款保证书》签订后，当事人未对嘉联公司提供担保的地块办理抵押登记手续。2014 年 9 月 18 日，嘉联公司向徐会军出具欠条一份，内容为：根据 2012 年 4 月 11 日签订的《最高额抵押借款合同》，截至 2014 年 9 月 18 日嘉联公司共欠徐会军人民币 6800 万元。现徐会军起诉请求嘉联公司偿还借款本息 6800 万元，并自 2014 年 9 月 19 日起支付利息；沪武公司对上述借款本息承担连带保证责任。

法院裁判：根据《中华人民共和国物权法》第一百七十六条的规定，被担保的债权既有物的担保又有人的担保的，债务人不履行到期债务或者发生当事人约定的实现担保物权的情形，债权人应当按照约定实现债权。

该规定明确了在物保和人保并存的情形下，当事人约定优先的原则。按照《贷款保证书》的约定，嘉联公司为第一保证人，以其土地作为抵押物，沪武公司为第二保证人，借款方抵押物被嘉联公司或其他单位处置或无法偿还以上贷款本息，沪武公司愿意承担连带担保责任。从上述约定来看，当事人对涉案借款既约定了债务人提供的物保又约定了沪武公司提供的人保，但“借款方抵押物被嘉联公司或其他单位处置或无法偿还以上贷款本息，沪武公司愿意承担连带担保责任”的约定则表明沪武公司愿意在贷款本息无法偿还时，承担连带保证责任。此外，根据《中华人民共和国物权法》第一百九十四条的规定，债权人以自己的财产设定抵押，抵押权人放弃该抵押权、抵押权顺位或者变更抵押权的，其他担保人在抵押权丧失优先受偿权益的范围内免除担保责任，但其他担保人承诺仍然提供担保的除外。本案中，由于当事人未对嘉联公司提供担保的地块办理抵押登记手续导致抵押权未设立，故也不存在抵押权人放弃抵押的情形，因为适用此条的前提是存在抵押。因此，沪武公司对涉案借款应承担连带保证责任，且不符合在抵押权丧失优先受偿权益的范围内免除担保责任的情形。

裁判要旨：适用《物权法》第一百九十四条的前提是抵押权已经设立，当事人未办理不动产抵押登记手续导致抵押权未设立的，不构成抵押权人放弃抵押的情形。

第二章　保　证

第一节　保证人的资格

问题 1. 如何理解保证人的“代为清偿能力”

代为清偿能力是指第三人基于为债务人清偿的意思表示而向债权人为清偿的能力。《担保法》第 7 条规定：“具有代为清偿债务能力的法人、其他组织或者公民，可以作保证人。”一般而言，具有代为清偿能力，是对保证人的基本要求。但问题是，当第三人欠缺代为清偿能力时，保证合同是否无效或第三人的保证责任是否免除呢？这涉及代为清偿能力是否为自然人、法人和其他组织具有保证人主体资格的必要条件。

一种观点认为，代为清偿能力是第三人具有保证人主体资格的必要条件，认为“保证人必须具有代为履行或者承担连带责任的能力。没有全部履行而只有部分履行的能力或者只具有承担部分连带责任的能力，不具备充任保证人的资格”。①

另一种观点认为：代为清偿能力不能成为第三人具有保证人主体资格的必要条件，“《担保法》第 7 条关于代为清偿能力的规定在性质上仅属于指导性条款，不具有强制性效力”。②

笔者倾向于后一种观点，理由如下：

第一，保证是具有信用性的，不以保证人的特定财产作为履行被保证

---

① 盖成荣、杨亦峰：《浅谈保证合同的必要条件及保证人的责任》，载《山东法学》1993 年第 2 期。

② 李晓桃：《保证人资格与适格的保证人》，载《当代法学》2003 年第 2 期。

债务的基础，而以保证人的全部财产、信用等一切能够充任保证人履行债务的责任财产，来确保主债务人的债务之履行。债权人之所以接受保证人的担保，是基于对保证人资信能力的信任。① 因此，审查保证人的清偿能力也是债权人的权利。在订立保证合同时，债权人有权利对保证人的资信情况进行审查：如果债权人经审查认为第三人不具有代为清偿能力，有权拒绝与其签订保证合同并可要求债务人另寻其他保证人；但如果债权人怠于审查，而与缺乏清偿能力的第三人订立保证合同，那么他就应当承担由此引起的债权不能实现的风险。这也才符合“意思自治”的一般民法原理。

第二，代为清偿能力与债务人所承担的债务数额的大小密切相关。保证人的代为清偿能力是一个变化的量，主债务可因部分履行而减少，保证人的代为清偿能力也会因为其资产的变化，在不同的时期有不同的状态。如果将保证人的代为清偿能力绝对化，认定不具备相应代为清偿能力的人均不得为保证人，且其所订立的保证合同无效，将会使签订保证合同的成本过高，交易的顺利进行必然受阻。因为订立保证合同时不具备代为清偿能力并不意味着将来保证人无任何代为清偿能力。另外，司法实践中也存在仅能部分代为清偿的情况。如果因为不具有清偿能力而让保证合同无效，那么会更加不利于维护债权人的利益。因此，将不确定的代为清偿能力作为保证人资格的要件既不符合保证制度的精神，在审判实践上也缺乏可操作性。

第三，《担保法解释》第 14 条也规定：“不具有完全代偿能力的法人、其他组织或者自然人，以保证人身份订立保证合同后，又以自己没有代偿能力要求免除保证责任的，人民法院不予支持。”从该条款来看，代为清偿能力并非保证人资格的必然要件，也并不影响保证合同的效力。但在实践中，订立保证合同时还需对保证人的代为清偿能力进行考查，因为保证人的代为清偿能力会事实上影响债权人债权受清偿的可能性。

---

① 参见谢慧敏：《论保证人的主体资格》，载《法制与经济》2014 年第 12 期。

【典型案例 1】

案例索引：东亚银行有限公司深圳分行诉北京永盈大厦房地产有限公司、中国华诚（香港）有限公司、张欧、郑慧卿借款合同纠纷案[①]。

典型案例裁判文书

东亚银行有限公司深圳分行诉北京永盈大厦房地产有限公司、中国华诚（香港）有限公司、张欧、郑慧卿借款合同纠纷案

基本案情：1997 年 4 月 2 日，原告东亚银行有限公司深圳分行（以下简称深圳东亚银行）向被告北京永盈大厦房地产有限公司（以下简称永盈公司）发出两封邀约函，一份提议由深圳东亚银行向永盈公司提供信贷额度 3900 万美元（其中定期贷款额度为 3300 万美元，备用信用证项下贷款额度为 600 万美元）；另一份提议在上述 3900 万美元总额度之内和该额度具体安排完成之前，先行向永盈公司提供 500 万美元作为临时贷款。1997 年 4 月 7 日，永盈公司对上述两份邀约函表示同意。

1997 年 4 月 11 日，深圳东亚银行和永盈公司签署有关 500 万美元临时贷款的《贷款合同》，约定由深圳东亚银行向永盈公司提供 500 万美元临时贷款，作为永盈公司的营运资金。4 月 23 日，深圳东亚银行向永盈公司发放了 500 万美元贷款。

1997 年 7 月 26 日，深圳东亚银行与永盈公司签订了一份《协议》，约定由深圳东亚银行向永盈公司提供信贷额度总额为 3900 万美元的贷款（包括《贷款合同》中的 500 万美元临时贷款）。

1997 年 7 月 26 日，深圳东亚银行与被告香港中国华诚（香港）有限公司（以下简称华诚公司）、被告张鸥、被告郑慧卿签订了一份《担保书》，约定由华诚公司、张鸥、郑慧卿对永盈公司向深圳东亚银行贷款 3900 万美元所产生的债务提供担保，担保人不可撤销地和无条件地作为主要义务人（而不仅是保证人），向贷款行共同及分别地作出担保，借款人将及时履行其在融资文件项下的全部义务。

深圳东亚银行于 1997 年 9 月 18 日向永盈公司发放了贷款 2800 万美元。1997 年 10 月 20 日，深圳东亚银行为永盈公司开出金额为 600 万美元

① 吕伯涛：《涉外商事案例精选精析》，法律出版社 2005 年版，第 34—44 页。

的备用信用证，1999年2月3日，深圳东亚银行依约向永盈公司发放备用信用证项下贷款156万美元。至此，深圳东亚银行向永盈公司实际发放贷款共计3456万美元。其中，永盈公司分别于1998年10月22日、23日、27日向深圳东亚银行偿还了贷款本金1061550.28美元、130万美元、638449.72美元，共计300万美元。

由于永盈公司等被告未能按照有关合同的约定向深圳东亚银行偿还贷款本息，深圳东亚银行遂于2000年9月12日向广东省高级人民法院提起诉讼。请求法院依法判决：1. 永盈公司立即偿还借款本金32156000美元，截至2000年7月28日止的利息1824854.42美元、违约利息325248.35美元，贷款重组手续费1000美元。以上合计34307102.77美元；2. 永盈公司偿还自2000年7月29日至本息偿清之日止的利息与违约利息；3. 永盈公司承担本案全部诉讼费用、律师费、差旅费和其他一切费用；4. 华诚公司、张鸥、郑慧卿对上述永盈公司的债务承担共同的和连带的担保责任。后深圳东亚银行在第三项诉讼请求中增加"判令深圳东亚银行对永盈公司提供的抵押物行使第一优先受偿权"的诉讼请求。

法院裁判：华诚公司、张鸥、郑慧卿与深圳东亚银行于1997年7月26日签订《担保书》，约定由华诚公司、张鸥、郑慧卿对永盈公司向深圳东亚银行贷款所产生的债务承担担保责任，该约定主体适格、内容没有违反我国有关法律法规的禁止性规定，应确认为合法有效。

此外，华诚公司、张鸥、郑慧卿主张其是分别作为保证人在《担保书》上签字的，张鸥、郑慧卿认为其所作的担保属于职务行为，其不是本案适格的被告，该主张缺乏事实和法律依据，不能成立。张鸥、郑慧卿还认为其作为自然人，对本案的巨额债务不具有担保能力，因此其所提供的担保无效。《担保法解释》第14条规定："不具有完全代偿能力的法人、其他组织或者自然人，以保证人身份订立保证合同后，又以自己没有代偿能力要求免除保证责任的，人民法院不予支持。"因此，张鸥、郑慧卿的上述主张不能成立，不应予以采纳。

华诚公司、张鸥、郑慧卿在《担保书》中约定作为主要义务人向深圳东亚银行共同及分别地作出担保。《担保法解释》第19条第一款规定："两个以上保证人对同一债务同时或者分别提供保证时，各保证人与债权人没有约定保证份额的，应当认定为连带共同保证。”因此，华诚公司、张鸥、郑慧卿所承担的保证责任是连带共同保证责任。前述司法解释第20条规定：“连带共同保证的债务人在主合同规定的债务履行期届满没有履行债务的，债权人可以要求债务人履行债务，也可以要求任何一个保证人承担全部保证责任。连带共同保证的保证人承担保证责任后，向债务人不能追偿的部分，由各连带保证人按其内部约定的比例分担。没有约定的，平均分担。”判令华诚公司、张鸥、郑慧卿对永盈公司的本案债务承担共同的和连带的担保责任，华诚公司、张鸥、郑慧卿承担保证责任后，有权依据《担保法》第31条的规定向永盈公司追偿，不能追偿的部分，由三保证人平均分担。由于永盈公司在本案中提供了房地产抵押，《担保法》第28条第一款规定：“同一债权既有保证又有物的担保的，保证人对物的担保以外的债权承担保证责任。”因此，华诚公司、张鸥、郑慧卿只应对永盈公司以本案的抵押物的价值偿还深圳东亚银行贷款本息后所剩余的债务承担保证责任，而无须对永盈公司本案的全部债务承担保证责任。

裁判要旨：不具有清偿能力（包括不具有完全代为清偿能力）的法人、其他组织或者自然人，以保证人身份订立保证合同后，又以自己没有相应代为清偿能力为由，要求免除保证责任的，人民法院不予支持。

问题2. 从事公共服务的企业法人提供的保证的效力

《担保法》第7条规定了保证人的资格和范围：“具有代为清偿债务能力的法人、其他组织或者公民，可以作保证人。”《担保法解释》第3条规定，“国家机关和以公益为目的的事业单位、社会团体违反法律规定提供担保的，担保合同无效”。《担保法解释》第16条规定：“从事经营活动的事业单位、社会团体为保证人的，如无其他导致保证合同无效的情况，其所签订的保证合同应当认定为有效。”

从法条来看，担保法及其司法解释只对国家机关、事业单位、社会团体为保证人作了特别规定，但并未对企业法人的保证人资格进行限制。那么，从事公共服务行业、具有一定公益性的企业法人所提供的保证的效力如何认定呢？

笔者认为，该保证有效。我国《民法总则》将法人分为营利法人、非营利法人和特别法人。以取得利润并分配给股东等出资人为目的成立的法人，为营利法人。营利法人是从事生产、流通、服务等经济活动，以生产或服务满足社会需要，实行自主经营、独立核算、依法设立的一种营利性的经济组织。营利法人包括有限责任公司、股份有限公司和其他企业法人等。可见，企业法人都是营利性的。拥有独立的财产，独立的主体地位，独立享有民事权利和承担民事义务。主要包括企业法人。

关于非营利法人，《民法总则》第87条规定，为公益目的或者其他非营利目的成立，不向出资人、设立人或者会员分配所取得利润的法人，包括事业单位、社会团体、基金会、社会服务机构等。

而国家机关等则属于《民法总则》第96条规定的特别法人。根据《担保法》第8条的规定："国家机关不得为保证人，但经国务院批准为使用外国政府或者国际经济组织贷款进行转贷的除外。

依照上述分类办法，《担保法解释》第3条规定的国家机关和以公益为目的的事业单位、社会团体分属于特别法人和非营利法人。显然，其与《民法总则》将企业法人纳入营利法人，互不相涉。进而，根据企业法人所从事的业务具有公共服务性质，就简单以《担保法解释》第3条规定，推定企业法人为公益性质，既与民法总则关于法人分类的基本原则相违背，也与现实经济生活中，大量存在的企业从事公益服务的现状冲突。

因此。只要领取企业法人营业执照的法人，即属于以营利为目的的企业法人，而非《担保法解释》第3条规定意义上的"以公益为目的的事业单位、社会团体"，其担保行为不应受该法条调整。即便部分企业法人的经营活动具有一定的公共服务性质，也不属于以公益为目的的事业单位和社会团体。根据担保法立法精神，从事公共服务的企业法人签订的保证合同若无其他导致合同无效的情形，其所签订的担保合同原则上应当认定为有效。

【典型案例 2】

案例索引：长乐自来水公司与工行五四支行借款担保纠纷案①。一审：（2004）闽民初字第 47 号；二审：（2004）民二终字第 262 号。

典型案例裁判文书

最高人民法院(2004)民二终字第262号民事判决书

基本案情：2003 年 8 月 29 日，和顺（中国）实业集团有限公司（以下简称和顺公司）向中国工商银行福州市五四支行（以下简称工行五四支行）借款，双方签订 2003（五四）工银（短）总字第 13 号《流动资金借款合同》，金额为人民币 2800 万元整，贷款到期日为 2004 年 8 月 20 日，月利率为 4.8675‰，按日计息，按月结息。在有其他严重的违约行为时，工行五四支行有权解除合同，并要求和顺公司提前归还贷款本息，赔偿损失。同日，自来水公司与工行五四支行签订一份 2003（五四）工银（短）总字第 13 号保 001 分号《最高额保证合同》，自来水公司为和顺公司本案 2800 万元贷款提供连带保证担保。2003 年 9 月 5 日，工行五四支行向和顺公司发放 2800 万元贷款。和顺公司自 2003 年 9 月 20 日起就开始欠息，至今未支付分文利息。

2004 年 7 月 28 日，工行五四支行向一审法院提起诉讼，请求依法判令：1. 和顺公司一次性归还该行 2003（五四）工银（短）总字第 13 号合同项下贷款本金人民币 2800 万元及利息、罚息，利息、罚息按合同约定及中国人民银行有关规定计算；2. 自来水公司对和顺公司的上述欠款承担连带还款责任；3. 两被告共同承担本案的诉讼费用及其他相关费用。

法院裁判：本案工行五四支行与和顺公司签订的借款合同以及工行五四支行与自来水公司签订的担保合同是各方当事人真实意思表示，内容没有违反法律规定，应认定为有效合同。自来水公司辩称是公益性质的国有单位，不具备保证人的资格，担保系受政府强迫所为，担保无效，其不应承担保证责任的理由不能成立。首先，本案保证合同从 1997 年就开始一直延续至今，自来水公司作为企业享有经营自主的权利，完全有能力拒绝担保，但其对政府的所谓“强令”至本案诉讼前从未提出过任何异议，而是

① 载《最高人民法院公报》2005 年第 9 期。

一而再地为和顺公司持续借款提供了担保，放弃了《担保法》第十一条所赋予的“银行等金融机构或者企业对强令其为他人提供保证的行为，有权拒绝”的权利，所提交的证据亦不足以认定其是受胁迫而提供担保。其次，自来水公司是地方国有企业，其资产用于为他人借款提供担保时，通过市政府、有关上级部门领导批准或是有关部门和领导协调指示并不违反有关法律规定，该担保行为既不违背其真实意思表示，也不属于《担保法》规定的无效情形。最高人民法院法（1998）85号《关于正确确认企业借款合同纠纷案件中有关保证合同效力问题的通知》，亦认为保证合同除确因违反担保法及有关司法解释的规定等应当依法确认为无效的情况外，不应仅以保证人的保证因地方政府指令而违背了保证人的意志，而确认保证合同无效，并以此免除保证责任。最后，自来水公司领取的是企业法人营业执照，属于以营利为目的的企业法人，而非《担保法解释》第三条规定意义上的“以公益为目的的事业单位”，其担保行为不应受该法条调整。虽然自来水公司的经营活动存在公益成分，但是根据《担保法解释》第十六条“从事经营活动的事业单位、社会团体为保证人的，如无其他导致保证合同无效的情况，所以其所签订的保证合同应当认定为有效”规定的精神，自来水公司签订的保证合同并无其他导致合同无效的情形，其所签订的担保合同也应当认定为有效。

本案保证合同系自来水公司与工行五四支行之间签订，自来水公司没有证据证明工行五四支行在与之签订保证合同时采取了欺诈、胁迫等手段。自来水公司是否受合同以外第三人影响的问题并不涉及合同当事人之间的权利义务关系。由于合同一方当事人没有义务了解合同相对人签约行为以外的其他因素，自来水公司一方面承认其在本案保证合同上盖章的事实，另一方面否认该签约行为是其真实意思表示，这对被保证人工行五四支行是不公平的。保证合同不应仅因保证人的保证系因地方政府指令而确认无效。自来水公司领取的是企业法人执照，属于以营利为目的的企业法人，其经营活动虽具有一定的公共服务性质，但不属于以公益为目的的事业单位。自来水公司认为本案保证合同违反法律规定应为无效的理由不能成立。

裁判要旨：一、保证人领取企业法人执照，属于以营利为目的的法人，即使其经营活动具有一定的公共服务性质，亦不属于以公益为目的的非营利法人性质的事业单位；二、保证人作为具有完全民事行为能力的法人，应依法对其所从事民事法律行为独立承担民事责任，其所作保证是否受合同以外第三人影响的问题一般不涉及合同当事人之间的权利义务关系，亦不影响保证合同的效力。但有两种情形除外：一是，符合《民法总则》第149条规定的，第三人实施欺诈行为，使保证人在违背真实意思的情况下签订保证合同，债权人知道或者应当知道该欺诈行为的，保证人有权请求人民法院或者仲裁机构予以撤销保证合同；二是，符合《民法总则》第150条规定的，第三人以胁迫手段，使保证人在违背真实意思的情况下签订保证合同的，保证人有权请求人民法院或者仲裁机构予以撤销保证合同。

问题3. 如何认定是否属于从事经营活动的事业单位及社会团体

《担保法》第9条规定："学校、幼儿园、医院等以公益为目的的事业单位、社会团体不得为保证人。"《担保法解释》第3条规定，"国家机关和以公益为目的的事业单位、社会团体违反法律规定提供担保的，担保合同无效"。《担保法解释》第16条规定："从事经营活动的事业单位、社会团体为保证人的，如无其他导致保证合同无效的情况，其所签定的保证合同应当认定为有效。"从法条来看，事业单位法人可否充任保证人的问题不可一概而论。区分事业单位、社会团体是"从事经营活动"还是"以公益为目的"，是认定其保证人资格的要件之一。

第一，"事业单位及社会团体"的概念界定。我国《民法总则》将法人分为营利法人、非营利法人和特别法人。

营利企业法人是从事生产、流通、服务等经济活动，以生产或服务满足社会需要，实行自主经营、独立核算、依法设立的一种营利性的经济组织。法人拥有独立的财产，独立的主体地位，独立享有民事权利和承担民事义务。

关于非营利法人，《民法总则》第87条规定，其包括事业单位、社会团体、基金会、社会服务机构等。

根据《事业单位登记管理暂行条例》第 2 条规定，所谓事业单位，是指国家为了社会公益目的，由国家机关举办或者其他组织利用国有资产举办的，从事教育、科技、文化、卫生等活动的社会服务组织。

社会团体法人是中国公民自愿组成，为实现会员共同意愿，按照其章程开展活动的非营利性社会组织。

营利法人与事业单位的主要区别包括：一是主体资格和设立资金的来源不同。事业单位一般是由国家（包括国家机关和地方政府）设立的。营利法人是由出资者设立，资金主要是国家拨款，或由国有企业、事业单位、自然人等民间筹措。出资者包括法人、自然人和国家，资金是由出资者投入的；二是设立目的不同。事业单位不以营利为目的，其特点是出于国家管理的需要或社会公共利益的需要，从事社会公益事业。营利法人以营利为目的，其特点是实行自主经营、独立核算，创造财富价值；三是登记审批部门不同。营利法人单位的登记在工商行政管理部门进行，由营利法人内部的股东会、董事会、经理等生产经营机构进行管理。事业单位经县级以上各级人民政府及其有关主管部门批准成立后，应当依法登记或者备案。主要是由政府主管部门负责对事业单位进行管理。

第二，关于事业单位及社会团体是否“从事经营活动”及“以公益为目的”的判断。实践中，除了以公益事业为目的的事业单位和社会团体外，还有许多事业单位和社会团体并非是以社会公益事业为目的的。随着我国经济体制改革的不断深入，许多事业单位利用本单位所拥有的技术或知识，向社会提供有偿服务，取得了一定的报酬。这些单位除了国家财政拨款外，尚有自己的经济收入。此外，还有些单位实行了企业化的管理，自负盈亏。[①] 因此。关于此类事业单位及社会团体提供担保的担保合同效力如何判断，成为司法实务中的一个难题。

关于对事业单位及社会团体提供担保合同是否有效的判断标准主要是《担保法解释》第 16 条“从事经营活动”和《担保法解释》第 3 条“以公益为目的”，关于对这两种判断标准的认识，有以下三种观点：第一种观

---

① 李国光等：《〈关于适用中华人民共和国担保法若干问题的解释〉理解与适用》，吉林人民出版社 2000 年版，第 104—105 页。

点认为，应当以是否实行企业化管理来认定该组织是否为“以公益为目的”。有些事业单位或者社会团体实行企业化的管理，如出版社、律师事务所等，并非以公益为目的，即并非公益法人，有保证人资格；第二种观点认为，“从事经营活动”与“以公益为目的”是对立的，《担保法解释》第16条“是否从事经营活动”已经提供了认定“公益”与“非公益”的标准。从事经营活动的事业单位和社会团体，根据该条的解释可以作保证人，而不论他们的所有权性质、从事的行业。① 不从事经营活动的事业单位和社会团体属于“以公益为目的”，不可以作保证人；第三种观点认为，“以公益为目的”和“从事经营活动”并不是完全对立的关系，“是否从事经营活动”并非“公益”与“非公益”的标准，以公益为目的的事业单位和社会团体也可以进行任何经营活动。事业单位和社会团体签订的担保合同是否有效应当通过“以公益为目的”为标准来进行判断。这些单位利用本单位拥有的技术和知识，向社会提供服务，取得一定的报酬，从事适当的经营活动以更好地实现公益目的并不违反法律的规定。但是只要符合以公益为目的这个条件，就不能作为担保人。②

笔者赞同第三种观点，“以公益为目的”和“从事经营活动”并不是完全对立的关系，应当以是否“以公益为目的”考察，从而确定该组织所订立的保证合同是否有效。以公益为目的的事业单位、社会团体，其设立的目的就是公益。为他人的债务提供担保，属于纯粹经济活动的范畴，与公益事业没有直接的关系，不在这类组织设立的目的范围之内，公益组织担任担保人与其设立宗旨不相符。所以，法律不允许这类组织提供担保。其实，以公益为目的的事业单位、社会团体也并非完全不具备担保人资格。《担保法解释》第53条规定：“学校、幼儿园、医院等以公益为目的的事业单位、社会团体，以其教育设施、医疗卫生设施和其他社会公益设施以外的财产为自身债务设定抵押的，人民法院可以认定抵押有效。”公益事业单位、社会团体如果以其社会公益设施以外的其他财产为其自身债务提供担保，可以认定抵押有效。从立法目的考察，该特殊规定意在解决社会公益事业单位、社会团体的发展问题，使其可以通过设定抵押获得新贷

---

① 贺小电、唐吉凯：《担保合同案例评析》，知识产权出版社2004版，第156页。

② 参见孙鹏：《最高人民法院担保法司法解释精释精解》，中国法制出版社2016年版，第13页。

资金的支持等，同时也不违背其设立目的。相应地，如果以公益为目的的事业单位、社会团体以上述财产为债务人提供抵押或质押担保的，当无问题。但是，鉴于保证所涉保证人财产的非特定性，持有上述财产的以公益为目的的事业单位、社会团体等，仍不宜担任保证人为债务人提供保证担保。

典型案例裁判文书

最高人民法院(2014)民申字第1921号民事裁定书

【典型案例 3】

案例索引：重庆市交通设备融资租赁有限公司与重庆坤源船务有限公司、重庆市港航管理局船舶融资租赁合同纠纷案。一审：(2014) 武海法商字第 01236 号；二审：(2014) 鄂民四终字第 91 号；申请再审审查：(2014) 民申字第 1921 号。

基本案情：2011 年 4 月 2 日，重庆市交通设备融资租赁有限公司（甲方，以下简称融资公司）作为出租人、重庆坤源船务有限公司（乙方，以下简称坤源公司）作为承租人、重庆市涪陵区大为船舶制造有限公司（丙方，以下简称大为公司）作为建造人，三方签订了《融资租赁合同》。

该合同第十一条及附件对保证方式进行了约定，其中第一种为乙方向甲方交纳保证金 300 万元，保证其履行合同的全部义务及承担所产生的民事责任；如未按约定偿付租金或其他违约行为，甲方有权随时用保证金冲抵违约金、到期租金及其他应付款，乙方须按甲方书面通知十个工作日内补齐保证金，否则构成预期违约；附件一《概算表》约定，保证金不计息，在租赁物所有权转移登记到承租人名下后退还。第二种保证方式为同年 5 月 3 日由坤源公司、融资公司、重庆港航局签订的《保证金质押担保合同》，合同约定重庆港航局为坤源公司提供 600 万元质押担保，保证融资公司取得两艘船舶所有权登记证书、租金和其他应付款项，以及因坤源公司违约产生的追偿费用。第三种担保方式为《抵押合同》，由坤源公司用自有“金源 2011”轮为合同履行提供抵押担保。

2011 年 4 月 2 日，根据《融资租赁合同》的约定，融资公司（甲方）、坤源公司（乙方）、重庆市交通融资担保有限公司（丙方）（以下简称融资担保公司，后变更为重庆渝超高新技术担保有限公司，以下简称渝超公司）另签订了《保证合同》。

同年2月21日，重庆市万州区港口船务管理局下达了万州港发［2012］8号《关于做好三峡葛洲坝船闸检修期间航运企业维稳工作的通知》，该通知指出，葛洲坝一号船闸计划于2012年3月7日至4月30日大修，三峡南线船闸同步开展岁修，在此期间一号船闸停止运行，三峡北线船闸单线运行20天，届时三峡通航将面临极大困难……坤源公司接到海事部门的通知后，便以市场疲软及葛洲坝和三峡船闸维修影响营运为由，口头向融资公司申请延期交付租金。4月8日，坤源公司又书面申请用融资公司扣留的70万元造船款支付3月份租金，或者将租金延期至6月份开始支付，或者取回抵押船只向银行贷款。融资公司收到坤源公司的申请后，没有同意。

重庆港航局于2000年8月成立，为直属的承担全市水上交通运输行业行政管理职能的副厅级事业单位，其主要职责为按照有关政策、法规、规章、标准，负责对全市水上交通运输行业的和水上交通进行安全管理等。

5月14日，融资公司诉请法院判令：1. 坤源公司按《融资租赁合同》约定立即向融资公司支付全部未到期租金共计33541004.20元；2. 坤源公司立即向融资公司支付到期租金共计1219672.88元及截至2012年5月14日因拖欠租金而产生的滞纳金28967.23元，及以拖欠租金为基数按日万分之五计算自2012年5月15日起至付清之日止的滞纳金；3. 坤源公司支付融资公司为追索本案债权而产生的律师费30万元，保全费5000元及担保费3万元；4. 坤源公司不能完全清偿上述第1、2、3项诉请时，融资公司可拍卖涉案两艘船舶“华升3013”和“华升1003”，以拍卖款补足上述费用；5. 重庆港航局在600万元内承担连带质押担保责任；6. 本案诉讼费用由坤源公司和重庆港航局承担。

坤源公司向法院提起反诉。

法院裁判：本案为船舶融资租赁合同纠纷。融资公司系船舶所有人及出租人，坤源公司为承租人，大为公司为船舶制造人，重庆港航局为保证人。融资公司、坤源公司、大为公司签订的《融资租赁合同》是三方当事人真实意思的表示，未违背法律、法规禁止性规定，该合同合法有效。作为融资租赁合同的从合同，当事人对《保证合同》《抵押合同》《概算表》

《租赁物品明细表》《租赁物价款支付明细表》《租金偿还计划表》未提出异议，且上述从合同未违背法律禁止性规定，均合法有效，予以保护。根据案件事实以及各方当事人的陈述意见，武汉市海事法院认为，本案争议焦点主要集中以下几个方面：其一，坤源公司是否构成根本违约、是否有义务根据合同约定及时向融资公司支付租金；其二，融资公司在合同履行过程中是否构成根本违约；其三，《保证金质押担保合同》是否有效，重庆港航局作为公益性事业单位是否可以提供现金质押担保。

关于争议焦点三，《保证金质押担保合同》是否有效。根据《事业单位登记管理暂行条例》规定，事业单位是指国家为了社会公益目的，由国家机关举办或者其他组织利用国有资产举办的，从事教育、科技、文化、卫生等活动的社会服务组织。其设立的目的是为了社会公益事业而不以营利为目的，事业单位分为公益性事业单位和经营性事业单位。《担保法解释》第三条规定：国家机关和以公益为目的的事业单位、社会团体，违反法律规定提供担保的，担保合同无效。因此给债权人造成损失的，应当根据《担保法》第五条第二款的规定处理。

本案中，重庆港航局的主要职责系负责重庆市水上交通运输行业的职能，监督管理水路运输市场，维护市场秩序；负责重庆市（长江除外）水上交通安全管理等职能，没有从事经营活动及担保的主体资格。本案中重庆港航局为公益性事业单位，其使用的现金经费和公益设施均属于为保障机构正常运转而由国家统一划拨的财产，依法均不得设定抵押或质押。其为坤源公司提供的质押担保行为是商事行为，违反了《担保法解释》第三条规定，因而该质押保证合同无效。重庆港航局作为履行行政管理职能的事业单位，明知自己不具备担保的主体资格，仍为坤源公司提供质押保证，对造成质押保证合同无效有一定责任。融资公司在订立《融资租赁合同》和《质押金担保合同》时，对融资租赁和担保的相关法律规定进行了详细了解，明知重庆港航局不具备担保资格，仍要求重庆港航局提供质押保证，对质押保证合同无效也负有一定责任。《担保法解释》第七条规定："主合同有效而担保合同无效，债权人无过错的，担保人与债务人对主合同债权人的经济损失，承担连带赔偿责任；债权人、担保有过错的，担保人承担民事责任的部分，不应超过债务人不能清偿部分的二分之一。"故重庆港航局在坤源公司不能清偿到期租金时，应对租金及产生的滞纳金损失总额承担二分之一的赔偿责任，但赔偿数额最高不超过600万元。

裁判要旨：事业单位是指国家为了社会公益目的，由国家机关举办或者其他组织利用国有资产举办的，从事教育、科技、文化、卫生等活动的社会服务组织。其设立的目的是为了社会公益事业而不以营利为目的，事业单位分为公益性事业单位和经营性事业单位。国家机关和以公益为目的的事业单位、社会团体，违反法律规定提供担保的，担保合同无效。

问题4. 如何认定民办学校是否符合以公益为目的

上文中，我们已经明确关于对事业单位及社会团体提供担保合同是否有效的判断标准主要应当是《担保法解释》第3条“以公益为目的”。关于在实践中如何具体认定“以公益为目的”，尚且存在一定的争议。

以民办学校为例。部分学者认为私立的学校、幼儿园等单位虽然从事经营活动且具有营利性，但由于其客观上也起到教书育人或教育和照顾幼儿的作用，具有公益性，故其也不能为保证人。《担保法》对“公立”与“私立”未作区分，只要是公益法人，一律禁止充当保证人。① 部分学者认为，私立性的学校、幼儿园等具有一定的公益性，是否是以公益为主，应当综合该组织的收费标准、其所在地同类服务组织的数量、同类服务社会资源的分配、当地民众的认同度等因素客观判断。如果该私立性组织的收费标准远远高于国家标准或行业标准或同地区公益性组织收费标准，则认定其具有营利性，尽管其经营活动具有一定的公共服务性质，但公益性并不突出，故其不属于以公益为目的的法人，应当排除在《担保法》第9条规定的公益性社会团体之外。②

对此，笔者认为，应当综合审查该单位登记情况和实际运行情况：首先，对该单位的登记情况进行审查，判断其选择经营类型为营利性或者非营利性；其次，对该单位实际运行情况和章程进行审查，营利性法人区别于非营利性法人的重要特征，不是“取得利润”而是“利润分配给出资

---

① 高圣平：《担保法论》，法律出版社2009年版，第40页。

② 奚晓明主编：《借款担保合同纠纷》，法律出版社2007年版，第90页。

人”。若学校章程明确了出资人暂不收取回报，而是收取费用用于其维持教育教学活动和改善办学条件，那么则应当认定该民办学校为“以公益为目的”的民办非营利法人，依据《担保法》第9条规定不得为保证人。

典型案例裁判文书

最高人民法院(2017)最高法民终297号民事判决书

【典型案例4】

案例索引：马鞍山中加双语学校等诉新时代信托股份有限公司金融借款合同纠纷案。一审：（2015）内民一初字第22号；二审：（2017）最高法民终297号。

基本案情：2013年5月30日，新时代信托股份有限公司（以下简称新时代信托公司）与马鞍山中加投资有限公司（以下简称中加投资公司）签订编号2013－XY536（D）DK233号《信托贷款合同》。2013年5月30日，阳光半岛文化公司与新时代信托公司签订编2013－XY536（D）DY233号《抵押合同》约定，新时代信托公司（抵押权人即主债权人）与中加投资公司（主债务人或债务人）签订《信托贷款合同》。为确保《信托贷款合同》项下中加投资公司履行债务，阳光半岛文化公司愿意将其合法持有财产抵押给新时代信托公司，为《信托贷款合同》项下中加投资公司按时依约履行《信托贷款合同》义务提供抵押担保。

2013年5月30日，马鞍山中加双语学校（以下简称中加双语学校）与新时代信托公司签订编号2013－XY536（D）BZ233－01号《保证合同》约定，为确保《信托贷款合同》项下中加投资公司履行债务，中加双语学校愿意为《信托贷款合同》项下中加投资公司按时依约履行《信托贷款合同》义务提供无限连带责任保证担保。新时代信托公司在中加投资公司不履行到期债务或履行债务不及时、不适当的情况下，无论新时代信托公司对中加投资公司的债权是否拥有其他担保（包括不限于保证、抵押、质押、保函等担保方式），新时代信托公司均有权要求中加双语学校承担保证责任，而无须先行主张其他权利。

中加双语学校的登记证书显示该学校为民办非企业法人单位，开办资金为2300万元，业务主管单位为马鞍山市教育局，业务范围为九年一贯制学校、普通高级中学。

法院裁判：中加双语学校是否符合《担保法》第九条保证人主体资格法律要件。判断中加双语学校是否具备保证人的主体资格，应以其是否以公益为目的为要件，对此应综合审查其登记情况和实际运行情况。首先，2016年11月7日，全国人民代表大会常务委员会通过了《全国人民代表大会常务委员会关于修改〈中华人民共和国民办教育促进法〉的决定》，对民办学校实行非营利性和营利性分类管理。因此，现有民办学校有权选择登记为营利性或者非营利性。经查，目前中加双语学校依照《民办非企业单位登记管理暂行条例》登记为民办非企业单位，尚未选择登记为营利性民办学校，故应依据《中华人民共和国民办教育促进法》（2003年9月1日起实施）及《民办非企业单位登记管理暂行条例》认定中加双语学校的性质。其次，中加双语学校的章程第二十四条第二款约定，学校接受的捐献、收取的学杂费的收支结余，归学校集体所有。第二十五条规定本校出资人暂不要求合理回报。第二十八条规定学校解散，剩余财产按三方投入方式并由审批机关统筹安排返还。新时代信托公司并不否认该份章程的真实性。故根据该份章程约定，中加双语学校出资人不享有学校财产所有权，对学校的盈余未约定个人分配规则，对学校解散之后的剩余财产约定了明确的处置规则，符合公益性事业具有非营利性的界定。最后，依据《中华人民共和国民办教育促进法》（2003年9月1日起实施）第三十七条第二款规定民办学校收取的费用应当主要用于教育教学活动和改善办学条件。第五十一条规定，出资人可以从办学结余中取得合理回报。取得合理回报的具体办法由国务院规定。故中加双语学校从事办学活动，依法有权向接受教育者收取费用，收取费用是其维持教育教学活动的经济基础，并不能因收取费用而认定其从事营利活动。营利性法人区别于非营利性法人的重要特征，不是“取得利润”而是“利润分配给出资人”。中加双语学校章程明确了出资人暂不收取回报，新时代信托公司也未举证证明中加双语学校通过修改章程，报审批机关批准后收取回报。新时代信托公司以民办学校收取费用和合理回报认为中加双语学校具有营利性，法院不予支持。

《担保法》沿用了《民法通则》法人分类体系，而民办非企业法人是在上述立法之后创设的新类型法人单位，故《担保法》第九条事业单位及社会团体的范围客观上无法涵盖民办非企业单位。《担保法》第九条规范目的是因学校、幼儿园、医院等以公益为目的的事业单位、社会团体直接为社会公众服务，如果作为保证人而最终履行保证责任，势必直接影响社会公共利益。民办非企业单位与事业单位的举办资金来源不同，但均有可能是以公益为目的的，故不能以民办非企业单位并非事业单位、社会团体而当然排除《担保法》第九条的法律适用。本案中，中加双语学校登记证书中记载业务主管单位马鞍山市教育局，业务范围九年一贯制学校、普通高级中学，其招生范围包括义务教育阶段学生。因此，中加双语学校面向社会招生（包括义务教育招生），服务于全体社会成员的利益，是以公益为目的的民办非企业法人。认定其满足《担保法》第九条主体资格的法律要件，符合该条规范的立法目的。

新时代信托公司还提出中加双语学校享有法人财产权，符合《担保法》第七条规定的“代为清偿债务能力”的资格要求。该条是关于保证人资格的基本要求，第九条则是例外性规定。故民事主体具备代为清偿债务能力并不当然具有保证人资格。新时代信托公司以《担保法》第七条主张中加双语学校具有保证人资格，不予支持。

中加双语学校是否承担过错赔偿责任。如上所述，中加双语学校系以公益为目的的民办非企业法人，依据《担保法》第九条规定不得为保证人。根据《担保法解释》第三条规定，案涉 2013－XY536（D）BZ233－01 号《保证合同》无效，案涉 2013－XY536（D）HK233 号《还款协议书》中约定中加双语学校为中加投资公司的借款提供连带责任担保的条款无效。

综上所述，中加双语学校系依据《民办非企业单位登记管理暂行条例》登记设立的法人单位，相关登记文件记载了中加双语学校的招生范围，学校章程亦进一步明确约定举办者的权利义务和学校财产权的归属。故中加双语学校与新时代信托公司签订的案涉《保证合同》及保证条款无效。

裁判要旨：民办非企业单位与事业单位的举办资金来源不同，但均有可能是以公益为目的的，故不能以民办非企业单位并非事业单位、社会团体而当然排除《担保法》第九条的法律适用，应当审查该单位登记情况和实际运行情况进行综合判断。

第二节 保证合同的形式

问题5. 承诺函是否构成担保法意义上的保证

(一) 承诺函的概念及类型

承诺函，又称为安慰函[①]，是指第三人发给债权人的一种书面陈述，表明该第三人对债务人清偿债务承担一定责任。通常是一国政府或母公司为其下属机构或子公司融资而向债权人出具的，表明发函人对债务人清偿债务承担道义上的义务或督促债务人清偿债务，或者是作为关联企业对债务人的经营状况和资产状况等作出保证。

承诺函一般有三种类型：(1) 知悉函，出具人（政府或母公司、关联公司）表明其已知晓并同意借款人的融资安排，对债务人现状予以确认；(2) 支持函，出具人表示愿意在一些方面对借款人的还款给予支持，如承担道义上的责任或补充清偿责任、连带责任等；(3) 允诺函，母公司声明在子公司还清贷款之前将在子公司保持一定比例的股权。

(二) 承诺函的效力

在当前的国际金融市场上，承诺函得到了广泛的使用，它往往是政府或母公司、关联公司不愿意，或者受法律限制不得直接承担担保责任下所采用的一种变通形式。然而，承诺函措辞模糊、法律定位模糊的特点，也使得其法律效力长期以来未有定论。

在涉及承诺函的案件中，当事人之间争议的焦点主要在于承诺函是否构成具有法律约束力的保证合同。我国理论界对承诺函性质的认定，大体分为三种观点：第一种观点认为，“保证不能推定”，承诺函只产生道义义务，对出函人有道德上的约束，但不构成法律上的保证；第二种观点认

---

① 参见江必新、何东林著：《最高人民法院指导性案例裁判规则理解与适用·担保卷》，中国法制出版社2011年版，第146页。

为，承诺函就是保证合同，产生担保的法律效力；第三种观点认为，应根据案件情况及当事人真实意图，对承诺函进行具体解释，不能对承诺函效力一概而论。

笔者同意第三种观点，最高人民法院公报案例“佛山市人民政府与交通银行香港分行担保纠纷”一案中，也体现了从承诺函名称、内容、当事人真实意图等方面逐一分析，从而确定承诺函效力的审判思路。

（三）认定承诺函性质时应当注意的问题

在司法实践中，如何正确认识承诺函并判断其性质成为正确裁判案件的关键。笔者认为，在分析承诺函性质时，可以从以下几方面着手：

第一，从承诺函的用语措辞和具体内容上进行分析。根据“文义解释法”来认定承诺函的性质，如果承诺函中使用的措辞确切地表达了愿意代债务人清偿债务或承担担保义务、保证债务人还款等内容的，则应当认定该承诺函属于保证性质，该承诺函构成了一个保证合同；如果承诺函中使用的内容措辞仅仅明确表达了出具人仅承担纯粹道义上的督促、支持责任，则不能认定为法律意义上的保证合同，法院不能判令其承担保证责任；如果承诺函中使用的措辞自相矛盾或不一致的话，法院应当根据行业惯例、交易习惯、承诺函的名称、措辞的行文逻辑、承诺人出具承诺函的前后意思表示及其行为表现等来综合判定。[①]

承诺函中的用语和措辞越确定、越具体，则越有可能构成保证。例如，“如借方出现违约，在接到贵方索赔通知十五个工作日内我方将予以解决”的表述就比“如借方出现违约，我方将在适当时候加以解决”的表述具体得多。因此，前者也更加容易被推定为构成保证合同。[②] 例如，在“佛山市人民政府与交通银行香港分行担保纠纷”一案中，最高人民法院认为，“如该公司出现逾期或拖欠贵行的贷款本息情况，本政府将负责解决，不让贵行在经济上蒙受损失”这一表述并无明确的承担保证责任或代为还款的意思表示，故该承诺函从内容上看，不构成担保合同。

---

① 刘子平、易新华、梁朔梅：《涉外债务安慰函的性质及其效力》，载《人民司法》2004年第9期。

② 董勤：《我国法院在承诺函性质认定中存在的问题及完善对策》，载《行政与法》2008年第6期。

第二，从承诺函的出函原因、当事人真实意图来进行分析。根据“目的解释法”来认定承诺函的性质，并不把函件中未使用“担保”或“保证”等词语作为判断承诺函不是保证合同的决定性因素，而是更加看重当事人在出具承诺函时的真实目的和该信函出具以后所造成的实际后果。例如，在“佛山市人民政府与交通银行香港分行担保纠纷”一案中，最高人民法院认为，在香港交行向中亚公司和景山公司出具的授信函中，《承诺函》均在这些授信函中被列入区别于“保证”的“其他”文件项下。这说明香港交行明知《承诺函》并非保证函。香港交行对于《承诺函》的信赖程度不高，对于承诺函非保证合同有着明确认知，这也是影响法院认定承诺函性质的因素之一。

综上，判断承诺函是否构成担保法意义上的保证，应当结合承诺函的文字措辞、当事人的真实意图、承诺函出具方和接收方对承诺函的重视程度等因素综合认定。《担保法》第3条规定，担保活动应当遵循平等、自愿、公平、诚实信用的原则。司法实践中，在认定承诺函的性质时，必须严格遵循这一原则。与合同无关的第三人向合同债权人出具承诺函，但未明确表示承担保证责任或代为还款的，不能一律推定其出具承诺函的行为构成担保法意义上的保证。

【典型案例5】

案例索引：佛山市人民政府与交通银行香港分行担保纠纷案①。一审：（2001）粤法经二初字第1号；二审：（2004）民四终字第5号。

典型案例裁判文书

最高人民法院(2004)民四终字第5号民事判决书

基本案情：1994年5月8日，佛山市人民政府（以下简称佛山市政府）向交通银行香港分行（以下简称香港交行）出具一份编号为佛府函（1994）030号的《承诺函》称：“中亚企业有限公司(ZHONGYAENTERPRISESLIMITED，以下简称中亚公司）是我市驻港机构。为进一步发展该公司对外贸易业务，该公司特向贵行申请1000万美元授信

① 载《最高人民法院公报》2005年第11期。

额度。上述申请授信额度业经我市政府研究批准同意。请贵行根据该驻港公司的业务发展实际需要，给予支持。本政府愿意督促该驻港公司切实履行还款责任，按时归还贵行贷款本息。如该公司出现逾期或拖欠贵行的贷款本息情况，本政府将负责解决，不让贵行在经济上蒙受损失。”

1996年10月24日，佛山市政府向香港交行出具一份编号为佛府函(1996) 144号的《承诺函》称：“中亚公司是我市驻香港机构。为进一步发展该公司的对外贸易业务，该公司特向贵行申请以下银行便利：用该公司位于香港湾仔摩利臣山道16/F、17/F、18/F物业按揭贷款港币6262万元，期限二年。上述申请业经本政府研究批准同意，请贵行根据该驻香港公司的业务发展实际需要，给予支持。本政府愿意督促该驻香港公司切实履行还款责任，按时归还贵行贷款本息。如该公司出现逾期或拖欠贵行的贷款本息情况，本政府将负责解决，不让贵行在经济上蒙受损失。”

1996年10月30日，佛山市政府向香港交行出具一份编号为佛府函(1996) 146号的《承诺函》称：“景山有限公司（PEAKGARDENLIMITED，以下简称景山公司）是我市驻港机构。为进一步发展该公司的对外贸易业务，该公司特向贵行申请以下银行便利：用该公司位于香港湾仔摩利臣山道11/F、12/F、15/F物业按揭贷款港币6150万元，期限二年。上述申请业经本政府研究批准同意，请贵行根据该驻香港公司的业务发展实际需要，给予支持。本政府愿意督促该驻香港公司切实履行还款责任，按时归还贵行贷款本息。如该公司出现逾期或拖欠贵行的贷款本息情况，本政府将负责解决，不让责行在经济上蒙受损失。”

1996年5月20日，香港交行向中亚公司出具一份关于该行提供授信事宜的函件。中亚公司在上述函件上作了签署并表示接纳上述条款及条件。

1996年7月16日，香港交行向中亚公司出具一份关于该行提供授信事宜的函件。中亚公司在上述函件上作了签署并表示接纳上述条款及条件。

1996年10月25日，香港交行向中亚公司出具一份关于该行提供授信事宜的函件。中亚公司在上述函件上作了签署并表示接纳上述条款及条件。

1998年12月11日，香港交行向中亚公司出具一份关于该行提供授信事宜的LC—1998—0931—COM—2473《授信合同》函件。中亚公司在上述函件上作了签署并表示经适当及审慎考虑本函的内容后，同意接纳授信并受本函所列之全部条款及条件约束。

1996年10月29日，香港交行向景山公司出具一份关于该行提供授信事宜的函件。景山公司在上述函件上作了签署并表示接纳上述条款及条件。

1997年4月18日，香港交行向景山公司出具一份关于该行提供授信事宜的函件。景山公司在上述函件上作了签署并表示接纳上述条款及条件。

1998年12月11日，香港交行向景山公司出具一份关于该行提供授信事宜的LC—1998—0929—COM—2473《授信合同》函件。景山公司在上述函件上作了签署并表示经适当及审慎考虑本函的内容后，同意接纳授信并受本函所列之全部条款及条件约束。

在中亚公司、景山公司未能按时偿还香港交行债务后，佛山市政府和香港交行先后以《1998年佛山市政府领导和香港交行领导座谈会纪要》、《1998年佛山市梁绍裳市长和香港交行座谈会（第二次）纪要》、1998年1月12日《佛山市对外经济委员会和香港交行会谈纪录》进行磋商。

法院裁判：本案的争议焦点为佛山市政府向香港交行出具的《承诺函》是否构成我国担保法规定的担保。

在国际金融交往中，第三人向贷方出具安慰函的确是一种常见的做法，它是第三人发给债权人的一种书面陈述，表明该第三人对债务人清偿债务承担道义上的责任，或者是作为关联企业对债务人的经营状况和资产状况等作出保证，或督促债务人清偿债务等。安慰函不是保证合同，但作为一种书面表述，与保证合同有相似的地方，在特殊情况下，安慰函也可以构成保证合同，即特殊的安慰函也会成为保证合同的一种形式。由此可见，安慰函这一概念并不是具有独立的、确切的法律意义的概念，认定为安慰函不意味着就不构成保证；而且，认定为安慰函也并不意味着在该函保证的状况发生变化并导致债权人债权无法实现的情况下，出具该函的人就不承担任何法律责任。被称之为安慰函的书面材料的效力和效果由其内容来决定。

佛山市政府在1994年5月8日、1996年10月30日出具的佛府函(1994)030号《承诺函》和佛府函(1996)144号《承诺函》、佛府函(1996)146号《承诺函》中分别明确表示:“本政府愿意督促该驻港公司切实履行还款责任,按时归还贵行贷款本息。如该公司出现逾期或拖欠贵行的贷款本息情况,本政府将负责解决,不让贵行在经济上蒙受损失。”首先,从名称来看,《承诺函》并非担保函,对于其是否能构成担保应根据其内容来认定。其次,从《承诺函》的内容来看,“负责解决”“不让贵行在经济上蒙受损失”并无明确的承担保证责任或代为还款的意思表示。再次,在香港交行向中亚公司和景山公司出具的授信函中,在“抵押品及法律文件”项下,除了佛山市政府的《承诺函》外,还有不动产的抵押、保证及存单的质押等,且《承诺函》均在这些授信函中被列入区别于“保证”的“其他”文件项下,这说明香港交行明知《承诺函》并非保证函。最后,为解决包括中亚公司、景山公司在内的佛山市直属企业拖欠香港交行贷款事宜,佛山市政府与香港交行之间有三次座谈会并形成会议纪要。从这三份纪要的记载来看,香港交行从未要求佛山市政府承担保证责任或代中亚公司、景山公司还款,佛山市政府也未作出过承担保证责任或代企业还款的意思表示,而双方谈到的解决途径均是政府在适当时机对企业进行资产重组,以解决原有债务。佛山市政府亦于1998年11月12日以佛经贸发〔1998〕42号文件批复同意了佛山市有关企业与香港交行商定的企业重组计划,以解决中亚公司、景山公司等企业拖欠香港交行贷款的问题。综上,佛山市政府从向香港交行出具的书面文件上,到实际的行动上,从未有过承担保证责任或代所属企业还款的意思表示,其向香港交行出具的《承诺函》并不构成我国担保法意义上的保证。

裁判要旨:保证合同的成立,需要保证人发出明确的承担保证责任或代为还款的意思表示,并需要债权人对此有明确的认识。对意思表示的判断,则需要对书面文件的含义、表意人的行为以及相对人对意思表示的认识进行综合分析。所以,由政府出具的《承诺函》等文件,如果仅仅表明“督促还款”“负责解决”“不让银行在经济上蒙受损失”等意思,而不具有承担保证责任或代所属企业还款之意思表示的,不构成我国担保法意义上的保证。

【典型案例 6】

案例索引：广东国际信托投资公司破产案[①]。

基本案情：1999 年 1 月 11 日，广东国际信托投资公司（以下简称广东国投公司）以严重资不抵债、无法偿付到期巨额债务为由，向广东省高级人民法院申请破产。

广东国投公司原名为广东省信托投资公司，1980 年 7 月经广东省人民政府批准在广州市工商行政管理局注册成立，系全民所有制企业法人。1983 年经中国人民银行批准为非银行金融机构并享有外汇经营权；1984 年 3 月经广东省工商行政管理局注册登记更改名称为广东国际信托投资公司，注册资金为 12 亿元。1992 年以来，广东国投公司由于经营管理混乱，存在大量高息揽存、账外经营、乱拆借资金、乱投资等违规经营活动，导致不能支付到期巨额境内外债务，严重资不抵债。1998 年 10 月 6 日，中国人民银行决定关闭广东国投公司，并组织关闭清算组对其进行关闭清算。关闭清算期间广东国投公司的金融业务和相关的债权债务由中国银行托管，广东国投公司属下的证券交易营业部由广东证券有限责任公司托管，其业务经营活动照常进行。自 1998 年 10 月 6 日至 1999 年 1 月 6 日为期三个月的关闭清算查明，广东国投公司的总资产为 214.71 亿元，负债 361.65 亿元，总资产负债率 168.23%，资不抵债 146.94 亿元。1999 年 1 月 11 日，中国银行发布《关于清偿原省国投自然人债权的公告》，鉴于广东国投公司已严重资不抵债、无力偿还巨额债务，对自然人债权的清偿，只支付本金，不支付利息；中国银行清偿广东国投公司自然人债权后，中国银行广东省分行代广东省财政厅依法申报债权，以普通债权人的身份按破产清偿顺序受偿。

法院裁判：在确认债权诉讼中，有 15 家广东国投公司香港子公司的债权人持广东国投公司出具的安慰函申报金额约 23 亿元的担保（或然）债权，要求予以确认。法院认为，安慰函从形式上看，不是广东国投公司与

① 载《最高人民法院公报》2003 年第 3 期（总第 83 期）。

特定债权人签订的，而是向不特定的第三人出具的介绍性函件；从内容上看，安慰函并无担保的意思表示，没有约定当债务人不履行债务时，代为履行或承担还债责任。因此，安慰函不能构成中国法律意义上的保证，不具有保证担保的法律效力，依据安慰函申报担保债权全部被拒绝。

裁判要旨：投资公司向不特定的第三人发出的并无担保的意思表示的安慰函，不能作为破产债权申请的依据。

第三节　保证责任与保证期间

问题 6. 如何理解一般保证的保证期间

一般而言，保证期间为保证人承担保证责任的起止期间，也是债权人依保证合同主张保证人履行保证债务的有效期间。保证期间从主债务履行期届满或符合法律规定的约定时间开始起算，如在保证期间内，债权人向保证人主张权利的，保证期间作用停止，保证债务不受保证期间的限制，而只受制于诉讼时效期间的限制；在保证期间内，债权人不向保证人主张权利的，保证人的保证债务消灭。因此，保证期间是当主债务履行期限届满或者约定的时间届至后，债权人能够向保证人主张承担保证责任的最长期间。

保证期间制度是法律在考量保证人和债权人利益之后的理性选择，体现了合理分担风险的原则，同时也能达到稳定经济秩序的目的。设定保证期间，将保证人的保证责任限定在一定的期间内，可以避免保证人无止境地处于承担债务的不利状态或是长期处于随时可能承担债务的财产关系不确定状态。通过保证期间，对债权人请求权的行使从期间上加以必要的限制，督促债权人依法定方式积极行使债权。

当事人在设立保证时，可以选择不同种类的保证方式。《担保法》也对保证期间在一般保证与连带保证中的不同适用作出了不同的规定。接下来，我们对一般保证的保证期间进行详述。

一般保证，又称为补充保证，是指当事人在保证合同中约定，只有在债务人不能清偿到期债务时，保证人才履行保证债务的保证方式。根据

《担保法》与《担保法解释》的规定可知，对于一般保证而言，若债权人未在约定或者法定的保证期间内，提起诉讼或者申请仲裁，保证人免除保证责任。因债权人对保证人的实体请求权归于消灭，诉权也随之消灭，无诉讼时效可言。若债权人在保证期间内提起诉讼或者申请仲裁，保证期间作用停止，从判决或者仲裁裁决生效之日起，计算保证合同诉讼时效。债权人需要在保证债务诉讼时效期间向保证人主张保证给付，超过该期间再主张保证给付的，保证人不承担保证债务。但是，保证人对已经超过诉讼时效期间的债务承担保证责任或者提供保证的，又以超过诉讼时效为由抗辩的，人民法院不予支持。

根据《最高人民法院关于适用〈中华人民共和国民事诉讼法〉的解释》（以下简称《民诉法解释》）第 66 条规定，因保证合同纠纷提起的诉讼，债权人向保证人和被保证人一并主张权利的，人民法院应当将保证人和被保证人列为共同被告。保证合同约定为一般保证，债权人仅起诉保证人的，人民法院应当通知被保证人作为共同被告参加诉讼；债权人仅起诉被保证人的，可以只列被保证人为被告。由该条司法解释规定，一般保证中，债权人在保证期间内提起诉讼或者申请仲裁的，如仅起诉债务人，可以只列债务人为被告。如果仅仅起诉保证人的，人民法院应当通知被保证人作为共同被告参加诉讼。如果同时向债务人和保证人主张权利的，人民法院应当将保证人和债务人列为共同被告。当把债务人和保证人列为共同被告时，法院应当在判决书中明确在对债务人财产强制执行后仍不能履行债务时，由保证人承担保证责任，保证人的先诉抗辩权事实上转化为先执行抗辩权。法律之所以如此规定，是为了提高诉讼效率、节约司法资源，也便利诉讼当事人，实现纠纷的一次性解决、避免作出相互矛盾的判决。

举例说明上述一般保证的保证期间：甲向乙借人民币 10 万元，约定债务履行期为 2018 年 6 月 30 日。丙与乙签订一般保证合同，保证期间为 12 个月，丙承担保证责任的保证期间为 2018 年 7 月 1 日至 2019 年 6 月 30 日。(1) 若乙在 2019 年 6 月 30 日前未起诉或者申请仲裁，则保证期间经过，保证人的保证责任消灭。(2) 若乙于 2019 年 2 月 1 日提起诉讼，则主债务诉讼时效中断，保证期间作用停止。若法院于 2019 年 6 月 1 日作出生效判决，自此开始计算保证债务诉讼时效期间。债权人需要在保证债务诉讼时效期间内向保证人主张保证债务请求权。

此外，如何理解一般保证的担保人承担责任的前提即债务人“不能清偿”到期债务，对于深化理解此问题也有一定的帮助。

“不能清偿”是一般保证人承担保证责任的前提。对“不能清偿”状态的理解主要有四种分歧意见：第一种意见主张，“不能清偿”指债务人经过破产清算后仍不能清偿债务的状态；第二种意见主张，“不能清偿”指债务人实际不能清偿债务的真实状态；第三种意见主张，对债务人经过了强制执行的程序仍不能清偿债务的构成“不能清偿”；第四种意见主张，就债务人的方便执行的财产经过强制执行后不能偿还债务的构成“不能清偿”。《担保法解释》最终采用了第四种意见。该解释第131条规定：“本解释所称‘不能清偿’指对债务人的存款、现金、有价证券、成品、半成品、原材料、交通工具等可以执行的动产和其他方便执行的财产执行完毕后，债务仍未能得到清偿的状态。”根据该条规定，在一般保证中保证人享有先诉抗辩权，当债权人向保证人请求履行保证债务时，保证人有权以先诉请法院强制执行债务人方便执行的财产进行抗辩，要求债权人先就债务人的财产申请强制执行。只有在法院对债务人方便执行的财产强制执行仍未完全实现其债权时，保证人才履行保证债务。

典型案例裁判文书

中信实业银行诉北京市京工房地产开发总公司保证合同纠纷案

【典型案例7】

案例索引：中信实业银行诉北京市京工房地产开发总公司保证合同纠纷案[①]。

基本案情：1994年11月10日，中信实业银行（以下简称中信银行）与金辉公司、北京市京工房地产开发总公司（以下简称京工公司）签订〔94〕银贷字第305号贷款协议（以下简称“305协议”），约定：中信银行向金辉公司提供贷款50万美元，用于购买原材料；本贷款采用浮动利率，年利率为每次提款日前两个银行工作日中国银行公布的一年期六个月浮动美元贷款利率上浮5%，以后每年6月20日与12月20日各调整一次；金辉公司应自第

① 载《最高人民法院公报》2002年第6期（总第80期）。

一次提款之日起，每年6月20日与12月20日用美元现汇向中信银行支付应付利息；本贷款自签约之日起至1995年11月10日期满；金辉公司未能按本协议约定的时间还本付息，中信银行有权加收相当于原定利率20%的罚息；京工公司作为担保方，同意当金辉公司违约时，在接到中信银行书面索偿通知15天内，代金辉公司用现金或现汇偿还全部应付款项。

“305协议”签订后，中信银行按约履行了放贷义务。1995年11月10日借款期限届满，金辉公司未按期偿还借款本金及利息，被告京工公司亦未履行保证义务。1996年5月13日，中信银行致函京工公司，要求京工公司履行保证责任。同年5月23日，京工公司回函称：贵行致我司的函件收悉，我司的责任已解除，请贵行主张诉讼权利。

中信银行于1996年6月21日向法院起诉。

法院裁判：中信银行与金辉公司、被告京工公司签订的“305协议”，不违反国家法律、法规的规定，是当事人的真实意思表示，应当认定有效。被上诉人中信银行已经依约发放贷款，金辉公司应到期偿还贷款，上诉人京工公司应按照约定承担保证责任。《担保法解释》第一百三十三条第一款规定：“担保法施行以前发生的担保行为，适用担保行为发生时的法律、法规和有关司法解释。”第三款规定：“担保法施行以后因担保行为发生的纠纷案件，在本解释公布施行后尚在一审或二审阶段的，适用担保法和本解释。”《担保法》自1995年10月1日起施行，“305协议”于1994年11月10日签订，京工公司的担保行为发生在“担保法”施行前，应当适用当时有效的、最高人民法院发布的《关于审理经济合同纠纷案件有关保证的若干问题的规定》(以下简称“有关保证的规定”)。

“有关保证的规定”第七条规定：“保证合同没有约定保证人承担何种保证责任，或者约定不明确的，视为保证人承担赔偿责任。当被保证人不履行合同时，债权人应当首先请求被保证人清偿债务。强制执行被保证人的财产仍不足以清偿其债务的，由保证人承担赔偿责任。”《担保法》第十七条第一款也规定：“当事人在保证合同中约定，债务人不能履行债务时，由保证人承担保证责任的，为一般保证。”“305协议”中没有约定保证责任，因此被告京工公司应当承担一般保证责任。

《担保法》第十七条第二款规定：“一般保证的保证人在主合同纠纷未

经审判或者仲裁，并就债务人财产依法强制执行仍不能履行债务前，对债权人可以拒绝承担保证责任。”这是法律赋予一般保证的保证人享有的先诉抗辩权。《担保法》第十七条第三款同时规定了一般保证的保证人不得行使先诉抗辩权的三种情形，其中之一是：“债务人住所变更，致使债权人要求其履行债务发生重大困难的”。“有关保证的规定”中，对先诉抗辩权问题未作规定，故本案在解决这个问题时，应参照适用《担保法》的这一规定。本案中，被保证人金辉公司的住所不明、营业执照被吊销，其中方投资者的营业执照也被注销，外方投资者的情况不明。这种情况，使被上诉人中信银行向金辉公司请求清偿债务发生很大困难，符合《担保法》第十七条第三款第（一）项规定的情形。故被告京工公司作为一般保证的保证人，在这种情形下不得行使先诉抗辩权，中信银行有权直接请求京工公司承担保证责任。

“305 协议”中没有约定保证方式，对保证期限的起止时间也没有明确界定，属保证责任期限约定不明。“有关保证的规定”第十一条规定，“保证合同中没有约定保证责任期限或者约定不明确的，保证人应当在被保证人承担责任的期限内承担保证责任”。被保证人承担责任的期限，是自其借款期满后的两年。被保证人承担责任的这两年，也是保证人承担保证责任的期间。保证期间是除斥期间，它与诉讼时效不同，不发生中止、中断的问题。本案被保证人金辉公司的借款期满日是 1995 年 11 月 10 日，因此上诉人京工公司承担一般保证责任的期间是从 1995 年 11 月 11 日起至 1997 年 11 月 10 日止的两年内。在此期间，只要作为债权人的被上诉人中信银行向作为保证人的京工公司主张权利，京工公司就应承担保证责任。事实证明，中信银行在 1996 年 5 月 13 日向京工公司主张权利，并于 1996 年 6 月 21 日以京工公司为被告提起诉讼。由此可见，中信银行主张权利，并未超过两年的保证期间。《担保法》第十五条规定的六个月保证期间，对本案不适用。京工公司称中信银行向其主张权利已超过六个月的保证期间，与法律不符，不予支持，京工公司作为保证人应当承担本案的保证责任。

裁判要旨：保证期间是除斥期间，它与诉讼时效不同，不发生中止、中断的问题。一般保证的保证人在主合同纠纷未经审判或者仲裁，并就债务人财产依法强制执行仍不能履行债务前，对债权人可以拒绝承担保证责任。

问题7. 如何理解连带责任保证的保证期间

连带保证，是指债务人在债务履行期届至时未履行债务，债权人既可以请求债务人履行债务，也可以请求保证人履行保证债务的保证方式。在连带保证方式中，保证人不享有先诉抗辩权，保证人与债务人处于同一顺序，只要主债务履行期届至时债务人未履行债务，无论其原因如何，也无论债务人自身的偿还能力，债权人都可以不请求执行债务人的财产，而是直接向保证人请求其履行保证责任。与一般保证相比，连带保证保证人的保证责任较重。因此，《担保法》中关于连带责任的保证期间也与一般保证不同。

连带责任的保证期间与一般保证的作用是相同的，均为债权人向保证人主张权利的有限期间。但是两者保证债务诉讼时效期间的起算点不同：对于连带保证而言，若债权人未在约定或者法定的保证期间内要求保证人承担保证责任的，保证人就免除保证责任。因债权人对保证人的实体请求权归于消灭，诉权也随之消灭，无诉讼时效可言。若债权人在保证期间内要求保证人承担保证责任的，保证期间作用停止，从债权人要求保证人承担保证责任之日起计算保证债务诉讼时效期间。由于连带保证中保证人没有先诉抗辩权，所以债权人无须先对债务人提起仲裁或诉讼，也无须债务人不能清偿到期债务。只要债务履行期届满，债权人就可以直接向保证人主张实体请求权。

债权人在保证期间内要求保证人承担保证责任，应当注意以下几个方面：第一，债权人主张权利的直接对象必须是保证人并要求其承担保证责任。债权人在保证期间仅向债务人主张权利的，并不表示也同时对保证人主张权利；第二，债权人要求保证人承担责任，该“要求”并不需像一般保证那样必须以“诉讼”或“仲裁”的方式主张权利，仅证明债权人已向保证人主张过权利即可。当然，债务人也可以通过诉讼或仲裁的方式向保证人主张权利。

举例说明上述连带保证的保证期间：甲向乙借人民币 10 万元，约定债务履行期为 2018 年 6 月 30 日。丙与乙签订保证合同为该笔债务提供保证，但未约定保证方式，约定保证期间为 12 个月，丙承担保证责任的保证期间为 2018 年 7 月 1 日至 2019 年 6 月 30 日。根据《担保法》第 19 条的规定，丙承担连带保证责任。若乙在 2019 年 6 月 30 日前未请求丙履行保证债务，仅向甲主张债权，则保证期间经过，保证人的保证责任消灭。若乙于 2019 年 2 月 1 日请求丙履行保证债务，则保证期间作用停止，从 2019 年 2 月 1 日开始计算保证债务诉讼时效期间。债权人乙需要在保证债务诉讼时效期间内向保证人丙主张承担保证债务。

典型案例裁判文书

最高人民法院(2003)民二终字第83号民事判决书

【典型案例 8】

案例索引：农业发展银行青海分行营业部诉青海农牧总公司担保合同纠纷案①。一审：（2002）青民二初字第 15 号；二审：（2003）民二终字第 83 号。

基本案情：1996 年 9 月 27 日，原告中国农业发展银行青海省分行营业部（以下简称农发行营业部）与青海省羊毛经营集团公司（以下简称羊毛公司）签订 96 第 008 号借款合同，金额 1400 万元，期限自 1996 年 9 月 27 日至 1997 年 9 月 27 日，青海省糖酒副食品总公司为债务人羊毛公司借款提供连带责任保证。

借款到期后，羊毛公司未能按期还款，经双方协商，延期至 1998 年 2 月 27 日，该份延期协议中未有原担保人青海省糖酒副食品总公司的签章。1997 年 9 月 29 日，农发行营业部与羊毛公司又签订了一份 13397031 号借款合同，金额 1100 万元，期限自 1997 年 9 月 29 日至 1998 年 9 月 29 日，借款当日即归还以上 96 第 008 号借款合同项下的款项。青海省肉食品集团公司为债务人羊毛公司提供连带责任保证。后羊毛公司未能按期还款，经双方协商，延期至 1999 年 9 月 29 日，该份延期协议中未有原担保人青海省肉食品集团公司的签章。

---

① 载《最高人民法院公报》2004 年第 8 期（总第 94 期）。

1998年12月28日，被告青海省农牧生产资料总公司（以下简称农牧公司）对以上两笔借款合同出具了不可撤销的连带责任保证书，保证书承诺的保证期间为还清借款人所欠的全部贷款本息和费用后自动失效。1999年1月4日在西宁市城西区公证处分别就两份保证书进行了公证。1999年9月6日，农发行营业部向农牧公司发送了13397031号借款合同1100万元的催收通知；2000年1月7日，农发行营业部向农牧公司发送了96第008号借款合同300万元的催收通知。2000年5月8日，该院裁定宣告羊毛公司破产还债，2002年5月20日裁定破产程序终结，农发行营业部仅获4.9万元的实物清偿。2002年11月14日，农发行营业部诉讼至青海省高级人民法院，请求判令农牧公司对债务人羊毛公司项下的1400万元贷款及利息282万元承担保证责任。

法院裁判：根据农发行营业部第0052584号借款借据和第0089648号贷款收回凭证以及农发行营业部在质证过程中的陈述，本案所涉贷款的实际用途应认定为以贷还贷。农牧公司对羊毛公司的旧贷向贷款人农发行营业部出具不可撤销的连带责任保证书，其意思表示真实，内容并不违反国家法律法规，应认定有效。虽然本案涉及的借款法律关系系以贷还贷形成，但农牧公司提供保证时，该借款关系早已存在。农牧公司明知是旧贷，却提供连带责任保证，其以不知被保证金额是以贷还贷要求免责的理由不能成立。

根据羊毛公司与农发行营业部分别于1997年9月30日、1998年12月28日签订的延期还款协议书的约定，本案96第008号借款合同项下的300万元贷款本息的偿还延期至1998年2月27日，13397031号借款合同项下的1100万元贷款本息的偿还延期至1999年9月29日。因农牧公司于1998年12月28日分别为该两笔贷款提供的两份担保的保证期间约定不明确，根据《担保法解释》第三十二条第二款的规定，其保证期间应为主债务履行届满之日起二年。因此，该300万元贷款的保证期间应认定为1998年2月27日至2000年2月27日，该1100万元贷款的保证期间应认定为1999年9月29日至2001年9月29日。在2000年5月8日青海省高级人民法院裁定宣告本案主债务人羊毛公司破产前，该300万元贷款的保证期间已经届满，仅有该1100万元贷款的保证期间仍在发生法律效力。因此，农发行营业部关于“两份不可撤销保证书的保证期间应当从其提供保证的1998年12月28日起算”“债务人于2000年5月宣告破产，恰在保证期间内”的主张不符合法律规定及本案事实，法院不予支持。

本案主债务人羊毛公司被宣告破产还债前，农发行营业部已于2000年1月17日向农牧公司催要该300万元贷款，系在保证期间内向保证人主张权利，应自主张权利之日起开始计算其保证债权的诉讼时效。在该300万元贷款的保证债务的诉讼时效期间内，本案主债务人羊毛公司被宣告破产，农发行营业部依法向人民法院申报了债权，在破产程序终结前，农发行营业部对其能得以分配的破产财产数额不能确定，其无法同时就其未受清偿的部分向保证人农牧公司主张担保权利，只有在破产程序终结后，其才能就其未受清偿的部分向保证人主张权利。因此，本案中，在主债务人羊毛公司破产案件的破产程序终结后六个月内，农发行营业部就其未受清偿的部分再向保证人农牧公司主张权利，符合《担保法解释》第四十四条的规定。农发行营业部在本案1100万元贷款的合同履行期限内于1999年9月6日向农牧公司发出《到（逾）期贷款通知书》，因本案主债务的履行最后截止日期为1999年9月29日，此时其保证期间尚未开始计算，后在保证期间内主债务人羊毛公司被宣告破产，农发行营业部依法申报了债权，并在羊毛公司破产程序终结后，依据《担保法解释》第四十四条的规定就该1100万元贷款未得以清偿的部分向保证人农牧公司主张权利，依法应予支持。农牧公司对羊毛公司所欠中国农业发展银行青海省分行营业部的1395.1万元贷款及利息承担连带清偿责任。

裁判要旨：在债务人被宣告破产前，债权人已在保证债务的诉讼时效期间内向保证人主张了权利，破产程序终结后，债权人对其在破产程序中未受清偿的部分债权继续向保证人主张权利的，根据《担保法解释》第四十四条的规定，保证人应承担法律责任。

【典型案例 9】

典型案例裁判文书

最高人民法院(2008)民二终字第106号民事判决书

案例索引：中国信达资产管理公司贵阳办事处与贵阳开磷有限责任公司借款合同纠纷案[1]，一审：（2007）黔高民二初字第 35 号；二审：（2008）民二终字第 106 号。

基本案情：1989 年 10 月 6 日，中国人民建设银行黔南布依族苗族自治州中心支行（以下简称黔南中心支行）与贵州剑江化肥厂签订合同编号为黔信字第 4 号《中国人民建设银行基本建设借款合同》，贵州剑江化肥厂向黔南中心支行借款 800 万元，借款期限从 1989 年 10 月起至 1996 年 12 月止，还款计划为：1992 年 100 万元、1993 年 200 万元、1994 年 200 万元、1995 年 200 万元、1996 年 12 月 100 万元。

1990 年 8 月 7 日，黔南中心支行与贵州剑江化肥厂签订合同编号为黔信字第 5 号《中国人民建设银行基本建设借款合同》，贵州剑江化肥厂向黔南中心支行借款 600 万元，借款期限从 1995 年 8 月 30 日起至 1997 年 10 月 20 日止。还款计划为：1995 年 10 月 200 万元、1996 年 6 月 100 万元、1996 年 10 月 200 万元、1997 年 10 月 100 万元。

1991 年 6 月 18 日，黔南中心支行与贵州剑江化肥厂签订合同编号为（91）贷字第 009 号的《中国人民建设银行借款合同》，约定贵州剑江化肥厂向黔南中心支行借款 300 万元，借款期限从 1991 年 6 月 18 日起至 1996 年 6 月 18 日止。

1992 年 6 月 27 日，黔南中心支行与贵州剑江化肥厂签订合同编号为（92）建贷字第 2 号的《中国人民建设银行借款合同》，约定贵州剑江化肥厂向黔南中心支行借款 350 万元，借款期限从 1992 年 6 月 27 日起至 1999 年 6 月 26 日止。

1993 年 10 月 15 日，黔南中心支行与贵州剑江化肥厂签订合同编号为（93）匀建贷字第 2 号的《中国人民建设银行借款合同》，约定贵州剑江化肥厂向黔南中心支行借款 400 万元，借款期限从 1993 年 10 月 22 日起至

① 载《最高人民法院公报》2009 年第 10 期（总第 156 期）。

1999年10月21日止。开磷公司在担保单位一栏中签章。同日，开磷公司还向黔南中心支行出具《借款担保书》，承诺“当借款单位不能履行借款合同如期偿还借款本息条件时，本公司（厂）将无条件承担责任，保证按照借款合同的规定，代借款单位偿还所欠借款本息。本担保书不可撤销。本担保书作为（93）匀建贷字第2号借款合同的附属文件，其有效期直至全部还清借款单位应归还借款本息为止”。

上述合同签订后，黔南中心支行均如约支付了借款，贵州剑江化肥厂未予偿还。1999年12月4日，黔南中心支行将上述债权转让给中国信达资产管理公司重庆办事处，并于1999年12月8日向保证人开磷公司送达了“担保权利转移通知”，开磷公司在“担保权利转移通知回执”上注明“贷款保证期已过，我公司不再承担担保责任”。受让该笔债权的中国信达资产管理公司重庆办事处，于2001年3月27日又将上述债权转让给信达公司贵阳办事处，信达公司贵阳办事处分别于2001年7月17日、2001年9月17日、2003年8月8日、2005年5月21日、2007年5月15日在《贵州日报》上向借款人和保证人就上述债权刊登了主张债权的公告。2001年10月2日，信达公司贵阳办事处还向开磷公司送达了“履行担保义务通知书”，开磷公司在回执上注明：“原担保为化工厅安排并已失效。现我公司不承担该债务担保义务，具体回执内容见附件。”2003年8月1日，信达公司贵阳办事处以公证送达的形式向开磷公司送达了“履行担保义务通知单”。开磷公司未签收该通知单。

法院裁判：本案的争议焦点一是开磷公司提供保证的类型，二是信达公司贵阳办事处是否在法律或司法解释规定的期间内向保证人开磷公司主张了权利。

一、关于本案开磷公司提供保证的方式

本案中，开磷公司提供的保证在借款合同中有两种表述：一是黔信字第4号《借款合同》的表述是：“全部贷款到期，贷款方发出逾期通知三个月后，仍未归还，贷款方可以直接从借款方或担保方的各项投资和存款中扣收。”二是黔信字第5号、（91）贷字第009号、（92）建贷字第2号、（93）匀建贷字第2号《借款合同》的表述是：“贷款到期，借款方如不能按期偿还，由担保单位代为偿还，担保单位在接到黔南中心支行还款通知三个月后仍未归还，黔南中心支行有权从借款方或担保单位的投资或存款户中扣收，或委托其他金融机构扣收。”此外，开磷公司还就（93）匀建贷字第2号《借款合同》向黔南中心支行出具《借款担保书》，承诺“当借款单位不能履行借款合同如期偿还借款本息条件时，本公司（厂）将无条件承担责任，保证按照借款合同的规定，代借款单位偿还所欠借款本息。本担保书不可撤销。本担保书作为（93）年匀建贷字第2号借款合同的附属文件，其有效期直至全部还清借款单位应归还借款本息为止”。

区分连带责任保证和一般保证的重要标志就是保证人是否享有先诉抗辩权，即债权人是否必须先行对主债务人主张权利并经强制执行仍不能得到清偿时，方能要求保证人承担保证责任。上述借款合同中的第一种表述，只要贷款达到约定期限仍未归还，即将担保方与借款方的责任一并对待，并未区分保证人应否在主债务人客观偿还不能，即先向主债务人主张权利不能后，方承担保证责任，因此，此处保证责任约定是清楚的，为连带责任保证。上述借款合同中的第二种表述有“不能”字样，如单纯使用“不能”字样，则具有客观上债务人确无能力偿还借款的含义，此时保证人方承担保证责任可以认定为一般保证责任。但是，该“不能”字样是与“按期”结合在一起使用，则不能将其理解为确实无力偿还借款的客观能力的约定，仅是表明到期不能偿还即产生保证责任。因此，第二种表述亦应认定为连带保证责任。至于开磷公司为（93）年匀建贷字第2号借款合同提供的《借款担保书》则更为明确地将保证责任界定为无条件承担，亦为约定清楚的连带责任保证。综上，本案讼争的保证责任为连带责任保证。由于本案讼争借款的主债务人贵州剑江化肥厂已经破产，且破产程序已经终结，即使借款合同约定为一般保证责任，此时保证人的责任因主债务人的破产也已经产生。

二、关于信达公司贵阳办事处是否在法定期间内向保证人开磷公司主张了权利

由于本案讼争的借款合同签订于《担保法》施行之前，原审法院适用法发〔1994〕8号《最高人民法院关于审理经济合同纠纷案件有关保证的若干问题的规定》和法（2002）144号最高人民法院《关于处理担保法生效前发生保证行为的保证期间问题的通知》确定本案的保证期间是正确

的。但是，原审法院在认定保证期间的问题上，对144号文的理解不当。

本案债权人黔南中心支行向开磷公司主张权利的期间分为两种情况，一是黔信字第4号、黔信字第5号、(91) 贷字第009号《中国人民建设银行借款合同》，黔南中心支行未在主债务人承担责任期限的2年内向保证人开磷公司主张权利。二是 (92) 建贷字第2号、(93) 匀建贷字第2号《中国人民建设银行借款合同》黔南中心支行在主债务人承担责任期限的2年内向保证人开磷公司主张了权利。对于第一种情况，黔南中心支行虽未在保证责任期间内向开磷公司主张权利，但其将债权转让给信达公司贵阳办事处后，信达公司贵阳办事处可根据144号文确定的2002年8月1日至2003年1月31日6个月期间内，向保证人开磷公司主张权利。信达公司贵阳办事处是否在上述期间内向开磷公司主张了权利是本案的事实问题。在原审法院根据8号文和144号文对上述三笔借款判决开磷公司免除保证责任后，信达公司贵阳办事处在法院审理期间，针对原审法院的认定，为表明其在144号文确定的期间内向保证人主张了权利，举示贵州省贵阳市公证处出具的 (2003) 筑公民字第1118号公证书，该公证书构成新的证据。虽然公证书所附《履行担保义务通知书》所列担保人全称为开阳磷矿矿务局，并且此前即已更名为贵州开磷（集团）有限责任公司，但前后主体的一致性并不因此使保证人的身份产生混淆，亦表明信达公司贵阳办事处在144号文确定的期间内主张了权利，因此对该公证书公证的事实应当予以确认，即信达公司贵阳办事处在144号文指定的期间内向开磷公司主张了权利，并于2002年12月12日起算诉讼时效。对于第二种情况，黔南中心支行在主债务人承担责任期限的2年内向保证人开磷公司主张了权利，从其主张权利起开始计算诉讼时效。而144号文第二条规定的“债权人可以在破产程序终结后6个月内向保证人主张”仍然是延续144号文第一条关于6个月保证期间的规定，在讼争借款已经开始起算诉讼时效的情形下，不必再适用6个月保证期间的规定。由于上述两种情况下起算诉讼时效后，黔南中心支行与信达公司贵阳办事处连续主张权利，使诉讼时效多次中断，信达公司贵阳办事处在法定期间内向保证人开磷公司主张了权利。贵州开磷有限责任公司在判决生效之日起30日内，向中国信达资产管理公司贵阳办事处支付人民币72381616.5元。

裁判要旨：连带责任保证和一般保证相区别的重要标志在于：一般保证的保证人享有先诉抗辩权，即债权人必须先行对主债务人主张权利，在经强制执行仍不能得到清偿的情况下，方能要求保证人承担保证责任；而连带责任保证的保证人不享有先诉抗辩权。在担保债务已经开始计算诉讼时效的情形下，不再适用有关保证期间的规定。

问题 8. 主合同没有约定履行期间，保证期间如何起算

保证期间为保证人承担保证责任的起止期间，也是债权人依保证合同主张保证人履行保证债务的有效期间。作为期间，首先需要明确其起算点。根据《担保法》的规定，保证期间的起算从主债务履行期届满之日起计算，无论是一般保证还是连带责任保证，起算点均一致。这是由于主债务履行期届满前主债务人是否履行债务尚处于不确定状态，主债务人只要在主债务履行期内履行债务就未违反合同约定，保证人也无须承担保证责任。所以在债务履行期届满前，债权人不能要求保证人承担保证责任。因此，保证期间起算点应为主债务履行期届满之时。关于保证合同约定的保证期间早于或等于主债务的履行期限的情形，会在下一问题中进行详细讨论，本问题主要对未约定主合同履行期间的情形进行论述。

主债务履行期间首先根据主合同当事人的约定，若无约定者根据法律规定。根据《担保法解释》第 33 条以及《合同法》第 62 条的规定，当主合同中履行期限不明确，按照合同有关条款内容不能确定，当事人又不能通过协商达成协议的，债务人可以随时向债权人履行义务，债权人也可以随时要求债务人履行义务，但应当给对方必要的准备时间，保证期间自债权人要求债务人履行义务的宽限期届满之日起计算。债权人设定合理的宽限期使得主债务履行期得以确定，从而也使得保证期间的起算点得以确定。根据《民法总则》第 201 条“按照年、月、日计算期间的，开始的当日不计入，自下一日开始计算”的规定，保证期间的真正起算日应为主债务履行届满之次日。

从“黑龙江省哈尔滨市商业银行诉辽宁省沈阳市泰邦经济信息发展中心等借款担保合同纠纷”一案可以看出，若主合同没有约定履行期间，债

权人直接向法院起诉要求主债务人偿还借款本息之日，应视为借款期限届满之日。若债权人于同日通过诉讼向连带责任保证人主张权利，也并未超过法定的保证期间，保证期间的作用实现，在法院作出生效判决之日起开始计算保证债务诉讼时效。

需要探讨的问题是，在主合同没有约定履行期间时，如果债权人一直不向主债务人主张债务，主债务人也一直未要求履行债务，其履行期如何确定？关于这一问题目前尚未有定论，有学者认为应当适用民法关于最长诉讼时效（20年）的规定，即债权人从债务发生时起20年内不主张债权的，人民法院不予保护，保证人可以援引主债务人关于诉讼时效的抗辩，故不存在保证期间的计算问题。[①] 但这样会使得保证人落入长达20年的不确定状态中，有违保证期间的宗旨。

典型案例裁判文书

最高人民法院(2000)经终字第148号民事裁定书

【典型案例10】

案例索引：黑龙江省哈尔滨市商业银行诉辽宁省沈阳市泰邦经济信息发展中心等借款担保合同纠纷案。一审：（1998）黑经初字第53号；二审：（2000）经终字第148号。

基本案情：哈尔滨市先锋路城市信用社（以下简称先锋路信用社）于1996年8月12日向沈阳泰邦经济信息发展中心（以下简称泰邦中心）出具一份承诺书，载明：由你发展中心给我社吸收一年期2000万元人民币存款，其存款利息按人民银行有关规定执行，同时由我社给贵发展中心通过哈尔滨华堂经贸有限责任公司（以下简称华堂公司）解决贷款1300万元整，其利息按人民银行对信用社的规定执行，如不按此承诺贷款给发展中心，存款户有权将款收回。

同日，沈阳市苏家屯区佟沟信用合作社（以下简称佟沟信用社）向先锋路信用社出具一份承诺书，载明：泰邦中心从你社开户企业华堂公司所借人民币1300万元及贷款利息，如到期泰邦中心不能归还，由我社按贷款的时间如期还本付息。同年8月30日，佟沟信用社又向先锋路信用社出具

---

① 高圣平：《担保法论》，法律出版社2009年版，第132页。

一份承诺书，载明：泰邦中心在你社开户企业华堂公司所借人民币700万元及其贷款利息，如到期该发展中心不能归还，由我社按贷款的时间，如期还本付息。同年9月5日，先锋路信用社又汇给泰邦中心600万元。至此，泰邦中心共实际收到先锋路信用社款项20118200元。

因先锋路信用社向泰邦中心催要借款本金及利息未果，遂于1998年8月5日向黑龙江省高级人民法院提起诉讼，请求判令华堂公司、泰邦中心偿还借款本金20349200元及利息5383123.35元，佟沟信用社承担连带保证责任。

法院裁判：根据《民法通则》第五十五条的规定，应认定泰邦中心与先锋路信用社的借款关系合法有效，华堂公司、泰邦中心对先锋路信用社负有偿还借款本息的义务。关于借款期限，由于法院询问证人肖太岩、张占文时，该二人对借款期限的表述相互不一致，且与该二人在原审法院询问其时的表述相矛盾，应认定上述证人证言不具有证明力，故应认定各当事人未约定借款期限。

佟沟信用社向先锋路信用社出具的两份担保承诺书系其真实意思表示，不违反法律法规，应认定合法有效。因先锋路信用社与泰邦中心及华堂公司未约定借款期限，根据《民法通则》第八十八条第二款关于“履行期限不明确的，债务人可以随时向债权人履行义务，债权人也可以随时要求债务人履行义务，但应当给对方必要的准备时间”之规定，先锋路信用社于1998年8月5日向黑龙江省高级人民法院提起诉讼请求泰邦中心偿还借款本息之日，应视为借款期限届满之日，先锋路信用社于同日通过诉讼向佟沟信用社主张权利，并未超过法定的保证期限。因担保承诺书未载明保证方式，根据《担保法》第十八条之规定，佟沟信用社应对泰邦中心、华堂公司偿还先锋路信用社借款本息承担连带保证责任。佟沟信用社对泰邦中心及华堂公司偿还先锋路信用社借款本息应在1900万元借款本息范围内承担连带清偿责任。

裁判要旨：若主合同没有约定履行期间，债务人直接向法院提起诉讼请求主债务人偿还借款本息之日，应视为借款期限届满之日。若债权人于同日通过诉讼向连带责任保证人主张权利，也并未超过法定的保证期限，保证期间的作用实现，在法院作出生效判决之日起开始计算保证合同诉讼时效。

问题9. 保证合同约定的保证期间能否早于或等于主债务的履行期限

上一个问题已经对主债务的履行期限和保证期间起算点的关系进行论述。一般而言，保证期间自主债务履行期届满时起计算。若保证合同约定的保证期间早于或者等于主债务履行期限的，根据《担保法解释》第32条的规定，该情况视为没有约定保证期间，保证期间为主债务履行期届满之日起六个月。也即，保证期间早于或等于主债务的履行期限不影响整个保证合同的效力，仅是保证期间的约定无效。保证人在主债务履行期届满之日起六个月的法定保证期间内仍需要承担保证责任。其理由在于，如当事人约定的保证期间终期早于主债务履行期届满之日，主债务履行期尚未届至而保证期间已经结束。此时，由于担保债务处于不确定状态，主债务人尚无义务履行债务；如当事人约定的保证期间终期等于主债务履行期届满之日，当主债务人履行期届至，主债务人履行债务的义务才发生，但保证期间已届满，保证人无须履行保证债务。在这两种情况下，保证期间的约定没有意义，故《担保法解释》第32条规定了该情形下的法定保证期间。

在理解《担保法解释》第32条时，还需要注意另一种情况：上述两种情形是当事人约定的保证期间的始期和终期都早于或等于主债务履行期的，如果约定的保证期间始期早于主债务履行期，而终期晚于主债务履行期，则保证期间的约定不能全部无效。约定的始期无效，从主债务履行期届满之日开始起算保证期间，但约定的终期有效。原因在于，根据“意思自治”原则，只有当事人无约定或者约定因违反法律规定无效时才依法定。在该情形下，双方对保证期间的终期已达成合意。即使此时主张当事人约定的保证期间的始期与保证期间的性质不合而应认定为无效，也不影响当事人对保证期间终期约定的效力，除非当事人能举证证明终期约定取决于始期约定。

关于保证期间与履行期限，除“保证期间早于或等于主债务的履行期限”这种情形外，还需要对以下相关问题进行探讨：即主债务预期违约与保证期间的起算。

关于这一问题在实务中的具体体现，用以下案例加以说明：1999 年 5 月，中国银行某支行与该县酒业公司、电力公司签订借款合同一份，合同约定：中国银行某支行向酒业公司借款金额 650 万元，还款日期为 2001 年 5 月 20 日，酒业公司以其自有部分酿酒设备（折价 380 万元）设定抵押，并由电力公司对其余借款本息提供连带保证，保证期间为 1 年。合同签订后，中国银行某支行依约发放贷款，双方并办理案涉设备抵押权登记。1999 年 10 月，当地政府对所属国有企业进行改制，借款人酒业公司、担保人电力公司被列入出售对象。中行知悉后，认为该出售方案执行后，酒业公司、电力公司将变成“空壳”公司，其尚余 270 万元债权将会落空，遂于 2000 年 3 月在有关部门对该出售方案正式审批签订前向人民法院提起诉讼，要求终止其与酒业公司的借款合同、提前收回全部贷款以及要求电力公司承担连带保证责任。审理中，保证人电力公司提出由于主合同未届履行期，保证责任尚未发生，其受《担保法》保证期间的保护，对原告要求其提前承担保证责任的诉讼请求提出异议。[①]

在上述案例中，其争议焦点实质上即是预期违约制度对保证之债是否适用的问题，即《担保法》第 25 条、第 26 条规定的保证期间“主债务履行期届满之日”起算标准与《合同法》第 108 条预期违约规定的立法冲突。具体而言，就是指在设有保证的债务中，债务人或保证人在债务履行期届满之前明示或默示不履行合同义务，债权人能否根据《合同法》第 108 条的规定在债务履行期限届满之前要求保证人承担保证责任。

预期违约制度是由英美法所确立，属于合同违约责任理论的一种类型。学理上，合同违约的分类以合同约定的履行期限届满为界，可将合同违约分为预期违约和实际违约，其中预期违约又分为明示预期违约和默示预期违约两种。所谓明示预期违约是指在合同有效成立后至合同约定的履行期限届满之前，合同一方当事人无正当理由而以明示方式向另一方当事人表示其将不履行合同。默示预期违约则是指在合同成立生效后至合同约定的履行期限届满之前，合同一方当事人的自身行为或客观事实表明其将

---

① 案号：江西省赣州市中级人民法院（2000）赣中法经初字第 106 号。

不履行或不能履行合同。《合同法》第108条规定："当事人一方明确表示或者以自己的行为表明不履行合同义务的，对方可以在履行期限届满之前要求其承担违约责任。"该条规定表明，我国已经初步确立了预期违约法律制度。但就预期违约制度对保证之债是否适用这一问题，理论和实务中仍然存在争议：有观点认为，债权人只能等履行期到来才能要求保证人承担保证责任，否则，就会违反《担保法》的规定和担保合同的约定，只有在保证人也有预期违约的情况时，债权人才能要求保证人提前承担保证责任；[①] 另有观点则认为，即便债务人和保证人均构成预期违约，债权人也只能等主债务履行期届满后才能要求保证人承担保证责任，因为保证人享有保证合同约定的期限利益，保证人对原已约定清偿期限的债务并无提前承担保证责任的义务；还有观点认为，主债务履行期非因当事人约定而提前届满的，债权人可以在主债务履行期到来之前要求保证人承担保证责任。[②]

关于上述观点，笔者更倾向于第三种，即预期违约制度亦适用于保证之债，理由如下：

第一，保证合同从属于主合同，具有从属性特征。当主合同因预期违约而得不到履行时，债权人可以提前要求债务承担违约责任。主合同的债权人要求债务人承担违约责任请求权在履行期限届满前依据《合同法》因法定事由而提前行使，那么依据保证合同的从属性特征，债权人依据从合同要求保证人承担保证责任的请求权当然亦可随主权利的提前行使而提前，从合同的保证人也应提前承担保证责任。

第二，保证制度的功能价值即在于保护债权人的利益，弥补主债务人的履行能力不足。保证人为主债务人提供担保自然应包括担保主债务人不发生预期违约之情形，若主债务人预期违约，保证人因此而丧失期限利益应视为保证人为该债务人提供担保的合理风险。如果主合同因预期违约而提前履行，却继续让保证人享受保证期间的利益，债权人只能向主债务人起诉，需待履行期届满后，才能向保证人主张权利，这与一般保证的衔接

---

① 金永熙：《借贷合同诉讼》，人民法院出版社2001年版，第176页。

② 参见江必新、何东宁著：《最高人民法院指导性案例裁判规则理解与适用·担保卷》，中国法制出版社2011年版，第210—211页。

存在难题，也会增加当事人的诉讼成本。因而，在债务人构成预期违约时，应排除保证人的期间利益，保证人此时不应受保证期间的保护。

第三，“保证人对原已规定清偿期限的债务并无提前承担保证责任的义务”，持有该观点的人主要是基于特别法优于一般法原则，认为《担保法》作为特别法，其效力也优于一般法《合同法》，所以依据《担保法》关于保证期间的规定，不在保证期间内债权人不能向保证人提出承担保证责任的请求。但笔者认为，这一关于效力的争议在《合同法解释（一）》第1条中已经进行了释明。最高人民法院认为，《合同法》实施后发生的纠纷，适用《合同法》规定；《合同法》实施前发生纠纷当时没有法律规定的，可以适用《合同法》的有关规定。因此预期违约制度作为《合同法》第108条规定的一项新制度，在此之前的我国法律包括《担保法》并无类似规定或相反规定，因而在《合同法》颁布后，应当适用《合同法》的规定来处理此类纠纷。将预期违约制度适用于担保之债，这并未违反特别法优于普通法的原则。

最后，保证期间设立的本意在于敦促债权人积极主张自己的权利，而非保证人拒绝履行保证义务的条件。在构成预期违约时，应排除保证人的期间利益，保证人此时不应受到保证期间的保护。

【典型案例11】

案例索引：河南省煤气（集团）有限责任公司义马气化厂等与中国银行股份有限公司义马支行借款担保合同纠纷案。一审：（2006）豫法民二初字第56号；二审：（2007）民二终字第233号。

典型案例裁判文书

最高人民法院(2007)民二终字第233号民事判决书

基本案情：2005年1月7日，中国银行股份有限公司义马支行（以下简称义马中行）与义马热电厂签订了2005年义贷字001号借款合同，借款金额为人民币2000万元，借款期限为12个月（自2005年1月7日至2006年1月18日），月利率为5.1155‰。

2005年1月7日，河南省煤气（集团）有限责任公司（以下简称煤气公司）授权其下属单位河南省煤气（集团）有限责任公司义马气化厂（以下简称义马气化厂）为义马热电厂的上述借款提供担保。煤气公司于2005年1月7日向义马气化厂出具授权书，授权其为义马热电厂在义马中行的2000万元借款提供担保，期限“自签订担保合同之日起一年”，且承诺由此引起的法律责任由煤气公司承担。2005年1月9日，义马气化厂与义马中行签订了保证合同，该合同第二条第三款约定：“借款合同双方协议变更合同内容，除展期或增加借款金额外，无须征得保证人同意，保证人仍在变更后的保证范围内承担保证责任”；第五条关于保证期间的约定内容为：“从借款合同生效之日开始到借款合同债务履行期届满之日起经过两年。”2005年1月20日，义马中行向义马热电厂发放了2000万元借款。

2005年4月28日，义马中行与义马热电厂签订了编号为2005年义流字002号借款合同，借款金额为人民币3000万元，期限为12个月（自2005年4月28日至2006年4月27日），利率为月利率为5.58‰。2005年9月26日，义马中行与义马热电厂又签订了编号为2005年义流字003号借款合同，借款金额为人民币1000万元，期限为12个月（自2005年9月26日至2006年9月14日），月利率为5.8125‰。

河南省富达电力集团有限公司（以下简称富达电力公司）为义马热电厂的上述两笔借款共计4000万元提供了连带责任担保。借款合同签订后，义马中行依约向义马热电厂发放了借款。上述三份借款合同到期后，义马中行进行了多次催收，但义马热电厂未予归还。

2005年1月18日和2006年5月8日，义马中行向义马气化厂和富达电力公司送达了履行保证责任通知书，但两担保单位未履行保证责任。截至2006年9月21日，上述三笔借款的利息为3453915.61元。义马中行于2006年2月25日向义马气化厂公证送达了履行担保责任通知书。

本案所涉三份借款合同约定的借款用途均为“流资周转”，三份保证合同第二条第三款约定的内容相同。

2006年11月14日义马中行向河南省高级人民法院提起诉讼。

法院裁判：义马热电厂对义马中行要求其偿还6000万元借款本金及3453915.61元利息的诉讼请求当庭表示认可，法院予以确认。

义马气化厂作为煤气公司的下属单位，在签订2005年001号保证合同时，煤气公司召开董事会并出具《授权书》，同意其下属企业义马气化厂为义马热电厂在义马中行贷款2000万元提供连带责任担保。在《授权书》中，煤气公司明确承诺愿对此引起的法律责任负责，该授权明确具体，意思表示真实。义马气化厂据此授权与义马中行签订了2005年001号保证合同，应为合法有效。此外，在2005年001号保证合同第一条中明确规定："保证人完全了解借款合同的内容，为借款人提供保证完全出于自愿，全部意思表示真实。"这也说明义马气化厂在签订该保证合同时了解了合同的内容。所以，义马气化厂认为"义马热电厂与义马中行恶意串通、损害其利益"，主张保证合同无效的理由不能成立。

关于2005年001号保证合同的保证期限问题。煤气公司对义马气化厂为义马热电厂借款提供担保，召开了董事会并向义马气化厂出具了同意其担保的《授权书》，该授权书由煤气公司董事长签字并加盖煤气公司的公章，应是其真实的意思表示。该授权书对担保期限的授权是"自签订担保合同之日起一年"，即2005年1月9日至2006年1月8日，早于借款合同的履行期限届满之日2006年1月18日。参照《担保法解释》第三十二条关于"保证合同约定的保证期间早于或者等于主债务履行期限的，视为没有约定，保证期间为主债务履行期届满之日起六个月"的规定，应当视为煤气公司对保证期间没有授权，该保证合同的保证期间应当自2006年1月19日起至2006年7月18日止。义马中行在2006年2月25日向义马气化厂主张权利，没有超出法定六个月的期间，义马气化厂应当对2000万元借款本息承担连带清偿责任。根据《担保法解释》第十七条第三款关于"企业法人的分支机构经营管理的财产不足以承担保证责任的，由企业法人承担民事责任"的规定，煤气公司应当在义马气化厂经营管理的财产不足以承担本案2000万元本金和1099941.94元利息的保证责任时承担民事责任。

裁判要旨：保证合同约定的保证期间早于或者等于主债务履行期限的，视为没有约定，保证期间为主债务履行期届满之日起六个月。

问题10. 为分期履行债务提供保证的保证期间起算点

当主债务是分期履行债务时，会涉及保证债务的保证期间究竟从哪一期债务履行期届满之日起算的问题，是从每笔债务履行期限届满时分别起算，还是最后一笔债务履行期限届满时开始起算，法律没有规定。关于这一争议，若当事人约定保证人对整个债务提供担保，当前的司法实践主流观点认为保证期间应从最后履行期限届满之日起算。[①] 若当事人约定保证人对分期债务中某一笔或者某几笔债务提供担保，其保证期间起算点，目前有两种观点：

第一种观点认为，应从某一笔或者某几笔债务履行期限届满之日起算。因为保证期间与诉讼时效期间的立法目的与效力并不相同，保证期间立法目的是督促债权人积极主张债权，否则，保证人可以免于保证责任承担。故其终极意义上而言是为了保证人利益的。至于诉讼时效虽然客观上也起到督促债权人积极主张债权作用，但其终极目的在于尽快稳定交易秩序、维护交易安全。目的不同，则理念有异。从保证期间保护保证人的立法目的，原则上保证期间应从某一笔或者某几笔债务履行期限届满之日起算。

第二种观点认为，应从最后一笔债务履行期限届满之日起算，尽管保证人仅对某一笔或者某几笔债务提供担保，但由于该一笔或者几笔债务是整个债务的一部分，且根据《最高人民法院关于审理民事案件适用诉讼时效制度若干问题的规定》（以下简称《诉讼时效规定》）第 5 条规定："当事人约定同一债务分期履行的，诉讼时效期间从最后一期履行期限届满之日起计算。"故保证期间的起算也应与其相衔接，从最后一期履行期限届满之日起算。

笔者同意第二种观点。这里的分期履行债务仅指的是对同一合同项下的同一笔债务分期履行，但是在合同订立之时关于该债务的具体内容、总体数额等要素即已经确定，债权的内容和范围不随着时间的经过而变化，受到时间因素影响的只是履行的方式。如果分期履行之债中每一笔分期履行债务的保证期间均使用不同的起算点，这会导致一方面与主债务的诉讼时效不衔接，另一方面会加重债权人向保证人主张保证债务的负担。例如，在一般保证中债权人需要在每一笔分期债务的保证期间提起诉讼或申请仲裁，若当事人约定的保证期间较短而分期履行债务履行期限较长，会

---

① 参见最高人民法院民事审判第二庭编著：《最高人民法院关于民事案件诉讼时效司法解释理解与适用》，人民法院出版社 2008 年版，第 114 页。

加重债权人的讼累，也浪费司法资源。

另外，主债务的诉讼时效期间和保证债务的保证期间从最后一期债务履行期限届满之日起算，也并不意味着在此之前权利人不能向主债务人或者保证人主张权利。在一般保证中债权人可在各期债务履行期届满而主债务人不履行该分期债务的情况下要求保证人承担债务人到期未履行部分的保证责任。[①]

【典型案例 12】

典型案例裁判文书

最高人民法院(2005)民二终字第185号民事判决书

案例索引：中国信达资产管理公司办事处与河南省郸城县生物化工厂、郸城金丹乳酸实业有限公司、郸城县技术改造资金开发中心、河南金丹乳酸有限公司、河南省郸城县化肥厂借款担保合同纠纷案。一审：(2004) 豫法民二初字第 21 号；二审：(2005) 民二终字第 185 号。

基本案情：1995 年 12 月 19 日，河南省郸城县化肥厂（以下简称郸城化肥厂）与国家开发银行和中国工商银行郸城县支行（以下简称工行郸城支行）签订了一份编号为 152 号的借款合同，约定：郸城化肥厂向国家开发银行借款 2000 万元，从 1995 年 12 月起至 2001 年 12 月止，期限 6 年，年利率 15.3%，分笔分期还款时间为：1998 年 12 月前 400 万元，1999 年 12 月 500 万元，2000 年 12 月 500 万元，2001 年 12 月 600 万元。

1995 年 11 月 10 日、11 月 24 日，河南省郸城县热电厂（以下简称郸城热电厂）、河南省郸城县生物化工厂（以下简称郸城生化厂）与郸城化肥厂分别签订了贷款担保协议，内容为郸城热电厂和郸城生化厂同意为郸城化肥厂的贷款 3250 万元承担担保义务。贷款到期，如郸城化肥厂不能按时归还，郸城热电厂和郸城生化厂负责偿还本息，履行担保责任。1995 年 12 月 14 日，郸城热电厂和郸城生化厂向国家开发银行各自出具一份不可撤销的担保函，载明：郸城热电厂、郸城生化厂同意为郸城化肥厂的借款 2000 万元本息提供担保。按照郸城化肥厂与国家开发银行签订 152 号借款

[①] 参见江必新、何东林著：《最高人民法院指导性案例裁判规则理解与适用·担保卷》，中国法制出版社 2011 年版，第 209 页。

合同的分年还款计划规定的期限和数额偿还该合同项下贷款本金 2000 万元，由两厂各自承担 1000 万元本金及相应利息的保证责任；如债务人违反借款合同的约定，不按约定偿还贷款本息，郸城热电厂和郸城生化厂保证在接到国家开发银行书面还款通知 30 天内，清偿上述款项，如郸城热电厂和郸城生化厂未按期代为清偿到期债务，该行有权从两单位的存款账户中扣收，该保函自签发之日起生效，至债务人清偿全部贷款本息后失效。

上述合同签订后，国家开发银行和工行郸城支行按合同约定发放了 2000 万元贷款。

1996 年 10 月 11 日，郸城化肥厂与国家开发银行和工行郸城支行签订了一份编号为 070 号的借款合同，约定：郸城化肥厂向国家开发银行借款 1250 万元：借款期限 5 年 3 个月，即从 1996 年 9 月起至 2001 年 12 月止；年利率 12.42%，分期还款，即 1999 年 12 月前 400 万元，2000 年 12 月前 400 万元，2001 年 12 月前 450 万元。

1996 年 10 月 11 日，郸城热电厂和郸城金丹乳酸实业有限公司（以下简称郸城金丹公司）分别与国家开发银行签订了保证合同，均约定：郸城热电厂和郸城金丹公司分别为郸城化肥厂在国家开发银行 1250 万元的借款本金和利息各自承担 625 万元本金及利息的连带清偿责任；保证期限自主合同生效开始至主合同失效时止。

上述合同签订后，国家开发银行、工行郸城支行按合同约定发放了 1250 万元贷款。

上述两笔借款分别到期后，郸城化肥厂未按约偿还借款本息。郸城热电厂、郸城生化厂、郸城金丹公司亦未按约承担保证责任。

1999 年 12 月 19 日，国家开发银行郑州分行与中国信达资产管理公司郑州办事处（以下简称信达郑州办事处）签订了债权转让协议，约定：将郸城化肥厂在国家开发银行借款本金 3250 万元及利息 11360227.42 元（截至 1999 年 12 月 20 日）转让给信达郑州办事处。

1999 年 12 月 16 日，郸城化肥厂在上述两笔借款对账单上签章，向国家开发银行确认。郸城化肥厂在债权转让通知回执上签章予以确认。

2001 年 4 月 10 日，信达郑州办事处向郸城化肥厂发出两笔借款本息的催收贷款通知书，郸城化肥厂于同年 8 月 29 日在该通知回执上签章。

2003年1月14日，信达郑州办事处在河南日报上发布催收公告，对郸城化肥厂的两笔借款向主债务人郸城化肥厂及担保人郸城热电厂和郸城生化厂进行催告。该公告没有对郸城金丹公司进行催收。2002年12月4日，信达郑州办事处分别向郸城热电厂和郸城生化厂公证留置送达了主张权利通知书。信达郑州办事处诉称，2002年3月27日和11月25日，该办事处用发电报的形式向郸城热电厂和郸城生化厂进行了催收，但其在庭审中未能提供所发电报稿的原件，提供的仅是复印件，且未提供所发电报的收费发票。

信达郑州办事处于2004年6月28日向河南省高级人民法院提起诉讼，请求判令郸城化肥厂偿还借款本金3250万元，利息2644.291568万元并支付违约金6.25万元；郸城热电厂对郸城化肥厂借款中的1625万元及相应利息、违约金3.125万元承担连带清偿责任；郸城生化厂和郸城金丹公司对郸城化肥厂借款中的1625万元及相应利息、违约金3.125万元承担连带清偿责任；郸城技改中心对郸城化肥厂和郸城热电厂承担责任范围内的债务承担连带清偿责任；河南金丹公司对郸城金丹公司承担责任范围内的债务承担连带清偿责任。

法院裁判：本案所涉的两份借款合同、两份担保函以及两份担保合同，均为有效合同。郸城化肥厂在债务到期后，未按约偿还借款本息，构成违约。郸城化肥厂应对信达郑州办事处主张的本案欠款本息和违约金承担清偿责任。本案两笔借款均有两个保证人，根据保证合同和担保函的约定，两个保证人之间属按份共同保证，担保责任比例各为50%。由于郸城热电厂和郸城生化厂出具的两份担保函与郸城热电厂和郸城金丹公司签订的两份保证合同中，对保证方式均约定不明。按照《担保法》第十九条规定："当事人对保证方式没有约定或者约定不明确的，按照连带责任保证承担保证责任。"因此，本案的保证方式均为连带责任保证。关于保证期间，按照《担保法解释》第三十二条第二款的规定，本案的保证期间为主债务履行期届满之日起二年。

关于分期偿还借款本息的诉讼时效期间如何计算的问题，本案两份借款合同均约定分期偿还借款本息，无论《最高人民法院关于借款合同中约定借款分期偿还应如何计算诉讼时效期间的答复》还是2004年4月6日

《最高人民法院关于分期履行合同诉讼时效期间及保证期间应如何计算问题的答复》，均是最高人民法院针对个别案件的不同情况所作出的个别答复，没有普遍适用的效力。在本案所涉担保合同中，担保人承诺："保证期限自主合同生效开始至主合同失效时止。"对本案债务期限作出了概括性承诺，因此，本案分期偿还的债务的保证期间应当从合同债务最后到期日开始起算。根据本案信达郑州办事处的催收情况，郸城生化厂、郸城热电厂所担保的全部担保债务均未超过诉讼时效。

郸城热电厂对郸城化肥厂借款本金1625万元及其利息应当承担连带清偿责任。郸城金丹公司对编号为070号的借款合同项下按份担保债务共计625万元，因债权人在保证期间内未向其主张担保责任，其担保责任已经消灭。但是，由于郸城金丹公司是郸城生化厂进行公司改制所设立的有限责任公司，公司成立时，郸城生化厂向郸城金丹公司出资508.8万元，根据《最高人民法院关于审理与企业改制相关的民事纠纷案件若干问题的规定》第六条的规定，郸城金丹公司应在接受郸城生化厂的508.8万元财产范围内，对担保人郸城生化厂公司的担保债务，承担连带清偿责任。由于信达郑州办事处未能提供其在保证期间内向郸城金丹公司主张权利的有效证据，故郸城金丹公司不再承担保证责任。

裁判要旨：关于分期偿还借款本息的诉讼时效期间如何计算的问题，无论是《最高人民法院关于借款合同中约定借款分期偿还应如何计算诉讼时效期间的答复》还是《最高人民法院关于分期履行合同诉讼时效期间及保证期间应如何计算问题的答复》，均是最高法院针对个别案件的不同情况所作出的个别答复，没有普遍适用的效力。若担保合同中，担保人概括承诺"保证期限自主合同生效开始至主合同失效时止"，则分期偿还的债务的保证期间应当从合同债务最后到期日开始起算。

问题11. 保证期间约定不明时应如何处理

保证合同约定保证人承担保证责任直至主债务本息还清时为止等类似内容的，视为约定不明。《担保法解释》第32条第2款规定："保证合同约定保证人承担保证责任直至主债务本息还清时为止等类似内容的，视为约定不明，保证期间为主债务履行期届满之日起二年。”可见，保证期间约定不明时，保证期间为主债务履行期届满之日起二年。

《担保法》第 25 条第 1 款规定：“一般保证的保证人与债权人未约定保证期间的，保证期间为主债务履行期届满之日起六个月。”第 26 条第 1 款规定：“连带责任保证的保证人与债权人未约定保证期间的，债权人有权自主债务履行期届满之日起六个月内要求保证人承担保证责任。”《担保法解释》第 32 条第 1 款规定：“保证合同约定的保证期间早于或者等于主债务履行期限的，视为没有约定，保证期间为主债务履行期届满之日起六个月。”由此可见，《担保法》和《担保法解释》将保证期间区分为“有约定”“约定不明”和“没有约定”三种情况。之所以要单列“约定不明”这一情形，理由在于：这种约定一般均是出于债权人最大限度保护自己债权的意图。如果将其理解为没有约定保证期间，适用《担保法》规定的六个月来计算保证期限，就会与当事人对保证期间进行约定的本意相违背，可能会危及债权人设立保证期限的期限利益；但若将其理解为约定明确，则会导致提供保证实际变为无限期，加大保证人的责任负担。所以，司法解释规定将“保证合同约定保证人承担保证责任直至主债务本息还清时为止等类似内容的”，视为约定不明，保证期间为主债务履行期届满之日起二年。此外，原最高人民法院副院长李国光在全国经济审判工作座谈会（1998 年 11 月 23 日）上就“关于适用担保法的一些重要问题”曾强调指出：“关于如何处理保证期间约定不明的问题。保证期间是担保法中的一个重要问题，目前市场交易中采取保证担保的方式比较多，当事人对保证期间的约定也极不规范，在审理有关案件时当事人争执很大，审判人员也认识不一致。问题主要出现在当事人对保证期间约定不明的情况下，如约定‘保证责任直至主债务本息还清时为止’等，这种没有约定保证期间具体截止日期，究竟是应该参照担保法对‘没有约定’的规定，推定为半年，还是应该参照诉讼时效的规定，将保证期间定为两年，在审判实践中争论较大。我们考虑，这种情况毕竟不同于当事人根本没有约定，仅仅是该约定没有确定明确的期间，如果完全按照没有约定处理，也不尽合理。因此，参照诉讼时效的规定将保证期间确定为两年比较合适。但是，必须明确这段期间是保证期间，它与诉讼时效具有根本不同的性质，因此不存在诉讼时效那样的中止、中断情况。”正是在此思想的指导下，随后在最高院颁布实施的《担保法解释》第32条第2款规定，“保证人承担保证责任直至主债务本息还清时止”的约定，为“保证期间约定不明”，但将保证期间推定为“二年”。这上述规定在一定程度上体现了立法者和司法者对保证人和债权人之间利益的衡平。

值得一提的是，在《担保法》施行（1995年10月1日）之前，对此类约定的性质认定主要依据《最高人民法院关于审理经济合同纠纷案件有关保证的若干问题的规定》（法发〔1994〕8号）。该规定第11条规定：“保证合同中没有约定保证责任期限或者约定不明确的，保证人应当在被保证人承担责任的期限内承担保证责任。保证人如果在主合同履行期限届满后，书面要求债权人向被保证人为诉讼上的请求，而债权人在收到保证人的书面请求后一个月内未行使诉讼请求权的，保证人不再承担保证责任。”该司法解释对保证期间采取“意思主义”，“保证人承担保证责任直至主债务本息还清时止”的约定也被解释为对保证期间约定不明确，与对保证期间没有约定的效力相同。就此而言，与上述《担保法解释》的规定已有不同。

典型案例裁判文书

最高人民法院(2017)最高法民再374号民事判决书

【典型案例13】

案例索引：宋光清等诉张强民间借贷纠纷案。一审：陕西省榆林市中级人民法院（2015）榆中民三初字第00377号；二审：（2017）陕民终2号，申请再审审查：（2017）最高法民再374号。

基本案情：2011年8月4日，张强与宋光清、李玉怀及案外人孟建军共同签订《借款合同书》，约定：“出借人：张强（甲方），借款人：宋光清（乙方），保证人：李玉怀、孟建军。因乙方煤矿生产经营之需，向甲方借款并请李玉怀、孟建军为保证人，经协商一致，特订立本合同，以资双方共同信守。1. 甲方出借给乙方人民币2520万元整。2. 本合同借款期限为11个月，即从2011年8月4日起至2012年7月3日止。3. 本合同约定乙方借款还款方式为：2011年10月4日还款104万元人民币；2011年

12月4日还款104万元人民币；2012年2月4日还款104万元；2012年4月4日还款104万元人民币；2012年6月4日还款104万元；剩余2000万元整在2012年7月3日之前一次性还清。4. 乙方必须按约定期限还款，逾期则视为乙方违约，甲方可以提前收回全部借款，乙方还应当从借款之日起承担全部借款给付甲方20‰月息。5. 本合同约定保证人为终身担保责任，保证人与乙方互负连带责任，若乙方不能履约，保证人三十日内履行保证义务；6. 乙方不能清偿本金和本合同第4条约定利息，造成甲方因追索借款所支出的各种费用，均由乙方和保证人承担。7. 双方签字盖章或按手印生效。8. 借款人、保证人不能依约还款，本合同约定由靖边县人民法院裁处，甲方可以申请法院支付令解决。9. 乙方另立借据为本合同要件，与本合同具有同等效力。”宋光清、张强、李玉怀、孟建军在《借款合同书》上签字按印。同时，宋光清给张强出具借据一份，内容为“今借到张强人民币2520万元整。宋光清，2011年8月4日”。同日，张强通过中国银行靖边县支行给宋光清转账1948万元，其余借款以现金提供。借款后宋光清累计给张强还款716万元。之后张强多次向宋光清催要借款，向李玉怀亦主张过还款。

2013年12月12日，宋光清再次向张强借款并出具借据一份，内容为“今借到张强人民币40万元整。宋光清，2013年12月12日”，该笔借款宋光清未偿还。

宋光清与白明霞系夫妻，该两笔借款均产生在宋光清与白明霞婚姻关系存续期间。

法院裁判：张强与宋光清、李玉怀及案外人孟建军于2011年8月4日共同签订的《借款合同书》以及宋光清给张强出具的借据均系各方当事人真实意思表示，合法有效，受法律保护。依据各方的诉辩，并经当事人确认，该案的争议的焦点问题为：李玉怀是否应对2520万元借款及利息承担连带清偿责任。

关于李玉怀应否对案涉借款承担连带清偿责任的问题。本案中，宋光清、张强及李玉怀在《借款合同书》第5条中约定：“本合同约定保证人为终身担保责任，保证人与乙方（宋光清）互负连带责任，若乙方不能履约，保证人三十日内履行保证义务。”根据上述合同约定，李玉怀对案涉借款的保证方式应为连带责任保证。此外，关于保证期间问题，上述合同既约定保证人为终身担保责任，同时又约定若宋光清不能履约，保证人在三十日内履行保证义务，故应认定为约定不明。根据《担保法解释》第三十二条第二款之规定，李玉怀对案涉借款承担保证责任的保证期间应为自主债务履行期届满之日起二年，即自 2012 年 7 月 4 日起至 2014 年 7 月 3 日止。在此期间内，张强应要求李玉怀承担保证责任，否则，李玉怀的保证责任免除。张强为证明其在上述期间内向李玉怀主张过相应权利，向法院提交了其与李玉怀的通话记录详单及证人米某、李某的证言。李玉怀认为，通话记录为 2015 年 9 月 24 日，已过保证期间；证人米某、李某系张强公司的员工，与张强有利害关系，且二人均未直接听到张强和李玉怀的谈话内容，无法直接证明张强曾要求李玉怀承担保证责任。法院认为，李玉怀虽对证人米某、李某的证言不予认可，但并未提供反驳证据，根据《最高人民法院关于民事诉讼证据的若干规定》第二条之规定，李玉怀应当承担没有举证的法律后果。米某、李某虽为张强公司员工，确与张强有利害关系，但在李玉怀不能提供反驳证据以证明米某、李某所述事实不属实的情况下，根据张强的陈述、证人米某、李某的证言、张强与李玉怀之间的通话记录详单，综合分析认定张强已在保证期间内向李玉怀主张过权利并无不当。但李玉怀承担保证责任后，依法有权向债务人宋光清追偿。

裁判要旨：保证合同约定保证人承担保证责任直至主债务本息还清时为止、终身担保责任等类似内容的，视为约定不明，保证期间为主债务履行期届满之日起二年。

问题 12. 保证合同约定的保证期间短于 6 个月的，应当如何认定

在上一个问题中已经论述过，《担保法》和《担保法解释》对保证期间采取了“有约定”“约定不明”和“没有约定”的三分法。根据《担保法》第 25 条、第 26 条的规定，如果当事人对于保证期间未作约定的，适用 6 个月的法定保证期间。根据《担保法解释》第 32 条第 2 款的规定，保证期间约定不明的，保证期间为主债务履行期届满之日起二年。但在《担

保法》及《担保法解释》中，均未对当事人约定保证期间短于主债务履行期届满后6个月的或者长于2年的情况进行规定。

当事人约定的保证期间短于主债务履行期届满后6个月，俗称“短期保证”。关于保证合同约定的保证期间短于6个月的效力如何，实务中存在两种不同的观点：第一种观点认为，保证合同约定的保证期间不能短于6个月，短于6个月则应当按照6个月处理。因为根据《担保法》中关于未约定保证期间的规定可以看出，6个月是法律所允许当事人约定的最短保证期间，也可以视为法律对债权人予以保护的最短时间。如果约定的保证期间再短于6个月，就给债权人行使权利增加了困难，甚至不利于保障债权的实现；第二种观点认为，从尊重当事人意思自治出发，当事人在保证合同约定短于6个月的保证期间的，应为有效。

笔者同意第二种观点，法律应当允许当事人保证合同约定短于6个月的保证期间，但是该保证期间之短不能过分地限制债权人行使保证债权，“应以不违背诚实信用、公序良俗原则为限”。[①] 理由在于，第一，意思自治原则要求，在不违背法律禁止性规定时，应当充分尊重当事人的意思自治，认可当事人的约定。在《担保法》及《担保法解释》仅仅明确规定在保证期间没有约定的情形下，适用6个月的法定保证期间，并没有禁止约定保证期间不得短于6个月。对于短于6个月的就认定为无效，缺乏法律依据，所以当事人当然可以以自己的意思约定短于6个月的保证期间；第二，在保证关系中，债权人往往处于强势地位，当事人约定的保证期间较短给债权实现所造成的风险，债权人在订立合同时完全可以预见，如果债权人接受该较短的保证期间，就表明其愿意接受由此所带来的后果。如果债权人认为保证期间过短对自己不利，其完全可以在订立保证合同时不同意。因此，当事人约定短于主债务履行期届满后6个月的保证期间，是当事人之间达成的合意，应承认其效力；第三，“短期保证”之“短期”不能过分地限制债权人行使保证债权，以致违背诚实信用原则。当事人约定的保证期间过短，短到使债权人客观不能主张保证债权的，债权人则可依据诚实信用原则主张该约定无效，要求适用6个月的法定保证期间。

---

① 曹士兵：《清理保证期间的法律适用》，载奚晓明主编：《中国民商审判》（总第2卷），法律出版社2003年版，第272页。

典型案例裁判文书

最高人民法院(2001)民二抗字第9号民事判决书

【典型案例 14】

案例索引：中国银行重庆渝北支行与重庆富源数码广告印务有限公司等借款合同纠纷案。原一审：(1997)渝一中法经一初字第1199号；再审（一审）：(1999)渝一中经再初字第783号；再审（二审）：(1999)渝高法经再终字第83号；提审：(2001)民二抗字第9号。

基本案情：1996年8月30日，重庆富源数码广告印务公司（以下简称印务公司）(1997年5月19日更名前为重庆富源数码影视有限公司）与中国银行重庆渝北支行（以下简称渝北中行）签订1996年借字第51号《借款合同》，约定：渝北中行贷款400万元给印务公司，用途为购材料，月息9.24‰，借款期限自1996年8月30日起至1997年5月10日止。此前，印务公司、渝北中行与重庆市渝北区水电建设总公司（以下简称水电公司）签订1996年保字第12号《保证合同》为1996借字第51号《借款合同》提供保证。三方加盖了公章和法定代表人印章。印务公司、水电公司签章时间是1996年8月1日，渝北中行签章时间是1996年8月30日。水电公司副经理胡雪冰加盖公章后在盖章处加注：“根据1994年9月7日县政府领导召开的座谈会议精神，公司同意再为甲方担保借款400万元，时间至1997年9月底。”1996年8月30日，渝北中行将400万元贷款付给印务公司。印务公司于当日用转账支票将此款偿还了1995年9月渝北中行的贷款。1997年5月10日，借款到期后，印务公司未按约定向渝北中行还本付息。渝北中行于1997年11月7日向重庆市第一中级人民法院起诉，要求印务公司偿还1996年借字第51号《借款合同》借款400万元本息，水电公司按照1996年保字第12号《保证合同》承担连带责任。

1995年9月29日，水电公司曾在印务公司与渝北中行签订的流动资金借款合同上加盖了公章和总经理胡远明印章，该借款用于以贷还贷。被保证人印务公司董事长甘廷富在原江北县人民检察院的证词中称：“流动资金需一年转贷一次，水电公司均信守诺言办理了转贷手续。”水电公司副经理胡雪冰在原审的证言中反复强调后一次担保的就是前一笔贷款，是换合同。本案1996年保字第12号《保证合同》使用的是渝北中行提供的格式合同书。该《保证合同使用说明》第五条规定："合同当事人认为应当在合同中约定的其他事项，而本合同条款未涉及的，由各方协商一致后在第十二条中填写。"

法院裁判： 渝北中行与印务公司所签1996年借字第51号《借款合同》系双方真实意思表示，合法有效。印务公司不依约还本付息，以致酿成纠纷。水电公司明知借款合同的实质是以新贷还旧贷，仍为其提供保证，1996年保字第12号《保证合同》合法有效。水电公司在1996年保字第12号《保证合同》上加注保证期限条款，虽查明该加注是盖章后加注的，但渝北中行签章日期晚于水电公司签章日期29天，且渝北中行向法院提供的1996年保字第12号《保证合同》原件上即有该加注，渝北中行对此没有提出过异议。本案保证合同是渝北中行提供的格式合同书。其使用说明只是对填加合同内容的一般要求，不具有强制力。水电公司在保证合同签章处加注保证期限条款虽不规范，但不违背当事人的真实意思表示，且该保证期限长于借款合同还款期限约定，应认定该保证期限条款有效。渝北中行于1997年11月7日对债务人印务公司起诉，已超过保证合同约定的保证期限。根据《担保法》第二十五条第二款的规定，水电公司免除保证责任渝北中行与印务公司所签借款合同及与水电公司所签保证合同有效，印务公司向渝北中行偿还本金400万元及利息。

裁判要旨： 当事人保证合同约定短于6个月的保证期间，不违背当事人的真实意思表示，且该保证期限长于借款合同还款期限约定，应认定该保证期限条款有效。

问题13. 保证合同约定的保证期间长于2年的，应当如何处理

在《担保法》及《担保法解释》中，均未对当事人约定保证期间短于主债务履行期届满后6个月的或者长于2年的情况进行规定。前一个问题中，笔者已经对约定保证期间短于6个月的效力进行分析。接下来，我们对保证合同约定的保证期间长于2年是否有效这一问题进行探讨。

司法实践中，保证期间长于 2 年有两种可能的情形：一是约定的保证期间开始期日早于主债务履行期届满之日，但终止期日则位于主债务履行期届满 2 年内；二是约定保证期间终止期日晚于主债务履行期届满后 2 年。对于前者，应当认定保证期间早于主债务履行期届满之日的部分约定无效，而从主债务履行期届满之日开始起算保证期间，但约定的保证期间终止期日有效。对于后者，其处理有以下不同的观点：

第一种观点认为，根据我国《担保法》及《担保法解释》规定的保证期间最高为 2 年的规定，若当事人约定保证期间长于主债务履行期届满后 2 年，约定无效，应视为约定不明或者约定的 2 年期间有效，超过 2 年的部分无效。由于《民法总则》规定普通诉讼时效为 3 年，最高人民法院将来可能会相应修改《担保法解释》该条款的规定，但在未修改之前该条仍然适用。

第二种观点认为，应以保证所担保的主债务的诉讼时效期作为保证期间的最高期限，该期限可能是两年（在主合同债务履行期届满后的两年内债权人不向主合同债务人主张权利），也可能超过两年（在主合同债务履行期届满后的两年内债权人不向主合同债务人主张权利，诉讼时效中断后重新起算）。①

第三种观点认为，我国《担保法》允许当事人自由约定保证期间，保证期间并非时效期间，应当遵循意思自治原则，即便保证合同约定的保证期间超过两年，也应认定有效。

笔者同意第三种观点，理由如下：

第一，与《担保法》应当允许当事人约定短于 6 个月的保证期间原因相同，根据合同自由原则要求，在不违背法律、行政法规禁止性规定时，应当充分尊重当事人的意思自治，认可当事人关于保证期间长于主债务履行期届满后 2 年的约定。《担保法》及《担保法解释》仅仅明确规定在保证期间约定不明的情形下，适用 2 年的法定保证期间，并没有禁止约定保证期间不得长于 2 年。对于长于 2 年的保证期间认定为无效，缺乏法律依据。所以，当事人当然可以以自己的意思约定长于 2 年的保证期间。

---

① 参见宋晓明、金剑锋、张雪梅：《担保纠纷案件审理中的疑难问题》，载最高人民法院民事审判第二庭编：《民商事审判指导》2007 年第 1 辑（总第 11 辑），第 157—158 页。

第二，无论是担保期间长于 2 年的部分无效，还是担保期间长于主债务的诉讼时效期的部分无效，都是基于主债务在超过诉讼时效后，主债务成为自然债务。在这种情形下，如果主债权人仍可以向保证人主张保证权利，则保证人履行保证责任后向债务人追偿时，债务人可能会以过了诉讼时效作为抗辩事由，从而致使保证人承担全部的交易风险。单就从承担责任的结果而言，确实有失公正。另一方面，如果保证人可以行使追偿权，无异于重新启动了主债务的诉讼时效，这与诉讼时效制度相悖。所以，为避免出现此种两难的局面，可直接认定超过主债务诉讼时效的部分保证期间无效。其中第二种观点是考虑到诉讼时效是可变期间，可以因法定事由的出现中止、中断或延长而长于两年，所以对第一种观点进行了完善。

但笔者认为，一方面，不能仅仅基于为避免该两难情形出现而禁止当事人意思自治，这违反民法基本原则；另一方面，其实法律已经对该两难情形有相关规定，保证人可以通过行使抗辩权来解决，无须对保证期间作出限制。根据《担保法》第 20 条关于保证人一般抗辩权的规定："一般保证和连带责任保证的保证人享有债务人的抗辩权。债务人放弃对债务的抗辩权的，保证人仍有权抗辩。"当主债务诉讼时效届满，而保证期间还未过，一般保证人和连带保证人均可以通过主张主债务人的诉讼时效抗辩权，而拒绝承担保证责任。而且，一般保证人还可以通过主张先诉抗辩权要求债权人先提起针对主债务人的诉讼或仲裁，但是由于主债务人也可以主张诉讼时效抗辩权，所以担保人无须承担该保证责任。法律通过赋予保证人以主债务人的抗辩权，使得债权人自己承担超过主债务诉讼时效主张债权的不利后果，也就避免了上述两难情形的出现。当然了，若主债务人主张诉讼时效抗辩，而保证人拒绝援用而承担保证责任的，保证人需要承担该不利后果。根据《诉讼时效规定》第 21 条的规定，保证人未主张前述诉讼时效抗辩权，承担保证责任后向主债务人行使追偿权的，如果主债务人行使诉讼时效抗辩权的，人民法院对保证人的追偿权不予支持，但主债务人同意给付的情形除外。若主债务人选择放弃诉讼时效抗辩的，保证人既可以行使抗辩权不承担保证责任，也可以承担保证责任后向主债务人追偿，这属于当事人意思自治的范畴。

综上，《担保法》已经通过相关规定对保证合同约定的保证期间长于主债务履行期届满后2年可能出现的实践问题进行了规定，所以无须认定长于2年的部分无效。保证合同约定的保证期间超过2年的主债务诉讼时效期间的，应当认定该约定有效。

典型案例裁判文书

山东省临沂市中级人民法院(2016)鲁13民终2559号民事判决书

【典型案例15】

案例索引：山东银联担保有限公司临沂分公司与李贞富等追偿权纠纷。一审：山东省临沂市兰山区人民法院（2015）临兰商初第3473号；二审：山东省临沂市中级人民法院（2016）鲁13民终2559号。

基本案情：2010年4月21日，案外人李贞山因购买车辆，在山东银联担保有限公司临沂分公司与李贞富、胡芳荣共同提供连带责任保证的前提下，向中国工商银行股份有限公司临沂兰山支行申请办理了个人消费贷款32000元，还款期限为3年。当日，山东银联担保有限公司临沂分公司为了保障其担保债权的实现，与李贞富、胡芳荣签订了反担保合同，李贞富、胡芳荣自愿以反担保保证人的身份向山东银联担保有限公司临沂分公司提供连带责任保证，保证期间为主债务履行期限届满之日后五年，保证范围为借款本金、利息、违约金等，以及应由借款人支付山东银联担保有限公司临沂分公司的垫付资金占用费（日千分之二）、违约金、赔偿金、担保费等。上述合同签订后，工行兰山支行如约向借款人李贞山发放了贷款32000元。但在合同履行期间，借款人李贞山并未完全按借款合同的约定如期履行还款义务。

自2012年9月起至2013年6月止，山东银联担保有限公司临沂分公司分多次代李贞山偿还银行借款8069.96元。其中2012年9月28日代还1658.23元，2012年11月29日代还1851.23元，2013年1月16日代还918.21元，2013年2月28日代还1818.30元，2013年6月28日代还1823.99元。山东银联担保有限公司临沂分公司于2015年5月20日向借款人李贞山及李贞富、胡芳荣邮寄垫付款催收通知书，但该三人未能偿付山东银联担保有限公司临沂分公司垫付款项。2015年10月30日，山东银联担保有限公司临沂分公司向一审法院提起民事诉讼，要求借款人李贞山与李贞富、胡芳荣共同偿付其垫付的银行借款8069.96元，并支付利息及违约金，承担本案诉讼费用。诉讼中，山东银联担保有限公司临沂分公司撤回了对李贞山的起诉。

法院裁判：关于反担保合同中约定的五年保证期间是否有效的问题。山东银联担保有限公司临沂分公司与李贞富、胡芳荣签订的反担保合同中约定了“保证期间为主合同签订时之日起至主债务履行期限届满之日后五年”，双方从字面理解保证期间的起始点存在争议。山东银联担保有限公司临沂分公司主张保证期间应至2018年4月21日，李贞富、胡芳荣主张至2015年4月20日。法院认为，保证是指第三人和债权人约定，当债务人不履行其债务时，由第三人按照约定履行债务或者承担责任的行为。即在债务人不履行债务时承担履行债务的责任，所以“保证开始之日”应当理解为“保证责任开始之日”。主债务履行期届满，保证人负有保证债务人履行债务的责任，在主债务履行期间，由于债务人暂时并不需要履行债务，保证人当然也就无责任可言。故，保证责任开始之日为主债务履行期届满之次日。因本案的主债务届满之日为2013年4月20日，保证期间自2013年4月21日起开始计算五年，即自2013年4月21日起至2018年4月20日止为被上诉人的保证期间。依照最高人民法院（2001）民二他字第27号《关于保证合同约定的保证期间超过两年诉讼时效是否有效的答复》：“一、保证合同约定的保证期间超过两年的主债务诉讼时效期间的，应当认定该约定有效。连带责任保证的保证人应当在保证期间内承担连带责任保证。二、主债务在诉讼时效期间内，发生中断或者连续中断的，连带责任保证的保证人应当在保证合同约定的保证期间内承担连带责任保证。三、主债务诉讼时效完成后，债权人在保证合同约定的保证期间内向连带责任保证的保证人主张权利的，保证人可以行使主债务诉讼时效完成的抗辩权。保证人没有行使主债务诉讼时效完成的抗辩权而履行了保证责任后，向债务人行使追偿权的，人民法院不予支持。”故，法院认定该五年的保证期间有效。

关于李贞富、胡芳荣是否应承担偿还责任的问题。山东银联担保有限公司临沂分公司自2012年9月起至2013年6月28日止，由中国工商银行股份有限公司临沂兰山支行扣划了账户内的8069.96元代案外人李贞山偿还银行借款，《最高人民法院关于贯彻执行〈中华人民共和国民法通则〉若干问题的意见（试行）》第一百七十三条第二款规定：“权利人向债务保证人、债务人的代理人或者财产代管人主张权利的，可以认定诉讼时效中断。”由此，中国工商银行股份有限公司临沂兰山支行向山东银联担保有限公司临沂分公司主张债权，产生中断主债务诉讼时效的法律效力，故本案主债务的诉讼时效期间应自2013年6月29日至2015年6月28日。依照《担保法》第三十一条“保证人承担保证责任后，有权向债务人追偿”的规定，山东银联担保有限公司临沂分公司于2015年5月20日，即在合同约定的保证期间内向李贞富、胡芳荣邮寄担保履约催收通知书，要求被上诉人李贞富、胡芳荣偿付其垫付的银行借款8069.96元，法院予以支持。李贞富、胡芳荣于本判决生效后十日内偿付上诉人山东银联担保有限公司临沂分公司垫付款共计8069.96元及利息。

裁判要旨：我国《担保法》允许当事人自由约定保证期间，保证期间并非时效期间，应当遵循意思自治原则，即便保证合同双方当事人约定的保证期间超过两年，也应认定有效。

问题14. 保证期间届满的法律后果

保证期间是指依照法律规定或者当事人的约定，保证人对已确定的主债务承担保证责任的期间，债权人只能在此期间内向连带保证人行使请求权。关于保证期间届满的法律效果这一问题，有两种不同的观点：第一种观点认为，保证期间届满的法律后果是债权人丧失胜诉权，它具有时效的效能，类似于债权的诉讼时效；第二种观点认为，法律后果为保证人产生免责抗辩权，以此对抗债权人的请求权。保证期间不是消灭时效，不产生权利消灭的法律后果。[①] 第三种观点认为，保证期间届满后，保证合同的法律效力消灭，保证人免除保证责任，债权人对保证人享有的实体请求权随之消灭，保证债务亦消灭。[②]

① 曹士兵：《中国担保制度与担保方法》（第四版），中国法制出版社2017年版，第164页。
② 江必新、何东林著：《最高人民法院指导性案例裁判规则理解与适用·担保卷》，中国法制出版社2011年版，第205页。

之所以会产生上述不同观点，主要是因为各方对于保证期间的性质存在争议：第一种观点认为，保证期间属于诉讼时效；第二种观点认为，保证期间既不属于诉讼时效也不属于除斥期间，而是一种能够产生消灭债权效力的特殊期间，具有自己的独立地位和价值；第三种观点则认为，保证期间属于除斥期间。

笔者赞同第三种观点，认为保证期间属于除斥期间：一方面，保证期间与诉讼时效存在明显区别，具体的不同会在下一个问题中论述；另一方面，《担保法解释》第31条规定，保证期间不因任何事由发生中断、中止、延长的法律后果。可见，该司法解释是将保证期间定性为除斥期间。虽然《担保法》第25条规定，一般保证的保证期间内债权人已提起诉讼或者申请仲裁的，保证期间适用诉讼时效中断的规定，但是《担保法解释》第31条已经对该条款关于保证期间的性质认定进行了补充解释，进一步明确了保证期间不是诉讼时效。保证期间内发生法定事由而使以往经过的保证期间全部归于无效，保证期间不再重新计算，而是开始进入保证债务诉讼时效的计算。保证期间的性质应属于除斥期间，是因为保证期间和除斥期间都是因一定期间经过不行使权利而发生权利消灭的效果，而且保证期间不适用有关诉讼时效方面的中止、中断或者延长的规定，符合除斥期间的主要特点。除斥期间通常为法定期间，以使当事人对期间利益有合理的预期，故当事人不得约定除斥期间。而《担保法》允许当事人约定不同的保证期间，只有在当事人约定不明的情况下，方可适用法律规定的期间。从这一点上看，也可以将保证期间看作特殊的除斥期间。

综上，笔者认为，保证期间属于除斥期间，保证期间届满后，如一般保证的债权人没有对债务人提起诉讼或申请仲裁，又或者连带保证的债权人未要求保证人承担保证责任的，保证责任消灭，债权人对保证人享有的实体请求权随之消灭。

根据保证期间的性质，连带保证中的债权人必须在保证期间内请求保证人承担保证责任，一旦在保证期间内主张了保证权利，则保证之债形成，保证之债开始计算保证债务诉讼时效。如果未在保证期间要求保证人承担保证责任，那么保证债务消灭，债权人对保证人享有的实体请求权随之消灭。此外，保证期间届满后，保证人又在催款通知书上签字的行为应当如何认定，保证人是否可以放弃保证期间利益呢？

根据《最高人民法院关于人民法院应当如何认定保证人在保证期间届满后又在催款通知书上签字问题的批复》（以下简称《批复》），保证期间届满债权人未依法向保证人主张保证责任的，保证责任消灭。在保证期间届满后，债权人以催债通知书的形式向保证人催债，原则上保证人的签字或者盖章的行为不产生使保证人继续承担保证责任的法律效力。这是出于保证不能推定的原则，如果保证人仅在催债通知书上签字或者盖章，而未表示同意继续承担保证责任的，一般仅具有证明保证人收到该催债通知书的效力，不能认定保证人愿意继续承担保证责任或者清偿债务。但需要注意的是，该批复中也规定了例外情况，即该催款通知书内容符合合同法和担保法有关担保合同成立的规定，并经保证人签字认可，能够认定成立新的保证合同的，人民法院应当认定保证人按照新保证合同承担责任。当事人之间是否成立新的保证合同，应当按照《担保法》和《合同法》的有关合同成立的规定来判断。有学者认为，首先，在催债通知书中应当能够构成一个保证合同的要约。具体必须符合三个条件：一是催债通知书要有要求保证人承担保证责任的要求；二是必须是要求保证人继续履行保证责任的要求，即对原担保债务承担保证责任；三是必须能够明确认定不是要求保证人履行其原保证责任。也就是说，从催债通知书中应当能够明确得知保证人是被要求承担新的保证责任。其次，保证人在催款通知时中的签字或者盖章构成承诺，即有表明同意或者接受催债通知书中的保证责任要求的意思。此外，如果是保证人的接收信件专用章或者其接收信件的职员的签字，一般不宜认定是保证人的承诺。最后，判断是否构成一个新的保证合同，还应当看是否符合《担保法》和《合同法》有关保证合同成立的其他要求。①

【典型案例 16】

案例索引：中国信达资产管理公司太原办事处与山阴县康立化工有限责

---

① 吴兆祥：《〈最高人民法院关于人民法院应当如何认定保证人在保证期间届满后又在催款通知书上签字问题的批复〉理解与适用》，载最高人民法院研究室编：《最高人民法院司法解释·2004年卷》法律出版社2005年版，第23—29页。

典型案例裁判文书

最高人民法院(2006)民二终字第240号民事判决书

任公司等借款担保纠纷案。一审：（2006）晋民初字第10号；二审：（2006）民二终字第240号。

基本案情： 自1998年4月14日开始，山阴县康立化工有限责任公司（以下简称康立公司）从中国银行山阴县支行贷款，截至1999年6月30日，共贷款31笔，计本金18181555.62元。该31笔贷款中，山阴县石星化工有限责任公司（以下简称石星公司）担保24笔，计本金15161555.62元，山阴县麦片厂担保7笔，计本金302万元。石星公司、山阴县麦片厂为康立公司提供担保的方式为连带责任保证，约定的保证期限为两年。其中一笔1998年5月28日的600万元借款，是康立公司以其办公综合大楼做抵押，在山阴县工商行政管理局办理了抵押登记，并在山阴县公证处进行公证。31笔借款合同签订后，中国银行山阴县支行履行了合同义务，依约发放了贷款。该31笔贷款陆续到期后，借款人和担保人均未履行还款义务。

2000年7月20日和2000年8月10日，原债权人中国银行山阴县支行对上述31笔借款进行催收，主债务人康立公司和担保人山阴县麦片厂在催收借款通知书上签字并加盖公章。2002年12月10日，中国银行山阴县支行对借款催收，主债务人康立公司、担保人山阴县麦片厂在催收借款通知书上签字并加盖公章。2003年8月29日，中国银行山阴县支行对借款催收，主债务人康立公司在催收借款通知书上签字并加盖公章，山阴县麦片厂没有签字盖章。上述三次催收借款通知书上担保人石星公司均没有签字盖章。

2004年6月25日，中国银行山阴县支行的上级行中国银行朔州市支行与中国信达资产管理公司太原办事处（以下简称信达公司）签订债权转让协议，将前述31笔贷款债权全部转让给信达公司。信达公司接收该31笔贷款债权后，于2004年12月30日在《山西日报》上刊登了债权转让及催收公告。信达公司刊登公告前后未通过其他方式将债权转让事宜通知主债务人及保证人。

至本案起诉前，债务人和担保人未履行还款义务。

康立公司1994年成立，2003年10月12日被山阴县工商局吊销营业执照。山阴县腾宇化工有限责任公司（以下简称腾宇公司）于2004年12月申请登记设立，接收了康立公司的土地、资产、设备、人员。山阴县麦片厂的名称于2004年1月13日变更为山阴县鑫邦燕麦实业有限责任公司（以下简称鑫邦公司）。腾宇公司对承担康立公司所欠上述债务未提出异议。

2005年12月21日，信达公司向原审人民法院提起诉讼。

法院裁判：根据查明的事实，信达公司请求石星公司承担还款责任理由的关键在于，石星公司在保证期间届满后，仍然向原债权人中国银行山阴县支行和康立公司发函，请求中国银行山阴县支行督促本案原债务人康立公司还款，这是否表示石星公司在保证责任期间届满后仍愿意继续承担担保责任。

该四份函件的时间分别是2001年12月20日、2003年8月20日、2004年11月10日和2005年8月20日，前三份内容是督促主合同债权人向主合同债务人催款，第四份是督促主合同债务人还款。在石星公司发出第一份函件时，共有五笔债务在保证期间内，其中98山借字1号合同的主债务履行期还未到期。应对石星公司的保证债务分为保证期间届满前和保证期间届满后分别进行认定。第一，保证期间届满前。连带保证情形下，保证合同的债权人必须在保证期间内向债务人主张权利，此时开始计算保证合同的诉讼时效，而本案中的五笔债务是保证合同的债务人向债权人发函督促其向主合同债务人收款或督促主合同债务人还款，而非债权人向债务人主张权利，这并不能引起诉讼时效的中断。在保证期间内保证合同的债权人未向债务人主张权利，保证期间届满后保证人不承担保证责任。所以，即使在保证期间内石星公司发函要求中国银行山阴县支行向主债务人催款，在保证期间届满后其即免除保证责任。第二，保证期间届满后。这种情形下，除非石星公司明确承诺在保证期间届满后继续承担保证还款的责任并且具备法律规定的形式，例如在中国银行山阴县支行的催收通知单上签字盖章，否则不能得出石星公司的函件表示其会继续承担保证责任而放弃保证期间已过、不再承担保证责任的抗辩权利的结论。

对于鑫邦公司的担保责任，根据已查明事实，鑫邦公司的保证期间届满分别为2001年9月30日和2002年3月15日。原审认定2000年7月20

日以及2002年12月20日，原债权人曾向该被上诉人鑫邦公司催收，法院对此予以认定。第一，2000年7月20日的催收有效。开始计算该保证合同的诉讼时效，是从2000年7月20日到2002年7月20日，此期间内保证合同债权人的权利受法律保护，但其并未行使此项权利，2002年7月20日保证责任诉讼时效期间届满后，债权人权利不受法律保护。第二，2002年12月20日的催收，是在两年的诉讼时效期间届满后进行的。依据《批复》的规定，原债权人在2002年12月10日的催收已经超过两年的诉讼时效期间，且未通过重新约定依法成立新的保证合同，故鑫邦公司不再承担原麦片厂的担保责任。

裁判要旨：保证期间届满债权人未依法向保证人主张保证责任的，保证责任消灭。保证责任消灭后，债权人书面通知保证人要求承担保证责任或者清偿债务，保证人在催款通知书上签字的，人民法院不得认定保证人继续承担保证责任。但是，该催款通知书内容符合合同法和担保法有关担保合同成立的规定，并经保证人签字认可，能够认定成立新的保证合同的，人民法院应当认定保证人按照新保证合同承担责任。因此，虽然在保证期间届满后，保证人仍然向债权人和债务人发函，请求债权人催促债务人还款，但保证人并未明确作出保证期间届满后继续承担保证责任的承诺。此种情形下，不能据此要求保证人继续承担保证责任。

问题15. 保证期间与诉讼时效期间的区别

诉讼时效是权利人不行使权利，持续达到一定期间而致使其权利功效减损的法律事实。保证期间与诉讼时效期间，在期间的经过上有相似之处，都是一定的事实状态，经过一定的期间后引起一定的法律后果，但不能因此而将保证期间与诉讼时效两者等同起来。

在一般保证中，债权人在保证期间内提起诉讼或仲裁，从判决或仲裁裁决生效之日开始计算保证合同诉讼时效。与此同时，主债务的诉讼时效也因债权人提起诉讼中断。接着是根据《担保法解释》第36条的规定来分别计算主债务诉讼时效和保证债务诉讼时效，一般保证中主债务诉讼时效中断，保证债务诉讼时效也中断。而在连带保证中，债权人在保证期间内对保证人主张保证债权，从主张权利之日开始计算保证合同诉讼时效。与一般保证不同的是，根据《担保法解释》第 36 条的规定，连带责任保证中，主债务诉讼时效中断，保证债务诉讼时效不中断。所以主债务诉讼时效与保证债务诉讼时效分别计算，互不干扰。

从上述保证期间与诉讼时效的转化中可以看出，保证期间与诉讼时效是两种完全不同的制度。具体而言，两者之间存在以下几个方面的差异：

第一，诉讼时效期间是实体权利受到侵害时请求司法保护的期间，期间届满，权利人丧失的是胜诉权，而非实体权利。而保证期间届满，债权人所丧失者为实体权利——保证债务请求权，保证人的保证责任消灭。诉讼时效期间经过，债务变成自然债务，一旦债务人履行债务，债权人可以受领，债务人不得以诉讼时效期间经过而主张返还。保证期间经过，债务人仅仅在催款通知书上签字，不视为重新承担保证责任，只有保证人和债权人重新达成成立保证合同的合意，保证人才需要承担保证责任。所以，若保证人在保证期间届满后仍然履行保证责任的行为，可以视为保证人主动放弃保证期间的利益，自愿重新承担保证责任，应当认定为保证人与债权人重新建立保证合同关系，并以实际行动履行新的保证合同的义务。

第二，诉讼时效期间为法定期间，属强行性规范，当事人不得依特约以排除适用或预先抛弃，而保证期间由当事人协商约定，属于任意性规范。只有在当事人没有约定或者约定不明的情况下，才以法律规定予以直接补充。

第三，诉讼时效期间为可变期间，可因法定事由的出现而中止、中断、延长，而保证期间一般为不变期间。《担保法解释》第 31 条规定：“保证期间不因任何事由发生中断、中止、延长的法律后果。”在债权人主张保证债权后转为计算保证债务诉讼时效，保证期间不再计算，自然也就不属于中断或中止的情形。

综上，保证期间并非诉讼时效，二者的立法目的与效力并不相同，属于不同的制度。

【典型案例17】

案例索引：中国电子进出口总公司与中国农业银行股份有限公司昆明经济技术开发区支行、中电云南进出口公司借款合同纠纷案。一审：(2005) 昆民四初字第193号；二审：(2006) 云高二终字第22号，申请再审审查：(2007) 民二终字第208号。

基本案情：1997年11月24日，中国农业银行云南省分行春城支行(以下简称农行春城支行) 与中电云南进出口公司 (以下简称云南公司) 和中国电子进出口总公司 (以下简称中电公司) 签订一份《保证担保借款合同》，约定云南公司向农行春城支行借款238万美元支付进口设备信用证款，借款期限自1997年11月24日至2000年11月24日，利率为年利率7.875%，由中电公司承担连带保证责任。同日，中电公司向农行春城支行提供《不可撤销担保书》。2000年11月13日，中电公司向农行春城支行出具《担保承诺》，双方将保证期间变更至2002年11月12日。2001年12月24日，云南公司向农行春城支行还款人民币4227765.23元。云南公司支付利息至1998年9月20日。另外，中国农业银行云南省分行春城支行更名为中国农业银行昆明市春城支行，2002年12月5日，中国农业银行昆明市春城支行将本案债权划转给农行开发区支行，农行开发区支行于2003年3月26日、2004年2月24日对云南公司进行催收。

农行开发区支行以云南公司至今未归还尚欠款项为由向法院提起诉讼。

法院裁判：本案主要争议焦点是：本案所涉保证期间如何确定？保证期间是否转换为诉讼时效？农行开发区支行的诉讼请求是否已超过诉讼时效？

(一) 本案所涉保证期间如何确定

云南公司、原债权人农行春城支行以及中电公司签订的《保证担保借款合同》约定主债务履行期限为1997年11月24日至2000年11月24日，保证期间为1997年11月至2000年11月，但对于保证期间的具体截止日是11月的哪一天并未明确，应视为对保证期间约定不明。但是，双方当事人在审理中均认可《保证担保借款合同》约定的保证期间与主债务履行期一致即11月24日，对此，予以认定。根据《担保法解释》第三十二条第一款的规定，对于此种情形，视为没有约定，故本案保证期间应为主债务履行期届满之日起六个月。

中电公司于 2000 年 11 月 13 日出具《担保承诺》，表示担保期限延长至 2002 年 11 月 12 日，故应认定为双方以约定的方式将保证期间延长至 2002 年 11 月 12 日，本案保证期间为主债务履行期限届满之日 2000 年 11 月 24 日起至 2002 年 11 月 12 日止。

（二）农行开发区支行是否于保证期间内主张了保证债权从而导致保证期间转换为诉讼时效

中电公司于 2001 年 9 月 13 日将人民币 4216400 元汇至云南公司以偿还原债权人农行春城支行的债务。中电公司主张该款项的还款主体为主债务人云南公司非保证人中电公司，农行开发区支行则主张还款主体为中电公司，系保证人同意承担担保责任的行为。最高人民法院认为，虽然从该款的划转手续看，是先由中电公司汇至云南公司账户，再由云南公司转至农行春城支行。但该款项系保证人中电公司提供，且中电公司将该款项转至云南公司账户的目的明确即为偿还农行春城支行该笔到期债务，中电公司出具说明明确表明该款项系中电公司替云南公司归还。因此，应当认定中电公司认可并同意承担该笔债务，由此推定原债权人农行春城支行向中电公司主张了权利。根据《担保法解释》第三十四条第二款的规定，连带责任保证的债权人在保证期间届满前要求保证人承担保证责任的，从债权人要求保证人承担保证责任之日起，开始计算保证合同的诉讼时效。因此，本案诉讼时效自 2001 年 9 月 13 日起算。

（三）农行开发区支行的诉讼请求是否已超过诉讼时效

2003 年 6 月 26 日农行开发区支行工作人员刘轶溟、杨海曾出差至北京到中电公司。农行开发区支行认为其工作人员出差是到中电总公司主张保证责任，并提供了相关证据予以证实。中电公司对此事实并无异议，但主张农行开发区支行工作人员只是对债权变更的情况进行说明，没有对其进行催收，但并未提供证据证明。由于主债务已到期，二审法院结合相关证据认定即使农行开发区支行工作人员只是对债权变更情况进行说明，亦应当视为经济技术开发区支行对权利的主张，并无不当。根据《民法通则》第 140 条“诉讼时效因提起诉讼、当事人一方提出要求或者同意履行义务而中断”的规定，本案保证合同的诉讼时效发生了中断。本案诉讼时效自 2003 年 6 月 26 日重新起算。

农行开发区支行主张其工作人员于 2003 年 9 月 19 日再次前往北京中电公司对本案债务进行催收导致诉讼时效再次发生中断。中电公司则否认对方工作人员到过中电公司。由于农行开发区支行未提供充分证据证明该事实，原审法院对此不予认定，并无不当。

2004 年 10 月 28 日，中电公司在云南省昆明市中级人民法院（2004）昆民四初字第 447 号案件的起诉状中陈述了中电公司为 238 万美元借款承担连带保证责任的事实，并陈述了 2003 年 6 月中电公司、云南公司以及格林公司签订的《抵押合同》中关于反担保抵押期限顺延的约定。对此，中电公司认为其就 1820 万元人民币贷款担保提起反担保诉讼完全与本案无关，起诉状中对本案所涉债务的陈述不能认定为中电公司愿意承担担保责任。农行开发区支行则认为，中电公司对该事实的陈述表明中电公司愿意就本案所涉债务对农行开发区支行承担保证责任。最高人民法院认为，中电公司在另案起诉状中陈述其为云南公司 238 万美元贷款承担连带保证责任，是对本案所涉债务的承认和认可。《抵押合同》约定：“如期满云南公司仍未偿还银行借款，中电公司无法解除担保责任，反担保的抵押期限应相应向后顺延，直到借款人还款为止。”根据该约定，反担保抵押期限向后顺延的前提是中电公司未解除担保责任，结合中电公司与格林公司在反担保抵押期限届满后于 2003 年 6 月 3 日再次办理抵押登记的事实，可以认定中电公司承认其对农行开发区支行的保证责任并未解除。2004 年 10 月 28 日，中电公司在另案起诉状中对于该约定的陈述应视为其愿意承担本案担保责任，故而构成诉讼时效中断，本案诉讼时效自 2004 年 10 月 28 日起重新起算，农行开发区支行 2005 年 8 月 22 日提起诉讼，并未超过诉讼时效。

综上，对于中电公司主张本案保证债务已过诉讼时效的申请理由，不予采纳；本案并没有超过保证债务诉讼时效，中电公司应承担本案借款的连带保证责任。

裁判要旨：连带责任保证的债权人在保证期间届满前要求保证人承担保证责任的，从债权人要求保证人承担保证责任之日起，开始计算保证合同的诉讼时效。

问题 16. 法院是否应主动审查保证期间

对此问题，实践中存在三种观点：

第一种观点认为，保证期间并非诉讼时效，而是除斥期间，关乎实体权利是否消灭，故应主动审查。

第二种观点观点则认为，保证期间抗辩是私权抗辩，被告不抗辩，则法院不应主动审查，也不应主动对当事人进行释明。并且，除斥期间适用于形成权，它一般由法律直接规定，而保证人依据保证合同所享有的权利属于请求权，而非形成权；同时，《担保法》第 25 条也规定了保证期间适用诉讼时效中断的情形，故不能简单地认为保证期间就属于除斥期间的范畴。

第三种观点认为，应区别情况决定是否审查。如被告经传票传唤无正当理由拒不到庭参加诉讼或者中途退庭且亦未向法院提出抗辩已超过保证期间，法院不应主动审查。如被告属下落不明未到庭，则法院应主动审查保证期间。保证期间是不同于诉讼时效，也不同于除斥期间的一种特殊期间，有其自身的独特性，是一种新的权利存续期间。因此，当债权人不积极行使权利超出最长期间即保证期间，保证人提出抗辩的或下落不明未到庭的，保证人免除保证责任；如到庭亦未提出抗辩或无正当理由拒不到庭的，视为保证人放弃抗辩的权利。法院不应主动审查保证期间，保证人不应免除保证责任。

笔者赞同第一种观点。主要理由是：

第一，保证期间的性质为除斥期间。根据《担保法解释》第 31 条规定，保证期间不因任何事由发生中断、中止、延长的法律后果，这符合“除斥期间”的一般特征。而根据民法一般理论，除斥期间，是指法律规定或当事人依法确定的某种权利预定的存续期间，该期间届满，则实体权利当然消灭。在保证期间内，一般保证的债权人未对债务人提起诉讼或者申请仲裁的，连带责任保证的债权人未要求保证人承担保证责任的，保证人均免除保证责任。换言之，只有满足一定的条件即债权人在特定的时期内采用特定方式主张权利，保证人才承担责任。针对这种实体权利可能消灭的情况，不论保证人是否抗辩，人民法院对保证期间是否已超过的事实都应当依职权主动审查，进而确定是否免除保证人的保证责任。

第二，保证期间不同于诉讼时效。法律基于不同的价值取向，对不同类型的权利规定了不同的法定期间。诉讼时效期间是实体权利受到侵害时请求司法保护的期间。诉讼时效期间届满，权利人丧失的是胜诉权，而非实体权利。而保证期间届满，债权人所丧失的为实体权利——保证债务请求权，保证人的保证责任消灭。根据《诉讼时效规定》第 3 条，当事人未提出诉讼时效抗辩，人民法院不应当对诉讼时效问题进行释明及主动适用诉讼时效的规定进行裁判。但是对于保证期间，法律和相应的司法解释以及其他的规范性文件均没有作出这样的规定。

第三，担保权实际上是一种法定物权，而物权的法定性强调的是法院应当依职权对担保权予以主动审查。并且鉴于我国诉讼的实际情况，保证人承担保证责任事关重大，法院如果根据除斥期间理论主动审查保证期间，能够更好地提高诉讼效益，实现法律的公平公正。

第四，法院主动审查，符合我国尚未建立答辩失权制度的现状。答辩失权主要指法律规定诉讼中的一审被告和二审被上诉人在规定的期间内，因没有实施答辩行为而丧失以后的答辩权利。鉴于我国诉讼当事人的实际情况，立法没有规定答辩失权，也即保证人即便在诉讼中未提出已过保证期间的抗辩，法院一般也应当依职权主动审查。

【典型案例 18】

案例索引：赵文坤等诉李小庭民间借贷纠纷案。一审：(2015) 龙民初字第 1939 号；二审：(2015) 漳民终字第 1385 号；申请再审审查：(2016) 闽民申 1596 号。

典型案例裁判文书

福建省高级人民法院
(2016)闽民申1596号
民事裁定书

基本案情：郑国章因缺乏资金，于 2014 年 1 月 16 日向李小庭借款 300000 元，赵文坤和福建永邦建设工程有限公司提供担保，并向李小庭出具《借款担保合同》一份。该合同载明：借款人郑国章，担保人赵文坤、福建永邦建设工程有限公司，借款金额人民币

300000元；借款期限3个月，从2014年1月16日起至2014年4月16日止；借款期限内的月利率为3.5%；担保人所承担的担保为无限连带责任担保；借款人在还款期限届满时，未能足额偿还借款本金的，视为严重违约，应另行向出借人每日支付全部贷款本金的2%的违约金，并承担出借人为实现债权支付的全部费用等内容。在借款的当日，郑国章向李小庭出具收据一份，载明："今收到李小庭人民币叁拾万元整。"借款后，郑国章按约定的月利率3.5%支付利息到2014年6月16日，李碧珍在该合同上的担保人一栏签字并加盖福建永邦建设工程有限公司的公章。

另，郑国章于2002年7月25日与李碧珍登记结婚，于2009年7月28日办理离婚登记手续，李碧珍于2010年10月26日注册成立"福建永邦建设工程有限公司"，该公司于2014年5月15日变更法定代表人为郑国章。庭审后，李小庭自愿撤回对李碧珍的起诉。

法院裁判：本案《借款担保合同》明确约定了涉案借款时间是从2014年1月16日起至2014年4月16日止，双方在该合同中并未约定保证期间，李小庭于2015年4月24日向法院起诉，在一、二审中均未提交其在主债务履行期届满之日起六个月内向赵文坤主张过权利的证据，根据《担保法》第二十六条"连带责任保证的保证人与债权人未约定保证期间的，债权人有权自主债务履行期届满之日起六个月内要求保证人承担保证责任。在合同约定的保证期间和前款规定的保证期间，债权人未要求保证人承担保证责任的，保证人免除保证责任"的规定，明显超过法律规定保证期间。同时根据《担保法解释》第三十一条规定："保证期间不因任何事由发生中断、中止、延长的法律后果"的规定，保证期间为除斥期间，债权人未在保证期间要求保证人承担保证责任的，保证人免除保证责任。故不论保证人是否抗辩，人民法院对保证期间是否已超过的事实均应当依职权主动审查，进而确定是否免除保证人的保证责任。一、二审法院均未主动审查保证期间，一审法院以郑国章及赵文坤均未答辩及出庭应诉，判决赵文坤承担担保责任。二审法院以赵文坤在一审中放弃诉讼权利，为合法保护债权人利益为由，驳回赵文坤的上诉。依照前述法律规定，一、二审法院明显适用法律错误。

裁判要旨：保证期间为除斥期间，债权人未在保证期间要求保证人承担保证责任的，保证人免除保证责任。故不论保证人是否抗辩，人民法院对保证期间是否已超过的事实均应当依职权主动审查，进而确定是否免除保证人的保证责任。

问题 17. 保证责任诉讼时效期间如何起算

《民法总则》第188条规定，诉讼时效期间自权利人知道或者应当知道权利受到损害以及义务人之日起计算。诉讼时效的制度设计是为了避免权利人“躺在权利上睡觉”。我国民法体系中，诉讼时效只应用在债权领域，具体分为两类：一是对于约定有履行期间的债务，诉讼时效从履行期届满之日起计算；二是对于未约定履行期限的债务，我国民法采取的处理办法是自债权人请求债务人履行而债务人拒绝履行时起算。

保证债务作为独立的债务，当然适用诉讼时效的有关规定。保证分为一般保证和连带责任保证，两种保证中保证人的保证责任有一定区别：一般保证中保证人承担的是补充责任，享有先诉抗辩权，债权人应先就主债务人的财产为申请强制执行且不能满足其债权时才能向保证人行使其权利；连带保证中债权人向债务人和保证人主张权利没有先后顺序要求。先诉抗辩权的存在导致一般保证和连带保证的保证债务诉讼时效起算点有所不同，应当对两种情况分别进行讨论。

第一，一般保证。关于一般保证中保证债务诉讼时效何时起算的问题，学术界及实务界存在不同观点：第一种观点认为，一般保证债务的诉讼时效与主债务诉讼时效同时起算，主债务诉讼时效自主债务到期之日起算，保证债务的诉讼时效也在此同时起算。[①] 持此种观点的学者认为，先诉抗辩权本质上为实体权利而非诉讼权利，其权利的核心目的在于保证保证人所承担的保证责任仅为补充责任，或者说就债务人承担债务的顺序，保证人是排位于主债务人之后的第二顺位债务人，是抗辩债权人未就债务人的债权实现之前的防御性权利。先诉抗辩权不能成为导致保证合同诉讼时效起算的权利障碍。因此，一般保证合同的诉讼时效与主合同的诉讼时

① 曹士兵：《中国担保制度与担保方法》（第四版），中国法制出版社2017年版，第166页。

效完全可以同时起算。唯一的区别也仅仅是主债判决生效之日在该判决或裁决中所体现的法律效力是主债依民事诉讼法的执行程序执行主债务人财产，而其对保证合同体现的法律效力则是其诉讼时效的开始起算。第二种观点认为，诉讼时效应当从权利人知道或应当知道其权利受到侵害之日起算，在一般保证中，当债权人向保证人主张保证债权，但保证人拒绝履行保证债务之时，保证债权受到侵害，保证债务的诉讼时效期间开始计算。[①]第三种观点认为，一般保证中保证人享有的先诉抗辩权的内涵是，在债权人向债务人主张债权并就其财产进行强制执行前，保证人可以拒绝对保证债务进行清偿，所以保证债务诉讼时效应该在债权人就主债务人的财产强制执行的程序终结之日起开始计算。因为此时才符合诉讼时效要求的“债权人可以主张权利的时刻”。[②] 第四种观点认为，一般保证的债权人在保证期间届满前对债务人提起诉讼或者申请仲裁的，从判决或者仲裁裁决生效之日起，开始计算保证合同的诉讼时效。在我国，保证期间和诉讼时效的关系通说采“继起说”，即当债权人在保证期间内，根据法律规定的方式，向一般保证中的债务人或者连带保证中的保证人主张了权利，保证期间作用完结，诉讼时效制度开始起作用，保证期间与保证债务的诉讼时效相互衔接。这种观点是为了将《民法总则》第 188 条所称“诉讼时效期间自权利人知道或者应当知道权利受到损害以及义务人之日起计算”的规定落实在保证债务诉讼时效的起算上。具体而言，一般保证中，必须等债权人对债务人强制执行无效果后，要求保证人承担保证债务遭到拒绝时，债权人方知自己权利受到侵害，故起算诉讼时效；连带保证中，必须等到债权人要求保证人承担保证债务遭到拒绝时，债权人方知自己权利受到侵害，故起算诉讼时效。

笔者认同第四种观点，第三种观点主张的从债权人向债务人主张债权并就其财产强制执行完毕之时开始计算保证债务诉讼时效的观点，理论上讲符合我国民法理论中关于诉讼时效的规定。但从司法实务的角度考虑，如此规定会将时间拖得过长，对保证人过于不利。并且，多年司法实务工作的经验表明，在主债务判决生效后的三年诉讼时效期间内，执行活动一

---

① 高圣平：《担保法论》，法律出版社 2009 年版，第 140 页。

② 冯永军、徐诚明：《论保证期间与诉讼时效》，载《河南财经大学学报》2015 年第 2 期。

般是可以完成的，债权人完全可以在此期间内起诉保证人。债权人还可以通过非诉讼的形式，要求保证人履行保证责任，使保证合同的诉讼时效中断。因此，《担保法解释》作出了一般保证债务诉讼时效从“主债务诉讼判决或者仲裁裁决生效之日”起算的规定。

而按照第二种观点，首先，在一般保证中，若债权人在强制执行债务人财产之前即要求保证人承担保证债务，保证债务诉讼时效起算，然而受制于保证人先诉抗辩权的存在，势必会给债权人主张权利造成麻烦。具体而言，在此诉讼时效期间内，若债权人对保证人主张权利，则保证人完全可以先诉抗辩权对抗。但债权人若不想放任诉讼时效的经过，只能通过向保证人“主张权利”，以使保证债务诉讼时效中断，从而延续诉讼时效期间。由此，债权人在诉讼时效期间内，为了延续诉讼时效，即便明知向一般保证人主张权利没有任何意义，也只能不断重复这一不可能实现的“权利主张”。对于债权人而言，这无疑加重了实现债权的成本。

其次，在连带责任保证中，保证债务诉讼时效自何时开始起算的问题存在以下不同观点：

第一种观点认为，连带保证的债权人须在保证期间内要求保证人承担保证责任，债权人未在保证期间内向保证人主张权利的，保证人免除保证责任。因此，在保证期间内，连带保证的债权人直接向保证人主张权利的，连带保证债务的诉讼时效应当从债权人要求保证人承担保证责任时起算。

第二种观点认为，在无先诉抗辩权的保证中，债务人在主合同规定的债务履行期届满后，债权人既可以要求债务人履行债务，也可以要求保证人在其保证范围内履行保证债务。因此，保证债务诉讼时效的起算应从主合同履行期届满之日起计算。应当把债权人在保证期间届满前要求保证人承担保证责任作为连带责任保证债务诉讼时效中断的法定事由，从债权人要求保证人履行保证义务之日起，重新计算保证债务的诉讼时效。①

笔者赞同第一种观点。法律之所以规定保证期间，是为了平衡债权人和保证人之间的利益。连带保证中，在保证期间届满前债权人享有向保证

① 冯永军、徐诚明：《论保证期间与诉讼时效》，载《河南财经大学学报》2015年第2期。

人主张债权的权利，保证期间经过，债权人的此种权利丧失。而无论是约定的保证期间还是法定的保证期间，都是长于主债务履行期的，因为在主债务履行期未届满之前，债权人不存在向保证人主张权利的请求权基础。主债务履行期届满后，保证期间的存在就是为了给债权人一个缓冲，主合同履行期届满后还有一段时间供债权人为主张债权作准备，如果从主合同履行期届满即开始计算保证债务的诉讼时效，则保证期间对债权人的价值大大减弱，对其有失公平。

典型案例裁判文书

最高人民法院(2004)民二终字第208号民事判决书

【典型案例 19】

案例索引：中国信达资产管理公司银川业务部与宁夏五金矿产进出口公司、宁夏银川胶带有限责任公司、银川银湖化工有限公司借款担保合同纠纷上诉案①。一审：(2004) 宁民商初字第 14 号；二审：(2004) 民二终字第 208 号。

基本案情：1996 年 12 月 16 日及 31 日，五矿冶炼厂与中国建设银行银川市新市区支行（以下简称新市区支行）签订三份借款合同，共借款 260 万元。其中第一笔还款期限为 1997 年 6 月 30 日，后两笔还款期限为 1997 年 12 月 30 日。五矿公司分别为上述三份借款合同提供连带责任保证，保证期限 2 年。

1998 年 12 月 7 日、1999 年 1 月 17 日、1 月 19 日，新市区支行就各 50 万元和 160 万元到期借款向五矿公司催收。

1999 年 12 月 21 日，新市区支行与信达公司签订《债权转让协议》，将借款本金及利息转让给信达公司并通知债务人。2001 年 11 月 23 日，2002 年 12 月 11 日，2003 年 5 月 23 日、2003 年 11 月 12 日，信达公司以公证方式向五矿公司公证送达的 4 份《催收逾期贷款通知书》；2000 年 6 月 25 日、2001 年 1 月 15 日信达公司直接向五矿公司送达《催收逾期贷款通知书》。

信达公司于 2004 年 5 月 21 日以五矿公司为被告向宁夏高院提起诉讼，

---

① 刘德权主编：《最高人民法院司法观点集成（第三版）——商事卷②保证担保》，人民法院出版社 2017 年版。

请求判令：五矿公司偿还借款本金260万元及利息2459988.29元（利息计算至2001年12月20日），本息合计5059988.29元。宁夏高院一审以保证债务超过诉讼时效为由，判决驳回信达公司诉请。

信达公司不服，上诉至最高人民法院。最高人民法院二审改判五矿公司应承担担保责任。

法院裁判：五矿公司为（96）050号、051号、052号借款合同项下五矿冶炼厂的260万元借款提供连带责任担保，合同各方均无异议。上述三份合同履行期限均截至1997年12月30日，保证期间约定为2年。故上述三份合同保证期间应为1997年12月30日—1999年12月30日。由于五矿公司对债权人分别于1998年12月7日、1999年1月17日、19日向五矿冶炼厂和五矿公司发出的《催还逾期贷款通知书》表示认可，因此，根据《担保法解释》第三十四条第二款之规定，保证期间失去意义，保证债务从或然债务转变为实然债务，应从上述通知送达之日开始计算保证合同的诉讼时效。对于债权人于1999年12月20日向五矿冶炼厂和五矿公司发出的三份《催还逾期贷款通知书》，由于没有担保人五矿公司签章，因此不能证明债权人已经向担保人主张的事实，原审对此未予认定正确。鉴于担保人五矿公司对债权人于2000年6月15日、2001年1月15日向其直接送达《催还逾期贷款通知书》的事实表示认可，故保证合同诉讼时效应分别于上述日期中断。五矿公司对债权人分别于2001年11月23日、2002年12月11日、2003年5月23日、11月12日以公证方式向其送达《催还逾期贷款通知书》的真实性和所要证明的问题无异议，因此，对债权人分别于上述日期向保证人主张权利的事实应予确认，保证债务的诉讼时效应分别于上述日期再次中断。原审法院关于上述三份合同所涉担保债务已超过诉讼时效的认定错误，判决五矿公司免除保证责任不当，予以纠正。

裁判要点：保证期间与保证债务的诉讼时效不能并存，债权人在保证期间内向保证债务人主张过权利后，保证债务人的或有债务即变成实然债务，保证债务的诉讼时效即应自债权人主张权利之日起开始起算。因此，保证期间与保证债务的诉讼时效是前后相继的关系，而非彼此交叉重叠的关系。连带责任保证人承担的保证债务的诉讼时效起算点并不是自保证合同签订之日起开始起算，也不是自约定的保证期间届满之日起开始起算，而是自债权人首次向保证人主张权利之日起开始起算。

问题 18. 主债务诉讼时效与保证债务诉讼时效之间的关系

关于保证债务诉讼时效的问题：一方面，保证债务作为一种独立的债权债务关系，当然适用诉讼时效的相关规定。在满足法律所规定的中断、中止、完成等条件时，自然发生相应的后果；另一方面，保证债务从属于主债务，主债务诉讼时效的起算、中断、中止、完成对保证债务都会产生一定影响。这是我们要讨论的问题。

主债务诉讼时效与保证债务诉讼时效之间有何关系，在我国理论界一直存在争议。概括来说，主要有“时效独立说”和“时效附随说”。“时效独立说”认为，“诉讼时效的目的是促使权利人及时行使权利，权利人设置担保权利，本身含有积极行使权利的意思，故主债权诉讼时效期间经过，不宜使担保性权利的效力消失”。① 这种观点实际上是将担保权利看成一项独立的权利，其效力也不受其他行为效力的影响。在这种认识下，主债务诉讼时效期间的中止、中断、延长和消灭，效力不及于保证债务，主债务时效未完成，保证债务诉讼时效仍可以因为债权人未主张权利而单独完成。“时效附随说”则认为，“诉讼时效完成后，不仅对主权利产生丧失胜诉权的效果，而且对附属于主债权的从债权也产生同样的效果”。② 这种观点承认主债权与担保债权之间的主从关系，是民法中“从随主”规则的具体体现。在这种认识下，主债务诉讼时效期间发生中止、中断、延长事由，其效力当然及于保证债务，保证债务也同样要中止、中断、延长。

理论上之所以出现相互对立的观点，实质是对保证制度认识的差异所致。“时效独立说”观点强调对保证人合法权益的维护。依据保证法律关系，保证人是基于对债务人的信赖而对其进行的信用援助。在保证法律关系中，保证人不享有任何保证利益，却面临极大的保证风险。所以，应当对保证人利益予以关怀，不应当无谓地加重保证人风险责任。而“时效附随说”观点，则是立足于保护债权人的利益。民法以权利为本位，《担保

① 魏振瀛：《民法》，北京大学出版社、高等教育出版社 2000 年版，第 194 页。

② 江平：《民法学》，中国政法大学出版社 2000 年版，第 241 页。

法》第1条表明了担保法的立法目的之一就是保护债权人的利益实现。而在保证法律关系中，如果主合同的诉讼时效效力不及于保证合同，当主合同因法定原因致使时效中止、中断或延长时，效力不及于保证合同，保证人完全有可能以保证合同的保证期间届满为由，主张免除承担保证责任。此时，债权人的债权就可能落空，债权人设定保证的目的就不能实现。

担保法的立法目的是平衡保护债权人和保证人的利益，立法采取“独立说”或“附随说”对司法实务中的个案公正具有重要的意义。那么，应该如何衡平债权人与保证人在主债时效发生变化时的各自利益呢?

第一，起算。按照《民法总则》第188条的规定，诉讼时效期间自权利人知道或者应当知道权利受到损害以及义务人之日起计算。从主债务履行期届满而债务人未履行或未完全履行债务之日起，债权人即知道其权利受损。因此，主债务诉讼时效的起算点为主债务履行期届满之日。保证债务诉讼时效的起算在上一个问题中已经论述过，此处不再赘述。

第二，中断。关于主债务诉讼时效的中断是否引起保证债务诉讼时效的中断，应结合主债务诉讼时效、保证债务诉讼时效、保证期间等综合予以考量。一般保证中，主债务履行期届满后，主债务诉讼时效和保证期间同时开始计算。如果债权人向债务人主张权利，会导致主债务诉讼时效中断的法律效果。但若债权人不是以诉讼或仲裁的方式向债务人主张权利，或者不是在保证期间内以诉讼或仲裁的方式向保证人主张权利，保证期间届满后保证人不再承担保证责任。在这个过程中，实际上不涉及保证债务诉讼时效的问题，因为保证债务的诉讼时效是从债权人对债务人以诉讼或仲裁的方式主张权利产生的判决或裁决生效之日起开始计算。

第一种观点认为，在我国的担保法律制度体系中，建立“主债务诉讼时效中断，一般保证债务诉讼时效不受影响，继续计算”的规则具有适应性。[①] 有持批评观点的学者认为，如果将主债务诉讼时效和保证债务诉讼时效的中断割裂开来，对债权人有失公平，不能为债权人受制于一般保证人先诉抗辩权而遇到的种种困难提供任何救济。对此，支持此观点的学者给出的解释是，债权人无法通过中断主债务诉讼时效而当然地中断保证债

① 张鹏:《我国保证债务诉讼时效问题研究》，载《中外法学》2011年第3期。

务诉讼时效，虽然可能会加重债权人的负担，但还不至于达到负担过重，显失公平的程度。与保证期间不同，在保证债务诉讼时效期间内，债权人完全可以通过向保证人自行主张权利的方式达到诉讼时效中断的效果，法律对此时主张权利的方式没有硬性规定，并非必须通过诉讼或仲裁的方式主张权利才会导致时效中断的效果。所以，要求债权人保持对保证债务的注意，必要时向保证人主张权利以中断诉讼时效应当不算为过，可以接受。

第二种观点认为，主债务诉讼时效中断时，保证债务的诉讼时效亦应当中断。因为债权人需要先向债务人求偿，未果的情况下才能向保证人主张权利。若主债务发生时效中断事由，阻却债权人向债务人主张债权，相当于同时阻却了债权人向保证人主张债权。这对于保证债务而言，即是一种时效中断事由。

对此问题，笔者赞同第二种观点。在一般保证情况下，由于《担保法》第 17 条规定，债权人必须首先向债务人提起诉讼或者申请仲裁，而不能直接单独起诉保证人。一旦债权人以上述方式主张了自己的权利，根据《民法总则》的规定，主合同的诉讼时效中断。此时，根据《担保法》第 25 条的规定，保证期间的作用已经消灭，诉讼时效制度开始起作用。如果此时保证债务的诉讼时效不中断，在经过长时间的诉讼或者仲裁后，债权人向保证人起诉之时，很可能超过了保证债务的诉讼时效，对债务人未免有所不公。因此，主债务诉讼时效中断，保证债务的诉讼时效也应当中断。

连带保证中，保证人不享有先诉抗辩权。对于债权人而言，债务人和保证人处于同一顺位，债权人可以不分先后地要求债务人和保证人履行义务。因此，主债务和保证债务的履行相对独立，债权人向债务人主张权利导致主债务诉讼时效中断，与债权人向保证人主张权利导致保证债务诉讼时效中断相互之间并无影响，即主债务诉讼时效中断对保证债务的诉讼时效并无影响。与此同时，保证债务诉讼时效中断对主债务诉讼时效也无影响。

第三，中止。诉讼时效中止，依照《民法总则》第 194 条的规定，是指因不可抗力或者其他障碍，而非当事人自身主观原因导致不能行使请求权，而暂时停止计算诉讼时效期间，其目的是保证权利人遇到阻却权利行使的特殊事由时仍然有行使权利的必要时间。即使遇有权利人主观意志以外的原因而使其暂不能行使权利时，亦有补救的机会。因此，无论对于一般保证还是连带责任保证，主债务诉讼时效中止的，保证债务诉讼时效也应同时中止。

《担保法解释》第 36 条第 2 款规定，一般保证和连带责任保证中，主债务诉讼时效中止的，保证债务的诉讼时效同时中止。司法解释的起草者对这一问题的观点是，诉讼时效的中止是因非当事人所能控制的客观原因而产生，如因不可抗力或者其他障碍不能行使请求权。因此，无论对于主债务还是保证债务均应一律对待：主债务诉讼时效中止，保证债务诉讼时效也应当同时中止。

另一种观点则认为，保证债务诉讼时效是否构成中止，应当参照诉讼时效中止的相关法律法规的规定，独立适用，不应因主债务诉讼时效的中止而当然地认为保证债务诉讼时效中止。因为中止的事由虽然是客观事由，但不必然同时对主债务和保证债务产生影响。例如，若在主债务和保证债务诉讼时效均只剩下不足 3 个月时间的时候，债务人所在的城市发生了地震，但保证人所在的城市并未发生地震。此时，主债务诉讼时效应当中止，而保证债务诉讼时效则不应当中止。

笔者认为，诉讼时效中止确实是因客观原因所致，但一个客观原因不会必然地同时导致主债务诉讼时效和保证债务诉讼失效中止。换言之，主债务和保证债务具有法律上的从属性，而非物理意义上的从属性，客观事件可能对其中一方产生影响，却不必然同时对另一方产生相同的影响。关于此分歧，有待理论界与实务界的进一步探讨与厘清。

第四，完成。由于起算点不一致，主债务诉讼时效与保证债务诉讼时效不一定同时届满。若保证债务诉讼时效先于主债务诉讼时效届满，则债权人对保证人享有的保证债权因时效经过而丧失胜诉权。其依然可以向保证人主张权利，但保证人可依时效经过进行抗辩。由于此时主债务诉讼时效尚未经过，保证人的抗辩不影响债权人向债务人主张权利。若主债务诉讼时效先于保证债务诉讼时效届满，债务人可以在债权人向其主张债权时以诉讼时效经过进行抗辩，但若债权人在主债务诉讼时效期间届满后、保证债务诉讼时效期间届满前向保证人主张权利，保证人能否以主债务诉讼时效期间届满进行抗辩？对于这一问题存在两种不同观点：第一种观点认为，保证债务的诉讼时效与主债务的诉讼时效分别计算，主债务超过诉讼时效，但连带责任保证债务没超过时效的，连带责任保证人不能免责。第二种观点认为，主债务诉讼时效完成后，债务人取得相应的时效抗辩权。基于保证债务的从属性，保证人亦可以行使债务人的抗辩权。所以，尽管保证债务诉讼时效没有经过，保证人依然可以对债权人的保证债务请求权进行抗辩。

笔者认同第二种观点：首先，基于保证债务的从属性，保证人享有债务人的抗辩权，并且主债务人放弃对主债权人的抗辩权的，保证人仍有权抗辩。所以保证人完全可以以债务人的抗辩理由对抗债权人；其次，如果在主债务诉讼时效期间已经届满但保证债务诉讼时效期间尚未届满的情况下，债权人可以向保证人主张保证债权，那么根据保证关系的一般原理，保证人有权在承担保证责任后向债务人进行追偿。因为债务人才是债务的最终承担者。既然保证人不能行使时效抗辩权并承担了保证责任，就应当能够对债务人行使追偿权，而债务人也不能以主债务诉讼时效完成为由进行抗辩，最终还是要承担清偿债务的责任。如此，对主债务人显然非常不公平，等于其要受到两个诉讼时效的约束。主债务诉讼时效的完成并不必然给主债务人带来时效利益，还要受保证债务诉讼时效的约束，这种法律制度设计具有明显不合理处。

连带责任保证与一般保证相比，连带保证人不享有先诉抗辩权。对债权人来说，连带保证人是与主债务人同一顺序的债务人，但这并不影响连带保证债务与主债务之间的主从关系，即连带责任保证依然符合担保的基本特性之从属性，主债务人对债权人的抗辩权，连带保证人也应当享有。既然保证人可以对债权人的请求进行抗辩，也就不会因保证人行使追偿权对主债务人利益造成损害。当然，不排除保证人明知自己享有时效抗辩权而予以放弃，主动承担保证责任的可能。保证人承担责任后，如果向主债务人追偿，主债务人可以主债务时效完成进行抗辩，从而保护自己的利益。

主债务与保证债务系不同的债务，两者的诉讼时效起算点并不相同。

主债务的诉讼时效起算点为主债务履行期限届满之日。在连带保证情形下，由于在主债务履行期限届满、主债务人不履行债务的情形下，无论主债务人是否有履行能力，主债权人均有权要求连带保证人承担保证责任，故连带保证责任具有独立于主债务的独立性，根据《担保法》第 26 条关于连带责任保证的债权人，须在保证期间内要求保证人承担保证责任的规定，其诉讼时效期间应从债权人在保证期间内向保证人主张保证债权之日起计算。在连带保证情形下，保证人既可以向保证人主张权利也可以向主债务人主张权利，且依据意思自治原则，在债权人向保证人主张权利的情形下或者保证人自愿履行的情形下，保证人承担保证责任，如债权人不主张保证债权，保证人无须承担保证责任。在主债权人未向保证人主张权利的情形下，不应使两者在诉讼时效中断和中止事由上具有从属性，但反之则否。主债务诉讼时效完成，保证债务诉讼时效并不当然随之完成，瑞士债法典即采用该观点，尤其是在当事人约定的保证责任期间超过主债务诉讼时效期间、在主债务诉讼时效期间届满后保证期间尚未届满前主债权人主张保证责任的，由于保证债务的诉讼时效期间尚未起算，故当然无从谈及主债务与从债务的诉讼时效同时中断和完成的问题。但基于保证债务为从债务的特性，根据我国《担保法》第 20 条规定，一般保证和连带责任保证的保证人享有债务人的抗辩权。债务人放弃对债务的抗辩权的，保证人仍有权抗辩。在保证人主张主债务人诉讼时效抗辩权的情形下，其无须承担保证责任。

【典型案例 20】

案例索引：青海汇吉实业集团有限责任公司与中国工商银行股份有限公司西宁城西支行、青海省振海医药有限公司借款、保证合同纠纷案。一审：(2015) 宁民二初字第 316 号；二审：(2015) 青民二终字第 150 号。

典型案例裁判文书

青海省高级人民法院(2015)青民二终字第150号民事判决书

基本案情：2004 年 2 月 12 日，工行城西支行与振海医药公司签订《流动资金借款合同》，约定振海医药公司向工行城西支行借款 800000 元；借款期限为 12 个月，自 2004 年 2 月 13 日起至 2005 年 2 月 12 日止；借款月利率5.31‰，按日计息，按月结息，借款到期，利随本清。同日，汇吉公司与工行城西支行签订《保证合同》，约定由汇吉公司对上述借款提供保证担保，保证方式为连带责任保证。合同签订后，工行城西支行向振海医药公司发放800000元借款。自2004年2月21日起至2009年3月21日止，振海医药公司偿还利息303741.86元。

工行城西支行一审诉称，2004年2月12日，原告和被告振海医药公司签订合同编号为2004年城西字第0005号的《流动资金借款合同》。约定振海医药公司向原告借款800000元；借款期限为12个月，自2004年2月13日起至2005年2月12日止；借款月利率5.31‰，按日计息，按月结息，借款到期，利随本清。为确保《流动资金借款合同》的切实履行，汇吉公司和原告签订合同编号为2004年保字第0007号《保证合同》，约定由被告汇吉公司提供保证担保，保证方式为连带责任保证。上述合同签订后，原告如约发放借款，截至起诉时，振海医药公司仍拖欠原告借款800000元，利息约500000元。请求依法判令振海医药公司归还贷款本金800000元、利息500000元；承担律师代理费50500元；汇吉公司对上述债务承担连带担保责任；诉讼费用由二被告承担。庭审中原告明确主张的利息为2015年7月21日前的利息498279.23元以及自2015年7月22日至实际给付之日期间的利息。

振海医药公司一审辩称，对于向原告工行城西支行借款800000元及已清偿利息的数额及欠付利息498279.23元的事实无异议，希望减免逾期利息的数额，并宽限时间以便偿还本息。关于律师费，无证据证实此项费用实际发生，故不同意支付。汇吉公司一审辩称，对于签订担保合同的事实无异议，对于罚息，因罚息不存在，不应得到支持；且根据《担保法解释》第三十六条规定，主债务诉讼时效中断，保证责任诉讼时效不中断，工行城西支行的主张已超过法定的诉讼时效，不应承担担保责任；关于律师费，无证据证实此项费用实际发生，故不同意支付。

法院裁判：关于保证人汇吉公司是否应当承担保证责任的问题。法院认为：本案保证合同是双方真实意思的表示，合法有效。双方约定保证期间两年。保证期间届满前，工行城西支行向汇吉公司发出催款函。至此，开始计算保证债务的诉讼时效期间。在此期间内，工行城西支行每年向汇吉公司发催款函，表明其一直在向汇吉公司主张权利，此行为构成诉讼时效的中断。本案的保证债务诉讼时效期间并未届满。工行城西支行向汇吉公司主张承担保证责任的诉求依法应当得到支持。汇吉公司当承担连带保证责任。关于连带保证债务诉讼时效期间内是否必须由当事人提出起诉的问题。《担保法解释》第三十四条第二款规定："连带责任保证的债权人在保证期间届满前要求保证人承担保证责任的，从债权人要求保证人承担保证责任之日起，开始计算保证合同的诉讼时效。"结合本案实际，工行城西支行发出第一份通知后，保证合同的诉讼时效从次日开始计算两年的保证债务诉讼时效期间。作为连带责任保证，法律并未明确要求债权人向连带保证人主张权利需提起诉讼。因此，汇吉公司提出主张权利必须提起诉讼的理由无法律依据，法院不予支持。

关于保证债务诉讼时效期间是否届满的问题。《担保法解释》第三十六条第一款规定："一般保证中，主债务诉讼时效中断，保证债务诉讼时效中断；连带责任保证中，主债务诉讼时效中断，保证债务诉讼时效不中断。"本案汇吉公司为工行城西支行的主债权提供连带责任保证。连带责任保证中，保证人并不享有先诉抗辩权。因此，主债务的诉讼时效不会影响保证债务的诉讼时效，债权人既可以向主债务人要求履行义务，也可以向保证人要求承担保证责任。因此，主债务和保证债务应当分别适用诉讼时效。如果债权人只向主债务人或保证人中的一方主张权利，另一债务诉讼时效不会产生中断的效果。本案中，工行城西支行作为债权人，在主债务的诉讼时效期间内，向振海医药公司主张了权利。同时，工行城西支行也通过催款函等方式，在保证债务的诉讼时效期间内向保证人主张了权利。根据《诉讼时效规定》第十条第一款第（一）项规定："当事人一方直接向对方当事人送交主张权利文书，对方当事人在文书上签字、盖章或虽未签字、盖章但能够以其他方式证明该文书到达对方当事人的"，应当认定为《民法通则》第一百四十条之规定的"当事人一方提出"要求。根据《民法通则》第一百四十条的规定："诉讼时效因提起诉讼、当事人一方提出要求或者同意履行义务而中断。从中断时起，诉讼时效期间重新计算。"据此规定，本案债权人工行城西支行在保证债务的诉讼时效期间内，向保证人提出了履行保证责任的要求，构成保证债务诉讼时效期间的中断，本案保证债务的诉讼时效期间并未届满，保证人应当承担连带保证责任。

裁判要旨： 连带保证中，由于保证人并不享有先诉抗辩权，债权人既可以向主债务人要求履行义务，也可以向保证人要求承担保证责任，主债务的诉讼时效不会影响保证债务的诉讼时效。主债务和保证债务当分别适用诉讼时效。如果债权人只向主债务人或保证人中的一方主张权利，另一债务诉讼时效不会产生中断的效果。

问题19. 债权人向保证人之一主张权利的，是否及于其他保证人

当同一债务有两个以上保证人时，构成共同保证。为保障主债务的履行，共同保证在生活实践中越来越常见。共同保证的每一个保证人与债权人之间都成立保证法律关系。若订立保证合同时，各保证人与债权人分别明确约定了保证份额，则保证人仅在约定份额内承担保证责任，各保证人之间构成按份共同保证；若各保证人与债权人未约定各自保证份额，则保证人之间承担连带责任，构成连带共同保证。按份共同保证本质上就是民法中的按份之债，各按份债务人之间相对独立，只就各自应承担的债务份额向债权人负履行义务，对于其他债务人承担的债务份额无履行义务。同样，对某一债务人发生的事项，对其他债务人不产生影响。因此，在按份共同保证的情况下，债权人向保证人之一主张权利，其效力不及于其他保证人。这一结论在实践中并不存在争议，本部分不再过多论述。

在实践中争议较多的是连带共同保证中，债权人对某一保证人主张权利的效力是否及于其他债务人。对此问题，存在两种不同观点：

一种观点认为，债权人对一部分保证人提出的权利主张效力不及于其他连带保证人，各保证人具有独立的法律地位。只要债权人在保证期间内没有直接向保证人主张权利，或没有在保证债务诉讼时效内直接向保证人主张权利，保证人就可以以“保证期间已过，保证责任消灭”或“已过诉讼时效”的理由进行抗辩。

另一种观点认为，分别订立了无约定保证份额的保证人，是主合同的

连带共同保证人，债权人对其中任何一人主张权利的效力都及于其他保证人。

笔者认同第二种观点。但在对这一问题进行分析之前，首先要阐明一个前提性问题。根据《担保法解释》第 19 条第 1 款的规定："两个以上保证人对同一债务同时或者分别提供保证时，各保证人与债权人没有约定保证份额的，应当认定为连带共同保证。"在共同保证中，保证合同既可以由数个保证人一同与债权人订立一个保证合同，也可以由各个保证人与债权人分别订立保证合同。而且，各个保证合同可以同时订立，也可以先后订立。若数个保证人事先有意思联络，共同为同一笔债务提供保证，则构成连带共同保证毫无疑问；但若数个保证人相互之间没有意思联络，甚至不知道除了自己之外还另有其他保证人时，也构成连带共同保证。是否构成共同保证的判断标准为是否有两个以上的保证人对同一债务进行担保。只要客观上有两个以上保证人各自对同一债务均承担保证责任，该债务就是受数保证担保的债务，从而构成客观上共同保证关系，各个保证人之间是否有意思联络不影响共同保证的客观构成。[①] 根据共同保证成立的时间是否相同，可以将共同保证划分为同时共同保证和非同时共同保证两种类型。构成共同保证的前提下，若保证人没有与债权人约定保证份额，就应认定为连带共同保证。

连带共同保证中的连带，是指各保证人之间有连带关系而非指保证人与债务人之间的连带关系。为了与连带责任保证中保证人与债务人之间的连带关系相区别，学理上通常将共同保证人之间的连带关系称为"保证连带"。连带共同保证符合连带债务对外连带性和对内分担性的基本特征，其性质属于连带债务，连带债务的核心是连带债务人之间的连带性，就多数债务人中的一人发生效力的事项，对于其他债务人也发生同样的效力。[②] 基于连带债务的原理，各连带保证人各负全部给付的义务。债权人享有向多个保证人中的任何个人，或者部分或者全体请求先后或者同时履行全部或者部分债务的权利。债权人对其中一个保证人的权利主张，即使未直接

① 孔祥俊：《担保法及其司法解释与适用》，法律出版社 2001 年版，第 94 页。

② 王利明：《合同法研究》（第二卷修订版），中国人民大学出版社 2011 年版，第 45 页；王卫国主编：《民法》，中国政法大学出版社 2007 年版，第 384 页。

向其他保证人主张，其效力也及于全体保证人，应当对全体保证人发生法律效力，全体保证人应当承担债权人向其主张权利的法律后果。根据《最高人民法院关于已承担保证责任的保证人向其他保证人行使追偿权问题的批复》，承担连带责任保证的保证人一人或者数人承担保证责任后，有权要求其他保证人清偿应当承担的份额，不受债权人是否在保证期间内向未承担保证责任的保证人主张过保证责任的影响。这说明未直接被债权人要求承担保证责任的其他连带保证人同样有履行保证债务的义务。

典型案例裁判文书

珠海市中级人民法院(2012)珠中法民二终字第276号民事判决书

【典型案例21】

案例索引：李宽宏与珠海市中汇能源有限公司、珠海市鸿陆工贸有限公司、珠海中海粤能石化有限公司、陆军波、陈菲妍借款纠纷案①。一审：(2012)珠香法民二初字第13号；二审：(2012)珠中法民二终字第276号。

基本案情：鸿陆公司（一审被告）向李宽宏（一审原告、二审被上诉人）借款2500万元，约定借款期限为2010年1月21日至同年2月11日，中汇能源（一审被告、二审上诉人）、中海粤能（一审被告）、陆军波（一审被告）、陈菲妍（一审被告）承担连带责任保证，未约定保证期间。违约或导致合同中止的，鸿陆公司应赔偿原告包括但不限于律师费等实现抵押权的费用。借款到期后，鸿陆公司未偿还全部借款本息。2011年9月8日，原告向五被告发出借款催收通知书称，截至2011年9月8日尚欠李宽宏本金1701万元及逾期违约金352万元，请尽快筹集资金归还。五被告未向原告还款。陆军波一审期间承认在借款到期后两三个月内李宽宏多次找到陆军波要求还款并承担保证责任。陆军波表示借款合同和借款催收通知书上中汇能源、中海粤能的公章均是陆军波拿到两公司盖的。原告诉至珠海市香洲区法院，请求：1. 被告鸿陆公司偿还原告借款本金人民币1701万元及逾期违约金；2. 鸿陆公司赔偿原告律师代理费338万元；3. 中汇能源、中海粤能、陆军波、陈菲妍对鸿陆公司的上述债务承担连带清偿

---

① 崔拓寰：《债权人向连带责任保证人之一主张权利的效力及于其他连带保证人》，载《人民司法·案例》2014年第20期。

责任。

法院裁判：关于中汇能源是否应当承担保证责任的问题。中海粤能、陆军波、陈菲妍在为鸿陆公司提供连带保证担保，对原告要求他们承担连带清偿责任的诉讼请求，中海粤能、陆军波、陈菲妍未提出异议，对该请求予以支持。中汇能源在借款合同上盖章，同意提供连带保证责任。借款合同上中汇能源的公章是陆军波拿到中汇能源公司盖的，原告李宽宏与中汇能源并未直接接触洽谈过有关保证事宜，中汇能源与原告保证合同的内容由陆军波与原告协商确定，陆军波是中汇能源签订保证合同的代理人。陆军波承认借款到期后两三个月内李宽宏多次找到陆军波要求还款。债权人要求连带保证责任的保证人承担保证责任，可向保证人主张权利，也可在保证期间内向保证人的代理人进行意思表示。原告李宽宏在法定的6个月保证期间内已经要求中汇能源承担保证责任。

连带共同保证的各保证人之间构成连带债务关系。连带债务的核心是连带债务人之间的连带性，就多数债务人中的一人发生效力的事项，对于其他债务人也发生同样的效力。连带共同保证是为同一主债务设定的保证，债权人可要求任一保证人承担保证责任。李宽宏可以向全部保证人主张全部保证责任，也可向其中一个或数个保证人主张全部保证责任。最高人民法院相关判决书及裁判要旨同样明确了债权人在保证期间向保证人之一主张权利的效力及于其他连带保证人。陆军波承认李宽宏在保证期间内要求其承担保证责任，李宽宏在保证期间内向作为连带保证人之一的陆军波主张保证责任的效力及于其他包括中汇能源在内的其他保证人。

裁判要旨：连带债务具有涉他性，即债权人对于任一连带债务人就连带债务所发生事项的效力及于其他连带债务人。在连带共同保证中，即使债权人未在保证期间内向部分保证人主张权利，但这些保证人的责任并未免除。保证期间内，债权人向任一保证人主张保证权利都意味着向其他承担连带保证责任的共同保证人主张了保证权利，债权人向其中一个保证人或者一部分保证人主张权利的效力及于其他连带保证人。

典型案例裁判文书

英贸公司诉天元公司保证合同追偿权纠纷案

【典型案例22】

案例索引：英贸公司诉天元公司保证合同追偿权纠纷案①。

基本案情：1996年9月13日，京正公司通过签订借款合同，向环西建行借款1000万元，借期一年。原告云南英贸集团股份有限公司（以下简称英贸公司）和珑艺公司、烟草公司共同为该笔借款提供连带责任保证，被告云南天元国际商务集团股份有限公司（以下简称天元公司）单独为该笔借款提供连带责任保证。借款到期后，京正公司仅支付了至1998年3月21日止的利息。环西建行起诉，要求京正公司偿还尚欠的借款本金和1998年3月22日以后至还清之日止的利息，以及环西建行为实现债权而产生的费用；并要求英贸公司、烟草公司履行连带保证责任。法院经审理，确认环西建行已在京正公司破产程序中以债权人身份受偿61.8万元，判决英贸公司、烟草公司清偿环西建行未受偿部分的借款本金938.2万元和相应的利息，以及环西建行为实现债权产生的费用。英贸公司已按判决承担了保证责任，共支付借款本息和其他费用共计5912286元。原告英贸公司向法院起诉要求被告支付原告代为偿还的借款本息、实现债权的律师费和诉讼费。

法院裁判：关于保证追偿权是否成立的问题。被上诉人天元公司与环西建行之间存在连带保证合同关系，以及天元公司的保证期间应当至主合同展期后所确定的最终履行期届满之日后的两年内，即至2000年9月12日止。这一事实已经由人民法院的生效民事判决书认定，本案应予认可。天元公司认为，双方约定的保证期间应至"合同经展期后的届满之日"，这个观点不能成立。

连带责任共同保证的保证人，虽然在以这种方式设定保证时就知道，如果债务人不按期履行债务，自己有可能对全部债务承担清偿责任。但是他更知道，一般情况下，自己是与其他保证人共同对债权人承担着保证责任。虽然形式上可能先由自己清偿全部债务，但他可以通过追偿将他代付的其他保证人的份额弥补回来。只有在其他保证人都无法承担保证责任的

① 载《最高人民法院公报》2002年第6期（总第80期）。

情况下，他才可能有清偿全部债务的风险。因此，一审认为上诉人英贸公司现已承担的保证责任，并未超出其自愿担保的范围，故不存在不公平之说，是认识错误。《担保法》第二十六条第二款的规定，是指在合同约定和法律规定的保证期间，债权人不要求保证人承担保证责任的，保证人的保证责任可以免除。而在连带共同保证中，由于保证人是作为一个整体共同对债权人承担保证责任，所以债权人向共同保证人中的任何一人主张权利，都是债权人要求保证人承担保证责任的行为，其效力自然及于所有的保证人。对那些未被选择承担责任的共同保证人来说，债权人向保证人中任何一人主张权利的行为，应当视为债权人已向其主张了权利。在环西建行诉京正公司、烟草公司和上诉人英贸公司的借款合同纠纷案中，债权人环西建行虽然起诉的是烟草公司和英贸公司，但其起诉的效力自然及于被上诉人天元公司。不能因环西建行未起诉天元公司，就认为天元公司的保证责任得以免除。英茂公司在承担了保证责任后，有权要求作为连带共同保证人的天元公司清偿其应当承担的份额。一审以天元公司的保证责任已免除，认定英贸公司不能再向天元公司主张行使追偿权，是适用法律错误。

关于追偿份额如何确定的问题。《担保法解释》第二十条规定，连带共同保证的保证人按其内部约定的比例分担保证责任。没有约定的，平均分担。本案涉及的连带共同保证人，有烟草公司、珑艺公司和上诉人英贸公司以及被上诉人天元公司四家。这四家连带共同保证人之间，对保证份额没有约定，应当平均分担。鉴于作为本案共同保证人之一的珑艺公司，目前虽无证据证明其下落不明，但寻找其到案承担保证责任，确实存在着实际困难。作为连带共同保证人，将珑艺公司寻找到案令其承担保证责任，是所有保证人的共同义务。如果珑艺公司不能到案承担保证责任，其应当承担的保证份额就成为全体保证人共同的风险，此风险不能由英贸公司一家承担。因此在珑艺公司不能到案承担保证责任的情况下，珑艺公司应当承担的保证责任份额，应由现有的三家保证人分担。所以，英茂公司有权向天元公司追偿三分之一的保证责任份额。

裁判要旨：在连带共同保证中，由于保证人是作为一个整体共同对债权人承担保证责任，所以债权人向共同保证人中的任何一人主张权利，都是债权人要求保证人承担保证责任的行为，其效力自然及于所有的保证人。对那些未被选择承担责任的共同保证人来说，债权人向保证人中任何一人主张权利的行为，应当视为债权人已向其主张了权利。

问题 20. 保证人的责任范围是否受破产程序影响而减少

主债务人破产后，主债权停止计息的效力是否及于保证人？保证人的责任范围是否受破产程序影响而减少？实践中存在争议：

观点一认为，保证人的保证责任范围不应受破产程序影响而减少。理由是：《企业破产法》第 46 条第 2 款是法律针对破产程序中破产债权作出的特殊规定，保证人的责任范围应依据保证合同进行确定。因此，利息、违约金等不因主债务人破产而停止计算。而且《企业破产法》第 92 条、第 101 条中关于破产重整、破产和解的效力不及于保证人的规定，更是体现了这个原则。在“中信银行股份有限公司威海分行与淄博绿能燃气工程有限公司保证合同纠纷”一案中，法院即认为：“《企业破产法》第 46 条规定，未到期的债权，在破产申请受理时视为到期。附利息的债权自破产申请受理时起停止计息。根据该条的规定，涉案债权应自破产申请受理时提前到期，并停止计息，其后的利息不计入破产债权，但并不因此免除保证人淄博绿能公司对该部分债务的担保责任，淄博绿能公司作为保证人应按约定的担保范围承担保证责任。”

观点二认为，保证人的保证责任范围应受破产程序影响而减少。主要理由是：

1.《担保法》对保证范围的规定。《担保法》第 21 条规定：“保证担保的范围包括主债权及利息、违约金、损害赔偿金和实现债权的费用。保证合同另有约定的，按照约定。当事人对保证担保的范围没有约定或者约定不明确的，保证人应当对全部债务承担责任。”首先，上述范围应当限于主债务人应当承担的责任范围，主债务人没有发生或者依照法律规定不承担的主债权及利息、违约金、损害赔偿金和实现债权的费用，要求保证人承担是没有依据的，包括主债务人被宣告破产后的利息也是如此。破产后的利息法律已明确不再清偿，已不属于全部债务的范围，当然也不应该由保证人承担。其次，如果是保证人不履行约定或法定的保证责任，致使债权人受到损害或者发生费用，保证人应当依法对此承担责任。但是，不能由此扩大到要求保证人承担破产受理后的利息。

2. 保证具有从属性。从保证范围的从属性分析，因为保证通常是无偿的，其责任应当是可预见的，保证人承担的责任范围只能小于或者等于主债务的范围，不能大于主债务的范围。保证人的责任范围不能大于主债务人所承担的范围，这是世界上许多国家的通例。[①] 在主债务人破产后，主债务的利息，依法只应该计算到破产申请受理之日止。主债务的范围，是未清偿的本金和至破产受理之日的利息。这时，如果要求保证人承担主债务人申请破产之日后的利息，显然使保证人承担的责任大于主债务人。这就明显违反了保证范围从属性的特征，在理论上是很难解释的。从保证消灭上的从属性分析，被保证的债务因为各种原因而部分或全部消灭时，保证责任也随之部分或全部消灭。在主债务人破产后，债务利息从破产受理之日起消灭。那么，保证人的责任也应当相应消灭。

从法律的体系解释上来分析，担保之债具有的从属性，决定了担保责任的范围不大于主债务。上述观点是担保法理论的一个法理基础。也就是说，担保法律关系及担保责任的附随性和补充性是绝对的。这是我们讨论担保法律关系的一个理论起点。基于此，在法律没有明确规定对保证责任从属性予以限制的情形下，应当默认保证责任的从属性不受限制。这一原则在整个担保法体系中都应予以适用。尽管在《企业破产法》的相关规定中，存在诸如《企业破产法》第 92 条、第 101 条等规定，对于保证责任的从属性明确予以限制，但不妨将其视为担保责任从属性受限的一个特例。

3. 利益平衡的层面。担保制度得以有效运转，在于债权人的风险转移以及担保人取得追偿权两大功能，担保制度缺少上述两大功能的任何一项都将不能存续。因此，在制度设计中，在优先考虑债权人利益时候，对担

---

① 如《法国民法典》第 2031 条规定：“保证不得超过债务人负担的范围，亦不得约定较重的条件。保证得约定仅担保债务的一部，并得约定较轻的条件。超过主债务的保证或者约定较重的条件，并非无效，仅应减缩至主债务的限度。”

保人的利益也应予以适当考虑。①

我们认为，第一种观点更具有合理性。其理由在于：

第一，《企业破产法》第 46 条关于停止计息的规定，只是针对主债务人的强制性规定，目的是避免因个别附利息债权人因破产程序冗长而额外受益。但该强制性规定仅适用于主债务人，该对保证人并无约束力，也不适用于保证债权。

第二，破产程序与普通民事诉讼程序并行不悖，互不影响。破产程序对于破产债权的调整或豁免均在破产程序这一非诉程序内进行，并不影响债权人依照保证合同的约定通过民事诉讼要求保证人承担保证责任，两者是可以分别依据不同程序处理的法律关系。《企业破产法》第 94 条（按照重整计划减免的债务，自重整计划执行完毕时起，债务人不再承担清偿责任）的规定均只是豁免了主债务人的债务，不涉及保证人是否继续承担保证责任。至于《企业破产法》第 124 条规定，保证人对债务人未获清偿的债权继续承担清偿责任，是否包括破产申请受理后的利息尚未明确，但即便作包括解释也与第 94 条、第 106 条的立场并不相悖。因此，不能对第 124 条作出保证人无须承担受理后利息清偿责任的解释。

第三，债务人利息豁免的依据是法定事由而不是债权人同意豁免。根据《担保法》规定，债权人同意债务人不履行债务时可以相应减免保证责任，但这也仅仅限定在当事人同意情形，而《企业破产法》第 46 条规定内容，则不属于担保法规定应当免除保证责任的法定情形。

第四，司法实践中，债权人为确保其债权实现，往往会在保证合同中约定主债务人破产不能成为保证人的抗辩事由，在保证合同另有约定的情况下，保证人按照约定的范围和方式承担保证责任，符合当事人意思自治的法律原则。保证合同可以约定保证人只保证一部分的债务，也可以约定在主债务人破产后，保证人仍须承担债务利息，直至债务全部还清为止。

综上所述，《企业破产法》第 46 条关于停止计息的规定不影响债权人要求保证人对该部分利息承担清偿责任。②

---

① 夏群佩、洪海波：《主债务人进入破产程序后连带保证人的责任范围》，载《人民司法·案例》2017 年第 14 期。

② 康靖：《保证人是否应承担债务人破产后的债务利息》，载《山东审判》2016 年第 1 期。

【典型案例 23】

典型案例裁判文书

浙江省台州市中级人民法院(2016)浙10民终1872号民事判决书

案例索引：华夏银行与双友机电公司、蔡开坚、许玉妹、中昌公司、爱华集团公司、爱华房地产公司、项道铨、陈爱丽等保证合同纠纷案①。一审：（2016）浙 1002 民初 2951 号；二审：(2016) 浙 10 民终 1872 号。

基本案情：2013 年 9 月 13 日，原告华夏银行台州分行与被告双友机电公司签订了最高额保证合同，约定双友机电公司自愿在最高债权本金余额 3000 万元整的范围内为借款人浙江中捷环洲供应链集团股份有限公司（以下简称中捷公司）自 2013 年 9 月 13 日起至 2014 年 9 月 13 日止同原告连续签订的多个流动资金借款合同项下债务提供连带责任保证担保。2014 年 3 月 13 日，原告与被告蔡开坚、许玉妹分别签订了个人最高额保证合同，约定被告蔡开坚、许玉妹自愿在最高债权本金余额 5000 万元整的范围内为借款人中捷公司自 2014 年 3 月 13 日起至 2015 年 4 月 30 日止同原告连续签订的多个流动资金借款合同项下债务提供连带责任保证担保。

上述最高额保证合同项下共发生三笔借款，分别是：1. 编号为 TZ0210120140030 号的流动资金借款合同，约定，合同项下贷款本金为 2000 万元整，贷款年利率为 6.15%，期限自 2014 年 3 月 13 日至 2015 年 4 月 13 日等。2. 编号为 TZ0210120140029 号和 TZ0210120140031 号的流动资金借款合同，约定：每笔合同项下原告向借款人中捷公司发放流动资金贷款本金各 1500 万元整，贷款年利率均为 7.8%，期限自 2014 年 3 月 13 日至 2014 年 9 月 13 日等。

同时，为确保债权的实现，原告与被告中昌公司、被告爱华集团公司、被告爱华房地产公司、被告项道铨、被告陈爱丽分别签订了保证合同，约定各被告自愿为借款人中捷公司与原告所签订的编号为 TZ0210120140030 号的流动资金借款合同（以下简称主合同）项下债务提供连带责任保证担保。签订上述合同后，原告依约向借款人中捷公司发放

① 夏群佩、洪海波：《主债务人进入破产程序后连带保证人的责任范围》，载《人民司法·案例》2017 年第 14 期。

了贷款。2014年9月12日，原告与借款人及被告双友机电公司、蔡开坚签订了展期协议，对编号为TZ0210120140029号和TZ0210120140031号的流动资金借款合同项下两笔借款合计3000万元进行展期。两份展期协议均约定合同项下展期金额各为1500万元，年利率7.8%，展期后借款到期日为2015年3月13日，担保人均继续承担担保责任。原告庭审中陈述，本案借款利息已支付至2014年10月13日。

2014年10月13日，中捷公司资不抵债，经法院裁定受理其破产重整申请。2014年12月15日，原告申报债权为借款本金5000万元。2015年6月2日，法院裁定批准中捷公司重整计划草案。该重整计划草案对于普通债权计划分三期清偿，第一期在重整计划经法院裁定批准之日起30个工作日内清偿，第二期在2016年5月30日前清偿，第三期在2017年4月30日前清偿。2015年7月1日，原告受偿第一期破产债权824万元，剩余债权尚未获清偿（分配款按比例分摊，三笔借款本金余额分别为12528000元、12528000元、16704000元）。

现原告诉请双友机电公司、蔡开坚、许玉姝、中昌公司、爱华集团公司、爱华房地产公司、项道铨、陈爱丽等依约承担连带保证责任。

法院裁判：根据《担保法解释》第四十四条规定，债务人进入破产程序后，债权人可以选择申报债权或向保证人主张权利，若申报了债权，则应在破产程序终结后6个月内要求保证人承担保证责任；另，《最高人民法院对〈关于担保期间债权人向保证人主张权利的方式及程序问题的请示〉的答复》进一步解释，在债权人既申报了债权同时又起诉保证人的案件中，若需等待破产程序终结的，裁定中止诉讼；若径行判决的，应在判决中明确扣除债权人在破产程序中受偿的部分。可见，债权人已选择申报债权方式受偿时，保证人承担保证责任的实际履行期限应在债务人破产程序终结之后，即债权人在破产程序中实际受偿的金额确定后，保证人才对不足部分承担偿还责任。

原告与中捷公司签订的流动资金借款合同、与各被告签订的保证合同系各方当事人的真实意思表示，内容并不违法，应为有效合同。中捷公司不能清偿到期债务申请破产重整，原告就涉案债权已向破产管理人申报并得以确认，同时又起诉要求各被告承担保证责任，根据《最高人民法院对

〈关于担保期间债权人向保证人主张权利的方式及程序问题的请示〉的答复》的规定，对于债权人申报了债权，同时又起诉保证人的保证纠纷案件，人民法院应当受理；在具体审理并认定保证人应承担保证责任的金额时，如需等待破产程序结束的，可依照《民事诉讼法》第一百三十六条第一款第（五）项的规定，裁定中止诉讼；人民法院如径行判决保证人承担保证责任，应当在判决中明确应扣除债权人在债务人破产程序中可以分得的部分。本案借款人的破产程序尚未终结，原告在破产程序中受偿的金额尚无法确定，故各被告承担的保证责任应当扣除原告在中捷公司破产程序中受偿的部分。

裁判要旨：在主债务人进入破产程序后，如果该债权附有连带保证担保，保证人责任范围应与主债权一致，对于债权人不能列入破产债权的部分，如破产受理后债权停止计息的规定，其效力应及于保证人。对于债权人已经申报债权后或已部分受偿后又向保证人主张权利，法院无须中止审理案件，可以作出附履行条件判决。

问题21. 破产人的债权人已经申报债权或已部分受偿后又向保证人主张权利的，应如何处理

理论而言，债务人破产有实体破产和程序破产之分。实体破产指债务人已受法院破产宣告，进入破产清算程序；程序破产指债务人的破产申请被法院受理，针对债务人的破产程序开始启动，债务人还存在避免实体破产的可能。《担保法》规定，一般保证人行使先诉抗辩权的限制开始于债务人破产案件被法院受理。因此，以债务人程序破产作为先诉抗辩权行使的限制。按照《企业破产法》第10条的规定，破产申请必须由法院裁定是否受理，法院裁定受理破产申请之日，即债务人进入破产程序之时。债务人进入破产程序后，一般保证人转化为连带保证人。此后，如债务人与债权人重整、和解而免于破产宣告，保证人只能以债权人身份向债务人行使追偿权，而不能要求已受清偿的债权人返还。债务人进入破产程序后，债权人可以依照《企业破产法》的规定申报债权，参加破产程序。与此同时，债权人也可以向保证人主张权利。

在主债务人进入破产程序后，对于债权人已经申报债权后或已部分受偿后又向保证人主张权利的情况应当如何裁判，由于没有明确的规定，在司法实践中也是个较难处理的问题。

根据《担保法》第 17 条第 3 款第 2 项的规定，债务人进入破产程序后，一般保证人丧失“先诉抗辩权”，转化为连带责任保证人；第 18 条第 2 款规定，债权人既可以要求债务人清偿债务，也可以要求连带保证人承担保证责任。这两条规定意味着无论保证人承担何种保证责任，在债务人进入破产程序之后，债权人均可以同时向债务人和保证人主张权利。保证人可能就保证债务部分或全部向债权人清偿，根据《企业破产法》第 51 条的规定，若保证人已代替债务人清偿全部债务，则保证人以其对债务人的求偿权申报债权，债权人的债权在此时已经完全得到清偿，因此其不得再申报债权；若保证人未代替债务人清偿债务，则或者是保证人以其对债务人的将来求偿权申报债权，或者是债权人自己申报债权。

那么债权人在申报债权之后破产程序结束之前就不存在其他救济手段了吗?《担保法解释》第 44 条规定:“保证期间，人民法院受理债务人破产案件的，债权人既可以向人民法院申报债权，也可以向保证人主张权利。债权人申报债权后在破产程序中未受清偿的部分，保证人仍应当承担保证责任。债权人要求保证人承担保证责任的，应当在破产程序终结后六个月内提出。”根据破产法的一般原理，在破产清算程序结束后，债权人的债权一般情况下只能得到部分清偿。但由于保证人的存在，即使债权人申报的债权未能在破产程序中得到全部清偿，在保证期间内债权人依然可以向保证人主张权利，要求其对剩余部分进行清偿。因此，债权人经常遇到的困惑是：在其债权明显不能完全通过破产程序受偿的前提下，债权人如果已经在破产程序中申报了债权，是否仍必须要等破产程序终结后的 6 个月之内再次向法院起诉要求保证人主张权利? 很显然，债权人不会愿意等漫长的破产程序结束之后再起诉保证人。这是因为时间越长，不可确定的因素就会增多，对债权人主张权利不利的可能性也就会加大。为此，债权人经常会选择既申报债权，同时又起诉保证人的两者并举的救济方式。但司法实践中的这种做法虽然没有违反法律法规规定，但确实还没有明确法律依据规范。因此，其成为司法实践中，争议较大难处理的一类案件。《最高人民法院对〈关于担保期间债权人向保证人主张权利的方式及程序问题的请示〉的答复》给出了具体的处理方法，即对此类案件，人民法院应当受理，在具体审理并认定保证人应承担保证责任的金额时，如需等待破产程序结束的，可以中止诉讼。如径行判决保证人承担保证责任，应当在判决中明确应扣除债权人在债务人破产程序中可以分得的部分。

这里需要注意的是，在债权人同时向法院申报债权和向保证人行使权利的情形下，债权人在破产程序中可能得到的破产财产分配额，没必要在保证人应当承担的保证责任中预先扣除，法院仍可以全额裁判。但是，债权人如果已经得到破产财产分配，应及时向法院说明，以便于法院在对保证人的判决中予以扣减；已经裁判完毕的，则在执行中扣减，避免债权人超额受偿。必须强调的是，债权人向法院说明已获得的破产财产分配金额，属于其应当承担的法定义务，债权人未履行该义务或者因过错未如实说明的，由此给保证人造成的损失，应当赔偿。

【典型案例 24】

案例索引： 东方国际集团上海荣恒国际贸易有限公司诉浙江班班纸业有限公司保证合同纠纷案。一审：(2009) 沪一中民四（商）初字第 22 号；二审：(2010) 沪高民二（商）终字第 60 号。[1]

典型案例裁判文书

上海市高级人民法院(2010)沪高民二(商)终字第60号民事判决书

基本案情： 荣恒贸易公司分别与荣昌公司、天昕亚伦公司和天昕公司订立多份代理进口合同及国内购货合同，约定由荣恒贸易公司代理荣昌公司、天昕亚伦公司、天昕公司进口、购买木浆，并对相关事项进行了明确的约定。合同订立后，荣恒贸易公司按约交付了货物，但荣昌公司、天昕亚伦公司、天昕公司未按约足额支付货款。其后，荣恒贸易公司（甲方）与天昕公司、天昕亚伦公司、荣昌公司、班班纸业公司（以上四方统称乙方）签订还款协议一份，协议载明：乙方确认在委托甲方代理进口及国内贸易过程中对甲方负有债务，乙方欠款均已到期；天昕公司、天昕亚伦公

---

① 最高人民法院中国应用法学研究所：《人民法院案例选》2011 年第 3 辑（总第 77 辑）。

司、班班纸业公司对荣昌公司的欠款承担连带担保责任，担保期限自荣昌公司应付款日起两年等；乙方的还款将按顺序优先清偿甲方到期的债权，同时到期的，按债权比例清偿，乙方任何一期逾期还款，视为乙方全部债务到期，甲方有权就乙方所欠甲方全部余款一并主张，且乙方各公司应承担连带清偿责任。同日，荣恒贸易公司与荣昌公司签订抵押合同一份，约定为保障上述还款协议的执行，荣昌公司愿意向荣恒贸易公司提供抵押担保，抵押担保的范围为荣恒贸易公司依据还款协议向债务人主张的全部欠款、逾期利息和实现抵押权的费用。其后，荣昌公司、荣恒贸易公司办理了动产抵押登记。后天听亚伦公司还款共计人民币 100 万元，尚余人民币 28477175.94 元未付。

随后，经人民法院裁定，天听亚伦公司、荣昌公司、天听公司先后进入重整程序。同年，荣恒贸易公司先后向天听亚伦公司、荣昌公司、天听公司申报债权。其后，人民法院作出民事判决书，撤销荣恒贸易公司与荣昌公司签订的抵押合同，该判决已生效。

荣恒贸易公司提起诉讼，请求判令班班纸业公司对人民币 28477175.94 元承担连带保证责任，并偿付以该款为本金自 2009 年 5 月 26 日起至实际支付之日止按银行同期贷款利率计算的利息损失。

班班纸业公司辩称：荣恒贸易公司已经向天听亚伦公司、荣昌公司、天听公司申报了债权，不应再向其主张权利。

法院裁判：本案系因主债务人到期未履行债务，债权人向保证人主张权利而引发的保证合同纠纷，双方当事人争议的事实和法律问题主要有以下几点：

荣恒贸易公司是否有权提起本案诉讼。班班纸业公司认为根据《担保法解释》第四十四条第二款规定，债权人对于在破产程序中未受清偿的部分要求保证人承担保证责任的，应当在破产程序终结后六个月内提出。现荣恒贸易公司已经申报了债权，破产程序尚未终结，故荣恒贸易公司无权同时向班班纸业公司主张担保债权。对此，法院认为，班班纸业公司为主债务人天听公司、天听亚伦公司、荣昌公司的债务向荣恒贸易公司提供了连带共同保证，班班纸业公司与主债务人对债权处于同一清偿顺序。根据《担保法解释》第四十四条第一款“保证期间，人民法院受理债务人破产案件的，债权人既可以向人民法院申报债权，也可以向保证人主张权利”的规定，荣恒贸易公司在申报债权、参加破产程序的同时，可以要求班班纸业公司承担保证责任。《担保法解释》第四十四条第二款规定主要针对的是债权人就破产程序中未受清偿部分向保证人追偿的期限问题，并非禁止债权人在申报债权的同时向保证人主张权利，故荣恒贸易公司现提起本案诉讼并无不当。

本案是否应当中止审理。班班纸业公司认为，即使法院已经受理了本案，但为了避免荣恒贸易公司双重受偿，本案也应当中止审理。对此，法院认为，如果保证人在破产程序尚未终结前履行了保证责任，而债权人在破产程序中又获得了部分受偿，确有可能出现同一债务双重受偿的结果。若债权人在双重受偿后，未将双重受偿部分主动返还给保证人，亦可能会产生新的纠纷和诉讼。为了保证债权人担保债权的及时实现，同时又避免双重受偿等情况的发生，法院确认，保证人在破产程序尚未终结前可暂时停止向债权人清偿，待破产程序终结后再根据破产受偿情况，向债权人作出相应的清偿，债权人向保证人主张的权利应当以破产程序中未受清偿的部分为限。至于本案的审理，无须中止。

荣恒贸易公司对抵押权不能实现是否存有过错。法院认为，本案系争抵押合同被撤销的原因系抵押权的设立时间在法院受理荣昌公司破产申请前一年。根据法律规定，法院受理破产申请前一年，对没有财产担保的债务提供财产担保的，管理人有权请求法院予以撤销，因此抵押合同被撤销并非班班纸业公司或荣恒贸易公司任何一方的责任。虽然荣昌公司在抵押合同签订后3个多月即进入了破产重整程序，但班班纸业公司并无证据证明荣恒贸易公司与荣昌公司存在串通骗取班班纸业公司提供保证的情况，而法律亦未规定债权人有对债务人或担保人的经营状况进行审查的义务，故荣恒贸易公司对抵押合同被撤销不存在过错。至于班班纸业公司认为荣恒贸易公司怠于行使担保物权的问题，法院认为，虽然荣恒贸易公司可以按照还款协议的约定，在主债务人未按期履行2009年5月还款义务的情况下，宣布全部债权到期并行使抵押权，但由于荣昌公司在2009年6月25日即进入破产重整，因此荣恒贸易公司未在此较短期间内行使抵押权并不属于怠于行使权利的情形。更何况，即使荣恒贸易公司行使了抵押权，但由于不符合法律规定，仍然会被荣昌公司管理人请求撤销。故抵押合同被撤销、抵押权无法实现，荣恒贸易公司并无过错。

关于班班纸业公司应承担的担保责任范围的问题。班班纸业公司称其提供连带责任保证是基于荣昌公司提供了物的抵押，其真实意思是仅就荣昌公司提供的抵押物不足以实现债权的部分承担保证责任。对此法院认为，由于各方签订的还款协议并无班班纸业公司仅就抵押物不足清偿债权部分承担保证责任的约定，班班纸业公司亦未提供其他证据证明各方对其应承担的保证责任范围另有约定，故班班纸业公司承担保证责任的范围仍应以还款协议的约定为准。荣恒贸易公司对天听公司和天听亚伦公司的债权，既有班班纸业公司作为连带责任保证人提供的保证又有荣昌公司提供的物的担保，根据法律规定，荣恒贸易公司可请求保证人或者物的担保人承担担保责任。现荣恒贸易公司选择请求班班纸业公司承担保证责任符合法律规定，班班纸业公司应对天听公司、天听亚伦公司的全部债务承担连带保证责任，而非仅对物的担保以外的债务承担保证责任。荣恒贸易公司对荣昌公司的债权同样既有物的担保又有保证存在，但由于物的担保系债务人荣昌公司提供，在抵押权有效的情况下，班班纸业公司仅对物的担保以外的债权承担保证责任。现抵押合同已被生效判决撤销，抵押权已不复存在，而荣恒贸易公司对抵押合同被撤销并无过错，故班班纸业公司应对荣昌公司的全部债务承担连带保证责任。

综上，法院认为，荣恒贸易公司作为债权人在申报债权、参加破产程序的同时，又提起本案诉讼，要求作为连带共同保证人的班班纸业公司承担保证责任并无不当。由于破产程序尚未终结，荣恒贸易公司从主债务人处获得清偿的部分尚未确定，为避免双重受偿等情况的出现，法院确认班班纸业公司应在天听公司、天听亚伦公司、荣昌公司破产程序终结后，对荣恒贸易公司未受清偿的部分承担还款责任。

裁判要旨：保证期间，人民法院受理债务人破产案件的，债权人既可以向人民法院申报债权，也可以向保证人主张权利。债权人申报债权后在破产程序中未受清偿的部分，保证人仍应当承担保证责任。债权人要求保证人承担保证责任的，应当在破产程序终结后六个月内提出。

问题 22. 分支机构经法人同意的对外保证无效后的民事责任承担

根据《担保法》的规定，企业法人的分支机构作为保证人为他人提供担保必须有法人的书面授权。这是因为保证不属于一般的日常经营活动，具有较大的风险，而企业法人的分支机构的财产只具有相对独立性。因而，立法对企业法人分支机构提供担保进行了特别严格的限制。此处需要注意的是，如何理解企业法人对其分支机构的“书面授权”?

企业法人的分支机构提供保证的，必须有法人的书面授权，明确授予分支机构提供保证的权利。没有书面授权或只有口头授权的，分支机构不得提供保证。在此处，“书面授权”是指授权分支机构以企业法人的名义提供保证，还是以分支机构名义提供保证，不无疑问。从《担保法》第 10 条的规定来看，应当可以解释为分支机构在企业法人书面授权后仍然是以自己的名义对外提供保证担保，但由于企业法人的分支机构没有独立人格，其对外虽可以自己的名义作出意思表示，但本质上仍是法人的意思。

《担保法》第 29 条明确规定，不具有担保人资格的分支机构对外提供担保将导致保证合同无效的法律后果，并确立了过错归责原则作为合同无效后民事责任分配的规则。而经过法人授权后，分支机构对外进行保证已经具备了主体资格的合法性，不会因为主体资格方面的瑕疵导致保证无效。但从司法实践来看，保证行为依然可能因其他瑕疵事由导致保证无效的法律后果。此时，相应的法律责任承担问题成为考察重点。因此，下文不再过多强调“经法人同意”这一问题，而是着重论述相应责任的承担问题。

分支机构对外保证无效后的责任承担应当细分为两个问题进行说明，首先应明确责任范围，然后确定应该由谁承担相应责任。

第一，企业法人分支机构无效保证产生的责任性质及责任范围。

《担保法》第 5 条第 2 款规定:“担保合同被确认无效后，债务人、担保人、债权人有过错的，应当根据其过错各自承担相应的民事责任。”可见，保证合同无效虽然不产生保证责任，但仍会产生无效合同的民事责任。对这种“民事责任”的性质、责任主体以及责任范围，我国法律没有明确。保证无效的民事责任显然与民法中的违约责任、侵权责任有着明显区别。在保证无效的情况下，保证人不存在履约的过错责任，同时其行为也不涉及侵权责任。一般而言，保证之所以被确认无效是因当事人在缔约过程中的疏漏导致的。

合同无效时，当事人承担缔约过失责任是我国民法学界的通说。保证合同是合同的类型之一，其无效时产生的责任当然是缔约过失赔偿责任。且该责任的大小与债权人和保证人在缔约过程中的过错相关联。[①] 所谓缔约过失责任是指缔约人故意或者过失的违反先合同义务，导致合同不成立或者无效或者被撤销，造成另一方损失而应承担的民事责任；而先合同义务是双方当事人为了缔结合同而产生的互相协助、互相通知等义务。

合同无效产生的缔约过失赔偿责任不同于违约责任，其赔偿范围是信赖利益损失，即因信赖合同有效而遭受的损失，不包括预期利益的损失。承担信赖利益损失的结果是使当事人的财产达到合同未签订时的状态，其终极目标是使债权人的财产利益恢复原状，其损失范围既包括因一方的缔约过错行为导致的信赖一方直接财产的减少，如合同当事人支付的签约费用，在签约过程中遭受的人身、财产损失，也包括信赖一方的财产应增加而未增加的利益，如缔约机会的丧失，具体而言，债权人将因此丧失得到合格的保证人的机会。换言之，即债权人的债权从有担保债权变为无担保债权可能造成的损失。

第二，企业法人分支机构无效保证的责任分担。

根据《担保法》第 5 条的规定，无效保证的责任适用过错归责原则，该责任包含两个要件：一是债权人与保证人在订约时，主观上有违反法律行为的过错；二是这个过错引起了财产损失，并且与过错有直接联系。因此，确定保证无效的责任分担的关键问题在于确定债权人、债务人、分支机构各自的过错。过错的认定没有统一的标准，需要法官在具体案件中结合实际情况进行分析，综合考虑合同当事人的约定、诚实信用原则以及公平原则作出判断。

在明确了相关当事人的过错情况后，具体民事责任的承担分配规则为

---

① 赵霞：《企业法人分支机构无效保证责任研究》，载《法律适用》2018 年第 3 期。

《担保法解释》第7条确立的“主合同有效而担保合同无效，债权人无过错的，担保人与债务人对主合同债权人的经济损失，承担连带赔偿责任；债权人、担保人有过错的，担保人承担民事责任的部分，不应超过债务人不能清偿部分的二分之一”。

关于担保人责任份额上限为二分之一的规定，有支持和反对两种观点。持反对观点的学者认为，《担保法解释》不分具体情况，按照债权人、担保人均分计算，机械地一律将担保人的民事责任限制在债务人不能清偿部分的二分之一，这就忽视了过错在确定责任中的作用。[①] 例如，如果担保人对担保合同无效存在故意，而债权人仅存在一般过错，担保人所承担的责任也不能超过债务人不能清偿部分的二分之一。这样的规定尽管易于操作，但不利于法官根据案情酌情处理案件。因此，在担保人对担保合同无效存在故意而债权人仅存在一般过错时，可以在二分之一的基础上适当扩大保证人的责任。

持赞同观点的学者认为，违反法律明确规定的保证人资格导致保证合同无效的，《担保法解释》规定的二分之一是责任上限，其本意是保证人对债权人的赔偿责任还可以再减少，“真正贯彻担保法……的禁止性规定，根本途径是……不实行损害赔偿，债权人损失自负。理由是：法律已经明文禁止此类主体作担保人，任何相对人都应当知道，在明知或者应当知道的情况下还要与此类主体签订担保合同，所受损失理应自负。这样一来债权人接受这样的担保不能获得任何益处，可以起到逐渐杜绝此类主体作担保人的作用”[②]。

笔者赞同第二种观点，根据缔约过失责任原理，受损害者有过错的，不能要求相对人全部赔偿。过错是抽象事实，难以具体量化，但司法实践又对划分无效保证人承担责任相对统一的标准具有客观需要。因此，在过错大小的确定上应立足于利益权衡，并体现一定的价值导向。在债权人、保证人均有过错导致主合同有效而保证合同无效时，《担保法解释》第7条考虑到保证一般无对价，要求保证人承担过重的责任可能导致利益失衡，不符合公平原则，故按照合同主体不同，在形式上采用均分方式，将保证

① 郭明瑞、房绍坤、张平华：《担保法》，中国人民大学出版社2017年版，第15页。

② 房绍坤：《民商法问题研究与适用》，北京大学出版社2002年版，第78页。

人承担的责任份额上限规定为二分之一。如此规定可以最大程度上平衡各方当事人利益，确保最大可能实现个案的公平与正义。

第三，作为保证人的分支机构承担责任的具体情况。

《担保法解释》第 17 条规定为："企业法人的分支机构提供的保证无效后应当承担赔偿责任的，由分支机构经营管理的财产承担。企业法人有过错的，按照担保法第二十九条的规定处理"。《担保法》第 29 条的规定为："企业法人的分支机构未经法人书面授权或者超出授权范围与债权人订立保证合同的，该合同无效或者超出授权范围的部分无效，债权人和企业法人有过错的，应当根据其过错各自承担相应的民事责任；债权人无过错的，由企业法人承担民事责任。"比较上述两个法条可知，《担保法解释》第 17 条作为特别法在担保无效的责任承担问题上具有适用的优先性。所以，在分支机构作为保证人的保证合同无效后，首先应当由分支机构经营管理的财产承担责任，企业法人承担最终责任。

典型案例裁判文书

山东省高级人民法院民事判决书(2015)鲁民一终字第529号

【典型案例 25】

案例索引：青岛新华友建工集团股份有限公司等诉王汉峰民间借贷纠纷案。一审：(2013) 济民初字第 125 号；二审：(2015) 鲁民一终字第 529 号；再审：(2016) 最高法民再 322 号。

基本案情：2012 年 10 月 13 日，王汉峰与徐辉、赵兴霞签订一份借款合同。同日，徐辉、赵兴霞向王汉峰出具一份《借款说明》：本人系新华友公司的项目经理。经与公司协商并经授权，本人承包了泰安玉都国际大厦 A 区综合楼及商业门面房工程（位于泰安市东岳大街××交叉口处）的楼盘建设。为了完成该楼盘的具体施工任务，本人将从王汉峰同志处陆续借部分款项（具体金额以书写的借条为准）。现本人郑重声明：上述借款将全部用于泰安玉都国际大厦 A 区综合楼及商业门面房工程，本人也会陆续从发包方支付的工程款中优先足额偿还上述借款及利息，最迟到工程完工后一次付清。以上合同签订后，自 2012 年 10 月 13 日至 2013 年 6 月 1 日，徐辉、赵兴霞共向王汉峰出具 24 张借款条，借款数额共计 619.9550

万元。

新泰分公司的工商登记材料显示，2013年8月28日新华友公司出具指定代表或者共同委托代理人的证明一份，指定徐辉办理新泰分公司的设立手续。2013年9月25日新华友公司出具一份新泰分公司设立登记申请书并加盖公章，法定代表人于忠福在设立登记申请书上签名。2013年9月26日，新泰分公司在新泰市工商行政管理局登记成立，并领取了营业执照，注册号为37098210001441—1，负责人为李先坤。

2013年11月11日，新泰分公司向徐辉、赵兴霞出具一份特别声明，内容为："鉴于我公司项目负责人徐辉、赵兴霞同志为了泰安玉都国际大厦的工程建设，陆续从王汉峰同志处分33笔共计借款655万元，而为了确保新泰泰和名城二期工程不影响施工进度，徐辉、赵兴霞又从泰安玉皇府结算的工程款中部分投入该工程上，致使欠王汉峰同志的借款迟迟不能偿还。为妥善解决此事，现我公司郑重声明：一、徐辉、赵兴霞从王汉峰处分33笔共计借款655万元，系我公司授权所为。二、我公司将利用从新泰泰和名城二期工程上结算的工程款，尽快偿还王汉峰同志。三、我公司同时承诺，对上述借款总额承担连带偿还责任。"

2014年2月17日，青岛市公安局崂山分局向新华友公司送达一份立案告知书，内容为：徐辉伪造印章案，我局认为有犯罪事实发生，需要追究刑事责任，且属于管辖范围，现根据《中华人民共和国刑事诉讼法》第一百一十条之规定，立刑事案件。

法院裁判：关于《特别声明》的性质问题。第一，关于《特别声明》是否新泰分公司代表新华友公司所作追认。首先，行为人没有代理权、超越代理权或者代理权终止后以被代理人名义订立合同的，被代理人可予以追认，但应以被代理人在无权代理行为发生时已经存在为前提。案涉借款发生之时，新华友公司尚未授权徐辉设立新泰分公司，新泰分公司事实上亦未依法设立，因此不存在追认的前提和基础。其次，2012年10月13日徐辉、赵兴霞向王汉峰出具的借款说明，以及2013年11月11日新泰分公司出具的《特别声明》，均明确记载借款用途为泰安玉都国际大厦工程建设，而与新泰分公司无关。最后，如果《特别声明》构成对案涉借款债务的追认，则应当由被代理人新泰分公司承担全部清偿责任。但新泰分公司在《特别声明》中明确表示对案涉借款债务承担连带责任，王汉峰在本案中亦起诉请求新泰分公司与徐辉、赵兴霞连带承担案涉借款债务。因此，虽然《特别声明》明确表示徐辉、赵兴霞案涉借款行为系新泰分公司授权所为，但与客观事实不符。王汉峰关于《特别声明》系新泰分公司对徐辉的借款行为予以追认的主张不能成立。第二，《特别声明》中新泰分公司的真实意思是债务加入还是连带责任保证？王汉峰主张《特别声明》中新泰分公司的真实意思为债务加入，而新泰分公司及新华友公司均主张为连带责任保证。所谓债务加入，是指原债务人并不脱离债的关系，而由第三人加入债的关系中来与原债务人一起承担债务，我国法律对此没有明确规定。连带责任保证是第三人为了确保债权人之债权的实现而为债务人履行债务所提供人的担保。二者均具有为债权人实现债权提供保障的性质和功能，但连带责任保证债务与主债务具有主从关系，而第三人加入债务与原债务则并无主从关系。《特别声明》就新泰分公司对案涉借款债务所承担的连带清偿责任作出了明确承诺，但并未区分新泰分公司所负担债务与案涉借款债务之间的主从关系，王汉峰在一审庭审中所作表述亦对此未予明确。因此，《特别声明》的内容更符合债务加入的特征。

关于《特别声明》的效力问题。如前所述，我国法律就债务加入未作明确规定，与债务加入在法律性质上最为接近并且有明确法律规定的应为连带责任保证法律关系，可参照适用担保法的相关规定。本案所涉及的新泰分公司加入债务的效力问题，本质上属于分公司的权利能力问题，担保法上与之近似的是分公司的担保权限问题。就此，基于分公司属于不完全民事主体地位，《担保法》第二十九条规定："企业法人的分支机构未经法人书面授权或者超出授权范围与债权人订立保证合同的，该合同无效。"《担保法解释》第十七条规定："企业法人的分支机构未经法人书面授权提供保证的，保证合同无效。"连带保证责任保证人依法享有追偿权等权利，其保证责任相较于债务加入的责任较轻。企业法人分支机构对外提供责任较轻的保证尚须企业法人授权，否则无效，根据举轻以明重的逻辑，则其对外加入债务更须得到企业法人授权，否则更应认定为无效。本案中，《特别声明》上虽加盖了新泰分公司印章，但王汉峰没有证据证明新泰分公司出具该声明时得到了新华友公司授权，故应认定为无效。

关于新泰分公司及新华友公司应否承担民事责任的问题。王汉峰在明知新华友公司没有授权的情况下，仍接受新泰分公司出具的《特别声明》，新华友公司对此并无过错。此外，2012年10月13日订立的案涉借款合同和徐辉于同日出具的《借款说明》均载明借款主体为徐辉、赵兴霞本人，《借款说明》并明确徐辉与新华友公司之间系承包关系，而且《特别声明》系在全部借款实际发生后由新泰分公司出具，因此王汉峰并非基于《特别声明》对新华友公司产生信赖而出借款项。参照《担保法解释》第十七条第四款关于"企业法人的分支机构提供的保证无效后应当承担赔偿责任的，由分支机构经营管理的财产承担。企业法人有过错的，按照担保法第二十九条的规定处理"的规定，新泰分公司应当以其经营管理的财产赔偿因《特别声明》无效给王汉峰造成的损失，新华友公司对此不承担赔偿责任。

裁判要旨：企业法人的分支机构提供的保证无效后应当承担赔偿责任的，由分支机构经营管理的财产承担。企业法人有过错的，按照《担保法》第二十九条的规定处理。

问题23. 债权转让对保证责任有何影响

《担保法》第22条规定："保证期间，债权人依法将主债权转让给第三人的，保证人在原保证担保的范围内继续承担保证责任。保证合同另有约定的，按照约定。"《担保法解释》第28条规定："保证期间，债权人依法将主债权转让给第三人的，保证债权同时转让，保证人在原保证担保的范围内对受让人承担保证责任。但是保证人与债权人事先约定仅对特定的债权人承担保证责任或者禁止债权转让的，保证人不再承担保证责任。"《担保法》和《担保法解释》的上述规定，均肯定了主债权转移不影响保证人承担的保证责任。另外，根据我国《合同法》第81条的规定，主债权转移的，从权利随之转移。债权人对保证人享有的保证债权属于主债权的从权利，主债权转移的，保证债权随之转移，保证人仍然承担保证责任。可见，《担保法》第22条和《担保法解释》第28条的规定系对《合同法》第81条的具体体现。

债权转让原则上不影响保证人继续承担保证责任的理论基础是，保证人因与债务人之间的信任关系而为债务人提供保证，只要债务人没有变化，由谁享有债权对保证人不产生影响。其结果对保证人也不产生实质损害。对债权人而言，其享有保证债权的债务在转让时依然具有保证人的担保效用，不会在转让债权时使其利益受损。并且因保证合同产生的保证债权与主债权有从属性：主债权转让的，保证债权也同时转让。由此，担保法规定的担保合同与主合同之间的主从关系也得到体现。当然，基于意思自治原则，保证合同如果约定限制主债权的转让，法律也支持当事人的约定。司法解释更进一步将此种限制具体化为对债权人的特定化要求和禁止债权转让两种情形，增加了法律的可操作性，并将担保法的抽象规定具体化。保证人如约定仅对特定债权人承担保证责任或禁止债权转让，反映了保证人仅愿意与特定债权人之间发生固定的担保关系，法律应当予以尊重。

应当注意的是，保证人与债权人约定禁止债权转让，并不能产生绝对禁止债权转让的法律效力。事实上，债权人仍可依法转让债权，保证人或者受让人均不得以债权人与保证人有禁止债权转让的约定而主张转让无效，但保证人因此获得免除保证责任的抗辩权或可追究债权人的违约责任。

典型案例裁判文书

最高人民法院(2003)民一终字第46号民事判决书

【典型案例 26】

案例索引： 何荣兰诉海科公司等清偿债务纠纷案①。一审：山东省高级人民法院（2003）鲁民一初字第 4 号；二审：最高人民法院（2003）民一终字第 46 号。

基本案情： 1994 年 8 月 24 日、12 月 2 日和 12 月 5 日，东营水泥制品厂（以下简称水泥制品厂）分别向中国农业银行东营市河口区支行借款 100 万元、93 万元和 7 万元，上述借款均由东营市黄河口建材开发总公司（以下简称建材公司）担保。

---

① 载《最高人民法院公报》2004 年第 4 期（总第 90 期）。

1996年12月24日，水泥制品厂向中国农业银行东营市东营区支行借款1050万元，用于购买水泥制品材料，期限1年，自1996年12月24日至1997年12月24日，该合同第二条约定，水泥制品厂应按合同约定的期限归还贷款本息。逾期贷款在逾期期间按日利率万分之四计收利息。如需延期还款，水泥制品厂必须在贷款到期前十日提出延期申请，经同意后签订延期还款协议，延期协议签订后，其效力及于保证人，保证人自愿继续承担保证责任，原保证期间相应延长。该合同第五条约定，保证人与借款人对债务承担连带责任。保证人保证期间为：自本合同生效之日起最后一笔借款到期日后的两年，即自1997年12月24日至1999年12月24日。该合同由东营市海科化学工业有限责任公司（原山东东营石油化工厂，以下简称海科公司）担保。

1997年12月24日，中国农业银行东营市东营区支行与水泥制品厂、海科公司签订（97）农银保借延协字第00013号《保证担保借款延期还款协议书》约定，水泥制品厂于1996年12月24日向贷款人借款1050万元，应于1997年12月24日偿还全部借款本息，由于资金短缺原因，不能如期偿还，经各方协商一致同意延期到1998年3月24日偿还，1996年12月24日签订的《借款合同》是本协议不可分割的整体，原《借款合同》各项条款对本协议仍有效，本协议与原《借款合同》条款有抵触者，以本协议为准。海科公司作为担保人在该协议上签章认可。

1998年6月20日，中国农业银行东营市河口区支行向水泥制品厂发出了贷款逾期催收通知书，水泥制品厂及担保人建材公司于1998年6月22日在该通知上盖章。1999年11月29日，中国农业银行山东省分行催收到（逾）期借款通知书第25号。1999年12月22日，水泥制品厂签发通知单回执载明：第25号催收到（逾）期借款通知书，已于1999年12月22日收到，意见如下：尽快筹集资金，归还银行贷款。水泥制品厂加盖了公章。担保人的法定代表人亦签名并加盖了公章，落款时间为2000年3月23日。

1999年12月20日，中国农业银行东营市河口区支行向水泥制品厂发出贷款逾期催收通知书，水泥制品厂及担保人建材公司于1999年12月22日在该通知书上签章。

2000年3月10日，中国农业银行山东省分行与中国长城资产管理公司济南办事处签订《剥离收购不良资产协议书》约定，债务人水泥制品厂、担保人建材公司所欠中国农业银行下述本息2398520元。债务人水泥制品厂、担保人海科公司所欠中国农业银行下述本息12270874.12元，债权2000年3月25日起转移给中国长城资产管理公司。并分别以（济）中长资债字（2000）第050300002号和（济）中长资债字（2000）第050200027号债权转移确认通知书，通知了债务人和担保人，同时要求债务人和担保人在接到本债权转移确认书后，主动向中国长城资产管理公司归还前述全部债务款或者制订还款计划。水泥制品厂和建材公司在（济）中长资债字（2000）第050300002号债权转移确认通知书回执及水泥制品厂、海科公司在（济）中长资债字（2000）第050200027号债权转移确认通知书回执均明确表示，对债权转移事项不持任何异议，借款人和担保人保证继续履行借款合同、担保合同或协议约定的各项义务。建材公司签署时间为2000年6月3日，海科公司签署时间为2000年3月23日。

2000年5月31日，海科公司向中国农业银行东营市东营区支行出具证明："我单位多次为水泥制品厂向贵行借款提供担保，并于1996年12月24日为该企业转贷贷款1050万元提供担保。特此说明。"2002年3月12日，《山东法制报》第14版刊登债权催收公告，要求水泥制品厂、建材公司、海科公司履行清偿义务。

2002年9月30日，中国长城资产管理公司济南办事处根据中长资复（2002）386号关于水泥制品厂债权转让请示的批复，与何荣兰签订（2002）中长资济债转字第003号债权转让协议约定，将水泥制品厂所拖欠的5笔贷款债权（及其附属权利）转让给何荣兰并附债权转让清单。2003年1月21日，中国长城资产管理公司济南办事处及何荣兰在《山东法制报》第2版刊登债权转移通知，通知水泥制品厂及担保人建材公司、海科公司，其依法享有水泥制品厂债权本金1260万元及相应利息及其项下附属权利均已依法转移给何荣兰，由其行使债权人的一切权利。在接到本通知书后主动向何荣兰履行还款义务。

2003年2月13日，何荣兰向一审法院提起诉讼称：中国长城资产管理公司济南办事处依法享有水泥制品厂债权本金1260万元及相应利息。

2002年9月30日，中国长城资产管理公司济南办事处与何荣兰签订《债权转让协议》，将上述债权及其项下所属权利全部转让给何荣兰，由何荣兰行使债权人的一切权利。何荣兰已具备向债务人及担保人主张权利的主体资格，截至起诉之日，水泥制品厂应当承担债务本息合计31783677.95元，请求：1. 判令水泥制品厂立即清偿债务本息合计31783677.95元，海科公司对水泥制品厂应付债务中的24183095.95元承担连带清偿责任；建材公司对水泥制品厂应付债务中的7598582.02元承担连带清偿责任。2. 财产保全费、案件受理费、律师代理费及何荣兰为实现债权支出的合理费用由水泥制品厂、海科公司及建材公司共同负担。

法院裁判：《合同法》第八十条第一款规定，债权人转让权利的，应当通知债务人。未经通知，该转让对债务人不发生法律效力。但法律法规对通知的具体方式没有规定。本案的实际情况是，中国长城资产管理公司济南办事处将其债权转让何荣兰后，双方共同就债权转让的事实在山东法制报上登报通知债务人及担保人。本案债权转让通知是原债权人中国长城资产管理公司济南办事处于2003年1月21日在山东法制报上用登报通知方式通知债务人及担保人，山东法制报是在山东省内公开广泛发行的报纸，此种通知方式的内容和形式均符合《合同法》第八十条之规定，亦不违反《合同法》第七十九条的规定。所以，海科公司对此主张理由不成立。本案中债权转让人、债权受让人、债务人及担保人均未对债权转让的事实及效力提出异议。海科公司通过参加本案的诉讼活动，已明知债权转让的事实，且知道履行债务的对象。本案中的债权转让并没有致使债务人错误履行债务、双重履行债务或加重债务人履行债务的负担，也没有损害海科公司的利益。双方债权债务关系明确，债务人及担保人应承担相应的法律责任。海科公司仅以债权人在报纸上登载债权转让通知不当为由，否认债权转让对其发生法律效力，理由不充分，法院不予支持。

裁判要旨：债权转让不同于债务转让，债务转让我国法律有明确的规定，即债务人转移债务的必须书面通知债权人及保证人，并征得债权人和保证人的同意，否则转让无效。而债权转让只需通知债务人及保证人即可，无须经债务人及保证人同意。

问题 24. 主合同变更对保证人保证责任有何影响

在《担保法解释》出台之前，关于主合同变更对保证人保证责任的影响规定在《担保法》第 24 条，债权人与债务人协议变更主合同时应当取得保证人的书面同意，否则保证人不再承担保证责任，保证合同另有约定的从其约定。这一规定过去在实践中遭到很多质疑：一种观点认为，未经保证人书面同意的情况不作区分而一概认定为不再承担保证责任的规定过于机械和刻板，也与担保法立法精神明显冲突。该条规定本来旨在维护保证人的利益，防止因债权人与债务人随意变更主合同加重保证人的保证责任，但是这样过于强调保证人的权益而对债权人明显不利的规定与担保法均衡地保护债权人和保证人的合法权益的立法目的违背。具体而言，通常情况下，保证人固然是根据主合同的内容及债务人的实际情况，对其是否提供担保作出判断，因而主合同内容的变更往往对保证人的利益有着较大的影响，所以法律规定债权人与债务人协议变更主合同，应当经过保证人同意。但这不等于说，主合同内容的任何变更，都会涉及保证人利益。也就是说，对于主合同变更的内容应当作具体分析，有些变更对保证人并不产生不利影响，即便没有经过保证人同意，保证人也不可主张免责。因此，主合同发生变更对于保证人所承担保证责任的影响，重点应在于是否加重了保证人的责任。如果对保证人的保证责任无不利影响，则仍应遵从原合同对保证责任的约定，而不能仅仅因为未经过保证人同意对主合同作了变更，就免除保证人的责任。主合同的变更，只有在加重保证人的责任的情形下，保证人才可对加重其责任的部分不承担保证责任。因为实践中有诸多讨论，《担保法解释》对此问题进行了更为细致的规定。

（一）合同标的物的变更对保证责任的影响

《担保法解释》第 30 条第 1 款规定了债权人与债务人对主合同数量、价款、币种、利率等内容协议变动的，未经保证人同意，如果减轻债务人的债务的，保证人仍应当对变更后的合同承担保证责任；如果加重债务人的债务的，保证人对加重的部分不承担保证责任。减轻债务人债务实际上就是减轻了保证人的保证责任。此种情况下，因为对保证人有利，所以虽然未经其同意，法律还是拟制保证人同意此种变更并继续对变更后的债务进行担保；而加重债务人的债务实际上是加重保证人的保证责任，对保证人不利。在没有保证人同意的前提下，债权人与债务人的约定不应该对保证人发生效力，但这不意味着保证人不再承担任何保证责任。在原保证合同约定的范围内保证人的保证责任并没有解除。如此规定，既可以保护保证人的利益不因债权人和债务人的串通遭到侵犯，又一定程度上保护了债权人的利益，符合担保法在保护债权人和保证人的利益之间寻求平衡的基本原则。

对于这个问题，有学者提出不同意见：有观点认为，合同内容的变更，有些是根本性的变更，有些是非根本性的变更，可暂且称其为变动。如果是合同标的物方面的变更属于根本性的变更，则必须征得保证人的同意，否则保证人不承担保证责任；还有观点认为，应区分合同的必要条款与非必要条款。前者指确定合同当事人主要权利义务的条款，如合同标的、数量、履行期限、价款等，后者指对当事人主要权利义务不发生影响的条款，如通知方式、运输方式等。变更局限在合同必要条款上，合同非必要条款的变更无须征得保证人的同意。

笔者的观点是，这两种区分都不大妥当，而且实践中很多情况下要完全进行区分十分困难。如哪些条款是必要条款，在不同类型的合同中有不同的表现。所以只能用一个相对抽象原则来进行处理，即保证人的保证责任不因主合同当事人的后续行为而扩大，而不必对该后续行为的性质进行界定。

（二）主合同履行期限变更对保证责任的影响

债权人与债务人未经保证人书面同意，变更主合同履行期限对保证人产生何影响？对此，主要有三种不同意见：第一种意见认为，未经保证人同意，债权人和债务人变更主债务履行期限，违背了保证人的真实意思表示，故保证人不再承担保证责任；第二种意见认为，保证人是否承担保证责任，应以这种变更是否加大了保证人的责任为前提，如果该变更加大了保证人责任，则保证人不再承担保证责任，如果变更没有加大保证人的责任，则保证人仍在原先的保证责任期间内承担保证责任；第三种意见认为，前述两种意见皆失之偏颇，第一种意见过于绝对，第二种意见在实践中往往难以认定某种变更是否加大了保证人责任，故应吸收两种意见的合理成分，即在被保证的主债务履行期限内，主债务的双方当事人未经保证人同意而变更主债务履行期限的，保证人不再承担保证责任；被保证的主债务履行期限届满后，主债务当事人未经保证人同意而达成延期履行协议的，如果保证合同未约定有保证期间的，主债务履行期的延长势必加大保证人责任，保证人不再承担保证责任；如果保证合同明确约定有保证责任期限的，延期履行的协议对保证人无效，保证人仍在原保证合同约定的期限内承担保证责任。

对此问题，笔者的看法是，根据《担保法》的规定，保证期间从主债务履行期届满之日起开始计算，一方面，如果债权人与债务人协商延长主合同履行期限没有经过保证人同意的话，若还是从主合同履行期限届满之日起开始计算保证期间，显然延长了保证期间，加重了保证人的责任。因此，主合同当事人协商延长主合同履行期，不应当对保证责任期间产生影响，保证期间的计算仍然应当依原合同约定的或者法定的期间为准；而另一方面，主债务履行期缩短也不意味着对保证人一定有利，合同义务的提前履行意味着债务人的义务加重，如果债务人不考虑自身的履行能力和实际情况，盲目与债权人协议提前履行合同，致使保证期间相应缩短的话，无疑是加重了保证人的保证责任。因此，让保证人在原合同约定或法律规定的范围内承担保证责任对其而言是最妥当的。

（三）没有发生合同变更的法律效果的情况下保证人仍应承担保证责任

《担保法解释》第 30 条第 3 款规定：“债权人与债务人协议变动主合同内容，但并未实际履行的，保证人仍应当承担保证责任。”对此，正确的理解为，主合同变更在已经发生变更主合同的法律后果的情况下，才会对保证人的保证责任产生实际影响。反过来说，如果债权人与债务人协议变更主合同，未经保证人书面同意，但并没有实际发生变更主合同的法律后果，保证人仍应承担保证责任。

【典型案例 27】

案例索引：中国信达资产管理公司上海办事处与上海万泰城市建设有限公司、上海市普陀区城市建设投资有限公司借款合同纠纷案①。

典型案例裁判文书

上海市第一中级人民法院(2003)沪一中民三(商)初字第140号民事判决书

基本案情：1999 年 9 月 30 日，中国银行上海市分行与被告万泰城建签订《短期人民币借款合同》一份，约定中国银行上海市分行向万泰城建发放贷款人民币 1 亿元，借款用途为同大昌地块开发，借款期限自 1999 年 9 月 30 日起至 2000 年 9 月 30 日止，如万泰城建未按约还款，按每日万分之二点一计收逾期利息，中国银行上海市分行并有权扣划万泰城建在中国银行上海市分行处开立的账户中的任何款项，也有权委托中国银行其他机构代为扣划万泰城建在该机构开立的账户中的款项，用于抵偿到期应还债务。同日，中国银行上海市分行与被告普陀城投签订《保证合同》一份，约定普陀城投为中国银行上海市分行自 1999 年 9 月 30 日起至 2000 年 9 月 30 日止向被告万泰城建发放各类贷款所形成的债权提供保证，金额范围为人民币 1 亿元，保证方式为连带责任保证，保证范围包括借款本金、利息、罚息、逾期罚息、违约金、赔偿金和实现债权的费用，保证期间为自 1999 年 9 月 30 日起至 2002 年 9 月 30 日止。上述合同签订后，中国银行上海市分行依约向被告万泰城建发放贷款人民币 1 亿元，被告万泰城建于 2000 年 11 月 30 日、2001 年 12 月 31 日、2002 年 6 月 30 日、2002 年 12 月 30 日分别签署债务确认书，确认其尚欠中国银行上海市分行本案系争合同项下借款本金人民币 1 亿元及相应利息，2004 年 1 月 30 日，被告万泰城建又签署债务确认书，确认至 2003 年 12 月 21 日止其尚欠中国银行上海市分行本案系争合同项下借款本金人民币 64120094.04 元及相应利息人民币24133737.06元。

上述合同履行期间，中国银行上海市分行曾与案外人万泰（集团）有限公司于 2001 年 9 月 29 日签署《有关万泰光明城市项目按揭还贷的会议纪要》，其中载明同大昌（光明城市）项目的所有销售款按 80%及 20%的

① 载最高人民法院民事审判第二庭编：《最高人民法院商事审判指导案例（第五卷）上》，中国法制出版社 2011 年版，第 339—352 页。

比例分别划入万泰城建在中国银行上海市市西支行开立的两个账户内，其中划入销售款的80%账户中的资金只能用于归还中国银行上海市分行贷款。此后，在中国银行上海市分行与万泰（集团）有限公司出具的其余文件中对以房地产销售款归还万泰城建本案系争借款的事项又作了约定。2002年4月，被告万泰城建向中国银行上海市分行发出函件，称由于万泰城建欠万泰（集团）有限公司应收账款，请求中国银行上海市分行从监管账户直接划款归还万泰（集团）有限公司在中国银行上海市分行的贷款。2002年9月19日，中国银行上海市分行工作人员以挂号信方式向被告普陀城投邮寄《敦促履行担保责任的函》及《债务确认书》各一份。

2004年6月25日，中国银行上海市分行与原告签订债权转让协议，将中国银行上海市分行在本案系争借款合同项下对万泰城建的债权转让给原告，并就该债权转让事项向万泰城建进行了通知。原告在本案审理过程中确认，2004年1月1日至2004年5月31日，被告万泰城建又向中国银行上海市分行归还了人民币5279296.34元，两被告对此未提出异议。后因被告万泰城建未能归还其余借款，被告普陀城投亦未承担保证责任，遂涉讼。

法院裁判：关于《保证合同》中的“特别约定”是否可以对抗“由于借款合同还款方式变更所带来的保证人不再承担保证责任”的法律后果问题。

关于借款合同变更对保证人责任的影响，《担保法》第二十四条规定，债权人与债务人协议变更主合同的，应当取得保证人书面同意，未经保证人书面同意的，保证人不再承担保证责任。保证合同另有约定的，按照约定。本案中，中国银行上海分行与投资公司签订的《保证合同》第七条第二款第（六）项约定，保证人保证除了贷款人和借款人提高本合同约定的最高借款限额之外，对《借款合同》的任何修改、补充和变更均不影响保证人履行本合同项下的义务，并无须征得保证人同意。上述事实表明，双方当事人在《保证合同》中对借款合同变更对保证人责任的影响作了特殊约定。但是，上述特殊约定不能对抗因借款合同变更导致保证人法定免责的情形。《担保法解释》第三十条规定，保证期间，债权人与债务人对主合同数量、价款、币种、利率等内容作了变动，未经保证人同意的，如果减轻债务人的债务的，保证人仍应当对变更后的合同承担保证责任；如果加重债务人的债务的，保证人对加重的部分不承担保证责任。上述规定属于保证人法定的免责情形。本案中，借贷双方对借款合同约定还款方式变更的结果，导致存入万泰公司还贷专用账户中专项用于偿还本案系争贷款的资金被挪作他用，实际上是加重了保证人的保证责任，且投资公司对借贷双方的上述行为并不知道。因中国银行上海分行根据万泰公司函件的要求从还贷专用账户中转出的资金数额已经超过当时万泰公司尚欠的本案系争贷款本息数额，故可认定万泰公司尚欠的本案系争贷款本息数额为加重保证人保证责任的数额部分。根据《担保法解释》第三十条的规定，投资公司对万泰公司尚欠的本案系争贷款本息部分不应承担保证责任。信达公司上海办事处关于其与万泰公司签订《借款合同》是建立在《保证合同》的特别约定基础上作出的，不得免除保证责任的再审主张不能成立，法院不予支持。

裁判要旨：关于借款合同变更对保证人责任的影响，债权人与保证人在保证合同中对借款合同变更对保证人责任的影响作出的特别约定，不能对抗因借款合同变更导致保证人法定免责的情形。在发生因借款合同变更导致保证人法定免责情形的情况下，债权人以其与保证人在保证合同中的特别约定为由主张保证人应承担保证责任的，人民法院不予支持。

问题 25. 主合同解除对保证责任有何影响

主合同成立并生效是保证人承担保证责任的前提和基础。主合同无效时，根据保证合同效力上的从属性，保证合同也无效。那么主合同解除时，保证合同的效力如何？保证人的保证责任又会受到何种影响？

（一）主合同解除后保证人是否还承担保证责任

合同订立后，可能因约定或法定原因解除，合同解除是合同权利义务终止的一种情形，按照《合同法》第 97 条的规定，合同解除后，尚未履行的，终止履行；已经履行的部分，当事人可以根据履行情况和合同的性质要求采取恢复原状或其他补救措施，并有权要求损害赔偿。依通说，损害赔偿的范围包括合同不履行的损失和恢复原状的损失。

主合同解除时，保证人是否承担法律责任以及承担何种法律责任？关于这个问题，目前主要存在两种观点：一种观点认为，主合同被依法解除或被当事人协议解除，保证人承担的保证责任也随之免除。因为保证合同的标的是债务人违约造成的债权人的利益损失。合同因解除而失去法律效力，保证人所担保的风险未出现，保证人应当免责；另一种观点认为，保证人仍应承担担保责任，只要保证人所担保的主合同债权人的利益没有得到满足，保证人就不能免于承担保证责任。

笔者认为，主合同解除并不免除保证人的保证责任。《担保法解释》第10条规定，主合同解除后，担保人对债务人应当承担的民事责任仍应承担担保责任。但是，担保合同另有约定的除外。根据该条规定，主合同解除并不免除保证人的法律责任。而且，该法律责任仍然被赋予了保证责任的性质，以区别于保证无效的赔偿责任。主合同因解除自始失去法律效力，司法解释规定保证人继续承担保证责任，相当于保证合同在主合同解除后仍然有效，保证合同独立于主合同。①

（二）保证人承担保证责任的范围

1. 关于损害赔偿请求权是否为保证效力所及的问题

无论是债权人解除主合同，还是主债务人解除主合同，均可能使债权人取得损害赔偿请求权。对于该损害赔偿请求权是否受已成立的保证债务的担保，理论界存在不同观点：一种观点认为，合同解除所生之损害赔偿，在性质上属于原债务不履行的损害赔偿，并非合同解除所新发生的损害赔偿请求权。因此，该损害赔偿应为担保效力所及，即主合同债务的保证人对之仍应负担保责任；另一种观点认为，除非当事人另有约定，因合同解除所生的损害赔偿请求权不纳入保证责任的范围。其理由在于，因合同解除所生的损害赔偿并非违约的损害赔偿。此种非违约方解除合同的赔偿只是一种对因合同解除所导致的信赖利益损害的赔偿。其与被解除的主合同债务关系没有关联性，自然在当事人没有特别约定时不应纳入保证担保的范围。

通说认为，合同解除所生的损害赔偿请求权在性质上属于违约损害赔

---

① 曹士兵：《中国担保制度与担保方法》（第四版），中国法制出版社2017年版，第109页

偿请求权。而《担保法》所界定的保证范围本身就包括代为履行或承担赔偿责任，在主合同债务人不履行债务时，因其不履行债务所生的损害赔偿责任自然属于保证担保的范围，但当事人另有约定的除外。《担保法解释》第10条的规定即采纳了这种观点。①

2. 关于恢复原状请求权是否为保证效力所及的问题

对此问题，第一种观点认为，合同解除具有溯及地消灭主债务的效力，主债务既因主合同解除而消灭，则该主合同的从合同——即保证合同，亦随之而消灭。且主合同解除后所生的恢复原状义务，本质上属于不当得利返还义务，与原合同上的义务并无同一性，并非主债务的从债务，是合同解除后所发生的个别独立的法律上的义务，除保证合同另有特别约定之外，应不在保证债务范围之内。

第二种观点则认为，恢复原状的义务与原来的主债务之间依然具有同一性，并非新生的债务，主债务人既负恢复原状的义务，则保证人亦应负同一义务。

第三种观点则认为，应区分不同的情形来对恢复原状义务加以定性，进而界定保证人的责任。如果一方当事人给付的标的物是特定物且仍然存在，解除权人此时对已给付的标的物享有物上请求权，原因是我国尚未明确承认物权行为无因性。所以，一旦合同解除，解除权人主张恢复原状，对方受领的标的物的所有权就重归于解除权人。同时，由于对方当事人受领的标的亦无法律上的原因，故解除权人也享有不当得利请求权，这就构成两种权利的竞合，解除权人可以选择行使。由于返还原物请求权对于解除权人而言，其效力优先于普通债权，保护更为有力。这就使得保证人的责任变得没那么重要。因此，保证人对此种请求权不承担保证责任。但是如果债权人行使的是不当得利返还请求权，则由于该请求权的效力较弱，不能排斥其他债权，债权可能无法实现。所以保证人对此必须承担保证责任。

笔者认为，为主合同所设定的保证，除非特别规定，一般均是就该合同当事人因主合同履行或不履行所负担的一切债务予以保证。主合同与保

---

① 高圣平：《担保法论》，法律出版社2009年版，第178页。

证合同为两个不同的合同，合同当事人各不相同。在主合同因当事人一方不履行债务而被解除时，并不必然导致保证合同的当然解除。因此，主合同解除时，其效力并不当然及于主合同的保证合同。此外，保证作为一种担保制度，具有救济债权人的功能。在主债权具有保证担保的场合，保证应理解为债权人不因主债务人不履行债务而蒙受损失，保证人应当对主债务人所负担的一切由主合同履行或不履行产生有关债务予以担保。因合同解除而生的恢复原状请求权，基本上是因主合同债务不履行所引起，与因合同解除而产生的损害赔偿请求权性质相同，均为保证人所能预见。故保证人对其承担保证责任，不会使保证人负担过重的责任，且不违反保证人的通常意思。因此，债务人因合同解除所生的恢复原状义务，除非另有相反约定，应为保证效力所及，保证人应对之承担担保责任。

（三）保证人承担保证责任的要件

根据《担保法解释》的规定，在主合同解除后保证人承担保证责任的要件是：第一，债务人应当承担民事责任，即债务人作为被担保人的民事责任被依法确定；第二，债务人承担的民事责任在保证人的担保范围之内。主合同解除后，主合同的债务人如果不需要承担民事责任，保证人作为从债务人也不承担担保责任。换言之，保证人只对债务人应当承担的民事责任承担担保责任。此外，债务人承担的民事责任还应当在保证人的担保范围之内，不属于担保范围的债务，保证人不负有担保义务和代为清偿之责任。

实践中，处理这类案件一定要把握好以上两个要件，既不能不合理加重保证人的保证责任，也不能随意减轻保证人的保证责任，损害债权人的利益。具体而言，下面几种情况应当注意：1. 主合同因债权人一方的原因而解除的，如债权人违约，保证人不承担保证责任；2. 主合同因解除而未履行，保证范围内的债权未发生的，保证人不承担保证责任。比如，运输合同被解除，对运费承担保证责任的保证人免于承担对未发生的运费的清偿责任。再如，当保证人的保证范围仅是主合同履行后产生的债权和利息，在主合同尚未履行之时，当事人解除合同的，因主合同未履行，保证债权没有发生，保证人可以免除承担担保责任。即便此时债务人仍承担对债权人的其他民事责任。举例来说，贷款人和借款人在借款合同中约定有合同解除条件，并约定有解约定金，当解约条件成就，借款合同解除，借款人应承担双倍返还定金的义务，保证人此时并不承担担保责任。因为保证人为之担保的借款合同未发生主债权和利息债权，而债务人承担的双倍返还定金的责任不在保证人的担保范围之内，保证人对此没有担保义务。因此，在这种情形下，主合同解除，债务人承担法律责任，而保证人不承担法律责任。3. 主合同被解除，被保证的风险未出现的，保证人不承担担保责任。比如，对卖方瑕疵履行提供担保的保证人，因合同未履行，瑕庇风险未出现而免于承担担保责任。4. 合同解除后，债务人自愿对债权人承担补偿责任，而该补偿不属于保证人的担保范围的，担保人不承担担保责任。保证人的责任以担保范围为限，债务人自愿承担的债务，不在保证人的担保范围之内，除非担保人也自愿承担。从担保法理论分析，债务人自愿承担额外的责任，可视为债务人放弃对债务范围的抗辩，根据《担保法》第20条的规定，债务人放弃对债务范围抗辩权的，保证人仍有权抗辩。故除非保证人也放弃抗辩，否则保证人不承担债务人自愿承担的额外补偿责任。

【典型案例28】

典型案例裁判文书

最高人民法院(2014)民申字第418号民事裁定书

案例索引： 中国建筑第五工程局有限公司与和记黄埔地产（成都）温江有限公司不当得利纠纷案。一审：（2012）成民初字第821号；二审：（2013）川民终字第453号；申请再审审查：（2014）民申字第418号。

基本案情： 2007年1月8日，和记黄埔温江公司与中建五局签订建设工程施工《协议书》，和记黄埔温江公司将位于成都市温江区温江新城光华大道住宅发展项目的地块一（1A期）总包工程发包给中建五局。合同总价188902623.10元。2006年12月13日，中建五局作为总承包方与担保人中行湖南省分行签署《履约保证书》，约定：如果总承包方违约时，担保人需向发包方赔偿因此而蒙受的损失。中建五局在上述《履约保证书》签署后将其提交给了和记黄埔温江公司。2009年9月15日，和记黄埔温江公司与中建五局签订《解除合同协议》。该解除合同协议签订后，中建五局和和记黄埔温江公司并未就因工期延误以致双方蒙受的直接损失另行协商达成一致。2012年2月14日，和记黄埔温江公司向中行湖南省分行发出《关于LGC97006001001号〈履约保证书〉之索款通知》，和记黄埔公司认为保函约定的担保事由现已发生，通知中行湖南省分行依据保函赔偿因中建五局违约造成的损失共计1889万元。2012年2月17日，中行湖南省分行将和记黄埔温江公司提出的上述索赔通知事项告知了中建五局。后经多次信函往来，2012年3月19日，中行湖南省分行向和记黄埔温江公司支付了《履行保证书》项下的索赔款项1889万元。中建五局得知中行湖南省分行向和记黄埔温江公司支付1889万元并依据双方建立的保证金质押关系将上述等额资金从其账户予以扣划后，于2012年4月6日向成都中院提起诉讼，要求和记黄埔温江公司返还1889万元并支付相应利息。

成都中院一审判决支持中建五局诉请，和记黄埔温江公司应返还1889万元并支付相应利息。和记黄埔温江公司不服，上诉至四川高院，四川高院二审改判驳回中建五局诉请。中建五局不服，向最高人民法院申请再审，最高人民法院裁定驳回再审申请。最终和记黄埔温江公司不必返还1889万元并支付相应利息。

法院裁判：关于《履约保证书》是否已变更或解除的问题。中建五局认为《履约保证书》仅为双方施工合同项下的担保条款，应当随着主合同的解除而终止履行。《担保法解释》第十条规定："主合同解除后，担保人对债务人应当承担的民事责任仍应承担担保责任。但是，担保合同另有约定的除外。"2006年12月13日，中行湖南省分行应中建五局申请向和记黄埔温江公司出具《履约保证书》，第五项约定："此履约保证书对总承包方及担保人双方本身、其继任人及受让人均共同和分别地有不可撤销的约束力。"2009年9月15日，中建五局与和记黄埔温江公司签订的《解除合同协议》，对担保事宜亦未作任何说明。综上，中建五局的该项再审申请理由不能成立。

裁判要旨：主合同解除后，担保合同并不当然解除，担保人仍需承担担保责任。此处主合同的解除方式不以《合同法》第九十四条规定的法定解除为限，也包括《合同法》第九十三条规定的约定解除的情形。主合同解除而担保合同效力不受影响，不构成担保从属性的例外情形。原因在于合同解除后产生的民事责任为主合同债务的一种变形，在债权债务关系上并不丧失同一性，故担保该债权债务关系的担保合同效力不因此受影响。所以，在主合同解除后，担保人仍需对主合同解除后债务人应承担的民事责任承担担保责任。

第四节　保证责任其他问题

问题 26. 以贷还贷对保证人有何影响

以贷还贷是“以新贷偿还旧贷”的简称，是指债权人与债务人在旧的借款尚未清偿的情况下，再次签订借款合同，以新借出的款项清偿部分或者全部旧的借款的行为。构成“以贷还贷”须具备四个要件：第一，存在前后两份借款合同；第二，前后两份借款合同的主体同一；第三，新贷资金被用于偿还旧贷；第四，借贷双方有以贷还贷的共同意思表示或者意思联络。

以贷还贷对保证人有何影响?《担保法解释》第 39 条规定：“主合同当事人双方协议以新贷偿还旧贷，除保证人知道或者应当知道的外，保证人不承担民事责任。新贷与旧贷系同一保证人的，不适用前款的规定。”根据新、旧贷款保证人是否为同一人，以贷还贷对保证人的影响可分为以下几种情况：

第一，新贷与旧贷的保证人为同一人。

若新旧贷款合同主体一致，保证人承担保证责任。对此，上述《担保法解释》第 39 条已有明确规定。而从法理上讲，在旧贷和新贷是同一个保证人的情况下，由于债务人用新贷款偿还了旧贷款，从而免除了保证人对旧贷的保证责任，保证人承担的风险和责任就只是针对新贷款的，较之债务人按照实际贷款用途使用新贷款产生对保证人的风险和责任要小。比如，债务人按照实际贷款用途使用新贷款，而不是以贷还贷。如资金不能收回，则旧债未还又出新债，保证人同时为旧贷、新贷承担保证责任。由此，改变贷款用途以贷还贷，并未因借款人以贷还贷而增加风险或者扩大损失，反而因此减少了风险。因而，保证人无论是否知晓债权人和债务人以贷还贷，均应承担对后一份贷款的保证责任。所以，要求保证人仍然承担保证责任的规定，从公平的角度看，对保证人也不会有什么不公平的结果。[①]

新旧贷款合同主体不一致，则不再是债务的延续，而是债的变更，对保证人保证责任的影响适用《担保法》第 24 条的规定，即“债权人与债务人协议变更主合同的，应当取得保证人书面同意，未经保证人书面同意的，保证人不再承担保证责任。保证合同另有约定的，按照约定”。不再适用《担保法解释》第 39 条的相关规定。

需要注意的是，若以贷还贷中，旧贷的保证人的保证期间已届满，则保证人因保证期间届满而对旧贷免责。若保证人对新贷不明知，则适用《担保法解释》第 39 条第 1 款规定，保证人同样对新贷免责。[②] 若保证人知道或者应当知道新贷，则只对新贷承担保证责任。

第二，新贷与旧贷的保证人不是同一人。

根据《担保法解释》第 39 条第 1 款的规定：“主合同当事人双方协议以新贷偿还旧贷，除保证人知道或者应当知道的外，保证人不承担民事责任。”若新贷保证人知道或应当知道主合同当事人双方协议以新贷偿还旧贷，则新贷保证人应当承担保证责任。若新贷保证人不知道或者不应当知道主合同当事人双方协议以新贷偿还旧贷的，则新贷保证人不应当承担保证责任。

实践中的难点在于，如何判断保证人是否知道或者应当知道主合同当事人双方协议以新贷偿还旧贷。因为实践中大多数“以贷还贷”的合同往往都不会以书面的形式明示以贷还贷。一般而言，借款合同中的借款用途写明“借款还旧”“以贷还贷”“转贷”等，可以判断保证人知道“以贷还贷”；或者保证人与借款人具有关联关系，在保证合同中承诺对借款人转移贷款用途等违反合同的行为承担连带责任，并实际履行了部分主债务的，可以认定保证人知道或者应当知道主债务人系以新贷偿还旧贷。

---

① 参见最高人民法院民事审判第二庭编著：《担保法司法解释实例释解》，人民法院出版社 2006 年版，第 206 页。

② 吴庆宝主编：《物权担保裁判原理与实务》，人民法院出版社 2007 年版，第 208 页。

第三，连续多笔贷款，最初一笔贷款的保证人与之后几笔贷款的保证人不是同一人。

关于此种情况，对保证人有何影响？现实中存在着两种不同的观点：第一种观点认为，不管最初一笔贷款的保证人为谁，法院只审查相邻的两笔贷款，也就是相对应的旧贷和新贷，如果保证人为同一人，其仍然要承担保证责任；第二种观点认为，在这种连续的借旧还新中，旧贷应当是相对于原始借款合同而言，中间经过数次倒贷的环节不具有法律上的意义。①

笔者赞同第一种观点，理由如下：保证人连续的担保行为形成了连续的担保关系，事关自身的切身利益和社会经济关系的稳定，保证人在签订新的借款担保合同之前，应当查清最初一笔贷款的使用方式，以依法主张权利或者决定是否继续担保。因保证人轻信借贷双方或放弃自己的权利又再次签订担保合同的，应当视为对其最初一笔保证借款放弃抗辩权，不宜以保证人不知道借贷双方将最初一笔贷款是借新还旧为由免除保证人的民事责任。②

【典型案例 29】

案例索引：大竹县农村信用合作联社与西藏华西药业集团有限公司保证合同纠纷案③。二审：（2010）川民终字第 131 号；申请再审审查：（2011）民申字第 429 号。

典型案例裁判文书

最高人民法院(2011)民申字第429号民事判决书

基本案情：申请再审人西藏华西药业集团有限公司（以下简称华西药业）因与被申请人大竹县农村信用合作联社（以下简称大竹信用联社）保证合同纠纷一案，不服四川省高级人民法院（2010）川民终字第 131 号民事判决，向最高人民法院申请再审。

华西药业申请再审理由如下：1. 二审法院违反法定程序。（1）借款方达川地区阜康实业有限公司（以下简称阜康公司）虽然于 2001 年 4 月 16

---

① 参见刘德权主编：《最高人民法院司法观点集成》，人民法院出版社 2011 年版，第 1282 页。

② 参见刘德权主编：《最高人民法院裁判意见精选（下）》，人民法院出版社 2011 年版，第 1026—1027 页。

③ 载《最高人民法院公报》2012 年第 4 期（总第 186 期）。

日被吊销营业执照，但在被注销之前仍可进行诉讼活动，应当追加为当事人。(2) 二审判决违反法定程序，认定真实性无法证明以及大竹信用联社违反法定程序提供的证据、将证人未出庭作证接受询问的证言作为认定案件事实的主要证据。(3) 二审案件受理通知书载明的合议庭成员与判决书上载明的不一致，判决书上载明的合议庭成员陈洪未出庭，二审法院从未告知华西药业合议庭成员变更。2. 二审判决认定事实错误。大竹信用联社明知阜康公司改变贷款用途证明其相互串通，阜康公司与大竹信用联社编造虚假贷款手续，骗取华西药业提供担保。阜康公司是中国农业银行达州地区分行开办的企业，与大竹信用联社是同一主管银行，有利害关系。大竹信用联社不能提供与阜康公司、达川地区源长实业有限公司（以下简称源长实业)、达川地区农业资源开发公司（以下简称农业资源公司）三家公司之间具有借贷关系的必要材料，不可能用 1200 万元贷款归还逾期贷款。大竹信用联社提交的证据不能证明已经发放 1200 万元贷款。3. 即使大竹信用联社已经发放贷款，也应认定为以贷还贷。(1) 从资金流向的记录分析，本案系虚拟贷款用于偿还旧贷，大竹信用联社明知阜康公司并没有按约购买原材料，还协助其改变贷款用途。(2) 二审法院运用没有经过质证的证据与不能作为认定案件事实的证据认定阜康公司没有改变贷款用途。达州金证司法鉴定中心出具的达金司鉴中心（2009）司鉴字第 002 号《司法意见书》是大竹信用联社单方委托鉴定机构作出的，结论与本案查明的事实不一致，不足以作为认定案件事实的依据。法院依职权调取的 4 份证据中，《咨询笔录》与《调查笔录》属于证人证言，在证人没有出庭作证情况下认定该证据违法，证据本身内容矛盾。阜康公司作为借款方应当参加诉讼，其与大竹信用联社有利害关系，因此阜康公司法定代表人的证言不具有证据效力。大竹信用联社向其他公司发放贷款的 2 套凭证和《关于海南通源实业总公司、四川省达川地区阜康实业有限公司拟转让给成都达义实业（集团）有限责任公司的报告》与本案没有任何关联性，不能作为证据使用。4. 二审法院在没有查清阜康公司是否以贷还贷的情况下认定华西药业承担担保责任错误。首先，华西药业法定代表人在诉讼中才知道承担担保责任是阜康公司与大竹信用联社设的骗局，不可能知道以贷还贷的事实：其次，阜康公司的工商登记材料中陈达彬的签名系伪造，陈达彬并非阜康公司的股东和监事；最后，《企业兼并协议》是复印件且当事人否认其真实性不能作为证据使用。所以大竹信用联社的证据不足以证明华西药业知道以贷还贷的事实。

大竹信用联社提交书面意见称：1. 本案程序合法。（1）诉讼当事人适格。《保证担保借款合同》明确约定华西药业自愿作为借款方按期偿还合同中借款本息的保证人，并对借款方移转贷款用途等违反本合同的行为承担连带责任。大竹信用联社向华西药业主张债权符合法律规定，未遗漏主要当事人。（2）大竹信用联社提交的全部证据均出示了原件，都经过庭审质证，华西药业在多次庭审中予以确认，有庭审笔录在案佐证。（3）大竹信用联社提供的以及法院调取的书面证人证言虽证人未出庭质证，但根据《最高人民法院关于民事诉讼证据的若干规定》第六十九条，未出庭作证的证人证言可以作为认定案件事实的依据。（4）二审法院当庭告知合议庭成员变更，双方均无异议。2. 大竹信用联社与阜康公司不存在串通骗取担保的行为，华西药业知晓借款的实际用途。（1）华西药业及其法定代表人陈达彬实际操控借款。华西药业在《贷款申请书》和《保证担保借款合同》中分别加盖公章，其法定代表人陈达彬亲自签名，阜康公司的工商登记档案记载了陈达彬的股东身份，在本案发回重审前的原一、二审中，华西药业对阜康公司工商登记材料的真实性、客观性、关联性均不持异议，已构成自认。阜康公司法定代表人沈明成证实陈达彬确系阜康公司的实际主要经营者，阜康公司主管机关为中国农业银行达州地区分行，其隶属于海南通源实业有限公司（以下简称海南公司），《企业兼并协议》第3条证实，阜康公司借农行5119万元借款均投入了海南公司。海南公司的工商登记材料证实其法定代表人为陈达彬。相关证据相互印证可看出阜康公司的实际负责人系陈达彬。同时，二审法院依职权调取的达市农行发（2000）306号文件证实陈达彬是阜康公司的股东，《企业兼并协议》及其相关附件均证实陈达彬了解阜康公司的股东组成、资产负债等情况。3份加盖华西药业公章的《逾期贷款催收通知书》以及华西药业继续履行还借款利息至2004年12月31日的相关事实，亦可证实华西药业对担保予以认可并实际履行。（2）华西药业法定代表人陈达彬是借款的实际使用人和受益人。阜康公司、源长实业、农业资源公司在大竹信用联社存在旧贷，陈达彬直接参与了源长实业的实际经营——归还了逾期贷款400万元，陈达彬与源长实业、成都达义物业有限责任公司（以下简称达义物业）、成都达义实业（集团）有限责任公司（以下简称达义实业）具有重大利益牵连，也是本案有关的达义实业兼并、阜康公司借贷及华西药业担保的利益焦点。阜康公司替源长实业、农业资源公司归还旧贷，华西药业成为阜康公司新贷的保证人存在必然性。借款产生后，华西药业一直代替阜康公司履行还付利息的义务，而非到期后借款人不履行还款义务时才由保证人履行担保义务，说明阜康公司并非该笔借款的实际使用人。3. 本案系阜康公司用自有资金归还了先前的贷款后再贷新款，有银行汇票、进账单、存/取款凭条、转账传票等原始记账凭证为证。同时，根据票面记载的会计科目、会计分录及文字内容，前述票据有记账连贯性、顺序唯一性及任一票据不可缺失、不可调换性。资金走向清晰明了，是典型的“先还款、后贷款”，而非“以新贷还旧贷”。

法院裁判：关于华西药业应否承担担保责任问题。首先，《保证担保借款合同》上有阜康公司、华西药业及大竹信用联社三方签章及法定代表人签字，华西药业在本案最初的一审、二审和再审中对合同均未提出异议，虽然之后提出了合同第十一条“借款方如到期不归还，担保方负责偿还并负连带责任”系添加的问题，因该条与合同第四条华西药业自愿作为借款方按期偿还本合同中借款本息的保证人，对借款方转移贷款用途等违反本合同的行为，承担连带责任的约定并不矛盾，故不影响华西公司应承担连带保证责任的认定。

其次，贷款发放后，华西药业及其关联公司代阜康公司支付利息至2004年12月31日，其间，大竹信用联社三次向阜康公司及华西药业发出的逾期贷款催收通知书均得到华西药业的确认，应视为华西公司对担保责任的进一步确认。

最后，《保证担保借款合同》第四条约定关于华西药业对借款方转移贷款用途等违反本合同的行为承担连带责任的意思表示并不违反法律规定。华西公司承诺对阜康公司转移贷款用途等行为仍然承担连带责任，应当预见到阜康公司转移贷款用途带来的各种担保风险。以贷还贷系转移贷款用途的一种，即使本案存在以贷还贷的情形，因华西药业承诺在先，其主张阜康公司与大竹信用联社恶意串通改变贷款用途的理由也不成立，华西公司仍应依据合同承担担保责任。阜康公司的工商登记材料与达市农行（2000）306号文件中涉及的阜康公司股东情况等内容一致，华西药业作为阜康公司的担保人在本案原一、二审中对阜康公司的工商登记材料均无异议，即对陈达彬的阜康公司股东和监事身份没有异议，构成其对这一事实的自认，因此，上述证据与华西药业在诉讼中的自认行为相印证，可以认定陈达彬系阜康公司持有50%股份的股东及阜康公司的监事，本案中阜康公司工商登记材料里陈达彬的签名是否真实不影响其对外的公示公信效力。故即使本案存在以贷还贷的情况，根据陈达彬系华西药业法定代表人、阜康公司监事及两名股东之一的特殊身份以及华西药业及其关联公司代阜康公司偿还贷款利息的行为，华西药业亦应当知晓贷款的实际用途，则依据《担保法解释》第三十九条的规定，华西药业仍应当承担本案担保责任。

裁判要旨： 判断是否属于"保证人知道或者应当知道"的情形，应当根据案情全面分析。保证人与借款人具有关联关系，在保证合同中承诺对借款人转移贷款用途等违反合同的行为承担连带责任，并实际履行了部分主债务的，可以认定保证人知道或者应当知道主债务系以新贷偿还旧贷。在此情形下，保证人以上述规定为由，主张不承担民事责任的，人民法院不予支持。

【典型案例30】

典型案例裁判文书

最高人民法院(2005)民二提字第8号民事判决书

案例索引： 上海国际信托投资有限公司与上海市综合信息交易所、上海三和房地产公司委托贷款合同纠纷案。一审：（1999）沪二中经初字第811号；二审：（2000）沪高经终字第588号；申请再审审查：（2001）沪高经再终字第19号；申请再审审查：（2005）民二提字第8号。①

基本案情： 1996年1月10日至1998年4月6日，上国投与交易所共

① 载《最高人民法院公报》2008年第10期（总第144期）。

签订5份委托贷款合同，5份贷款合同按时间排列编号分别为922660、922790、922804、922805、300263，借款金额均为人民币2000万元，月利率分别为7.89‰、6.9‰和6.435‰。借款用途为用于物资购销保证金或流动资金周转，保证人均为三和公司。上国投按约向交易所发放了贷款。案外委托人上海市上投投资管理公司仅在后两份委托贷款合同上加盖了公章。该5份委托贷款合同之间均系借新还旧。最后一份300263号合同项下贷款期限届满后，交易所除偿还借款本金227.8万元及逾期贷款利息人民币60万元，尚欠本金人民币1772.2万元、期内利息人民币789454.95元及相应的逾期利息。上国投请求一审法院判令交易所偿还贷款本息，三和公司对交易所的还款义务承担连带清偿责任。

系争的300263号合同为1998年4月6日签订，贷款额为人民币2000万元，上国投在当天放款的同时又全部内扣，以作为还贷1997年10月10日签订的922805号贷款合同，而922805号贷款合同和相关联的1996年12月31日签订的922804号贷款合同、1996年7月10日签订的922790号贷款合同均无放款记录和内扣记录。三和公司为上国投和交易所最早提供担保的为1996年1月10日的922660号贷款合同，上国投在1996年1月11日放款给交易所人民币2000万元的当天即内扣回本金人民币1000万元，而在1996年1月10日至11日两天内，上国投共放贷给交易所人民币3200万元（包括另案系争的人民币1200万元），而内扣回本金即达人民币3000万元。

交易所在1996年11月28日同江苏省锡山市鸿声镇工业总公司（以下简称鸿声公司）签订过一份协议书，协议书上载明从1994年3月1日至1996年6月10日，交易所共借给鸿声公司人民币3040万元，至1995年12月尚欠人民币2500万元。庭审中交易所陈述上述钱款系向上国投所借。一审判决后，交易所于2000年10月30日发函给鸿声公司，内容为："你总公司欠我公司的欠款，现根据上海国际信托投资公司于1999年11月10日向上海市第二中级人民法院提起诉讼，现已于2000年10月25日结案，并判决，自1994年以来至今我们本着帮助你镇的建设发展，先后应你们的要求向你们支付本金27497261.15元、欠息7019685.48元两项合计：34516946.63元（不包括2000年的利息款）。我们要求你总公司应积极配合我们及时归还借款。”还查明，在1996年1月10日前上国投借给交易所的所有钱款担保人均不是三和公司，而是案外人上海市物资协作开发公司和中国外汇交易中心，在交易所转借给鸿声公司的钱款中，有1915万元是上国投直接汇给鸿声公司的。

上国投在300263号合同项下的贷款放款当日系根据交易所的划款通知进行划款，二审除对此节事实的认定有误外，其余事实的认定属实。自1996年以来，三和公司与交易所分别向上国投贷款，并以此互为担保。2001年12月7日，经上海市工商行政管理局批准，上国投更名为上海国际信托投资有限公司。

本案前四份委托贷款合同第六条均约定：贷款到期，如交易所不能按时归还须续借贷款时，须取得上国投书面同意，付清利息，由上国投按新借贷款重新办理委托贷款手续。第五份合同第六条约定内容与前四份基本相同，只是将“须续借贷款”修改为“需将借款展期”。三和公司在五份贷款合同上均盖了公章。五份合同除借款金额相同外，自第二份合同始，所签合同是在前一份合同到期的情况下续签的，其起始期限基本与到期贷款期限衔接。第一份922660号合同项下贷款2000万元发放的当天上国投即内扣本金1000万元，用于偿还之前由案外人担保的交易所的旧贷，余1000万元贷款由交易所自用；第二份922790号合同签订后，上国投以更换贷款凭证的方式将该合同项下贷款偿还了第一份合同的借款，第三、第四份合同的操作方式与第二份相同，第五份300263号合同项下贷款于签约当日发放的同时，上国投根据交易所的划款通知于当日扣划用于归还第四份922805号合同借款。交易所对上国投诉其偿还300263号合同项下贷款本金及利息的请求始终认可，亦承认未告知三和公司第一笔借款已用于偿还案外人担保的借款的事实。法院再审对上海市高级人民法院再审查明的其他事实予以确认。

法院裁判：按时间先后顺序排列，1996年1月10日至1998年4月6日之间，上国投与交易所依次签订了922660号、922790号、922804号、922805号、300263号委托贷款合同，该5份合同均为有效合同，借款金额均为人民币2000万元，借款用途为物资购销保证金及流动资金周转，借款担保人均为三和公司。其中，922660号和300263号合同均有放款和划款记录，但交易所对借款一节未持异议，故另三份合同应视为922660号合同的展期。300263号合同，上国投在放款的当天根据交易所的指令进行还贷，系以“新贷”归还922805号合同的“旧贷”。上国投已按300263号合同的约定履行了委托贷款合同的义务，交易所作为借款人仅归还部分借款和利息，显属违约，理应向上国投偿还尚欠本金、期内利息和逾期利息。虽然922660号合同之前的合同的担保人为案外人，而非三和公司，但922660号合同之前的合同的主债务因922660号合同的借新还旧而业已消灭。922790号、922804号、922805号合同依次作为922660号、922790号、922804号合同的展期，其主债务亦因300263号合同的借新还旧而业已消灭。根据《担保法解释》第三十九条“主合同当事人双方协议以新贷偿还旧贷，除保证人知道或者应当知道的外，保证人不承担民事责任。新贷与旧贷系同一保证人的，不适用前款的规定”的规定，本案中，担保人三和公司存在为交易所借款多次担保，且交易所也为三和公司向上国投借款提供担保（互为担保）的事实，原二审没有认定300263号系争合同的担保人三和公司“应当知道”上国投与交易所的借款系以新贷偿还旧贷，应当予以纠正。更何况三和公司同时作为尚未履行完毕的300263号合同（新贷）的担保人以及已履行完毕的922805号合同（旧贷）的担保人，应当适用《担保法解释》第三十九条第二款的规定。三和公司主张系争贷款不能偿还的风险在其作为担保人前早已存在。其作为系争合同担保人是上国投与交易所恶意串通、骗保所致的依据不足，三和公司应当对系争贷款合同承担担保责任。

涉案合同名为委托贷款合同，但本案当事人未主张委托贷款的事实，故案件性质应为借款担保合同。本案五份合同中确实存在无实际放款的情况，但此种情况的产生缘于借贷双方在合同第六条的约定。从该约定内容，以及新旧贷款金额相同、贷款期限基本衔接的情况可以看出，借贷双方在旧贷到期尚未清偿时，签订新借款合同就是为了以该新贷偿还旧贷，消灭借款方在旧贷下的债务，该条内容可以视为借贷双方对以贷还贷的约定。而上国投当天贷款当天扣划或仅更换贷款凭证、没有实际放款的做法是基于合同中以贷还贷的约定而为的履行行为，亦是以贷还贷的基本履行方式。三和公司连续在几份借款合同上盖章同意为交易所担保，其应当知道此为签约各方以该种方式履行合同第六条的约定，即以贷还贷。本案合同的约定没有违反法律禁止性规定，三和公司已盖章确认，因此，本案应当适用《担保法解释》第三十九条关于以贷还贷的规定。如若按照三和公司所称本案不属以贷还贷，五个合同之间没有形式及内在联系的理由予以推论，三和公司承担的将不再是一个合同而是五份合同累计金额一亿元的担保责任。三和公司以贷款用途缺乏借新还旧的形式及内在联系，中间三份合同无实际放贷，进而否认以贷还贷的理由不能成立。况且，三和公司在本案合同签订前后，曾作为借款人向上国投多次贷款，而担保人则是交易所。三和公司与上国投所签的那些借款合同的基本格式与本案完全相同，而履行时短期扣划或更换凭证的方式亦与本案履行方式相同。因此，三和公司以不应知道本案此种约定属于以贷还贷予以抗辩的理由缺乏合理性。

自本案300263号合同前溯，连续四份借款合同的担保人均为三和公司。其已失去根据《担保法解释》第三十九条免除保证人责任的条件，该条第二款明确规定："新贷与旧贷系同一保证人的，不适用前款的规定。"作为新贷和旧贷同一保证人的三和公司，以其不知道或不应当知道主合同系以新贷还旧贷，故应免除担保责任的主张，法院不予支持。本案一审判决关于922660号、922790号、922804号、922805号合同因300263号合同的借新还旧已履行完毕，上国投已按约履行放贷义务，交易所至今未还300263号合同项下借款本息，应承担违约责任，三和公司应承担连带保证责任的认定。

裁判要旨：主合同当事人双方协议以新贷偿还旧贷，即以贷还贷，新贷与旧贷是同一保证人的，即使保证人不知道或者不应当知道主合同当事人双方协议以新贷偿还旧贷，保证人仍不能免除保证责任。

【典型案例31】

案例索引：抚宁县新兴包装材料厂、抚宁公有资产经营有限公司与抚宁县农村信用合作联社、秦皇岛远东石油炼化有限公司、秦皇岛骊骅淀粉股份有限公司借款担保合同

典型案例裁判文书

最高人民法院(2006)民二终字第236号民事判决书

纠纷案[①]。一审：（2006）冀民二初字第00022号；二审：（2006）民二终字第236号。

基本案情：2002年3月25日，抚宁农信联社与原秦皇岛市抚宁炼油厂（以下简称抚宁炼油厂，2005年11月更名为远东石油公司）及原秦皇岛市淀粉葡萄糖厂（以下简称葡萄糖厂，2002年4月更名为新兴材料厂）共同签订一份《保证担保借款合同》。合同约定：贷款人抚宁农信联社向借款人抚宁炼油厂发放短期贷款3100万元，用途为购原油，期限自2002年3月25日至2002年11月25日，利率4.425‰（月息），上浮40%，按季结息；保证人葡萄糖厂为借款人的债务承担连带保证责任，保证期间自借款之日起至借款到期后二年，保证范围包括贷款本金、利息、贷款人实现债权的费用。合同第六条约定：（一）借款人违约：不按期归还贷款本金又未获准展期，从逾期之日起按日利率万分之三计收利息；不按期偿付贷款利息，贷款人对借款人未支付的利息计收复利等。（二）贷款人违约：贷款人不能按期、按额向借款人提供资金时，按违约数额和延期天数处以日利率万分之三的违约金。合同第七条约定：贷款人到期收回贷款，可直接从借款人或保证人账户中扣收。合同第九条关于其他约定事项手写为：此笔贷款为封闭临时贷款，专款专用，封闭进行，由营业部对此笔贷款监督支付。

合同签订当日，抚宁农信联社将3100万元贷款如数打入抚宁炼油厂在该社开立的2011051433账户。抚宁农信联社发放贷款当日，抚宁炼油厂以转账支票形式主动偿还的2001年旧资本金2500万元，53.4625万元利息则无证据证明系抚宁炼油厂主动偿还的。上述2553.4625万元所偿还旧贷为抚宁炼油厂2001年7月16日在抚宁农信联社的贷款本息，该贷款的保证人同为葡萄糖厂，保证方式同为连带责任保证。

法院裁判：首先，远东石油公司于2002年3月25日向抚宁农信联社贷款3100万元，用以偿还了2001年7月16日的旧贷款是不争的事实。虽然没有证据证明新兴材料厂知道或应当知道，远东石油公司对本案所涉3100万元借款中的2553.4625万元偿还了2001年在抚宁农信联社的旧贷

---

① 载《最高人民法院公报》2007年第9期（总第131期）。

款的情况，但因2001年旧贷保证人亦为新兴材料厂，保证方式同为连带责任保证，因此，根据《担保法解释》第三十九条关于“主合同当事人双方协议以新贷偿还旧贷，除保证人知道或者应当知道的外，保证人不承担民事责任。新贷与旧贷系同一保证人的，不适用前款的规定”的规定，不能免除新兴材料厂对该部分借款的保证责任。

其次，远东石油公司于2002年3月25日向抚宁农信联社所贷款项，虽然在借贷双方及保证人盖有印章的《企业短期借款申请书》和《保证担保借款合同》中载明和约定此笔贷款为“临时封闭贷款”，但《企业短期借款申请书》中同时也写有“同意办理临时封闭贷款叁仟壹佰万元收旧贷新”的字样，并注明申请书一份留借款人。而且从贷款发放后借款人远东石油公司将其中2500万元以转账支票形式主动偿还2001年旧资本金的事实说明，借贷双方是以“临时封闭贷款”购油为名，行借新还旧之实。而且，根据本案事实，该笔贷款在贷款条件、贷款程序和贷款的运行与管理上，均不符合银发〔1999〕61号《封闭贷款管理暂行办法》的规定。因此，该封闭贷款管理暂行办法不适用于本案。上诉人新兴材料厂关于“本案借贷双方隐瞒事实真相、恶意串通、借新还旧，违反《封闭贷款管理暂行办法》使用贷款偿还旧资本息”不应承担担保责任的上诉理由，因缺乏事实和法律依据，法院不予支持。

裁判要旨：主合同当事人双方协议以新贷偿还旧贷，除保证人知道或者应当知道的外，保证人不承担民事责任。但是新贷与旧贷系同一保证人的，不能免除保证人的保证责任。

问题27. 质权未设立对保证人责任有何影响

《物权法》第218条规定了质权放弃及其他担保人责任承担原则，即“质权人可以放弃质权。债务人以自己的财产出质，质权人放弃该质权的，其他担保人在质权人丧失优先受偿权益的范围内免除担保责任，但其他担保人承诺仍然提供担保的除外”。实践中的问题是，若质权未设立，对保证人责任的判定是否适用《物权法》第218条规定，即质押合同成立生效但质权未设立，保证人是否在质权人丧失优先受偿权益的范围内免除保证责任。

对于此问题，实践中有三种观点：第一种观点认为，质权未设立应视为物保合同未成立，保证人不能在物保的范围内免除保证责任；第二种观点认为，质权未设立应视为对物保的放弃，保证人应该在债务人物保范围内免除保证责任；第三种观点认为，基于信赖利益，在质权未设立时，保证人应该在债务人物保范围内免除保证责任。而后两种观点虽然理由不同，但都赞同在质权未设立时，保证人应该在债务人物保范围内免除保证责任。

笔者赞同质权未设立时，保证人在质权人丧失优先受偿权益的范围内免除保证责任的观点，理由如下：

第一，考虑保证人合理的顺位信赖利益，保证人应当在债务人质押担保的范围内免除保证责任。在关于混合担保的权利行使顺序上，我国《担保法》规定了“先行主义”，其第 28 条第 1 款规定：“同一债权上既有保证又有物的担保的，保证人对物的担保以外的债权承担保证责任。”即人保与物保并存时，物的担保优先清偿，人的担保在物的担保不足以清偿时承担补充清偿责任。而我国《物权法》也规定了物的担保与人的担保关系，其第 176 条规定：“被担保的债权既有物的担保又有人的担保的，债务人不履行到期债务或者发生当事人约定的实现担保物权的情形，债权人应当按照约定实现债权；没有约定或者约定不明确，债务人自己提供物的担保的，债权人应当先就该物的担保实现债权……”两者比较可知，物权法在坚持“先行主义”前提下，增加了尊重当事人意志约束这一机制。

故在债务人自己为履行债务提供物保且同时存在保证的情况下，只有在该多重担保关系中的当事人对债权实现顺序没有明确约定或约定不明情形下，债务人作为本位上的债务承担者，其他的保证人仅是代替其承担责任，保证人应依法享有先行以债务人提供的物保清偿债务的顺位信赖利益。

第二，因债权人或债务人过失导致质权未设立，可视为债权人放弃质权，适用《物权法》第 218 条的规定。质权的设立，以质权合同生效，并交付质物等行使特定行为为前提。实践中，债权人放弃相关质权并不单单表现为明确抛弃质权。一些债权人通过种种不作为的行为，从而导致质权在事实上不能实现。例如怠于督促质物的交付，未委托第三方对质物进行监管或者封存质押等。这在实践中往往也被认为是对质权的放弃。

综上所述，同一债权上既有债务人提供的物保，又有保证人提供的人保，因债权人与债务人的共同过错致使质权未设立，保证人对此并无过错的，债权人应对质权未设立承担不利后果。《物权法》第 176 条明文规定，“没有约定或者约定不明确，债务人自己提供物的担保的，债权人应当先就该物的担保实现债权”，这是因为保证人对先以债务人的质物清偿债务存在合理信赖，债权人放弃质权损害了保证人的顺位信赖利益，故保证人应依《物权法》第 218 条的规定在质权人丧失优先受偿权益的范围内免除保证责任。

【典型案例 32】

典型案例裁判文书

最高人民法院(2017)最高法民申925号民事裁定书

案例索引：黑龙江北大荒投资担保股份有限公司与黑龙江省建三江农垦七星粮油工贸有限责任公司、黑龙江省建三江农垦宏达粮油工贸有限公司等担保合同纠纷案。一审：(2015) 垦商初字第 48 号；二审：(2016) 黑民终 200 号；申请再审审查：(2017) 最高法民申 925 号。[①]

基本案情：再审申请人黑龙江北大荒投资担保股份有限公司（以下简称北大荒担保公司）因与被申请人黑龙江省建三江农垦七星粮油工贸有限责任公司（以下简称七星公司）、黑龙江省建三江农垦宏达粮油工贸有限公司（以下简称宏达公司）、黑龙江省建三江农垦华龙粮油工贸有限责任公司（以下简称华龙公司）、黑龙江省建三江农垦稻福米业有限公司（以下简称稻福公司）及一审被告黑龙江省建三江农垦三江缘米业有限责任公司（以下简称三江缘公司）、邵士玲、徐延军担保合同纠纷一案，不服黑龙江省高级人民法院（2016）黑民终 200 号民事判决，向法院申请再审。法院依法组成合议庭进行了审查，现已审查终结。

北大荒担保公司申请再审称，（一）二审法院认定案由错误。担保合

---

① 载《最高人民法院公报》2018 年第 1 期（总第 255 期）。

同属于从合同，案由的确定不能依据从法律关系来确定。担保公司代偿债务后向借款人及保证人追偿，不仅仅是依据保证合同向担保人主张权利，故一审法院将本案案由确定为追偿权纠纷是正确的，二审法院将案由变更为担保合同纠纷错误。(二）二审法院判决四保证人在案涉 4560 吨水稻价值范围内免责缺乏事实和法律依据。徐延军证实邵士玲将质押的水稻出卖，说明 4560 吨水稻的实际控制权在三江缘公司，并未交付给北大荒担保公司。质物的交付是质权设立或质押合同生效的要件，故北大荒担保公司与三江缘公司所建立的水稻质押合同关系成立未生效。四保证人应对案涉借款债务承担连带保证责任，二审法院对此未予纠正存在不当。三江缘公司及七星公司、华龙公司、稻福公司均没有办理水稻质押手续，也未向北大荒担保公司提供水稻质押担保，只有宏达公司提供了足额水稻后北大荒担保公司才与该公司办理了水稻质押手续。几家公司虽为联保关系，但反担保形式不同，北大荒担保公司出具给宏达公司的《告知函》不足以证明四保证人对三江缘公司提供水稻的担保产生合理信赖。北大荒担保公司与四保证人签订的保证合同没有约定水稻的质押及其他物的担保，四保证人并不知道三江缘水稻的质押，也不是因为有三江缘的水稻质押才提供的保证。二审法院强加的所谓“合理信赖”是主观臆断的错误认定。(三）二审法院认定案涉 4560 吨水稻的价值为 1413.6 万元没有事实和法律依据。三江缘公司与北大荒担保公司签订的质押担保合同确定 4560 顿水稻的质押率为 70%，即使质权设立，其质押担保的价值仅为 800 余万元。综上，北大荒担保公司依据《中华人民共和国民事诉讼法》第二百条第（一）项、第（二）项规定申请再审。

七星公司、宏达公司、华龙公司、稻福公司提交意见称，北大荒担保公司的再审申请无事实和法律依据，请求予以驳回。

法院裁判：本案中，北大荒担保公司于同日分别与债务人、第三人签订的质押合同、抵押合同及保证合同均系当事人的真实意思表示，不违反法律、行政法规的强制性规定，应依法认定为有效合同。其中，北大荒担保公司与债务人三江缘公司签订的水稻质押合同虽依法成立生效，但因三江缘公司未交付质物并将出质的水稻出卖给案外人，依据《物权法》第 212 条“质权自出质人交付质押财产时设立”的规定，应认定北大荒担保公司的水稻质权未设立。质权未设立对保证人的保证责任产生何种影响，保证人应否在质押物优先受偿的范围内免除保证责任，是本案当事人之间的核心争议。对此问题，本案一、二审法院所作认定有所不同，一审法院判令四保证人在质权未成立价值的50%范围内承担连带保证责任，二审法院则改判四保证人在案涉质物4560吨水稻价值范围内免除保证责任。法院认为，综合全案事实，二审法院对保证人的免责认定并无不当，理由如下：

其一，北大荒担保公司与三江缘公司未能诚实守信积极履行生效的质押合同义务，双方对质权未设立均存在过错，致使本应有效设立的质权未能发挥物的担保效用，过错当事人应承担不利后果。案涉质押合同签订后，三江缘公司未向北大荒担保公司交付出质的4560吨水稻，而是将质物存放于自己的仓库中，其后私自将质物出卖给案外人，且未将出售所得款项清偿债务，主观上具有逃避债务、将还款责任转嫁给其他担保人的恶意，该公司对质权未设立存在过错。反担保债权人北大荒担保公司作为一家职业担保公司，对出质人不交付质物的商业风险、法律后果以及该行为对同一债权上保证人利益的影响理应知晓，且质物水稻系粮食作物，难以久存，存在被债务人处分的可能，该公司理应尽到谨慎注意义务。但是，该公司在质押合同签订后，始终未请求三江缘公司交付质物，即使为了方便保管而将水稻继续存放于三江缘公司仓库，北大荒担保公司亦应尽到对质物的监管义务，使质物处于自己的控制之下，而其怠于监管致使质物被债务人私自处分；在得知质物被债务人出卖给特定案外人“中储粮”后，北大荒担保公司未积极向三江缘公司主张以质物出卖款清偿债务从而减轻损害，而是因其债权上存在多个担保就躺在权利上睡大觉，明显有违诚信。因此，债权人和债务人的共同过错造成本应依法设立的质权未能发挥物的担保效用，而保证人对此并无过错，北大荒担保公司应对其怠于保障债权利益的消极行为承担不利后果。

其二，保证合同中虽未明确约定债务人提供水稻质押是保证人提供保证的条件，但《物权法》对债务人提供的物保与第三人提供的人保并存时的债权实现顺序有明确规定，保证人对先以债务人的质物清偿债务存在合理信赖利益，北大荒担保公司怠于行使质物交付请求权损害了保证人的顺位信赖利益，保证人应在质物优先受偿价值范围内免责。本案中，借款债务人三江缘公司与四保证人均系稻米经营企业，互相之间存在五户联保关系，联保形式相同，即任何一户的银行贷款均由北大荒担保公司提供担保，再由借款债务人以各自所有的机器设备、房产和水稻向北大荒担保公司提供抵押和质押担保，其他四户向北大荒担保公司提供保证担保。案涉质押合同与保证合同系同一天签订。以上事实表明，案涉各方当事人均知晓北大荒担保公司的反担保债权上应同时设立了债务人提供的物的担保和第三人提供的人的担保。《物权法》第一百七十六条规定："被担保的债权既有物的担保又有人的担保的，债务人不履行到期债务或者发生当事人约定的实现担保物权的情形，债权人应当按照约定实现债权；没有约定或者约定不明确，债务人自己提供物的担保的，债权人应当先就该物的担保实现债权；第三人提供物的担保的，债权人可以就物的担保实现债权，也可以要求保证人承担保证责任。提供担保的第三人承担保证责任后，有权向债务人追偿。"依据上述规定，因本案当事人没有约定债权实现顺序，若债务人提供的担保物权正常设立，保证人只对物的担保以外的债权承担保证责任，故四保证人对自己享有法定的顺位利益存在一种合理信赖，从保证人七星公司法定代表人刘喜本、保证人宏达公司法定代表人刘雪峰在得知三江缘公司处分质物后立即向公安部门报案的情况来看，也能证明保证人存在此种信赖，由此产生的信赖利益受法律保护。若令保证人在债务人提供的担保物权未设立时继续承担保证责任，则恶意违约的债务人与怠于行使权利的债权人利益不受损，保证人的信赖利益却遭受侵害，这无疑违反民法的公平原则和诚实信用原则。

综上两方面分析，保证人合理的顺位信赖利益遭受债权人和债务人的侵害，保证人应当在质押物4560吨水稻的价值范围内免除保证责任。

裁判要旨：同一债权上既有人的担保，又有债务人提供的物的担保，债权人与债务人的共同过错致使本应依法设立的质权未设立，保证人对此并无过错的，债权人应对其怠于保障债权利益的消极行为承担不利后果。债务人提供的物保与第三人提供的人保并存时的债权实现顺序有明确的法律规定，保证人对先以债务人的质物清偿债务存在合理信赖利益，债权人怠于行使质物交付请求权损害了保证人的顺位信赖利益，保证人应在质物优先受偿价值范围内免责。若令保证人在债务人提供的担保物权未设立时继续承担保证责任，则恶意违约的债务人与怠于行使权利的债权人利益不受损，保证人的信赖利益却遭受侵害，这无疑违反民法的公平原则和诚实信用原则。

问题 28. 保证人死亡的保证债务如何承担

关于这一问题，实务界存在三种观点：第一种观点认为，保证债务作为保证人生前债务的一部分，应由继承人承担。并且，保证人做出的保证是以自己所有的财产为担保。因此，继承人承担保证债务时，应根据限定继承原则，以所继承遗产范围为限；第二种观点认为，保证是以个人信用为担保，具有人身性。因此，保证人死亡，则承担保证责任的主体灭失，继承人亦无须承担保证责任；第三种观点认为，判断此问题的关键在于债权人在保证人死亡前是否向其要求履行债务。如果债权人已主张权利，则保证义务转变为保证责任，责任不会因主体消失而消失。保证人死亡后，其遗产应当用来承担保证责任。反之，则保证债务随义务主体消失而消失。[①] 解决这一问题，需要考虑保证的性质、保证债务成立的时间、保证债务能否继承等方面。现有的法律及司法解释未有对此的明确规定，因此需要结合有关的规定及民法理论进行分析。

第一，保证的性质。

保证既为责任，亦为债务。债权担保包括物的担保和人的担保。所谓人的担保，是指自然人或者法人以其自身的资产或信用担保债务的履行的一种担保制度。人的担保主要是以第三人的信用以及全部财产作为债权实现的担保。典型的方式即保证。[②] 我国《担保法》第 6 条规定："本法所称保证，是指保证人和债权人约定，当债务人不履行债务时，保证人按照约定履行债务或者承担责任的行为。"

民法总则中定义债为："因合同、侵权行为、无因管理、不当得利以及法律的其他规定，权利人请求特定义务人为或者不为一定行为的权利。"

① 参见杨蕴慧：《试论民间借贷中保证人死亡后保证的效力》，载《法制与社会》2016 年 1 月。
② 参见王利明：《物权法研究下卷（修订版）》，中国人民大学出版社 2007 年版，第 356 页。

保证合同是主合同即主债权债务合同的从合同，是保证人与债权人签订的保证债权人债权能够实现的民事合同。在保证合同中，保证人负有在债务人不履行到期债务的情况下代为清偿的义务，这是基于保证合同产生的债务。当债务人不履行到期债务时，债权人拥有的是债权请求权，请求保证人以其财产清偿债务的权利。因此，保证不仅是责任，亦是债务。

第二，保证债务的成立时间。

因继承遗产而清偿债务的前提是债务已产生。保证债务的产生基于保证合同。因此，一般来说，除当事人另有约定外，保证合同成立即生效，保证债务产生。传统民法理论认为，保证之债为担保主债务而设，保证债务具有附随性、补充性，即保证债务以主债务之存在为前提，因主债务之消灭而消灭，保证债务原则上与其所担保的主债务同命运。[①] 保证债务由于其附随性与补充性，成立时间需要进一步研究。

第三，保证债务具有附随性，主要体现在以下四方面：

其一，保证的成立和效力。保证的成立和效力，通常以主债务的成立和效力为前提。

其二，保证的范围。保证的范围原则上应与主债务相同，只能等于或小于被保证人的债务。

其三，保证的转移。当主债权转移时，保证也随之而转移。

其四，保证责任随主债务的变化。主债务履行或部分履行的，保证责任消灭或减轻；主债务本身扩张或者因主债务人的过错而增加的，除当事人另有约定者外，保证责任也随之扩张。[②]

因此，当债权人与债务人就债权债务关系达成合意、订立合同时，主债务自合同成立生效时起成立。在此基础上，保证合同成立，保证债务即成立。在主债务合同中，当事人双方就债务履行期限达成的约定，以及履行期限是否届满，均无法影响主债务产生的认定，更无法影响保证债务的产生。履行期限的约定仅对债务履行这一行为上产生作用，即在债务履行期限届满前，主债务人无须履行主债务，保证人亦无须履行保证义务，承

---

① 参见高圣平：《担保法论》，法律出版社 2009 年版，第 124 页。

② 参见胡建萍、王长军：《保证人承担保证责任的范围应以主债务为限》，载《人民司法·案例》2015 年第 24 期。

担保证责任。

保证债务的补充性同样也不影响保证债务产生的时间。在保证人与债权人的保证合同关系中，保证人对债权人所允诺的义务是在债务人履行期限届满、不履行债务时由其按照约定履行债务或者承担责任。相对应地，债权人享有要求保证人按照约定履行债务或者承担责任的请求权。[①] 保证债务的履行需要具备三个条件，一是履行期限届满；二是债务人不履行债务；三是债权人请求保证人履行债务。这些条件影响的是保证人是否需要履行债务，及其承担保证债务的期限，关系保证人的实际履行状态，并不影响保证债务与保证合同同时成立的认定。

综上，保证债务自保证合同成立生效时产生，其附随性与补充性并不影响保证债务成立的认定。

第四，保证债务能否由继承人承担。

现行《担保法》及司法解释未对这一问题作出明确规定，但是保证作为债务，对于保证人死亡的保证债务如何承担，可以从债的一般原理进行分析。债的一般原理包括债的发生、债的效力、债的移转、债的消灭等。其中，与保证人死亡的保证债务相关的，为债权债务的概括承受。债权债务的概括承受，是指承担全部由债的关系所生的法律地位，债的当事人的债权与债务一并移转于第三人。债权债务的概括承受可因继承的事实发生。继承开始后，继承人没有表示放弃接受继承的，被继承人合法存在的债权债务关系一并移转于继承人承受。[②]

保证债务作为债的一种类型，一般情况下，若债务不专属债务人，则债务人死亡后，其继承人可因继承遗产而承担该债务。因此，保证债务不涉及保证人资格的，不具备专属性的，则可由继承人承担。对于具备专属性的特殊保证，如以保证人为具体公司之董事身份为前提而成立的保证、最高限额保证、人事保证或信用保证，这些保证债务均以保证人的特殊身份、资格作为成立的前提，因此随保证人死亡而消灭。[③]

---

① 参见任容庆：《主债务履行期限届满前保证人死亡的保证责任认定》，载《人民司法·案例》2017 年第 23 期。

② 参见江平：《民法学》，中国政法大学出版社 2011 年版，第 450 页。

③ 参见林海权：《保证人死亡的保证债务如何承担》，载《人民司法·案例》2017 年第 23 期。

综上，保证债务原则上可以让继承人承担，但专属于保证人的保证债务除外。

典型案例裁判文书

福建省高级人民法院(2014)闽民申字第1475号民事裁定书

【典型案例 33】

案例索引：福建省厦门农村商业银行股份有限公司马垅支行与陈建财等保证合同纠纷案[①]。一审：(2013)湖民初字第1954号；二审：(2013)厦终字第2963号；申请再审审查：(2014)闽民申字第1475号。

基本案情：农商行马垅支行诉称：2010年5月31日，被告陈建财与农商行马垅支行签订最高额借款合同，借款期间为2010年5月31日到2012年5月30日，借款金额为80万元。同日，林建利、陈衍禾作为保证人与农商行马垅支行签订最高额保证合同，约定保证人自愿为2010年5月31日至2012年5月30日，农商行马垅支行与陈建财办理约定的各类业务形成的债权提供担保，担保债权本金最高额为80万元。2010年5月31日，原告如约向被告陈建财发放80万元贷款。2012年5月30日贷款到期后，被告陈建财未支付借款本金及利息。林建利、陈衍禾作为连带担保人，应当承担担保责任。林建利于2011年5月2日因道路交通事故死亡。江加俊、林皖敏、林招琪、陈金团4人作为林建利的法定继承人，在无证据表明其放弃继承的前提下，应在继承林建利的遗产范围内承担还款责任。故向法院提出五项诉讼请求，其中第四项为：被告江家俊、林皖敏、林招琪、陈金团在接受林建利遗产的范围内，为林建利在本案中的债务承担还款责任。

被告江家俊、林皖敏等辩称：原告与被告陈建财签订的主合同最高额借款合同的借款期间为2010年5月31日至2012年5月30日，从合同最高额保证合同的保证期间为2010年5月31日至2012年5月30日。保证人的保证义务从合同成立之日起，即2010年5月31日产生，而保证责任只有在2012年5月30日借款期限届满，借款人陈建财不还款或无法还款

---

① 王晓利：《保证责任不因借款期间保证人死亡而消灭》，载《人民司法·案例》2017年第23期。

时才产生保证责任。保证人林建利在 2011 年 5 月 2 日发生交通事故死亡。民法通则规定，公民死亡，不再具有民事行为能力，无法承担民事义务，林建利个人应当承担的保证义务也因为其死亡而消失。林建利死亡时本案的保证责任还未产生，等到本案的保证责任产生时，作为死者的林建利是不能承担民事责任的。因此，保证人林建利的遗产不应用来承担保证责任。原告要求被告江家俊、林皖敏等人在接受林建利遗产范围内承担还款责任没有依据，应予驳回。

法院裁判：本案所涉的借款及担保合同均系各方当事人的真实意思表示，内容形式合法，未违反法律、行政法规的禁止性规定，合法有效，对各方当事人具有法律约束力。农商行马垅支行在该最高额保证合同签订生效当时即已发放贷款 80 万元。至此，林建利与陈衍禾的连带保证责任即产生。在农商行马垅支行提供借款后，陈建财未按约定还款，已经构成违约，依法应承担还本付息的违约责任，并支付因此产生的律师费用。作为保证人，陈衍禾应当按照保证合同的约定，对陈建财的上述债务承担连带清偿责任。

江家俊、林皖敏、林招琪、陈金团应当在继承林建利遗产的范围内对债务承担还款责任。如前所述，本案诉争的借款及担保合同对各方当事人具有法律约束力，农商行马垅支行在履行提供借款的义务后即享有债权，作为权利人，农商行马垅支行可以追究债务人的违约责任，也可以要求担保人承担相应的担保责任。债务履行期限是否届满并不影响债权的依法设立。虽然林建利在诉争债务履行期未届满时去世，但根据《继承法》第三十三条第一款之规定，再审申请人江家俊、林皖敏、林招琪、陈金团作为林建利的继承人，依法应在林建利的遗产范围内承担相应的连带保证责任，即应承担诉争债务的相应连带清偿责任。

裁判要旨：在借款期间保证人死亡的，其遗产由其继承人继受，当然包括其义务承担。因此，保证义务并不会随保证人的死亡而自然终止，而是移转于其继承人，继承人在继承的财产范围内承担保证责任。

问题 29. 共同保证人保证责任承担及追偿权行使规则

按照保证人之间对各自承担的担保份额是否有约定，共同保证可分为按份共同保证和连带共同保证。按份共同保证是保证人与债权人约定按份额对主债务承担保证义务的共同保证；连带共同保证是各保证人约定均对全部主债务承担连带保证义务或保证人与债权人之间没有约定所承担保证份额的共同保证。连带共同保证可基于当事人约定或者法律推定而成立，按份共同保证必须基于当事人的约定而产生。当事人之间就保证份额无约定的，根据《担保法解释》第19条“两个以上保证人对同一债务同时或者分别提供保证时，各保证人与债权人没有约定保证份额的，应当认定为连带共同保证。连带共同保证的保证人以其相互之间约定各自承担的份额对抗债权人的，人民法院不予支持”的规定，应当认定为连带共同保证。

（一）按份共同保证

《担保法解释》第21条规定：“按份共同保证的保证人按照保证合同约定的保证份额承担保证责任后，在其履行保证责任的范围内对债务人行使追偿权。”据此，按份共同保证人保证责任承担和追偿权行使规则是：各保证人以其与债权人约定的份额承担保证责任，按份共同保证人在履行保证责任的范围内对债务人行使追偿权，与其他按份保证人无关。也就是说，即使保证人不能从债务人处得到清偿，也不能向其他共同保证人要求清偿。需要注意的是，该规则中的按份共同保证应当限缩解释为无重合份额的按份共同保证，包含足额或者不足额的按份共同保证两类，其根本特征即在于按份共同保证人的保证份额之和（即保证总额）尚未超过债务人债务的份额。

（二）连带共同保证

1.“一般保证方式”的连带共同保证

如果数个保证人与主债务人之间的约定都是承担一般保证责任，可将此种情形称为“一般保证方式”的连带共同保证。由于各保证人对债权人而言，都属于“一般保证”，均依法享有先诉抗辩权，也即，各保证人承担保证责任时均享有顺序利益，并不会因为是共同保证而丧失该权利。如果“一般保证方式”连带共同保证中的某一个一般保证人放弃自己的先诉抗辩权而承担了全部保证责任，因其放弃权利是对自己权利的处分，所导致的后果应当由其承担。但是，因其放弃自己先诉抗辩权行为所产生的后果，不能由其他一般保证人来承担。故其无权向其他一般保证人追偿，而只能向债务人追偿。只有保证人行使先诉抗辩权后，债务人仍不能清偿债务，保证人才有义务向债权人承担保证责任，承担了保证责任的保证人依法可以要求其他共同保证人承担各自应当承担的担保份额。但应当注意的是，根据《担保法》第 12 条的规定，“已经承担保证责任的保证人，有权向债务人追偿，或者要求承担连带责任的其他保证人清偿其应当承担的份额”。由此可见，该规定所确立的追偿权行使原则是保证人有选择权，明确了主债务人与其他保证人在面对追偿权人时地位是平等的，不存在必须先向主债务人追偿后，才能向其他保证人追偿的问题。但根据《担保法解释》第 20 条第 2 款规定：“连带共同保证的保证人承担保证责任后，向债务人不能追偿的部分，由各连带保证人按其内部约定的比例分担。没有约定的，平均分担。”上述司法解释是对担保法的规定作了限制，即以向债务人不能追偿的部分向其他保证人追偿，且同时以该保证人实际承担的责任份额大于其应承担的份额为前提，“当一个追偿权未获清偿时再行使另一个追偿权”。①

2.“连带保证方式”的连带共同保证

“连带保证方式”的连带共同保证，是指在共同保证中，不仅为共同保证人之间连带；而且，共同保证人亦同时与主债务人连带负责。《担保法解释》第 20 条规定：“连带共同保证的债务人在主合同规定的债务履行期届满没有履行债务的，债权人可以要求债务人履行债务，也可以要求任何一个保证人承担全部保证责任。连带共同保证的保证人承担保证责任后，向债务人不能追偿的部分，由各连带保证人按其内部约定的比例分担。没有约定的，平均分担。”据此，连带共同保证人保证责任承担和追偿权行使规则是：第一，各个保证人不分履行顺序均有向债权人履行保证债务的义务。第二，任一保证人履行了全部保证责任后，均有权向其他保证人追偿。首先，连带共同保证是保证人对债权人全部债务的连带，这是对外的关系，并不排除连带保证人之间内部约定各自承担的份额，该份额应视为各连带保证人内部的义务分配。没有约定的，平均分担。因此，无论是通过保证人间的约定还是通过推定，各连带保证人最终所应承担保证

---

① 李国光等：《最高人民法院关于适用〈中华人民共和国担保法〉若干问题的解释理解与适用》，吉林人民出版社 2000 年版，第 116 页。

的份额都是确定的。其次，履行了全部责任的保证人具有两项追偿权。第一项追偿权是向债务人追偿，第二项追偿权是向其他连带共同保证人追偿。《担保法》第12条规定："……已经承担保证责任的保证人，有权向债务人追偿，或者要求承担连带责任的其他保证人清偿其应当承担的份额。"因此，两项追偿权可择一行使，当行使一项追偿权未获得清偿时，保证人仍可行使另一项追偿权。两项追偿权是否可以同时行使，法律和司法解释没有规定，因此没有予以排斥的理由。也就是说，两项追偿权的行使并没有先后顺序。通过诉讼程序同时行使两项追偿权的，法院裁判主文中应作两项：第一项是判债务人对保证人在其承担的保证责任范围内承担全部清偿责任；第二项判连带保证人在其份额或应承担的平均数额内对履行了保证责任的保证人承担清偿义务。执行中建议分先后秩序，先执行债务人，后执行连带保证人，以尽量避免连环追偿（指连带保证人又向债务人追偿），但连带保证人并不因此获得执行顺序上的抗辩权。[①]

实践中，应当注意的是：第一，如果受到追偿的保证人中有一人或数人无能力偿还其应当承担的份额，且这一无法偿还的后果不可归责于行使追偿权的保证人，这一不利后果由谁承担，法律和司法解释没有明确规定。笔者认为，基于司法解释确立的分担原则，不能追偿的责任应当由有偿还能力的保证人承担。其法理依据是连带债务承担上的"追偿权扩大"。《德国民法典》《日本民法典》和我国台湾地区"民法典"都对"追偿权扩大"的构成要件和相应的法律效果都有明确规定。其基本原则是：就某一连带债务人不能偿还的部分应当由追偿权人与其他连带债务人按照比例分担。在具体处理上存在两个分担程序：一是对于保证责任，各保证人应当依据"有约定依约定，无约定平均分担"的原则分清各自责任；二是在其中部分保证人无能力偿还债务时，对不能偿还部分仍应由各保证人按上述原则再次分担。

第二，债权人未在保证期间内向部分保证人主张权利，其他保证人是否还可以向保证期间已届满的保证人主张追偿权。对此，最高人民法院在《关于已承担保证责任的保证人向其他保证人行使追偿权问题的批复》（法

① 参见曹士兵：《中国担保制度与担保方法》，中国法制出版社2015年版，第54—55页。

释〔2002〕37号）中规定："承担连带责任保证的保证人一人或数人承担保证责任后，有权要求其他保证人清偿应当承担的份额，不受债权人是否在保证期间内向未承担保证责任的保证人主张保证责任的影响。"在司法实践中，对此批复产生了四种观点：第一种观点认为，保证人的追偿权是在其依法履行了保证责任后产生的要求该债务最终分担的一种请求权，此种权利的产生是以保证人向债权人履行了义务为前提的，这与债权人向保证人主张保证责任的权利是两种完全不同的权利，保证合同的约定或法律规定的保证责任期间对保证人的追偿权不适用。① 第二种观点认为，已免除责任的保证人，仍需分担保证责任，与《担保法》规定相悖，并且债权人未及时主张权利的过错，由保证人承担，不符合过错责任原则。② 第三种观点认为，因保证期间届满导致某一保证人免除保证责任的情形应当认定为与债权人免除某一连带债务人的债务性质相同，由此，发生其他保证人在该免除的范围内也相应免责的效果。③ 第四种观点认为，与债权人免除保证人债务不同，保证人因保证期间届满而免除保证责任是依法免责，并非依债权人意思表示而免责。债权人未在保证期间内向保证人主张权利是不作为的表现，不能以此推定债权人有免除债务的意思。《担保法》规定的"保证期间届满，保证责任免除"的规定，适用于处理债权人与保证人之间的法律关系，而保证人之间的追偿权是基于连带债务关系产生的，保证人不能以其与债权人的约定对抗其他保证人，保证人仍需分担责任。同理，在保证人向保证合同已过诉讼时效期间的其他保证人追偿时，被追偿的保证人亦不能以此为抗辩。④ 笔者赞同第四种观点。应当明确的是，上述"批复"重点解决的是共同保证人之间的追偿权问题，对于已经承担了担保责任的担保人只有在"向债务人不能追偿的部分"范围内，才能向其他未承担担保责任的担保人行使追偿权。

---

① 吴兆祥：《解读〈关于已承担保证责任的保证人向其他保证人行使追偿权问题的批复〉》，载李国光主编：《解读最高人民法院司法解释·民事卷（1997—2000）》，人民法院出版社2003年版，第315页。

② 秦康美：《论共同保证中的保证人责任》，载《经济问题》2005年第12期。

③ 程啸：《保证合同研究》，法律出版社2006年版，第582页。

④ 奚晓明：《借款·担保合同纠纷》，法律出版社2007年版，第144页。

3. “混合保证方式”的连带共同保证

“混合保证方式”的连带共同保证，是指在共同保证中，存在既有一般保证，又有连带责任保证的混合责任方式的共同保证。承担一般保证责任的共同保证人对债权人有先诉抗辩权，承担连带保证责任的共同保证人对债权人则没有先诉抗辩权。当债务人在主合同规定的债务履行期届满没有履行债务时，一般保证人在承担全部保证责任后，有权向债务人追偿；向债务人不能追偿的部分，可以向其他连带保证人按约定或法定的比例追偿。而连带保证人在承担全部保证责任后，要求一般保证人分担时，一般保证人可否行使先诉抗辩权，实践中存在两种观点：第一种观点认为，无先诉抗辩权的保证人承担保证责任后，再向有先诉抗辩权的保证人追偿其应承担的责任份额，该保证人仍得以其先诉抗辩权对抗追偿权人，要求先执行债务人的财产。[①] 第二种观点认为，由于承担了保证责任的保证人向一般保证人行使的是基于连带债务规则而产生的连带债务人内部的相互追偿权而非代位行使原债权人的权利，因此，一般保证人不能对追偿权人行使先诉抗辩权。[②] 笔者认为，只有在一般保证人放弃先诉抗辩权，或者在行使先诉抗辩权无果的情况下，连带保证人才可以对一般保证人行使追偿权。因为，一是在“混合保证方式”的连带共同保证中，由于债权人主张权利时，一般保证人享有先诉抗辩权，相对于连带责任保证人，一般保证人处于补充责任的地位。二是保证合同是确定各保证人之间关系的基础，各保证人未就连带债务关系之外另有约定，故确定各保证人之间的关系不能抛开保证合同，只要保证合同是当事人真实意思表示，不违反法律禁止性规定，就应当认定有效，作为当事人行使追偿权的依据。一般保证人的先诉抗辩权为其与债权人之间的特别约定，无此权利的其他保证人应无权援引该权利。[③]

---

① 刘保玉：《共同保证的结构形态与保证责任的承担》，载《中国法学》2003 年第 2 期。

② 程啸：《保证合同研究》，法律出版社 2006 年版，第 567 页。

③ 刘保玉：《共同保证的结构形态与保证责任的承担》，载《中国法学》2003 年第 2 期。

【典型案例 34】

案例索引： 英贸公司诉天元公司保证合同追偿权纠纷案①。

典型案例裁判文书
英贸公司诉天元公司保证合同追偿权纠纷案

基本案情： 1996 年 9 月 13 日，京正公司通过签订借款合同，向环西建行借款 1000 万元，借期一年。原告英贸公司和珑艺公司、烟草公司共同为该笔借款提供连带责任保证，被告天元公司单独为该笔借款提供连带责任保证。借款到期后，京正公司仅支付了至 1998 年 3 月 21 日止的利息。环西建行起诉，要求京正公司偿还尚欠的借款本金和 1998 年 3 月 22 日以后至还清之日止的利息，以及环西建行为实现债权而产生的费用；并要求英贸公司、烟草公司履行连带保证责任。法院经审理，确认环西建行已在京正公司破产程序中以债权人身份受偿 61.8 万元，判决英贸公司、烟草公司清偿环西建行未受偿部分的借款本金 938.2 万元和相应的利息，以及环西建行为实现债权产生的费用。英贸公司已按判决承担了保证责任，共支付借款本息和其他费用计 5912286 元。

法院裁判： 关于保证追偿权是否成立的问题。被上诉人天元公司与环西建行之间存在连带保证合同关系，以及天元公司的保证期间应当至主合同展期后所确定的最终履行期届满之日后的两年内，即至 2000 年 9 月 12 日止。这一事实已经由人民法院的生效民事判决书认定，本案应予认可。天元公司认为，双方约定的保证期间应至“合同经展期后的届满之日”，这个观点不能成立。

关于追偿权是否成立的问题。连带共同保证的保证人，虽然在以这种方式设定保证时就知道，如果债务人不按期履行债务，自己有可能对全部债务承担清偿责任。但是他更知道，一般情况下，自己是与其他保证人共同对债权人承担着保证责任。虽然形式上可能先由自己清偿全部债务，但他可以通过追偿将他代付的其他保证人的份额弥补回来。只有在其他保证人都无法承担保证责任的情况下，他才可能有清偿全部债务的风险。因此，一审认为上诉人英贸公司现已承担的保证责任，并未超出其自愿担保

① 载《最高人民法院公报》2002 年第 6 期（总第 80 期）。

的范围，故不存在不公平之说，是认识错误。《担保法》第二十六条第二款的规定，是指在合同约定和法律规定的保证期间，债权人不要求保证人承担保证责任的，保证人的保证责任可以免除。而在连带共同保证中，由于保证人是作为一个整体共同对债权人承担保证责任，所以债权人向共同保证人中的任何一人主张权利，都是债权人要求保证人承担保证责任的行为，其效力自然及于所有的保证人。对那些未被选择承担责任的共同保证人来说，债权人向保证人中任何一人主张权利的行为，应当视为债权人已向其主张了权利。在环西建行诉京正公司、烟草公司和上诉人英贸公司的借款合同纠纷案中，债权人环西建行虽然起诉的是烟草公司和英贸公司，但其起诉的效力自然及于被上诉人天元公司。不能因环西建行未起诉天元公司，就认为天元公司的保证责任得以免除。英茂公司在承担了保证责任后，有权要求作为连带共同保证人的天元公司清偿其应当承担的份额。一审以天元公司的保证责任已免除，认定英贸公司不能再向天元公司主张行使追偿权，是适用法律错误。

关于追偿份额如何确定的问题。《担保法解释》第二十条规定，连带共同保证的保证人按其内部约定的比例分担保证责任。没有约定的，平均分担。本案涉及的连带共同保证人，有烟草公司、珑艺公司和上诉人英贸公司以及被上诉人天元公司四家。这四家连带共同保证人之间，对保证份额没有约定，应当平均分担。鉴于作为本案共同保证人之一的珑艺公司，目前虽无证据证明其下落不明，但寻找其到案承担保证责任，确实存在着实际困难。作为连带共同保证人，将珑艺公司寻找到案令其承担保证责任，是所有保证人的共同义务。如果珑艺公司不能到案承担保证责任，其应当承担的保证份额就成为全体保证人共同的风险，此风险不能由英贸公司一家承担。因此在珑艺公司不能到案承担保证责任的情况下，珑艺公司应当承担的保证责任份额，应由现有的三家保证人分担。所以，英茂公司有权向天元公司追偿三分之一的保证责任份额。

裁判要旨：在合同约定的保证期间和前款规定的保证期间，债权人未要求保证人承担保证责任的，保证人免除保证责任。在连带共同保证中，由于保证人是作为一个整体共同对债权人承担保证责任，所以债权人向共同保证人中的任何一人主张权利，都是债权人要求保证人承担保证责任的行为，其效力自然及于所有的保证人，未被选择承担责任的其他保证人并未因此而免除保证责任。因此，承担了连带责任的保证人可以对那些未被选择承担责任的共同保证人行使追偿权。连带共同保证的保证人承担保证责任后，向债务人不能追偿的部分，由各连带保证人按其内部约定的比例分担。没有约定的，平均分担。作为连带共同保证人，承担保证责任，是所有保证人的共同义务，但如果部分保证人不能承担保证责任的，其所应当承担的保证份额应当由剩余的保证人分担。因此，连带共同保证的保证人对保证份额没有约定的，在部分保证人难以承担保证责任时，其他人的保证责任应当依法按现有能够承担保证责任的保证人来平均分担。

【典型案例 35】

案例索引：方归等诉颜偿治民间借贷纠纷案。一审：（2013）闽民初字第 35 号；二审：（2014）民四终字第 5 号。

典型案例裁判文书

最高人民法院(2014)民四终字第5号民事判决书

基本案情：2011 年 11 月 25 日，颜偿治与香山公司签订《借款协议书》，约定：借款金额 3000 万元人民币（以下币种同），利息每月 3%计算，每月另付按借款金额 1.5%作为服务咨询费，借款期限三个月，自 2011 年 11 月 25 日至 2012 年 2 月 24 日。甲方即香山公司未按本合同约定期限支付借款的，应按照逾期还款金额根据逾期天数按日千分之五收违约金。该协议项下的纠纷，各方应根据公平、公正的原则协商解决，协商不成，任何一方均可向签约所在地有管辖权的人民法院起诉。过错方应承担所有的费用，包括但不限于诉讼费、律师费、保全费、调查费等。借款人香山公司及其法定代表人陈玲霞在《借款协议书》上签字盖章，吴文科与方东洛在担保人一栏签字。《借款协议书》注明签约地点为厦门市思明区。同日，颜偿治将 3000 万元借款汇至香山公司的银行账户，香山公司出具收据予以确认。

2012 年 2 月 22 日，颜偿治与香山公司签订《〈借款协议〉延期补充协议书》（以下简称《补充协议书》），就借款延期事宜达成一致。该协议约定，利息每月 2.5%计算，因该协议实施要通过中介等办理若干手续，故每月另付按借款金额 2%作为服务咨询费，由乙方即颜偿治负责把该费用转付给中介方。借款期限延长半年，即自2012年2月25日至2012年8月24日。由于原担保合同已到期，现双方同意将原担保一并延期到2012年8月24日。《补充协议书》其他条款与《借款协议书》基本一致，注明的签约地点亦为厦门市思明区。借款人香山公司与担保人吴文科、方东洛均在《补充协议书》上签字盖章。

2013年1月5日，方归向颜偿治出具《担保函》，承诺就讼争借款不论其他担保方式是否实现或颜偿治是否放弃其他担保，均自愿承担连带保证责任，保证责任范围包括本金、利息及颜偿治实现债权的律师费等全部费用。

2013年1月24日，香山公司向颜偿治出具《确认书》，确认从2011年11月25日至2012年12月31日本金和利息累计欠款金额为47842191元。香山公司及其法定代表人陈玲霞在《确认书》上盖章签字。担保人方归亦在《确认书》上签字，表示“同意以上确认内容并同意继续提供连带责任保证”。

2013年5月9日，颜偿治与福建致理律师事务所签订《委托代理合同》，约定福建致理律师事务所接受颜偿治委托，指派蔡长基、吴金城参加本案一审诉讼，颜偿治应向福建致理律师事务所支付律师代理费224000元。2013年6月18日，福建致理律师事务所向颜偿治出具发票，载明收到的代理费数额为224000元。

颜偿治经催索未果，遂提起本案诉讼，请求判令：香山公司立即偿还颜偿治借款本金3000万元以及自协议签订之日起至实际还款之日止的借款利息和服务咨询费（暂计至2013年5月8日的借款利息为1355万元、服务咨询费为1003万元）；香山公司承担颜偿治为本案诉讼支付的律师代理费（暂计至一审为224000元）；方东洛、方归、吴文科对上述借款本金及其利息、服务咨询费、律师代理费等承担连带清偿责任等。

法院裁判：方东洛、吴文科作为保证人在《借款协议书》及《补充协议书》上签字，两份协议书未对保证方式及保证担保的范围作出约定。依据《担保法》第十九条“当事人对保证方式没有约定或者约定不明确的，按照连带责任保证承担保证责任”及第二十一条第二款“当事人对保证担保的范围没有约定或者约定不明确的，保证人应当对全部债务承担责任”

的规定，保证人方东洛、吴文科应对借款人香山公司的全部债务承担连带责任保证。《补充协议书》约定，借款期限延长半年，至2012年8月24日止，担保期限一并延期到2012年8月24日，根据《担保法解释》第三十二条第一款“保证合同约定的保证期间早于或者等于主债务履行期限的，视为没有约定，保证期间为主债务履行期届满之日起六个月”的规定，方东洛、吴文科的保证期间为主债务履行期届满之日起六个月。

在借款展期内的2012年6月28日，方东洛从其个人账户第一次向颜偿治归还借款，此后在其保证期间内，方东洛多次从其个人账户向颜偿治还款。颜偿治关于其已在借款期限届满之日起六个月内向方东洛主张过债权的主张，虽缺乏相应证据予以证明，但方东洛向颜偿治还款的行为可视为其已在履行保证责任，故方东洛关于保证期间已过的主张不能成立。最高人民法院在《关于已承担保证责任的保证人向其他保证人行使追偿权问题的批复》中指出：“根据《中华人民共和国担保法》第十二条的规定，承担连带责任保证的保证人一人或者数人承担保证责任后，有权要求其他保证人清偿应当承担的份额，不受债权人是否在保证期间内向未承担保证责任的保证人主张过保证责任的影响。”

根据该批复，在共同保证人与债权人的外部法律关系中，共同保证人承担连带责任，债权人可以要求任何一个保证人承担全部保证责任，每一共同保证人都负有承担全部保证责任的义务；而在共同保证人之间的内部法律关系中，基于公平原则，连带共同保证的保证人承担保证责任后，有权要求其他保证人承担应当承担的份额，而不受债权人是否在保证期间内向未承担保证责任的保证人主张过保证责任的影响。由于任一保证人都有义务承担全部担保责任，因此债权人在保证期间内向任一保证人主张权利都意味着其向其他承担连带保证责任的共同保证人主张了权利。就本案而言，方东洛在保证期间内向颜偿治还款，承担保证责任的行为应视为颜偿治已向方东洛主张过债权，依据协议约定，方东洛、吴文科系承担连带责任的共同保证人，基于连带共同保证责任保证期间消灭的涉他性，颜偿治虽未提交证据证明其在保证期间内向吴文科主张过权利，但吴文科并不能以此抗辩其保证责任已被免除。

方归于2013年1月5日向颜偿治出具《担保函》，并在《确认书》上签字，对其为本案借款提供连带保证责任作出承诺。《担保函》明确约定保证责任范围包括本金、利息及颜偿治实现债权的律师费等全部费用。在借款到期后，方归应按约承担连带保证责任。

裁判要旨：承担连带责任保证的保证人一人或者数人承担保证责任后，有权要求其他保证人清偿应当承担的份额，不受债权人是否在保证期间内向未承担保证责任的保证人主张过保证责任的影响。就内部关系而言，连带共同保证的保证人承担保证责任后，有权要求其他保证人承担应当承担的份额，而不受债权人是否在保证期间内向未承担保证责任的保证人主张过保证责任的影响。因此，即使债权人在保证期间内仅向其中一位保证人主张过债权，也意味着其已向其他承担连带保证责任的共同保证人主张了权利，故其他保证人不能以债权人未向其主张债权为由请求法院免除其保证责任。

问题 30. 企业法人内部职能部门签订的保证合同的效力及责任承担

企业法人内部职能部门是法人内部执行某一职能的机构，不具备独立的法人资格，也没有分支机构所具备的《营业执照》，包括具体负责经营管理的生产销售、人事财务、质量监督、保卫等部门。为了方便管理，许多企业法人除了设置法人的印章外，还为企业法人职能部门设置独立的印章，便于其对内行使职权。对于企业法人内部职能部门签订的保证合同的效力及责任承担，我国法律与司法解释已经有了较为明确的规定，需要分以下几种情况分析：

第一种情况：企业法人内部职能部门以自己的名义签订保证合同。

根据民事主体制度，只有自然人、法人和其他组织才有对外实施民事行为的资格，法人的职能部门只是法人的一个内部机构，在法人内部履行职责，不具有以自己的名义对外实施民事活动的主体资格。我国《担保法》第 10 条第 1 款明确规定：“企业法人的分支机构、职能部门不得为保证人。”故而，企业法人职能部门不能以自己的名义签订保证合同。

需要注意的是，不同于企业法人分支机构，《担保法》第 10 条第 2 款只规定了：“企业法人的分支机构有法人书面授权的，可以在授权范围内提供保证。”其赋予了企业法人分支机构在有授权的情况下以自己的名义签订保证合同，而没有规定职能部门作为保证人的例外。所以，企业法人内部职能部门无论是否被授权，均不能以自己的名义签订保证合同。

对于企业法人内部职能部门以自己的名义签订保证合同的效力，《担保法解释》第 18 条作了明确规定，“企业法人的职能部门提供保证的，保证合同无效”。

企业法人职能部门以自己的名义签订的保证合同无效后，相关责任的承担问题，《担保法解释》第 18 条也作出了规定，“债权人知道或者应当知道保证人为企业法人的职能部门的，因此造成的损失由债权人自行承担。债权人不知保证人为企业法人的职能部门，因此造成的损失，可以参照担保法第五条第二款的规定和第二十九条的规定处理”。由此可见，该种情形分为两种情况处理：第一，债权人知道或者应当知道保证人为企业的职能部门，仍然与其签订保证合同的，保证合同无效造成的损失，由债权人自行承担。因为《担保法》明确禁止企业的职能部门作保证人，债权人在明知道或者应当知道保证人是企业的职能部门，仍然与之订立保证合同，存在重大过错，也不存在信赖上利益的损失。第二，债权人不知道保证人为企业的职能部门，由此导致的保证合同无效，应当按照《担保法》第 5 条和第 29 条的规定，如果债权人和企业法人有过错的，根据其过错各自承担相应的民事责任。债权人无过错的，由企业法人承担民事责任。

第二种情况，企业法人职能部门以企业法人的名义签订保证合同。

若企业法人职能部门在获得企业法人授权的情况下，以企业法人的名义签订保证合同，保证合同有效。因为企业法人的职能部门是法人的内部机构，在获得法人授权的情况下，可以对外以法人的名义代表法人从事民事活动。职能部门在授权范围内的行为是法人的代表行为，理应视为法人行为。此时，签订保证合同的一方是企业法人而不是企业法人职能部门。

若企业法人职能部门在未获得企业法人授权的情况下，以企业法人的名义签订保证合同。若债权人知道或者应当知道保证人为企业的职能部门，仍然与其签订保证合同的，保证合同自然无效，其责任承担适用《担保法解释》第 18 条的相关规定。但若债权人不知道保证人为企业的职能部门且无过错，而保证人又以企业法人的名义签订合同，此时满足表见代理的构成要件。有学者认为，此种情况适用表见代理的规定，担保合同有效。[①] 也有观点认为，在这种情况下，尽管符合表见代理的构成要件，但是不能适用表见代理的规定。表见代理的法律效果是合同有效，并将合同的权利义务直接归由本人承担，而《担保法解释》第18条的精神是：只要实际上是企业法人职能部门订立的保证合同，保证合同都无效。[②] 笔者赞同后一种观点，对于此问题的解释应回归担保法及其司法解释的规定，其责任承担适用《担保法解释》第18条的相关规定。

典型案例裁判文书

辽宁省高级人民法院(2015)辽审一民抗字第00138号民事判决书

【典型案例36】

案例索引：赫崇革与河南红旗渠建设集团有限公司丹东分公司等民间借贷纠纷案[③]。一审：（2012）振安民三初字第00160号；二审：（2012）丹民三终字第00303号；再审：（2013）丹审民再字第00129号；抗诉后提审：（2015）辽审一民抗字第00138号。

基本案情：丹东分公司承包了案外人开发的丹东保利锦江林语别墅区工程，为此成立了保利项目部，王跃进为负责人。2011年4月1日，王跃进代表丹东分公司将该工程转包给孙培根，双方签订了项目承包协议。协议约定："孙培根在施工中采取独立承包、自主经营、自负盈亏的方式承包涉案工程，丹东分公司收取工程总造价4%管理费，并帮助孙培根设立项目部章、项目部资料章和财务大小印鉴。"之后，丹东分公司将图纸、项目章、资料章交给孙培根。施工期间，孙培根向赫崇革（债权人）借款20万元，丹东分公司保利项目部作为担保人在借条上盖章确认。该借款到期未还。丹东分公司向孙培根收取管理费36.6万元。2012年5月4日，赫崇革向一审法院起诉，请求判令孙培根偿还借款20万元及利息，由丹东

① 崔建远：《合同法》，北京大学出版社2013年版，第198页。

② 孙鹏：《最高人民法院担保法司法解释精释精解》，中国法制出版社2016年版，第125页。

③ 王鸿晓、王传力、贾真：《非法转包人对工程项目使用的借款应承担连带责任》，载《人民司法·案例》2017年第20期。

分公司承担连带责任。

法院裁判：所谓保证，是指第三人和债权人约定，当债务人不履行其债务时，该第三人按照约定履行债务或者承担责任的担保方式。《担保法》第十条第一款规定："企业法人的分支机构、职能部门不得为保证人。"《担保法解释》第十八条规定："企业法人的职能部门提供保证的，保证合同无效。债权人知道或者应当知道保证人为企业法人的职能部门的，因此造成的损失由债权人自行承担。债权人不知保证人为企业法人的职能部门，因此造成的损失，可以参照担保法第五条第二款的规定和第二十九条的规定处理。"本案中，孙培根向赫崇革借款20万元，虽然在借条上担保人处加盖了保利项目部的公章，但因其系职能部门提供保证，故该保证不具有法律效力。既然保证行为无效，当然不存在所谓的保证责任承担问题。

如前所述，依据《担保法解释》第十八条的规定，企业法人的职能部门提供保证的，保证合同无效。债权人知道或者应当知道保证人为企业法人的职能部门的，因此造成的损失由债权人自行承担。

本案中，可以认定"债权人赫崇革在接受保利项目部为孙培根借款提供保证时'知道或者应当知道'保利项目部属于丹东分公司的职能部门"这一待证事实的存在具有高度可能性。因为，虽然涉案借条担保人处加盖有"丹东分公司保利项目部"的公章，但其与"丹东分公司"的公章应当有着明显的区别和差异。这亦符合善良正常人的一般判断。鉴于此，在已经适用《担保法》第十条及《担保法解释》第十八条第一款认定涉案保证行为无效，且认定债权人赫崇革"知道或者应当知道"保证人为职能部门的前提下，当然就失去了在"债权人不知道"时进一步适用《担保法解释》第十八条第二款及其第七条来确定保证行为无效时由保证人与债务人承担连带赔偿责任的先决条件。

裁判要旨：企业法人的职能部门提供保证的，保证合同无效。债权人知道或者应当知道保证人为企业法人的职能部门的，因此造成的损失由债权人自行承担。债权人不知保证人为企业法人的职能部门，因此造成的损失，可以参照《担保法》第五条第二款的规定和第二十九条的规定处理；但当债权人知道或者应当知道保证人为企业法人的职能部门时，就失去了在债权人不知道时进一步适用《担保法解释》第十八条第二款及其第七条来确定保证行为无效时由保证人与债务人承担连带赔偿责任的先决条件。

问题 31. 典当关系中同时存在第三人连带责任保证的，在当物“绝当”之后，对第三人保证责任的范围的认定

回答此问题，首先应当解决的一个前提问题是，法律是否允许在典当关系中同时存在第三人保证？对此，有观点认为，既然典当允许以物或权利作质押担保，那么当然也应当允许第三人保证。不同观点则认为，典当关系须以财产或权利作质押或抵押，否则不构成典当，而只是一般的保证借款关系。《典当管理办法》第 26 条规定，典当行不得发放信用贷款，故典当关系中一般不应允许第三人的担保，否则容易成为变相的信用贷款。但如因当户过错造成当物灭失或毁损，又无力提供其他替代物的，则应允许第三人提供保证；如系典当行过错造成当物灭失或毁损的，除非当户及第三人自愿同意担保，否则无须再另行提供担保。

《合同法解释（一）》第 4 条规定：“合同法实施以后，人民法院确认合同无效，应当以全国人大及其常委会制定的法律和国务院制定的行政法规为依据，不得以地方性法规、行政规章为依据。”《典当管理办法》本身无权涉及合同的效力问题，法院也不得依据其作为合同效力认定的依据。因此，不能引用《典当管理办法》第 26 条的规定认定合同无效。是故，笔者认为，即使当物担保因种种原因不成立或无效，典当借款合同项下的借款实质为信用贷款，相应合同效力也不因此受到影响。对于在典当之外，第三人提供保证，也即当物担保与第三人保证并存，并不改变典当合同之当物作为债权担保的特征，不违反法律、行政法规的强制性规定。相反，由于当物市场价值波动可能会比较剧烈，导致在债权实现时当物价值低于债权金额。这样，由第三人提供担保，虽然超出了传统意义上的典当范畴，但这也是当事人之间为了加强债权实现保障而作出的安排，从而更有利于债权人利益的保护。对此，应当予以尊重，故更应认定有效。

既然法律并不禁止在典当关系中同时存在第三人连带责任保证，那么，在当物“绝当”之后，对第三人保证责任的范围应如何认定呢？

绝当是指典当期限届满后一定期间内，当户既不赎当也不续当，典当行对于当物可以按照法律规定行使质权或抵押权的行为。[①] 传统典当关系中，绝当意味着回赎权消灭，典当行可以直接以当物或者变卖当物受偿债权。现代典当法律关系已经没有回赎权的概念，但是根据《典当管理办法》规定的精神，绝当起码包含了以下两层意思：一是对于价值 3 万元以下的当物，典当行可以直接处分当物受偿，而且损溢自负；二是对于其他当物，典当行可以依照《担保法》和《物权法》的规定，行使担保物权受偿，也可以根据双方的事先约定，在绝当后由典当行委托拍卖行公开拍卖。可见，虽然传统上的典当，于当期届满之日未赎当的，当物的所有权即归典当行所有。但在现行的典当制度下，尚不能得出绝当的法律后果是当物的所有权归属典当行的结论。如此，需要进一步解决的问题是，在这种情况下，《典当管理办法》所规定的就价值 3 万元以上的当物的债权实现方式，应作何种理解？

一种观点认为，既然《典当管理办法》明确以 3 万元为标准区分绝当的法律后果，价值 3 万元以上的当物在绝当后所有权并未发生变化，那么就不能认为绝当后当物价值可以直接冲抵债权本息。在这种情况下，应按现行法律规定的担保物权制度来确定保证责任的范围问题。据此，对于当物价值在 3 万元以上的，可以按照《担保法》和《物权法》的有关规定处理，也可以双方事先约定绝当后由典当行委托拍卖行公开拍卖。《物权法》第 176 条规定，“被担保的债权既有物的担保又有人的担保的，债务人不履行到期债务或者发生当事人约定的实现担保物权的情形，债权人应当按照约定实现债权；没有约定或者约定不明确，债务人自己提供物的担保的，债权人应当先就该物的担保实现债权；第三人提供物的担保的，债权人可以就物的担保实现债权，也可以要求保证人承担保证责任”。因此，在合同所担保的债权同时存在物的担保和人的担保时，如果合同约定典当行可以就物的担保实现债权，也可以要求保证人承担保证责任，即典当行可以在物的担保和要求保证人承担保证责任等实现债权的方式中作出优先选择

---

① 刘润仙：《典当法律理论与实务》，对外经济贸易大学出版社 2010 年版，第 10 页，转引自上海市高级人民法院课题组：《典当纠纷案件审理中的法律适用问题研究》，载《法律适用》2013 年第 6 期。

的，则从其约定。若无约定，则根据担保物是否是债务人自己提供的而加以区别认定。

另一种观点认为，根据《典当管理办法》的规定，典当期限届满当户如不能按规定赎当或续当即为绝当，应以当物价值充抵当金及相应利息，故保证人只应对当物不能清偿的债务承担保证责任。

笔者倾向于后一种观点。典当是具有中国传统特色的制度，就其本质而言是一种营业质权。也就是说，是营业质权人占有出当人提供担保的物或财产权利，给予出当人一定数额的借款，若质当人在约定的质当期限届满而不能予以回赎时，则该物或财产权利即归营业质权人所有或者由营业质权人以其价值优先受偿的特殊担保物权。在营业质权关系中，营业质权人是依法从事典当质押业务的当铺或者典当行，用以设定质权的物称为当物，设定营业质权的行为，通常称为当。营业质权其通过占有标的物来确保债权的实现，具有担保金钱债权的功能。[①] 虽然《物权法》在立法时认为典当是一种即将消亡的制度，故未将典当纳入物权种类中，但实际中我们仍然承认典当的存在及合法性。营业质权因当铺营业而发生，是民间长期存在的一种资金融通方式，其以小额质押借贷的方式满足社会对资金的需求，弥补主流金融行业的不足，是一种既有担保借贷性质又有商业融资性质的独特社会现象，仍有其存在的客观需求。公安部、商务部2005年颁布了《典当管理办法》对典当行业进行规范和管理，也说明了这一点。也就是说，我们首先要承认典当本身的合法性，这一点在实践中是不存在争议的。

当然，如前所述，当前的典当与传统意义上的典当已经有所不同，《典当管理办法》对绝当后应如何处置当物的规定就反映了这一点。应当说，《典当管理办法》第43条的规定是对典当制度的改造，改变了传统典当中绝当后当物即归于典权人的做法，实际上就是看到了典权人据此获取远超过借款金额的当物价值而与典当在本质上的担保属性不符的缺陷，据此基于公平原则以及担保属性而作出的符合现代担保目的的改造。类似于对超过3万元的绝当物禁止流质的改造，也可见于其他各国法律之中，主

① 郭明瑞：《担保法》，中国政法大学出版社1998年版，第180页。

要可分为以下两种模式：

第一种立法模式是绝当物品的所有权绝对不归营业质权人，典型国家如瑞士。瑞士作为一个典型的大陆法系国家，其在《瑞士民法典》第四编物权法第二十三章动产担保第三节第 907 条至第 915 条，专设一节以典当为名作出规定，主要对典当所营业权的授予和期限、典当权的设定和效力、质物的赎回、附有买回约款的购买和典当业细则的制定等方面给以原则性的规定，同时绝对禁止适用流质契约，采用多退少不补的规则。在当物到期不赎时，营业质权人无权处置死当物，只能请求官方变卖。绝当物的处理程序是：典当所事先要公开催告，之后再请求官方变卖质物，变卖的结果不足以清偿当金的，典当所对出质人无请求权；变卖的价金中除典当总额外尚有余额时，出当人有请求移交余额的权利。除此之外，中国人民银行 1996 年发布的《典当行管理暂行办法》第 34 条第 2 款曾规定绝当物品，应委托当地拍卖行公开拍卖，当地无拍卖行的应由公证部门现场监督公开拍卖。此项规定实际上禁止绝当物品所有权转移至营业质权人。

第二种立法模式是绝当物品的所有权有条件归营业质权人。这是指一旦绝当事实发生，当物所有权是否转移至营业质权人，要根据当金数额或估价金额的大小来确定，通常数额小则自动转移，数额大则不转移，如新加坡以 50 新元为标准，该国《典当商法》第 17 条规定："典质典当了 50 元或者以下，如果在本法允许的时间内没有被赎回，应当在赎回时间终止时成为典当商的绝对财产。"英国《1974 年消费信贷法》以 25 英镑画线，该法第 120 条曾规定："典当物品之所有权转移至典当商，典当期限为 6 个月，所押当物的一次性当金数额不超过 25 英镑或者当金数额限于 25 英镑以下。"

2005 年《典当管理办法》第 43 条以当物估价金额 3 万元以下，作为绝当物品所有权是否转移至营业质权人的唯一标准。这改变了传统典当中绝当后当物即归于典权人的做法，是面对典当行和质当人之间的利益失衡，避免典当行就当物获取巨额"暴利"所作出的符合中国现阶段国情的一种"管制"。但需要强调的是，不能据此得出典当已经不再具有传统意义上的任何特点，而纯粹演化为现代物权法意义上的抵押或质押的结论。如此，则在实际上就得出了典当在当下就已经消亡或不复存在的结论，这一结论显然是与我国典当行业的现状不相符合的。上述规定的实质，是在尊重典当固有特点的基础上对典当制度进行的改造，故应当理解为在债务逾期未清偿时，虽然不再以转移当物的所有权来直接抵偿债务本息，但应以公开拍卖当物所得价款来优先清偿债务（实际上就是当物的价值来优先冲抵债务），超出的部分应当退还给出当人。实际上作这种理解，与《瑞士民法典》中“绝当物禁止流质且多退少不补”规定之立法原意相符。因此，典当关系中同时存在第三人连带责任保证的，对于保证人在当物“绝当”之后应承担的保证责任范围的认定规则，应有别于物权法对于混合共同担保中连带责任保证人保证责任范围的规定，而是应当建立在尊重典当固有特点的基础之上。也就是说，既然当事人均认可是第三人是在典当关系中提供的保证，那么，可推定当事人之间具有其约定符合典当制度的基本规则的意思，即当事人的约定不应与典当的固有特点相悖，而如上所述，根据典当制度在绝当方面的基本特点以及《典当管理办法》关于绝当制度规定的基本精神，在债务已届清偿期而未获清偿时，应当先以当物的价值清偿债务，保证人对于不能清偿的部分承担连带保证责任。

典型案例裁判文书

安徽省高级人民法院（2015）皖民二终字第00794号民事判决书

【典型案例37】

案例索引：安徽创元典当有限责任公司与安徽泰科铁塔有限公司、安徽新荣久农业科技有限公司、陆淳、朱一平、杭州天野通信设备有限公司、浙江泰科铁塔有限公司典当纠纷案。一审：（2014）合民二初字第00666号民事判决；二审：（2015）皖民二终字第00794号；申请再审审查：（2016）最高法民申3191号。①

基本案情：2014年5月15日，创元公司与安徽泰科公司签订《典当借款合同》《典当借款质押合同》，约定安徽泰科公司以其所有的6315.7908吨钢材动产质押从创元公司典当借款1500万元。同日，新荣久

① 司伟、田静：《典当关系中同时存在第三人连带责任保证的，在当物“绝当”之后，对第三人保证责任的范围的认定——再审申请人安徽创元典当有限责任公司与被申请人安徽泰科铁塔有限公司、安徽新荣久农业科技有限公司、陆淳、朱一平、杭州天野通信设备有限公司、浙江泰科铁塔有限公司典当纠纷一案》，载《民事审判指导与参考》2017年第3辑（总第71辑），人民法院出版社2017年版，第184—200页。

公司、陆淳、朱一平、天野通信公司、浙江泰科公司与创元公司分别签订《典当借款保证合同》，为上述典当借款1500万元及产生的综合费用、利息、逾期综合费用、逾期利息、违约金、赔偿金以及创元公司实现债权、抵押权的费用等提供保证，保证期间自各期借款清偿期限届满之日起二年；并约定合同所担保的债权同时存在物的担保和人的担保的，创元公司可以就物的担保实现债权，也可以要求保证人承担保证责任，保证人同意创元公司在物的担保和要求保证人承担保证责任等实现债权的方式中作出优先选择；创元公司已经选择某一担保方式或担保物来实现债权，也可以同时主张通过其他保证方式或担保物来实现全部或部分债权。创元公司依约发放了当金。

2014年5月15日，创元公司与安徽泰科公司签订《典当借款质押合同》，约定安徽泰科公司以存放于其仓库内的6315.7908吨钢材为创元公司发放的1500万元典当借款提供质押担保，担保的范围包括借款本金及综合费用、利息、复利、罚息，以及创元公司实现债权的费用等；质押期间质物由创元公司保管；等等。同日，创元公司与安徽泰科公司、新润源公司签订《质押物监管协议（适用于动态质押）》，约定创元公司和安徽泰科公司均同意将质物交由新润源公司监管，由其代理创元公司占有质物并根据协议的约定履行监管质物的责任；质押设立之初，质物的品名、规格、数量、质量等以新润源公司依据该协议的约定签发的《质物清单》的记载为准；质物转移占有过程中，创元公司、安徽泰科公司向新润源公司出具《质物种类、价格、最低要求通知书（代出质通知书）》，新润源公司经与库存核对无误后接收交付货物，并向创元公司签发《质物清单（代动产质押专用仓单）》，质物完成转移占有；质押设立后、监管过程中，因系动态质押，质物存在进出、置换等情形，因此安徽泰科公司向新润源公司交付（指进入监管区域）的所有货物均为质物，此时质物的品名、数量、规格等并不以新润源公司此前签发的《质物清单》为准，而以新润源公司实际监管的为准。协议附件1——《质物种类、价格、最低要求通知书（代出质通知书）》载明质押的钢材为4000吨（详见附件清单），并要求质押物最低数量为4000吨，后附的钢材明细清单显示各类钢材合计4024.922吨；协议附件2——《质物清单（代动产质押专用仓单）》加盖有新润源公司印章，载明新润源公司已收到《质物种类、价格、最低要求通知书（代出质通知书）》载明的钢材4000吨，并保证监管期间质物的最低数量始终不低于4000吨。同日，创元公司、安徽泰科公司签订《质押物交付协议书》，约定安徽泰科公司在协议签字或盖章时交付质押物给创元公司，创元公司接收质押物以后委托他人保管，保管费用由安徽泰科公司承担。后由于安徽泰科公司未按约还款，安徽泰科公司于2014年9月25日将其仓库中1496.52吨钢材交付创元公司用于担保债权的实现。

因安徽泰科公司尚欠1200万余元，创元公司起诉，并主张对其实际控制的1400余吨钢铁享有优先受偿权，科技公司承担连带清偿责任。

法院裁判：对于典当关系当事人之间的权利义务，可参照适用《典当管理办法》予以确定。根据《典当管理办法》第四十条第一款、第四十三条的规定，绝当意味着以下两层意思：一是对于价值3万元以下的当物，典当行可以直接处分当物受偿，而且损溢自负；二是对于当物估价金额在3万元以上的，典当行可以依照《担保法》（当然亦包括《物权法》）的规定，行使担保物权受偿，也可以根据双方的事先约定，在绝当后由典当行委托拍卖行公开拍卖。可见，在现行的典当制度下，尚不能得出绝当的法律后果是当物的所有权归属典当行的结论，尤其是对于价值3万元以上的当物而言。对于价值3万元以上的当物绝当的处理，《典当管理办法》第四十三条的规定实际上是基于公平原则以及典当的担保属性而对传统典当制度作出的符合现代担保目的的一种改造。但同时，不能据此即得出典当已经不再具有传统意义上的任何特点，而纯粹演化为现代物权法意义上的抵押或质押的结论。上述改造实质上是在尊重典当固有特点的基础上进行的改造，其基本精神应理解为在债务逾期未清偿时，虽然不再以转移当物所有权来直接抵偿债务本息，但应以公开拍卖当物所得价款来优先清偿债务，超出的部分应当退还给出当人，这实际上就是以当物的价值优先冲抵债务。本案中，案涉典当借款质押合同、质押物监管协议签订后，安徽泰科公司已履行了监管协议，将其仓库中存放的钢材交由典当公司委托的新润源公司进行监管，在性质上构成安徽泰科公司将约定质押钢材向创元公司交付的完成。至于新润源公司此后是否实际履行监管义务，是否妥善保管质押财产，与交付并非同一概念，不影响对该交付已完成的认定。安徽泰科公司向创元公司实际交付的当物为4024.922吨钢材，现仅剩余1496.52吨，因该当物的短少非因不可抗力所致，不属于《典当管理办法》第四十一条第二款所规定的免责情形，故新荣久公司等保证人只应对4024.922吨钢材不能清偿的债务承担保证责任。

裁判要旨：典当关系中同时存在第三人连带责任保证的，对于保证人在当物"绝当"之后应承担的保证责任范围的认定规则，应有别于物权法对于混合共同担保中连带责任保证人保证责任范围的规定，而是应当建立在尊重典当固有特点的基础之上，即当事人的约定不应与典当的固有特点相悖，在债务已届清偿期而未获清偿时，应当先以当物的价值清偿债务，保证人对于不能清偿的部分承担连带保证责任。

第五节 最高额保证

问题32. 最高额保证的保证范围如何认定

最高额保证又称最高限额保证，是指保证人对债权人和债务人在一定期间内连续发生的不特定债权，在最高限额内，承担保证责任的一种保证形式。[①] 最高额保证虽然也是保证人与债权人通过保证合同设立的，但因其债权不确定，存在如下特殊性：（1）最高额保证所担保的债权是未来的债权；（2）最高额保证所担保的债权是基于多个合同所发生的债权；（3）最高额保证所担保的债权是在一定期间内连续发生的债权；（4）最高额保证所担保的债权是特定范围的债权。[②] 我国《担保法》第14条规定了最高额保证：保证人与债权人可以协议在最高债权额限度内就一定期间连续发生的借款合同或者某项商品交易合同订立一个保证合同。

最高额保证的保证范围如何认定？现今存在着三种不同的观点：第一

---

① 郭明瑞、房绍坤、张平华编著：《担保法》（第四版），中国人民大学出版2014年版，第71页。

② 王利明等：《民法学》，法律出版社2011年版，第492页。

种观点认为，最高额保证的保证范围应当是在一定期间内所发生的债权的总额；第二种观点认为，最高额保证的范围应当是一定期间内所发生的已经到期的债权减去已经受清偿的债权的余额；[①] 第三种观点认为，最高额保证的保证范围应当是在一定期间内已经发生的债权和已偿还债务的差额。

笔者赞同第三种观点，虽然《担保法解释》第23条已经明确规定："最高额保证合同的不特定债权确定后，保证人应当对在最高债权额限度内就一定期间连续发生的债权余额承担保证责任。"但是要准确认定最高额保证的保证范围，仍需理解以下方面：

第一，关于决算期。决算期就是保证人与债权人约定或者法定的被担保债权的确定日期，是确定最高额保证所担保的债权实际数额的时期。决算期的目的在于确定最高额保证中担保的债权的范围，决算期届满便可以使债权额得以确定。决算期的确定通常有以下几种情况：（1）当事人在保证合同中明确约定了最高额保证的存续期间，该存续期间的终点，即为债权额的决算期。（2）在最高额保证约定的期限内，债权人与保证人协议终止保证合同，保证合同终止之日为决算期。（3）保证人行使任意终止期限的权利。在当事人对最高额保证存续期间没有约定的情况下，《担保法》第27条规定，"保证人可以随时书面通知债权人终止保证合同，但保证人对于通知到债权人前所发生的债权，承担保证责任"。保证人的书面通知到达债权人之日，即为债权额的决算期。[②]

第二，关于《担保法解释》第23条规定的"债权余额"。由于最高额保证人对一定期间内连续发生的不特定债权承担保证责任，在此期间内可能发生多笔债权，累计总额巨大，在确定最高额保证的保证范围时，不应将各笔债权实际发生的累计额作为最高额保证的保证范围，最高额保证的保证范围只是决算期（债权确定期）届至之前实际发生的债务余额。实践中，债权人可以向债务人发放任意数额的贷款，因最高额保证人有最高限

---

① 孙鹏：《最高人民法院担保法司法解释精释精解》，中国法制出版社2016年版，第125页。

② 孙鹏：《最高人民法院担保法司法解释精释精解》，中国法制出版社2016年版，第126页—127页。

额的保护，所以保证人的利益不受影响。[①]《担保法解释》第23条规定的“债权余额”应当理解为“最高额保证合同存续期间已经发生的债权和已偿还债务的差额”，[②] 并非指最高额保证合同存续期间内已经发生的债权的总额，也并非指已经到期的债权与债务的余额。

第三，关于债权最高额和本金最高额。前者意指抵押权人对债权本金、利息、违约金与损害赔偿金等合并计算的债权总和在最高限额内优先受偿或保证人在此范围内承担保证责任，后者仅指债权本金不得突破最高限额的限制，但保证人在债权本金不得突破最高限额之外仍应对其余债权承担保证责任或其他债权仍获优先受偿。[③] 在最高额保证中，保证人以自身的担保能力为限，为自身限定一个担保最高额，应当是保证人明确所能承受的一个数额，即最高保证额。如果此为本金最高额，那么对于保证人而言，他所有可能负担的债权仍然是一个未知数，这个数额也极有可能会超过保证人承受之范围；对于债权人而言，保证债权的范围超过保证人承受范围，其将丧失超过部分债权的追偿。因此，许多国家与地区的立法例已排除了本金最高限额的适用。而债权最高限额符合最高额担保的立法目的，且只要债权人在设定最高债权额限度时为利息、实现债权的费用等预留了一定空间，完全可以满足债权人实现债权的需要。故而被担保的债权在确定时就存在的债权的利息、违约金、损害赔偿金，不论在确定时是否已经发生，均属于被保证债权的范围。保证人担保的债权及其利息、违约金、损害赔偿金之总和，不能超过最高限额，但实现债权的费用，不在最高限额限制范围内。[④]

【典型案例38】

案例索引：风神轮胎股份有限公司与中信银行股份有限公司天津分

---

① 曹士兵：《中国担保制度与担保方法——根据物权法修订》，中国法制出版社2008年版，第132页。

② 刘德权主编：《最高人民法院裁判意见精选》，人民法院出版社2011年版，第1010页。

③ 李劼、胡俊：《最高额担保中的最高限额只能是债权最高限额》，载《人民司法·案例》2015年第18期。

④ 孙鹏：《最高人民法院担保法司法解释精释精解》，中国法制出版社2016年版，第127页。

典型案例裁判文书

最高人民法院(2007)民二终字第36号民事判决书

行、河北宝硕股份有限公司借款担保合同纠纷案①。一审：(2006)津高民二初字第0045号；二审：(2007)民二终字第36号。

基本案情：2005年5月至2005年10月，中信银行与宝硕公司之间发生4笔融资业务。每笔业务具体的情况如下：1.2005年5月16日，中信银行与宝硕公司签署了(2005)银贷字第HD0062号《人民币借款合同》，借款金额为人民币2000万元，期限自2005年5月16日至2006年5月15日。合同签订后，中信银行依照合同的约定，足额发放了贷款，但合同到期后，中信银行多次催要，宝硕公司未履行还款义务。2.2005年6月7日，中信银行与宝硕公司签署了(2005)银贷字第HD0063号《人民币借款合同》，贷款金额为人民币730万元，期限自2005年6月7日至2006年6月6日。合同签订后，中信银行依照合同的约定，足额发放了贷款，但合同到期后，中信银行多次催要，宝硕公司未履行还款义务。3.2005年10月21日，中信银行与宝硕公司签署了(2005)银贷字第HD0071号《人民币借款合同》，借款金额为人民币2170万元，期限自2005年10月21日至2006年10月20日。合同签订后，中信银行依照合同的约定，足额发放了借款。宝硕公司未能履行偿付利息之义务。4.2005年10月25日，中信银行与宝硕公司签署了(2005)银承字第HC0413号《银行承兑汇票承兑协议》，根据协议的约定，中信银行在收取宝硕公司30%计人民币900万元的保证金后，中信银行即对票号为01053169、01053170、01053171共计金额为3000万元的银行承兑汇款予以承兑，票据期限均为2005年10月25日至2006年4月25日。但在票据到期后，宝硕公司未按照协议的约定向中信银行支付剩余70%的票款计人民币2100万元。根据《银行承兑汇票承兑协议》的约定，已形成本金为人民币2100万元的逾期贷款。

2004年6月18日，风神公司与宝硕公司签订《互保合同》，约定互相为对方的银行贷款提供信用担保，担保数额为单笔本金不超过人民币7000万元整，利息不得超过国家规定的利息标准，滞纳金、罚金不得高于本金

① 载《最高人民法院公报》2008年第2期（总第136期）。

的千分之五。担保总额不得高于人民币2亿元整。《互保合同》第七条第（五）项约定："合同一方最近一期资产负债率高于70%时，或其到期债务高于其净资产70%时，或其面临的诉讼标的高于其净资产70%时，或其资产、财务严重恶化不能履行到期债务时，应及时告之（知）合同另一方，合同另一方有权单方解除本合同。"基于上述的互保合同，中信银行与风神公司于2005年5月签署了银保字第HD0062号《最高额保证合同》。风神公司向中信银行承诺，为宝硕公司自2005年5月16日至2006年5月16日发生的最高额度为人民币7000万元的授信提供担保。保证方式为连带责任担保。《最高额保证合同》约定风神公司为宝硕公司自2005年5月16日至2006年5月16日发生的最高额度为人民币7000万元的授信提供担保，保证方式为连带责任担保；保证期间为宝硕公司"依具体业务合同约定的债务履行期限届满之日起两年。每一具体业务合同项下的保证期间单独计算"。

2005年宝硕公司往来户明细表显示，宝硕公司在2005年10月21日先后有两笔2170万元款项入账，其中一笔为本案HD0071号借款合同项下的2170万元，另一笔为中国农业银行天津分行开出的申请人为天津众立达科贸有限公司、金额为2170万元的银行本票款项。

由于宝硕公司和风神公司未能履行还款及担保责任，中信银行于2006年7月11日向风神公司邮寄承担连带责任保证通知函，要求风神公司对上述债务承担连带保证责任。宝硕公司仍拒不偿还欠款，风神公司亦未履行保证责任，中信银行遂诉至天津市高级人民法院，请求判令宝硕公司和风神公司偿付所欠贷款本金7000万元及相应利息。

法院裁判：风神公司称，《最高额保证合同》的决算期为2005年5月16日至2006年5月16日，而中信银行主张的该笔贷款到期时已超过了2006年5月16日，即《最高额保证合同》的最后决算期，不应归为该《最高额保证合同》项下。此问题涉及对《担保法解释》第二十三条的理解。该条规定："最高额保证合同的不特定债权确定后，保证人应当对在最高债权额限度内就一定期间连续发生的债权余额承担保证责任。"其规定了最高额保证范围为发生的债权余额，该余额为最高额保证期间已经发生的债权和偿还债务的差额，并非指最高额保证期间已到期的债权余额。

从此意义上讲，本案讼争的2170万元贷款系发生于最高额保证期间，虽然其到期日超过最高额保证期间，仍应属最高额保证人应当承担保证责任的范围。此外，从《最高额保证合同》中风神公司向中信银行承诺看，对2005年5月16日至2006年5月16日中信银行向宝硕公司授信而发生的一系列债权提供最高额7000万元的最高额保证。而本案所有债务都形成于最高额担保合同约定的期间之内，包括该笔贷款，并未超出担保合同约定的期间，所以不能认为该笔贷款超过了决算期；《最高额保证合同》约定保证期间为宝硕公司“依具体业务合同约定的债务履行期限届满之日起两年。每一具体业务合同项下的保证期间单独计算”，依此约定，2170万元贷款的保证期间应为债务履行期届满之日起两年，即2006年10月20日至2008年10月20日。被上诉人中信银行向风神公司主张承担保证责任亦未超过保证期间。综上，风神公司提出该笔贷款超过《最高额保证合同》决算期因而不应承担责任的主张不能成立，法院不予支持。

裁判要旨：最高额保证范围为最高额保证期间已经发生的债权和偿还债务的差额，并非指最高额保证期间已经到期的债权余额。

典型案例裁判文书

最高人民法院(2016)最高法民申3256号民事裁定书

【典型案例39】

案例索引：黑龙江农垦北大荒商贸集团有限责任公司诉上海浦东发展银行股份有限公司沈阳分行等金融借款合同纠纷案。一审：(2015)沈中民四初字第00112号；二审：(2016)辽民终346号，申请再审审查：(2016)最高法民申3256号。

基本案情：生化公司于2014年6月25日向浦发银行申请流动资金贷款1500万元，贷款期限为2014年6月25日至2015年6月24日。万顺达公司、高峰公司、孙贵吉分别与浦发银行签订最高额保证合同，为生化公司在2014年4月25日至2015年4月21日与浦发银行发生的全部债务提供连带保证，担保金额为1亿元。天明公司与浦发银行签订最高额保证合同，为生化公司在2014年4月25日至2015年10月22日与浦发银行发生的全部债务提供连带保证。担保金额为1亿4千万元。生化公司又于2014年10月24日向浦发银行申请流动资金贷款2500万元，贷款期限为2014

年10月24日至2015年10月23日。北大荒公司、万顺达公司、高峰公司、天明公司、孙贵吉、刘丽君、孙凯分别与浦发银行签订最高额保证合同，为生化公司在2014年10月23日至2015年10月22日与浦发银行发生的全部债务承担连带保证责任。其中北大荒公司担保金额为8500万元，万顺达公司、高峰公司、天明公司、孙贵吉、刘丽君、孙凯的担保金额均为1亿4千万元。浦发银行分别于2014年6月25日和2014年10月24日向生化公司发放1500万元和2500万元流动资金贷款。借款合同约定的年利率均为8.1%，未按期支付的在年利率的基础上加收30%计收复利。

法院裁判：《担保法》第十四条明确规定，保证人与债权人可以协议在最高债权额限度内就一定期间连续发生的借款合同订立一个保证合同，即最高额保证合同。《担保法解释》第二十三条明确规定："最高额保证合同的不特定债权确定后，保证人应当对在最高债权额限度内就一定期间连续发生的债权余额承担保证责任。"由上述规定可见，最高额保证合同是保证人对一定期间内连续发生的不特定债权，在最高限额内承担保证责任的一种保证方式。最高额保证人应当以约定的最高额为限，对决算期前的剩余债务承担清偿责任。

就本案而言，首先要确定北大荒公司的最高额保证的债权余额问题。最高额保证的债权余额确定后，保证人所保证的债权余额对于保证人而言并不存在先后清偿顺序的问题。本案浦发沈阳分行在2015年5月8日以起诉书的形式宣布主债权提前到期，根据合同约定，该事实属于主债权到期、届满的情形，且浦发沈阳分行与北大荒公司对此意见一致，因此，2015年5月8日为案涉最高额保证的决算期。在该期日，最高额保证的债权额确定。故在债权被确定时，只计算债权余额，保证人对该债权余额的整体在最高保证金额范围内承担保证责任，而不论债权发生或清偿期限届满的先后。本案截止到决算日，共计确定发生了两笔主债权，一笔为2014年10月24日两份《开立银行承兑汇票协议书》项下的合计金额为本金5000万元的债权，到期日为2015年4月24日；另一笔为2014年10月24日《流动资金借款合同》项下借款本金为2500万元的债权，宣布提前到期日为2015年5月8日。上述两笔债权余额至2015年5月8日时为7500万元及相应的利息。北大荒公司作为最高额保证的保证人，应在约定的最高限额即5500万元范围内，对上述债权余额7500万元及相应利息承担保证责任。而本案通过债务人生化公司于2015年6月11日的付款行为清偿了其中银行承兑汇票协议书中的两笔合计5000万元及相应利息的债务，对此，浦发沈阳分行和北大荒公司不持异议。但对保证人北大荒公司而言，由于是对整个债权余额进行担保，而不分债务履行的先后顺序，故只要是发生在最高额保证期间内，不超过最高限额的债务的余额，最高额保证人均应承担保证责任。因此，北大荒公司担保的债权余额在7500万元范围内因债务人偿还了部分债务，故应相应减少，即债权余额应相应减少为2500万元及其相应的利息。法院认为，在存在最高额担保的情形下，债务得到部分清偿并不必然导致最高额担保人的担保责任相应减少，故北大荒公司仍应当在约定的5500万元担保责任范围内对上述债权余额2500万元及相应利息承担保证责任。据此，原判决认定北大荒公司对2500万元本金及利息、复利应在最高限额为5500万元的范围内承担连带保证责任并无不当。北大荒公司申请再审主张原判决曲解了《担保法解释》第二十三条的本意，混淆了债权和保证债权、债权余额和保证债权余额的确定，没有事实和法律依据，法院不予支持。

裁判要旨：最高额保证合同是保证人对一定期间内连续发生的不特定债权，在最高限额内承担保证责任的一种保证方式。最高额保证人应当以约定的最高额为限，对决算期前的剩余债务承担清偿责任。

问题33. 未列入借款合同中的最高额保证责任应如何认定

实践中，经常出现借款合同中仅列明部分最高额担保的情况，原因如下：第一，银行监管部门与司法部门对此长期没有确定的规范标准与裁判标准，例如一些银行对于是否在借款合同中记载最高额担保合同的规定不同；第二，出借人、担保人故意不在借款合同中记载，具体分两种情况：一是部分银行会将最高额担保人的担保限额也记入人民银行的征信系统，而担保人考虑到自身的资信情况，避免影响今后的融资和担保，而与银行协商不将其担保情况在借款合同中记载；二是对上市公司而言，超过一定数额的担保情况需要公告，可能对公司股价产生不利影响，故上市公司通常也希望不将担保情况记入借款合同和人民银行征信系统。上述两种情况中，担保人为借款人提供担保的意思表示是真实的，只是希望银行不要将其列明在具体贷款合同中。第三，银行内部系统操作平台的限制。有的银行只能输入特定限额以下的担保合同编号，仅仅是因为具体操作的原因无法将所有的担保合同编号输入而导致在具体的贷款合同担保条款中仅列明部分最高额担保合同。[①]

由此可见，从实践中银行在具体贷款合同中未列明所有最高额担保合同的原因分析，也难以简单得出债权人在具体贷款合同中仅列明部分最高额担保合同的真实意思即为放弃未列明的最高额担保的结论。那么，在这种情况下，如何认定未在借款合同中列明的最高额担保合同的担保人，是否需要对借款合同项下债务承担担保责任呢？对此，判断要点如下：

（一）放弃最高额担保权利应明示

一般而言，民事权利的放弃采取明示的意思表示才能发生法律效力。《民法总则》第140条规定：行为人可以明示或者默示作出意思表示。沉默只有在有法律规定、当事人约定或者符合当事人之间的交易习惯时，才可以视为意思表示。可见，在民事法律行为中，除以下三种情形外，默示原则上不能作为有效意思表示的形式：一是基于当事人约定；二是法律于特定情形对于沉默赋予意思表示的效果，拟制其为意思表示；三是符合当事人之间的特定交易习惯。

金融借款合同中担保责任的默示免除并无特别法律规定。债权人与担保人在主合同中对担保债权作出进一步约定的行为，即对部分最高额担保合同的选择性列明，尚不足以推定债权人以默示意思表示的形式放弃其他最高额担保权，故债权人仍可要求未列入主合同中的最高额担保合同的担保人承担担保责任。

实践中，银行在单笔贷款合同中未列尽最高额担保的情形及原因复杂多样。在实践的判断中，应根据不同的个案事实，充分考虑纠纷的发生背景、主从合同的具体约定、银行的交易习惯等因素，推究银行债权人的真

---

① 最高人民法院案例指导工作办公室：《〈温州银行股份有限公司宁波分行诉浙江创菱电器有限公司等金融借款合同纠纷案〉的理解与参照——未列入借款合同中的最高额保证责任》，载《人民司法·案例》2017年第14期。

实意思表示。如果未列入主合同的担保人有证据证明债权人以明示行为作出过放弃担保债权的意思表示，则该未列人的担保人不承担保证责任。例如，假设主合同有诸如“甲银行与乙公司于 2017 年 3 月 17 日签订的编号为×××××号甲银行最高额保证合同不再为本借款担保”或者“本借款合同选定的担保方式仅限于丙、丁提供的保证担保”等此类约定，或者乙公司与甲银行的最高额保证合同中有诸如“乙公司具体为戊公司哪一笔借款承担担保责任由甲银行与戊公司的贷款合同约定，如在贷款合同中没有将本最高额保证合同列入担保，则乙公司无须为该笔贷款承担担保责任”等此类明确约定，则可以认定担保权利的明示放弃。

（二）最高额保证具有相对独立性

《担保法》第 14 条规定：“保证人与债权人可以就单个主合同分别订立保证合同，也可以协议在最高债权额限定内就一定期间连续发生的借款合同或者某项商品交易合同订立一个保证合同。”最高额保证较之普通保证最大的区别，即在于最高额保证与主债务的关系具有更强的独立性，可以与主债权相分离而独立地成立、消灭。借款合同与其最高额担保合同是性质不同的合同，当事人不尽相同，当事人的权利与义务要以各自的合同内容为准。在主合同借款合同和从合同最高额保证合同均有效的前提下，在债务人未按主合同约定履行其债务时，如无特别约定，担保人则应当依据最高额保证合同承担保证责任，无论债权人对主合同项下的债权是否还有其他人（包括债务人）提供的任何其他担保，债权人均有权依照最高额保证合同直接要求保证人按合同约定履行保证责任。

（三）合同解释应符合公平原则

《合同法》第 5 条规定：“当事人应当遵循公平原则确定各方的权利和义务。”在进行合同解释活动中，法院应当遵循公平原则，以维护交易安全和交易秩序为出发点，注意平衡合同各方当事人之间的利益，尽量作出能兼顾合同各方当事人利益的解释。公平原则既强调合同条款本身权利义务的均衡，也强调合同派生权利义务的均衡；既关注合同主体的利益，又关注合同主体面临的风险。

根据《担保法》第 12 条的规定，“同一债务有两个以上保证人的，保证人应当按照保证合同约定的保证份额，承担保证责任。没有约定保证份额的，保证人承担连带责任，债权人可以要求任何一个保证人承担全部保证责任，保证人都负有担保全部债权实现的义务。已经承担保证责任的保证人，有权向债务人追偿，或者要求承担连带责任的其他保证人清偿其应当承担的份额。”具体到多个最高额保证并存的情形下，在决算期限届满、最高额担保的债权确定后，所有符合条件的最高额担保人均须在其担保范围内与债务人一起承担保证责任。在借款合同与多个最高额合同均有效的前提下，如认定未列入借款合同的最高额担保人承担担保责任，则没有额外加重该担保人的负担，也没有加重其他最高额担保人依照各自最高额保证合同中约定的保证责任。相反，如果认定未列入借款合同的最高额担保人脱保，则实质上加重了所列明的部分最高额担保人的保证责任，损害了这部分最高额担保人的利益，也违背了公平原则。[①]

综上，此问题可归纳如下裁判规则：在有数份最高额担保合同情形下，具体贷款合同中选择性列明部分最高额担保合同，如债务发生在最高额担保合同约定的决算期内，且债权人未明示放弃担保权利，未列明的最高额担保合同的担保人也应当在最高债权限额内承担担保责任。

【典型案例 40】

案例索引：温州银行股份有限公司宁波分行诉浙江创菱电器有限公司等金融借款合同纠纷案。一审：（2013）甬东商初字第 1261 号；二审：（2014）浙甬商终字第 369 号。[②]

基本案情：2010 年 9 月 10 日，原告浙江省温州银行股份有限公司宁波分行（以下简称温州银行）与被告宁波婷微电子科技有限公司（以下简称婷微电子公司）、岑建锋分别签订了编号为温银 9022010 年高保字 01003 号、01004 号的最高额保证合同，约定婷微电子公司、岑建锋自愿为创菱电器公司在 2010 年 9 月 10 日至 2011 年 10 月 18 日发生的余额不超过 1100 万元的债务本金及利息、罚息等提供连带责任保证担保。

① 最高人民法院案例指导工作办公室：《〈温州银行股份有限公司宁波分行诉浙江创菱电器有限公司等金融借款合同纠纷案〉的理解与参照——未列入借款合同中的最高额保证责任》，载《人民司法·案例》2017 年第 14 期。

② 最高人民法院指导案例 57 号。

2011年10月12日，温州银行与岑建锋、宁波三好塑模制造有限公司（以下简称三好塑模公司）分别签署了编号为温银9022011年高保字00808号、00809号最高额保证合同，岑建锋、三好塑模公司自愿为创菱电器公司在2010年9月10日至2011年10月18日发生的余额不超过550万元的债务本金及利息、罚息等提供连带责任保证担保。

2011年10月14日，温州银行与创菱电器公司签署了编号为温银9022011企贷字00542号借款合同，约定温州银行向创菱电器公司发放贷款500万元，到期日为2012年10月13日，并列明担保合同编号分别为温银9022011年高保字00808号、00809号。贷款发放后，创菱电器公司于2012年8月6日归还了借款本金250万元，婷微电子公司于2012年6月29日、10月31日、11月30日先后支付了贷款利息31115.3元、53693.71元、21312.59元。截至2013年4月24日，创菱电器公司尚欠借款本金250万元、利息141509.01元。另查明，温州银行为实现本案债权而发生律师费用95200元。

温州银行故诉请判令被告创菱电器公司归还原告借款本金250万元，支付利息、罚息和律师费用；岑建锋、三好塑模公司、婷微电子公司对上述债务承担连带保证责任。

法院裁判：温州银行与创菱电器公司之间签订的编号为温银9022011企贷字00542号借款合同合法有效，温州银行发放贷款后，创菱电器公司未按约还本付息，已经构成违约。原告要求创菱电器公司归还贷款本金250万元，支付按合同约定方式计算的利息、罚息，并支付原告为实现债权而发生的律师费95200元，应予支持。岑建锋、三好塑模公司自愿为上述债务提供最高额保证担保，应承担连带清偿责任，其承担保证责任后，有权向创菱电器公司追偿。

本案的争议焦点为，婷微电子公司签订的温银9022010年高保字01003号最高额保证合同未被选择列入温银9022011企贷字00542号借款合同所约定的担保合同范围，婷微电子公司是否应当对温银9022011企贷字00542号借款合同项下债务承担保证责任。对此，法院认为，婷微电子公司应当承担保证责任。理由如下：第一，民事权利的放弃必须采取明示的意思表示才能发生法律效力，默示的意思表示只有在法律有明确规定及当事人有特别约定的情况下才能发生法律效力，不宜在无明确约定或者法律无特别规定的情况下，推定当事人对权利进行放弃。具体到本案，温州银行与创菱电器公司签订的温银 9022011 企贷字 00542 号借款合同虽未将婷微电子公司签订的最高额保证合同列入，但原告未以明示方式放弃婷微电子公司提供的最高额保证，故婷微电子公司仍是该诉争借款合同的最高额保证人。第二，本案诉争借款合同签订时间及贷款发放时间均在婷微电子公司签订的编号温银 9022010 年高保字 01003 号最高额保证合同约定的决算期内（2010 年 9 月 10 日至 2011 年 10 月 18 日），温州银行向婷微电子公司主张权利并未超过合同约定的保证期间，故婷微电子公司应依约在其承诺的最高债权限额内为创菱电器公司对温州银行的欠债承担连带保证责任。第三，最高额担保合同是债权人和担保人之间约定担保法律关系和相关权利义务关系的直接合同依据，不能以主合同内容取代从合同的内容。具体到本案，温州银行与婷微电子公司签订了最高额保证合同，双方的担保权利义务应以该合同为准，不受温州银行与创菱电器公司之间签订的温州银行非自然人借款合同约束或变更。第四，婷微电子公司曾于 2012 年 6 月、10 月、11 月三次归还过本案借款利息，上述行为也是婷微电子公司对本案借款履行保证责任的行为表征。综上，婷微电子公司应对创菱电器公司的上述债务承担连带清偿责任，其承担保证责任后，有权向创菱电器公司追偿。

裁判要旨：在有数份最高额担保合同情形下，具体贷款合同中选择性列明部分最高额担保合同，如债务发生在最高额担保合同约定的决算期内，且债权人未明示放弃担保权利，未列明的最高额担保合同的担保人也应当在最高债权限额内承担担保责任。

第三章　抵　押

第一节　抵押权的设立

问题1. 抵押权是否可以担保将来发生的债权

担保行为的基本特征是从属性与附随性，即担保合同是主合同的从合同，担保关系从属或附随于主债权债务关系。没有主合同、主债权，担保合同、担保权利就没有实现的可能和存在的意义。担保与其所担保的债权之间的从属性与附随性，是各国法律和国际规则的一致内容，没有例外。①

抵押权作为一种担保物权，自然属于从权利，必须以特定的债权债务关系作为存在的前提。理论上，抵押权的从属性分为四个角度：第一，抵押权设立上的从属性，即应在主债权成立的基础上设立抵押权。第二，抵押权处分上的从属性，即抵押权随主债权的处分、转移，发生相应的变动。第三，抵押权消灭上的从属性，即主债权得以清偿或以其他形式消灭，抵押权同时不复存在。第四，抗辩权上的从属性，即债务人对债权人的抗辩权，抵押人一般也可享有。

《物权法》将抵押权定位为保全担保，严格遵守其从属性。但在实践中，先有抵押权尔后发生主债权、抵押权人与债权人分离等情形并不少见。这在一定程度上构成了对抵押权从属性的冲击。理论界关于修改现有条款或作出解释，突破抵押权从属性的呼声也日益高涨，理由主要集中在抵押权的价值性：从融资与投资角度出发，现代社会抵押权不仅仅为了担

---

① 曹士兵：《中国担保制度与担保方法》（第四版），中国法制出版社2017年版，第40页。

保债权的实现而存在，市场经济更关注利用抵押物的交换价值获取流动资金。在此情形下，抵押权的从属性必然要面对担保与融资两种目的，对其解释也应分别对待。尤其在金融领域，依据金融交易规则，如果贷款人不予以担保，金融机构将不批准放贷，抵押关系的出现要早于借贷关系。但如若坚持抵押权从属制度，金融秩序势必混乱，交易安全难以保护。在无害抵押权作为债权担保之性质范围内，将从属性抑制至最小限度未尝不可。[1]

笔者认为，应原则上认可抵押权可以担保将来发生的债权。现存大量附期限成立的债权，如以其成立作为抵押权设立的必要条件，则有失效率，有必要对将来发生的债权从抵押权从属性上作出缓和解释。同时，结合《物权法》第 15 条和第 187 条的规定，担保合同的成立与担保权的设立存在差别，抵押合同成立后，抵押权一般依登记设立，我国并无明文规定抵押权登记须有特定债权存在。这在一定程度上，使得在抵押权可以担保将来发生的债权问题上存在解释空间。只要被担保的债权依据当事人合同约定或依据登记记载可以被特定，就不违背抵押权担保特定债权的目的。抵押权可以在主债权合同成立后尚未实际发生时进行登记设立，无须预告登记，在程序上方便当事人，在经济上促进融资交易完成。

综上所述，抵押权可以担保将来发生的债权。抵押权的基本目的是担保债务的清偿，只要抵押权实现时有被担保债权存在即可。因此在担保合同订立时，从形式上明确了债权数额，抵押权设立。

【典型案例 1】

典型案例裁判文书

最高人民法院(2012)民二终字第56号民事判决书

案例索引：湖北莲花湖旅游发展有限责任公司与武汉世纪宏祥物业管理有限公司借款担保合同纠纷案[2]。一审：（2011）鄂民二初字第 9 号；二审：（2012）民二终字第 56 号。

基本案情：1997 年至 2001 年，中行湖

① 谢在全：《民法物权论》（第五版）中册，中国政法大学出版社 2011 年版，第 634 页。

② 载最高人民法院民事审判第二庭编：《商事审判指导》2012 年第 4 辑（总第 32 辑），人民法院出版社 2013 年版。

北分行通过贷款、承兑汇票垫款先后形成对旅游公司的债权若干笔。同时，旅游公司将其所有的房产以银行为他项权人办理了他项权证。其中，1998年9月30日，银行与旅游公司签订承兑契约形成200万元承兑汇票垫款债权，双方于1998年4月2日办理了抵押物为别墅的他项权证；1998年7月24日，银行发放贷款350万元给旅游公司，双方并于1997年7月4日办理了抵押物为桑拿室的他项权证。旅游公司认为抵押权从属于主债权，抵押权先于主债权设定，应为无效。

另，2004年6月25日，中行湖北分行将案涉债权转让给中国信达资产管理公司武汉办事处。2007年1月23日，信达公司武汉办将案涉债权转让给高士通公司。2010年11月2日，高士通公司又将案涉债权转让给宏祥公司。

法院裁判： 阳抵字第05—98008号《房屋他项权证》系1998年4月2日颁发，早于其担保的1998年9月30日签订的98023号《银行承兑契约》所产生的主债权；阳抵字第05—970060号《房屋他项权证》系1997年7月4日颁发，早于其担保的1997年7月24日签订的98038号《人民币资金借款合同》所产生的主债权。因先设定抵押权后订立主债权合同是双方当事人之间的真实意思表示，现行法律亦无抵押权不得先于主债权设定的禁止性规定，故对莲花湖旅游公司以抵押权从属于主债权，故抵押权不能先于主债权设定为由，主张抵押无效的意见，不予支持。

裁判要旨： 当事人之间明确约定先设定抵押权后订立主债权合同的，并不违反法律的禁止性规定，抵押权并不因此而无效。

问题2. 建筑物抵押与在建建筑物（在建工程）抵押的关系

在建建筑物，又称在建工程，是与已经建造完毕的建筑物相对应的概念。建筑物的含义不难理解，但对在建工程的理解存有争议。目前，相关法律对在建工程没有直接的界定，关于其定义存在两种主要观点。第一种观点认为，在建工程是指自主体工程建设开始至房屋达到竣工验收条件前所处的状态。[①] 第二种观点认为，在建工程是指房屋自主体工程动工建设开始至建成后房地产管理部门颁发所有权证书止这段期间所处的状态。可见，对在建工程的定义有广义与狭义之分。前一种观点强调建筑物主体工程尚未完工的现实状态，为狭义；后一种观点不仅包含了建筑物尚未完工的情形，同时存在并着重关注已完工但未领取建筑物所有权属证书的情形，强调法律形态，为广义。笔者赞同广义理解。

基于建筑物与在建工程概念的相对关系，建筑物抵押与在建工程抵押是设定抵押所用财产上的相对概念。建筑物抵押是以施工完毕、验收合格并合法取得产权证书的建筑物为标的设定的抵押，由房地产管理部门办理他项权登记并向抵押权人颁发他项权证书。而基于在建工程广义的理解，在建工程抵押也有广义与狭义之分。广义的在建工程抵押是指抵押人用其合法取得的在建工程，以不转移占有的方式抵押给债权人，作为债务人不履行担保义务的担保方式，包括为自己债务担保和为第三人债务担保两种类型。[②] 狭义的在建工程抵押是指抵押人为获取特定项目继续建造的资金，以其在建项目的土地使用权和前期投入资产为标的物，抵押给贷款银行作为偿还债务的担保。

对在建工程抵押含义的确定，有必要考察现有立法文本中对于在建工程抵押的规定。《物权法》第 180 条第 1 款第 5 项规定，债务人或者第三人有权处分的正在建造的建筑物可以抵押。《担保法解释》第 47 条规定："以依法获准尚未建造的或者正在建造中的房屋或者其他建筑物抵押的，当事人办理了抵押物登记，人民法院可以认定抵押有效。"《城市房地产抵押管理办法》第 3 条第 5 款规定："本办法所称在建工程抵押，是指抵押人为取得在建工程继续建造资金的贷款，以其合法方式取得的土地使用权连同在建工程的投入资产，以不转移占有的方式抵押给贷款银行作为偿还贷款履行担保的行为。"分析上述文本，《物权法》对抵押人和抵押权人的范围、抵押权设定的目的并未作限制，可以债务人或第三人的在建工程担保债务人或第三人的民事活动；《担保法解释》中，尚未建造的与正在建造的房屋属并列关系，同样未对担保活动作出限制。由此可见，《物权法》与

---

① 杜建国：《在建工程抵押评估的特点与范围》，载《中国房地产估价师》2004 年第 3 期。

② 刘武元：《房地产交易法律问题研究》，法律出版社 2002 年版，第 28 页。

《担保法》对在建工程抵押的理解属广义。《城市房地产抵押管理办法》则明确将抵押权人限制在贷款银行，将抵押人限制在债务人，将担保目的限制在获取贷款。据此，该办法对在建工程的理解属狭义。

笔者认为，《物权法》和《担保法》相对于《城市房地产抵押管理办法》为上位法和新法，且两部法律确立了正在建造的建筑物的抵押制度，完善了我国担保法律制度。在制度设计上扩大了抵押财产的范围，有利于企业多渠道融资，其在功效上业已包含《城市房地产管理办法》规范的从银行贷款融资的作用。因此，对在建工程抵押的定义应采纳广义观点，即在建工程抵押是指债务人或第三人以开始建设尚未取得所有权证书的工程为标的，采用不转移占有的方式，担保债务人履行债务。当债务人不履行债务时，债权人有权依法以该在建工程折价或者以拍卖、变卖该在建工程的价款优先受偿。

相对范围确定、权属清晰的建筑物抵押，在建工程抵押是否存在成为担保财产的特殊要求？有观点认为，依据《城市房地产抵押管理办法》，在建工程抵押应当具有一些特殊构成要件。目的要件要求在建工程抵押贷款的用途为在建工程继续建造所需资金；主体要件要求在建工程抵押的抵押权人是具有贷款经营权的金融机构，也就是借款合同的贷款人，而抵押人必须是借款合同的债务人，同时也是在建工程所占用土地的使用权人；客体要件要求在建工程抵押的抵押物必须是债务人以合法方式取得的土地使用权连同在建工程的投入资产，同时必须是依法获准尚未建造的或者正在建造中的房屋或者其他建筑物；形式要件要求在建工程抵押要在法律上有效，不仅当事人之间必须签订抵押合同，而且必须依法办理抵押物登记，否则抵押行为不具有法律效力。[①] 笔者认为，《城市房地产抵押管理办法》严格限定了在建工程抵押，实际上缩小了在建工程抵押的范围，导致担保目的并非获取继续建设资金或担保权人并非有贷款经营权金融机构的在建工程抵押无法登记。从而在建工程抵押权不能依照《担保法解释》第47条生效，在债务人不履行债务或当事人约定的抵押权实现情形下，债权人无权以该在建工程优先受偿，这显然既不利于开发企业的资金融入，也

---

① 魏宗彬：《在建工程抵押若干问题研究》，载重庆律师网，http：//www.4000648864.com/js-gc/2015/4036803.html，最后访问于2018年4月10日。

不利于抵押权人的权利实现。因此，在建工程抵押的设立，不应局限于《城市房地产抵押管理办法》的限制，不应遵循其暗含的构成要件，最高人民法院就相关问题的答复也证明了这一结论。《最高人民法院关于〈城市房地产抵押管理办法〉在建工程抵押规定与上位法是否冲突问题的答复》(〔2012〕行他字第8号　2012年11月28日) 中表述为："山东省高级人民法院：你院鲁高法函〔2012〕3号请示收悉，经征求全国人大常委会法制工作委员会，住房和城乡建设部意见，答复如下：在建工程属于《担保法》规定的可以抵押的财产范围。法律对在建工程抵押权人的范围没有作出限制性规定，《城市房地产抵押管理办法》第三条第五款有关在建工程抵押的规定，是针对贷款银行作为抵押权人时的特别规定，但并不限制贷款银行以外的主体成为在建工程的抵押权人。"

《城市房地产抵押管理办法》第28条规定："以在建工程抵押的，抵押合同还应当载明以下内容：(一)《国有土地使用权证》、《建设用地规划许可证》和《建设工程规划许可证》编号；(二) 已交纳的土地使用权出让金或需交纳的相当于土地使用权出让金的款额；(三) 已投入在建工程的工程款；(四) 施工进度及工程竣工日期；(五) 已完成的工作量和工程量。"该条规定了当事人申请抵押登记时多应具备的行政性审核要求，但并不是规定在建工程抵押的条件。《物权法》第15条规定："当事人之间订立有关设立、变更、转让和消灭不动产物权的合同，除法律另有规定或者合同另有约定外，自合同成立时生效；未办理物权登记的，不影响合同效力。"因此，《城市房地产抵押管理办法》关于当事人办理在建工程抵押应当提交的《国有土地使用权证》《建设用地规划许可证》和《建设工程规划许可证》等文件，是登记机关对当事人申请登记的行政性审核，并非抵押合同生效的构成要件，不影响抵押合同的效力。

在抵押合同生效的前提下，基于抵押权的物权属性，根据《物权法》的规定，以正在建造的建筑物抵押的，应办理抵押登记，抵押权自登记时设立。否则，抵押合同不能发生物权的效力，仅能在当事人之间产生债的效力。但问题在于，在建工程尚未取得权利凭证，无法进行抵押登记，而由登记机关在抵押合同上作记载，这种"记载"是否具备法律上的抵押登记效力存在争议。有观点认为，建造中的建筑物没有办理所有权初始登记，设定抵押权时即“记载”时仅为预告登记。笔者认为，这种观点显然是错误的。在建工程抵押权登记属于本登记而非预告登记。《担保法解释》第47条规定，当事人以在建工程为标的办理了抵押物登记，人民法院可以认定抵押有效。《物权法》第180条第1款已经将在建建筑物列为可以设定抵押的财产。不动产登记暂行条例及其实施细则均将在建建筑物抵押作为抵押登记的一种类型。在这种情况下，只要在建工程抵押合同是当事人平等协商的结果，系双方真实一致的意思表示，未有违反强制性规定，损害国家、集体和他人合法权益的情形，无论担保目的如何，担保权人是谁，均应当认定抵押合同合法有效。在此之上完成了在建建筑物抵押登记的，在建建筑物抵押权就已经设立。

典型案例裁判文书

最高人民法院(2002)民一终字第38号民事判决书

【典型案例2】

案例索引：上海方信房地产开发有限公司与上海华东三峡经济发展公司、中国光大银行上海分行、中国农业银行上海市虹口支行抵押合同纠纷案①。一审：(1998)沪高民初字第8号；二审：(2002)民一终字第38号。

基本案情：华东三峡公司为向光大银行上海分行、农行虹口支行借款，将其与方信公司签订的《房屋预售合同》标的物，即正在建设中的预售期房抵押给光大银行上海分行、农行虹口支行，双方签订抵押合同，办理了《房地产其他权利证明》进行了预告登记。随后方信公司与华东三峡公司终止预售协议，以《房屋预售合同》等文件不是房屋权属证书为由，否认抵押合同的有效性。

法院裁判：华东三峡公司提供的用于与光大银行上海分行、农行虹口支行签订《抵押合同》所依据的《房屋预售合同》《承诺书》及《收据》虽然不是房屋权属证明，但上述文件内容反映了双方当事人一致意思表示，足以证明华东三峡公司对标的物拥有物权期待权和完全的处置权，符合抵押担保的有效条件，方信公司收回《承诺书》《收据》并与华东三峡

---

① 载最高人民法院民事审判第一庭编：《最高人民法院二审民事案件解析（第1集）》，法律出版社2007年版。

公司签订《终止房屋预售合同》的行为发生于华东三峡公司与光大银行上海分行、农行虹口支行签订《抵押合同》之后，没有经过抵押权人的同意，属于恶意损害抵押权人利益的行为，因此，方信公司以其将《承诺书》《收据》收回，该《承诺书》《收据》及《房屋预售合同》均不是房屋权属证书为由，否定华东三峡公司与光大银行上海分行、农行虹口支行签订的《抵押合同》合法有效性，依据不足。《担保法解释》未对期房抵押用途予以限制，因此方信公司以预售房屋只能对特定债务抵押的主张缺乏依据。基于《担保法解释》第四十七条规定，抵押合同有效，银行就抵押物可以优先受偿。

裁判要旨：《担保法解释》未对在建工程抵押之用途予以限制。抵押人以正在建设的预售期房产向银行设定抵押借款，并进行预告登记，符合《担保法解释》第四十七条规定，应当认定为合法有效。

【典型案例3】

案例索引：彭先明与贵阳市商业银行、贵州龙里大地房地产开发有限公司借款担保合同纠纷案[①]。一审：（2007）黔高民二初字第5号；二审：（2008）民一终字第70号。

基本案情：2003年9月18日至2004年4月29日，贵州龙里大地房地产开发有限公司（以下简称大地公司）向贵阳市商业银行紫林支行借款10笔，总金额1953万元。对大地公司向贵阳市商业银行的200万元借款，大地公司于2003年9月17日与贵阳市商业银行紫林支行签订的11420030917002《抵押合同》约定，大地公司以其拥有的龙国用（2003）字第061号《国有土地使用权证》项下位于贵州省龙里县龙山镇环城路，面积3210.87平方米的建设用地使用权作为抵押物。该合同第十四条约定："借款期届满，借款人未能归还借款本息，抵押人自愿委托抵押权人对抵押财产进行变、拍卖，并由抵押权人决定变、拍卖价格，不足部分，继续追偿。"次日，双方在贵州省龙里县国土资源局办理了龙他项（2003）字

① 张雅芬：《在建房屋抵押合同的效力认定——彭先明与贵阳市商业银行、贵州龙里大地房地产开发有限公司借款担保合同纠纷上诉案》，载最高人民法院民事审判第一庭编：《民事审判指导与参考》2008年第3集（总第35集），法律出版社2009年版，第209—220页。

第 09 号《土地他项权利证明书》。

对大地公司向贵阳市商业银行的 100 万元借款，大地公司与贵阳市商业银行紫林支行于 2004 年 4 月 29 日签订的 11420040429001 号《抵押合同》约定，大地公司以其位于贵州省龙里县龙山镇环城路“龙里县综合集贸市场”在建工程负一层，建筑面积 4082.4 平方米的房屋所有权作为抵押物。该合同第十四条约定：“借款期届满，借款人未能归还借款本息，抵押人自愿委托抵押权人对抵押财产进行变、拍卖，并由抵押权人决定变、拍卖价格，不足部分，继续追偿。”同日，双方在贵州省龙里县房地产管理局办理了抵押登记，大地公司取得了《他项权利证书》。该他项权利证书载明的期限为：2004 年 4 月 29 日至 2006 年 4 月 29 日。

对大地公司向贵阳市商业银行的 490 万元借款，大地公司与贵阳市商业银行紫林支行于 2004 年 7 月 29 日签订的 11420040729001 号《抵押合同》约定，大地公司以其位于贵州省龙里县龙山镇环城路“龙里县综合集贸市场”在建工程正一层，建筑面积 4082.4 平方米（实际评估面积 4300 平方米）的房屋所有权作为抵押物。该合同第十四条约定：“借款期届满，借款人未能归还借款本息，抵押人自愿委托抵押权人对抵押财产进行变、拍卖，并由抵押权人决定变、拍卖价格，不足部分，继续追偿。”同日，双方在贵州省龙里县房地产管理局办理了抵押登记，大地公司取得了《他项权利证书》。该他项权利证书载明的期限为：2004 年 7 月 29 日至 2006 年 7 月 29 日。

2006 年 9 月 5 日，大地公司将该抵押物，即“龙里县综合集贸市场”在建工程正一层，建筑面积 4082.4 平方米以 200 万元的价格转让彭先明，双方办理了产权转移登记手续，彭先明取得了相应的《房屋所有权证》，该房屋所有权证载明的建筑面积为 4021.84 平方米，彭先明已支付了该笔购房款。

大地公司向贵阳市商业银行 10 笔贷款本金为 1953 万元，大地公司偿还贵阳市商业银行紫林支行本金 1170249.09 元，尚欠本金 183597501.91 元及利息。

2007 年 1 月 30 日，贵阳市商业银行以大地公司违反《抵押合同》约定为由提起诉讼称，请求判令大地公司偿还借款本金、利息，逾期不履行则依法变（拍）卖抵押物优先偿还贷款本息。

法院裁判：《城市房地产抵押管理办法》关于当事人办理在建工程抵押应当提交的《国有土地使用权证》《建设用地规划许可证》以及《建设工程规划许可证》等文件，是登记机关对当事人申请抵押登记进行的行政性审核，不是认定抵押合同效力的法律依据。当事人提交的抵押登记文件是否完备，不影响抵押合同的效力。大地公司以房屋所有权作为借款抵押物，办理了抵押登记，抵押权设立。贵阳市商业银行依据《抵押合同》的约定，履行了向大地公司借款的义务。事实证明，大地公司与贵阳市商业银行2004年7月29日签订的《抵押合同》，为抵押人大地公司与抵押权人贵阳市商业银行平等协商的结果，系双方当事人真实的一致意思表示，内容没有违反法律及行政法规的强制性规定。依据《担保法解释》第四十七条“以依法获准尚未建造的或者正在建造中的房屋或者其他建筑物抵押的，当事人办理了抵押登记，人民法院可以认定抵押有效”以及第一百三十三条第三款“抵押合同自签订之日起生效”的规定，该抵押合同合法有效。

裁判要旨：《城市房地产抵押管理办法》关于当事人办理在建工程抵押应当提交的《国有土地使用权证》《建设用地规划许可证》以及《建设工程规划许可证》等文件，是登记机关对当事人申请抵押登记进行的行政性审核，不是认定抵押合同效力的法律依据。

【典型案例 4】

案例索引：中国农业银行乌鲁木齐市河南路支行与新疆龙岭实业有限公司金融借款合同纠纷案①。一审：（2005）新民二初字第11号；二审：（2007）民二终字第61号。

典型案例裁判文书

最高人民法院(2007)民二终字第61号民事判决书

基本案情：1992年12月25日，新疆农牧商联合公司等多方以股份制形式筹备资金建设新疆农牧商联合大厦（后改为“龙岭大厦”），签订了集资建房协议。1994年10月，新疆农牧商联

① 载最高人民法院民事审判第二庭编：《最高人民法院商事审判指导案例·借款担保卷（下）》，中国法制出版社2011年版，第534页。

合公司将大厦产权整体转让给龙岭公司。1998年7月至2001年12月，龙岭公司与农行河南路支行先后签订了14份《抵押担保借款合同》，贷款总金额9440万元，以在建工程龙岭大厦进行抵押担保。双方于1997年11月至2000年9月，先后三次向乌鲁木齐高新技术开发区土地管理局和土地房产局申请在建工程抵押登记，但行政机关仅在申请书上的“审批意见”“审核意见”处加盖公章，未发放他项权利证书。相关土地使用权证上也未显示存在抵押登记的内容。大厦竣工后，2000年12月19日，龙岭公司取得了编号为乌政房字（2000）第0070954号的“公房产权证”。龙岭公司通知其他各集资户等办理房屋所有权过户手续。但在办理过程中，龙岭公司因涉案债务过多，大厦整体被法院查封，相关过户手续无法继续办理，处于停滞状态。

截至2004年3月21日，龙岭公司共欠农行河南路支行贷款本金9440万元，利息17315718.36元。农行河南路支行向新疆维吾尔自治区高级人民法院提起诉讼，请求：1. 确认贷款本金及利息总计111715718.36元债权，对设定抵押的财产和权益所享有的抵押权合法有效；2. 依法判令农行河南路支行对龙岭公司设定抵押的财产和权益优先受偿。

法院裁判：农行河南路支行对龙岭公司抵押的财产和权益所享有的抵押权是否真实有效，以及农行河南路支行对该财产和权益或对其进行拍卖所获的价款是否享有优先受偿权取决于双方签订的担保合同是否真实有效和双方是否就该财产在抵押登记机关进行了有效的抵押登记。本案涉及的三次抵押登记，均有抵押登记机关颁发的“房地产抵押登记表”，且该登记表中分别加盖有“土地房产局国有土地抵押权专用章”“土地管理局国有土地使用权专用章”，并在该抵押登记机关的登记文件中记载，应认为登记管理机关对在建工程和相应的土地使用权进行抵押登记的行为已经完成，设定了他项权利，具有公信力，并产生公示的效果。根据一审查明的事实，该登记至今没有撤销。农行河南路支行与龙岭公司的抵押合同中也已明确约定以在建工程已完工部分进行抵押，根据一审法院的调查笔录显示，该院曾经在2006年6月29日到开发区土地规划房产局，对本案涉及的龙岭大厦抵押手续问题向抵押登记的经办人张鑫、林育齐进行调查，被调查人均表示当时开发区没有他项权利证书，只要在抵押登记表上盖章即为办理了抵押登记。另据一审法院从乌鲁木齐市城乡建设档案馆调取的档案资料显示，“房地产抵押登记表”始终在档案中，并未作废或者注销。上述事实表明，在建工程抵押手续完备，唯一瑕疵是基于当时新疆维吾尔自治区乌鲁木齐市开发区的特殊情况，没有办理他项权利证书，但该瑕疵不足以影响在建工程抵押的效力，应认定抵押成立并生效。一审法院在认定抵押合同生效的同时，根据建设部《城市房地产抵押管理办法》第三十四条第二款即“以预售商品房或者在建工程抵押的，登记机关应当在抵押合同上作记载。抵押的房地产在抵押期间竣工的，当事人应当在抵押人领取房地产权属证书后，重新办理房地产抵押登记”，并根据《担保法》的规定，认为在龙岭公司取得的公房产权证上未见有该房屋已经抵押的他项权利登记，因双方办理的抵押登记存在瑕疵，与建设部的规定不符，因此该抵押登记的效力不能对抗其他第三人，农行河南路支行对龙岭公司的抵押物不享有优先受偿权的认定错误，应予纠正。《城市房地产抵押管理办法》属于部门规章，《担保法》的法律位阶高于该部门规章，应当优先适用。本案所涉三次抵押，均包括在建工程已完工部分以及土地使用权的抵押，根据《担保法解释》第四十七条的规定，以依法获准尚未建造的或者正在建造中的房屋或者其他建筑物抵押的，当事人办理了抵押物登记，人民法院可以认定抵押有效。根据《担保法》第三十六条第二款规定，以出让方式取得的国有土地使用权抵押的，应当将抵押时该国有土地上的房屋同时抵押。龙岭公司在乌鲁木齐市房产登记机关办理了龙岭大厦的房产证以后，抵押人和抵押权人未按照《城市房地产抵押管理办法》第三十四条第二款规定重新办理房产抵押登记，并不必然导致抵押权消灭。抵押权仅因抵押权的实现、抵押关系的解除和抵押物灭失等法定事由而消灭。因此，在土地使用权抵押和在建工程抵押并未解除，且抵押物没有灭失情况下，应视为抵押延续，具有对抗第三人的效力。根据《担保法》第三十三条规定，抵押人对龙岭大厦拍卖所得价款，依法享有优先受偿的权利。抵押权人在抵押人将在建竣工项目于2000年12月19日在市房产部门办理该房产证前的三个月即9月29日，还在开发区房地产部门办理了续押登记。该房产被法院查封后，抵押人客观上也无法继续重新办理房产抵押登记。因此，对在建工程完工后未按照《城市房地产抵押管理办法》规定继续办理房产抵押登记，抵押人不存在主观过错。

裁判要旨：抵押权仅因抵押权的实现、抵押关系的解除和抵押物灭失等法定事由而消灭。工程竣工并完成房地产初始登记后，抵押人和抵押权人未按照《城市房地产抵押管理办法》第三十四条第二款规定重新办理房产抵押登记，并不必然导致在建工程抵押权消灭，此种情况下，抵押延续，且具有对抗第三人的效力。

问题3. 债权转让时抵押权一并转让，如债权转让后未办理不动产抵押权转移登记，则债权受让人能否取得抵押权

抵押权在处分上具有从属性，即抵押权随着债权的处分而发生转移或变化。除抵押人与抵押权人有特殊约定外，抵押权随被担保的债权让与而转移，无须征得抵押人的同意。《物权法》第192条规定："抵押权不得与债权分离而单独转让或者作为其他债权的担保。债权转让的，担保该债权的抵押权一并转让，但法律另有规定或者当事人另有约定的除外。"从法律上明确了抵押权的从属性。

关键问题在于，抵押权随着债权转让而一并转让，但转让后是否必须重新办理抵押登记手续或抵押权人变更手续。对此问题，依据不同的法理基础和法律规定，存在两种不同的观点。

一种观点认为，抵押权随债权转移，需要办理抵押权转移登记，否则债权受让人不能取得抵押权。主要理由在于：首先，不动产抵押权的让与系依法律行为而生的不动产物权变动，而依据《物权法》第9条第1款，基于法律行为的不动产物权的变动（设立、变更、转让和消灭）原则上以登记为生效要件，未经登记的，不发生物权变动的效力，除非法律另有规定。该款但书规定仅指同条第2款、《物权法》第二章第三节规定的非基于法律行为的物权变动以及土地承包经营权、地役权等采取登记对抗要件主义的情形，并未包括抵押权的转移。如果认为受让债权不需办理抵押登记，而受让人依然取得抵押权明显背离了我国物权法的立法精神和物权变动公示公信的原则。既然不动产抵押权的设立原则上以登记为生效要件，为贯彻物权的公示原则，不动产抵押权即便是随主债权的转让而转移的，

依然应以登记为生效要件，即不办理登记的，抵押权不随同转移。其次，《物权法》第192条允许当事人通过约定排除抵押权的从属性，因此抵押权之所以能随着债权的转让而转让，从本质上说仍基于当事人的合意而非法律的规定。再次，如果认为不动产抵押权的转让是债权转让的法定效果，不以登记为生效要件，会导致此种物权变动无法向外界公示，不利于交易安全之维护。最后，我国法律上只是禁止债权人单独转让抵押权或者将抵押权作为其他债权的担保，并不是说债权受让人可以无须办理抵押权转让登记，就当然因取得债权而一并取得了抵押权。[①]

另一种观点认为，抵押权随债权一并转让，无须办理抵押权转移登记，债权受让人即取得抵押权。主要理由为：首先，附有不动产抵押权的合同债权转让之情形，虽然合同债权转让属于法律行为，但依据《合同法》第81条、《物权法》第192条第2句，不动产抵押权之转让应为债权转让行为的法定效果，是非基于法律行为的不动产物权变动。物权法规定的不动产物权（含不动产抵押权）变动依登记生效，仅指设立该不动产物权，适用于不动产物权的原始取得，而随同债权取得的不动产抵押权属于继受取得，应当类推适用物权法关于继承取得不动产物权的规定，其生效不以变更登记为要件。其次，《物权法》和《担保法》仅规定了抵押权不得与债权相分离而单独转让或作为其他债权的担保，并没有要求随债权所转让的抵押权必须重新办理抵押登记手续或办理抵押权人变更登记手续。抵押权转让的前提是抵押物已经办理了抵押登记手续，是为了保障主债权能顺利实现所形成的抵押权，若债权转让，作为其从属的抵押权也随之转让，针对主债权设立的抵押权应当继续存在，无须再行登记。最后，《担保法解释》第72条第1款规定："主债权被分割或者部分转让的，各债权人可以就其享有的债权份额行使抵押权。"由此可见，债权受让人可以取得和行使原债权的抵押权，并没有规定债权受让人必须办理抵押变更登记

---

① 参见崔建远：《物权：规范与学说——以中国物权法的解释论为中心》（下册），清华大学出版社2011年版，第767页；陈华彬：《民法物权论》，中国法制出版社2010年版，第428页；程啸：《担保物权研究》，中国人民大学出版社2017年版，第285页；包大进：《不动产抵押权受让需办理转让登记——浙江金华婺城区法院裁定洁豪公司申请吴小健实现担保物权案》，载《人民法院报》2014年9月25日。

后才能享有和行使抵押权。[①] 笔者倾向于后一种种观点。《物权法》第28条至第30条规定，通过法院判决、继承、征收等方式取得不动产，不以登记为物权取得的生效要件。这些取得方式的共性在于均为非基于法律行为而是以法律规定的形式取得物权。债权受让人取得抵押权亦为法律规定的权利转让。两者均为法律基于特定目的考量而不以登记为生效要件，基于评价要素的相似性，可类推适用《物权法》第31条之规定。因此“债权让与时，其抵押权原则上伴随而往……不待登记即生效力。唯有如此解释，方不致发生债权让与后，抵押权未办理移转登记前，发生无担保债权存在之情形，与抵押权的从属性有违”[②]。当然，受让人再转让债权与抵押权的，应当依照《物权法》第31条的规定，应当先办理抵押权登记再进行转让，否者转让将不发生物权效力。

典型案例裁判文书

最高人民法院(2015)民申字第2040号民事裁定书

【典型案例5】

案例索引： 湖南绿兴源糖业有限公司、丁兴耀等与湖南绿兴源糖业有限公司、丁兴耀等借款合同纠纷案。一审：（2013）怀中民二初字第85号；二审：（2014）湘高法民二终字第143号；申请再审审查：（2015）民申字第2040号。

基本案情： 2012年9月20日，中国农业发展银行怀化市分行（以下简称农发行怀化分行）与绿兴源签订了一份编号为43129901—2012年（怀化）字0051号的《流动资金借款合同》，绿兴源向农发行怀化分行借款2000万元，用于大米等原材料收购，借款期限为自2012年9月21日起至2013年9月21日止，年利率为6%。双方还签订了《最高额抵押合同》，绿兴源用其名下的厂房、土地使用权和全部设备作为抵押，并办理了抵押登记。另丁兴耀与农发行怀化分行签订了《自然人保证合同》，为绿兴源的该笔贷款提供连带责任保证。农发行怀化分行依约提供了贷款。贷款到

① 参见曹士兵：《中国担保制度与担保方法》（第四版），中国法制出版社2017年版，第234页；张双根：《〈物权法〉第31条释义》，载《华东政法大学学报》2007年第6期；叶锋：《未办理抵押变更登记债权受让人亦取得抵押权》，载《人民法院报》2015年4月9日。

② 谢在全：《民法物权论》，中国政法大学出版社1999年版，第624页。

期后，绿兴源仅归还农发行怀化分行贷款本金 100 万元。农发行怀化分行在告知绿兴源拟将所拥有的债权转让给城建投后，城建投与农发行怀化分行于 2013 年 11 月 21 日签订了《债权转让协议》，农发行怀化分行将其对绿兴源的前述贷款债权和抵押权转让给城建投，城建投没有重新办理抵押权登记。同日，城建投代为清偿了绿兴源所欠农发行怀化分行的贷款本金及利息 19127616.66 元。2013 年 12 月 4 日，城建投向绿兴源送达了《清偿到期债务通知书》，通知其于 2013 年 12 月 9 日前归还欠款 19127616.66 元，但此后绿兴源并没有在限定的期限内清偿债务。

城建投提起本案诉讼，请求判决：1. 绿兴源立即偿还城建投欠款 19127616.66 元（截至 2013 年 11 月 21 日）及支付至还款时止的损失；2. 丁兴耀对绿兴源的本案债务承担连带赔偿责任；3. 城建投对绿兴源提供的抵押物享有优先受偿权。

法院裁判：《物权法》第一百九十二条规定："抵押权不得与债权分离而单独转让或者作为其他债权的担保。债权转让的，担保该债权的抵押权一并转让，但法律另有规定或者当事人另有约定的除外。"本条系关于抵押权处分从属性的规定，抵押权作为从权利应随债权转让而转让。债权受让人取得的抵押权系基于法律的明确规定，并非基于新的抵押合同重新设定抵押权，故不因受让人未及时办理抵押权变更登记手续而消灭。本案中城建投公司受让农发行怀化分行对绿兴源公司享有的债权，依据法律规定有权受让与案涉债权相关的抵押权。

裁判要旨：抵押权作为从权利应随债权转让而转让。债权受让人取得的抵押权系基于法律的明确规定，并非基于新的抵押合同重新设定抵押权，故不因受让人未及时办理抵押权变更登记手续而消灭。

问题 4. 在建建筑物抵押效力是否及于将来建成的房屋

在建建筑物抵押效力是否及于将来建成的房屋？即在建建筑物抵押标的物所涉及的范围是仅限于设立时已经存在的部分，还是扩张至设立后新增建筑物？对此问题存在两种不同的认识。

一种观点认为，在建建筑物抵押中抵押财产只能是已经建造完毕的部分，至于尚未建造的部分，因其尚不存在，故而不能作为抵押财产。如果在建建筑物抵押权首次登记之后，该在建建筑物中又有新的部分建造完毕了，抵押权人想将之纳入抵押财产范围的话，则应与抵押人协议变更抵押财产的范围并办理在建建筑物抵押权的变更登记。《城市房地产抵押管理办法》和《房屋登记办法》采取了该观点。《不动产登记暂行条例实施细则》也采取了这一观点，其第 75 条第 1 款规定："以建设用地使用权以及全部或者部分在建建筑物设定抵押的，应当一并申请建设用地使用权以及在建建筑物抵押权的首次登记。"所谓"正在建造的全部或者部分房屋等"仅限于已经建造完毕的建筑物部分，不包括尚未建造的部分。至于抵押人究竟是以抵押时全部建造完毕的部分抵押，还是仅仅抵押建造完毕的建筑物中的某一部分，由当事人自行决定。

另一种观点认为，在建建筑物抵押中，抵押的财产应当是整个房屋及其占用范围的建设用地使用权。所谓整个"房屋"就包括了已经建造完成的部分，也包括尚未完成的部分。这样可以更有效地保障债权人的债权圆满获得实现，同时也免除了当事人因新完工部分增加而不断办理在建建筑物抵押权变更登记的麻烦。例如，《担保法解释》第 47 条曾规定："以依法获准尚未建造的或者正在建造中的房屋或者其他建筑物抵押的，当事人办理了抵押物登记，人民法院可以认定抵押有效。"

对此，笔者赞同后一种观点。在建工程抵押的效力除当然及于设立抵押时已经存在的在建工程部分，也应当及于在建工程将来逐步完成的部分。也就是说，在建工程抵押的范围将随着在建工程的逐步完成而自动地扩及于将来完成的部分。当在建工程完工时，在建工程的抵押及于竣工的全部工程。主要理由如下：

第一，《担保法》所表述的"城市房地产抵押合同签订后，土地上新增的房屋"以及《物权法》所表述的"建设用地使用权抵押后，该土地上新增的建筑物"仅是指抵押合同签订后才开始建造的房屋，并不包括抵押合同签订时已经在建只是没有竣工的房屋。[①] 在建工程抵押合同的标的物

---

① 江必新、何东宁、程似锦：《最高人民法院指导性案例裁判规则理解与适用·担保卷》（下册），中国法制出版社 2017 年版，第 446 页。

不仅包括土地使用权，而且包括正在建设的工程，形成一个统一的整体。

第二，从法律对在建工程抵押的规定看，在建工程抵押作为一种独立的抵押类型，当然不同于建设用地使用权抵押和地上建筑物抵押，在建工程本身就是一个动态的不断变化的物，因此，在建工程设定抵押的实质就是当事人以不断发展变化的在建建筑物为其债务提供担保，随着工程的不断建设，新增建筑物当然是在建建筑物所包含的应有组成部分，自然也应成为在建工程抵押的客体。

第三，效力及于新增建筑，符合抵押双方的意思表示。抵押人和抵押权人在对在建工程进行抵押时，对于新增部分在建工程价值的增值预期是非常明确的，已充分考虑了后建房屋成为抵押物估价时的因素。承认在建工程新增部分属于抵押物，正是双方意思自治的体现，也不会造成抵押人与抵押权人利益的失衡。①

第四，工程增建部分如为独立物，无论是否为抵押人所建，因其已系另一所有权之标的物，故已非抵押权标的物范围，当然不应为抵押权效力所及。但该建筑物如属抵押建筑物的从物，自应为抵押权效力所及。如增建部分非独立物，则均为抵押权标的物范围。② 在建工程须作一个整体考虑，而不能以“栋、层”作为计数，新增部分自然不属于独立物，而受到抵押效力影响。

【关联问题】

建设用地使用权抵押，该地上有在建工程正在建设，但未办理在建建筑物抵押登记，抵押财产是否包括尚未建造的地上建筑物?

建设用地使用权抵押，但未办理地上建筑物抵押登记，根据《物权法》第 182 条第 1 款规定，以建筑物抵押的，该建筑物占用范围内的建设用地使用权一并抵押。以建设用地使用权抵押的，该土地上的建筑物一并抵押。该条第 2 款规定：“抵押人未依照前款规定一并抵押的，未抵押的财产视为一并抵押。”笔者认为，该款所称的“地上建筑物”应当包括在建

① 江必新、何东宁、程似锦：《最高人民法院指导性案例裁判规则理解与适用·担保卷》(下册)，中国法制出版社 2017 年版，第 446—447 页。

② 谢在全：《民法物权论》，中国政法大学出版社 1999 年版，第 584—585 页。

建筑物，如果不作这种理解，将可能会导致在行使抵押权时违反房地产处分时的房地一致原则。[①] 如此，虽未办理相应登记，但在该在建建筑物上亦成立在建建筑物抵押。同时，基于前述分析，抵押财产应当包括因建设该在建建筑物所新增的房屋。

有反对观点认为，《担保法》第55条第1款规定："城市房地产抵押合同签订后，土地上新增的房屋不属于抵押物。需要拍卖该抵押的房地产时，可以依法将该土地上新增的房屋与抵押物一同拍卖，但对拍卖新增房屋所得，抵押权人无权优先受偿。"《城市房地产管理法》第52条也作出了相同的规定。《物权法》第200条规定，"建设用地使用权抵押后，该土地上新增的建筑物不属于抵押财产"。因此，建设用地使用权设定抵押权时，效力一律不及于新增建筑物。

笔者认为，这一观点实际上是对上述法律规定适用的情形误解。上述法律规定的适用情形是：当事人以建设用地使用权设定抵押时，地上存在的是确定的已经建成的建筑，而并不存在什么在建工程，因此，根据民法关于主物与从物的一般原理，法律规定抵押权仅及于设定抵押时存在的地上建筑物，这也符合当事人的预期。但是在本问题所探讨的在建设用地使用权抵押时，地上存在的是一个在建工程，并非一个确定的建筑物，而如前所述，在建建筑物（在建工程）本身就是一个动态的不断变化的物，无论从法律规定的本意还是当事人的预期来看，其均期待以一个不断变化尤其是不断"生长"增加的建筑物来为债权作担保。可见，在这种情况下，得出抵押权及于该在建工程建设所新增的房屋，是较为恰当的。

问题5. 以预售的商品房为银行按揭设定抵押并办理了抵押预告登记的，是否成立抵押权

实践中，预告登记普遍用于商品房预售，它记载的是预购人请求开发商转移房屋所有权的债权请求权，与此对应的是预购商品房预告登记（《房屋登记办法》第69—70条、《不动产登记暂行条例实施细则》第86

---

① 关于《物权法》第182条的理解，详见本书本部分后文的分析。

条），其中的权利人是预购人，义务人是开发商。由于房价高昂，许多预购人无法全额付清购房款，需先按约定向开发商支付首付款，再向银行借贷余款后付给开发商，为了确保借贷债权的实现，预购人以预购的商品房为标的物向银行提供抵押担保，这就是所谓的预购商品房贷款抵押，预购商品房抵押预告登记与此配套，其中的权利人是银行，义务人是预购人。

以预售商品房作抵押向银行融通资金的房屋销售方式来源于香港的房屋按揭销售。随着内地房地产市场的迅猛发展，预购商品房抵押权预告登记这一金融模式被广泛采用。以时间为轴线，相关法律即行政法规、规章的沿革大致如下：1994 年的《城市房地产管理法》正式确立了商品房预售制度，该法第 45 条对商品房的预售条件作了明确规定。1995 年《担保法》第 34 条对可供抵押的财产范围进行了列举式规定，但未明确将预售房屋纳入其中。1997 年建设部发布的《城市房地产抵押管理办法》第一次对于预购房抵押进行了明确规定，该法第 3 条规定，“本办法所称预购房贷款抵押，是指购房人在支付首期规定的房价款后，由贷款银行代其支付其余的购房款，将所购商品房抵押给贷款银行作为偿还贷款履行担保的行为”。第 34 条进一步规定：“……以预售商品房或者在建工程抵押的，登记机关应当在抵押合同上作记载。抵押的房地产在抵押期间竣工的，当事人应当在抵押人领取房地产权属证书后，重新办理房地产抵押登记”。2000 年《担保法解释》第 47 条规定：“以依法获准尚未建造的或者正在建造中的房屋或者其他建筑物抵押的，当事人办理了抵押物登记，人民法院可以认定抵押有效。”2007 年《物权法》首次从法律层面对预告登记制度予以了规定，该法第 20 条规定：“当事人签订买卖房屋或者其他不动产物权的协议，为保障将来实现物权，按照约定可以向登记机构申请预告登记。预告登记后，未经预告登记的权利人同意，处分该不动产的，不发生物权效力。预告登记后，债权消灭或者自能够进行不动产登记之日起三个月内未申请登记的，预告登记失效。”2008 年建设部发布的《房屋登记办法》首次将预购商品房抵押登记划入可办理预告登记的范围，2015 年国土资源部发布的《不动产登记暂行条例实施细则》再次确认了这一权利登记类型。从上述关于预购商品房的立法沿革可以看出，立法、司法及相关部门对于抵押权预告登记制度作了相关规定，但由于物权法规定得较为简单，不动产登记行政管理部门颁布的上述部门规章则主要是从实务操作层面对不动产登记业务流程进行的规范，故对于预购商品房抵押权预告登记权利的性质与效力，理论上和实践中一直存有不同认识：

一种观点认为抵押权预告登记权利人对预购商品房享有优先受偿权。主要理由则有所不同：一是认为抵押权预告登记就是抵押权登记，故抵押权成立；[①] 二是认为预购商品房抵押权预告登记本质上属于在建工程抵押权登记，故抵押权已设立；[②] 三是抵押权预告登记权利人对预告登记无法转为正式登记并无过错，故享有优先受偿权。[③]

另一种观点则认为债权人对预购商品房不享有优先受偿权。主要理由是，“预售商品房抵押贷款中，虽然银行与借款人（购房人）对预售商品房做了抵押预告登记，但该预告登记并未使银行获得现实的抵押权，而是待房屋建成交付借款人后银行就该房屋设立抵押权的一种预先的排他性保全。如果房屋建成后的产权未登记至借款人名下，则抵押权设立登记无法完成，银行不能对该项预售商品房行使抵押权。”[④]

上述两种观点的分歧在实际效果上体现为在预购商品房抵押权预告登记义务人（即房屋买受人）对预告登记权利人（一般为提供个人住房按揭贷款的银行）违约的情况下，预购商品房抵押权预告登记权利人与预告登记义务人的其他债权人乃至于存在于该预告登记的不动产之上的其他权利人之间就其债权不能获得完全清偿风险负担之分配，对提供个人住房按揭贷款的银行、提供房地产开发贷款的银行、房地产开发商以及房屋买受人等相关权利人的权利影响甚巨。

（一）抵押权预告登记的物权效力认定

分析预购商品房抵押权预告登记权利的保护限度问题，不能回避、不能绕开的基础问题就是预购商品房抵押权预告登记的法律性质究竟为抵押权本登记还是预告登记，在预购商品房上是否得直接办理抵押权登记，对

---

① 浙江省杭州市中级人民法院（2014）浙杭商外终字第27号。

② 安徽省高级人民法院（2014）皖民二终字第780号。

③ 浙江省高级人民法院（2015）浙民申字第809、810、811号。

④ “光大银行上海青浦支行诉上海东鹤房地产公司保证合同纠纷案”，载《最高人民法院公报》2014年第9期。

此，应站在《物权法》《不动产登记暂行条例》及其实施细则关于不动产登记制度规定的体系化解释角度加以审视。

从《物权法》第20条的规定看，预告登记，是为了保障将来物权的实现，按照约定向登记机构申请办理的登记。预告登记后，并不导致不动产物权的设立或变动，只是在法律上对预告登记权利人将来实现请求物权变动的权利赋予一定的保障性。换言之，作为不动产登记的一种类型，预告登记是为保全一项以将来发生不动产物权变动为目的的请求权的不动产登记，是相对于不动产物权“本登记”而言的登记。而根据《物权法》第9条的规定，不动产物权的本登记则是产生不动产物权的设立、变更、转让以及消灭等法律后果的登记。根据《不动产登记暂行条例》第3条的规定，不动产登记的类型主要包括首次登记、变更登记、转移登记、注销登记、更正登记、异议登记、预告登记、查封登记等，《不动产登记暂行条例实施细则》进一步在体例上将前四种登记称为“不动产权利登记”，将后四种登记称为“其他登记”。据此，对于预购商品房抵押权预告登记的法律性质，可以得出的结论是：抵押权预告登记仅是为保障将来抵押权的实现，抵押权人取得抵押权仍需完成抵押权本登记，并且债权消灭或者超期未为本登记的，抵押权预告登记失效。可见，预告登记所保障的权利并非现实物权，而是将来发生物权变动的请求权，本质上仍是债权性质。因此，抵押权预告登记不能等同于抵押权登记，办理了抵押权预告登记，仅表明抵押权预告登记权利人享有了请求办理抵押权本登记的权利，但抵押权并未因此设立。而且，从物权法就不动产登记的体系规定及用语规范看，除非明确称为“预告登记”的，否则，“登记”一词一般均指本登记。例如，《物权法》第139条规定的“建设用地使用权自登记时设立”，遵循的显然是《物权法》第9条确立的物权变动的基本模式，当然应理解为建设用地使用权自完成本登记而非预告登记时设立。《物权法》第187条规定的“抵押权自登记时设立”，亦应作同一理解，即此处的“登记”应当是指本登记而非预告登记。此外，根据《不动产登记暂行条例实施细则》和《房屋登记办法》的规定，在预购商品房建成并完成房屋所有权初始登记后，债务人有履行商品房借款担保合同规定以及预购商品房抵押权预告登记所包含的义务，应配合预购商品房抵押权预告登记权利人向不动产登记机构申请房屋抵押登记，从而设立房屋抵押权。由此，自可实现在房屋买受人不依约偿还住房按揭贷款时，按揭贷款银行以拍卖、变卖建成房屋的价款优先受偿。可见，仅办理预购商品房抵押预告登记，不能得出抵押权已设立的结论。进而，将办理了预购商品房抵押权预告登记视为抵押权登记，并认为抵押权已设立，从而认定债权人享有优先受偿权的观点，实际上是无视了预告登记与本登记的法律性质差异，混淆了预告登记与本登记的界限，因而是错误的。

既然如此，则在预购商品房上是否得直接办理抵押权登记呢？如前所述，有观点认为，预购商品房抵押权预告登记在本质上等同于在建建筑物抵押权登记，故预购商品房抵押权预告登记权利人的抵押权已设立，故其对预购商品房享有优先受偿权。这就涉及对于预购商品房与在建建筑物法律性质的理解。对此，笔者认为，虽然就自然状态而言，预购商品房在进行抵押权预告登记时尚不存在或者正在建造中，广义上也属于正在建造或者尚未建造的建筑物。但就《物权法》第 180 条第 1 款的立法本意看，其规定的正在建造的建筑物抵押仅指在建建筑物抵押，而不包括预购商品房抵押。也就是说，预购商品房抵押权预告登记与在建建筑物抵押登记的法律意义并不一致。[①] 从现行法的规定看，对于在建建筑物，《物权法》第 180 条第 1 款第 5 项明确规定正在建造的建筑物可以设定抵押，《房屋登记办法》第 59 条规定，以在建工程设定抵押的，当事人应当申请在建工程抵押权设立登记，《不动产登记暂行条例实施细则》第 75 条第 1 款规定："以建设用地使用权以及全部或者部分在建建筑物设定抵押的，应当一并申请建设用地使用权以及在建建筑物抵押权的首次登记。"对于预购商品房，物权法并未规定如何办理抵押权及抵押权预告登记，但《不动产登记暂行条例实施细则》《房屋登记办法》已将预购商品房抵押登记纳入预告登记的范围。可见，法律明确规定在建建筑物上可以设立抵押权，但对于预购商品房设定抵押的，登记制度则规定在未办理房屋所有权首次登记前，可

① 立法机关认为，建设工程往往周期长、资金缺口大，以正在建造的建筑物作为贷款的担保，对于解决建设者融资难，保证在建工程顺利完工具有重要作用。参见胡康生主编：《中华人民共和国物权法释义》，法律出版社 2007 年版，第 393 页。此外，从物权法以及不动产登记相关规章的规定看，两者还在抵押人、抵押客体、担保对象等方面存在区别。

办理抵押权预告登记。从法律规定的释然角度看，预购商品房抵押不同于在建建筑物抵押，这主要体现在：首先，在担保的债权方面，预购商品房贷款抵押指向预购交易中的余款，在建建筑物抵押则指向继续建造的资金。其次，在抵押人方面，预购商品房贷款抵押的抵押人是预购人，在建建筑物抵押的抵押人是开发商。最后，与上述差异匹配，申请在建建筑物抵押登记的材料包括建设用地使用权证明、建设工程规划许可证等，预购人无法提供这些材料，不能通过在建建筑物抵押登记向银行提供抵押。[①]从法律规定的制度背景和目的看，笔者认为，不动产登记制度之所以规定在建建筑物可以办理抵押登记，而预购商品房只能办理抵押权预告登记，究其本质是因为合法建造的建筑物虽然在建造完毕后才能成为民法上的物，建设主体才能因此取得相应的所有权，但毕竟在合法建造事实行为成就时无须登记即可取得所有权；而预售商品房的买受人则不然，其在该商品房未经登记之前只是依据与开发商之间的商品房预售合同享有合同债权。在某种意义上，建设主体对于在建建筑物无须通过法律行为即可在建造完成时转化为法律认可的物权，而预购商品房的买受人对于商品房的所有权则依赖于法律行为的完成，在此之前仅仅为债权，只是存在未来期待的物权。基于这种性质上的区别，并为了满足房地产开发商迫切的融资需求，法律认可在建建筑物上可以设立抵押权，而预购商品房上不能直接设立抵押权，只能为了未来实现抵押权而进行预告登记。因此，在法律意义上，预购商品房抵押与在建建筑物抵押不能等同，将预购商品房抵押权预告登记认定为在建建筑物抵押权登记，并据此认定预购商品房抵押权预告登记权利人已享有抵押权、并据此可优先受偿以实现债权的观点与物权法规定的抵押权客体范围不相吻合，与现实的不动产抵押登记和预告登记制度存在矛盾，因而不能成立。

（二）抵押权预告登记的优先效力认定

既然抵押权预告登记不能等同于抵押登记，抵押权在此并未设立，那么，从预告登记的角度而言，是否可以赋予抵押权预告登记优先效力呢？

预告登记义务人在预告登记有效期间处分该不动产物权的行为，在理

① 常鹏翱：《物权法的展开与反思》（第2版），法律出版社2017年版，第396—397页。

论上被称为中间处分行为。由前所述，根据《物权法》第20条的规定，预告登记的目的，在于保全所预告登记的请求权，限制预告登记义务人在预告登记有效期间对合同标的物进行有害于权利人的处分。换言之，纳入预告登记保全之债权，对违背预告登记内容的中间处分行为具有排他效力，由此，于法律上危及抑或妨碍债权如期实现的中间处分行为，必须受制于预告登记权利人之同意，否则不发生物权效力。这就是预告登记对于预告登记权利人享有的未来实现物权的请求权的保全效力。对于预告登记所具有的这一法律效力，理论上和实务中均无异议。据此，具体到预购商品房抵押权预告登记，其保障的就是预告登记权利人未来抵押权设立之实现，未经预购商品房抵押权预告登记权利人同意，处分该预购商品房的，因其有损于这一目的而不发生物权效力。

既然预告登记有阻碍预告登记有效期间不动产物权变动的效力，则其保全的权利是否因而具有优先效力呢？笔者认为，首先，从上述预告登记保全效力的涵义可知，经预告登记所保全的权利并非物权。物权是直接支配并获益的排他的权利，对物的排他性支配是物权最为本质的特征，而预告登记权利人对标的物不享有任何支配意义上的权利，因此，虽然经预告登记的权利具有对抗因中间处分行为所涉第三人之效力，但对抗力并不等同于支配力，具有对抗力并不意味着该权利为物权，故不能够因此而认为其性质为物权。相反，除对抗第三人的效力外，预告登记所保全的权利在其他特征上均与债权相符，其在本质上仍然是债权。因此，以该权利实为物权为由认为在标的物上具有优先于债权的效力的观点不能成立。其次，赋予债权以优先效力则依赖于明确的法律规定。而一方面，从预告登记的功能看，预告登记的保全对象应以未来实现物权的设立为限，而非为保障预告登记权利人所有债权的实现，从预告登记的保全效力中并不能推演出优先效力的结论，故若赋予预告登记权利以优先效力，实有违预告登记制度的功能和目的。因此，就预告商品房抵押权预告登记而言，其并不具备保障抵押权预告登记权利人设立抵押权之外的请求权实现的效力，认为办理了抵押权预告登记就意味着赋予债权人对特定财产享有优先受偿权的观点，无疑是对预告登记效力的曲解和对预告登记制度功能的背离。另一方面，从抵押权预告登记的合同依据看，预购商品房抵押权预告登记的依据是房屋买受人和住房按揭贷款银行之间在商品房借款担保合同中关于抵押权预告登记的约定，而非该担保合同所担保的主债权债务合同。是故，在抵押权预告登记中，抵押权预告登记所保全的是抵押权预告登记权利人请求抵押权预告登记义务人办理抵押权本登记并进而成立抵押权的非金钱债权，主债权债务合同中的金钱债权并不能够直接受到抵押权预告登记的保护，认为办理了抵押权预告登记就意味着赋予债权人对特定财产享有优先受偿权的观点，也不能从作为抵押权预告登记基础的当事人之间的担保合同中寻求到相应的依据。

综上，笔者认为，赋予预购商品房抵押权预告登记权利人对预购商品房优先受偿的权利在现行法上并无依据，即使其对抵押权预告登记无法转为正式的抵押权登记没有过错，也不能因此弥补抵押登记这一抵押权生效要件缺失之缺陷。优先受偿权需要由法律明确规定才能设立，而根据上述分析，赋予预购商品房抵押权预告登记权利人针对抵押权预告登记的财产优先受偿的权利没有法律依据，如作出预购商品房抵押权预告登记权利人对预购商品房享有优先受偿权的判决，实际上是通过司法裁判改变了法律对债权清偿顺位的规定，实不足取。

事实上，在商品房预售交易中，银行为了保障债权，除了要求预购人提供预购商品房贷款抵押，通常还要求开发商在预购人取得房屋所有权并以该房屋为银行办理抵押权登记之前，提供阶段性连带责任保证。若预抵押登记如同抵押登记一样能产生优先受偿权，银行的债权得到充分保障，还要由开发商提供保证，除了增加交易成本，别无益处。之所以要有这样的担保架构，恰恰在于预抵押登记无法现实地为银行供给优先受偿权，而业界均明了这一点。也正是着眼于此，法院才会在否定银行对“预购商品房”的优先受偿权的同时，肯定开发商的连带责任保证人地位。[①]

（三）抵押权未生效时权利人民事救济的路径选择

抵押权预告登记设立后，如果预登记不能转化为本登记，权利人应如何寻求民事救济？我们认为总体解决思路是，如果抵押登记实现存在客观障碍，双方关于通过对预购商品房设定抵押以保障债权实现的契约合意未

① 常鹏翱：《物权法的展开与反思》（第2版），法律出版社2017年版，第396—397页。

能实现，在此情形下由于抵押权未能设立，权利人显然无法从物权保护的路径寻求救济，但双方之间的抵押合同应当成立并生效，权利人仍然可以抵押合同未得到实际履行为由而寻求合同救济。实践中存在一种观点，即虽然抵押权未能成就，但双方就主债权设立担保的意思表示均为一致，因此，此时抵押人原先承诺的抵押物的担保可以转化为在抵押物财产价值内的人的担保，即由其继续承担保证责任。例如，在北京朝汇通小额贷款股份有限公司诉北京中嘉实信房地产经纪有限公司等借款合同案中，二审法院认为债权人虽不能取得抵押权，但并不能因此免除抵押人宝旻公司基于抵押合同对债权人所负的担保义务，抵押人应在抵押合同约定的担保范围内对债权人承担连带清偿责任。对此，我们认为，当事人在特定物上设立抵押权，并不当然延伸至双方均同意以等价财产代替抵押物实现担保债权或者履行担保义务，这一扩张解释既不符合双发当事人的真实意思表示，也容易混淆物的担保与人的担保之间的必要界限。此外，从权利实现角度，权利人无论是通过违约之诉，或者通过保证之诉寻求救济，其指向均为抵押人本身，因此两者在效果上并无实质性区别。

权利人进行民事救济路径的初步归纳：

1. 请求义务人继续履行抵押登记义务

《不动产登记暂行条例实施细则》第 78 条第 2 款规定，预购商品房抵押权预告登记转化为房屋抵押权登记的前提条件是预购商品房办理了房屋所有权登记。审判实践中，预购商品房未能办理抵押登记的原因比较复杂，存在开发商未能办理商品房首次登记、买受人未办理商品房所有权转移登记、买受人拒不配合办理抵押登记等多种情形。对此，可分情况而言：

（1）预购商品房抵押权预告登记已经具备转化为房屋抵押权登记条件、但因买受人的原因未办理的。根据《不动产登记暂行条例》第 14 条和《房屋登记办法》第 12 条的规定，申请房屋抵押权登记，应当由有关当事人双方共同申请。因此，如果抵押权预告登记义务人（即商品房买受人）拒不履行该义务，则房屋抵押权登记无法办理，房屋抵押权就相应地不能设立。而根据商品房借款担保合同的约定以及预购商品房抵押权预告登记制度的含义，买受人负有协助抵押权预告登记权利人办理房屋抵押权登记的义务。因此，预购商品房抵押权预告登记权利人可以起诉请求买受人协助办理房屋抵押权登记，法院对此应予支持。若买受人不履行生效判决确定的义务，预购商品房抵押权预告登记权利人可以申请强制执行，法院应向登记机构发出协助执行通知书，以此替代预告登记义务人的申请办理本登记的意思，登记机构则据此办理房屋抵押权登记。在完成房屋抵押权本登记后，预购商品房抵押权预告登记权利人成为房屋抵押权人，其基于商品房借款担保合同享有的主债权即成为有担保的债权，从而在债务届至清偿期时享有针对该房屋优先受偿的权利。可见，在此种情形下，预购商品房抵押权预告登记权利人的抵押权能够最终得到实现。

（2）开发商已经办理商品房首次登记，买受人未办理房屋所有权转移登记的。此种情形下，只要房屋买受人办理了房屋所有权登记，则即具备了办理房屋抵押权登记的最为核心的条件，因此，房屋买受人能够办理房屋所有权登记但却故意不办理或迟延办理的，在法律上可视为不正当地阻止房屋抵押权设立条件的成就。此时，可参照《合同法》第 45 条的规定，视为条件已经成就。在商品房按揭贷款银行与房屋买受人之间的债权债务纠纷诉讼中，法院可依职权追加房地产开发商作为诉讼第三人，并在此情形下判决开发商协助消除此种障碍即协助将房屋所有权转移登记到房屋买受人名下，并明确在此之后预购商品房抵押权预告登记权利人可持该判决单方办理抵押权登记，从而实现抵押权。在中国建设银行股份有限公司福州城北支行与高某、周某、福州恒宇房地产发展有限公司金融借款合同纠纷一案中，二审法院认为，当商品房具备办理抵押登记条件时，购房人怠于办理登记，本质上属于购房人为自己的利益而不正当地阻止条件成就，应参照附条件民事法律行为的相关法律规定，而视为条件已成就，并进而判令被告周某、高某协助债权人办理不动产抵押登记手续，福州恒宇房地产发展有限公司应督促周某并配合其办理抵押登记。①

此外，就请求权基础而言，还有一种可供选择的路径是，房屋买受人能够办理房屋所有权登记但却故意不办理或迟延办理的，抵押权预告登记权利人可以根据《合同法》第 73 条之规定行使代位权，直接请求房地产开

① 福建省福州市中级人民法院（2015）榕民终字第 5965 号民事判决书。

发商协助办理抵押权预告登记义务人所购买之房屋所有权登记。在获得法院生效裁判的支持后，或者通过开发商履行生效判决，或者通过申请强制执行，从而将房屋所有权登记于抵押权预告登记义务人名下，并据此具备办理房屋抵押权登记之条件。此时，若房屋买受人仍不配合办理抵押权登记的，则回归到本文本部分所述第一种情形进行处理，此处不再赘述。

（3）在预购商品房由于开发商的原因而暂时无法办理所有权首次登记，以及开发商在能够办理房屋所有权首次登记但却故意不办理或迟延办理时，由于开发商在商品房借款担保合同中通常会为商品房买受人的按揭贷款提供阶段性保证，故此时，一方面，若房屋买受人违约不偿还贷款的，则虽然抵押权未设立，但开发商对此应承担保证责任。当然，商品房按揭贷款银行并不会因此而针对任何财产享有优先受偿权，但这是其开展此类贷款业务所应面对的正常商业风险。另一方面，银行作为预购商品房抵押权预告登记权利人享有的预告登记请求权并未消灭，由于预告登记具有排除之后物权变动的效力，抵押权设立的请求权仍然受到预告登记的保全，房屋买受人、开发商或其债权人对抵押权预告登记所及于的财产（即预购商品房）无法处分，故预购商品房抵押权预告登记权利仍然受到保护，并且在办理了预购商品房所有权登记之后，能够办理房屋抵押权登记，从而在开发商未承担保证责任的情况下，商品房按揭贷款银行的债权也能够最终受到房屋抵押权的保障。

2. 要求义务人就抵押合同未能实际履行承担违约责任

对于实际已经无法进行抵押登记，或者因未办理抵押登记，已经构成根本违约的，权利人可以因抵押合同未能实际履行，要求义务人承担违约责任。需要注意的是，一是应当根据各方当事人有无过错以及过错程度，确定违约责任，赔偿范围一般不得超过预定抵押物的价值范围。这里需要重点考虑《合同法》第 113 条关于合理预见规则的规定，抵押人在订立合同时预见到的责任后果仅是以抵押物担保主债务，因抵押人原因未办理登记导致抵押权未设定的情况下，抵押人的赔偿责任亦应以抵押物价值为限。二是应当体现民事赔偿过错与责任相适应原则。需要按照过错大小的原则确定赔偿数额的分担。一方面抵押人未履行登记义务，导致抵押权未能设定，系对债权人对抵押物优先受偿权的侵害，应承担损害赔偿责任。

另一方面，根据建设部《房屋登记办法》第12条规定“申请房屋登记，应当由有关当事人双方共同申请”，国土资源部《土地登记办法》第7条亦规定“土地登记应当由当事人共同申请”，不动产的登记需要抵押权人与抵押人双方共同完成，债权人有责任督促、协同担保人完成抵押登记。如果抵押权人怠于、疏于要求担保人进行抵押登记，其自身对于抵押权不能实现亦存有过错，抵押人可据此减轻赔偿责任。一般可分为以下情形：（1）由于抵押人过错导致抵押权无法设立的，由抵押人承担全部赔偿责任，如在华夏银行福州闽江支行诉云南烧熙实业有限公司、昆明神目矿业有限责任公司、许梅子等金融借款合同纠纷一案中，审理法院认为，本案《借款协议》约定的抵押物系许梅子名下的房产，未办理抵押登记，许梅子作为抵押人应承担违约责任[1]；（2）由于抵押权人过错导致抵押权无法设立的，应当视为其放弃抵押权，抵押人不承担责任；（3）抵押权人、抵押人均有过错的，按双方过错大小确定赔偿比例，如在叶燕生与谢秋林、叶荣臻民间借贷纠纷一案中，审理法院认为，因谢秋林与叶燕生均未提供证据证明其主动提出办理抵押登记而遭对方拒绝，故双方对未办理抵押登记致使抵押权未设立均存有过错，并判决叶燕生以其提供抵押房产的价值为限对叶荣臻30万元借款本息不能清偿部分的50%承担赔偿责任[2]；（4）因第三方原因导致抵押权无法设立的，由抵押人向抵押权人承担全部赔偿责任。抵押人可以依照法律规定或者约定向第三人主张追偿。[3]

【典型案例6】

案例索引：中国光大银行股份有限公司上海青浦支行诉上海东鹤房地产有限公司、陈思绮保证合同纠纷案[4]。一审：（2012）青民二（商）初字第457号；二审：（2012）沪

典型案例裁判文书

上海市第二中级人民法院(2012)沪二中民六(商)终字第138号民事判决书

---

① 福建省高级人民法院（2014）闽民终字第890号民事判决书。

② 福建省高级人民法院（2015）闽民申字第272号民事裁定书。

③ 夏正芳、顾韬：《抵押权预告登记纠纷案件审理的相关问题探讨》，载《人民司法·应用》2017年第31期。

④ 载《最高人民法院公报》2014年第9期。

二中民六（商）终字第138号。

基本案情：2007年8月，东鹤公司因融资需要，与陈思绮虚构商品房买卖关系，由陈思绮向光大银行申请贷款37万元，并以涉案房屋作为抵押物提供担保；东鹤公司为保证人，为陈思绮在贷款合同项下所产生的全部债务向光大银行提供阶段性连带责任保证，如陈思绮未按合同约定履行还款义务，东鹤公司保证向光大银行履行还款义务，保证期间从合同签署之日起至抵押人就抵押物有效设定抵押，且相关抵押物权利证明及设定抵押的相关文件交付贷款人正式执管之日止。后系争房产办理了抵押权预告登记，银行依约发放了贷款。2011年6月，另案生效判决认定上述房屋买卖合同无效，应予解除，陈思绮返还光大银行剩余贷款及利息。后因陈思绮未归还剩余贷款，光大银行向法院提起本案诉讼，要求陈思绮和东鹤公司清偿剩余贷款本息，并实现抵押权。

法院裁判：东鹤公司与陈思绮恶意串通，以虚假商品房买卖为名套取贷款，妨害了国家金融秩序和房地产政策的实施，侵害了光大银行合法利益，构成共同侵权，加之东鹤公司在贷款合同中系保证人，故对于陈思绮的债务应承担连带清偿责任；系争房产上设定的抵押预告登记，与抵押权设立登记具有不同的法律性质和法律效力。根据《中华人民共和国物权法》等相关法律法规的规定，预告登记后，未经预告登记的权利人同意，处分该不动产的，不发生物权效力。预告登记后，债权消灭或者自能够进行不动产登记之日起三个月内未申请登记的，预告登记失效。即抵押权预告登记所登记的并非现实的抵押权，而是将来发生抵押权变动的请求权，该请求权具有排他效力。因此，上诉人光大银行作为系争房屋抵押权预告登记的权利人，在未办理房屋抵押权设立登记之前，其享有的是当抵押登记条件成就或约定期限届满对系争房屋办理抵押权登记的请求权，并可排他性地对抗他人针对系争房屋的处分，但并非对系争房屋享有现实抵押权。据此，二审判决陈思绮归还光大银行剩余贷款本息，东鹤公司承担连带清偿责任，对光大银行要求实现抵押权的请求则不予支持。

裁判要旨：预售商品房抵押贷款中，虽然银行与借款人（购房人）对预售商品房做了抵押预告登记，但该预告登记并未使银行获得现实的抵押权，而是待房屋建成交付借款人后银行就该房屋设立抵押权的一种预先的排他性保全。如果房屋建成后的产权未登记至借款人名下，则抵押权设立登记无法完成，银行不能对该预售商品房行使抵押权。

问题 6. 如何认定抵押权的善意取得

《物权法》第 106 条第 3 款规定："当事人善意取得其他物权的，参照前两款规定。"从文义上将所有权善意取得制度明确扩展到他物权。但是仅以此条款为法律依据，内容过于宽泛、论证未免主观，加之当前在司法实践中因当事人无权处分产生的抵押权取得方面的纠纷增多，法院裁判异常困难。因此，有必要对制度内容和操作细节加以具体分析。

（一）不动产抵押权的善意取得

1. 不动产抵押权登记的性质效力

不动产抵押权的善意取得，与不动产登记的性质和效力密切关联。不动产权利的取得是否要以公示登记为要件，目前各国存在两种模式，即形式主义和意思主义。形式主义要求不动产权利的取得以登记公示为要件，未经登记则不取得物权，代表国家包括德国、瑞士和我国等；意思主义仅要求当事人意思表示一致，无须进行物权公示登记，该主义以法国、日本、意大利等国家为代表。但在意思主义的国家，公示登记也并非不具有法律意义，经过公示的物权具有对抗第三人的效力。因此，各国不动产物权立法有了登记要件主义和登记对抗主义之分。

我国《物权法》采形式主义，即不动产权利的变动以登记生效，未经登记不能取得不动产权利。《物权法》第 16 条第 1 款规定："不动产登记簿是物权归属和内容的根据。"第 17 条规定："不动产权属证书是权利人享有该不动产物权的证明。不动产权属证书记载的事项，应当与不动产登记簿一致；记载不一致的，除有证据证明不动产登记簿确有错误外，以不动产登记簿为准。"立法机关将此解释为："本条第一款的规定，在民法学上一般称为权利正确性推定原则，即在不动产登记簿上记载某人享有某项物权时，推定该人享有该项权利，其权利内容以不动产登记簿上的记载为准。法律规定物权的归属和内容以不动产登记簿为根据，目的就是从国家公信力的角度对物权相对人的利益进行保护。”① 在形式主义立法下，非登记公示的不动产没有适用善意取得制度的余地，但如果不动产因故意、错误、疏忽等原因，不当登记在非真实权利人名下，非真实权利人以此财产设立抵押权，依据登记公信力原则，主观上善意的第三人也可以取得抵押权。

2. 不动产抵押权善意取得构成要件

《物权法》第106条第1款规定：“无处分权人将不动产或者动产转让给受让人的，所有权人有权追回；除法律另有规定外，符合下列情形的，受让人取得该不动产或者动产的所有权：（一）受让人受让该不动产或者动产时是善意的；（二）以合理的价格转让；（三）转让的不动产或者动产依照法律规定应当登记的已经登记，不需要登记的已经交付给受让人。”根据所有权善意取得的要件，结合抵押权的特点，笔者认为，不动产抵押权善意取得应当具备以下要件：

第一，第三人须为善意。不动产权利的设立以登记为要件，登记具有强大的公信力。当作为抵押物的不动产权利人登记为债务人，且没有异议登记的存在时，司法实践中应当推定第三人为善意，除非有相反的证据证明第三人具有恶意。但问题是如果第三人仅是存在过失，能否认定为善意？理论上包含有过失即非善意、有过失也为善意、无重大过失才为善意三种可能。笔者认为，在交易过程中，尤其是抵押权的设立过程中，应当对当事人提出高于一般法律行为的要求，要求其承担相应的注意义务。不动产抵押权变动过程中第三人发生重大过失，是其不重视、不积极促成交易的表现，无“善意”可言。所以只有在无重大过失的情形下第三人才能被认定为善意。

第二，主债权合法有效。基于担保物权的从属性，抵押权的存在一般以主债权的存在为前提。当主债权无效或被撤销，抵押权同时消灭，更不具有善意取得的可能。这一要件是基于抵押权从属性的特殊构成要件。

第三，已完成不动产抵押权登记。不动产物权只有在完成具有公信力的登记之后才发生效力，在此之前完全能通过其他方式救济。不动产抵押权适用善意取得，要求该抵押权已登记，且明显为错误登记。由于不动产

① 胡康生：《中华人民共和国物权法释义》，法律出版社2007年版，第53页。

登记审查工作仅为形式审查，难免发生不动产登记记载的权利与真实权属不一致的情况，善意取得制度是第三人对自身权利救济的最终途径。

此外，还需要注意的是，善意取得制度旨在保护善意第三人的权益，其主要针对无权处分他人财产的情形，但同样适用于处分共有财产的情形，即共有人享有处分权，但未经许可处分其他共有人财产的情形除外。例如，夫妻共有房屋，登记于一人名下，登记权利人未经对方同意擅自抵押。再如，双方或多方合作开发、约定为共有的房地产，登记于在先取得土地使用权的一方名下，被全部抵押给他人。关于对共有财产擅自处分和第三人利益保护的问题，2011 年《全国民事审判工作会议纪要》中明确："转让人转让登记在其个人名下的房地产不符合法律规定或者当事人约定转让条件的，如果受让人是善意的，且支付了合理对价并已经办理了房地产转移登记手续，可以依据《物权法》第 106 条第 1 款的规定处理。"

（二）动产抵押权的善意取得

对于动产抵押权的善意取得，大陆法系各国法律鲜有明文规定，理论上也存在不同见解。否定动产抵押权可以被善意取得的观点认为，从法律适用角度看，如果一国法律对动产抵押权的善意取得无明文规定，动产抵押权又不占有动产，与动产所有权和动产质权取得要件不同，故不能类推适用动产所有权或者动产质权善意取得的规定，因此善意取得动产抵押权没有法律依据。

但我国《物权法》第 106 条规定的物权善意取得制度既适用于不动产，又适用于动产，且第 3 款明确规定"当事人善意取得其他物权的，参照前两款规定"，抵押权属于"其他物权"，因此在我国法律上是承认动产抵押权的善意取得的。基于动产抵押权的设立要件，结合《物权法》第 106 条对所有权善意取得的规定，笔者认为，动产抵押权的善意取得仅需一个要件，即相对人的善意。

但同时必须注意的是，无权处分人在占有的动产上设立抵押权，相对人仅需善意即可取得抵押权，对此不加以限制将使风险集中。除了前文所述善意取得受到法律强制性规定的限制外，依物权法规定物权变动须办理登记才能对抗第三人的动产的善意取得，也存在限制。例如，车辆、船舶、航空器等，不能仅凭占有即可推定第三人善意，如果登记簿记载了真实权利人，纵然无权处分人合法占有动产，亦无适用善意取得的余地。[①]

【典型案例 7】

案例索引： 中国工商银行股份有限公司四川省分行营业部与中国建设银行股份有限公司成都第七支行、成都大业（集团）有限责任公司等借款担保合同纠纷案[②]。一审：（2007）川民初字第 29 号（未上诉、判决已生效）；申请再审审查：（2009）民申字第 1362 号。

基本案情： 建设银行成都第七支行与成都大业（集团）有限责任公司、成都大业国际投资股份有限公司、成都大华置业有限公司、成都中天物业经营有限责任公司签订了数份借款合同，并签订了最高额抵押担保合同，抵押标的物包括大华置业所拥有的房产。因债务人届期无法清偿抵押权实现，法院判决建设银行成都第七支行对大华置业的房产享有抵押权。此后案外人工商银行四川省分行营业部申请再审，主张其实际拥有作为抵押财产的房产，并不知大华置业已将房产抵押的事实。

法院裁判： 工行方面通过签订售房合同、财产抵偿协议等一系列民事法律行为，并支付购房对价，实际使用大华置业公司曾所有的本案讼争房产多年，但大华置业公司与工行四川分行始终未办理该房产过户登记手续。其间，大华置业公司又将该房产抵押给本案的建行成都七支行。而建行四川分行接受涉案抵押时并不知晓大华置业公司早已将抵押物房产出售给工行四川分行并实际使用，工行四川分行也没有提供证据证明大华置业公司与建行成都七支行签订借款抵押合同时存在恶意串通的情形，涉案所抵押物房产的产权证书中载明的产权人始终是大华置业公司。根据《物权法》第十六条“不动产登记簿是物权归属和内容的根据”、第十七条“不动产权属证书是权利人享有该不动产物权的证明”的规定，不动产登记系物权变动的重要公示方法，在未办理不动产登记公示前，则不动产买卖双方之间的法律关系不具有公信力，不得对抗善意第三人。本案中，大华置业公司系诉争房产的所有权人，其有权与建行成都七支行签订《最高额抵

---

① 曹士兵：《中国担保制度与担保方法》（第四版），中国法制出版社 2017 年版，第 249 页。

② 载最高人民法院民事审判第二庭编：《商事审判指导》2009 年第 4 辑（总第 20 辑），人民法院出版社 2010 年版。

押合同》，将该争议房产予以抵押，且该公司办理了相关抵押登记手续。因此，涉案借款、抵押合同均合法有效，建行成都七支行在本案中享有抵押权。工行四川分行以其实际使用争议房产多年、已支付对价等为由，要求确认该行为该房产的所有权人，建行成都七支行对该房产不享有抵押权，缺乏事实与法律依据。

裁判要旨：根据《物权法》第十六条、第十七条的规定，不动产登记系物权变动的重要公示方法，在未办理不动产登记公示前，则不动产买卖双方之间的法律关系不具有公信力，不得对抗善意第三人。

【典型案例8】

案例索引：中国银行股份有限公司上海市宝山支行等与倪文培抵押借款合同纠纷案[①]。一审：(2011) 浦民六（商）初字第5406号；二审：(2012) 沪一中民六终字第39号。

基本案情：2002年10月，唐永平与案外人熊某串通，以伪造的公有住房出售合同、个人购房交款凭证等证明文件，冒用熊某的名义，在上海浦东新区房产交易中心办理了系争房屋的产权登记。之后，唐永平又以熊某的名义，与案外人孙某签订了房地产买卖合同，将系争房屋转让给后者。2004年1月，唐永平以自己的名义从孙某处受让系争房屋，同时与中国银行宝山支行签订了个人住房（二手房）抵押借款合同，约定向后者贷款17万元，并办理了房屋抵押登记。

2002年11月，上海市浦东新区将系争房屋作为拆迁安置房，安置给倪文培的父亲（以下简称倪父）居住。双方订立了上海市公有住房出售合同。

倪父办理系争房屋过户手续时，发现该房屋产权已登记在唐永平名下。倪文培提起本案诉讼，要求中国银行宝山支行注销系争房屋上的抵押权；中国银行宝山支行则主张依据不动产善意取得制度取得系争房屋的抵押权。

法院裁判：首先，唐永平系以骗取银行贷款为目的实施犯罪行为，其

---

① 张文婷：《虚假贷款中银行善意取得抵押权的司法认定》，载《人民司法·案例》2013年第10期。

签约的意思表示具有违法性，导致了中国银行宝山支行的贷款损失，并使国家金融制度和信贷管理秩序受到了损害，属于《合同法》第五十二条规定合同无效的法定情形，当属无效。其次，《物权法》第一百零六条规定，物权的善意取得需满足以下要件：一是应为善意，二是应支付合理的价格，三是如为不动产则需经登记。本案中，中国银行股份有限公司上海市宝山支行已发放贷款，并对抵押办理了登记，故重点在于其在交易时是否具有善意。中国银行股份有限公司上海市宝山支行和唐永平进行贷款交易时固然不知其从事犯罪行为，否则也不存在被诈骗的问题，但除此主观善意外，善意的成立还有其客观标准。该标准应区分不同交易主体和交易行为在实践中予以切实分析。中国银行股份有限公司上海市宝山支行作为专业金融主体和职业贷款人，理应具有完备的贷款交易经验和相关的专业法律知识，故应将遵守合理的商业准则和管理规范，并履行相应的审慎经营义务作为其善意的客观标准。虽然所有权登记信息记载系争房屋所有权人为唐永平，但贷款人除据此对房屋权属审查之外，根据银监会颁布的《个人贷款管理暂行办法》第十三条、第十四条、第十五条的规定，贷款人受理贷款申请后，应履行尽职调查职责，对个人贷款申请内容和相关情况的真实性、准确性、完整性进行调查核实；调查内容包括借款人的借款用途、收入情况、还款能力等；调查应以实地调查为主、间接调查为辅，采取现场核实、电话查问以及信息咨询等途径和方法。本案中，根据刑事判决及唐永平的自认，购房交款凭证和经济收入证明均系伪造，而这些材料与唐永平是否具有真实、合法的借款用途、资金需求以及相应的收入和还贷能力紧密相关。中国银行股份有限公司上海市宝山支行有义务对上述材料的真实性、准确性、完整性采取多种调查手段核实。但是，中国银行股份有限公司上海市宝山支行未对购房交款凭证的真实性尽核实义务，未发现借款人其实并不具有真实的借款用途和借款需求；中国银行股份有限公司上海市宝山支行还称已对经济收入证明电话核实，并确认“莎海实业有限公司”真实存在，但对上述核实过程其并未举证证明，更何况，即使该公司真实存在，证明所记载的劳动关系、工作资历、职务和收入是否属实，中国银行股份有限公司上海市宝山支行也应履行其调查义务，但该行却贸然确认涉案伪造的收入证明属实，认定唐永平具有相应的收入和还款能力；同时，中国银行股份有限公司上海市宝山支行也未按照银监会的要求进行实地调查，如其实地调查，倪文培一家从2003年起就在系争房屋内居住，唐永平始终未曾实际占有房屋，其疑点不难被发现，中国银行股份有限公司上海市宝山支行却称是否实地调查与银行是否善意无关，对该辩称实难采信。因此，上述调查内容均属于中国银行股份有限公司上海市宝山支行的审查职责范围，其所需手段也并不明显超出其能力范围，但中国银行股份有限公司上海市宝山支行在贷款交易过程中未遵守合理的商业准则和管理规范，对应有的调查内容未履行审慎审核义务，客观上存在过失，不符合法律规定的善意要件，不能据此依法取得系争房屋的抵押权。

裁判要旨：根据我国《物权法》，当银行发放了贷款并就不动产办理了抵押登记后，真正的权利人主张抵押无效时，银行可在符合法定条件的情况下，主张适用不动产善意取得制度来保护自身合法权益。法院在审查银行是否构成善意时，应该考虑到商业银行作为从事抵押贷款业务的特殊商事主体，其经营活动应该较一般民事主体更加慎重。如法院发现银行未遵守基本商业准则、管理规范，或者未履行审慎经营义务，应认定银行欠缺“善意”要件，不能适用不动产善意取得制度。

问题7. 如何认定以集体土地使用权设定抵押的效力

集体土地使用权属于不动产用益物权，其主要以宅基地、自留土地、公用企事业建设用地三种形式存在。集体土地使用权的抵押是土地自由流转的一种重要方式，但是现实中《物权法》《担保法》却对集体土地施加了诸多限制。首先，对耕地、宅基地的抵押担保行为予以明确禁止，《物权法》第184条第2项规定，耕地、宅基地、自留地、自留山等集体所有的土地使用权不得抵押，但法律规定可以抵押的除外。《担保法》第37条第2项规定，耕地、宅基地、自留地、自留山等集体所有的土地使用权不得抵押，但本法第34条第5项、第36条第3款规定的除外。立法机关认为，考虑到我国农村社会保障体系尚未全面建立，农村土地承包经营权、宅基地使用权是农民安身立命之本，从全国范围来看，放开抵押条件尚不成熟，因此《物权法》沿用《担保法》的规定，禁止耕地、宅基地等集体所有土地使用权用于抵押。[①]

实践中，抵押禁止条款主要适用于农村宅基地。《担保法》虽然规定了“地随房走”的原则，但并未规定其他强制内容，因此农民以宅基地上的房屋进行抵押，债权人不能对宅基地行使抵押权。《物权法》在规定“地随房走”原则的基础上，规定违反该原则未将建筑物与土地一并抵押的，视为一并抵押。因此，农民仅以土地上的房屋抵押，宅基地视为一并抵押，但由于宅基地抵押无效，房屋抵押也同样作无效处理。

所谓除外规定，指的是荒地使用权和乡镇、村企业集体土地使用权依法可以抵押。前者是指“抵押人依法承包并经发包方同意抵押的荒山、荒沟、荒丘、荒滩等荒地的土地使用权”。后者是指“乡镇、村企业的厂房等建筑物及其占用范围内的土地使用权”。

荒地使用权也被称为荒地承包经营权，对于其抵押的条件，《担保法》表述为“抵押人依法承包并经发包方同意抵押”，《物权法》则表述为“以招标、拍卖、公开协商等方式取得的荒地”，减少了发包方同意的前提。《农村土地承包法》第49条也规定：“通过招标、拍卖、公开协商等方式承包农村土地，经依法登记取得土地承包经营权证或者林权证等证书的，其土地承包经营权可以依法采取转让、出租、入股、抵押或者其他方式流转。”也未提及须经过发包人同意。因此，根据新法优于旧法的原则，荒地使用权抵押的条件是抵押人依法取得并依法登记。现实中，因为荒地属于农业用地，不能用于非农建设，通过拍卖、变卖等方式实现抵押权时交换价值较小，所以多用于小额债权的担保。

以乡镇、村企业的厂房等建筑物及其占用范围内的土地使用权作为抵押，法律规定须一并抵押，不能将建筑物与土地使用权单独抵押。具体设立程序早在1995年国土资源部发布的《农村集体土地使用权抵押登记的若干规定》第4条中表述为：“集体荒地土地使用权和乡村企业集体土地使用权抵押须经被抵押土地的集体土地所有者同意，并出具书面证明。乡村企业集体土地使用权抵押的，集体土地所有者出具的同意抵押的书面证明包括：在实现抵押权时同意按法律规定的土地征用标准补偿后转为国有土

---

① 韩业斌：《农村集体建设用地流转的地方法治探索与制度前景》，载《兰州学刊》2017年第5期。

地；征地费是否作为清偿资金等内容。集体土地所有者在出具同意乡村企业集体土地使用权抵押的书面证明前须将土地抵押有关事项在村农民集体内部履行合法手续。”可见，集体建设用地抵押权的设立需要集体内部合法的手续、出具同意抵押的书面证明。虽然该文件现已停止执行，但在无替代法律规定的时期仍然具有参考意义。此外，由于抵押权实现后，土地的权属发生改变，规定中表明：“因处分抵押财产转移乡村企业集体土地使用权的，应当由土地管理部门依法先办理征地手续，将抵押土地转为国有，然后再按抵押划拨国有土地使用权的办法进行处置。处置抵押土地使用权的受让人、抵押人、抵押权人在抵押土地使用权处置后三十日内，持有关文件到土地管理部门申请办理土地权属变更登记。”由此可见，土地使用权及附属建筑物实现抵押时，要补交出让金、征地费，所剩价值有限，不利于抵押人融资，也不利于抵押权人保护。

目前，关于集体建设用地使用权能否单独抵押，大部分地方性法规或规章已经突破《物权法》和《担保法》的限制，直接规定农村集体建设用地使用权可以单独抵押。[①]《盐城市集体建设用地使用权流转办法》第 11 条直接规定，集体建设用地使用权可以抵押。《昆明市集体建设用地使用权流转管理办法》第 26 条规定，集体建设用地使用权抵押，应当经集体建设用地所有权人书面同意。《南京市集体建设用地使用权流转管理办法》第 16 条规定，符合流转条件的集体建设用地可以设定土地抵押权。《洛阳市集体建设用地使用权流转管理暂行办法》先规定，集体建设用地所有权不得抵押。然后接着规定，集体建设用地使用权抵押应当签订书面合同，并到国土资源行政主管部门办理抵押登记。有的省份和城市在地方性法规中设置专章对农村集体建设用地使用权流转进行规定。另有些地方专门出台规范性文件规定集体建设用地使用权抵押融资，对于合法取得、产权清晰的集体建设用地使用权可以单独向金融机构进行抵押贷款。[②] 部分学者认为集体建设用地所有人在融资困难时，可以通过出让、出租的形式获取

① 韩业斌：《农村集体建设用地流转的地方法治探索与制度前景》，载《兰州学刊》2017 年第 5 期。

② 例如，广东省国土资源厅 2009 年出台的《广东省集体建设用地使用权抵押融资工作规范》，铜陵市国土资源局 2012 年出台的《铜陵市集体建设用地使用权抵押融资管理办法》，成都市国土资源局 2009 年发布的《成都市集体建设用地使用权抵押融资管理办法（试行）》等。

资金，没有必要单独设定抵押。[①] 但集体建设用地使用权作为抵押增加了所有权人尤其是乡镇企业融资的渠道，有利于农村市场经济的发展。一味限制土地资产抵押融资功能，制约了市场在农村资源配置中的基础性作用，不利于推动农村土地流转，满足新型城镇化战略对建设用地和发展资金的巨大需求。

综上所述，现行法律仍在宅基地、耕地抵押上保留禁止性规定；在荒地承包经营权上放宽了抵押设定的条件；在集体建设用地使用权抵押方面，要求乡镇、村企业的集体土地使用权不得单独抵押，而实践中在各地已经存在一定程度上的突破。

典型案例裁判文书

江苏省江阴市人民法院(2009)澄民一初字第3628号民事判决书

【典型案例 9】

案例索引：江苏新澄特钢集团公司诉上海爱使股份有限公司确认抵押合同效力案[②]。一审：(2009) 澄民一初字第 3628 号。

基本案情：1997 年 9 月 3 日，上海新澄物资总公司（新澄集团子公司）向上海银行江浦支行借款 200 万元，1997 年 10 月 23 日，上海新澄物资总公司又向上海银行江浦支行借款 500 万元，两笔贷款共计 700 万元，均由爱使股份提供担保。1998 年 3 月 18 日，新澄集团取得了地号为 07—1028—2 的土地的集体土地建设用地使用证，用地面积：36046.67 平方米，证号为澄土集建（1998）字第 06028 号。1999 年 4 月 5 日，新澄集团与爱使股份签订土地使用权抵押合同一份，约定新澄集团将其所有的上述地号为 07—1028—2 的土地使用权作抵押物，对爱使股份为上海新澄物资总公司的借款担保事项作反担保。该项反担保追溯至新澄集团正式取得土地使用权证日，自该项土地使用权证取得日，该项土地使用权即为新澄集团向爱使股份承诺的抵押物。在该合同中，对新澄集团的土地状况（包括土地位置、性质、面积等）进行了明确。上述土地

① 王小莹：《我国农村土地流转法律制度研究》，法律出版社 2012 年版，第 157 页；宋志红：《集体建设用地使用权流转法律制度研究》，中国人民大学出版社 2009 年版，第 198 页。

② 载最高人民法院中国应用法学研究所编：《人民法院案例选》2011 年第 3 辑（总第 77 辑），人民法院出版社 2011 年版。

使用权，经过江阴市地价事务所评估，并到江阴市国家土地管理局进行了抵押登记，办理了土地他项权利证明书。在抵押登记申请表上，江阴市月城镇人民政府作为批准机构加盖了公章。抵押时，新澄集团的厂房尚未建成。

新澄集团占用的土地一部分是向当时的江阴市月城镇双桥村村民委员会征用，一部分向江阴市月城镇沿山村村民委员会征用，土管部门未核发土地所有权证书。2002 年 3 月，双桥村与三河村合并成秦皇村，秦皇村村民委员会曾于 2009 年 2 月 2 日起诉来院要求确认上述新澄集团与爱使股份于 1999 年 4 月 5 日签订的土地使用权抵押合同无效。法院受理后，以原告主体不适格为由裁定驳回起诉。另，新澄集团于 2003 年 9 月 25 日被工商部门吊销执照后成立了资产清理小组进行清理，梁正华为资产清理小组组长。

法院裁判：新澄集团将集体土地建设用地使用权抵押给爱使股份，属于单独抵押，虽办理了抵押登记，但违反了《担保法》《物权法》关于“乡（镇）、村企业的集体土地使用权不得单独抵押”的强制性规定，双方所签订的抵押合同无效。两部法律的规定均体现了我国对乡镇、村企业等集体建设用地使用权抵押问题采取严格限制态度的立法政策，主要是考虑到我国乡镇、村的土地属于集体所有，是用于发展农村经济、增加农民收入和提高农民生活水平所必需的生产资料，若任意抵押，则农民可能失去土地使用权，不利于农村经济的发展。另外，为了方便乡镇、村企业以厂房等建筑物抵押以融通资金、担保债务，根据“房随地走、地随房走”的双向一体原则，法律又规定以建筑物占用范围内的建设用地使用权一并抵押。

一审宣判后，双方当事人均未提起上诉。

裁判要旨：抵押人将集体土地建设用地使用权抵押给债权人，属于单独抵押，虽办理了抵押登记，但违反了《担保法》《物权法》关于“乡（镇）、村企业的集体土地使用权不得单独抵押”的强制性规定，抵押合同无效。

问题 8. 如何认定以划拨土地使用权设定抵押的效力

《物权法》第 137 条第 1 款和第 3 款规定："设立建设用地使用权，可以采取出让或者划拨等方式。""严格限制以划拨方式设立建设用地使用权。采取划拨方式的，应当遵守法律、行政法规关于土地用途的规定。"由于以划拨方式取得的建设用地使用权具有无偿性和无期限的特点，法律对划拨土地使用权设定了严格的限制。尤其在抵押领域，由于抵押权的实现背离了划拨的目的，使国家利益受损，因此划拨土地使用权抵押不能完全依照当事人意思自治，需要法律规制和行政干预。

《担保法》第 56 条规定："拍卖划拨的国有土地使用权所得的价款，在依法缴纳相当于应缴纳的土地使用权出让金的款额后，抵押权人有优先受偿权。"《城市房地产管理法》第 51 条规定："设定房地产抵押权的土地使用权是以划拨方式取得的，依法拍卖该房地产后，应当从拍卖所得的价款中缴纳相当于应缴纳的土地使用权出让金的款额后，抵押权人方可优先受偿。"《城镇国有土地使用权出让和转让暂行条例》第 45 条第 1 款规定："符合下列条件的，经市、县人民政府土地管理部门和房产管理部门批准，其划拨土地使用权和地上建筑物、其他附着物所有权可以转让、出租、抵押：（一）土地使用者为公司、企业、其他经济组织和个人；（二）领有国有土地使用证；（三）具有地上建筑物、其他附着物合法的产权证明；（四）依照本条例第二章的规定签订土地使用权出让合同，向当地市、县人民政府补交土地使用权出让金或者以转让、出租、抵押所获效益抵交土地使用权出让金。"原国土资源部发布的《关于国有划拨土地使用权抵押登记有关问题的通知》规定："以国有划拨土地使用权为标的物设定抵押，土地行政管理部门依法办理抵押登记手续，即视同已经具有审批权限的土地行政管理部门批准，不必再另行办理土地使用权抵押的审批手续。"根据以上法律、法规及通知，以划拨土地使用权和地上建筑物、附着物为标的设定抵押，须经过土地行政管理部门审批，补交建设用地使用权出让金或以抵押所得抵交出让金后方可抵押。实质上，这一过程是将划拨土地使用权经过相关部门批准并办理相关手续，依法转为出让土地使用权后进行抵押，抵押人本身对其所拥有的划拨土地使用权无处分权。《最高人民法院关于破产企业国有划拨土地使用权应否列入破产财产等问题的批复》也明确了这一论断："企业对其以划拨方式取得的国有土地使用权无处分权，以该土地使用权为标的物设定抵押，除依法办理抵押登记手续外，还应经具有审批权限的人民政府或土地行政管理部门批准。否则，应认定抵押无效。如果企业对以划拨方式取得的国有土地使用权设定抵押时，履行了法定的审批手续，并依法办理了抵押登记，应认定抵押有效。"

关于以划拨土地上的房屋单独设定抵押权，效力如何认定的问题，存在不同的认识。有观点认为《城市房地产管理法》第 51 条实际上认可了划拨土地使用权在司法实践中的可执行性，房屋抵押后，抵押权实现时补交出让金弥补了国有资产的损失，因此可就地上房屋单独抵押。另有观点认为，单独就房屋设定抵押，抵押合同有效，但基于国家对划拨土地抵押的管理，需要提前经过土地行政管理部门的审批，否则抵押无效。还有观点认为，《担保法》第 36 条第 1 款规定："以依法取得的国有土地上的房屋抵押的，该房屋占用范围内的国有土地使用权同时抵押。"该款并未对以划拨形式取得的土地使用权作特殊规定，因此默认包含出让和划拨两种形式。基于此，房屋抵押合同依据当事人意思自治成立，土地使用权抵押依据一并抵押条款成立。以上几种观点实际上也是对《最高人民法院关于破产企业国有划拨土地使用权应否列入破产财产等问题的批复》中关于划拨土地使用权抵押分歧的延展。该文件第 3 条第 2 款规定，"如果建筑物附着于以划拨方式取得的国有土地使用权之上，将该建筑物与土地使用权一并设定抵押的，对土地使用权的抵押需履行法定的审批手续，否则，应认定抵押无效"，部分学者纠结于这里的"抵押无效"意为土地抵押无效，房屋抵押也无效，还是土地抵押无效，房屋抵押并非无效。其实该条文已经设定了前提条件，即"将该建筑物与土地使用权一并设定抵押"，仅在此情况下，才需要办理土地使用权的审批手续。如果当事人仅是约定对划拨取得的国有土地上的建筑物单独设定抵押，不属于该情形，不适用该款规定，而应适用第 3 条第 1 款的规定："国有企业以关键设备、成套设备、厂房设定抵押的效力问题，应依据法释〔2002〕14 号《关于国有工业企业以机器设备等财产为抵押物与债权人签订的抵押合同的法律效力问题的批复》办理。"《关于国有工业企业以机器设备等财产为抵押物与债权人签订的抵押合同的法律效力问题的批复》规定："根据《中华人民共和国担保法》第34条和最高人民法院《关于适用〈中华人民共和国合同法〉若干问题的解释（一）》第9条规定的精神，国有工业企业以机器设备、厂房等财产与债权人签订的抵押合同，如无其他法定的无效情形，不应当仅以未经政府主管部门批准为由认定抵押合同无效。"尚且根据原国土资源部发布的《关于国有划拨土地使用权抵押登记有关问题的通知》，单独抵押房屋已经进行了抵押登记，视同已经具有审批权限的土地行政管理部门批准，不必另行审批。

综上，当事人在订立合同时如果约定将建筑物与以划拨方式取得的国有土地使用权一并设定抵押的，则抵押人应对抵押国有土地使用权履行法定审批手续。当事人签订合同约定仅以房产设定抵押并办理房屋抵押登记，并未涉及土地使用权一并抵押的情况，该事实与上述《批复》第3条第2款的规定情形不符，该设定抵押的房产所附着的国有划拨土地使用权无须履行审批手续。

典型案例裁判文书

最高人民法院(2006)民二终字第153号民事判决书

【典型案例10】

案例索引：中国长城资产管理公司济南办事处与山东省济南医药采购供应站、山东省医药集团有限公司、山东省医药公司借款担保合同纠纷案[①]。一审：（2006）鲁民二初字第27号；二审：（2006）民二终字第153号。

基本案情：2003年至2004年，中国工商银行济南市槐荫支行（以下简称槐荫工行）与医药采购站先后签订了三份《借款合同》，并于2003年签订了《最高额抵押合同》，约定借款人医药采购站以其自有的房产设定抵押担保，办理了抵押登记。该抵押房产所占用的土地并未缴纳土地出让金，为国有划拨土地。

2005年，中国工商银行山东省分行与长城公司济南办事处签订《债权转让协议》，约定将包括上述三笔债权在内的债权转让给长城公司济南办

① 载《最高人民法院公报》2008年第1期（总第135期）。

事处。

长城公司济南办事处催收未果于 2006 年 4 月 26 日提起诉讼，请求：1. 判令医药采购站偿还借款本金 6409 万元，利息 3604287.27 元；2. 确认《抵押合同》有效，对抵押物享有优先受偿权；3. 判令医药集团公司在担保的范围内承担连带清偿责任。

法院裁判：医药采购供应站于 2003 年与槐阴工行签订《最高额抵押合同》，明确约定医药采购供应站仅以自有房产设定抵押，随后亦仅在当地房屋管理部门办理抵押登记，这些行为均发生在《物权法》施行之前，应当适用当时的法律法规规定。《最高额抵押合同》系各方当事人真实意思表示，其内容不违反我国法律和行政法规的禁止性规定，且该合同抵押人医药采购供应站所抵押的房屋系该供应站的自有房屋，所抵押登记的部门为济南市房产管理局，符合《担保法》第四十一条“当事人以本法第四十二条规定的财产抵押的，应当办理抵押物登记，抵押合同自登记之日起生效”之规定，故抵押人医药采购供应站是否就国有土地使用权另行办理抵押登记手续不影响该《最高额抵押合同》的效力，认定该最高额抵押合同合法有效，抵押权成立。

《最高人民法院关于破产企业国有划拨土地使用权应否列入破产财产等问题的批复》（以下简称《批复》）第三条规定“如果建筑物附着于以划拨方式取得的国有土地使用权之上，将该建筑物与土地一并设定抵押的，对土地使用权的抵押需履行法定的审批手续，否则，应认定抵押无效”。该批复中所规定的“将该建筑物与土地一并设定抵押的”系指当事人约定将建筑物与土地一并设定抵押的情形。当事人在订立合同时如果约定将建筑物与以划拨方式取得的国有土地使用权一并设定抵押的，则抵押人应对抵押国有土地使用权履行法定审批手续。本案当事人签订合同约定仅以自有房产设定抵押并办理房屋抵押登记，并未涉及土地使用权一并抵押的情况，该事实与上述《批复》规定的情形不符，一审判决以该批复为依据认定本案《最高额抵押合同》无效不妥。

鉴于医药采购供应站已被人民法院裁定进入破产程序，依照《企业破产法》第二十条“人民法院受理破产申请后，已经开始而尚未终结的有关债务人的民事诉讼或者仲裁应当中止；在管理人接管债务人的财产后，该诉讼或者仲裁继续进行”之规定，本案诉讼应当继续进行，医药公司答辩中提出本案应当中止审理的主张，不予支持。在法院认定上述《最高额抵押合同》有效后，抵押权人长城公司济南办事处可以依据破产法的有关规定向医药采购供应站破产案件管理人提出行使优先权的申请，但该权利应当在医药采购供应站所抵押的涉案房屋被变卖或拍卖的价款（不含房屋所占用的土地使用权价款）范围内予以实现，且最高限额不得超过该抵押合同所约定的最高限额1200万元。

裁判要旨：根据《最高人民法院关于破产企业国有划拨土地使用权应否列入破产财产等问题的批复》第三条的规定，如果建筑物附着于以划拨方式取得的国有土地使用权之上，将该建筑物与土地一并设定抵押的，对土地使用权的抵押需履行法定的审批手续，否则，应认定抵押无效。当事人在签订抵押合同时，如果仅约定以自有房产设定抵押并办理房屋抵押登记，并未将该房产所附着的、以划拨方式取得的国有土地使用权一并抵押的，不适用上述规定。

问题9. 以处于海关监管期内的特殊动产进行抵押是否有效

《海关法》对于海关监管货物规定了一系列的监管要求，包括海关监管期内的货物未经海关允许不得抵押、质押、留置等。但在实践中，海关监管期内货物的所有人未经海关同意，擅自在监管货物上设定抵押权的情况较为常见。在抵押权实现时，抵押权人多依据《物权法》和《担保法》主张优先受偿权，而海关则认为该类违法担保影响了国家税收安全，主张应优先抵偿国家税款。因此抵押权和海关监管权产生冲突，影响了司法公正与海关执法。

《海关法》第100条规定，“海关监管货物，是指本法第二十三条所列的进出口货物，过境、转运、通运货物，特定减免税货物，以及暂时进出口货物、保税货物和其他尚未办结海关手续的进出境货物”。而第37条第1款明确规定：“海关监管货物，未经海关许可，不得开拆、提取、交付、发运、调换、改装、抵押、质押、留置、转让、更换标记、移作他用或者进行其他处置。”以上两个条款直接决定了海关对于“海关监管货物”具有的权力——未经海关许可不得擅自处置。[1] 就与抵押权冲突的角度而言，第 100 条规定的众多监管货物种类并不一定影响本问题的判断。在一般的进出口货物，过境、转运、通运货物类型下，货物本身处在海关监管区域内或由海关加施的封志，难以成为抵押标的。能成为抵押人违反规定设立抵押的货物，主要是减免税和保税货物。

将涉及抵押的监管货物限定在减免税和保税货物，即可明白《海关法》第 37 条第 1 款的立法意图。由于监管货物须满足一定的条件才可暂时少缴纳或不缴纳税款，而一旦抵押权实现，可能导致条件的缺失，使货物不符合减税、免税的政策。且抵押权实现，可能出现货物所剩价值不足以弥补所需税款，造成国家税收的损失。但是根据条款的表述，“未经海关许可”表明监管期内的货物并不是禁止设定抵押，而仅是需要经过海关部门的批准，属于防范性的管理规定，只是管理的手段而非目的。因此，抵押人以海关监管期内的货物作为抵押标的设定的抵押，其效力尚需讨论而不能一概否定。有观点认为，在不考虑物权法所确立的债权行为和物权行为的区分原则，《物权法》第 184 条关于监管财产不得抵押的规定属于效力性强制性规范或管理性强制性规范，物权法和海关法关于监管财产不得抵押的规定（海关法关于海关监管财产不得抵押的规定属于管理性强制性规范）在适用上为一般法和特别法关系的情况下，抵押合同的签订违反物权法强制性规范，属于无效合同。但同时考虑到无效民事行为可通过补正或因无效事由消灭而归于有效，认为海关监管期经过，合同归于有效。[2] 有学者对该观点质疑认为，该观点一方面认为物权法与海关法关于海关监管财产不得抵押的规定，在适用上为一般法与特别法的关系，且海关法关于海关监管财产不得抵押的规定属于管理性强制性规定，但另一方面却又以当事人签订的抵押合同因违反物权法的强制性规定而无效，显得逻辑混乱。认为海关法既然为特别法，自然应优先适用，据此认定合同效力不因

---

① 俞悦、杨旭：《海关监管权与民事担保物权冲突问题研究》，载《海关与经贸研究》2016 年第 1 期。

② 黄亮：《以处于海关监管期内特殊动产进行抵押应属有效》，载《人民司法·案例》2017 年第 8 期。

违反该管理性强制性规定而无效。[①] 另有观点认为，海关对监管货物的管理思路蕴含将货物作为税款担保物的逻辑。海关关于税款安全的管理思路，就是在货物已经实际放行而税款（包括可能产生的税款）尚未缴纳入库的时间段，通过要求提供担保的方式以保证税款的安全，从逻辑上讲，其设定了一个规则——货物放行、税款未缴纳、担保未提供这三种情况不得同时发生——从而来保障税款的安全。[②] 为了应对这类货物在未来“可能”产生的纳税义务，《海关法》就在事前设定了未经允许不得设定担保物权的限制，而如果需要得到海关的“允许”，根据《海关事务担保条例》和其他规范性文件的规定，就是要求监管货物的所有权人或实际控制人另行提供担保。既然如此，监管货物需要被另行设定担保物权的情况下必须有财产担保或者金融机构的保证，那么，在被另行设定担保物权以前，这种“财产担保或者金融机构的保证”所要起的担保作用显然也是需要客观存在的，否则就不必用“另行提供的担保”来替代“原有的担保”，以解除这种“原有的担保”而“允许设定其他民事担保物权”了。[③]

笔者认为，除去上文已对《海关法》相关规定属于防范性管理规定的论述，该问题的关键集中在是否能以抵押合同违反《担保法》和《物权法》强制性规定的理由，否定抵押权的效力。《担保法》第 37 条第 5 项规定，依法被查封、扣押、监管的财产不得抵押。《物权法》第 184 条作出了同样的规定。《合同法》第 52 条规定，违反法律、行政法规的强制性规定的合同无效，但经过《合同法解释（二）》第 14 条的解释：“合同法第五十二条第（五）项规定的‘强制性规定’，是指效力性强制性规定。”一般认为，法律法规明确规定违反强制性规定将导致合同无效，或者虽未明确规定违反强制性规定将导致合同无效，但合同继续有效将损害国家利益和社会公共利益的条款为效力性强制性规定。而未规定违反强制性规定将导致合同无效，且合同有效存续不损害国家利益和公共利益的，不应属于效力

---

① 吴光荣：《判定以海关监管之物设定抵押之效力的裁判思路》，载《人民司法·案例》2017 年第 8 期。

② 俞悦：《减免税货物凭保放行制度之缺陷及其重构》，载《海关法评论（第 3 卷）》，法律出版社 2013 年版，第 114 页。

③ 俞悦、杨旭：《海关监管权与民事担保物权冲突问题研究》，载《海关与经贸研究》2016 年第 1 期。

性强制性规定，而是管理性规定。综上所述，以海关监管期内的特殊动产进行抵押，抵押合同并非一定无效。首先，从货物的种类和监管的目的来看，被监管的货物的物权并非受到限制。如提单作为物权凭证，货物的权属随着提单的转让而转让。简言之，货物在监管期内，其所有权可以自由转让，其上设立的担保物权也不受限制。其次，抵押合同如能继续存续，并不必然导致国家利益受到损害。前文讨论了仅在监管货物是免税、减税货物时，抵押权才与国家税收利益相冲突，但现实中的监管还存在其他目的。况且，在监管货物上设立抵押权，不影响纳税义务。抵押人仅是纳税能力有所削弱，而税款强制措施、破产优先权依然存在，并不必然导致国家利益受损。最后，《担保法》和《物权法》关于海关监管货物的规定未涉及抵押效力的表述，不一定损害公共利益，且《海关法》的规定上文已论证为管理性条款，并不否定抵押合同的效力。由此可见，以海关监管的货物设立的抵押并不一定无效。

【典型案例 11】

案例索引：浙江中力节能玻璃制造有限公司与黄剑锋抵押合同纠纷案[①]。一审：(2014) 航江商初字第 51 号；二审：(2014) 浙杭商终字第 2307 号。

典型案例裁判文书

浙江省杭州市中级人民法院(2014)浙杭商终字第2307号民事判决书

基本案情：2012 年 6 月 20 日，黄剑锋作为贷款人、浙江中力节能玻璃制造有限公司（以下简称制造公司）作为借款人签订借款合同约定制造公司向黄剑锋借款 2500 万元；同日，黄剑锋与制造公司签订抵押合同一份，约定制造公司以其所有的 10 台低辐射玻璃镀膜机（详见该合同抵押物清单）为双方同日签订的借款合同中黄剑锋享有的债权提供抵押，抵押担保范围包括本金、利息、罚息、复利、违约金、实现债权费用等。2013 年 7 月 2 日，经诉讼，法院判决制造公司归还黄剑锋借款 2500 万元，支付黄剑锋逾期利息 3567916.67 元（暂算至 2013 年 5 月 17 日，此后按中国人民银行同期同档次贷款基准利率四倍计算至判

① 黄亮：《以处于海关监管期内特殊动产进行抵押应属有效》，载《人民司法·案例》2017 年第 8 期。

决确定的履行日），支付黄剑锋律师费 20 万元等。黄剑锋为本案诉讼委托律师支付律师费 5 万元。上述案涉抵押物属于海关监管货物，海关放行日期分别为 2008 年 12 月 1 日、12 月 11 日、12 月 12 日，海关监管期为 5 年，监管期届满日为 2013 年 12 月 12 日，期限届满自动解除监管，目前案涉抵押物均已过海关监管期。2013 年 12 月 30 日，另一个法院裁定受理制造公司破产重整申请。2013 年 12 月 26 日，原告黄剑锋要求对被告制造公司提供的抵押物实现抵押权。

法院裁判：一审、二审法院所持观点不一。一审法院认为，关于抵押合同效力问题，被告制造公司认为案涉的抵押设备，签订抵押合同时处于海关监管期内，不得抵押，故抵押合同无效。在不考虑物权法所确立的债权行为和物权行为的区分原则，《物权法》第一百八十四条关于监管财产不得抵押的规定属于效力性强制性规范或管理性强制性规范，物权法和海关法关于监管财产不得抵押的规定（海关法关于海关监管财产不得抵押的规定属于管理性强制性规范）在适用上的一般法和特别法关系的情况下，本案抵押合同签订时违反物权法强制性规范，属于无效合同。但无效民事行为亦可进行补正或因无效事由消失而归于有效。《合同法解释（一）》第三条规定："人民法院确认合同效力时，对合同法实施以前成立的合同，适用当时的法律合同无效而适用合同法合同有效的，则适用合同法。"可见，即使是无效的合同也可因新的情况发生而归于有效。本案抵押合同因抵押物机器设备海关监管期的经过，无效事由消失而归于有效。因此本案的抵押合同有效，制造公司关于本案抵押合同无效的意见，应不予支持。故原告黄某对案涉的抵押物享有抵押权，可优先受偿。

二审法院则认为，案涉抵押合同系无效合同，黄某对案涉抵押物的抵押权并未依法有效设立，黄某主张对抵押物享有优先受偿权没有法律依据。本案中，黄某与制造公司订立抵押合同之时，所涉的抵押物系海关监管之物，因我国《物权法》第一百八十四条规定依法被监管之物不得设定抵押，该抵押合同违反了法律强制性规定，应属无效合同。我国《合同法》第五十六条规定，无效的合同自始没有法律约束力，故案涉抵押合同始终不能发生设立抵押权的法律效果，第一种观点认定抵押合同因海关监管期的经过从无效合同转化成有效合同，没有法律依据。案涉抵押合同并非合同法实施以前成立的合同，也不存在适用当时的法律合同无效而适用合同法有效的情形，故该合同并不能适用《合同法解释（一）》第三条的规定而被认定为有效。而且，案涉抵押物的所有权人系破产中的企业，故评价抵押合同的效力不仅应考虑合同法的一般性规范，还要注意企业破产法中涉及抵押合同效力的特别性规范。我国《企业破产法》第三十一条规定，人民法院受理破产申请前一年内，债务人对没有财产担保的债务提供担保的，管理人有权请求人民法院予以撤销，这表明在债务人破产情形下，法院对在特定期限内对债务人财产设立抵押担保的行为效力持否定性评价。案涉抵押物的海关监管期届满日分别为2013年11月、12月，而制造公司破产重整案件受理之日为2013年12月30日，即使案涉抵押合同因监管期的经过而补正为有效合同的法律观点成立，因该抵押权设立的时间在前述企业破产法规定的特定期限内，对该抵押权的效力仍应作出否定性的法律评价。综上，二审法院判决撤销一审判决，驳回黄剑锋的诉讼请求。[①]

裁判要旨：《物权法》第一百八十四条的规定应属对抵押权设立的禁止性规定，不影响相关抵押合同的效力，以处于海关监管期内的特殊动产进行抵押的抵押合同应属有效合同，抵押权于海关监管期满之日有效设立。

第二节 抵押合同的效力

问题10. 抵押人未经抵押权人同意转让抵押财产的，转让合同的效力如何认定

《物权法》第191条第2款规定："抵押期间，抵押人未经抵押权人同意，不得转让抵押财产，但受让人代为清偿债务消灭抵押权的除外。"从该条规定的字面含义看，其对抵押财产限制转让的态度是较为明显的。那

---

① 二审法院作出裁判后，本案的一审承办法官就此写作了文章，刊登在《人民司法·案例》2017年第8期上，阐述了一审裁判结论的理由。笔者赞同该文的分析，特此说明。

么，该条规定究竟是否属于效力性强制性规定，对于转让合同的效力有何影响？自《物权法》实施以来，对此一直争论非常激烈。对此问题的不同见解，大致可以分为有效说、无效说、效力待定说以及区分说。

有效说认为，《物权法》第191条的规定并非效力性强制性规范，只要该抵押财产转让合同不存在《合同法》第52条规定的无效情形，仅仅违反《物权法》第191条的规定，并不导致合同无效。①

无效说以《物权法》第191条第2款属于效力性强制性规范为基础，认为该条的立法目的就是要通过禁止转让使得第三人不能获得财产权利，从而保护抵押权人利益。如果认为本条规定为管理性规定，则使得法律规定的“经过抵押权人同意”形同虚设，无法实现保护目的，因此违反该规定的转让合同无效。②

效力待定说认为，抵押人在抵押期间未经抵押权人的同意，擅自处分抵押财产，该处分行为属于无权处分，因此该转让合同属于效力待定的合同。应当参照《合同法》第51条关于效力待定合同的处理规范。获得抵押物的第三人可以向抵押权人发出通知，要求其表示同意与否。第三人也可以代替债务人清偿债务，从而使处分权归于抵押人，并使得合同归于有效，最终由第三人获得抵押物所有权或使用权。③

区分说以处分行为与负担行为的理论为前提，认为抵押人转让抵押物的合同是负担行为，而抵押物所有权的变动是处分行为。《物权法》第191条规定抵押物不得转让指向的仅是处分行为，而非因其处分行为的买卖合同。抵押人未经抵押权人同意转让抵押财产，该处分行为相对无效，但合同有效。简言之，此处的转让指的是变动的结果而不是原因。④

笔者认为，为了有效平衡抵押权人、抵押人和受让人的利益，依据《物权法》第15条关于区分原则的规定处理是较为妥当的方式。《物权法》第15条确定了物权变动的原因与结果相区分的原则。按照这一原则，关于

---

① 参见崔建远：《物权法》（第二版），中国人民大学出版社2011年版，第464页。

② 参见刘智慧：《中国物权法解释与应用》，人民法院出版社2007年版，第556页。

③ 参见江平：《中国物权法教程》，知识产权出版社2007年版，第451页。

④ 参见吴光荣：《论抵押物转让的效力——物权法第191条的理解与适用》，载《判解研究》（总第59辑），人民法院出版社2012年版，第43—47页；参见陈永强、王建东：《论抵押物转让的法律效果——以对我国〈物权法〉第191条的解释为中心》，载《政治与法律》2009年第9期。

物权变动的原因关系或者基础关系，即设立、变更、转让和消灭物权的合同是否有效，应当依据合同法来判断，而不能以是否能否发生物权变动的结果为标准进行判断。如果合同具备法律规定的生效要件，则应当认为合同已经生效。至于物权变动能否成就，并不是合同生效的必要条件。即在考察合同的效力时只能根据法律、行政法规的相关规定来考察，而不能从当事人之间所签订的合同能否实现物权变动的结果来反推合同的效力。就这一原则，《买卖合同解释》第 3 条关于“当事人一方以出卖人在缔约时对标的物没有所有权或者处分权为由主张合同无效的，人民法院不予支持”的规定，已经明确了在无权处分的情况下，出卖人没有处分权或者没有取得所有权，影响的是物权不能发生变动，而不能影响合同的效力；而基于体系解释的要求，在抵押人转让有抵押负担的财产时，由于抵押人没有取得完全的处分权，其影响的仅仅是合同能否履行，以实现设有抵押权负担的财产的权属变更登记，而不影响其原因行为——当事人之间所签订的转让合同的效力。因此，《物权法》第 191 条第 2 款规定的“未经抵押权人同意，不得转让”的含义应当理解为：未经抵押权人的同意，抵押人与第三人订立的转让抵押财产合同有效，但是不发生抵押财产所有权移转的法律效果。之所以作此理解，进一步的考量可阐述如下：

一方面，抵押人转让抵押财产未经抵押权人许可，不符合《物权法》规定的物权有效变动的条件，因此，不能产生权属移转的效力。根据物权法定的原则，物权变动必须依法进行，符合法律规定的形式，才能够发生物权变动的法律效果。而未经抵押权人同意，抵押人转让抵押财产的，则并不符合物权变动的法定条件。其原因在于，根据《物权法》第 191 条规定之精神，抵押权设定后，抵押人虽然享有对抵押财产的所有权，但其处分权受到了一定的限制，所有权已经存在一定的负担，因而抵押人不得自由转让其抵押财产。而且，在抵押权已经登记的情形下，受让人应当查明抵押财产的权利状态，如果受让人应当查明而没有查明的，此时没有必要承认其取得物权。尤其应当看到，在抵押权已经登记的情况下，如果允许抵押人擅自转让抵押物，则抵押权登记制度将形同虚设，抵押登记的公信力也会受到极大的削弱。还应当看到，在标的物已经设定抵押权的前提下，如果允许抵押人擅自转让抵押物，可能影响抵押权人抵押权的实现，这反过来又会影响抵押权制度功能的发挥，并从根本上影响交易效率和交易秩序。[①]

另一方面，合同的无效是对严重违背立法目的的合同坚决予以否定的表现，在解释上，需要考虑的是为了达到禁止规范所追求的目的是否有必要使该合同无效。从我国现行立法来看，绝对无效的法律行为必然损害国家利益以及社会公共利益在内的公共利益。相反，抵押人未经抵押权人的同意转让抵押财产，不存在损害公共利益的问题，甚至不损害任何人的利益。《物权法》第191条已经对抵押人处分抵押财产的自由进行了极为严格的限制。在解释上认为该转让合同无效，对抵押人及第三人的利益的限制就逾越必要的限度，这不符合比例适当原则，在利益衡量上缺乏合理性。因此，认为“不得转让”属于效力性规范，将其解释为对转让合同效力的限制，对抵押人利益的限制逾越了必要限度。[②]

综上，未经抵押权人同意，并不影响抵押人与受让人就抵押财产签订的转让合同的效力。对此，最高人民法院《第八次全国法院民事商事审判工作会议（民事部分）纪要》第14条亦明确规定：“物权法第一百九十一条第二款并非针对抵押财产转让合同的效力性强制性规定，当事人仅以转让抵押房地产未经抵押权人同意为由，请求确认转让合同无效的，不予支持。受让人在抵押登记未涂销时要求办理过户登记的，不予支持。”

【典型案例12】

案例索引：甲公司与乙公司建设用地使用权转让合同纠纷案[③]。

基本案情：甲公司拥有四块出让地100亩，并将上述土地使用权抵押给了建设银行用于贷款担保，抵押期限自2007年1月1日至2009年12月31日。2007年12月1日，甲公司与乙公司签订《国有土地使用权转让合同》，约定：第一条，每亩土地使用权转让价格为70万元，转让总价款为

---

① 王利明：《抵押财产转让的法律规制》，载《法学》2014年第1期。

② 冉克平：《论抵押不动产转让的法律效果——〈物权法〉第191条释论》，载《当代法学》2015年第5期。

③ 最高人民法院民一庭：《未经抵押权人同意是否影响转让不动产合同的效力》，载《民事审判指导与参考》2010年第2集（总第42集），法律出版社2011年版。

7000万元。第二条，合同签订之日起7个工作日内，乙公司应将首期资金500万元支付给甲公司。2008年6月1日，乙公司向甲公司支付1600万元。甲公司于收到款项后15日内将30亩土地使用权过户给乙公司。2008年12月1日，乙公司向甲公司支付2100万元，甲公司于收到款项后15日内将30亩土地使用权过户给乙公司。2009年3月1日，乙公司向甲公司支付1400万元，甲公司于收到款项后15日内将20亩土地使用权过户给乙公司。2009年5月1日，乙公司向甲公司支付1400万元，甲公司于收到款项后15日内将20亩土地使用权过户给乙公司。第三条，甲公司承诺，本项目所涉及的土地已办理的抵押手续应在不影响办理过户手续的前提下办理解除抵押的相关手续，并保证不存在其他权利瑕疵，也没有被司法机关查封或被行政机关限制。若第三人对该地块权益提出主张，或权属手续不完善，或有权属障碍，由甲公司解决，并独自承担其费用，由此给乙公司造成的损失，甲公司应承担违约责任。第四条，本协议签订后，甲公司违约不将相应的土地使用权过户给乙公司，甲公司按照合同总价款的30%向乙公司支付违约金。乙公司违约不将相应的价款支付给甲公司，乙公司按照合同总价款的30%向甲公司支付违约金。

2007年12月5日，乙公司向甲公司支付了首期资金500万元。

2008年3月6日，建设银行致函甲公司称，甲公司未经该行同意，擅自转让抵押物，严重侵害了该行的抵押权。要求甲公司必须立即停止侵权行为。

2008年5月26日，乙公司向甲公司支付1600万元，同时要求甲公司在6月16日前将合同约定的30亩土地过户到乙公司名下。但甲公司既没有办理解除30亩土地抵押的手续，也没有将该30亩土地过户到乙公司名下。

2008年6月20日，甲公司向某中级人民法院起诉称，其与乙公司签订的《国有土地使用权转让合同》违反了《物权法》第一百九十一条第二款的规定，合同应为无效。据此，请求判决：认定双方签订的《国有土地使用权转让合同》无效。乙公司则提起反诉称，要求认定双方签订的《国有土地使用权转让合同》有效，继续履行。

法院裁判：第一，《物权法》第一百九十一条第二款的立法目的是确保抵押权人的利益不受侵害。既然抵押权人建设银行的利益没有受到任何损害，那么就不能依据《物权法》第一百九十一条第二款的规定认定《国有土地使用权转让合同》无效。第二，乙公司完全依照合同约定履行了义务，没有任何违约行为。而甲公司却违反诚实信用原则，不按照合同约定办理解除30亩土地抵押的相关手续，不将30亩土地使用权过户给乙公司。之后却以双方签订的合同违反了《物权法》第一百九十一条第二款的规定为由，起诉要求认定合同无效。甲公司的这种行为属于典型的违反诚实信用原则的行为。对于甲公司这样以自己不履行合同约定的义务，违背诚实信用原则，反而主张合同无效的，已经构成恶意抗辩，不能得到支持。第三，从不能使违约者获利的角度看。在具体案件的处理中，裁判的结果要特别注意不能让失信者、见利忘义者、毁约者在经济上占任何便宜。如果本案适用《物权法》第一百九十一条第二款的结果反而会使不守信用、见利忘义、毁约方甲公司获取不正当的利益，就应该注意考虑该条的价值，是否存在两种以上的解释，或者考虑目的解释的方法，利益衡量的方法，向有利于诚实守信的一方乙公司解释，保护诚实信用的乙公司的合法权益。第四，从物权变动的原因与结果相区分的角度看。《物权法》第十五条确定了不动产物权变动的原因与结果相区分的原则。按照这一原则，关于不动产物权变动的原因关系或者基础关系，即设立、变更、转让和消灭不动产物权的合同是否有效，应当依据合同法来判断，而不能以不动产是否已经办理物权登记为标准进行判断。如果合同具备法律规定的生效要件，则应当认为合同关系已经生效。至于不动产变动能否成就，并不是合同生效的必要条件。

裁判要旨：《物权法》第一百九十一条第二款规定："抵押期间，抵押人未经抵押权人同意，不得转让抵押财产，但受让人代为清偿债务消灭抵押权的除外。"就不动产物权变动而言，这里的转让，指的是不动产物权变动的结果，而不是原因。引起不动产变动的原因行为即合同的效力，不受抵押权人是否同意转让抵押物的影响。

【典型案例 13】

案例索引：王某与郑某房屋买卖合同纠纷案[①]。

基本案情：2008 年 12 月 2 日，郑某（甲方）与王某（乙方）签订《房屋买卖合同》，约定甲方将位于北京市丰台区的一套房屋卖与乙方，房屋成交价格为 255 万元，定金 30 万元。合同第一条第四款约定：该房屋已经设定抵押，抵押权人为中国银行某支行。第四条第二款约定：乙方在签订本合同 50 个工作日内交付甲方部分购房款 145 万元，剩余房款 80 万元于该房产办理转移登记手续时交付。第七条第二款约定：乙方如未按照本合同第四条规定付款方式付款，甲方对乙方逾期付款行为有权追究违约责任。每逾期一日，乙方应支付甲方逾期款项的千分之三作为延期付款的违约金。逾期超过十个工作日，甲方有权解除本合同，乙方所付定金不予返还。第十条约定：签订本合同时乙方支付甲方购房定金 30 万元，甲、乙双方交接房屋、钥匙时支付 110 万元房款，剩余部分 35 万元于 50 个工作日内补齐。2008 年 12 月 2 日，王某向郑某支付购房定金 30 万元。其后，王某于 2008 年 12 月 5 日至 2009 年 3 月 5 日分五次向郑某支付购房款 145 万元，剩余房款 80 万元未付。2008 年 12 月 5 日，郑某将涉案房屋交付王某使用至今。

2010 年 1 月 6 日，郑某以王某未按时交付购房余款和办理房屋产权过户手续构成违约为由，向王某邮寄函件，通知解除双方签订的房屋买卖合同，退还涉案房屋钥匙并还原房屋原来设施。

郑某于 2009 年 3 月 29 日取得涉案房屋的《房屋所有权证书》，在《房屋所有权证书》附记中显示：该房屋已抵押，抵押日期为 2009 年 5 月 14 日。该处房屋的抵押权人为中国银行某支行。截至 2010 年 4 月 8 日，该处房屋仍欠第三人中国银行某支行本息共计 1262115.28 元。庭审中，郑某表示《房屋买卖合同》已经依法解除，而王某表示希望继续履行《房屋买卖合同》，并且同意代郑某清偿所欠银行的贷款。

原告王某以郑某违反合同约定拒绝办理房屋过户手续为由，起诉至法

---

① 最高人民法院民一庭：《房屋抵押权存续期间，出卖人（抵押人）未经抵押权人同意签订房屋买卖合同的效力及履行》，载《民事审判指导与参考》2011 年第 1 集（总第 45 集），法律出版社 2011 年版。

院，要求郑某继续履行合同，立即办理涉案房屋所有权过户手续，并承担本案的诉讼费用。

法院裁判：王某与郑某签订的《房屋买卖合同》系双方当事人真实意思表示，内容未违反法律、行政法规强制性规定，为有效合同，双方当事人应按合同约定全面履行各自义务。现郑某主张《房屋买卖合同》已经依法解除，但并未向法院提交充足的证据予以佐证，故不予支持。依据《中华人民共和国物权法》第一百九十一条第二款“抵押期间，抵押人未经抵押权人同意，不得转让抵押财产，但受让人代为清偿债务消灭抵押权的除外”之规定，因庭审中王某明确表示愿意代为清偿银行的贷款用以消灭中国银行某支行的抵押权，故王某与郑某签订的《房屋买卖合同》符合法律规定，应为有效合同。王某主张继续履行《房屋买卖合同》、办理房屋过户手续的诉讼主张，符合合同约定，予以支持。对于王某代为清偿第三人中国银行某支行涉案房屋贷款额超出剩余房款80万元的部分，王某可另行主张由郑某予以返还。遂判决：一、王某于本判决生效之日起九十日内一次性向第三人中国银行某支行清偿涉案房屋贷款，贷款清偿完毕后中国银行某支行协助王某办理房屋抵押权注销登记手续。二、郑某继续履行《房屋买卖合同》约定的合同义务，在房屋抵押权注销登记后，协助王某办理涉案房屋所有权过户登记手续。三、驳回郑某的反诉请求。

判决后，双方当事人均未提出上诉，判决已经生效。

裁判要旨：房屋抵押权存续期间，出卖人（抵押人）未经抵押权人同意转让抵押房屋的，不影响房屋买卖合同的效力。出卖人在合同约定的履行期限届满时仍未履行消灭抵押权的义务，致使买受人无法办理房屋所有权转移登记，买受人可以请求解除合同。买受人同意并能够代为清偿债务消灭抵押权的，抵押权人应当协助办理抵押注销登记，出卖人应当在抵押权消灭后为买受人办理房屋所有权转移登记手续。

【典型案例 14】

案例索引：重庆索特盐化股份有限公司与重庆新万基房地产开发有限

典型案例裁判文书

最高人民法院(2008)民一终字第122号民事判决书

公司土地使用权转让合同纠纷案[①]。一审：重庆市高级人民法院（2008）渝高法民初字第2号；二审：最高人民法院（2008）民一终字第122号。

基本案情：重庆索特盐化股份有限公司（以下简称索特公司）在重庆市万州区观音岩1号拥有四块商服用地使用权，并将上述土地抵押给相关银行用于贷款担保，抵押期限自2005年至2011年。2005年12月1日，重庆新万基房地产开发有限公司（以下简称新万基公司）与索特公司签订了《金三峡花园联合开发协议》（以下简称《联合开发协议》），在上述土地上联合开发金三峡花园。该协议约定：①索特公司现已将上述土地抵押给某银行融资贷款，同意在约定时间内将该土地的抵押权解除，并保证不存在其他权利瑕疵；②以新万基公司出资、索特公司出土地使用权，共同投资、共享利润的方式，共同进行房地产开发。2005年12月1日，新万基公司与索特公司又签订了《联合开发协议之补充协议（一）》（以下简称《补充协议》）。2007年12月20日索特公司以新万基公司并未按照合同约定履行相应义务为由，向法院起诉，要求解除双方签订的《联合开发协议》及《补充协议》。同时，请求判令新万基公司支付违约金1000万元。新万基公司提起反诉，请求判令索特公司承担违约责任，支付违约金6000万元。

法院裁判：《联合开发协议》与《补充协议》合法有效。首先，依据《担保法》第四十九条，抵押期间抵押人转让抵押物应当通知抵押权人，否则转让行为无效；《物权法》第一百九十一条亦规定抵押期间转让抵押物须经抵押权人同意。其立法目的是确保抵押权人的利益不受侵害。但《担保法解释》第六十七条和《物权法》第一百九十一条也规定，未经通知或者未经抵押权人同意转让抵押物的，如受让方代为清偿债务消灭抵押权的，转让有效。即受让人通过行使涤除权涤除转让标的物上的抵押权负担的，转让行为有效。本案双方当事人在《联合开发协议》中约定由索特公司在不影响开发进度的前提下办理解除抵押的相关手续，即以约定的方

① 载《最高人民法院公报》2009年第4期（总第150期）。

式将先行解除本案所涉土地上的抵押权负担的义务赋予了索特公司。该约定既保障了抵押权人的利益，也不妨害抵押人和受让土地的第三人的利益，与《担保法》《物权法》以及《担保法解释》保障各方当事人利益平衡的立法精神并不相悖，不违反法律规定。因此，应当确认该《联合开发协议》及《补充协议》有效，双方应按照合同诚信履行，索特公司有义务根据双方商定的开发进度清偿银行债务，从而解除该转让土地上的抵押权负担。其次，《物权法》第十五条确定了不动产物权变动的原因与结果相区分的原则。物权转让行为不能成就，并不必然导致物权转让的原因即债权合同无效。双方签订的《联合开发协议》及《补充协议》作为讼争土地使用权转让的原因行为是债权形成行为，并非该块土地使用权转让的物权变动行为。相关法律关于未经通知抵押权人而导致物权转让行为无效的规定，其效力不应及于属于物权变动行为的原因行为。因为当事人可以在合同约定中完善物权转让的条件，使其转让行为符合法律规定。本案即属此种情形。综上所述，双方当事人签订的《联合开发协议》与《补充协议》系当事人的真实意思表示，不违反法律和行政法规的禁止性规定，合法有效。索特公司未履行合同义务的行为，构成违约，应承担合同约定的违约责任。

裁判要旨：根据《物权法》第十五条的规定，当事人之间订立有关设立、变更、转让和消灭不动产物权的合同，除法律另有规定或者合同另有约定外，自合同成立时生效；未办理物权登记的，不影响合同效力。该规定确定了不动产物权变动的原因与结果相区分的原则。物权转让行为不能成就，并不必然导致物权转让合同无效。

问题 11. 夫妻一方未经对方同意签订抵押合同的效力如何认定

夫妻一方未经对方同意以个人名义签订抵押合同，负担物保的担保之债，涉及夫妻共同债务的认定规则。同时，一方擅自以共同财产设定抵押，还关系到擅自处分夫妻共同财产的问题，较为复杂。

在我国现行法律体系中，关于夫妻共同债务的裁判规则众多，且始终是我国婚姻法立法过程中关注的重点。《婚姻法》第 41 条规定："离婚时，原为夫妻共同生活所负的债务，应当共同偿还。共同财产不足清偿的，或财产归各自所有的，有双方协议清偿；协议不成时，由人民法院判决。"本条虽然规定得较为粗略，但明确了夫妻共同债务确定的基本原则。《最高人民法院关于适用〈中华人民共和国婚姻法〉若干问题的解释（二）》第 24 条规定："债权人就婚姻关系存续期间夫妻一方以个人名义所负债务主张权利的，应当按夫妻共同债务处理。但夫妻一方能够证明债权人与债务人明确约定为个人债务，或者能够证明属于婚姻法第十九条第三款规定情形的除外。"该条将婚姻关系存续期间发生的债务推定为夫妻共同债务，但加重了夫妻间非负债方的举证责任，因此存在很大争议。2018 年 1 月 18 日起施行的《最高人民法院关于审理涉及夫妻债务纠纷案件适用法律有关问题的解释》，就司法实践中争议较大的夫妻共同债务认定问题作出明确规定，并合理分配举证证明责任，平衡保护各方当事人合法权益。根据该司法解释的规定，除夫妻双方共同签字或夫妻一方事后追认等共同意思表示所负的债务应认定为夫妻共同债务外，夫妻一方在婚姻关系存续期间以个人名义为家庭日常生活需要所负的债务也应认定为共同债务，但就该债务属于夫妻共同债务的举证责任由债权人承担。

关于夫妻一方处分共有财产问题，司法实践中存在两种相反的观点。①一种观点认为，应当确认该合同无效，撤销抵押权。原因在于《合同法》第 51 条规定："无处分权的人处分他人财产，经权利人追认或者无处分权的人订立合同后取得处分权的，该合同有效。"《物权法》第 97 条规定："处分共有的不动产或者动产以及对共有的不动产或者动产作重大修缮的，应当经占份额三分之二以上的按份共有人或者全体共同共有人同意，但共有人之间另有约定的除外。"《担保法解释》第 54 条第 2 款规定，"共同共有人以其共有财产设定抵押，未经其他共有人的同意，抵押无效"。根据上述规定，夫妻一方未经对方的同意签订抵押合同的行为，属于无权处分。且事前双方未有特殊的约定，事后未能经过对方的追认，抵押合同应当无效，抵押权应予以撤销。另一种观点认为，应当认定合同有效，如果

---

① 于筱江：《夫妻一方未经对方同意签订抵押合同的效力》，载《人民司法》2015 年第 8 期。

相对人系善意则可适用善意取得而获得抵押权。《物权法》第106条第2款、第3款规定：受让人依照前款规定（即善意取得制度）取得不动产或者动产的所有权的，原所有权人有权向无处分权人请求赔偿损失。当事人善意取得其他物权的，参照前两款规定。在民法的善意取得中，原所有权人有权对擅自处分财产人进行追偿，那么在婚姻法领域此规定是否仍然适用？根据《最高人民法院关于适用〈中华人民共和国婚姻法〉若干问题的解释（一）》第17条第2项的规定："夫或妻非因日常生活需要对夫妻共同财产做重要处理决定，夫妻双方应当平等协商，取得一致意见。他人有理由相信其为夫妻双方共同意思表示的，另一方不得以不同意或不知道为由对抗善意第三人。"由此可见，婚姻法领域针对相对人仍存在善意取得制度，只要相对人承担起"有理由相信夫妻一方签订抵押合同的行为为夫妻双方共同意思表示"的举证责任，符合善意取得的条件，即可取得抵押权。且根据物权的原因行为和结果行为区分原则，夫妻一方与相对人签订的抵押合同是双方的真实意思表示，并且已进行抵押等实际履行。抵押合同是物权变动的原因，即使夫妻其中一方的抵押行为属于无权处分行为，也不影响引起物权变动的抵押合同效力。

笔者认为，在《最高人民法院关于审理涉及夫妻债务纠纷案件适用法律有关问题的解释》施行后，对此类债务的认定标准更加明晰了。一方面，对于为家庭日常生活需要所负的债务，无论是否以夫妻共同名义，一般均应认定为夫妻共同债务。这实际上在理论上主要来源于家事代理。家事代理权是指夫妻对于日常家事得互为代理人，一方得为他方就日常家事对外为一定的民事活动。而所谓的日常家事，是指"夫妻双方及其共同生活的未成年子女日常共同生活必要的事项"。[①] 夫妻一方出于日常家事需要对经济价值不高的共有财产设立抵押担保，可以认定属于家事代理的范畴，抵押合同的效力自然不应被否认。另一方面，以个人名义超出家庭日常生活需要所负的债务，应当适用共债共签或事后追认规则对债务的性质加以认定。如果将夫妻一方以不动产等经济价值较大的夫妻共同财产设定抵押，则因其在一般情况下超出家庭日常生活之需，故若该财产以夫妻双

---

① 余延满：《亲属法原论》，法律出版社2007年版，第245页。

方共同所有为公示方式的，如夫妻共同所有的房屋、不动产登记簿上也记载为夫妻双方共同共有，则若夫妻一方以此房屋设定抵押，而夫妻另一方对此并未同意，根据现行夫妻债务认定规则，则不可能构成善意取得，但合同效力并不因此受到影响，合同约定的担保之债对于未同意的夫妻另一方不产生效力，但对于签订合同的一方而言，则应受到相应的拘束，承担相应的民事责任。而如果房屋等不动产登记在夫妻一方名下，但实际上属于夫妻共同财产，则登记名义人以该房屋设定抵押，虽然构成无权处分，但如符合《物权法》第106条规定的条件，则抵押权人可以善意取得抵押权，当然，无论是否构成善意取得，合同效力也不因此受到影响。

【典型案例15】

案例索引：韩金龙、兰州市公航旅小额贷款股份有限公司企业借贷纠纷案。一审：(2015)兰民二初字第281号；二审：(2016)甘民终101号；申请再审审查：(2017)最高法民申1078号)。

典型案例裁判文书

最高人民法院(2017)最高法民申1078号民事裁定书

基本案情：公航旅公司与科达公司签订了两份借款合同，其中一份借款金额为600万元，为保障该笔债务的履行，公航旅公司与韩金龙签订了一份《最高额抵押合同》，约定将韩金龙名下一套房产为上述600万元的借款合同提供抵押担保，并办理了他项权证，该房产登记在韩金龙个人名下，一直处于出租等经营状态且在此之前曾多次进行抵押。后科达公司未按期还款，公航旅公司诉至法院，要求科达公司以及韩金龙等人承担责任，韩金龙辩称房产为夫妻共同财产，其抵押行为未经妻子同意，属于无权处分，该抵押合同无效。

法院裁判：关于共有财产的共有人未经其他共有人同意进行抵押，抵押合同是否有效的问题。根据韩金龙提供的夫妻关系证明及家庭财产未予分割的情况，本案抵押房屋可以视为夫妻共同财产。作为夫妻共同财产，根据《担保法解释》第54条规定，夫妻一方对外设定抵押，一般应经另一方同意，否则抵押无效；但另一方知道或应该知道而未提出异议的视为同意，抵押有效。法院认为，根据原审及审查期间查明的事实，应视为吕彩红知道或应该知道。第一，涉案房产虽属于夫妻共同财产，但一直登记于韩金龙个人名下，且房产一直处于出租等经营状态，吕彩红对韩金龙个人对外进行出租获利（包含涉案房屋，一年租金达360万元）并未提出异议；同时，从涉案房屋的他项权证登记情况看，该房屋自2007年至2009年曾多次进行抵押，吕彩红作为共有人也一直未提出异议。再审申请中，对上述出租、抵押等权利行使或权利处分行为，韩金龙亦未提供证据证明经过吕彩红同意，换言之，吕彩红对涉案房屋在韩金龙名下并由韩金龙予以控制、支配和使用采取了默认态度，否则即应办理共有权利登记，但其一直未予办理之事实，依法应该推定其对韩金龙对涉案房屋抵押知道或应该知道。第二，《物权法》第一百零六条规定，无处分权人将不动产转让给受让人的，所有权人有权追回；但受让人受让该不动产时符合善意、以合理价格受让以及应该登记的不动产依法已经登记等情形的，由受让人取得不动产的所有权。《最高人民法院关于适用〈中华人民共和国婚姻法〉若干问题的解释（三）》第十一条规定，一方未经另一方同意出售夫妻共同共有的房屋，第三人善意购买、支付合理对价并办理产权登记手续，另一方主张追回房屋的，人民法院不予支持。举重以明轻，韩金龙作为夫妻一方以共有房产予以抵押，认定有效，符合物权法、婚姻法的立法精神和保证市场交易秩序稳定和交易安全之原则。据此，韩金龙以涉案房屋抵押时未经吕彩红同意主张抵押担保合同无效，事实和法律依据不足，法院不予支持。

裁判要旨：夫妻一方对外设定抵押，能够推定另一方知道或应该知道而未提出异议的视为同意，抵押有效。相对人基于善意取得制度，抵押权合法有效。

第三节　抵押权的效力

问题12. 抵押人经抵押权人同意转让抵押财产，但未将转让所得价款提前清偿债务或者提存的法律后果

《物权法》第191条第1款规定：“抵押期间，抵押人经抵押权人同意

转让抵押财产的，应当将转让所得的价款向抵押权人提前清偿债务或者提存。转让的价款超过债权数额的部分归抵押人所有，不足部分由债务人清偿。”但若抵押人经抵押权人同意转让抵押财产，但未将转让所得价款提前清偿债务或者提存，将会产生何种法律后果？抵押权人在其债权到期未获清偿时是否还得行使抵押权？

实践中对此问题，有不同的看法。一种观点认为，抵押权人同意抵押人转移抵押财产就意味着其放弃了抵押权，故此应先办理抵押权的注销登记，才能办理房屋或土地使用权的转移登记。[①] 另一种观点认为，抵押权人同意转让抵押房屋并不等于抵押权人放弃抵押权。只要抵押权人没有明确地放弃抵押权的意思表示，登记机构就不能仅因为抵押权人提交了同意抵押人转让抵押财产的书面文件而办理抵押权的注销登记。[②]

笔者赞同第一种观点。依据《物权法》第 191 条，抵押权人同意抵押人转让抵押财产后，抵押人就应当将转让的价款向抵押权人提前清偿债务或提存。也就是说，此时抵押权的效力只是体现为就转让后所得价款的优先受偿权。而如果此时债权人仍然就抵押财产享有抵押权，则无疑会导致债权人的债权获得价款和抵押财产双重保护，而抵押人在将转让所得价款提存后还需继续承受财产处分受限制的负担，当事人之间的利益无疑是显著失衡的。

而从《物权法》第 191 条的立法目的来看，也应当认为抵押权人同意抵押人转让抵押财产就意味着抵押权人放弃了抵押权。参与《物权法》起草工作的立法机关工作人员对于《物权法》的释义中就指出，抵押物一经转让，交换价值就已实现，而以交换所得的价款来偿还债务，消灭抵押权，可以减少抵押物流转过程中的风险，避免抵押人利用制度设计的漏洞取得不当利益，更好地保护抵押权人和买受人的合法权益。[③] 既然财产已

---

① 参见住房和城乡建设部政策法规司、住宅与房地产业司、村镇建设办公室编：《房屋登记办法释义》，人民出版社 2008 年版，第 144 页。

② 参见刘守君：《转让抵押房屋申请登记时应提交同意注销抵押权证明——兼及〈房屋登记办法〉第 34 条修改建议及理由》，载《中国房地产》2013 年第 7 期。

③ 参见胡康生主编：《中华人民共和国物权法释义》，法律出版社 2007 年版，第 418 页；全国人大常委会法制工作委员会民法室：《〈中华人民共和国物权法〉条文说明、立法理由及相关规定》，北京大学出版社 2007 年版，第 349 页。

经设定抵押了，则该财产的交换价值交给了抵押权人控制，抵押人就不能再享有抵押财产的交换价值了。抵押人只能对抵押财产进行占有和使用，即获得使用价值。如果法律上依然允许抵押人在抵押期间将抵押财产任意转让，岂不是鼓励“一物二卖"[①]？事实上，就保护抵押权人而言，禁止抵押人自由转让抵押财产是一种预先防范措施，是“防患于未然"。而允许抵押人自由转让抵押财产，同时承认抵押权的追及效力，对抵押权人而言，只是“亡羊补牢"或者说“力挽狂澜”的事后救济。相比较而言，预先防范不仅对抵押权人更为有利，而且够避免破坏抵押财产转让之后形成的新的财产秩序。[②] 显然，只要抵押权在转让后能够继续存在于被转让的财产之上，就会出现因抵押权人行使抵押权而破坏一系列已经形成的新的财产秩序的情形。故此，将抵押权人同意抵押人转让抵押财产理解为放弃抵押权才最符合立法者维护财产秩序的目标。[③]

综上，笔者认为，《物权法》第 191 条第 1 款规定的抵押权人同意抵押人转让抵押财产的意思表示应当理解为包含了抵押权人放弃抵押权并办理抵押权注销登记的意思表示。

【关联延伸】

抵押权追及效力之辩

抵押权等担保物权，是以抵押物的交换价值担保主债权的实现，但因为抵押并不转移抵押标的物的占有，抵押人仍享有占有、收益的权利。现实中，抵押人未经抵押权人同意，擅自处分抵押标的物的现象多发，那么，抵押权人是否得追及抵押物而行使变价权并以其变价款优先受偿的权利和利益，不因抵押物的归属或者占有的变动而受影响呢？此即抵押权的追及效力问题。

我国民法理论充分肯定抵押权的追及效力。“抵押物的让与，原则上不影响抵押权的存在。”[④] 抵押权不以抵押物的占有为必要，亦无限制抵押

---

① 王胜明：《物权法制定过程中的几个重要问题》，载《法学杂志》2006 年第 1 期。

② 王胜明：《物权法制定过程中的几个重要问题》，载《法学杂志》2006 年第 1 期。

③ 程啸：《担保物权研究》，中国人民大学出版社 2017 年版，第 348—350 页。

④ 王利明等：《民法新论》（下），中国政法大学出版社 1988 年版，第 319 页。

物的所有人（抵押人）处分抵押物的权利。抵押人转让抵押物的，抵押物取得人将承受抵押物上包括抵押权在内的负担。抵押物的转让，系基于抵押人的意思表示而将抵押物的所有权让与第三人的行为，包括以买卖、互易、赠与、清偿、出资等让渡抵押物所有权的行为，因上述行为取得抵押物的人不得妨碍抵押权人就抵押物行使追及权。[①]

抵押权的追及效力在一定程度上会危及抵押物转让后的交易安全。我国立法、司法实务中对此问题一直试图通过在一定程度上限制抵押物转让来平衡抵押权人与抵押人之间的利益，在立法、司法对这一问题的规定上也出现了差异甚至是大相径庭的反复。1988 年施行的《最高人民法院关于贯彻执行〈中华人民共和国民法通则〉若干问题的意见（试行）》（以下简称《民法通则意见》）第 115 条第 1 款规定，抵押物如由抵押人自己占有并负责保管，在抵押期间，非经债权人同意，抵押人将同一抵押物转让他人，或者就抵押物价值已设置抵押部分再作抵押的，其行为无效。可见，《民法通则意见》是严格限制抵押财产转让的，未经债权人同意的转让行为无效。1995 年《担保法》的颁布虽然放宽了抵押物转让的条件，但仍存在限制，其第 49 条第 1 款规定："抵押期间，抵押人转让已办理登记的抵押物的，应当通知抵押权人并告知受让人转让物已经抵押的情况；抵押人未通知抵押权人或者未告知受让人的，转让行为无效。"从文义上看，抵押物的转让必须以通知抵押权人并告知受让人为条件，在未通知抵押权人或者未告知受让人的情况下，转让行为将被认定为无效。然而多数学者认为，已登记为抵押权之生效要件或对抗要件的物权公示原则足以实现对受让人的保护，而通过承认担保物权的追及效力，也可达到对抵押权人进行保护的目的，因而并无限制抵押物转让的必要。[②] 此后的《担保法解释》则对此作了重大突破，其第 67 条规定："抵押权存续期间，抵押人转让抵押物未通知抵押权人或者未告知受让人的，如果抵押物已经登记的，抵押权人仍可以行使抵押权；取得抵押物所有权的受让人，可以代替债务人清偿其全部债务，使抵押权消灭。受让人清偿债务后可以向抵押人追偿。如果抵押物未经登记的，抵押权不得对抗受让人，因此给抵押权人造成损失

① 参见邹海林：《抵押物的转让和抵押权的效力》，载《法学研究》1999 年第 4 期。

② 孙鹏：《最高人民法院担保法司法解释精释精解》，中国法制出版社 2017 年版，第 275 页。

的，由抵押人承担赔偿责任。”由此可见，担保法司法解释未对抵押物的转让设置障碍，明确了抵押权的追及效力。2007 年实施的《物权法》第 191 条以《担保法》及其司法实务经验为基础，采取限制抵押物转让的立场，并试图在抵押物的转让和抵押权的追及效力之间寻求某种利益的平衡。其第 191 条第 2 款规定：“抵押期间，抵押人未经抵押权人同意，不得转让抵押财产，但受让人代为清偿债务消灭抵押权的除外。”该法禁止未经抵押权人同意的抵押财产转让，但并未明确规定为无效，而且对抵押权的追及效力未具明文。《物权法》实施后，根据新法优于旧法、上位法优于下位法的原则，《担保法》《民法通则意见》《担保法解释》与物权法相矛盾的规定均无适用余地。因此，如何理解《物权法》第 191 条，成为《物权法》实施后处理抵押物转让问题的焦点问题。

由于第 191 条并没有正面明确规定抵押权的追及效力，因此，针对《物权法》承认抵押权追及效力与否，一直存在不同观点。肯定说认定，《物权法》第 191 条并未否定抵押权的追及效力，而只是采取了价金的物上代位制度为主，并辅之以抵押权追及效力的模式，实现了制度上的最优组合。[①] 虽然《物权法》并未如《担保法解释》那样在条文中直接规定抵押权的追及效力，但从解释论立场出发，通过对该条进行解释，认为可以得出其承认抵押权追及效力的结论。主要理由是：第一，第 191 条规定的“不得转让”是一种效力性的禁止规范，其涉及一个法律行为的法律效果的评价。[②] 在解释上不应认为未经抵押权人同意的转让行为无效，而“应解释为转让对抵押权人不发生效力，抵押权不受转让影响，抵押权人仍可在抵押物转让未发生而条件又成就时对抵押物行使权利”[③]。显然，这在实际上无异于承认了抵押权追及效力。另外，有学者认为该条第 2 款规定“受让人代位清偿债务消灭抵押权的除外”，等于反向承认了抵押权追及效

---

① 参见黄松有主编：《〈中华人民共和国物权法〉条文理解与适用》，人民法院出版社 2007 年版，第 573 页；孙宪忠主编：《中国物权法：原理释义和立法解读》，经济管理出版社 2008 年版，第 463 页。

② 陈永强、王建东：《论抵押物转让的法律效果——以对我国〈物权法〉第 191 条的解释为中心》，载《政治与法律》2009 年第 9 期。

③ 许明月：《抵押物转让制度之立法缺失及其司法解释补救——评〈中华人民共和国物权法〉第 191 条》，载《法商研究》2008 年第 2 期。

力。这是因为，“如果没有抵押权在已经转让的抵押物上的继续存在，亦即抵押权没有追及效力，又何来受让人代为清偿债务从而消灭抵押权?”[①] 第二，抵押权追及效力是物权公示公信的外观法理的产物，而从体系解释的角度来看，《物权法》第 6 条、第 9 条、第 14 条、第 16 条已就不动产物权公示、公信原则规定有明文，抵押权的追及效力自属当然之理。[②] 第三，《物权法》第 189 条第 2 款否定了浮动抵押权的追及效力，构成第 191 条第 2 款的一种例外。[③] 也就是说，《物权法》第 191 条第 2 款原则上是承认抵押权追及效力的。

否定说认为，《物权法》第 191 条清楚地表明了立法者持彻底否定抵押权追及效力的立场。[④] 因为依据本条，在抵押权人同意抵押人转让抵押财产的情况下，抵押权只能通过价金物上代位得到保全。[⑤] 如果说《物权法》承认了抵押权的追及效力，则抵押人完全可以自由转让抵押财产，无须得到抵押权人的同意。[⑥]

笔者倾向于否定说。无论《物权法》第 191 条的规定是否合理，站在物权法解释论的角度，该条并未承认抵押权的追及效力。从前述我国立法、司法对于抵押物转让规则的演变看，《物权法》第 191 条回归对抵押物转让的严格限制，以抵押权人同意作为抵押物转让的条件而形成两款，第 1 款规定了抵押权人同意转让条件下的提存或提前清偿，解释上一般认为采行了抵押物转让价金的代位主义；第 2 款规定非经抵押权人同意禁止转让抵押物，同时规定了例外情形即受让人代位清偿债务消灭抵押权。关于本条是否承认抵押权追及效力的争议，恰恰在于对第 2 款的解释。探寻立

---

① 高圣平、王琪：《不动产抵押物转让规则的解释论：物权法第 191 条及其周边》，载《法律科学》2011 年第 5 期。

② 参见廖焕国：《我国不动产抵押物流转的制度安排——以〈物权法〉第 191 条为中心的考察》，载《法学》2009 年第 4 期；高圣平、王琪：《不动产抵押物转让规则的解释论：〈物权法〉第 191 条及其周边》，载《法律科学》2011 年第 5 期。

③ 罗思荣、梅瑞琦：《我国一般抵押权的体系构建——以抵押物转让的效力考察为视角》，载《杭州师范大学学报（社会科学版）》2008 年第 5 期。

④ 参见王利明、尹飞、程啸：《中国物权法教程》，人民法院出版社 2007 年版，第 478 页；马俊驹、陈本寒主编：《物权法》，复旦大学出版社 2007 年版，第 374 页。

⑤ 参见郭砚：《抵押人处分不动产抵押物的自由与限制——评〈物权法〉第 191 条》，载《法律适用》2011 年第 10 期。

⑥ 参见王利明、尹飞、程啸：《中国物权法教程》，人民法院出版社 2007 年版，第 478 页。

法原意，该款规定不得转让情况下的转让应认定为转让行为无效，不能解释为转让不对抵押权人产生效力。根据有关本条的立法说明和理由，抵押物转让与抵押权存续对立不容，依照第2款规定，若要转让抵押物，就必须首先清除物上抵押权。而若允许抵押权随抵押物转让，即承认抵押权追及效力，就要放弃对抵押物转让的限制。抵押权人的追及权意味着在第三人取得抵押财产所有权的情况下，抵押权依然存在，抵押权人仍然可以就属于第三人的抵押财产实现抵押权，因此，抵押权人追及权的行使隐含了两个前提条件，一是抵押财产的所有权发生了变动，二是抵押权仍然存在于抵押财产之上。如前所述，依据《物权法》第191条第2款的规定，抵押人未经抵押权人同意擅自转让抵押财产的，抵押财产的所有权不发生变动，此时，不存在适用抵押权追及效力的条件。因此，在限制转让说的前提下，不需要赋予抵押权追及效力。[1] 从抵押物转让制度的立法演变来看，我国立法一贯坚持限制抵押物转让，《物权法》更回归严格限制的立场。那么，在抵押物转让与抵押权存续对立无法并存的情况下，立法显然选择了限制抵押物转让，同时也就牺牲了抵押权的追及效力。在以消灭抵押权作为抵押物转让前提的情况下，抵押权尚不再存在，又何谈抵押权的追及效力。而若解释为转让行为对抵押权人不产生效力，无异于承认抵押权追及效力，也就意味着不再对抵押物转让进行限制，这不符合我国一直以来的抵押物转让制度立法。

典型案例裁判文书

最高人民法院(2010)民抗字第67号民事判决书

【典型案例16】

案例索引：重庆索特盐化股份有限公司与重庆新万基房地产开发有限公司土地使用权转让合同纠纷案[2]。一审：（2008）渝高法民初字第2号；二审：（2008）民一终字第122号；再审：（2010）民抗字第67号。

基本案情：略，见本部分“典型案例14”。

---

① 王利明：《抵押财产转让的法律规制》，载《法学》2014年第1期。

② 载《最高人民法院公报》2009年第4期（总第150期）。

法院裁判：略，见本部分“典型案例 14”。

裁判要旨：根据《物权法》第一百九十一条、《担保法》第四十九条的规定，抵押期间抵押人转让抵押物，应当通知抵押权人并经抵押权人同意，否则转让行为无效。但《物权法》第一百九十一条以及《担保法解释》第六十七条还同时规定，未经通知或者未经抵押权人同意转让抵押物的，如受让方代为清偿债务消灭抵押权的，转让有效。即受让方通过行使涤除权涤除转让标的物上的抵押权负担的，转让行为有效。上述法律、司法解释的规定，旨在实现抵押权人、抵押人和受让人之间的利益平衡，既充分保障抵押权不受侵害，又不过分妨碍财产的自由流转，以充分发挥物的效益。

问题 13. 抵押权效力是否及于抵押物扣押后的孳息

根据《物权法》的规定，抵押权实现的途径有协议和诉讼两种。在以诉讼作为实现方式的情形下，法院根据抵押权人财产保全的申请或依职权对抵押财产予以扣押，此时抵押权的效力能否及于孳息，值得思考。

孳息是大陆法系民法上的概念，是指原物所生之收益，可分为天然孳息与法定孳息。称天然孳息者，谓果实、动物之产物及其他依物之用法所收获之出产物。称法定孳息者，谓利息、租金及其他因法律关系所得之收益。[①]

就抵押权的效力是否及于抵押财产的孳息，《物权法》第 197 条规定：“债务人不履行到期债务或者发生当事人约定的实现抵押权的情形，致使抵押财产被人民法院依法扣押的，自扣押之日起抵押权人有权收取该抵押财产的天然孳息或者法定孳息，但抵押权人未通知应当清偿法定孳息的义务人的除外。前款规定的孳息应当先充抵收取孳息的费用。”可见，天然孳息在抵押物因抵押权人行使抵押权而被查封、扣押后，方属于抵押权效力所及。[②] 而抵押权人收取法定孳息，需要通知法定孳息的清偿债务人，否则抵押权的效力不及于法定孳息。换言之，抵押物一经法院扣押，无论

① 王泽鉴：《民法总则》，北京大学出版社 2009 年版，第 213—215 页。

② 曹士兵：《中国担保制度与担保方法》（第四版），中国法制出版社 2017 年版，第 260 页。

通知与否，天然孳息即列入抵押权人优先受偿的财产范围；而清偿法定孳息的义务人在收到通知前向抵押人清偿的，对抵押权人同样生效，在收到通知后仍向抵押人清偿的，对抵押权人无效，抵押权人仍有要求义务人另行清偿的请求权。

之所以如此规定，是因为虽然抵押人在其财产上设定了抵押权，但其并未因此丧失所有权，抵押人依然有权对抵押财产进行占有、使用、收益以及部分范围内的处分。因此，抵押财产的孳息应由抵押人收取，在收取孳息后，抵押人当然有权处分该孳息。但当抵押权人实现抵押权，法院扣押抵押物时，抵押人已经丧失对抵押物的直接占有和收益权。此时，抵押制度的担保价值显著超出用益权能。而抵押权人通过司法机关代为占有的形式，取得了对抵押物的占有和用益权，基于民法原理，抵押物的孳息自然应当归属于抵押权人。从相反的角度来看，即使孳息为抵押权效力所及，但因抵押物被变卖至得价足以清偿债务及费用时即应停止，剩余的抵押物或其价金仍归债务人所有，故而并未能使债务人遭受不合理的损失。所以从权益占有、保护抵押权、合理维护债务人等诸角度，以扣押之后的标的物所有交换价值作为抵押权的内容是比较妥当的。

针对法定孳息的情形，物权法设定了抵押权人的通知义务作为其是否收取法定孳息的条件。这体现了对清偿法定孳息义务人的保护，因为法定孳息收取人的变更会影响到法定孳息的支付义务人，如果抵押权人不给予义务人以通知，将给该义务人造成不利影响。有观点认为，法院的扣押已经起到了公示作用，抵押权人无须再通知义务人。但是，由于清偿法定孳息义务人一般处于主债权债务关系之外，其注意义务在日常交易中应当得到缓和，如果抵押权人不予通知，抵押人怠于行使收取孳息的权利，最终承担责任的是清偿义务人，这显然未能体现民事法律关系的公平原则。因此，《担保法》和《物权法》规定的抵押权人的通知义务应当得到严格执行。

此外，对于抵押权人收取天然孳息的范围，或者说抵押权效力所及的天然孳息，存在一定争议。换言之，倘若抵押人并不享有收取该天然孳息的权利，那么在抵押物被扣押之后，有权收取天然孳息的第三人（如承租人）是否仍能收取孳息？对此，一种观点认为，债务人不履行债务致使抵押物被法院依法扣押的，自扣押之日起抵押权人有权收取由抵押物分离的天然孳息，该规定仅属于对抵押物所有人收益权的一种限制，与所有人之外的利用权人之间并无关系。因此，第三人基于租赁权或者其他权源而可收取抵押物的天然孳息的权利不受影响。[①] 另一种观点认为，第三人虽然基于某种权利而可收取抵押物的天然孳息，但是如果该项权利不能对抗抵押权之时，则当抵押物被扣押之后，抵押权人依然有权收取由抵押物分离的天然孳息。[②] 申言之，如果第三人的权利（如租赁权）成立于抵押权之前，则其收益权不受影响，但是成立在抵押权之后，因其权利不能对抗抵押权，于是收益权能也受到限制。此时，因第三人的天然孳息被纳入了抵押权的效力范围，因而该第三人有权向原债务人求偿。[③] 笔者赞同第一种观点，第三人的权利如租赁权设立在抵押权之后的，当然不能对抗抵押权，这点并无疑义。但唯有抵押人之天然孳息方属于抵押权标的物之范围[④]，如果抵押人无权收取孳息，该孳息收取权系由第三人享有，则该孳息并非抵押人有权收取的，当然就不属于抵押人的财产，因此，抵押权的效力并不能及于此种情形下的抵押财产的天然孳息。

【典型案例 17】

案例索引：张晓玲与长春市新兴产业股权投资基金有限公司、第三人刘金光、吉林省万隆实业有限公司申请执行人执行异议之诉案。一审：（2017）吉 01 民初 310 号；二审：（2017）吉民终 616 号。

典型案例裁判文书

吉林省高级人民法院
(2017)吉民终616号
民事判决书

基本案情：张晓玲作为贷款人、万隆实业作为借款人和刘金光作为保证人于 2015 年 12 月 30 日签订《借款保证合同》。合同约定：张晓玲借给万隆实业 2100 万元。借款期限为 20 日，即从 2015 年 12 月 30 日至 2016 年 1 月 19 日。刘金光提供保证担保。同时三方将该合同向长春市忠诚公证

---

① 参见姚瑞光：《民法物权论》，作者自印 1999 年版，第 217—218 页。

② 参见郑玉波：《民法物权》，三民书局 2005 年版，第 230 页。

③ 参见郑玉波：《论抵押权标的物之范围》，载郑玉波：《民商法问题研究（二）》，作者自印 1976 年版，第 138—139 页。

④ 谢在全：《民法物权论》（修订五版）（中册），中国政法大学出版社 2011 年版，第 677 页。

处申请了公证并赋予了强制执行效力。2016年1月20日，张晓玲向长春市忠诚公证处申请了执行证书。依据该执行证书，张晓玲向法院申请执行，法院以（2016）吉01执69号立案执行。在执行过程中，法院于2016年3月1日在长春市房产档案馆查封了万隆实业所有的房产。查封期限为三年。同时对上述房屋所在的土地也进行了查封。2016年3月8日向红堪餐厅送达了执行裁定书和协助执行通知书。后因被执行人向法院提供执行担保置换，法院于2016年4月21日和4月22日对万隆实业所有的房屋及项下土地进行了解封。

瑞达超市与新兴公司及惠民银行签订《委托贷款合同》及《委托贷款展期合同》，约定瑞达超市向新兴公司申请贷款1800万元，展期到期日为2016年9月3日。同时万隆实业与新兴公司及惠民银行签订了《委托贷款抵押合同》，约定万隆实业自愿将其名下的房屋及该房屋坐落下的土地使用权作为上述贷款的担保财产。该担保已办理抵押登记。该笔贷款到期后，瑞达超市未能按照合同约定的期限履行还款义务，新兴公司向法院申请执行，法院以（2016）吉01执409号立案执行。2016年9月28日法院向各被执行人送达了执行通知书和报告财产令，并作出了（2016）吉01执409号执行了（2016）吉01执409号执行裁定书，裁定：冻结万隆实业对第三人长春市红堪红旗街练歌场2017年租金948337.20元，第三人长春市红堪红旗街练歌场不得向万隆实业支付上述租金。冻结期限一年。新兴公司提出异议，执行法院裁定中止房屋在2016年12月10日之后所产生租金的执行。张晓玲不服该裁定，提起本案诉讼。

法院裁判：《物权法》第一百九十七条第一款规定："债务人不履行到期债务或者发生当事人约定的实现抵押权的情形，致使抵押财产被人民法院依法扣押的，自扣押之日起抵押权人有权收取该抵押财产的天然孳息或者法定孳息，但抵押权人未通知应当清偿法定孳息的义务人的除外。"瑞达超市贷款时，万隆实业自愿将案涉华亿红府4.14［幢］103号的房屋及该房屋坐落下的面积为431平方米的土地使用权作为该笔贷款的担保财产并办理了抵押登记，在瑞达超市未履行还款义务时，新兴公司对案涉房屋及土地使用权可依法行使抵押权。《物权法》第一百九十七条第一款规定："债务人不履行到期债务或者发生当事人约定的实现抵押权的情形，致使抵押财产被人民法院依法扣押的，自扣押之日起抵押权人有权收取该抵押财产的天然孳息或者法定孳息，但抵押权人未通知应当清偿法定孳息的义务人的除外。”在张晓玲作为申请执行人，万隆实业作为被执行人的执行案件中，长春市中级人民法院作出的（2016）吉01执69号执行裁定书及协助执行通知书中明确要求红勘餐厅将其承租的万隆实业位于红旗街765号商业用房自2016年12月10日起的房屋租金360万元交至法院。该裁定书及协助执行通知书已经确认了万隆实业为房屋的出租人。而在新兴公司作为申请执行人的执行案件中，长春市中级人民法院作出的并于2016年11月22日向红堪练歌场送达的（2016）吉01执409号执行裁定书中，再次确认万隆实业为出租人，并要求红堪练歌场不得向万隆实业支付租金。根据上述裁定及协助执行通知书，万隆实业系案涉房屋的出租人以及抵押人。当债务人不履行到期债务或者发生约定的实现抵押权的情形，新兴公司作为抵押权人行使抵押权致使抵押财产被人民法院扣押，意味着新兴公司享有的抵押权进入实现程序，抵押人也即万隆实业丧失对抵押财产的使用、收益及处分权能，亦不能再收取因抵押财产的使用而产生的孳息。本案中，对案涉房屋的租金系抵押财产法定孳息的法律性质，张晓玲并无异议。而在新兴公司的债务人未履行到期债务的情形下，人民法院根据新兴公司的申请查封了抵押财产并且通知了承担租金清偿的义务人，新兴公司对案涉房屋已经依法取得了孳息收取权。

裁判要旨：债务人不履行到期债务或者发生当事人约定的实现抵押权的情形，致使抵押财产被人民法院依法扣押的，自扣押之日起抵押权人有权收取该抵押财产的天然孳息或者法定孳息。

问题14. 房、地分离抵押的效力

在房地问题上，我国现行法对于两者的权利类型向来采取房地分离主义，即承认建筑物所有权、建设用地使用权为两项独立的物权，互不吸收，但在转让、互换、抵押等法律上的处分时，则坚持房随地走、地随房走的原则，即房地一致原则。但是在国家对不动产实行统一登记制度之前，建设用地使用权和建筑物的抵押分别由国土和住建部门登记，这一定程度上使得房地分离抵押的情形非常普遍。

所谓房地分离抵押是指根据抵押权的登记情况，房地未同时或一并抵押给同一债权人，包括房地单独抵押和分别抵押两种情形。前者是指房地中仅一项设定了抵押权；后者是指房或地分别抵押给了两个不同的债权人。

《物权法》第 182 条第 1 款规定："以建筑物抵押的，该建筑物占用范围内的建设用地使用权一并抵押。以建设用地使用权抵押的，该土地上的建筑物一并抵押。"该条就建筑物与建设用地使用权二者应如何设定抵押权问题，贯彻了房地一致原则。《物权法》第 182 条第 2 款规定："抵押人未依照前款规定一并抵押的，未抵押的财产视为一并抵押。"对此，应如何理解？在房地分离抵押的情形下，效力如何认定？一直是司法实践中的难题。

（一）房或地单独抵押的效力

1.《物权法》第 182 条第 1 款所规定的"一并抵押"的涵义

在"房随地走""地随房走"之下，《物权法》第 182 条第 1 款所规定的"一并抵押"究竟是指抵押权人就建筑物及其占用范围内的建设用地使用权形成一项抵押权，还是抵押权人就建筑物与其占用范围内的建设用地使用权分别形成两项抵押权，并共同担保债务的履行，从而形成建筑物抵押权和建设用地使用权共同抵押？

笔者认为，二者形成共同抵押，而并非就房和地整体成立一项抵押权。这是因为：我国采取分离主义模式，建筑物与其占用范围内的建设用地使用权被视为各别的物权客体，并分别被正面列举为抵押财产之一，在我国尚未承认集合抵押或财团抵押的情形之下，在建筑物与其占用范围内的建设用地使用权之上所设定的抵押权自应是两项抵押权，另一项为建筑物抵押权，一项为建设用地使用权抵押权。① 从不动产登记来看，《物权法》第 180 条对建设用地使用权与建筑物采取分别列举的方式，将二者视为不同的不动产，因此在设定抵押权时，应就二者分别登记，从而形成两项抵押权。

---

① 高圣平：《房地单独抵押、房地分别抵押的效力——以〈物权法〉第 182 条为分析对象》，载《烟台大学学报（哲学社会科学版）》2012 年第 1 期。

建筑物抵押权与建设用地使用权抵押权之间构成共同抵押，只不过与普通共同抵押不同之处在于，此处所定的共同抵押不可由抵押权人选择就建设用地使用权还是建筑物实现抵押权，而就普通共同抵押而言，若未约定各个抵押财产所负担的金额，则为连带共同抵押，抵押权人于实现抵押权时得就各个抵押财产同时行使权利，也可以任意就其中的某一财产行使权利。

2. 单独抵押的效力

即使在"房地一致原则"之下，房地单独抵押也不因未一并就房地合意设定抵押而无效。其理由在于：第一，在我国现行法之下，建筑物和建设用地使用权互为独立的不动产客体，并有其独立的交换价值，《物权法》更是分别规定两者均可为抵押财产之一（第 180 条第 1 款第 1 项、第 2 项）。第二，《物权法》第 200 条规定："建设用地使用权抵押后，该土地上新增的建筑物不属于抵押财产。该建设用地使用权实现抵押权时，应当将该土地上新增的建筑物与建设用地使用权一并处分，但新增建筑物所得的价款，抵押权人无权优先受偿。"由此可见，单独就建设用地使用权设定抵押并非无效。第三，《物权法》第 182 条第 1 款的规范性质，通说以为并非效力性强制性规定，违之并不导致交易的无效。第四，《物权法》第 182 条的规范意旨，主要系为了防止房地权利分离，但就"房地一致原则"而言，其置重者在于建筑物所有权与建设用地使用权不得异其权利主体。仅就房地单独抵押本身，抵押权人所取得的并非建筑物所有权或建设用地使用权，而仅是建筑物所有权或建设用地使用权之上的就其交换价值的定限物权，准此，房地单独抵押时并未导致建筑物所有权与建设用地使用权异其权利主体，其与第 182 条第 1 款的规范意旨并无不合。[①]

那么，对于第 182 条第 2 款规定的"视为一并抵押"而设立的抵押权的性质应如何理解呢？理论界存在争议。一种观点认为，"视为一并抵押"是指依法推定抵押权人对未抵押的财产作出法律拟制的意思表示，一并设立抵押权。"视为一并抵押"拟制的是"一并抵押的意思表示，既然是意思表示，就仍然属于法律行为而生之抵押权的范畴。这与法定抵押权不需

---

① 高圣平：《房地单独抵押、房地分别抵押的效力——以〈物权法〉第 182 条为分析对象》，载《烟台大学学报（哲学社会科学版）》2012 年第 1 期。

要当事人约定而根据法律规定直接产生的特点具有根本区别。换言之，拟制的抵押权并非独立的抵押权形态，只不过其意思表示由法律推定产生而已”。[①] 另一种观点认为，“视为一并抵押”所产生的抵押权，非基于当事人之间的合意而生，而是基于法律直接规定而成立，在性质上属于法定抵押权。其主要理由是：第一，虽然“视为一并抵押”，也无法改变就建筑物及其占用范围内的建设用地使用权分别存在各别抵押权的事实。建筑物及其占用范围内的建设用地使用权系属不同的财产，无论是约定一并抵押，还是推定一并抵押，均系两个抵押权。第二，仅将“视为一并抵押”解释为对当事人一并抵押意思表示的推定，无法达到本款规定的立法意旨。在我国物权法上，仅依当事人之间关于设定抵押权的意思表示的合致尚不足以设立抵押权，在“合意＋公示”的物权变动模式之下，无论是建筑物抵押权，还是建设用地使用权抵押权，在当事人的合意之外，均需践行抵押权设立登记手续。如“视为一并抵押”仅为拟制一个意思表示，又未予抵押权登记，就未抵押财产的抵押权即未设立。第三，“视为”作为一种立法技术，其所拟制者并非意思表示一种，有所谓关于主体的拟制、关于客体的拟制和关于法律事实的拟制之分。第 182 条第 2 款完全可以解释为抵押人未依法一并抵押的，视为抵押权人就未设定抵押的财产取得抵押权，但如此解释以抵押权人就已设定抵押财产取得抵押权为前提。第四，所谓法定抵押权，是指基于法律规定而产生的抵押权，此种抵押不待登记，即生效力，与普通抵押权系因当事人合意而设定，需经登记而生效力不同，在性质上属于特殊抵押权。法定抵押权，在法律规定存在某种关系时当然发生而无须当事人设定。依第 182 条第 2 款，所拟制的抵押权无须登记而设定，具有与普通抵押权不同的特质。[②] 笔者赞同后一种观点，理由不再重复。

（二）房地分别抵押的效力

房或地单独抵押时，未抵押的财产由法律拟制设定一项抵押权，从而

---

① 朱晓喆：《房、地分离抵押的法律效果——〈物权法〉第 182 条的法律教义学分析》，载《华东政法大学学报》2010 年第 1 期。

② 高圣平：《房地单独抵押、房地分别抵押的效力——以〈物权法〉第 182 条为分析对象》，载《烟台大学学报（哲学社会科学版）》2012 年第 1 期。

同一债权人就房地形成共同抵押权。如果抵押人将房和地分别抵押给两个债权人，则上述规则是否仍有适用的余地？分别抵押中的两个债权人如何实现其抵押权？

实践中，就该问题的处理，主要有三种观点：

第一种观点是完全无效说。这种观点认为分别抵押时，两个抵押权均完全无效。其理由是分别抵押违反了“房地同走”的一体化原则以及《担保法》第36条“同时抵押”的强制性规定。这一观点因遭到理论界和实务界的普遍反对，目前已经基本上没有市场了。

第二种观点是重复抵押说。该说认为，房地分别抵押时建筑物抵押权和建设用地使用权抵押权的效力均及于建筑物及其占用范围的建设用地使用权，两抵押权之间依其登记先后定其顺位。抵押人将其建筑物为甲抵押权人设定抵押，经登记，甲抵押权人取得建筑物抵押权，同时就建筑物占用范围内的建设用地使用权取得拟制的抵押权（无须登记）。其后，抵押人又将其建设用地使用权为乙抵押权人设定抵押，经登记，乙抵押权人取得建设用地使用权抵押权，同时就该土地之上的建筑物取得拟制的建筑物抵押权。就建筑物及其占用范围内的建设用地使用权而言，甲抵押权人取得第一顺位抵押权，乙抵押权人取得第二顺位抵押权。

第三种观点是分别评估、分别受偿说。这种观点认为分别抵押时，两个抵押权均有效，但并不形成重复抵押，而是两个抵押权人分别就各自登记的抵押物形成两个抵押权，分别支配房、地的交换价值。在实行抵押权时，将房地整体拍卖，分别评估房、地的价格，由两个债权人就房和地拍卖的价款分别受偿。

笔者倾向于第二种观点。主要理由如下：第一，将房地产分别设定抵押，是当事人签订抵押权合同时真实的意思表示。因两个抵押合同均未违反物权法定原则，故法律没有理由强行干预并认定其中一个抵押权为无效。第二，正确判定分别抵押的效力之前提，要妥当地确定“房随地走、地随房走”双向统一原则所强制的对象及其缘由。法律之所以强调“房随地走、地随房走”，是因为若两者互异其权利主体，将导致两者用益上的冲突并在流转过程中出现障碍；为减少权利冲突并降低交易成本，法律规定两者应同时转移并同一归属。据此，“房随地走、地随房走”双向统一原则所强制的对象或内容不是抵押权的设定，而是抵押权的实行，即允许分别设定抵押权，但在实行抵押权时必须确保房产所有权与土地使用权转移的同时性和权利最终归属的主体同一性。分别抵押在实行时系采分别估价、一并处分的方式，已经确保房地产权同时转移和权属最终同一性，并不违反“房随地走、地随房走”原则。[①] 第三，分别受偿说体现了当事人之间基于意思自由而为的担保安排，两抵押权之间的效力冲突自应依当事人的意志而解决。房地分离抵押是当事人之间基于意思自由而为的担保安排，当事人愿意接受仅以房或地作为抵押财产，其判断依据是抵押物现有的交换价值足以担保债务的履行，这说明抵押权人在缔约时已有明确的法律预期，即仅对房或地的变价款享有优先受偿权。[②] 第四，分别受偿说较好地衡平了数抵押权人之间的利益。无论是立法时相关规则的设计，还是司法实践中对具体规则的解释，利益衡量自是其中重要的考量因素。分别受偿说之下，如果甲抵押权人仅就建筑物和建设用地使用权其中之一设定了抵押，就只能就此部分抵押财产具有优先受偿权，如依重复抵押说，甲抵押权人就其未设定抵押的财产也同样具有优先受偿权，过分惠顾甲抵押权人的利益，就其未设定抵押的财产，其是躺在权利之上的“睡眠者”，自不值得予以保护。相反，对于乙抵押权人而言，其就甲抵押权人未设定抵押的财产设定了抵押，其权利与甲抵押权人就其已设定抵押的财产的权利并无区别，在承认建筑物与建设用地使用权为各别的不动产客体的前提下，更是如此，两者自应得到同等保护。由此可见，重复抵押说所基于的解释论并未很好地衡平数抵押权人之间的利益。[③] 综上，笔者认为，分别受偿说既坚持了房地一致原则，保持了物权法相关条文内在逻辑上的协调一致，又尊重了当事人的意思自治空间和经济生活现实，为当事人提供了多样的担保融资方式选择，有利于降低交易成本，提高融资效率和规模，

---

① 参见王闯：《规则冲突与制度创新（中）——以物权法与担保法及其解释的比较为中心而展开》，载《人民法院报》2007 年 6 月 27 日，第 6 版；杜万华主编：《担保案件审判指导》，法律出版社 2016 年版，第 353 页。

② 高圣平：《房地单独抵押、房地分别抵押的效力——以〈物权法〉第 182 条为分析对象》，载《烟台大学学报（哲学社会科学版）》2012 年第 1 期。

③ 高圣平：《房地单独抵押、房地分别抵押的效力——以〈物权法〉第 182 条为分析对象》，载《烟台大学学报（哲学社会科学版）》2012 年第 1 期。

是对《物权法》第 182 条更为妥当的解释。

【典型案例 18】

案例索引：中国银行股份有限公司海口龙珠支行与海南国托科技有限公司、海南美源房地产开发有限公司等金融借款合同纠纷案。一审：（2014）琼民二初字第 9 号；二审：（2015）民二终字第 269 号。

典型案例裁判文书

最高人民法院(2015)民二终字第269号民事判决书

基本案情：2007 年 11 月 15 日，中行龙珠支行与国托公司签订一份《人民币借款合同（中期）》，约定国托公司向中行龙珠支行借款 21000 万元，以及借款期限、利率等。国托公司以其名下坐落于海口市滨海大道填海区的 36414.02 平方米土地［土地证号：海口市国用（2007）第 009175 号］为借款提供抵押担保，并办理了土地他项权利证书。此后，双方又约定将上述土地的地上建筑物也全部抵押给中行龙珠支行用于对上述借款的担保。2009 年 3 月 2 日，双方到国土部门办理了土地他项权利证明书。地上建筑物为在建项目，双方未到房产管理部门办理抵押登记手续，仅在土地他项权利证明书内注明抵押物为土地及地上建筑物。

中行龙珠支行依约合计发放贷款 21000 万元。国托公司分批偿还了贷款本金共计 130502576.09 元。截至 2015 年 3 月 31 日，国托公司尚欠龙珠支行借款本金 79497423.91 元，利息 39375008.29 元。

法院裁判：（一）案涉地上建筑物办理抵押登记时，当地县级以上人民政府对在建工程抵押登记部门未作明确规定。依据《担保法解释》第六十条“以担保法第四十二条第（二）项规定的不动产抵押的，县级以上地方人民政府对登记部门未作规定，当事人在土地管理部门或者房产管理部门办理了抵押物登记手续，人民法院可以确认其登记的效力”的规定，在当地县级以上人民政府未明确在建工程抵押登记部门的情况下，海口市国土部门颁发的土地他项权利证明书对案涉土地及地上建筑物抵押登记予以了明确记载，可依据上述司法解释的规定认定相关登记部门对土地使用权及地上建筑物办理抵押登记的行为已经完成。即案涉地上建筑物上已设定了他项权利，具有公信力，并足以产生公示的法律效果。故本院依法确认其登记效力，即中行龙珠支行可对该地上建筑物享有优先受偿权。

（二）《物权法》第一百八十二条遵循了房地产交易中“房随地走”和“地随房走”的双向统一原则，其立法旨意在于重申房地一体的原则，防止引发抵押权实现时的困境，使债权人的利益受到损害。依据该规定，当事人应对土地使用权及其地上建筑物一并抵押，如果当事人未按照该条第一款规定一并抵押时，则法律直接规定“视为一并抵押”。即只要土地使用权或地上建筑物之一项办理抵押登记，即使另外一项没有办理抵押登记，亦依法推定为两者一并抵押。另外，从市场交易的风险防范角度来看，物权法已经确立了房地应一并抵押的原则，并明确规定土地或者地上建筑物未一并抵押的也视为一并抵押，参与或从事房地产抵押实践的市场主体应当知悉该规定。其在设立土地抵押权时，对该土地上的建筑物是否已设定抵押权负有注意义务，并应积极向登记机关进行查询，以避免出现风险，反之亦然。市场主体如果因未尽到上述注意义务而遭受风险，则该损失应由其自行负担。本案中，中行龙珠支行与国托公司已就土地使用权办理了抵押登记，依法设立了抵押权，即便在土地他项权利证明书中未注明抵押物包括地上建筑物，依据《物权法》第一百八十二条第二款之规定，案涉地上建筑物也应视为一并抵押，该土地使用权之抵押权效力及于地上建筑物，中行龙珠支行亦应就本案享有的债权依法对案涉地上建筑物享有优先受偿权。且中行龙珠支行与国托公司在诉讼中均确认该地上建筑物未为其他债权设立抵押担保，案涉地上建筑物抵押权在未来实现时也不存在权利冲突。中行龙珠支行主张案涉地上建筑物随土地使用权一并抵押，其对案涉地上建筑物亦享有优先受偿权。

裁判要旨：依据《物权法》第一百八十二条规定，当事人应对土地使用权及其地上建筑物一并抵押，如果当事人未按照该条第一款规定一并抵押时，则法律直接规定“视为一并抵押”。即只要土地使用权或地上建筑物之一项办理抵押登记，即使另外一项没有办理抵押登记，亦依法推定为两者一并抵押。

问题 15. 抵押权与租赁权竞合时如何处理

抵押权追求的是抵押物的交换价值，而租赁权追求的是租赁物的使用价值。当抵押物与租赁物为同一标的物时，一般情况下两者可以并存不悖。但是在租赁期间，抵押权实现，两种权利产生竞合，此时应当如何处理?《物权法》第190条规定:“订立抵押合同前抵押财产已出租的，原租赁关系不受该抵押权的影响。抵押权设立后抵押财产出租的，该租赁关系不得对抗已登记的抵押权。”据此，对此问题应当区分抵押权与租赁关系设立的时间先后加以处理。同时，由于两者设立时间的先后对于权利存在重大影响，两者顺位先后的判断标准在实践中就非常重要。

(一) 抵押权和租赁顺位先后的判断标准

对于抵押权而言，从《物权法》第190条第1句的表述看，是以订立抵押合同为标准来判断抵押权与租赁权的先后。但这一规定并不合理，在我国物权法体系下，抵押权的设立是兼采了登记生效主义和登记对抗主义。在登记对抗要件主义的情形下，抵押合同一生效，抵押权就设立了；而在登记生效要件主义的情形下，只有完成了抵押登记，抵押权才设立。因此，仅仅是成立抵押合同并不当然意味着抵押权产生，况且即便是采取登记对抗要件主义的抵押权，因抵押合同不具有社会典型公开性，只是成立了抵押合同并不足以使承租人知悉抵押权的存在。因此，就此问题中的抵押权成立时间的判断问题，无论采取的是登记生效要件主义还是对抗要件主义的抵押权，都应当以登记的时间作为判断标准，即抵押权记载于登记簿时。首先，就房屋抵押、建设用地使用权抵押等以登记作为生效要件的抵押权而言，只有登记了抵押权才产生，承租人也才能够通过查询不动产登记簿了解租赁财产上有无抵押权，以确保交易的安全。其次，对于生产设备、原材料、半成品、产品等动产以及机动车、船舶、航空器等特殊的动产而言，登记是对抗要件，不登记不能对抗善意第三人。承租人享有的租赁权具有物权效力，其法律地位就相当于善意地享有物权的第三人。既然不登记不对抗，当然就应当以抵押权的登记时间作为判断的标准。[①]

对于租赁关系而言，租赁权虽然被视为物权化的债权，但毕竟并非物权，但其在成立于抵押权之前时却具有不受抵押权实现影响的强大效力，故对于其成立时间的认定，应当本着极为慎重和严格的标准加以审查。

---

① 参见程啸:《担保物权研究》，中国人民大学出版社2017年版，第372—373页。

由于租赁合同是当事人之间签订的，合同双方完全可以非常方便地通过倒签合同日期等方式制造租赁合同成立于抵押权之前的证据，而且即使通过鉴定也不易完全排除其虚假性，同时还会产生不小的成本，故在此问题上不能仅仅以租赁合同成立的时间为准来确定其与抵押权之间的顺位，而应把登记或承租人占有租赁物的时点纳入考虑范围，并在我国租赁法制相对复杂多样的现实中，针对不同情形设置不同标准。第一，对于光船、航空器租赁有完备的登记机制的，租赁登记在行业内也属于交易常态，故应当根据登记时点来排列它与抵押权的顺位。与租赁登记的效力一样，航空器、船舶的抵押也采用登记对抗机制（《物权法》第188条、《民用航空法》第16条、《船舶登记条例》第6条），在租赁和抵押权共用登记簿的前提下，以登记时点来排列权利顺位，是顺理成章之举。在此情形，只要未办理租赁登记，即便承租人占有租赁物的时点早于抵押权登记，租赁仍不能对抗抵押权，租赁登记时点因此是确定顺位的唯一标准。第二，对于无租赁登记制度可用的财产，如机动车、农机具等，应当以占有租赁物的时间来确定租赁关系与抵押权的先后关系；第三，城市房屋租赁的，我国有关行政主管部门对城市房屋租赁推行登记备案（住房和建设部《商品房屋租赁管理办法》第14条），这会导致租赁登记和承租人占有租赁物并存。从我国的现实情况来看，对此应先以占有时点为顺位标准，在承租人未占有时，则以租赁登记时点为准。①

（二）标的物先租赁后抵押时的处理

首先应当明确的问题是，已经出租的租赁物能否作为抵押标的？根据物权理论，租赁物由承租人占有、收益、使用，即享有用益物权，但出租人并不丧失该租赁物的所有权，因此仍可就该标的物设定抵押权。由于抵押并不要求转移占有，租赁权可对抗设定后的抵押权，原则上不受抵押设定行为的影响，租赁人仍可就该抵押财产行使权利。

《担保法》第48条规定，“抵押人将已出租的财产抵押的，应当书面告知承租人，原租赁合同继续有效。”同时，《物权法》第190条规定，“订立抵押合同前抵押财产已出租的，原租赁关系不受该抵押权的影响”。从文

① 参见常鹏翱：《先抵押后租赁的法律规制——以〈物权法〉第190条第2句为基点的分析》，载《清华法学》2015年第2期。

义上看，《担保法》规定了在租赁物上设立抵押，抵押人负有告知义务，而《物权法》没有规定告知义务。但《担保法》第 48 条的规定并非强制性效力性规定，且《物权法》规定设立在后的抵押权不得对租赁关系产生不利影响，是否规定告知义务不会对承租人的利益产生影响，因此抵押人是否告知抵押财产已出租的事实不影响抵押合同的效力，也不影响租赁合同的存续。

《担保法解释》第 65 条规定："抵押人将已出租的财产抵押的，抵押权实现后，租赁合同在有效期内对抵押物的受让人继续有效。"租赁物进行抵押，即使租赁物因抵押权实现而由他人受领时，租赁权人仍可对抗新的所有权人。在租赁期间尚未届满之时，新的所有权人不能解除或变更租赁合同。

综上，在标的物先租赁后抵押情形下，无论是抵押权的设立，还是抵押权的实现，均不影响原租赁权的有效存在。租赁权在权利属性上属于债权，其占有并不具有对世的绝对效力。《合同法》第 229 条规定的"买卖不破租赁"规则，实现了租赁权的物化，对承租人加以保护。租赁关系成立后，无论出于何种原因，出租人将租赁财产转让给第三人，承租人仍然可以向受让人主张租赁权。上述转让的原因当然包括抵押权的实现，因此在这种关系中，抵押权仅是引起所有权转移的原因，租赁权既然可以对抗所有权，自然可以对抗抵押权而继续有效存在。之所以给予租赁权对抗抵押权的效力，目的在于保护承租人的利益，防止出租人故意通过设定抵押权终止租赁关系。抵押权人知道或者应当知道租赁权对抵押权的影响，以及抵押物上存在租赁权负担的事实，并自愿接受这一负担，应当承担由此造成的法律后果。

（三）标的物先抵押后租赁时的处理

由于在抵押期间，抵押物不转移占有，抵押人对抵押物仍有使用、收益以及一定范围内的处分权利，其中包含将抵押物出租的权利。由此产生的问题是，抵押财产出租后，同一财产上同时存在抵押权和租赁权。因此，在实现抵押权时，将产生抵押财产上的租赁权如何处置的问题。

《担保法解释》第 66 条规定："抵押人将已抵押的财产出租的，抵押权实现后，租赁合同对受让人不具有约束力。抵押人将已抵押的财产出租时，如果抵押人未书面告知承租人该财产已抵押的，抵押人对出租抵押物造成承租人的损失承担赔偿责任；如果抵押人已书面告知承租人该财产已抵押的，抵押权实现造成承租人的损失，由承租人自己承担。”《物权法》第 190 条同样对抵押权与租赁权的关系作出规定：“抵押权设立后抵押财产出租的，该租赁关系不得对抗已登记的抵押权。”可见，上述规定存在一定的差别，即《物权法》规定租赁关系不能对抗的是已经登记的抵押权，倘若抵押人将无须办理且未办理登记的抵押权的标的物出租的，抵押权不能对抗租赁权。[①] 有观点认为，应将《物权法》第 190 条的规定与《担保法解释》第 66 条的规定作相同理解，即如果将办理了抵押登记的财产出租，实现抵押权后，抵押财产的买受人可以解除原租赁合同，承租人不能要求继续承租抵押的房屋。其缘由是，既然抵押人与抵押权人办理了抵押权登记，则承租人在租赁抵押财产前，可以通过查询不动产登记簿了解到租赁财产上有无抵押权等权利负担。如果承租人明知有抵押权，仍与出租人订立租赁合同，这就意味着其自愿承担了因实现抵押权而带来的风险。如果在财产先被抵押后被出租的情况下，依然适用“买卖不破租赁”的规则，就会极大地削弱抵押权的效力，损害其担保功能，失去设立抵押权的意义。[②] 也有少数观点认为，《物权法》的规定并不意味着只要租赁权产生于抵押权之后，就必须对“买卖不破租赁”的规则进行突破。所谓“租赁关系不得对抗已登记的抵押权”，是指因租赁关系的存在致使于抵押权实现时无人应买抵押物，或出价降低导致不足以清偿抵押债权时，抵押权人有权要求抵押人与承租人解除租赁合同关系。[③] 即租赁关系不得对登记的抵押权造成不利影响，在租赁权负担的抵押物变价额足以清偿主债权时，租赁关系应当继续存续。

就抵押权实现时是否必须除去租赁权的问题，笔者认为，实现抵押权时，租赁关系并不当然归于消灭。《物权法》的规定应当理解为租赁关系若想存续，须不得对已办理登记的抵押权的实现产生妨害。理由如下：

第一，抵押权人的利益需要保护。抵押人对抵押财产的使用、收益、

---

① 参见胡康生主编：《中华人民共和国物权法释义》，第 417 页。

② 参见王利明：《物权法研究（第三版）》下卷，中国人民大学出版社 2013 年版，第 1242 页。

③ 参见高圣平：《担保法论》，法律出版社 2009 年版，第 357 页。

处分权利是法律明文规定的，但抵押人在行使权利时，不得损害抵押权人的利益。如果抵押人将抵押财产出租，会出现抵押权人实现抵押权而变卖、拍卖抵押财产时，由于财产上的权利负担，导致无人购买或价格降低，这不利于抵押权人维护权益，与抵押权功能相悖。因此，在此情况下承租人的利益必须为抵押权人的利益让路。① 抵押权人有权除去租赁权后将抵押财产进行变价并优先受偿。此外，在抵押权已经登记的情形下，诚然是承租人签订租赁合同时未进行缜密的调查，或其并不在乎标的物已经抵押的状态。交易风险和不利后果自然应由承租人承担，而不能转嫁到抵押权人。

第二，抵押权人、承租人、抵押财产买受人三方利益需要调和。依据《物权法》和《合同法》的规定，三方利益中，首先受到保护的是抵押权人的利益，其次是承租人的利益，最后是财产买受人的利益。当承租人的利益不影响抵押权人时，如果抵押财产的价值很大且在增值，即使抵押财产上有租赁权依然可以轻松加以拍卖、变卖，且由此得到的价款也完全能够实现抵押权人的被担保债权。如此一来，实现抵押权时就没有必要非除去租赁权不可，而是应当保护承租人的利益。② 由于“买卖不破租赁”是法律规定的一般规则，在没有例外规定的情况下，承租人与买受人之间的冲突当然应该受其调整，承租人的利益优先于财产买受人而受到保护。

第三，即使不除去租赁权，也不会损害抵押财产买受人。当抵押财产上存在租赁合同时，该财产的拍卖、变卖价格必然会受到租期长短、租金高低的影响，且一般情况下价格会低于没有租赁负担时。如果买受人依据公开信息、根据市场判断，作出了购买的决定，说明其认为从经济利益上该财产符合自己的要求，并认可了买受的财产上才有租赁合同的事实并愿意受到租赁合同的约束。此外，在拍卖、变卖过程中，抵押权人与抵押人作为委托，也有就抵押财产上是否存有瑕疵进行说明的义务，因此，买受人并未受到信息不对称的不利影响。

综上所述，在标的物先抵押后租赁的情形下，根据《物权法》第190条的规定，如果抵押财产上存在的租赁关系对抵押权实现产生不利影响，

---

① 参见程啸：《担保物权研究》，中国人民大学出版社2017年版，第379页。

② 参见程啸：《担保物权研究》，中国人民大学出版社2017年版，第380页。

该租赁关系应当被去除；如果租赁关系的存在并不妨害抵押权的实现，租赁关系可以存续，且对财产受让人具有约束力。

那么，应如何判断租赁是否会对抵押权的实现造成影响呢？从法院强制拍卖流程来看，拍卖前有价格评估机制，法院据此确定拍卖保留价，然后进入拍卖程序［《最高人民法院关于人民法院民事执行中拍卖、变卖财产的规定》（以下简称《拍卖变卖规定》）第4—9条］。以评估价为切入点，应综合两种标准：其一，能否满足主债权的受偿，若负担租赁的抵押物的价格能满足，就表明无影响；若不能满足，而不负担租赁的抵押物的价格能满足，租赁就有影响。其二，在抵押物无论如何都不能满足主债权受偿时，负担租赁的抵押物价格比不负担的低，就是有影响。这种判断看上去符合常理，但受抵押物具体状况、市场行情、估价方法、交易者偏好等因素的影响，评估价常常不能反映抵押物的真实价值，如负担租赁的抵押物往往比不负担租赁的价格低，但从另一个角度来看，抵押物负担租赁表明其在租赁市场上的价值高，这在专供租赁的商业房产上表现得非常明显，租户越多，它越能比无租户或租户少的房产价值高，反而可能会吸引更多买家竞买，故而，以评估价为价格衡量标准，有失客观。而且，我国目前的财产评估机构缺乏有效的法律规制，房地产评估方面尤甚，[①] 在此现实因素的制约下，更不宜轻率地用评估价高低来决定租赁的法律命运。保留价建立在评估价的基础上，以保留价为判断切入点，存在同样问题，也不足取。既然无法从拍卖前着手判断，那就应在拍卖程序进行中判断，我国规范在此有缺失，不妨先看看可参酌的域外经验，在此方面，最高人民法院执行局法官推崇瑞士的双重报价方法。[②] 在瑞士，为了落实《瑞士民法典》第812条第2款，抵押物在拍卖时，抵押权人有请求法院先后进行两次拍卖的权利。首次拍卖要负担租赁，若拍定价金足以实现抵押权，就表明租赁没有影响，应继续存在。若抵押权不能实现，就进行不负担租赁的拍卖，这就是第二次报价，拍定价金高于首次报价的，表明租赁确有影响，应终止租赁；拍定价金不高于首次报价，则意味着租赁不妨害抵押权

---

① 参见刘璐：《民事执行重大疑难问题研究》，人民法院出版社2010年版，第224—226页。

② 参见赵晋山：《强制执行程序中的拍卖问题研究》，载沈德咏主编：《强制执行法起草与论证》，中国法制出版社2002年版，第425页。

的实现，租赁仍继续存在。瑞士的这种方法切入抵押权实现的过程，从抵押物的实际变价来衡量租赁有无影响，与后顺位的租赁不得妨碍抵押权实现的制度目的最为匹配，极有借鉴价值，也为我国台湾地区学理所重视。采用这种方式，就意味着，在法院拍卖程序中，负担租赁的抵押物的保留价足以实现抵押权，并在拍卖中被拍定，或负担租赁的抵押物的保留价不足以实现抵押权，但拍定价金能实现抵押权，租赁对抵押权的实现就没有影响；若未被拍定，则表明租赁产生了消极影响，就应除去租赁后再予拍卖。[①]

此外，实践中，还需要注意如何“除去”租赁的操作问题。对于抵押权人申请法院拍卖、变卖抵押财产的，应适用《拍卖变卖规定》第 31 条第 2 款。如果法院认为租赁权对于抵押权的实现产生了影响，应当依法将其除去后进行拍卖。所谓“除去”，应作何理解呢？笔者认为，既然是法院通过执行程序除去租赁权进行拍卖，当然应当由人民法院作为除去租赁关系拍卖的裁定，并且在拍卖前的先期公告中披露此信息。当然，除去租赁因裁定而生效，故即便法院在先期公告中未依法披露该信息，以至于承租人或拍定人均认为抵押物负担租赁，也不影响租赁不复存续的结果。此外，执行法院还应当书面告知承租人协助执行，并要求其在一定时间内搬出抵押房屋，否则，造成的损失由其自行负责。此时，可能会出现承租人对于法院的裁定存有异议，即其虽然对拍卖本身无权异议，但对于采取除去其租赁权拍卖的方式存在异议，此时，应当赋予承租人依据《民事诉讼法》第 227 条向执行法院提出执行异议的权利，执行法院应当自收到书面异议之日起 15 日内审查，理由成立的，裁定撤销或者改正；理由不成立的，裁定驳回。如果对裁定不服的，可以自裁定送达之日起 15 日内提起执行异议之诉。如果承租人的异议得到支持，抵押权人也相应地有权提起执行异议之诉寻求进一步的诉讼救济。当然，如果法院认为租赁权对抵押权的实现不会产生影响，从而做出附租赁关系的拍卖裁定的话，但如果抵押权人认为租赁权的存在会对抵押权的实现产生影响的，也应当赋予其对此提出执行异议的权利，并相应地赋予相关当事人进一步提起执行异议之诉

---

① 常鹏翱：《先抵押后租赁的法律规制——以〈物权法〉第 190 条第 2 句为基点的分析》，载《清华法学》2015 年第 2 期。

的权利。

（四）抵押权和租赁权竞合时的优先购买权

《合同法》第230条规定："出租人出卖租赁房屋的，应当在出卖之前的合理期限内通知承租人，承租人享有以同等条件优先购买的权利。"这是我国法律明确规定的承租人的优先购买权。但是，在抵押权和租赁权竞合时，标的物既是抵押物，又是租赁物，如果抵押权人想通过抵押权取得该标的物，承租人想通过承租人优先购买权取得该标的物，就出现了优先权的冲突。有观点认为，抵押权是物权，而承租人优先购买权依附于债权，基于物权的优先效力，抵押权人可以凭借抵押权优先购买抵押物。但是，应该认识到法律将租赁人的优先购买权单独规定，是其独特的价值使然。优先购买权并非保护租赁权这一用益物权，而是保护租赁人在特定时间节点获得所有权的机会。从这一解释而言，抵押权人的购买权和承租人的购买权是同等地位的，且承租人的购买权有法律所明确的"优先"，自然优先于抵押权人对抵押物的获取。

综上所述，抵押权人如果要取得抵押物，只有在承租人放弃优先购买权的情况下进行；抵押权人和承租人同时主张标的物所有权的获取，在同等条件下，承租人优先，而抵押权人可就加款优先受偿。

典型案例裁判文书

广东省高级人民法院(2013)粤高法民二终字第61号民事判决书

【典型案例19】

案例索引：欧锦赞与中山市华鸿房地产开发有限公司、凌勇强、中山市农村信用合作社、中山市中外百货有限公司案外人执行异议之诉案。一审：（2012）中中法民一重字3号；二审：（2013）粤高法民二终字第61号。

基本案情：1999年7月，甲公司向广发银行贷款2350万元，贷款期限为一年。乙公司用位市起湾道工业厂房一幢为甲公司提供抵押担保。该房地产档案已于1999年7月22日抵押给广发银行。因甲公司不能偿还到期债务，甲公司与广发银行于2000年10月26日再次签订贷款合同，贷款金额为2350万元，借款期限为2000年12月1日至2001年6月1日，约定贷款用途为"贷新还旧"。同日，乙公司、甲公司与广发银行签订抵押合同，继续用上述房地产为中泰公司提供抵押担保。2000 年 12 月 8 日，广发银行与乙公司办理抵押登记手续，广发银行领取了《房地产他项权证》。贷款期满，中泰公司未按约偿还贷款。2011 年 1 月 14 日，原审法院作出（2009）中中法执提字第 1—5 号执行裁定书，裁定将乙公司名下的涉案房地产及附属设备按《拍卖成交确认书》所确认的成交价 7500 万元拍卖给买受人丁公司。

2000 年 10 月 16 日，乙公司与某商场签订租赁合同，将涉案房地产全部出租给某商场使用，租期自 2000 年 10 月 16 日起至 2015 年 10 月 16 日止，租赁合同在中山市房屋租赁管理所办理了登记备案。租赁合同约定，乙公司将涉案房地产出租给金桥商场作多功能自由（用途）使用。后，丁公司作为拍卖涉案房产的受让人，与某商场对涉案房产的租赁权的实现发生冲突。某商场公司遂将乙公司、丁公司诉至法院，请求法院判定丁公司继续履行租赁合约以确保其租赁期限内租赁权的实现。

法院裁判：（一）关于涉案房地产抵押在先还是出租在先的问题。首先，从时间上来讲，乙公司虽分别于 1999 年 7 月、2000 年 10 月 26 日与原抵押权人广发银行签订了两份抵押合同，但从第二份贷款合同约定贷款用途为“贷新还旧”来看，乙公司此时实为对甲公司同一笔贷款延续提供抵押。其次，从抵押权登记的事实来看，原抵押权人广发银行仍持有 1999 年 7 月登记的抵押权他项权证。而某商场与乙公司签订租赁合同的时间为 2000 年 10 月 16 日。应认定本案争议的房地产抵押权设立的时间为 1999 年 7 月，即抵押在先，租赁在后。（二）关于原抵押权人同意出租的行为对抵押权实现有无影响以及拍卖财产上某商场原有的租赁权是否继续有效的问题。根据《最高人民法院关于适用〈中华人民共和国担保法〉若干问题的解释》第六十六条、《中华人民共和国物权法》第一百九十条、《最高人民法院关于审理城镇房屋租赁合同纠纷案件具体应用法律若干问题的解释》第十四条之规定，法律、司法解释并未作出但书或例外规则的表述，并没有“抵押权人同意出租的除外”的规定。因本案拍卖财产是在抵押权设立后出租，故某商场享有的租赁权不得对抗抵押权。由于乙公司无其他财产可供执行，乙公司涉案房地产作执行标的，丁公司作为涉案房产的买受人，根据《物权法》第一百九十条之规定，“抵押权设立后抵押财产出租的，该租赁关系不得对抗已登记的抵押权”，本案租赁权不能对抗抵押权。综上，涉案房地产于1999年抵押给广发银行贷款；2000年，乙公司与某商场签订租赁合同，因此本案系抵押在前，出租在后。因此，判决驳回某商场的诉讼请求，该商场的租赁关系不得对抗设立在先的抵押权。

裁判要旨：抵押权设立后抵押财产出租的，该租赁关系不得对抗已登记的抵押权。

问题16. 不动产抵押权与租金质权共存时，抵押权的效力是否及于租金

根据我国《物权法》的规定，不动产并不能作为质押的标的物，其上只会存在抵押权，因此，不动产物权一般情况下不会存在抵押权和质权的冲突。但是，当所有人将该不动产用于出租，形成租金收入，并向债权人设定了质押担保，此时抵押权和租金质权同时存在于不动产物权之上。当抵押权人实现其债权时，就产生了抵押权人与租金质权人利益的冲突，同时产生了抵押权的效力能否及于租金的问题。

讨论这一问题的前提是租金债权能够依法设立质权。《物权法》第223条规定：“债务人或者第三人有权处分的下列权利可以出质：（一）汇票、支票、本票；（二）债券、存款单；（三）仓单、提单；（四）可以转让的基金份额、股权；（五）可以转让的注册商标专用权、专利权、著作权等知识产权中的财产权；（六）应收账款；（七）法律、行政法规规定可以出质的其他财产权利。”关于房屋所有人能否以租金设定质权，理论界存有两种观点。第一种观点认为，租金债权不能作为质押标的。第一，以收取租金的权利作为质押标的物在《物权法》和《担保法》中并无明确规定，第223条第6项、第7项规定的内容与租金债权均不能完全相符。依据物权法定原则，以法律规定之外的财产设定的质押无效。第二，针对一般的应收账款，收取租金的权利更多地体现在对标的物的用益物权，区别于基于债权债务关系的一般应收账款。且租金债权在设定质权时并未确定或形成，具有预期性和或然性，与担保标的确定性冲突。第二种观点认为，租金债权能够作为质押标的。理由在于中国人民银行于2007年发布的《应收

账款质押登记办法》中第 2 条第 2 款规定，“本办法所称的应收账款包括下列权利：（一）销售、出租产生的债权，包括销售货物，供应水、电、气、暖，知识产权的许可使用，出租动产或不动产等”。虽然此办法法律位阶较低，并非法律或行政法规，但其是目前唯一的对应收账款作出详细解释的法律文件，且已经得到普遍的认同和适用。笔者认为，从立法沿革来看，尊重当事人意思自治，不轻易否定合同效力是大势所趋。从司法实践来看，对非典型担保予以确认是最高人民法院在当前金融案件审判中的主流观点。承认租金债权作为应收账款，纳入可质押财产权利范围，有利于扩大中小企业融资，促进交易，与社会经济发展和现实需求相契合。虽然租金与一般应收账款在特征上存在差异，但符合应收账款的基本特征，应当按照《物权法》第 228 条的规定，“以应收账款出质的，当事人应当订立书面合同。质权自信贷征信机构办理出质登记时设立”。

在肯定了租金依法可以设质的基础上，不动产抵押权与其冲突是现实中多见的问题。关于不动产抵押权效力能否及于租金，目前理论上和司法审判中的主流观点是以司法强制措施的采取作为标志，进行区分处理。

第一，在抵押权人采取实现抵押权的司法措施前，抵押权的法律效力不及于抵押物的租金及租金质权。原因在于《物权法》第 195 条规定的抵押权人实现抵押权的方式表述为：“债务人不履行到期债务或者发生当事人约定的实现抵押权的情形，抵押权人可以与抵押人协议以抵押财产折价或者以拍卖、变卖该抵押财产所得的价款优先受偿。”《担保法》第 53 条也有相似的表述：“债务履行期届满抵押权人未受清偿的，可以与抵押人协议以抵押物折价或者以拍卖、变卖该抵押物所得的价款受偿；协议不成的，抵押权人可以向人民法院提起诉讼。”按照两部法律的理解，抵押权人享有的优先受偿权应理解为仅限于抵押物拍卖、变卖所产生的交换价值，而抵押人在占有、使用期间所获收益，不属于抵押权效力所及范围，应归抵押人所有。否则，担保制度既保障债权实现又发挥物之效用的作用就会减损，不符合制度价值。

第二，抵押权人在实现抵押权时，自抵押物被扣押之日起，有权收取抵押物出租所获的租金，且该权利优先于租金质权。《物权法》第 197 条第 1 款规定：“债务人不履行到期债务或者发生当事人约定的实现抵押权的情形，致使抵押财产被人民法院依法扣押的，自扣押之日起抵押权人有权收取该抵押财产的天然孳息或者法定孳息，但抵押权人未通知应当清偿法定孳息的义务人的除外。”据此，抵押权人因实现抵押权诉请法院查封扣押抵押物，自扣押之日起，包括租金在内的孳息由抵押权人收取。可见，抵押权的效力及于租金，起点为抵押物被采取强制措施。而且，《担保法解释》第79条规定：“同一财产法定登记的抵押权与质权并存时，抵押权人优先于质权人受偿。同一财产抵押权与留置权并存时，留置权人优先于抵押权人受偿。”根据该规定，不动产抵押权优先于租金质权受偿。

典型案例裁判文书

最高人民法院(2016)最高法民终542号民事判决书

【典型案例20】

案例索引：天津九策实业集团有限公司等与中国民生银行股份有限公司深圳分行借款担保合同纠纷案。一审：(2015)粤高法民二初字第1号；二审：(2016)最高法民终542号。

基本案情：2012年11月15日，民生银行深圳分行、天津九策集团、案外人长安信托公司签订《贷款合同》，约定“各贷款人同意按照本合同条款向借款人提供总计本金额不超过人民币6亿元整的中长期贷款”。同日，龚某某、张荣、天津九策高科技公司、深圳九策公司、天津九策置业、天津隆侨公司为上述借款提供最高额保证。同日，民生银行深圳分行与天津隆侨公司签订《最高额抵押合同》十三份，约定天津隆侨公司自愿以其所有的房产为上述借款提供最高额抵押担保。双方就抵押房产办理了抵押权登记手续并取得十三份他项权证。同日，民生银行深圳分行与天津隆侨公司签订《应收账款最高额质押合同》《应收账款质押登记协议》，约定天津隆侨公司应以如下概括性描述的应收账款向民生银行深圳分行提供最高额质押担保：天津隆侨公司对应收账款债务人享有的自2013年1月22日至2018年1月21日在质押清单项下房产出租的全部应收账款；应收账款质押清单二为，天津隆侨公司将其持有的位于天津市南开区南马路与东马路交口西北侧铜锣湾商业广场建筑面积合计64984.29平方米的房产，即案涉九处房产出租所产生的所有租金对应的应收账款全部质押给民生银行深圳分行。2013年1月22日，中国人民银行征信中心出具《应收账款质押登记证明——初始登记》，证实上述应收账款质押依法办理了质押登记手续。截止到2015年3月20日天津九策集团尚欠借款本金569996824.33元、尚欠利息共计97234469.72元。

与本案相关的另案事实：2005年11月30日，天津隆侨公司与天津远东百货签订房屋租赁合同，天津隆侨公司将案涉九处房产出租给天津远东百货，租期20年。

2011年7月19日，国联公司与中技公司签订贷款合同，约定国联公司向中技公司发放信托贷款7亿元。2011年7月19日，国联公司与天津隆侨公司签订九份抵押合同，天津隆侨公司以案涉九处房产为国联公司对中技公司的债权提供抵押担保。此后，办理了房地产抵押登记手续。2012年4月16日，国联公司向江苏高院提起诉讼，请求中技公司还款，并要求天津隆侨公司承担抵押担保责任。2012年4月17日，根据国联公司申请，江苏高院裁定查封天津隆侨公司抵押的案涉九处房产；4月18日，江苏高院向天津市南开区房管局发出协助执行通知书，要求协助执行。

2013年8月12日，江苏高院向天津远东百货发出协助执行通知书，要求自2013年8月14日起暂停支付租赁合同项下租金。2013年7月4日，江苏高院作出（2012）苏商初字第0003号判决，判令天津隆侨公司以案涉九处房产对国联公司的债权承担抵押担保责任。天津隆侨公司提起上诉，被最高法院驳回。2013年12月26日，国联公司向江苏高院申请强制执行。2014年1月14日，江苏高院向天津远东百货发出协助执行通知书，要求天津远东百货“自2014年1月18日起按期将‘2005年11月30日房屋租赁合同’项下的房屋租金汇付至本院执行专户”。2014年2月28日，江苏高院再次通知天津远东百货，“尚未支付给天津隆侨公司的2013年12月份的租金亦当……汇付至本院执行专户”。

2015年8月5日，江苏高院作出（2014）苏执字第0001号—5执行裁定书，将案涉九处房产作价8.04亿元抵偿给国联公司的债权受让人江苏江阴一靖江工业区丰裕资产管理有限公司。2015年11月30日，江苏高院裁定终结本次执行程序。2014年12月16日，因天津隆侨公司进入破产程序，租赁合同约定的解除条件成就，天津远东百货致函天津隆侨公司解除租赁合同。天津隆侨公司代理人在法院庭审中亦认可案涉租赁合同已经解除。

法院裁判： 本案天津隆桥公司以其九处房产的租金收益向民生银行深圳分行设立应收账款质押，并办理了质押登记，原判决认定该质押有效设立并无不当，通常情况下民生银行深圳分行作为质权人可对该租金收益享有优先受偿权。但是，根据二审查明的事实，本案所涉的九处房产抵押给了另案债权人国联公司，国联公司在实现抵押权时将案涉租金收益作为抵押权标的通过法院予以强制执行。由此产生的主要法律问题是，国联公司在另案中的抵押权效力是否及于案涉租金收益？如果及于，何时及于？对该问题的回答，关系到究竟是民生银行深圳分行还是国联公司对案涉租金享有优先受偿权的问题，对此具体分析如下：《物权法》第一百九十七条第一款规定："债务人不履行到期债务或者发生当事人约定的实现抵押权的情形，致使抵押财产被人民法院依法扣押的，自扣押之日起抵押权人有权收取该抵押财产的天然孳息或者法定孳息，但抵押权人未通知应当清偿法定孳息的义务人的除外。"租金属于法定孳息的范畴，故判断另案抵押权的效力是否及于案涉租金，亦当依据物权法的该款规定进行。

从本案一、二审查明的事实看，另案中天津隆侨公司于 2011 年 7 月 22 日为国联公司的债权设立抵押权，2012 年 4 月 18 日江苏高院查封案涉九处房产，2013 年 8 月 12 日江苏高院通知天津远东百货暂停支付租赁合同项下租金。而本案中应收账款质权系于 2013 年 1 月 22 日经登记设立。

显然，本案应收账款质权设立之时，抵押财产即案涉九处房产已被江苏高院另案查封，但尚未通知法定孳息即案涉租金的清偿义务人天津远东百货。在此情况下，另案抵押权的效力是否应当及于法定孳息，关键在于对《物权法》第一百九十七条第一款关于通知的法律后果如何判断。若该通知行为系抵押权的效力及于法定孳息的生效要件，则本案质权设立时国联公司的抵押权尚不及于案涉租金，本案质权当优先于另案抵押权受偿。若该通知行为系抵押权的效力及于法定孳息的对抗要件，即未通知的效果只是不得主张清偿义务人所为之清偿无效，则国联公司的抵押权自 2012 年 4 月 18 日江苏高院查封之日起已经及于案涉租金，早于本案质权设立时间，另案抵押权人当优先于本案质权人受偿。

对此，一方面，从抵押权效力及于孳息的立法目的看，抵押权系非占有性担保物权，抵押权设立后，抵押财产的占有权、使用权和收益权仍由抵押人行使，因抵押财产的使用而产生的孳息亦当由抵押人所有。但是，当债务人不履行到期债务或者发生约定的实现抵押权之情形，因抵押权人行使抵押权致使抵押财产被法院扣押，就意味着抵押权进入实现程序。如果此时抵押财产的孳息仍为抵押人收取，就会使抵押人为收取孳息而拖延处理抵押物，此时剥夺抵押人收取孳息的权利有利于抵押权的实现，这应是《物权法》第一百九十七条第一款规定抵押权效力自扣押之日起及于孳息的立法目的之所在。法院通过查封对抵押财产施加以公权力之后，抵押人收取孳息的权利即被剥夺，抵押权人是否通知法定孳息的清偿义务人，并不影响该立法目的实现。

另一方面，从法律规定的通知之目的看，法定孳息系由抵押关系当事人之外的第三人负责清偿。《物权法》第一百九十七条规定的对法定孳息清偿义务人的通知与《合同法》第八十条规定的债权让与时对债务人的通知，均具有防止发生债务人为错误给付之目的。《合同法》第八十条明确规定："未经通知，该转让对债务人不发生效力。"参照该规定，对法定孳息清偿义务人之通知亦当解释为，未经通知对该法定孳息清偿义务人不发生抵押权效力及于孳息之法律效果。进言之，抵押财产被法院扣押后，即使抵押权人怠于通知，抵押权效力已经及于孳息，但清偿义务人因不知抵押财产被扣押的情况而将法定孳息支付给抵押人的，仍产生清偿的效力，抵押权人不得主张清偿无效，即不得对抗清偿义务人。

由此可见，《物权法》第一百九十七条规定的对法定孳息清偿义务人的通知，并非抵押权效力及于法定孳息的生效要件，而系对抗要件。因此，虽然江苏高院于2013年8月12日才通知天津远东百货暂停支付租赁合同项下租金，但应认定国联公司的抵押权效力自2012年4月18日江苏高院查封之日起已及于案涉租金。因本案应收账款质权设立在后，民生银行深圳分行对案涉九处房产租金收益相对于另案抵押权人不应当优先受偿。

另应指出的是，本案应收账款质权虽然劣后于另案抵押权，但民生银行深圳分行较之于无担保之普通债权人就案涉租金仍具有优先受偿的权利。若另案抵押权人国联公司的债权受清偿后上述租金仍有剩余，则民生银行深圳分行就该剩余部分之租金可主张优先受偿。在另案抵押债权尚未得到全部清偿的情况下，民生银行深圳分行对案涉租金不得行使优先受偿权。更何况，当事人并未提供证据证明在案涉租赁合同解除后，案涉九处房产之上又形成新的租赁关系。故在案涉租赁合同解除后，由于案涉质权的标的即收取租金的债权已经终止，民生银行深圳分行亦无从行使其优先受偿权。根据上述分析可以认定，本案应收账款质权虽有效设立，但另案抵押权及于法定孳息即租金的效力优先于本案应收账款质权的效力。故，相对于另案抵押权人国联公司而言，民生银行深圳分行对案涉九处房产租金收益不具有优先受偿的权利。

裁判要旨：法院通过查封对抵押财产施加以公权力之后，抵押人收取孳息的权利即被剥夺，抵押权人是否通知法定孳息的清偿义务人，并不影响该立法目的实现。应收账款质权虽然可以依法有效设立，但抵押物上在先的抵押权及于法定孳息即租金的效力优先于应收账款质权的效力。

问题 17. 建设工程价款优先权与抵押权竞合时如何处理

《合同法》第 286 条规定："发包人未按照约定支付价款的，承包人可以催告发包人在合理期限内支付价款。发包人逾期不支付的，除按照建设工程的性质不宜折价、拍卖的以外，承包人可以与发包人协议将该工程折价，也可以申请人民法院将该工程依法拍卖。建设工程的价款就该工程折价或者拍卖的价款优先受偿。"该条规定确立了建设工程价款优先权，解决了司法实践中长期存在的发包人拖欠承包人工程款纠纷无法可依的局面。但是，由于该条规定过于原则化，没有明确建设工程价款优先受偿权的权利属性，更未明确其与其他优先权的先后顺序，导致该规定在适用中存在争议。此后的《最高人民法院关于建设工程价款优先受偿权问题的批复》(法释〔2002〕16 号）则对这一问题进行了回应，该批复第 1 条规定："人民法院在审理房地产纠纷案件和办理执行案件中，应当依照《中华人民共和国合同法》第二百八十六条的规定，认定建筑工程的承包人的优先受偿权优于抵押权和其他债权。"据此，建设工程价款优先受偿权在效力上优于抵押权。当然，仍有学者对此存有异议认为，建设工程价款优先权是为了保障特殊债权的实现，特别是为弱势群体的生存权利提供特殊保障，但当前情况下，建设工程承包人在经济能力上并非处于弱势地位，法律无须用优先权制度予以特别保护。在建设工程优先受偿权和约定抵押权同时存在时，两种权利的实现以登记先后顺序为依据。还有观点认为，两者皆具有物权性质，物权之间没有先后顺序，发生冲突时应当平等受偿。

笔者认为，无论抵押权设立在建设工程价款优先受偿权成立之前或之后，均应后于工程价款优先权受偿。这是因为，第一，工程价款是承包人前期对工程建设劳力和财力的对价，建设工程的存在才使得其他请求权能够从建设工程的价值中得以实现。可以说作为标的物的建设工程的交换价值正是由承包建设者赋予的。第二，工程价款优先权是一种法定的优先权，而抵押权是约定的担保物权，相比之下，赋予法定优先权较之约定更为优先的效力，是合理的。第三，立法者通过打破债权平等原则，赋予承包人工程价款优先权，是避免建设单位将在建工程以按揭、抵押等形式获取资金，致使承包人风险增加。而且，建设工程价款之后，涉及众多的权益，特别是对弱势群体建筑工人的保护，是立法设定工程价款优先权的初衷。因此，为了实现立法目的，有必要在抵押权与建设工程价款优先受偿权竞合时，赋予后者更为优先的效力。

问题 18.《物权法》第 202 条规定的抵押权的行使期间应如何理解

《物权法》第 202 条规定："抵押权人应当在主债权诉讼时效期间行使抵押权；未行使的，人民法院不予保护。"该条对抵押权的行使期间作出了规定。实践中，在适用该条时，存在较大争议：该条规定的期间属何性质，是诉讼时效还是除斥期间？抵押权人未在主债权诉讼时效期间行使抵押权的，将导致何种法律后果：不受司法保护，还是抵押权消灭？此外，由于该条仅规定了抵押权的行使期间，《物权法》对于质权和留置权的行使期间并未有条文规定，故该条是否可类推适用于质权和留置权？

对于抵押权行使期间的性质及其法律后果的问题，学术界和实务界均存在较大争议，归纳起来，主要有三种观点：

第一种观点认为，此期间应视为诉讼时效，该期间届满后，抵押权人丧失的是抵押权受人民法院保护的权利即胜诉权，而抵押权本身并不消灭。① 该条规定的是抵押权的司法保护期，而非抵押权的存续期间，如果抵押人自愿履行担保义务，抵押权人仍可以行使抵押权。

第二种观点认为，抵押权是支配权，本无期间限制，但由于其从属于主债权，当抵押权行使期间届满，抵押人可根据从属性规则享有免责抗辩权。②

第三种观点认为，《物权法》第 202 条规定的抵押权的行使期限就是抵押权的存续期限或除斥期间，而非抵押权的诉讼时效或受到公力保护的期限，抵押权因该时间的经过而消灭。③

笔者赞同第三种观点。主要理由如下：

就第一种观点而言，存在如下两个问题无法解释：第一，根据我国民法通说，诉讼时效仅适用于请求权。诉讼时效完成的效力表现为义务人取得对抗权利人请求权的抗辩权，一旦义务人抗辩成功，则产生权利人的请求权丧失公力保护之效果。抵押权属于物权，其本质上为对抵押物交换价值的支配权，因支配权依权利人单方面意志即可发生作用，无须向义务人提出请求，故支配权成为诉讼时效的客体与诉讼时效原理不相吻合。第二，不管是《担保法》第 53 条还是《物权法》第 195 条，对于抵押权人行使抵押权的方式都作了明确规定：第一，“与抵押人协议以抵押财产折价或者以拍卖、变卖该抵押财产所得价款优先受偿”；第二，“请求人民法院拍卖、变卖抵押财产”。由此可见，除非抵押权人与抵押人达成实现抵押

---

① 胡康生：《中华人民共和国物权法释义》，法律出版社 2007 年版，第 441 页。

② 叶金强：《担保法原理》，科学出版社 2002 年版，第 161 页。

③ 参见黄松有主编：《〈中华人民共和国物权法〉条文理解与适用》，人民法院出版社 2007 年版，第 602 页；魏振瀛主编：《民法（第四版）》，北京大学出版社、高等教育出版社 2010 年版，第 311 页（本部分由李仁玉教授撰写）。司法实践中采取这种观点的法院比较多，相应的判决参见“中国信达资产管理股份有限公司海南省分公司与海南协裕房地产有限公司抵押合同纠纷上诉案”海南省三亚市中级人民法院（2013）三亚民二终字第 254 号民事判决书；“倪某诉魏某抵押合同纠纷案”上海市浦东新区人民法院（2012）浦民一（民）初字第 12389 号民事判决书；“张某某等诉某银行股份有限公司永川支行抵押合同纠纷案”重庆永川区人民法院（2012）永法民初字第 01865 号民事判决书。

权的协议，否则，不管是抵押权人在诉讼之外向抵押人主张抵押权还是抵押人主动承认抵押权的存在对抵押权的行使都无积极意义。但是，如果将抵押权行使期间理解为诉讼时效，依诉讼时效中断的规定，只要抵押权人在抵押权行使期间内向抵押人主张权利，或抵押人在该期间内同意履行义务，无须抵押权人就此提起诉讼，均可产生抵押权诉讼时效中断的积极意义。可见，如把抵押权行使期间理解为诉讼时效，亦无法解释法律规定的抵押权人行使抵押权的方式与诉讼时效中断的规定相矛盾的问题。而且，如果认为主债权罹于时效，抵押权本身并不消灭，只是丧失了强制执行力，将不正当地限制抵押人对其财产的利用，不利于发挥物的效用。这一点在不动产抵押权上体现得尤为明显。一方面，虽然抵押权已经没有强制执行力了，却并未消灭，故此，登记机构不可能依据抵押人的单方申请注销抵押权登记。抵押权人完全有可能故意不配合抵押人申请抵押权的注销登记，则抵押权登记会一直留存在登记簿上。另一方面，《物权法》第 191 条规定，抵押期间，抵押人转让抵押财产的，应当得到抵押权人的同意。抵押人未经抵押权人同意，不得转让抵押财产，但受让人代为清偿债务消灭抵押权的除外。抵押权在主债权罹于时效后，虽然不受法律保护但并未消灭，这样就会导致抵押权人在其权利不受法律保护之后，依然可以构成对抵押人财产权的限制，这显然是极不合理的。①

就第二种观点而言，由于抵押权本身并不适用诉讼时效，只有主债权适用诉讼时效，因此在主债权罹于时效后，债务人享有了对抗债权人债务履行请求的时效抗辩权。但是，抵押人无法援引该时效抗辩权来对抗抵押权人实现抵押权的要求。因为时效抗辩权对抗的是债权请求权，确切地说，是债权人的给付请求权。它不能在抵押权人实现抵押权时对抗之。因为抵押权是物权，而物权是绝对权、支配权和行为权。作为绝对权，抵押权人于债务履行期限届满或发生当事人约定的实现抵押权的情形时，有权将抵押财产变价并优先受偿，这也是抵押权的最主要效力，其本质为变价权与优先受偿权的实现，而非抵押权人针对抵押人的给付请求。抵押权人实现抵押权时，无须抵押人的同意与协助，即便抵押人与抵押权人未就抵

---

① 程啸：《担保物权研究》，法律出版社 2017 年版，第 73—74 页。

押权实现方式达成协议的，抵押权人也可以请求人民法院拍卖、变卖抵押财产。此时，抵押权人实现抵押权的程序属于非讼程序。[①]

第三种观点则较好地平衡了对抵押权人的保护和对抵押权行使的限制。首先，抵押权人有抵押权却不行使，不仅不利于物的交易价值和担保秩序的稳定，反而可能助长抵押权人滥用因物之担保而取得的优势地位，损害债务人的利益。故此，法律上必须对抵押权的存续期限加以限制，以便督促抵押权人积极行使抵押权，保证社会经济秩序的稳定。[②] 其次，如果法律上不规定抵押权的存续期限，而是允许抵押权人在任何时候都可以行使抵押权，对于抵押人来说显然是过于苛刻了。最后，根据《物权法》第 202 条的规定，在法律规定的抵押权行使期限内怠于行使抵押权的，则抵押权人会丧失人民法院公权力的保护。而抵押权的实质是对抵押物享有优先受偿权，抵押权人对抵押物不再受到法律保护，显然不能再就抵押物优先于其他债权而受到清偿，其享有的抵押权已不具有抵押权的实质，该抵押权的存在已没有任何意义，因此抵押人有权请求法院确认抵押权人丧失抵押权，即抵押权消灭。诚如台湾学者谢在全先生所称，虽然抵押权属于一种物权，原则上不因诉讼时效期间与除斥期间的经过而消灭，但是抵押权系不占有标的物的物权，自然不应令其久悬，有害于抵押人的利益。民法径行以抵押权因除斥期间经过而消灭，更为便捷。[③] 因此，抵押权人未在主债权诉讼时效期间内行使抵押权的，该抵押权消灭。抵押人有权向法院请求确认抵押权消灭，并依据法院的裁判文书办理抵押权的注销登记。

【关联延伸】《物权法》第 202 条规定的“行使抵押权”应作何理解

抵押权人对抵押物处置的时间受到主债权诉讼时效期间的限制，即《物权法》第 202 条所规定的“在主债权诉讼时效期间行使抵押权”方式是否有所限制？是向法院提起诉讼或申请执行，还是仅向抵押人主张抵押权

---

① 程啸：《担保物权研究》，法律出版社 2017 年版，第 73 页。

② 参见黄松有主编：《〈中华人民共和国物权法〉条文理解与适用》，人民法院出版社 2007 年版，第 602 页。

③ 谢在全：《民法物权论》（中册），中国政法大学出版社 2011 年版，第 818—819 页。

即可？如果将《物权法》第202条所定期间理解为抵押权的诉讼时效，依诉讼时效中断的规定，抵押权人只需在主债权诉讼时效期间内向抵押人主张权利，或抵押人在该期间内同意履行义务，无须抵押权人就此提起诉讼或申请仲裁，抵押权诉讼时效均中断。如果将《物权法》第202条所定期间理解为抵押权的除斥期间，则如何“行使抵押权”仍然存在疑问。

对此，有学者认为：“如果抵押权人在司法保护期内与抵押人有过协商，在司法保护期届满后才请求法院启动司法程序，法院不因抵押权人在司法保护期内向抵押人主张过权利而放宽限制，抵押权仍然不受法律保护。”笔者对此表示赞同。《物权法》第202条所规定的“行使抵押权”自应依《物权法》的体系解释得以解决。依《物权法》第195条的规定，抵押权人行使抵押权有两种方式：第一，“与抵押人协议以抵押财产折价或者以拍卖、变卖该抵押财产所得价款优先受偿”；第二，“请求人民法院拍卖、变卖抵押财产”。由此可见，抵押权人在诉讼之外向抵押人主张抵押权并无积极意义（除非达成实现抵押权的协议），抵押人承认抵押权的存在，对抵押权的行使也无实际价值（同样除非达成实现抵押权的协议）。从解释上，《物权法》第202条“行使抵押权”受到如下限制：第一，必须是在“债务人不履行到期债务或者发生当事人约定的实现抵押权的情形”之后至“主债权诉讼时效期间”届满之前行使抵押权；第二，行使抵押权的方式仅限于达成实现抵押权的协议以及向人民法院请求拍卖、变卖抵押财产。同时在上述期间之内，抵押权人向人民法院提起抵押权诉讼自是其行使抵押权的方式之一，并不一定以“请求人民法院拍卖、变卖抵押财产”为唯一方式。[①]

典型案例裁判文书

北京市第三中级人民法院民事判决书

【典型案例21】

案例索引：王军诉李睿抵押合同纠纷案[②]。一审：(2015)通民(商)初字第23906号；二审：(2016)京03民终8680号。

---

① 高圣平：《担保法论》，法律出版社2009年版，第270页。

② 载《最高人民法院公报》2017年第7期。

基本案情：2009年8月11日，王军（甲方）与李睿（乙方）签订协议书，约定，甲方从乙方处借款人民币伍拾万元，期限自2009年8月11日至2009年9月10日。期满一次性偿还全部借款。为保证乙方的权益，甲方将位于北京市通州区A房屋抵押于乙方处。同日，从李睿的银行卡号向另一账户转款49.72万元。王军向李睿出具收条，写明："今收到李睿现金人民币伍拾万元整。"2009年8月12日，王军和李睿在北京市通州区建设委员会办理了关于涉案房屋的抵押登记手续，2009年9月2日，李睿被登记为上述房屋的他项权利人，取得A房屋他项权利证书，其上记载房屋所有权人为王军，债权数额为人民币50万元。

原告王军诉至法院，请求判令：李睿协助王军办理注销通州区A房屋的抵押登记手续。

法院裁判：综合法律关系的表现形式和当事人的自认，应当认定借贷法律关系发生在王军和李睿之间。依照双方签订的协议书，被上诉人王军应当在2009年9月11日偿还借款，如王军未按时还款，则李睿的债权已自该日起遭受侵害，依照《民法通则》第一百三十七条的规定，李睿应当在2011年9月10日之前向王军主张债权，否则人民法院则不予保护。故应当认定李睿在诉讼时效届满即2011年9月10日之前并未向王军积极主张债权，且不存在其他阻却诉讼时效计算的理由，李睿已丧失就上述债权请求法院保护的权利。在主债权已过诉讼时效的前提下，法院认为上诉人李睿的抵押权已消灭，抵押人王军主张解除抵押登记的请求应予支持。

理由主要有：《物权法》第二百零二条规定："抵押权人应当在主债权诉讼时效期间行使抵押权；未行使的，人民法院不予保护"，该条款中"不予保护"的含义明确依赖于对诉讼时效和抵押权性质的分析。首先，就诉讼时效而言，其以请求权人怠于行使权利持续至法定期间的状态为规制对象，目的在于让罹于时效的请求权人承受不利益，以起到促其及时行使权利之作用，依民法理论通说，其适用范围限于债权请求权。而就抵押权而言，其属于支配权，并非请求权的范围，更非债权请求权的范围，如将抵押权纳入诉讼时效的规制范围，无疑有违民法原理。其次，就抵押权而言，其目的在于担保债务的履行，以确保抵押权人对抵押物的价值享有优先受偿的权利。为实现上述目的，抵押权对物之本身必将产生权能上的限制，对物的使用和转让均会发生影响。故，若对抵押权人行使抵押权的期限不进行限制，将使抵押财产的归属长期处于不稳定状态，不仅不利于保护当事人的合法权益，亦不利于物之使用和流通效能的发挥。此外，如果允许抵押权人在任何时候均可行使抵押权，则意味着在主债权经过诉讼时效且债务人因此取得抗辩权之后，债权人依然可从抵押人处获得利益，进而将抵押人和债务人之间的追偿和抗辩置于困境，换言之，也意味着抵押人将长期处于一种不利益的状态，其义务也具有不确定性，若如此，对于抵押人来说未免过于苛刻亦有失公允。再次，从权利分类角度分析，在数项权利并存时，依据权利的相互依赖关系，有主权利与从权利之分，凡可以独立存在、不依赖于其他权利者，为主权利；必须依附于其他权利、不能独立存在的则为从权利。举例而言，在债权与为担保债的履行的抵押权并存时，债权是主权利，抵押权为从权利。在主权利已经丧失国家强制力保护的状态下，抵押物上所负担的抵押权也应消灭方能更好地发挥物的效用，亦符合物权法之担保物权体系的内在逻辑。故《物权法》第二百零二条规定抵押权行使期间的重要目的之一当在于促使抵押权人积极地行使抵押权，迅速了结债权债务关系，维系社会经济秩序的稳定。综合上述分析，应当认定在法律已设定行使期限后，抵押权人仍长期怠于行使权利时，法律对之也无特别加以保护的必要，应使抵押权消灭。具体到本案中，因上诉人李睿在主债权诉讼时效期间并未向被上诉人王军主张行使抵押权，故对李睿的抵押权，人民法院不予保护，该抵押权消灭，王军请求解除抵押登记的请求应予支持。

裁判要旨：《物权法》第二百零二条的规定应理解为，法律已设定行使期限后，抵押权人仍长期怠于行使权利时，法律对之也无特别加以保护的必要，应使抵押权消灭。

问题19.《物权法》第188条规定的未登记的动产抵押权不得对抗的“善意第三人”的范围应如何理解

《物权法》第188条规定：“以本法第一百八十条第一款第四项、第六项规定的财产或者第五项规定的正在建造的船舶、航空器抵押的，抵押权自抵押合同生效时设立；未经登记，不得对抗善意第三人。”表明了动产抵押权和动产浮动抵押采取登记对抗要件主义。相关抵押权如果不进行登记，虽然能够产生，但不能对抗善意第三人。

对于如何理解“善意第三人”，理论界存在不同的观点，笔者认为应当从“善意”和“第三人”两个角度进行分析。何为“第三人”？即从客观标准大致可以分为最广义说、广义说和狭义说。最广义说认为，所谓“第三人”，是指对于动产有权利要求的任何第三人，包括但不限于该动产的第三取得人、该动产的其他担保权人以及依照合同或者其他债的发生原因而得以对该动产主张权益的人。[①] 持有这一观点的学者认为，无论是针对动产享有物权还是享有债权的第三人，其对物权尚未转移的权利外观的信赖都应得到平等的保护。因此，除了债权人对债务人仅享有金钱债权且债务人尚未陷入破产，也不处于执行程序外，破产债权人、扣押债权人、参与分配债权人也应当属于第三人的范围，如果抵押权不登记，亦不能对抗这些债权人。[②] 广义说认为，第三人是指针对同一标准即被抵押的动产享有物权的第三人，如第三取得人、抵押权人、质权人、留置权人等，不包括一般债权人。这是因为债权与未登记的抵押权之间不属于同一性质的权利，无法发生冲突。[③] 基于物权的优先原则，抵押权能够对抗一般债权人。狭义说认为，“第三人”主要是指抵押财产的第三取得人，如果是同一动产上同时存在其他担保物权的情况下，则应当适用我国法上的优先顺位规则，不应产生对抗效力。

广义说和狭义说均将特定的人排除在外，缩小了对抗效力的适用范围。广义说排除一般债权人，如果一律认为未登记的抵押权效力强于债权，可以发现动产抵押既不需要转移占有，也不需要办理登记，没有公示的方法，显然对于普通债权人不公。此外，没有登记的抵押权也不能对抗租赁权，而租赁权正属于债权，也是与该学说相冲突的。至于狭义说，在排除一般债权人的同时，进一步排除了同一动产上的其他担保物权，也是明显不合理的。因此，在“第三人”的客观标准上，笔者赞同最广义说，

---

① 梁慧星：《中国物权法草案建议稿》，社会科学文献出版社 2000 年版，第 615 页。

② 龙俊：《中国物权法上的登记对抗主义》，载《法学研究》2012 年第 5 期。

③ 王泽鉴：《民法学说与判例研究》（第一册），北京大学出版社 2009 年版，第 243 页。

第三人指的是当事人及其继承人之外，就同一标的物享有正当利益的利害关系人，包括抵押动产的取得人、其他担保物权人、特殊情形下的债权人。[①]

界定了“第三人”的范围，从主观标准来看，何谓“善意第三人”？对于善意的程度，仅是要求单纯不知前一物权变动的存在即可，还是仍需考虑平衡相关当事人的利益和交易安全保护目的，要求此第三人须依诚信原则尽到一定程度的注意审查义务，颇具争议。有观点认为，善意即为单纯的不知；亦有观点认为，善意是不知且无重大过失；还有观点认为，善意是不知且无过失。这三种解释范围从广到窄，采取何种解释是与制度的价值追求相关联的。如采取范围最广的解释，第三人纵有重大过失，法律也对其进行保护自然不妥；如采取范围最窄的解释，容易排除部分应当保护之人，且轻微的过失在司法上难以认定。所以，笔者认为，当采取较为中和的解释，第三人不知且无重大过失即为善意。

问题 20. 抵押权人根据《物权法》第 193 条行使相应权利时是否需要具备抵押人过错要件

抵押物在抵押人占有状态下发生价值减少或者其他损害情形的，抵押权人有权按照物权法的规定采取保护措施，这是抵押权效力的重要内容。

抵押人侵害抵押物时，《物权法》第 193 条规定：“抵押人的行为足以使抵押财产价值减少的，抵押权人有权要求抵押人停止其行为。抵押财产价值减少的，抵押权人有权要求恢复抵押财产的价值，或者提供与减少的价值相应的担保。抵押人不恢复抵押财产的价值也不提供担保的，抵押权人有权要求债务人提前清偿债务。”通说认为，抵押人因为占有抵押物而承担对抵押财产价值的维持义务，抵押权人对抵押人的权利来自抵押人对该义务的违反。

从《物权法》第 193 条规定的表述看，抵押权人行使增担保请求权的前提条件是抵押物价值减少或有减少危险是因抵押人的行为造成的。这一

---

① 参见程啸：《担保物权研究》，中国人民大学出版社 2017 年版，第 289 页。

表述与《担保法》第51条的表述存在不同。《担保法》第51条规定："抵押人的行为足以使抵押物价值减少的，抵押权人有权要求抵押人停止其行为。抵押物价值减少时，抵押权人有权要求抵押人恢复抵押物的价值，或者提供与减少的价值相当的担保。抵押人对抵押物价值减少无过错的，抵押权人只能在抵押人因损害而得到的赔偿范围内要求提供担保。抵押物价值未减少的部分，仍作为债权的担保。"显然，在行使权利的条件判断上，担保法采用了"过错"的用语表述。

实际上，在判断抵押人是否对抵押物造成侵害的标准上，理论上存在不同的观点，归纳起来有实质损害债权说、恶意侵害说、客观减少说等。《物权法》和《担保法》的不同表述，体现了不同的判断标准。实质损害债权说以抵押物的价值减少至低于被担保债权为标准；恶意侵害说以抵押人故意或者过失侵害抵押物为标准；客观减少说以抵押物价值绝对减少为标准。[①] 实质侵害债权说由于抵押物变现前，难以举证证明抵押物价值减少至被担保债权数额以下，因此不能操作。恶意侵害说主要考察抵押人的主观状态，在日本民法中被采纳为判断标准。客观减少说对抵押权人而言最为有利且判断简单，无须考察抵押人主观，也不需要对损失程度作出预测，因此我国《物权法》改变了《担保法》的规定，采用了"客观减少说"，明确规定以"抵押人的行为足以使抵押财产价值减少"为标准。当然，符合条件的行为既包括已经发生的行为，也包括正在发生或者尚未发生但有减少抵押物价值的现实危险的行为。

因此，《物权法》虽然没有像《担保法》第51条那样区分抵押人有无过错而分别规定，但其背后所体现的抵押财产的毁损或者价值减少必须是因抵押人的过错所致的精神实质上是一致的。只不过《物权法》在这一问题的认定上采用了不同的判断标准而已。

既如此，如果是由抵押权人的行为、自然原因或市场因素造成的，抵押权人不能行使该项权利。抵押人侵害抵押物的行为主要是积极行为，但也包括消极行为。前者例如故意破坏抵押物、分离附属物与从物等，后者表现为明知抵押物的价值会减少而漠然视之、无动于衷。[②] 但是，设立抵

---

① 参见曹士兵：《中国担保制度与担保方法》（第四版），中国法制出版社2017年版，第272页。

② 参见程啸：《担保物权研究》，中国人民大学出版社2017年版，第327页。

押权不得妨碍抵押物使用价值的发挥，因此抵押人正常使用抵押物并收益不构成侵害抵押物的行为，如使用抵押物、出租抵押物、部分更换抵押物的组成部分以及日常必需的损耗。

问题21. 抵押财产非因抵押人过错而减值时，增担保请求权与抵押权的物上代位权如何行使

《担保法》第51条第2款规定："抵押人对抵押物价值减少无过错的，抵押权人只能在抵押人因损害而得到的赔偿范围内要求提供担保。抵押物价值未减少的部分，仍作为债权的担保。"该款规定的是，如果因不可归责于抵押人的事由而使得抵押物价值减少，抵押权人应当如何保全其权利。换言之，抵押人如果没有因损害而获得赔偿，则抵押权人没有权利要求抵押人提供担保；如果抵押人获得了赔偿，抵押权人有权要求抵押人提供担保的范围，也仅以抵押人所受损害赔偿为限；如果抵押人提出以其获得的该项损害赔偿作为担保，抵押权人不能加以拒绝而要求抵押人另提供与损害赔偿额相当的物的担保。[①] 上述抵押财产非因抵押人过错而减值时，抵押权人享有增担保请求权。依据《物权法》第193条的规定，所谓"提供与减少的价值相应的担保"即"增担保"或"代担保"，此项担保的提供应不限于物的担保，也包括人的担保，只要其与所减少的价额相当就可以。

对于增担保请求权与抵押权的物上代位权的关系，理论界存有争议。有观点认为，两种请求权适用对象不同，增担保请求权是担保的补充，抵押物仍然存在，仅是其价值减少。物上代位权是抵押物灭失或部分灭失，造成价值丧失或减少。也有观点认为，增担保请求权与物上代位权会发生请求权的竞合，抵押权人可以择一行使。[②] 再有观点认为，在抵押财产非因抵押人原因发生价值减少时，抵押权人和抵押人都享有增加担保的权利，并且抵押人可以通过行使其权利，阻止抵押权人就抵押财产因毁损、灭失而取得的物上代位权，且抵押权人不得拒绝。原因在于，抵押权制度

---

① 程啸：《担保物权人物上代位权实现程序的建构》，载《比较法研究》2015年第2期。

② 参见谢在全：《民法物权论》（中册），中国政法大学2011年版，第437页。

的目的是以抵押物的交换价值保障债权的实现，如果抵押人提出了合理的增加担保的方式，对抵押权并无损害。此外，当代位物为赔偿金、补偿金等金钱时，如果必须将现金提存，也不利于先进的流通。故此，为顾及债务人利益以及社会金融流通和经济的发展，应当认为，此时增担保请求权可以排除物上代位权而优先行使。[①] 还有观点认为，两种请求权之间并不冲突。郑冠宇教授认为，由于我国台湾地区“民法”第 881 条第 3 项规定：“给付义务人因故意或重大过失向抵押人为给付者，对于抵押权人不生效力。”因此，倘若给付义务人并非因为故意或重大过失而向抵押人为给付的，则给付义务消灭。抵押权人的权利质权也因而消灭，此时，抵押权人有必要依据第 872 条要求抵押人增加担保。反之，如果给付义务人因为故意或重大过失而向抵押人给付的，因该给付对抵押权人不生效力，故而其给付义务不消灭，此时依据行使的物上代位性就足够保护抵押权人了，实无增加担保之必要，故此不发生竞合的问题。[②]

我国《担保法》采取的是增担保请求权与物上代位权并存的立法模式，但是《物权法》并不承认二者的竞合，只规定了物上代位权。[③] 从理论上看，既然立法已经承认了担保物权所具有的物上代位性，在抵押财产非因抵押人的原因而价值减少时，物上代位性足以担保主债权的实现，因此，再行增担保抵押权给予双重保护没有必要。笔者认为，一套合理的担保物权人实现物上代位权的机制胜过双重权利的过度保护。但从法律适用上分析，《物权法》第 178 条规定：“担保法与本法的规定不一致的，适用本法。”上述《担保法》第 51 条的内容既然在《物权法》中未曾体现，则难以认为该条与《物权法》的规定不一致，因此，在《物权法》生效后担保法相关条文的内容仍然可以适用，不能直接予以排除，抵押权人如果不行使对代位物的优先受偿权而要求抵押人增担保的，依照《担保法》的规定应予以准许。此在实务上也为抵押权人提供了另一个选择，并非毫无益处。[④]

---

① 参见孙鹏、肖厚国：《担保法律制度研究》，法律出版社 1998 年版，第 186 页。

② 参见郑冠宇：《民法物权》，新学林出版股份有限公司 2014 年版，第 474 页。

③ 参见程啸：《担保物权研究》，中国人民大学出版社 2007 年版，第 332 页。

④ 参见曹士兵：《中国担保制度与担保方法》(第四版)，中国法制出版社 2017 年版，第 272 页。

问题 22. 抵押权人放弃抵押权顺位的法律效果

抵押权人的顺位实际上是抵押权人依其顺位所能支配的抵押物的交换价值，简言之，即抵押权人依其顺位所能获分配的优先受偿的金额。为了使抵押权人能更充分地利用这种交换价值，调整债权人间复杂利害关系，我国《物权法》第 194 条第 1 款对抵押权顺位的变更与放弃作出了相关规定："抵押权人可以放弃抵押权或者抵押权的顺位。抵押权人与抵押人可以协议变更抵押权顺位以及被担保的债权数额等内容，但抵押权的变更，未经其他抵押权人书面同意，不得对其他抵押权人产生不利影响。"

抵押权顺位的放弃可分为相对放弃和绝对放弃。相对放弃是指同一抵押物上先顺位抵押权人为了特定后顺位抵押权人的利益，而将自己的优先受偿利益加以抛弃的行为。绝对放弃是指，抵押权人为了全体后顺位抵押权人利益，而将自己的优先利益加以抛弃。区分于抵押权的放弃，抵押权顺位的放弃导致抵押权人受偿序位的变更，债权仍具有优先效力；而抵押权的放弃发生绝对效力，抵押权人丧失抵押权，其债权成为普通债权。此外，从不动产登记程序角度，放弃抵押权应办理抵押权注销登记，而放弃抵押权顺位办理的是抵押权变更登记。

《物权法》第 194 条第 1 款第 2 句和第 2 款说明了抵押权人放弃抵押权顺位的法律效果。首先，放弃抵押权顺位当然产生抵押权顺位的变动。抵押权顺位相对放弃将导致顺位放弃人仅仅对于受放弃利益的人失去其优先权，也就是放弃人和受放弃利益人为同一顺位，对于中间的抵押权人并无影响。因而放弃人原顺位上应当分得的分配额，由受放弃利益人与放弃人按被担保债权额的比例受偿。而在绝对放弃的情况下，其他抵押权人可以各依次升进其顺位，而放弃人退居最后的地位。不过，放弃后新成立的抵押权仍不能优先于该放弃顺位的抵押权。[①]

其次，依据第 2 款的规定："债务人以自己的财产设定抵押，抵押权人放弃该抵押权、抵押权顺位或者变更抵押权的，其他担保人在抵押权人丧

---

① 崔建远：《物权编如何设计抵押权顺位规则》，载《法学杂志》2017 年第 10 期。

失优先受偿权益的范围内免除担保责任，但其他担保人承诺仍然提供担保的除外。”抵押权顺位无论是相对放弃还是绝对放弃，都会对同一债权的其他担保人产生影响。因此，法律规定抵押权人除非获得其他担保人的同意，未经同意其他担保人在受影响而加重的担保负担内免责。此外，抵押权人放弃抵押权顺位也会导致为先顺位抵押权人的债权提供物权担保的物上保证人的利益遭受影响，因此在未经过其他物上保证人同意的情形下抵押权人放弃其抵押权顺位的，物上保证人应当相应地免除责任。

第四节　抵押担保责任

问题23. 不动产抵押担保的范围与抵押登记

《物权法》第173条规定：“担保物权的担保范围包括主债权及其利息、违约金、损害赔偿金、保管担保财产和实现担保物权的费用。当事人另有约定的，按照约定。”但是，在不动产登记实务操作中，不少地方的不动产登记机构在办理房地产抵押登记手续时，要求必须向登记机关明确一个固定的抵押担保“权利价值”，且规定不动产登记簿或他项权证上的“权利价值栏”中只能填写固定数字，不得加载相关文字表述，在登记簿上并没有关于担保范围登记的栏目。这引发了司法实践中对于抵押担保的债权范围的争议。

一种观点认为，抵押物登记记载的内容与抵押合同约定的内容不一致的，以登记记载的内容为准。《担保法解释》第61条规定，抵押物登记记载的内容与抵押合同约定的内容不一致的，以登记记载的内容为准。该条规定主要目的在于解决抵押权登记所产生的优先效力。在当事人合同约定的担保债权未进行抵押权登记的情况下，其不具有公示的要件，故不能产生物权的优先效力，当事人无权就未进行抵押权登记部分的债权取得优先受偿的效力。如2013年《江苏省高级人民法院关于当前商事审判若干问题的解答（一）》第6条以问答的形式规定：“问：在金融借款纠纷中，银行与债务人、担保人在以房地产作为抵押物的抵押合同中约定的担保范围包括本金、利息、实现债权的费用等，但是在办理房地产抵押登记时，登记机关在登记簿上记载的主债权范围仅为本金部分，或者登记机关发放的他项权证记载的主债权范围仅为本金部分，与当事人之间的抵押合同约定不一致，当抵押权人要求就抵押物超出本金部分的价值优先受偿……应当如何处理？答：房地产抵押权属于物权，房地产抵押登记属于不动产物权登记。《中华人民共和国物权法》第 16 条规定：不动产登记簿是物权归属和内容的根据。不动产登记簿由登记机构管理。因此，抵押担保的范围应以登记机关不动产登记簿的记载内容为准，除非有证据表明登记簿的记载错误。对抵押权人主张就抵押物价值超出登记价值的部分优先受偿的，不应予以支持。”

另一种观点则认为，《房屋登记簿管理试行办法》规定，他项权利的内容，应记载被担保主债权的数额、担保范围等内容。因此，担保范围是应当登记的内容，这与《物权法》第 173 条的规定是一致的。因此，如果登记机构在登记簿或者他项权利证书中只记载债权数额，没有明确抵押担保范围，而该抵押登记内容系登记机关行为，不能当然推定为当事人真实意思表示。抵押担保范围应包括他项权利证中债权数额及利息等其他费用。如果仅依据登记的债权数额就认定为担保范围，不利于保护债权，实际上与《担保法解释》第 61 条规定本意不符。关于抵押物的担保范围，应参照当事人的合同约定，及于主债权的利息、违约金等。上海高院 2015 年发布的 2014 年度上海法院金融商事审判十大案例中，其中上海一中院（2013）沪一中民六（商）终字第 315 号农行金山支行与郑家棉、被上诉人肖传兴金融借款合同纠纷二审判决中，二审法院即认为：根据我国《担保法》第 46 条的相关规定，抵押担保的范围包括主债权及利息、违约金、损害赔偿金和实现抵押权的费用；抵押合同另有约定的，按照约定。故在抵押借款合同法律关系中行使抵押权，当以合同约定的抵押担保范围作为确定抵押物处理后所得价款的优先受偿范围。

那么，为何会出现上述两种截然对立的观点呢？除了对不动产登记制度的理解存在差异外，不动产登记在各地实践中操作的差异也不可不察。南京和上海两地设立不动产抵押登记申请表所包含的项目就在担保范围栏目设计上存在重大差别。

南京市不动产登记申请表　　不动产登记申请审批表（表一）

登记类型	□首次登记 □变更登记 □转移登记 □注销登记			权利类型	□一般抵押权 □最高额抵押权	
抵押人	姓名（名称）		证件类别及号码			
			占有份额		联系电话	
	代理人		证件类别及号码		联系电话	
	姓名（名称）		证件类别及号码			
			占有份额		联系电话	
	代理人		证件类别及号码		联系电话	
	共有形式		□共同共有 □按份共有			
抵押权人	姓名（名称）					
	证件类别及号码				联系电话	
	代理人		证件类别及号码		联系电话	
	姓名（名称）					
	证件类别及号码				联系电话	
	代理人		证件类别及号码		联系电话	
不动产情况	不动产坐落				丘权号	
	房屋建筑面积	平方米	土地使用权面积		平方米	
	不动产权证号		宗地代码			
	不动产登记证明号		不动产单元号			
	房屋所有权证号		国有土地使用证号			
抵押权情况	□被担保主债权数额 □最高债权数额	万元（小写） （大写）	□债务履行期限 □债权确定期间			
	在建建筑物抵押范围					
	担保范围	□主债权及其利息 □违约金 □损害赔偿金 □实现抵押权的费用 □其他____				
最高额抵押担保的债权确定的情形	□约定的债权确定期间届满 □新的债权不可能发生 □抵押财产被查封、扣押 □没有约定债权确定期间或者约定不明确，抵押权人或者抵押人自最高额抵押权设立之日起满二年后请求确定债权 □债务人、抵押人被宣告破产或者被撤销 □法律规定债权确定的其他情形____					
备注						

南京市不动产登记申请表（图一）

对比可以看到，上海市文本并无担保范围空格一栏，而南京市则设计有：□主债权及其利息、□违约金、损害赔偿金、□实现抵押权的费用、□其他。

显然，由于南京市不动产登记机构在进行抵押登记时，当事人有机会在设立抵押时就担保范围申请在不动产登记簿上进行记载，因此，抵押登记上的担保范围除非有证据证明存在错误，否则结合不动产物权登记的物

受理编号条形码 **抵押登记**

上海市不动产登记申请表

登记种类： **面积单位：**□平方米□公顷（□亩）

约定预告登记：□双方 □单方

不动产类型	□土地 □房屋 □森林、林木 □海域 □构筑物 □其他____		
坐落			
面积			
权利价值		抵押方式	
债权数额		债务履行期限	至
抵押权人		抵押人 （或原抵押权人）	
国籍/户籍		国籍/户籍	
身份证件名称		身份证件名称	
证件号码		证件号码	
联系电话		联系电话	
联系地址		联系地址	
代理人		代理人	
身份证件名称		身份证件名称	
证件号码		证件号码	
联系电话		联系电话	
联系地址		联系地址	
说明事项			
申请人签章	抵押权人： 抵押人（或原抵押权人）： 代理人： 申请日期：		
通知方式	□书面通知 □电话查询		

上海市不动产登记局制

上海市不动产登记申请表（图二）

权变动效力及公示效力，江苏高院的观点符合当地的实际。而上海则明显不同，因设立抵押权申请书缺失担保范围一栏，当事人难以以抵押合同约定的担保范围在不动产登记簿予以登记，故仅依据登记确定担保范围对当事人难言公平，故上海高院持第二种观点亦根源于其当地不动产登记的实际。两种观点在当地的适用均存在合理性，但各地的不动产登记的具体操作不同，特别是不动产登记簿在担保范围一项的设计上存在差异，故对上述两种观点不可机械套用。

而在2015年《不动产登记暂行条例》及其《实施细则》实施以后，国土资源部制定了不动产登记簿证样式（试行），并引发了《国土资源部关于启用不动产登记簿证样式（试行）的通知》（国土资发〔2015〕25号），要求自2015年3月1日起，全面启用统一的不动产登记簿证样式。其中有关抵押权登记的登记簿样式为：

不动产登记簿样式中的抵押权登记图示：

抵押权登记信息

不动产单元号：　　抵押不动产类型：□土地 □土地和房屋 □林地和林木 □土地和在建建筑物 □海域 □海域和构筑物 □其他

业务号 内容				
抵押权人				
证件种类				
证件号码				
抵押人				
抵押方式				
登记类型				
登记原因				
在建建筑物坐落				
在建建筑物抵押范围				
被担保主债权数额（最高债权数额）（万元）				
债务履行期限（债权确定期间）	起 止			
最高债权确定事实和数额				
不动产登记证明号				
登记时间				
登簿人				
注销抵押业务号				
注销抵押原因				
注销时间				
登簿人				
附记				

不动产登记证明样式图示：

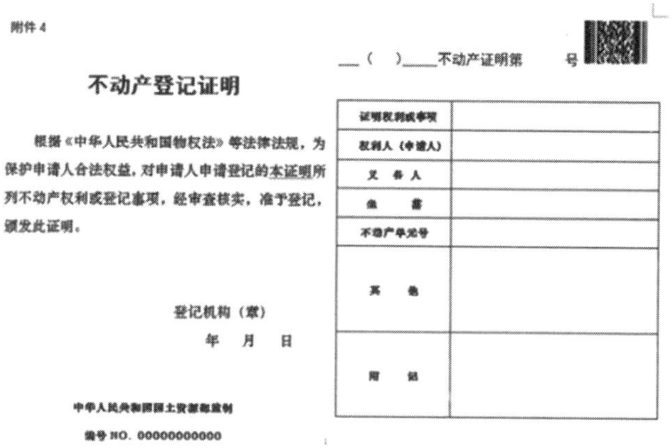

附件 4

__（ ）____不动产证明第　　号

不动产登记证明

根据《中华人民共和国物权法》等法律法规，为保护申请人合法权益，对申请人申请登记的本证明所列不动产权利或登记事项，经审查核实，准予登记，颁发此证明。

登记机构（章）

年　月　日

中华人民共和国国土资源部监制

编号 NO. 00000000000

证明权利或事项	
权利人（申请人）	
义务人	
坐落	
不动产单元号	
其他	
附记	

显然，无论不动产登记簿，还是依据不动产登记簿向申请人核发不动产登记证明，均没有设置担保范围一栏。在不动产登记簿证样式中，抵押权登记图的填写说明认为，“附记”中，可填写需要对不动产权利及其他事项登记情况进一步说明的信息。如土地出让合同或者土地承包合同等编号，共有不动产权发一本证书时的持证人以及必要的历史登记信息等登记机构需要记载的情况。不动产登记证明的填写说明中表示，“附记”中，可以登记证明记载其他需要填写的事项。

因此，在不动产统一登记之后，按照国土资源部颁布的统一样式，如南京市此前的存在“担保范围”栏目设计的登记簿也不复存在，也就是说，我国当前不动产登记簿在抵押担保的范围上，均无担保范围一栏，这是目前的不动产登记的现实情况。

虽然在登记簿上不登记担保范围，但如果登记机构对抵押合同进行备案并向利害关系人提供公开、方便的查询，则也可以解决担保范围的公示问题。但由于对抵押登记操作规范的不明确以及登记簿上“担保范围”栏目的缺失，各地登记机构在查询问题上的做法也是“各自为政”。如《重庆市国土房管局关于规范当前土地房屋抵押登记有关问题的通知》（渝国土房管〔2015〕61 号）文件规定，在 2015 年 3 月 1 日之前针对利害关系人查询，发放的登记机关盖章的《重庆市房地产抵押合同》，后顺位抵押权人通过前顺位的抵押合同来预估抵押财产的余额。有的不动产登记局则认为，前顺位的抵押权人和抵押人之间的抵押合同属于内档，利害关系人不能查阅，应当通过人民法院调查令等方式，只能查阅抵押登记的债权数额等情况。如此，则利害关系人无法方便地查询备案的抵押合同，自然也无法知晓已经设定抵押的担保范围。而我们知道，登记担保范围意义在于，后顺位担保权人基于登记记载的公信力，可以减少在交易前的调查成本，贯彻物尽其用原则，维护交易秩序。因此，目前的抵押登记操作实务显然于此不利。

在目前这样一种困局之下，江苏省不动产登记机构又作出了完善的尝试。江苏省国土资源厅、江苏省金融办、人民银行南京分行、江苏银监局于 2017 年 12 月 29 日印发的《关于提升不动产登记服务水平支持金融服务实体经济的通知》(苏国土资发〔2017〕500 号）中要求：“国土资源部门办理抵押登记时，应根据《物权法》《担保法》相关规定，在登记簿和不动产登记证明附记栏记录‘担保范围详见合同’，并对后续抵押的金融机构等抵押权人加强风险提示，避免抵押权实现时产生清偿纠纷。”通过在现行的统一登记簿中的“附记”栏中记载“担保范围详见合同”，实现将当事人约定的担保范围予以公示[①]。如此，在江苏省境内，江苏高院的观点仍然是成立的。

而对于未作出这样登记安排的各地，出现纠纷时应如何处理，在前述两种观点之外的一种观点为我们解决此类问题提供了不仅适用于一地的解决方案：

重庆高院《关于办理实现担保物权案件若干问题的解答》（渝高法〔2015〕164 号）即规定：“13. 担保合同中约定的担保范围与抵押登记、出质登记中载明的范围不一致的，人民法院应当如何处理？担保合同约定的担保范围与抵押登记、出质登记中记载的担保范围不一致的，原则上应以登记的担保范围为准。但由于行政行为不规范造成登记的担保范围与约定担保范围不一致的，在合同内容合法有效，合同约定担保范围及于主债权、利息、违约金等，且双方对担保范围均无异议，而登记仅载明了主债权本金的情况下，登记效力应及于符合法律规定及合同约定的利息、违约金等其他费用，申请人可在据以登记的担保合同约定的范围内依法享有优

① 当然，如前所述，这要同时配合向利害关系人提供便捷的查询备案的抵押合同的途径。

先受偿权。”

浙江高院《关于审理实现担保物权案件若干问题的解答》（浙高法〔2013〕152号）亦规定：“问：《意见》附件1所记载的‘申请人对变价后所得款项在×××的范围内优先受偿’所规定的‘范围’是指担保合同中约定的范围，还是抵押登记或出质登记中载明的范围？答：《物权法》第一百七十三条规定，担保物权的担保范围包括主债权及其利息、违约金、损害赔偿金、保管担保财产和实现担保物权的费用。但实践中，有的登记部门操作不够规范，在办理房地产抵押登记、股权出质登记等担保物权时，会发生登记范围与合同约定不一致的情况，如合同中约定担保范围包括主债权、利息、违约金、实现担保物权的费用等，但在相关登记证明或他项权证上却载明担保范围仅为本金。结合上述《物权法》对担保范围的规定，倾向于认为，在合同各方意思表示真实、一致且内容合法的情形下，不能因不规范的行政行为而影响当事人实体权益的实现。在主债权本金已经合法登记的情况下，登记效力应及于合理的利息、违约金等其他费用，申请人可在据以登记的担保合同约定的范围内依法享有优先受偿权。”

“法律从不强人所难。”基于目前抵押登记的实践，上述地区的做法值得肯定。应当说，这种做法既符合物权登记制度的功能和效力，又与当前的登记不规范、不健全的实际相适用，在两者之间实现了较好的平衡。而且，这种处理方式也符合相关法律、司法解释规定的目的、背景。

首先，根据《担保法》第46条对于担保范围的规定：“抵押担保的范围包括主债权及利息、违约金、损害赔偿金和实现抵押权的费用。抵押合同另有约定的，按照约定。”《物权法》第173条对于担保范围也有相应的规定：“担保物权的担保范围包括主债权及利息、违约金、损害赔偿金、保管担保财产和实现抵押权的费用。当事人另有约定的，按照约定。”可见，对于担保范围法律是有清晰界定的，即当事人有约定从其约定，无约定按照法定，对于利用房产抵押进行物权担保的法定范围，即《物权法》第173条所规定的范围。抵押权作为担保物权的一种，其担保范围也应当遵循法律要求，而担保范围中的相关费用都应当在实现抵押权时具有优先受偿效力，从法条的表述可以看出，主债权仅是担保范围中的一项并非全部。实际上，房屋登记工作中也有相关规定要求将担保范围记载于登记簿上，2008 年颁布实施的《房屋登记簿管理试行办法》第 7 条规定，“登记簿的内容应包括房屋基本状况、房屋权利状况以及其他状况部分”，第 9 条则解释房屋权利状况部分应当包括哪些方面，即“登记簿的房屋权利状况部分，记载房屋所有权、他项权利等有关情况”，由于抵押权属于他项权利部分，故抵押权的内容应该集中于登记簿中的房屋权利部分，第 9 条还进一步解释了他项权利的内容包括哪些，其中被担保主债权的数额和担保范围就在其中，所以登记簿应当记载主债权数额和担保范围。《房屋登记簿记载内容说明》对于担保范围也作了解释，即“担保范围：记载抵押合同中约定的担保范围，可以是主债权及利息、违约金、损害赔偿金、保管担保财产和实现抵押权的费用等；抵押合同未约定的，记载未约定事实”，从其表述可以看出三层意思：其一，担保的范围与《物权法》所规定的法定担保范围一致；其二，担保范围的确定需要通过抵押合同中的约定进行体现；其三，如果双方无约定事实，也需要将无约定事实的情况记载于登记簿中。由上所述可以看出，不论法律还是规章都对抵押登记时涉及的担保范围有清晰的界定，也就是说只要被列入担保范围的项目都可以受担保物权的保护进而享有优先受偿的权利。

其次，法律意义上的“担保范围”并不等同于登记机构登记的“权利价值”。《物权法》第 173 条对抵押担保范围的规定非常明确，民事主体有权在法律规定的抵押担保范围内作自主选择，而非由登记机关在登记时执行所谓的抵押担保范围“权利价值”需固定的规定。实践中，抵押权人与抵押人在不动产抵押合同中对抵押担保的债权范围通常约定包括主合同项下全部本金、利息、罚息、复利、违约金、实现债权的费用等项目，这与法律规定并不相悖。

再次，登记实践操作中一直存在着一种误解，认为要对被列入担保范围的费用都必须量化明确，笔者认为不尽然。法定担保范围包括“主债权及利息、违约金、损害赔偿金、保管担保财产和实现抵押权的费用”，在抵押当事人办理抵押登记手续时，抵押物担保的诸债权范围中，主债权的数额是明确、固定的，但对于利息、违约金和损害赔偿金，虽然在订立合同时进行了约定，但是可能仅约定了计算方法，一旦债务人不能按约履行主合同，主债权项下所涉及的利息、违约金、罚息等债权，将会因为债务人的违约而存在，因违约期限的长短而债权数额发生增减，此时如非要量化登记则存在困难；实现抵押权的费用更是要根据当时实现抵押权的实际情况确定，因此担保的其他债权的数额，尚处于未定或未发生状态，无法予以事先确定其数额多少。对于上述项目，如果强行估算一个金额，那么对于抵押权人来说就有可能出现因为事先确定的金额与最终实现抵押权时的实际金额不符而使权益受损。所以，对于担保范围中的费用是否应当量化需要分别看待。当然，如果申请人要求对于所有担保范围中的费用进行量化，登记机构依据依申请登记和意思自治的原则也不应过多干预。但是如果是登记机构强制性地要求必须量化，则需另当别论。

最后，《担保法解释》第 61 条规定："抵押物登记记载的内容与抵押合同约定的内容不一致的，以登记记载的内容为准。"适用该条规定的前提和条件是抵押登记记载的内容与合同约定内容指向同一对象。如果他项权证中只记载债权数额而未记载抵押担保范围，则不属于抵押物登记记载的内容与抵押合同约定的内容不一致，此时并不能当然得出要以登记记载的内容为准的结论。

综上所述，笔者认为，当事人在抵押合同中约定的担保范围包括本金、利息、实现债权的费用等，但是在办理抵押登记时，登记机构在登记簿上或者发放的他项权证上记载的金额仅为主债权本金，或者本金加上预估的一定金额的利息，导致当事人之间抵押合同约定的担保范围未能如实、全面、准确地记载在登记簿上时，抵押权人有权在抵押合同中约定的担保范围内就抵押物价值超出登记价值的部分优先受偿。这并非对抵押登记以及不动产登记与物权变动制度的背离，相反，恰恰是基于登记制度的本质与实践的一种坚持，在本质上与物权法、担保法及其司法解释对抵押登记制度的规定相符。

问题 24. 抵押权人对债务人未设定抵押的财产求偿的，对抵押责任承担有何影响

在债务人提供抵押物的情况下，抵押权人是否可以不行使抵押权，而在债务人到期不清偿债务时，要求债务人以抵押财产之外的财产清偿债

权？该问题在不同的立法例中有不同的答案。[①] 在理论及立法例上存在先行主义和选择主义之分。

所谓先行主义，即认为担保物权人必须先通过担保财产的交换价值来实现其债权，唯有不能通过担保物权之实行而受偿的那部分债权，才能强制执行债务人的一般财产而受偿。[②] 例如，《法国民法典》第2209条规定："债权人仅在设定抵押权的不动产价金不足清偿其债权的情形，始得就未设定抵押权的不动产请求强制执行。"《日本民法典》第394条规定："抵押权人，只能就以抵押不动产的价金未能清偿部分，以其他财产受清偿。""前款规定，不适用于应以其他财产的价金，先于抵押不动产价金分配情形。但是，其他各债权人，为了使抵押权人依前款规定受清偿，可以请求提存应向其分配的金额。"[③]

所谓选择主义，即"认为担保物权人拥有通过担保物权交换价值实现其债权的权利，但并不负担必须通过担保物交换价值实现其债权的义务。因此，担保物权人可以选择实行担保物权以优先满足其债权，也可以选择以普通债权人之地位，就债务人的一般财产申请强制执行"。[④] 德国现行法坚持选择主义立场，[⑤] 我国台湾地区的学说与解释上亦采选择主义立场。[⑥]

同时，两种观点的学者各有支撑其理论的理由：

持先行主义的理由主要有以下几点：第一，担保物权既然以担保债权的清偿为目的，其所担保的债权应该先就担保物变价受偿，不足的部分再就债务人的其他财产受偿。[⑦] 第二，当债务人有多个债权人，并且其全部财产不足以清偿债权而担保物的价值又不足以清偿担保权人的债权时，如果担保物权人的全部债权能够就债务人的其他财产与普通债权人的债权那样平均受偿，再就担保物卖得价金优先受偿，将侵害普通债权人的合法权

---

① 刘保玉：《担保纠纷裁判依据新释新解》，人民法院出版社2014年版，第217页。
② 孙鹏、王勤劳、范雪飞：《担保物权法原理》，中国人民大学出版社2009年版，第108页。
③ 刘保玉：《附物权担保债权人的执行选择权问题探讨》，载《法学家》2017年第4期。
④ 孙鹏、王勤劳、范雪飞：《担保物权法原理》，中国人民大学出版社2009年版，第108页。
⑤ 许明月：《抵押权制度研究》，法律出版社1998年版，第329页。
⑥ 史尚宽：《物权法论》，中国政法大学出版社2000年版，第379页。
⑦ 崔建远：《物权法》，中国人民大学出版社2011年版，第479页。

益。[1] 第三，普通债权人与债务人发生交易时，往往首先会对债务人的偿债能力进行判断，并以此为基础决定交易与否。当债务人以其部分财产设定担保时，普通债权人自然通常会将担保财产排除后再对债务人的偿债能力进行判断。如果担保物权人选择先就债务人的一般财产实现债权，就会打乱普通债权人最初交易判断的基础，使得此种交易基础具有不确定性，一定程度上不利于交易的达成。[2]

持选择主义的理由主要是：第一，担保物权之实行，是担保物权人的权利，而非义务，担保物权人是否行使此项权利，乃其自由。我国台湾地区许多学者认为，既有法律并未对债权人的选择权作限制性规定，自不应与日本法上的规定作同样理解。[3] 第二，担保物权人得选择从债务人的其他财产受偿，符合担保物权的设立目的，且对普通债权人的利益并无损害。如担保物足以清偿其担保的债权，则债权人就债务人其他财产受偿时，担保物权消灭，担保物即归入债务人的一般财产，其他债权人所能获得的利益不变；如担保物不足以清偿其担保的债权，则担保物权人先尽量从债务人其他财产中获得部分清偿，然后再实行担保物权以使其债权得以全部清偿，此举符合担保物权设立的目的。

通览《物权法》《担保法》及其司法解释，我国法律对采何种主义并未明确规定，但根据相关条文的表述，“先行主义”似乎有所体现。《担保法》第 53 条第 2 款规定：“抵押物折价或者拍卖、变卖后，其价款超过债权数额的部分归抵押人所有，不足部分由债务人清偿。”《担保法解释》第 73 条规定：“抵押物折价或者拍卖、变卖该抵押物的价款低于抵押权设定时约定价值的，应当按照抵押物实现的价值进行清偿。不足清偿的剩余部分，由债务人清偿。”以上两则强调的都是抵押物先变现，然后再由债务人清偿不足部分。《物权法》在前述规定的基础上，于第 198 条规定：“抵押财产折价或者拍卖、变卖后，其价款超过债权数额的部分归抵押人所有，不足部分由债务人清偿。”

有学者认为，上述规定只是针对担保物权实现的条件、方式、程序以

---

① 曹杰：《中国民法物权论》，中国方正出版社 2004 年版，第 211 页。

② 王明华：《论担保物权的实现》，山东大学 2014 年博士学位论文，第 146 页。

③ 王泽鉴：《民法物权》，北京大学出版社 2000 年版，第 294 页。

及担保财产变现偿债后的余额或余债的处理问题，其规范意旨并未涉及先行主义抑或选择主义问题。[①] 首先，债务人不履行到期债务或者发生当事人约定的实现担保物权的情形的，附物权担保债权人可以与担保人就如何处理担保财产进行协商，如果双方达成协议的，则按照协议的方式实现担保物权。此时，如果双方就非担保财产达成债务清偿协议的，亦无问题。其次，如果附物权担保债权人因未能与担保人达成协议而诉至法院的，法院经审理确认相关事实后，通常会判决债务人在一定限期内履行债务，并判决该债权人可就担保财产折价或者拍卖、变卖所得价款优先受偿。最后，裁判生效后，如果债务人按期履行裁判义务或以其他方式清偿债务的，也无担保物权实行与否的问题；裁判生效后，若债务人未履行裁判文书所确定的义务，则权利人可持相关裁判文书向法院申请强制执行，值此之时，才涉及先行主义抑或选择主义的问题。可见，上述规定在涵摄范围及立法本意上，并无必须先行以担保财产实现债权之限定。[②]

但是，抵押权人在以债务人的其他财产为请求时，不能损害其他权利人的合法利益。《企业破产法》第 109 条规定："对破产人的特定财产享有担保权的权利人，对该特定财产享有优先受偿的权利。"第 110 条规定："享有本法第一百零九条规定权利的债权人行使优先受偿权利未能完全受偿的，其未受偿的债权作为普通债权；放弃优先受偿权利的，其债权作为普通债权。"对于该规定的理解，同样存在分歧。一种观点认为，破产法规定的立法精神系采先行主义；另一种观点认为，上述规定"形式上属于选择主义"，只是剥夺了担保物权人通过担保财产和债权人的一般财产双重受偿的可能性。实质上，对这些条款的规定还应当结合其他相关规定整体考察。根据《企业破产法》规定，管理人可以通过清偿债务而消灭担保物权、取回担保财产并使之加入破产财产。显然，此处的清偿是用债务人的非担保财产来实现的。但值得注意的是，这种情形仅仅是法律赋予管理人特别的权利，并非抵押权人的请求。破产法中该问题的主流解答是，当债务人破产时，应当对抵押权人的选择权加以限制，在债务人破产程序中抵押权人对抵押物享有优先受偿权，如果允许抵押权人以全部债权额先行

① 刘保玉：《附物权担保债权人的执行选择权问题探讨》，载《法学家》2017 年第 4 期。

② 刘保玉：《附物权担保债权人的执行选择权问题探讨》，载《法学家》2017 年第 4 期。

参加破产分配，不够时再处理抵押物，不利于平等保护全体破产债权人的权益，这种主义应当理解为一种附条件或受限制的选择主义。[①]

综上，笔者认为，在现有的法律规定框架下，对附物权担保的债权之实现原则上采取选择主义的立场是较为合适的，这也符合我国司法实践中的一般做法。也就是说，原则上，抵押权人对债务人未设定抵押的财产求偿的，并不影响其对抵押财产变价的优先受偿权。即承认抵押权人在对抵押财产行使抵押权之前，可以债权人的身份对债务人的其他财产行使清偿要求。但是，在明确了这一基本立场的基础上，是否亦应对此选择权予以一定的限制，即采取“限制型选择主义”，值得进一步探讨。

【典型案例22】

案例索引： 武威市赛诺农业有限公司、中国农业银行武威武南支行与武威市赛诺农业有限公司、韩慧申请承认与执行法院判决、仲裁裁决案。执行异议复议申诉审查：(2015)执申字第87号。

典型案例裁判文书
最高人民法院(2015)执申字第87号执行裁定书

基本案情： 2009年5月27日，中国农业银行武威武南支行（以下简称农业银行武南支行）与武威市赛诺农业有限公司（以下简称赛诺公司）签订《最高额抵押合同》，约定：赛诺公司以其位于凉州区武南镇经济开发区的国有土地使用权为其2009年5月27日至2012年5月26日向农业银行武南支行借款提供最高余额为360万元的抵押担保。2010年7月30日农业银行武南支行与赛诺公司签订借款合同约定：农业银行武南支行向赛诺公司借款700万元，同时双方签订抵押合同，赛诺公司以其机械设备为该借款提供担保，并在武威市工商行政管理局凉州分局办理动产抵押登记，韩慧亦为该借款提供保证。借款到期后，塞诺公司、韩慧均未予归还，农业银行武南支行诉至甘肃省武威市中级人民法院（以下简称武威中院），该院作出（2011）武中民初字第32号民事调解书：赛诺公司于2011年12月21日前偿还农业银行武南支行借款本金人民币350万元；2012年

① 刘保玉：《附物权担保债权人的执行选择权问题探讨》，载《法学家》2017年第4期。

6月21日前偿还剩余本金350万元；在此期间，借款利息按双方《借款合同》约定的利率按月清偿；韩慧对以上偿付责任承担连带保证责任。

赛诺公司、韩慧均未履行该调解书，农业银行武南支行申请武威中院强制执行。武威中院在诉讼中对赛诺公司的机械设备、土地、厂房进行了保全查封。在执行中，又对该公司的办公楼、地面附着物门房、围墙等进行了查封。武威中院于2012年12月、2013年3月对所查封财产进行了委托评估，评估价为1993.6万元。武威中院于2013年5月至7月对抵押的赛诺公司的机械设备委托拍卖公司进行拍卖，因无人交纳保证金，拍卖未能如期举行。两次流拍后，因农业银行武南支行拒绝以第二次拍卖底价接受上述设备，武威中院遂于2013年9月4日对赛诺公司土地、厂房以评估价委托拍卖。赛诺公司对此提出异议。

法院裁判：最高人民法院认为，债权人对债务人的财产设定抵押权，是为了在债务人不能履行债务时，债权人得以就抵押财产优先受偿，其目的是保障债权的实现。但抵押权的设立并不意味着债务人仅在抵押财产范围内对债权人负清偿义务，债务人的全部财产除依据法律、司法解释的规定应当豁免执行之外，都应当是清偿债务的责任财产。申请执行人既可以申请执行已抵押财产，也有权申请执行被执行人的未抵押财产。本案中，执行法院对赛诺公司名下的其他可供执行的包括土地、厂房在内的财产采取执行措施，不但完全符合法律规定，而且是为保障申请执行人实现其合法权利应尽的职责。因此，赛诺公司认为申请执行人在对特定财产设定抵押后即丧失了对被执行人名下其他财产申请执行的权利、执行法院只能在设定抵押的财产范围内进行执行的主张，没有法律依据，法院不予支持。

裁判要旨：债务人届期不履行债务时，享有抵押权的债权人可以不实行抵押权而申请法院强制执行债务人的其他财产，且不影响以抵押财产变价的优先受偿权。

问题25. 不动产抵押合同生效但未办理抵押登记的责任承担

我国《物权法》确立了区分原则，即在发生物权变动时，物权变动的原因与物权变动的结果作为两个法律事实，其成立生效依据不同法律。[1]《物权法》第15条、第180条、第187条的规定说明，欲基于合同行为发生物权变动的法律效果，最低限度需要满足两项条件：其一，当事人之间需要存在生效的合同行为；其二，当事人需要采用法定的公示方法。[2] 现实中，当事人以不动产为标的签订抵押合同，合同只要依法成立即生效，与抵押财产的登记无关；但抵押不动产未登记，抵押权则未生效。由此产生的责任承担问题，可从以下路径思考。

（一）未办理登记情况下债权人的请求权

根据区分原则，在不动产抵押合同生效但未办理抵押登记的情况下，债权人享有两种请求权。

第一种是登记请求权，是指登记权利人对登记义务人所享有的请求其履行登记义务或协助履行登记义务的权利。[3] 根据《房屋登记办法》第12条、《土地登记办法》第7条以及《城市房地产登记管理办法》第30条的规定，不动产物权登记以共同申请为原则，因此当事人对抵押合同的履行直接关系到抵押权的设立。对于登记请求权的权利人和义务人如何确定，学界存在不同的观点。有观点将是否因登记而直接受利益为标准来区分登记权利人和登记义务人，能够通过登记行为直接获益的当事人为权利人，而他方则为义务人。[4] 亦有观点认为，因合同双方均存在获利的可能，通过获利与否难以区分登记权利人和义务人。因此，权利义务人若无法律或合同的确定，双方当事人均负有办理登记的义务，均享有登记请求权。笔者认为，登记请求权权利人和义务人的确定应当根据具体情况确定，其中包含了对获利因素的考量。抵押合同的目的主要是担保债务履行，债权人一般处于积极状态。因此在担保物权的登记中，债权人应定位于登记权利人的角色，抵押人应当为登记义务人。

第二种是特定情况下的抵押物债权担保请求权。有观点认为，在未办理登记的情况下，抵押人和债权人之间通过抵押合同所创设的担保权利在

---

① 孙宪忠：《物权变动的原因与结果的区分原则》，载《法学研究》1999年第5期。

② 王轶、关淑芳：《物权变动制度三论》，载《法律适用》2008年第1期。

③ 王利明：《物权法研究（上卷）》，中国人民大学出版社2013年版，第326页。

④ 孙毅：《物权法公示与公信原则研究》，载《民商法论丛（第7卷）》，法律出版社1997年版，第507页。

性质上属于债权，是介乎于保证与抵押权之间的不规则担保，属于非典型担保之一。[①] 但是，在抵押人承诺提供物权担保，但并未通过登记取得物权的情况下，能否形成一个比物权担保功能稍弱的担保？在日照港集团物流有限公司与启东新世界进出口贸易有限公司等买卖抵押合同纠纷案[②]中，法院判决："抵押合同不因未办理抵押登记而影响其效力，应自成立时生效。但日照港物流公司依据抵押合同享有的请求权，不同于作为担保物权的抵押权，其据此请求抵押人承担担保责任，于法无据，本院不予支持。"但从最高法院的对相关案件判决来看，多数观点并不赞同这一观点。但如果是双方当事人基于特殊原因，一致同意不办理抵押登记。根据合同自由原则，抵押人已经承诺通过设定抵押权对债权人进行担保，不排除这一特殊情况下，可以认定双方形成了非典型担保的合意。抵押合同可以看作当事人之间就特定财产履行债务所做的预先安排，在不存在其他利害关系人的情况下，这种履行债务的安排在当事人之间具有约束力。这一担保方式接近于保证，但将担保财产特定化。

（二）未办理登记情况下抵押人的合同责任

由于抵押登记未能办理，抵押权未能设立，但抵押合同业已生效。基于上文对债权人权利的分析，债权人首先对抵押人享有登记请求权，抵押人如不履行协助办理登记的义务，则应承担违约责任。根据《合同法》第107条"当事人一方不履行合同义务或者履行合同义务不符合约定的，应当承担继续履行、采取补救措施或者赔偿损失等违约责任"的规定，结合抵押合同特点，抵押人可能承担继续履行或赔偿损失的违约责任。

无论抵押合同中是否对不动产抵押登记进行约定，根据抵押合同设定抵押权的合同目的，抵押人均有义务协助债权人办理抵押登记，这是抵押合同的附随义务。债权人可要求抵押人继续协助其办理抵押登记，使抵押权最终得以设立。债权人要求抵押人继续履行合同办理抵押登记虽然能够获得一种优先于其他债权的物权性质的抵押权，对债权人的保护力度最大。但应当看到，该种违约责任诉求一般在主债权到期之前抵押人不配合

---

① 刘延杰、王明华：《未办理抵押权登记时抵押人应承担何种责任》，载《人民司法·应用》2013年第3期。

② （2016）最高法民终114号。

办理登记时单独提起，在主合同到期债务人未能履行主债务时债权人一般不选择这种追究违约责任的方式。因为该方式的采取意味着对抵押权的实现需要二次诉讼，如此低下的效率非当事人所愿。①

在债务人发生债务履行困难时，债权人通常不选择对抵押人提起要求继续办理登记的诉讼请求，而希望直接要求抵押人进行赔偿。《担保法解释》第56条第2款规定，法律规定登记生效的抵押合同签订后，抵押人违背诚实信用原则拒绝办理抵押登记致使债权人受到损失的，抵押人应当承担赔偿责任。在有约定的情况下，根据违约损害赔偿约定优于法定的原则，从其约定。当抵押合同并未对相关事项约定的情况下，抵押人的赔偿责任应当以不动产抵押合同约定的担保范围为限。根据《合同法》第113条计算损害赔偿的范围，“损害赔偿额应当相当于因违约所造成的损失，包括合同履行后可以获得的利益，但不得超过违反合同一方订立合同时预见到或者应当预见到的因违反合同可能造成的损失”。但有观点认为，赔偿范围不以抵押物为限，因为在未办理抵押登记的情况下，由于抵押人承担责任的财产未得到有效的特定化，故抵押人应以其全部财产作为责任财产，向债权人承担赔偿责任。笔者认为，即使未办理抵押登记，但抵押合同已通过协议的方式将担保财产特定化。抵押人能够预见到的是自己可能会代替主债务人履行债务，其最高数额即是担保财产的价值，因此，在非担保责任的情况下，抵押人对违约责任的最高预期同样是担保财产的价值。综上，在双方当事人没有约定违约赔偿时，赔偿范围为主合同未履行的担保范围内的债权数额并以抵押物价值为限。

以登记为设立前提的不动产抵押权，若抵押合同签订后抵押人未办理抵押登记，债权人直接主张抵押权缺乏法律依据。抵押权未设立并不影响抵押合同的成立与生效，依据抵押合同，债权人对抵押人享有登记请求权与债权担保权。若抵押人拒不履行协助登记义务，债权人有权要求抵押人承担违约责任，表现为继续履行合同或赔偿损失，但赔偿范围为主合同未履行的担保范围内的债权数额并以抵押物价值为限。

---

① 范小华：《未办理登记的不动产抵押合同中抵押人责任研究》，载《法律适用》2015年第4期。

典型案例裁判文书

江苏省无锡市中级人民法院(2011)锡民终字第0767号民事判决书

【典型案例 23】

案例索引：顾漱清与韦安波等民间借贷纠纷案[①]。一审：（2010）锡法民初字第 0432 号；二审：（2011）锡民终字第 0767 号。

基本案情：2008 年 1 月 24 日，朱允保出具了授权书一张，载明“因韦安波明源化工（泰州）有限公司借顾漱清人民币做流动资金。兹本人愿意以房产证做担保”。其名下位于无锡市锡山区东亭镇友谊中路 128—7 号的房屋于 2005 年 5 月 11 日设定了 20 万元的抵押权，权利人系中国银行无锡市锡山支行，约定期限至 2013 年 5 月 11 日。该房屋的房屋产权证和土地使用权证均在顾漱清处。

2008 年 1 月 25 日，韦安波又向顾漱清出具借条一张，载明：“今借顾漱清人民币 40 万元整，年利息 20%，2008 年 7 月 5 日归还。”2010 年 5 月 31 日，韦安波又向顾漱清出具了一份还款保证。

2010 年 5 月 31 日，顾漱清诉至法院，请求判令韦安波与花根荣共同归还借款 90 万元及利息 34.6 万元，由朱允保承担保证责任。

法院裁判：抵押合同的订立和抵押权的设定是不同的法律事实。对于不动产抵押合同生效时间和抵押权成立时间，担保法及物权法均有规定，其中对于抵押权生效的时间规定一致，均为登记时设立。而对于抵押合同的成立，根据新法优于旧法的法律适用原则，应遵从物权法的规定，即自合同成立时生效，与抵押财产有无登记无关。本案中，根据各方当事人的陈述以及授权书的内容，可以认定朱允保系接受债务人韦安波的请求，为韦安波向顾漱清所借债务提供担保。朱允保虽未直接与顾漱清签订合同，但其出具授权书而顾漱清接受授权书的连续行为可以认定本案所涉抵押合同自顾漱清接受授权书之日起成立。因该合同未违反法律规定，且其从属的主债务合同亦为有效合同，故即使未办理抵押登记，抵押合同亦应有效。

抵押权虽因未办理登记而未生效，但不影响当事人根据生效的抵押合同履行各自的权利义务。本案中，抵押合同签订后，朱允保即负有配合顾

---

① 潘志红、沈君：《不动产抵押合同生效但未办理抵押登记的责任承担》，载《人民司法·案例》2013 年第 6 期。

漱清办理抵押权登记的义务，而朱允保不予配合并推卸责任，是一种违约行为，应依法承担违约责任。因朱允保未在授权书上明确抵押担保金额，但根据当事人关于先产生债务、后要求担保的陈述以及两笔债务形成时间与授权书落款时间，应认定朱允保对其提供授权书之前形成的债务提供担保，故朱允保应以其房产就顾漱清无法实现该笔债权（即 50 万元本息范围内）的损失进行赔偿。

裁判要旨：抵押合同生效和抵押权生效是不同的法律事实，法律要件亦不同，抵押合同只要依法成立即生效，与抵押财产的登记无关；抵押财产未登记，抵押权则未生效。未生效的抵押权不产生优先受偿的法律效果，但不影响当事人根据生效的抵押合同履行各自的权利义务。抵押人违背诚实信用原则拒绝办理抵押登记致使债权人受到损失的，抵押人应当在抵押财产现有价值的范围内承担赔偿责任。

【典型案例 24】

案例索引：营口元亨曦地置业有限公司与青岛天一集团樱珠山房地产开发有限公司企业借贷纠纷案[①]。一审：（2014）青金商初字第 677 号；二审：（2016）鲁民终 1076 号。

典型案例裁判文书

山东省高级人民法院
(2016)鲁民终1076号
民事判决书

基本案情：2014 年 4 月 29 日，青岛天一公司与信恒基公司、澳海公司、王舜壁、宫国鹏签订借款协议一份，约定：信恒基公司向青岛天一公司借款 2500 万元，借款期限为 10 日，自 2014 年 4 月 29 日至 2014 年 5 月 9 日，借款期间免收利息，到期还本。如借款人未按时偿还借款，则应当承担自逾期之日按银行同期贷款利率的 4 倍计算的违约金及因诉讼而发生的律师费、诉讼费等，澳海公司、王舜壁、宫国鹏为该笔借款提供连带责任保证。签订协议后，青岛天一公司于 2014 年 4 月 29 日向信恒基公司汇款 2500 万元。

2014 年 8 月 21 日，青岛天一公司与信恒基公司和元亨曦地公司的法定代表人宫国鹏签订借款补充协议一份，约定：元亨曦地公司为信恒基公

---

① 刘振会：《签订土地使用权抵押合同不办理抵押登记的责任性质及承担》，载《人民司法·案例》2017 年第 20 期。

司于2014年4月29日向青岛天一公司的借款2500万元提供抵押担保；提供的抵押物为：1. 位于辽宁省盖州市双台镇董屯村、西双村的土地证号为盖州国用2012第148号的土地使用权；2. 位于辽宁省盖州市双台镇董屯村的土地证号为盖州国用2012第149号的土地使用权；3. 位于辽宁省盖州市双台镇西双村的土地证号为盖州国用2012第150号的土地使用权。该笔借款到期后，信恒基公司未偿还借款本金，澳海公司、王舜壁、官国鹏、元亨曦地公司未履行担保责任。

青岛天一公司诉请法院判令五被告偿还借款本金2500万元及利息（以2500万元为基数，自2014年5月9日起至借款本息还清之日止，按银行同期贷款利率的4倍计算）。

法院裁判：一审法院认为，元亨曦地公司作为抵押人，由于其未办理抵押登记手续，导致抵押权未有效设立，对于借款本金及违约金，应当在抵押物的价值范围内承担赔偿责任。二审法院认为，一审法院判决元亨曦地公司承担赔偿责任不违反法律规定，这一赔偿责任是不履行抵押合同产生的违约责任，不是担保合同无效产生的民事责任，应当根据合同法而不是担保法确定赔偿责任。但是，合同双方都未履行办理抵押登记义务，都存在违约行为，都应当承担违约责任。一审判决元亨曦地公司承担全部责任不当。土地使用权抵押合同的内容是设定抵押物权，目的是以抵押土地的使用权担保主债务履行，即在主债务到期债务人不履行时债权人以该土地折价或者以拍卖、变卖该土地的价款优先受偿。因未履行土地使用权抵押合同——办理登记产生的后果是未设立抵押权，给抵押权人造成的损失是不享有对合同约定土地的优先受偿权，赔偿损失应当限于约定土地使用权的价值范围。同时，应当分清合同双方各自办理抵押登记的责任，根据各自违约责任大小在约定土地使用权的价值范围内分担赔偿责任。根据《土地登记办法》的规定，办理土地登记应由当事人共同完成。本案中，签订借款补充协议后，元亨曦地公司与青岛天一公司都未办理土地使用权抵押登记，均构成违约，责任相当，应当承担同等违约责任。因此，元亨曦地公司应当在合同约定的土地使用权价值的一半范围内承担赔偿责任。

裁判要旨：土地使用权抵押合同自成立时生效，但是，土地使用权抵押，应当办理抵押登记，抵押权自登记时设立。因此，抵押人与抵押权人签订土地使用权抵押合同后，不办理抵押权登记，抵押权不能设立，抵押权人无法达到以土地使用权担保其债权实现的目的。抵押权人因此造成债权无法实现损失的，抵押人与抵押权人应当按照各自在办理抵押权登记中的义务履行情况确定违约责任，根据具体情况确定责任承担方式。

【典型案例 25】

案例索引：侯向阳与商都县众邦亿兴能源材料有限责任公司、韩福全等民间借贷纠纷案。一审：（2014）张商初字第 5 号；二审：（2015）冀民一终字第 260 号；申请再审审查：（2015）民申字第 3299 号。

典型案例裁判文书

最高人民法院(2015)民申字第3299号民事裁定书

基本案情：2012 年 12 月 24 日，侯向阳（甲方）与韩福全（众邦公司的法定代表人）、李丽华（乙方）签订《借款协议》，约定：乙方向甲方借款人民币 550 万元。乙方提供众邦公司位于商都县商张公路北侧（工业园区）的 80004 平方米的工业用地的国有土地使用证作为抵押。后侯向阳向韩福全账户汇入 511.5 万元，其余 38.5 万元作为利息预先扣除。随后，韩福全将商都县国用（土）第 2012—134 号《国有土地使用证》交付侯向阳张振东持有，但双方未办理抵押登记。因韩福全、李丽华未偿还借款本息，侯向阳起诉请求：1. 韩福全、李丽华偿还借款 550 万元及利息；2. 众邦公司在抵押财产范围内承担连带清偿责任，侯向阳对该财产享有优先受偿权。

法院裁判：案涉《借款协议》《借条》签订之时，韩福全为众邦公司法定代表人，众邦公司对此并未提出异议。韩福全在《借款协议》《借条》上签字。《借款协议》《借条》均约定以众邦公司所有的商都县商张公路北侧（工业园区）80004 平方米工业用地的国有土地使用证作为抵押，应视为众邦公司与侯向阳达成了以上述土地使用权作为借款抵押担保的合意。当事人之间签订的抵押合同已经成立并生效，原审法院判令众邦公司在其担保的土地使用权范围内对案涉债务承担连带清偿责任并无不当。但根据《物权法》第一百八十七条的规定，以土地使用权进行抵押的，应当办理抵押登记，抵押权自抵押登记时设立。因此，抵押合同成立，但抵押权并未设立，侯向阳可以主张众邦公司在土地使用权范围内对债务承担连带清偿责任，但不能就土地使用权主张优先受偿。

裁判要旨： 不动产抵押合同成立，抵押权因未办理抵押登记而未设立，债权人可以主张抵押人在抵押物价值的范围内对债务承担连带清偿责任，但债权人不能就抵押物主张优先受偿。

典型案例裁判文书

最高人民法院(2017)最高法民终436号民事判决书

【典型案例 26】

案例索引： 中国银行股份有限公司大连甘井子支行与库伦旗首宇甜菊糖有限公司、望奎县百益源新生代糖业有限公司、天津盛世亚糖业食品有限公司、大连新源华食品加工有限公司、凤城博斯亚糖业食品有限公司、锦州佐源糖业食品有限公司、大连佐源糖业有限公司、佐源集团有限公司、褚晓红、汪义钧等金融借款合同纠纷案。一审：(2016) 辽民初16号；二审：(2017) 最高法民终436号。

基本案情： 2015年9月15日，中行甘井子支行（乙方）与新源华公司（甲方）签订编号为2015年中甘授字XYH01号《授信额度协议》，协议约定：第二条：授信金额为296760000元；第三条：种类为短期流动资金贷款额度；第五条：使用期限为自本协议生效之日起至2016年9月10日止。

同日，中行甘井子支行（抵押权人）与首宇公司、百益源公司、盛世亚公司（抵押人）分别签订编号为2015年中甘抵字SY01号（以下简称抵押合同一)、WK01号（以下简称抵押合同二)、SSY01号《最高额抵押合同》(以下简称抵押合同三)，均约定：第二条：除依法另行确定或约定发生期间外，在下列期间内主合同项下实际发生的债权，以及在本合同生效前债务人与抵押权人之间已经发生的债权，构成本合同之主债权：自本合同第一条所指《授信额度协议》生效之日至该协议及其修订或补充所规定的授信额度使用期限届满之日；第三条：本合同所担保债权之最高本金余额为296760000元；在本合同第二条所确定的主债权发生期间届满之日，被确定属于本合同之被担保主债权的，则基于该主债权之本金所产生的利息（包括法定利息、约定利息、复利、罚息）、违约金、损害赔偿金、实现债权的费用（包括但不限于诉讼费用、律师费用、公证费用、执行费用等）、因债务人违约而给抵押权人造成的损失和其他所有应付费用等，也属于被担保债权，其具体金额在其被清偿时确定。依据上述两款确定的债权金额之和，即为本合同所担保的最高债权额；第五条抵押登记：依法需要办理抵押登记的，在本合同签订后90日内，抵押人与抵押权人应到有关登记部门办理抵押登记手续。抵押登记事项发生变化，依法需进行变更登记的，抵押人与抵押权人应在登记事项变更之日起90日内到有关登记部门办理变更登记。第十条第一款：如果债务人在主合同项下的任何正常还款日未按约定向抵押权人进行支付，抵押权人有权依法及本合同的约定行使抵押权，在本合同第三条规定的最高额内就抵押物优先受偿。第十五条缔约过失：本合同签订后，抵押人拒绝办理或拖延抵押登记，或因抵押人的其他原因，致使本合同不能生效，抵押权不能有效设立的，构成缔约过失。由此使抵押权人受到损失的，抵押人应对抵押权人所受损失承担赔偿责任。第二十二条合同生效与抵押权设立：本合同自双方法定代表人、负责人或其授权签字人签署并加盖公章之日起生效，但依法需要办理抵押登记的，则自抵押登记手续办理完毕之日起生效。抵押权于合同生效之时设立。

依据上述三份《最高额抵押合同》的约定，首宇公司提供的抵押物为：①首宇公司所拥有的位于库伦旗库伦镇南山工业园区的527896.1平方米国有土地使用权；②位于库伦旗××××东居委编号00228的17460.42平方米工业厂房；③12252.06平方米在建工程。中行甘井子支行与首宇公司只对17460.42平方米工业厂房及12252.06平方米在建工程办理了抵押登记，对527896.1平方米土地使用权未办理抵押登记。百益源公司提供的抵押物为：百益源公司所拥有的位于望奎县××路东侧的192686平方米国有土地使用权。中行甘井子支行与百益源公司对该抵押物未办理抵押登记。盛世亚公司提供抵押物为：盛世亚公司所拥有的位于天津开发区汉沽现代产业区的144828.4平方米国有土地使用权及83272.65平方米在建工程。中行甘井子支行与盛世亚公司对该抵押物未办理抵押登记。

同日，中行甘井子支行与博斯亚公司、锦州佐源、大连佐源、佐源集团、褚晓红、汪义钧分别签订编号为2015年中甘保字FC01号、JZZY01号、ZYTY01号、ZY01号、CXH01号、WYJ01号《最高额保证合同》，均约定：第二条：除依法另行确定或约定发生期间外，在下列期间内主合同项下实际发生的债权，以及在本合同生效前债务人与抵押权人之间已经发生的债权，构成本合同之主债权；第三条：本合同所担保债权之最高本金余额为296760000元。

2015年9月24日、10月9日、10月13日、11月2日、11月25日，中行甘井子支行（贷款人）与新源华公司（借款人）分别签订了十一份《流动资金借款合同》，确认该十一笔《流动资金借款合同》属于新源华公司与中行甘井子支行签署的编号为2015年中甘授字XYH01号《授信额度协议》项下的单项协议。第一条分别约定借款金额为：96973324.26元、2408291元、2259581元、60500000元、89285113.89元、2312088.27元、1825680.58元、50000000元、1354882.65元、862025.80元、2675623.07元。

上述十一份《流动资金借款合同》签订后，中行甘井子支行向新源华公司共出借款项共计为310456610.5元，新源华公司已偿还借款本金763282.47元、利息124.32元，尚欠借款本金为309693328.03元。

法院裁判：关于中行甘井子支行诉求百益源公司、盛世亚公司在担保最高债权额范围内对新源华公司未偿还款项承担赔偿责任的问题。（一）关于抵押权是否设立的问题。《物权法》第一百八十七条规定："以本法第一百八十条第一款第一项至第三项规定的财产或者第五项规定的正在建造的建筑物抵押的，应当办理抵押登记。抵押权自登记时设立。"本案中，抵押合同二约定百益源公司以其所拥有的192686平方米国有土地使用权为案涉新源华公司的贷款提供抵押担保，但没有办理抵押登记；抵押合同三约定盛世亚公司以其所拥有的144828.4平方米国有土地使用权及83272.65平方米在建工程为案涉新源华公司的贷款提供抵押担保，但均没有办理抵押登记。依据《物权法》第一百八十七条的规定，抵押权因抵押物未登记而未设立，故中行甘井子支行不能对抵押合同二、抵押合同三约定的上述三项抵押物享有优先受偿权。

（二）关于百益源公司、盛世亚公司是否应当承担赔偿责任的问题。

1. 关于未办理抵押登记导致抵押合同二、抵押合同三未生效的不利法律后果应由谁承担的问题。根据合同法的立法精神，缔约过失责任是指在合同订立过程中，一方因违背其依据的诚实信用原则所产生的义务，而致另一方信赖利益的损失，并应承担损害赔偿责任。缔约过失责任以过错为归责原则，合同成立后需要办理申请登记手续才能生效的，有办理登记义务的当事人而未办理的，给相对人造成的实际损失，应当承担缔约过失责任。本案中，抵押合同二、抵押合同三第五条“抵押登记”条款均约定：“依法需要办理抵押登记的，在本合同签订后90日内，抵押人与抵押权人应到有关登记部门办理抵押登记手续。……”抵押合同二、抵押合同三第十四条“声明与承诺”条款中均约定，抵押人已经或将会取得设置本抵押所需的一切有关批准、许可、备案或者登记。抵押合同二、抵押合同三第十五条“缔约过失”条款均约定：“本合同签订后，抵押人拒绝办理或拖延办理抵押登记，或因抵押人的其他原因，致使本合同不能生效，抵押权不能有效设立的，构成缔约过失。由此使抵押权人受到损失的，抵押人应对抵押权人所受损失承担赔偿责任。”

抵押合同二因未办理抵押登记导致合同虽然成立但没有生效。对于未办理抵押登记致使合同未生效的责任应由谁承担的问题，根据抵押合同二的相关约定，为抵押物办理抵押登记应当为中行甘井子支行与百益源公司的共同义务，需要双方配合才能完成，在中行甘井子支行与百益源公司对办理抵押登记负有共同义务以及双方均不能举证证明自己不存在过错的情形下，本院认定双方均存在过错，双方应当各自承担相应的责任，依据合同法的上述规定和双方之间的合同约定，百益源公司违反了诚实信用原则，未尽到相关办理抵押登记的义务，百益源公司构成缔约过失。抵押合同三的情形与抵押合同二相同，中行甘井子支行与盛世亚公司亦均存在过错，双方应当各自承担相应的责任，依据合同法的上述规定和双方之间的合同约定，盛世亚公司构成缔约过失。

虽然百益源公司、盛世亚公司抗辩中行甘井子支行在发放贷款前负有审查抵押权是否设立的义务，百益源公司、盛世亚公司不应承担缔约过失责任，但是案涉贷款是由转贷而来，中行甘井子支行对百益源公司、盛世亚公司办理抵押登记手续存在信赖利益，故百益源公司、盛世亚公司的抗辩理由不能成立。

2. 关于如何划分中行甘井子支行与百益源公司以及中行甘井子支行与盛世亚公司的责任问题。《商业银行法》第三十六条规定："商业银行贷款，借款人应当提供担保。商业银行应当对保证人的偿还能力，抵押物、质物的权属和价值以及实现抵押权、质权的可行性进行严格审查。经商业银行审查、评估，确认借款人资信良好，确能偿还贷款的，可以不提供担保。"本案中，中行甘井子支行作为大型国有商业银行，有严格的贷款审查程序和制度，在发放贷款前理应对抵押物及时办理抵押登记以减小贷款风险。在贷款过程中为抵押物办理抵押登记对于银行来说属于设权行为，中行甘井子支行为抵押物办理抵押登记较之百益源公司、盛世亚公司应更加积极主动，理应尽到更大的注意义务、催促义务，故中行甘井子支行对抵押合同二、抵押合同三约定的抵押物未办理登记所造成的损失负有主要责任。

《担保法解释》第五十六条第二款规定："法律规定登记生效的抵押合同签订后，抵押人违背诚实信用原则拒绝办理抵押登记致使债权人受到损失的，抵押人应当承担赔偿责任。"第七条规定："主合同有效而担保合同无效，债权人无过错的，担保人与债务人对主合同债权人的经济损失，承担连带赔偿责任；债权人、担保人有过错的，担保人承担民事责任的部分，不应超过债务人不能清偿部分的二分之一。"本案中，抵押合同二和抵押合同三均成立但未生效，各方均存在过错，百益源公司、盛世亚公司构成缔约过失。但是相对而言，抵押人百益源公司、盛世亚公司在办理抵押登记过程中处于被催促的地位。依据《担保法解释》第五十六条第二款规定并结合《担保法解释》第七条规定的精神，百益源公司、盛世亚公司对未办理抵押登记应当承担次要责任。综上，依据《担保法解释》的相关规定并根据双方对于办理抵押登记中地位及作用，酌定中行甘井子支行对因抵押合同二、抵押合同三中未办理抵押登记所造成的损失自身均承担75%的责任，百益源公司在担保最高债权额范围内对抵押合同二中约定的192686平方米国有土地使用权折价、拍卖、变卖所得价款的25%对新源华公司的债务承担赔偿责任，盛世亚公司在担保最高债权额范围内对抵押合同三中约定的144828.4平方米国有土地使用权及83272.65平方米在建工程折价、拍卖、变卖所得价款的25%对新源华公司的债务承担赔偿责任。

裁判要旨： 1. 缔约过失责任以过错为归责原则，合同成立后需要办理申请登记手续才能生效的，有办理登记义务的当事人而未办理的，给相对人造成的实际损失，应当承担缔约过失责任。

2. 商业银行在发放贷款前理应对抵押物及时办理抵押登记以减小贷款风险。在贷款过程中为抵押物办理抵押登记对于银行来说属于设权行为，在办理抵押登记中应更加积极主动，理应尽到更大的注意义务、催促义务，其对抵押物未办理登记所造成的损失应负主要责任。

第五节　最高额抵押

问题26. 抵押物被查封的，应以何时点作为抵押权人债权确定的时点

《物权法》第206条规定，“有下列情形之一的，抵押权人的债权确定：……（四）抵押财产被查封、扣押”，但该法条中并未明确规定债权确定的具体时间，如自查封、扣押裁定做出时，还是送达给抵押权人时，还是自抵押权人知道或应当知道之日起？对于此问题，《担保法解释》第81条规定：“最高额抵押权所担保的债权范围，不包括抵押物因财产保全或者执行程序被查封后或债务人、抵押人破产后发生的债权。”《最高人民法院关于人民法院民事执行中查封、扣押、冻结财产的规定》（以下简称《查封规定》）第27条则规定：“人民法院查封、扣押、冻结被执行人设定最高额抵押的抵押物的，应当通知抵押权人，抵押权人受抵押担保的债权额自收到人民法院通知时起不再增加，人民法院没有通知抵押权人的，但有证据证明抵押权人知道查封、扣押事实的，受抵押担保的债权数额从其知道该事实起不再增加。”第32条规定：“财产保全裁定和先予执行裁定的执行适用本规定。”换言之，如果抵押权人在最高额抵押设定期间，不知道抵押物被查封、扣押的，债权应当仍未确定。由于上述法律、司法解释在最高额抵押确定时间表述上的不同，实践中，就该问题存在较大争议。

一种观点认为，最高额抵押财产被查封、扣押后，抵押权人的债权确定并不以法院通知抵押权人抵押财产被查封、扣押，或有证据证明抵押权人知道查封、扣押的事实为前提，最高额抵押财产被查封、扣押，抵押权人的债权即确定。主要理由在于：第一，符合保护查封、扣押申请人的立法目的。将抵押财产被查封、扣押作为最高额抵押担保债权确定的法定事由之一，目的在于保护查封、扣押申请人的利益。因此，若以有证据证明抵押权人知晓抵押物被法院采取强制措施作为债权确定的前提条件，则可能导致抵押人与最高额抵押权人为了共同的利益而恶意串通，在抵押财产被查封、扣押之后制造出虚假债权纳人最高额抵押权担保的范围，这样就有悖于该规定的立法目的。第二，《物权法》与《查封规定》对抵押物被查封、扣押后，最高额抵押债权确定的构成要件的表述并不一致，而《物权法》属于基本法，《查封规定》属于司法解释，而且《查封规定》早于《物权法》公布实施，如果债权确定的构成要件包含法院通知抵押权人或有证据证明抵押权人已经知道抵押财产被法院采取强制措施的事由，那么意味着《查封规定》中有关最高额抵押债权的规定应作为民事基本制度的立法，但该立法并未被后来颁布的《物权法》所吸收。因此，从立法位阶上看，二者发生冲突时，应适用《物权法》第 206 条第 4 项的规定。第三，抵押权人设定债权时有审查抵押物状况的义务。由于抵押物在最高额内的巨额担保价值会一直受到最高额抵押权人的控制，这对抵押物的所有人或者第三人极为不利，为使最高额抵押权人、最高额抵押人、第三人等利益群体的利益达到一个相对的均衡，最高额抵押设计了最高额抵押债权确定等具体制度。其中最高额抵押权确定制度中规定抵押财产被查封、扣押作为最高额抵押担保债权确定的法定事由之一，目的在于保护查封、扣押申请人的利益，使得抵押物脱离最高额抵押人和最高额抵押权人的影响与控制。因此，抵押财产被查封、扣押作为最高额抵押担保债权确定的法定事由，系对最高额抵押权人优势地位的有效规制，在该制度安排中审慎注意义务必然应在抵押权人一方。另外，抵押权人作为设定债权的一方，在出借款项时尽到相应的审查义务，也是其作为市场主体应尽的注意义务。①

---

① 李劼、陈学箭：《最高额抵押债权在财产被查封、扣押后即确定》，载《人民司法·案例》2015 年第 4 期。

例如在无锡市中级人民法院（2014）锡商申字第0008号民事裁定中，银行主张：向借款人发放授信前，并未接到查封法院的任何通知，作为善意第三人，银行不应该承担抵押物被查封后丧失优先权的不利后果。法院认为：债权应当自抵押物被首次查封之日起确定，抵押物被查封后发生的债权不属于最高额抵押权所担保的债权范围。

在温州市中级人民法院（2015）浙温商终字第582号民事判决中，法院认为：根据《物权法》第二百零六条第（四）项规定，抵押财产被查封、扣押，抵押权人的债权确定，本案抵押的房产于2012年4月26日被原审法院查封，那么该抵押物担保的债权应为该抵押物被查封之前的债权，不包括抵押物被查封之后而形成的债权。《物权法》第206条第4项规定虽与《查封规定》第27条规定就抵押物被查封后抵押债权何时确定存在不同表述，但《物权法》的法律效力高于《查封规定》，且颁布时间晚于《查封规定》，根据物权法定原则，本案应适用《物权法》规定。

另一种观点则认为，在最高额抵押关系中，通知债权人（即抵押权人）是受抵押担保的债权数额确定的前提条件，其立法本意是防止在债权人不知道最高额抵押物被查封的情形下继续出借款项，以维护债权人的合法权益，与《物权法》第206条的原则性规定并不矛盾。因此，虽然最高额抵押物被查封，但在债权人不知情时，新增债权属于最高额抵押担保的范围。

例如在山东省高级人民法院（2015）鲁商终字第154号民事判决中，法院认为：《查封规定》和《物权法》规定了抵押财产被查封后，如何确定最高额抵押权人的债权数额。《查封规定》对查封、扣押抵押财产抵押权人的债权确定条件作了具体规定，而《物权法》的该规定比较笼统。但从规定的内容上看，该司法解释与物权法的规定并不矛盾，且该司法解释依然在适用。

在杭州市中级人民法院（2012）浙杭商终字第723号民事判决中，法院认为：虽然《担保法解释》第81条规定抵押物因财产保全或者执行程序被查封后所发生的债权不属于最高额抵押所担保的债权范围，《物权法》第206条亦将抵押财产被查封规定为最高额抵押所担保的债权确定的法定事由之一，但均未对最高额抵押所担保的债权的确定时点作出明确规定。而根据《查封规定》第27条之规定，因查封所致的最高额抵押所担保的债权的确定时点，不是法院采取查封这一措施之日，而是最高额抵押权人收到法院的查封通知之日，或者是最高额抵押权人应当知道查封事实之日，故案涉最高额抵押所担保债权的确定时点应当是商业城收到法院的查封通知之日或者商业城应当知道查封事实之日。现并无充分证据证明商业城向借款人发放贷款时知道本案抵押物被查封或者查封抵押物的法院已经通知了商业城或者三佳司已经通知了商业城，故商业城依照合同约定发放借款，其抵押权应受法律保护，三佳司应对商业城的660万元借款承担抵押担保责任。

笔者赞同第二种观点，理由如下：

第一，从法律规范的内容上看，《物权法》第206条规定的是最高额抵押权所担保债权确定的几种事由，其中包括了查封；《担保法解释》第81条规定的是抵押物被查封后，最高额抵押权所担保的债权范围；《查封规定》第27条规定的是法院在查封、扣押最高额抵押物时负有通知抵押权人的义务，以及查封后债权确定的时点为抵押权人收到法院通知时或者抵押权人知道抵押物被查封时。相比而言，《物权法》《担保法解释》规定的内容实质上是同一种意思，只是表述的角度与方法不同，即最高额抵押物被查封、扣押是债权确定的法定事由，但查封、扣押是一系列的行为，上述规定没有明确债权确定的具体时点是查封、扣押裁定书及协助执行通知书送达协助执行人之时，也没有规定抵押权人知道或者不知道查封事实对最高额抵押债权确定的影响。而《查封规定》属于查封、扣押最高额抵押物的程序性规定，系执行程序的司法解释，是对《物权法》及《担保法解释》规定在程序上的细化。因此，笔者认为，上述法律、司法解释之间并不冲突矛盾，相反，存在原则规定与程序操作的关系，《查封规定》从程序上进一步明确“债权确定”的时间是“收到人民法院通知时”。所以，在具体确定《物权法》及《担保法解释》规定的债权确定时间点上，适用查封规定并无不当。

第二，从查封、扣押最高额抵押物的操作程序看，法院通知抵押权人查封事项，属于查封、扣押最高额抵押物的必备环节。当事人为交易方便、高效而订立最高额抵押合同，约定在一定期间一定额度范围内成立有抵押担保的借贷关系。抵押权人出于对抵押物安全性的信任同意发放款项，抵押人出于对资金的需求，自愿放弃对相应财产的自由处分权。而查封是一种司法强制措施，是法院行使公权力的行为。法院查封最高额抵押物导致债权确定，如果此时之前相应的债权没有形成，或者已经形成的债权没有达到约定的最高额，那么查封之后的债权不再享有抵押担保权利。换言之，抵押权人所享有的预期抵押权因查封而受到限制乃至剥夺。当行使公权对私权产生限制时，理应通知相应的权利受限人。如果不通知，那么这种限制怎么可能对权利受限人产生约束力？而且，查封最高额抵押物有别于查封普通的抵押物，因为最高额抵押物在查封前所担保的债权可能不确定，所以查封规定对此作出了特殊要求，即一方面要通知登记机关查封抵押物，另一方面要通知抵押权人确定所担保的债权范围。只有两者兼备，才算完成最高额抵押物查封。如果只查封了抵押物而不通知抵押权人，那么抵押物所担保的债权不特定，这样的查封就无法保障申请执行人的权益。

从某种意义上理解，抵押权人既是权利受限人，也是协助执行义务人，依照《查封规定》第1条规定的查封裁定书和协助执行通知书送达协助执行人时发生法律效力，抵押权人收到查封通知，相应的查封裁定书和协助执行通知书生效，也符合相应的执行文书生效逻辑。

第三，从制度成本角度看，将设定债权时对最高额抵押物进行核查作为抵押权人应负的法定义务，加大了相关当事人的交易成本。持第一种观点的人认为，查封、扣押抵押物是对抵押权的规制，抵押权人应负有审查抵押物是否被查封、扣押的注意义务。抵押权人同时也是债权人，作为市场主体在设定债权时也应履行风险审查义务。查询抵押物状况也非难事，并不会给抵押权人带来过重负担。该种观点实际上是将抵押权人对最高额抵押物是否被查封审查定性为法定义务，如不履行该义务，则查封之后形成的债权不属于担保范围。这种解释路径实际上是创设了一种成本更高的制度，本应由法院通知的“易事”，变成了抵押权人、抵押人和登记部门共同负担的“难事”，这也进一步加大了事先查询和实际查封的时间差，更有可能引发抵押人的道德风险，最终造成抵押权人的巨大损失。

而且，以查封时作为债权确定时点，实际上是免除了查封法院的通知义务，这有悖抵押权的立法宗旨。从《查封规定》第27条规定看，法院应当通知抵押权人抵押物查封事项，如法院不通知，则之后形成的债权仍在担保范围之内。而如果以查封时作为债权确定时点，那么法院无须向抵押权人通知查封事项，若抵押权人不知道抵押物被查封而认定其在约定的决算期届至前形成的最高限额内的债权不能行使抵押权，则有悖于担保法保障债权实现之初衷，亦会使最高额抵押权之功能被蜕化。

第四，从最高额抵押制度的设立初衷看，最高额抵押担保是在现代社会交易反复性与高效性的基础上产生的。由于许多商业交往都存在着很大的重复性，单纯的普通抵押权已无法满足现实需求，影响交易效率。最高额抵押是以抵押财产对将来一定期间连续发生的不特定债权提供抵押担保，其目的是为了简化手续，促进资金融通。倘若法院因第三人的申请查封抵押物，停止了抵押物的“抵押效力”，且不通知相关权利人，致使相关人员在不知情的情况下继续交易，将会严重损害当事人利益，造成不可回转的损失。这显然有违最高额抵押担保制度设立初衷。

第五，从比较法上看，许多国家或地区也将抵押权人知悉查封、扣押之时作为债权确定的时间点。例如，《日本民法典》第398条之20规定“最高额抵押权人就抵押不动产申请拍卖时，最高额抵押权应担保的原本确定，但以已有拍卖程序开始时为限；最高额抵押权人自知对抵押不动产的拍卖程序开经过两个星期时，最高额抵押权应担保的原本确定”①，明确以抵押权人知道抵押财产被查封、扣押后的两周为时间界限，此后新产生的债权（通常不会发生）不在抵押担保的范围。我国台湾地区“司法”实务也认为“最高限额抵押权之标的物，经第三人之强制执行而查封者，自最高限额抵押权人知悉该事实后，最高限额抵押权所担保的债权即告确定”②。

综上所述，笔者认为，为兼顾抵押权人与执行债权人双方的权益，最高额抵押债权因“抵押财产被查封、扣押”而确定，债权确定的时点应定为抵押权人收到查封法院通知之时或者知道抵押物被查封、扣押之时。法

---

① 王书江译：《日本民法典》，中国人民公安大学出版社1999年版，第73页。

② 谢在全：《民法物权论》，中国政法大学出版社2011年版，第886页。

院为维护当事人意思自治及交易的安全，在查封最高额抵押物时理应尽通知之义务。

【典型案例 27】

案例索引：梅建军为与中国农业银行股份有限公司兰溪市支行、兰溪市三颖纺织制品有限公司、戴锦明、戴锦元、方小娟借款合同纠纷案。一审：（2011）金兰商初字第565号（调解结案，已生效）；再审：（2013）浙金商提字第9号。

典型案例裁判文书

浙江省金华市中级人民法院(2013)浙金商提字第9号民事裁定书

基本案情：2011年6月1日，原审原告农行兰溪支行起诉至兰溪市人民法院称，2007年5月21日，农行兰溪支行与原审被告三颖公司签订最高额抵押合同，约定自2007年5月21日起至2010年5月20日止三颖公司从农行兰溪支行借款所形成的债务由三颖公司拥有的土地抵押担保，并办理了抵押登记手续。2008年7月30日原审被告戴锦明、戴锦元、方小娟三人与农行兰溪支行签订最高额保证合同，约定戴锦明、戴锦元、方小娟自愿为三颖公司自2008年7月30日至2011年7月29日向农行兰溪支行贷款提供连带责任保证，最高保证余额为1300万元。此后，农行兰溪支行合计发放贷款本金445万元，均由上列最高额抵押合同项下房地产抵押担保，及最高额保证合同保证担保。后三颖公司未还本付息。

在审理过程中，经兰溪市人民法院主持调解，双方当事人自愿达成调解协议。

后案外人梅建军申请再审称，2007年5月21日，农行兰溪支行与三颖公司签订最高额抵押担保贷款合同，对案涉房产、土地使用权设定了抵押担保，并在兰溪市房地产管理处办理了抵押登记手续。2009年5月14日，因他案法院裁判，农行兰溪支行已设定了抵押权的上述房产被兰溪市人民法院查封。2009年8月11日，农行兰溪支行已设定了抵押权的上述房产因其他裁判再次被兰溪市人民法院查封。根据法律、司法解释的规定，2009年5月14日、2009年8月11日本案所涉的房产二次被法院查封后，农行兰溪支行再发放的贷款不再享有优先受偿的权利。

法院裁判：梅建军主张本案最高额抵押所担保的债权在法院查封抵押物后特定化，其依据为《担保法解释》第八十一条“最高额抵押权所担保的债权范围，不包括抵押物因财产保全或者执行程序被查封后或债务人、抵押人破产后发生的债权”的规定。《担保法解释》第八十一条虽规定了查封事实系最高额抵押所担保的债权特定化的法定事由之一，但并未规定债权人不知道查封事实而对最高额抵押债权特定化的影响。抵押权设立的目的在于保障债权的实现。在债权人未受抵押物被查封之通知时，债权人可以在约定的期间内，在最高额范围内向借款人发放贷款。若债权人不知道抵押物被查封而认定其在约定的决算期届至前发放的最高限额内的贷款不能行使抵押权，则有悖于担保法保障债权实现之初衷，亦会使最高额抵押权之功能被蜕化，同时亦有悖于抵押权之绝对权属性。另《查封规定》第二十七条规定了人民法院查封通知的效力。该条规定：“人民法院查封、扣押被执行人设定最高额抵押权的抵押物的，应当通知抵押权人。抵押权人受抵押担保的债权数额自收到人民法院通知时起不再增加。人民法院虽然没有通知抵押权人，但有证据证明抵押权人知道查封、扣押事实的，受抵押担保的债权数额从其知道该事实时起不再增加。”作为执行程序中的司法解释，该规定系对《担保法解释》第八十一条的明确化和具体化。就本案而言，从现有证据看，梅建军并未能提供证据证明农行兰溪支行在最高额抵押期间内发放贷款时已经知道本案抵押物被查封的事实，本案亦无证据证明兰溪市人民法院查封抵押物后已经通知了抵押权人农行兰溪支行。据此，农行兰溪支行依法享有的最高额抵押权未受法定事由的阻却，其在合同约定的期间内与三颖公司发生的在最高额度内的445万元债权，对本案抵押物均依法享有优先受偿权。

裁判要旨：最高额抵押债权因“抵押财产被查封、扣押”而确定，债权确定的时点应定为抵押权人收到查封法院通知之时或者知道抵押物被查封、扣押之时。

问题27. 最高额抵押期限届满前，抵押权人转让债权的，转让出去的债权是否仍享有优先权

最高额抵押期限届满前，抵押权人转让债权的，所转债权是否享有优

先受偿权？这一问题的前提是，最高额抵押担保的债权可以转让。

《担保法》第 61 条规定："最高额抵押的主合同债权不得转让。"根据起草者的解释，《担保法》如此规定的原因是："最高额抵押是对一定期间连续发生的债权作担保，而不是单独对其中的某一项债权担保，而且最高额抵押所担保的债权在合同约定的担保期间经常变更，处于不稳定状态，如果允许最高额抵押担保的主合同债权转让，必然发生最高额抵押权是否转让？如何转让？以及如果几个债权分别转让于不同的权利主体时，最高额抵押权由谁行使？如何行使等一系列复杂问题。在我国市场机制尚未完善之前，为防止经济生活出现混乱局面，保障信贷和交易的安全，《担保法》禁止最高额抵押担保的主合同债权的转让。"[①]

显然，《担保法》第 61 条的规定是不妥当的。首先，最高额抵押权担保的既然是一定期间内连续发生的债权，并不从属于特定债权，因此，债权人将连续发生的债权中的某些或某个转让给他人，完全是可以的。这种债权让与并不会导致最高额抵押权不知由谁来行使的问题。[②] 其次，最高额抵押所担保的债权确定后，最高额抵押即成为一般抵押，债权自然可以转让。《担保法》的规定有为了限制债权确定前的转让，而一并禁止转让之嫌。最后，基于法理，最高额抵押担保的债权在未特定前也应当是可以转让的。《合同法》对债权转让有详细的规定，为债权的转让提供了法律依据，限制债权转让是没有理论上的依据和现实意义的。

鉴于《担保法》规定的错误，《物权法》吸取了理论和实务中的经验，不再限制最高额抵押担保债权的转让，但同时作出特殊规定。《物权法》第 204 条规定："最高额抵押担保的债权确定前，部分债权转让的，最高额抵押权不得转让，但当事人另有约定的除外。"《不动产登记暂行条例实施细则》第 74 条第 3 款也规定："最高额抵押权担保的债权确定前，债权人转让部分债权的，除当事人另有约定外，不动产登记机构不得办理最高额抵押权转移登记。"

上述规定至少可以理解为两层含义：第一，最高额抵押所担保的债权确定之前，法律关系处于变动状态，可以产生、消灭，当然可以转让。但

---

① 全国人大常委会法制工作委员会民法室编：《中华人民共和国担保法释义》，第 78 页。

② 程啸：《担保物权研究》，中国人民大学出版社 2017 年版，第 464 页。

是，由于最高额抵押权并不从属于一定期间将要连续发生的债权中的某个债权，而是从属于导致债权连续发生的基础性法律关系，即从属于“总约”而非“个约”。所以，除非当事人特别约定的情况下，否则部分债权的转让，并不导致最高额抵押权转让。[①] 第二，最高额抵押所担保的债权确定之后，最高额抵押权成为一般抵押权。根据《物权法》第207条的规定，一般抵押权自然可以转让。在此两层含义中，需要重点关注和特殊对待的是最高额抵押所担保的债权确定前，部分债权的转让。最高额抵押权所担保范围内的债的关系具有一定意义上的属人性的特点，即某一债权脱离了抵押权人或者某一债务脱离了义务人，都将导致其游离于最高额抵押担保的效力之外，因此不仅转让的债权不受最高额抵押的担保，而且在债务承担的情形下也将脱离最高额抵押权所担保的范围。

由于《物权法》第204条中“但书”的规定，最高额抵押权可能的转让情形增加，主要包括以下几种：（一）最高额抵押权人转让部分债权给第三人，同时与第三人约定转让部分继续受最高额抵押担保。依据第204条的规定，当事人另有约定，意味着受让人与原最高额抵押权人共有最高额抵押权，二者属于准共有的关系，实际上发生了最高额抵押权的部分转让。[②] 此种情形的处理规则见《不动产登记暂行条例实施细则》第74条第2款第1项的规定：“当事人约定原抵押权人与受让人共同享有最高额抵押权的，应当申请最高额抵押权的转移登记；”（二）最高额抵押权人转让部分债权给第三人，同时与第三人和抵押人共同约定，受让人享有一般抵押权，原最高额抵押权人就扣减已转让部分的债权继续享有最高额抵押权。依据《不动产登记暂行条例实施细则》第74条第2款第2项的规定：“当事人约定受让人享有一般抵押权、原抵押权人就扣减已转移的债权数额后继续享有最高额抵押权的，应当申请一般抵押权的首次登记以及最高额抵押权的变更登记；”（三）最高额抵押权人转让部分债权给第三人，同时与第三人约定，最高额抵押权随之转让，即原最高额抵押权人不再享有抵押权。由于该情形属于新的债权已经不可能再发生的情形，符合最高额抵押权担保的债权确定的事由。因此，实质上，最高额抵押权人与受让人约定

---

① 程啸：《担保物权研究》，中国人民大学出版社2017年版，第465页。

② 程啸：《担保物权研究》，中国人民大学出版社2017年版，第466页。

转让的是债权数额确定后的一般抵押权。依据《不动产登记暂行条例实施细则》第 74 条第 2 款第 3 项的规定："当事人约定原抵押权人不再享有最高额抵押权的，应当一并申请最高额抵押权确定登记以及一般抵押权转移登记。"（四）最高额抵押权人在债权尚未确定时，将其在基础法律关系中享有的权利义务一并转让给他人。此时，由于基础法律关系转移，最高额抵押权也同时转让。但需要注意的是，基于《合同法》，债权债务的概括转移应当征得债务人的同意。

综上，关于本问题，可以得出的结论是：最高额抵押所担保的债权数额确定前，债权可以部分或全部转让；债权数额确定前，债权部分转让的，转出部分一般不再享有优先受偿权；当事人就债权的转让有特别约定的，只要不违背法律强制性规定，就依据约定和相关规则分类处理。

问题 28. 最高额抵押与基础合同之间的关系

抵押权在发生、处分和消灭上具有的从属性是普通抵押权的重要属性。最高额抵押权作为一种特殊的抵押权，其担保的对象是特殊的对象，即一定期间将要连续发生的债权。[①] 一方面，最高额抵押权具有从属性。作为担保物权，其所依附的基本合同如果无效或不成立，最高额抵押也难以设立。另一方面，最高额抵押权的从属性与一般抵押权的从属性存在不同，并且有缓和乃至独立的趋向。

日本最高额抵押制度往复于学术界多次的肯定与否定之后，现确定适用从属性缓和理论。如今的日本学界，针对从属性缓和解释，主要存在以下解释：第一种理论认为，抵押权之从属性，只要在实现抵押权之时存在即可，即抵押权可与债权并存。[②] 第二种理论认为，若债权可能于将来发生，则抵押权也可为其成立并担保之，即"债权之可能发生"理论。[③] 日本修改民法典之时，将上述理论纳入了考虑之中，增加了最高额抵押的多种担保方式，为企业融资提供了方便的渠道，缓解了企业的融资压力。但

① 程啸：《担保物权研究》，中国人民大学出版社 2017 年版，第 450 页。

② ［日］柚木馨：《判例物权法各论》，有斐阁 1981 年版，第 261 页。

③ ［日］我妻荣：《担保物权法》，有斐阁 1988 年版，第 90 页。

是，日本在处理抵押权与主债权之间的关系时，遵循了虽然承认从属性缓和，但仍旧以坚持附随性为前提的原则。如此，可以使抵押权决定从属主债权，一定条件下可与之分离，但并非绝对脱离而存在。

我国的最高额抵押制度与理论，同日本相关领域有相似亦有相异。

从保障债权安全的功能角度来说，最高额抵押权也是以担保债权人对于债务人的债权得以圆满实现为目的的，就这一点而言，最高额抵押权与普通抵押权并无差别。但在担保的对象方面，最高额抵押权担保的并非某个特定的既存的债权，而是一定期间内将要连续发生的债权。且除了当事人另有约定外，最高额抵押权主要为担保将来发生的债权，先于主债权而存在，在权利的发生上与被担保债权不具有从属性。处于最高额抵押权之前的主债权反而成了特例，表现为《物权法》第 203 条第 2 款“最高额抵押权设立前已经存在的债权，经当事人同意，可以转入最高额抵押担保的债权范围”这一情形。

从最高额抵押权与被担保债权的转让上，如本书讨论的上一个问题所言，二者不具有转让上的从属性。除当事人另有约定外，在债权确定前，最高额抵押权不随被担保债权的转让而转让。

从确立的消灭角度，最高额抵押权与被担保债权不具有消灭上的从属性。在债权确定前，最高额抵押权不随被担保债权的消灭而消灭，即便债权全部消灭，如债务人偿还了全部债务，最高额抵押权仍然存在。在被担保的债权确定后，债权消灭的，最高抵押权消灭。[①]

基于最高额抵押与基础合同间的关系，最高额抵押具备了一般抵押所不可替代的特殊价值。实践中，作为抵押人的借款人，因企业经营和资金周转的原因，需要经常性的短期循环融资。如果在一段时间内分别向金融机构办理借款，签订数个债权债务基本合同，借款的滞后性将影响企业经营。因此，金融机构通常向对象企业确定一个信用额度，于借款发生时再实际发放相应贷款。最高额抵押满足了这类贷款的需求，减少了交易成本，高效快捷。此外，最高抵押权有利于加强基础合同债权的担保。因为最高额债权额并非实际的债权数额，在抵押担保期间，债权会不断产生、

① 曹士兵：《中国担保制度与担保方法》，中国法制出版社 2017 年版，第 314 页。

消灭。最终，债权确定时，实际的债权数额不会超过最高债权额，即使抵押权实现，也有利于债权人的受偿。综上所述，最高额抵押与基础合同相辅相成，但一定程度上相互独立。

【典型案例 28】

典型案例裁判文书
吉林省高级人民法院(2000)吉经终字第174号民事判决书

案例索引：长春国商超市有限公司与长春国际物业发展有限公司最高额抵押合同纠纷案[①]。一审：（2000）长经初字第 182 号；二审：（2000）吉经终字第 174 号。

基本案情：1999 年 4 月 10 日，国际物业与国商超市签订一份名为“购销合同”实为最高限额的抵押担保合同，并办理了抵押登记，在国际物业所有的位于长春市辽宁路 2 号的房产上设定了抵押权，取得了长房他字 3001643 号房屋他项权利证，此次抵押为该房产的第六顺位抵押，抵押担保的债权在 4000 万元以内。事实上，在签订最高额抵押合同之后，国际物业与国商超市既没有签订书面购销合同，也没有实际发生购销行为，为此，国际物业多次向国商超市索要该抵押权证，国商超市不给，致使国际物业对该房产的权利无法行使。

原告诉至法院请求解除与国商超市于 1999 年 4 月 10 日签订的抵押合同（购销合同），撤销长房他字第 3001643 号房屋他项权利证。

法院裁判：《担保法》第 59 条规定：“本法所称最高额抵押，是指抵押人与抵押权人协议，在最高债权额限度内，以抵押物对一定期间内连续发生的债权作担保。”也就是说，当事人双方约定，以抵押人的财产对彼此之间的在未来的一段时间内可能连续发生的债务，在最高额度内予以担保。这种特殊的抵押除了适用抵押的一般规定外，还就最高额抵押的特别事项作了专门的规定，该抵押的债权的具体数额在抵押成立时是不确定的或者是未发生的，而为将来债权所设定的担保，一般抵押权必须先有债权才能设定。而在最高额抵押里，则不以先有债权的存在为必要，最高额抵押的意向主合同可以在抵押合同后签订。本案则属于凭双方当事人的“意

---

① 冯彦彬、李平：《长春国际物业发展有限公司诉长春国商超市有限公司最高额抵押合同纠纷案——最高额抵押的从属性问题》，载《民商审判指导与参考》（2002 年第 3 卷）。

向性合意”先于被担保的主债而设定。即在订立该抵押合同时，双方当事人存在“购销”的意向，并基于“购销”的意向性合意，到产权处办理了抵押权登记。由于抵押权登记后，双方并没有真的就“购销”事宜达成协议，也没有实际发生购销行为，从没签过真正的购销合同，实际上只签订了最高额抵押合同。双方提交给产权处的所谓“购销合同”只是四个字，而没有具体购销合同内容。“购销合同”只是一个意向性合意，是办理该抵押登记的原因，并不表明当事人已经签订了产生实质权利义务的购销合同。由于双方的经营范围不同，导致双方将来不可能发生购销行为，致使主债权确定的不可能实现。因为该最高额抵押合同的主合同不能成立和实际发生，故国际物业请求解除该抵押合同的主张予以支持。

裁判要旨：尽管最高额抵押相对独立，但如果最高额抵押合同的基础合同并不存在，事实上也不可能发生，则基于最高额抵押的从属性，仍认定最高额抵押不生效。

问题29. 将最高额抵押权设立前已经存在的债权转入最高额抵押担保的债权范围时，是否应当办理登记以及未办理登记的法律后果

《物权法》第203条第2款规定：“最高额抵押权设立前已经存在的债权，经当事人同意，可以转入最高额抵押担保的债权范围。”实践中，对于以《物权法》第180条第1款第1项至第3项规定的财产或者第5项规定的正在建造的建筑物等设定最高额抵押权的，因《物权法》第187规定需经登记才设立，故当事人要将以此类财产设立最高额抵押权之前已经存在的债权转入最高额抵押担保的债权范围的情形有三种：一是申请最高额抵押权的设立登记时，就将已存在的债权转入最高额抵押担保的债权范围；二是最高额抵押权已经办理设立登记后，当事人合意将已存在的债权转入最高额抵押权担保的债权范围；三是最高额抵押权担保的债权已经确定，当事人在申请最高额抵押权确定登记时要求将最高额抵押权设立之前已经存在的债权转入最高额抵押权担保的债权范围。

对于第一种情形，由于最高额抵押尚未设立，当事人只是对其在《最

高额抵押合同》中约定的担保债权范围进行了变更，故并不存在最高额抵押设立后的变更可能会对后顺位抵押权人的利益发生影响的问题。根据《物权法》第 203 条第 2 款、第 207 条以及第 187 条的规定，当事人只要在申请最高额抵押设立登记时向登记机构提出申请，登记机构即应当在设立登记程序中一并办理，将该债权记入最高额抵押权担保的债权范围即可。如果此时当事人未一并申请将该债权登记为最高额抵押担保的债权范围，则该债权将因此而无法受到最高额抵押财产所担保。此时，如果当事人欲将该债权纳入最高额抵押所担保的债权范围，则将触发前述第二种情形。

对于第二种情形，由于此时最高额抵押已经设立，而最高额抵押权中的最高债权额限度是确定的，且最高债权额已经在不动产登记簿上予以记载。因此，即便当事人将已经存在的债权转入最高额抵押权担保的债权范围，抵押权都只能在最高债权额限度内受偿，对于同一不动产上的后顺位抵押权人的利益并不会发生影响。故此时当然并不构成重新设立一个新的最高额抵押权，故无须进行设立登记无疑。但此时是否构成最高额抵押的变更，是否需经变更登记才发生相应效力呢？对此，存在不同认识。

一种观点认为，根据《物权法》第 205 条的规定，最高额抵押变更，就是指对被担保债权、最高限额、决算期等的变更。其中，债权范围的变更就是最高额抵押权所担保的债权范围的变化。[①] 担保债权范围的变更，主要样态有三：一是取代型，如原约定担保因经销电器产品契约所生之债权，变更为因经销塑胶制品契约所生之债权；二是追加型，如于原约定担保经销电器产品契约所生之债权外，另追加担保经销五金产品契约所生之债权；三是缩减型，如约定担保因委任保证契约所生债权及因票据关系所生债权，变更为系担保因委任保证契约所生债权。[②] 显然，在最高额抵押已经设立后，当事人将已经存在的债权转入最高额抵押权担保的债权范围，属于追加型的担保债权范围变更。而《不动产登记暂行条例实施细则》第 72 条第 1 款规定："有下列情形之一的，当事人应当持不动产登记证明、最高额抵押权发生变更的材料等必要材料，申请最高额抵押权变更

① 最高人民法院物权法研究小组编著：《〈中华人民共和国物权法〉条文理解与适用》，人民法院出版社 2007 年版，第 611 页。

② 谢在全：《民法物权论》（中册），中国政法大学出版社 2011 年版，第 861 页。

登记：（一）抵押人、抵押权人的姓名或者名称变更的；（二）债权范围变更的；（三）最高债权额变更的；（四）债权确定的期间变更的；（五）抵押权顺位变更的；（六）法律、行政法规规定的其他情形。”故当事人应当向登记机构申请办理最高额抵押权的变更登记[①]。

另一种观点则认为，最高额抵押权设立时所担保的具体债权一般尚未确定，基于尊重当事人意思自治原则，《物权法》第203条第2款对前款作了但书规定，即允许经当事人同意，将最高额抵押权设立前已经存在的债权转入最高额抵押担保的债权范围，但此并非《物权法》第205条规定的最高额抵押权变更的内容。同理，根据《房屋登记办法》第53条的规定，当事人将最高额抵押权设立前已存在债权转入最高额抵押担保的债权范围，不是最高抵押权设立登记的他项权利证书及房屋登记簿的必要记载事项，故亦非应当申请最高额抵押权变更登记的法定情形。[②]

笔者赞同第一种观点。第二种观点仅以《物权法》第203条第2款对将最高额抵押权设立前已经存在的债权转入最高额抵押作了但书规定，且《房屋登记办法》规定，当事人将最高额抵押权设立前已存在债权转入最高额抵押担保的债权范围，不是以最高额抵押权设立登记的他项权利证书及房屋登记簿的必要记载事项为由，就认为该种情形并非《物权法》第205条规定的最高额抵押权变更的情形，显系对法律规定的错误解释。一方面，从《物权法》第205条文义表述看，其将担保债权范围的变化作为最高额抵押权变更的意思是非常明确的，《物权法》第203条第2款仅是规定了最高额抵押权无回溯性的例外，但未因此而将该种情形排除出第205条所规范的范围。另一方面，前述《不动产登记暂行条例实施细则》第72条第1款已经明确将债权范围变更作为最高额抵押权变更登记的情形，故即使《房屋登记办法》有不同规定，也应当适用在后颁布的《不动产登记暂行条例实施细则》的相应规定，《房屋登记办法》与此不同的规定不能再成为论证此种情形下无须办理变更登记的理由。当然，需要指出的是，该案二审判决系安徽高院于2014年10月21日作出，而《不动产登记暂行

---

① 参见程啸、尹飞、常鹏翱：《不动产登记暂行条例及其实施细则的理解与适用》（第二版），法律出版社2017年版，第403页。

② 参见指导案例95号（最高人民法院2018年6月20日发布）中法院说理部分。

条例实施细则》实施于2016年1月1日，故对于安徽高院于二审中作出的上述论证理由不可苛责，但最高法院将此案例作为指导案例发布，如果对此作出必要修改则更为妥当。因此，虽然最高法院将该案作为指导案例95号发布，但读者应当对此点加以辩证看待。实际上，从最高法院总结的该案例的裁判要点“即使未对该最高额抵押权办理变更登记手续”的表述也可看出，最高法院其实也是认为此种情形下应当办理变更登记。

当然，接下来的问题是，如果未办理变更登记，则是否债权人就该笔债权就不能受最高额抵押财产所担保了呢？笔者认为，就以登记为生效要件的抵押权设立而言，登记系生效要件，从体系解释的角度而言，当事人同意将最高额抵押权设立前已经存在的债权转入该最高额抵押担保的债权范围的，亦应坚持登记生效原则，否则，如果认可此种情形下不登记该债权即可受到最高额抵押的担保，则登记法所设计的此种情形下的变更登记无疑将没有存在的意义。但最高法院发布的指导案例95号的裁判要点指出：“当事人另行达成协议将最高额抵押权设立前已经存在的债权转入该最高额抵押担保的债权范围，只要转入的债权数额仍在该最高额抵押担保的最高债权额限度内，即使未对该最高额抵押权办理变更登记手续，该最高额抵押权的效力仍然及于被转入的债权，但不得对第三人产生不利影响。”对此，笔者认为，该案系不动产统一登记制度建立之前作出，且该案中债务人（抵押人）主张未办理登记故该债权不应受到最高额抵押所担保，二审法院也考虑到该主张有悖诚实信用原则，在这种情况下才得出相应的结论，作为个案具体处理尚可，但将此作为指导案例发布，确实值得商榷。当然，既然指导案例已经发布，实务中即应对此予以足够的重视。

对于第三种情形，因最高额抵押权担保的债权已经确定，最高额抵押权实际上已经变为一般抵押权，当事人申请将最高额抵押权设立之前的债权转人担保的债权范围，实际上就是变更一般抵押权担保的债权数额，势必影响后顺位抵押权人的利益。而依据《物权法》第194条第1款，此种抵押权变更“未经其他抵押权人书面同意，不得对其他抵押权人产生不利影响”。故在未经其他抵押权人书面同意的情况下，该变更对受到不利影响的抵押权人而言并不发生物权效力。

典型案例裁判文书

安徽省高级人民法院(2014)皖民二终字第00395号民事判决书

【典型案例 29】

案例索引：中国工商银行股份有限公司宣城龙首支行诉宣城柏冠贸易有限公司、江苏凯盛置业有限公司等金融借款合同纠纷案[①]。一审：(2013) 宣中民二初字第 00080 号；二审：(2014) 皖民二终字第 00395 号。

基本案情：2012 年 4 月 20 日，中国工商银行股份有限公司宣城龙首支行（以下简称工行宣城龙首支行）与宣城柏冠贸易有限公司（以下简称柏冠公司）签订《小企业借款合同》，约定柏冠公司向工行宣城龙首支行借款 300 万元，借款期限为 7 个月，自实际提款日起算，2012 年 11 月 1 日还 100 万元，2012 年 11 月 17 日还 200 万元。涉案合同还对借款利率、保证金等作了约定。同年 4 月 24 日，工行宣城龙首支行向柏冠公司发放了上述借款。

2012 年 10 月 16 日，江苏凯盛置业有限公司（以下简称凯盛公司）股东会决议决定，同意将该公司位于江苏省宿迁市宿豫区江山大道 118 号—宿迁红星凯盛国际家居广场（房号：B－201、产权证号：宿豫字第 201104767）房产，抵押与工行宣城龙首支行，用于亿荣达公司商户柏冠公司、闽航公司、航嘉公司、金亿达公司四户企业在工行宣城龙首支行办理融资抵押，因此产生一切经济纠纷均由凯盛公司承担。同年 10 月 23 日，凯盛公司向工行宣城龙首支行出具一份房产抵押担保的承诺函，同意以上述房产为上述四户企业在工行宣城龙首支行融资提供抵押担保，并承诺如该四户企业不能按期履行工行宣城龙首支行的债务，上述抵押物在处置后的价值又不足以偿还全部债务，凯盛公司同意用其他财产偿还剩余债务。该承诺函及上述股东会决议均经凯盛公司全体股东签名及加盖凯盛公司公章。2012 年 10 月 24 日，工行宣城龙首支行与凯盛公司签订《最高额抵押合同》，约定凯盛公司以宿房权证宿豫字第 201104767 号房地产权证项下的商铺为自 2012 年 10 月 19 日至 2015 年 10 月 19 日，在 4000 万元的最高余额内，工行宣城龙首支行依据与柏冠公司、闽航公司、航嘉公司、金亿达

① 指导案例 95 号（最高人民法院 2018 年 6 月 20 日发布）。

公司签订的借款合同等主合同而享有对债务人的债权，无论该债权在上述期间届满时是否已到期，也无论该债权是否在最高额抵押权设立之前已经产生，提供抵押担保，担保的范围包括主债权本金、利息、实现债权的费用等。同日，双方对该抵押房产依法办理了抵押登记，工行宣城龙首支行取得宿房他证宿豫第201204387号房地产他项权证。2012年11月3日，凯盛公司再次经过股东会决议，并同时向工行宣城龙首支行出具房产抵押承诺函，股东会决议与承诺函的内容及签名盖章均与前述相同。当日，凯盛公司与工行宣城龙首支行签订《补充协议》，明确双方签订的《最高额抵押合同》担保范围包括2012年4月20日工行宣城龙首支行与柏冠公司、闽航公司、航嘉公司和金亿达公司签订的四份贷款合同项下的债权。

柏冠公司未按期偿还涉案借款，工行宣城龙首支行诉至宣城市中级人民法院，请求判令柏冠公司偿还借款本息及实现债权的费用，并要求凯盛公司以其抵押的宿房权证宿豫字第201104767号房地产权证项下的房地产承担抵押担保责任。

法院裁判：凯盛公司与工行宣城龙首支行于2012年10月24日签订《最高额抵押合同》，约定凯盛公司自愿以其名下的房产作为抵押物，自2012年10月19日至2015年10月19日，在4000万元的最高余额内，为柏冠公司在工行宣城龙首支行所借贷款本息提供最高额抵押担保，并办理了抵押登记，工行宣城龙首支行依法取得涉案房产的抵押权。2012年11月3日，凯盛公司与工行宣城龙首支行又签订《补充协议》，约定前述最高额抵押合同中述及抵押担保的主债权及于2012年4月20日工行宣城龙首支行与柏冠公司所签《小企业借款合同》项下的债权。该补充协议不仅有双方当事人的签字盖章，也与凯盛公司的股东会决议及其出具的房产抵押担保承诺函相印证，故该补充协议应系凯盛公司的真实意思表示，且所约定内容符合《物权法》第二百零三条第二款的规定，也不违反法律、行政法规的强制性规定，依法成立并有效，其作为原最高额抵押合同的组成部分，与原最高额抵押合同具有同等法律效力。由此，本案所涉2012年4月20日《小企业借款合同》项下的债权已转入前述最高额抵押权所担保的最高额为4000万元的主债权范围内。就该补充协议约定事项，是否需要对前述最高额抵押权办理相应的变更登记手续，《物权法》没有明确规定，应当结合最高额抵押权的特点及相关法律规定来判定。

根据《物权法》第二百零三条第一款的规定，最高额抵押权有两个显著特点：一是最高额抵押权所担保的债权额有一个确定的最高额度限制，但实际发生的债权额是不确定的；二是最高额抵押权是对一定期间内将要连续发生的债权提供担保。由此，最高额抵押权设立时所担保的具体债权一般尚未确定，基于尊重当事人意思自治原则，《物权法》第二百零三条第二款对前款作了但书规定，即允许经当事人同意，将最高额抵押权设立前已经存在的债权转入最高额抵押担保的债权范围，但此并非重新设立最高额抵押权，也非《物权法》第二百零五条规定的最高额抵押权变更的内容。同理，根据《房屋登记办法》第五十三条的规定，当事人将最高额抵押权设立前已存在债权转入最高额抵押担保的债权范围，不是最高抵押权设立登记的他项权利证书及房屋登记簿的必要记载事项，故亦非应当申请最高额抵押权变更登记的法定情形。

本案中，工行宣城龙首支行和凯盛公司仅是通过另行达成补充协议的方式，将上述最高额抵押权设立前已经存在的债权转入该最高额抵押权所担保的债权范围内，转入的涉案债权数额仍在该最高额抵押担保的4000万元最高债权额限度内，该转入的确定债权并非最高抵押权设立登记的他项权利证书及房屋登记簿的必要记载事项，在不会对其他抵押权人产生不利影响的前提下，对于该意思自治行为，应当予以尊重。此外，根据商事交易规则，法无禁止即可为，即在法律规定不明确时，不应强加给市场交易主体准用严格交易规则的义务。况且，就涉案2012年4月20日借款合同项下的债权转入最高额抵押担保的债权范围，凯盛公司不仅形成了股东会决议，出具了房产抵押担保承诺函，且和工行宣城龙首支行达成了《补充协议》，明确将已经存在的涉案借款转入前述最高额抵押权所担保的最高额为4000万元的主债权范围内。现凯盛公司上诉认为该补充协议约定事项必须办理最高额抵押权变更登记才能设立抵押权，不仅缺乏法律依据，也有悖诚实信用原则。

综上，工行宣城龙首支行和凯盛公司达成《补充协议》，将涉案2012年4月20日借款合同项下的债权转入前述最高额抵押权所担保的主债权范围内，虽未办理最高额抵押权变更登记，但最高额抵押权的效力仍然及于被转入的涉案借款合同项下的债权。

裁判要旨： 当事人另行达成协议将最高额抵押权设立前已经存在的债权转入该最高额抵押担保的债权范围，只要转入的债权数额仍在该最高额抵押担保的最高债权额限度内，即使未对该最高额抵押权办理变更登记手续，该最高额抵押权的效力仍然及于被转入的债权，但不得对第三人产生不利影响。

问题 30. 主债权转让后，最高额抵押担保范围如何认定

本书前文已经论述，最高额抵押所担保的债权数额确定前，债权可以部分或全部转让；债权数额确定前，债权部分转让的，转出部分一般不再享有优先受偿权，但当事人就债权的转让有特别约定的除外。那么，当最高额抵押所担保的主债权转让后，将产生什么样的后果，最高额抵押所担保的范围应当如何认定？

依据《物权法》第 206 条的规定，最高额抵押权所担保的主债权的特定事由有如下：（一）约定的债权确定期间届满；（二）没有约定债权确定期间或者约定不明确，抵押权人或者抵押人自最高额抵押权设立之日起满二年后请求确定债权；（三）新的债权不可能发生；（四）抵押财产被查封、扣押；（五）债务人、抵押人被宣告破产或者被撤销；（六）法律规定债权确定的其他情形。

其中，主债权的转让是否与第（三）项新的债权不可能发生存在联系？所谓“新的债权不可能发生”主要包含三种原因：第一，一定种类交易的终结。如果最高额抵押权所担保的债权系基于一定种类交易所发生的，则于该交易终结时，债权亦无发生的可能性，最高额抵押权即应确定。当事人之间的交易关系的终结，完全取决于双方的意思表示。交易双方当事人合意终结交易关系，二者间的交易关系即为终结，第三人不得干涉。即使只有一方当事人有终结继续交易的意思，亦应认为交易关系的终结。第二，继续性交易合同的终止。如果最高额抵押权所担保的债权系基于继续性交易合同所产生的债权，则于该合同终止时，该债权已丧失发生的可能性，最高额抵押权即应确定。如果继续性交易合同已被解除，亦发

生同样的后果。第三，最高额抵押权所担保的债权决定标准变更。最高额抵押权所担保的债权决定标准有所变更，而按变更后的标准，被担保的债权无再发生的可能性时，最高额抵押权即应确定。

假设主债权的转让是“新的债权不可能发生”的情形之一，其与上文中第一种原因较为相似。问题是，交易当事人的变更是否能成为交易关系终结的原因之一？笔者认为这一问题的答案是肯定的。根据合同法原理，主体是合同最基本的要素之一，主体变更将导致合同目的难以实现。一旦交易当事人改变，原有交易关系应当被认定为已经终结，而交易的承受者面对的是新的交易关系。新的债权不可能发生应当理解为在原有债权债务关系的基础上，不会再有变更。显然，主债权的转让符合这一描述，属于最高额抵押权所担保的债权特定的事由。

而一旦最高额抵押权确定后，其效力根据法律规定即可显现。第一，被担保债权确定时存在的原本债权，不论该债权是否已届清偿期或是否附有条件，均属于抵押担保的范围。第二，被担保债权确定时存在的被担保债权的利息、违约金、赔偿金，无论在确定时是否发生，均属于被担保债权的范围。第三，以上属于担保债权范围的原本债权、利息等，在不超过最高额抵押合同约定的最高额限度内，由债权人享有优先受偿权。在性质上，最高额抵押所担保的债权一经确定，担保债权的流动性即告丧失，该抵押权所担保的不特定债权变为特定债权，最高额抵押实质上成为一般抵押。在程序上，根据《不动产登记暂行条例实施细则》第 73 条的规定，当发生导致最高额抵押权担保的债权被确定的事由，从而使最高额抵押权转变为一般抵押权时，当事人应当持不动产登记证明、最高额抵押权担保的债权已确定的证明等必要材料，申请办理确定最高额抵押权的登记。

典型案例裁判文书

江苏省盐城市中级人民法院(2013)盐商终字第0270号民事判决书

【典型案例 30】

案例索引：滨海县金汇农村小额贷款有限公司诉江苏奇尔乐阀门有限公司等金融债权转让纠纷案①。一审：（2012）滨商初字第

① 江苏法院（2013）参阅案例 109 号，载《江苏省高级人民法院公报》2013 年第 6 辑（总第 30 辑）。

0557号；二审：(2013)盐商终字第0270号。

基本案情：2010年12月27日，奇尔乐公司向中国农业银行股份有限公司滨海县支行借款150万元，签订《借款合同》一份。农行滨海支行按约向奇尔乐公司发放贷款150万元，到期日为2011年12月26日。上述债务以奇尔乐公司的房地产提供抵押担保。保盛公司、阮琦、葛文标自愿为该借款作了连带责任保证。2011年12月22日，农行滨海支行与金汇公司签订债权转让协议，将该笔贷款本息及相应的抵押权、保证权利转让给金汇公司。金汇公司提起本案诉讼，请求奇尔乐公司偿还贷款本金150万元及从借款之日起至履行完毕之日止按合同约定的利息；金汇公司对抵押物拍卖、变卖的价款有优先受偿权；保盛公司、阮琦、葛文标对上述借款本息承担连带偿还责任。

法院裁判：农行滨海支行与奇尔乐公司、阮琦、保盛公司、葛文标签订的借款合同、最高额抵押合同、最高额保证合同系各方当事人的真实意思表示，不违反法律法规的强制性规定，应为有效。因奇尔乐公司未按约给付利息，农行滨海支行将该笔债权及相应的抵押权、保证权利一并转让给金汇公司。根据《合同法》第七十九条的规定，债权人可以将合同的权利全部或者部分转让给第三人，但依照法律规定不得转让的除外。目前对商业银行向社会投资者转让贷款债权没有禁止性规定，其将本案所涉已经形成清偿风险的债权转让给金汇公司并收取了对价，未损害国家金融资产安全，故本案农行滨海支行将金融债权转让给金汇公司系双方当事人的真实意思表示，未违反法律的强制性规定，应认定为有效。

最高额抵押担保的主合同债权能否转让的问题。上诉人保盛公司、葛文标上诉认为本案所涉债权转让无效的理由主要为：本案所涉债权转让违反了《担保法》第六十一条有关最高额抵押的主合同债权不得转让的禁止性规定，债权转让未经债务人和担保人同意，未履行告知义务。对此，法院认为，当最高额抵押担保项下之不确定债权变为确定债权时，根据最高法院司法解释精神，担保额亦确定化，故担保债权即可随之转让，而被告在债权确定化之后仍以前述理由抗辩属于无效。《合同法》第八十条规定债权人转让权利的，应当通知债务人。未经通知，该转让对债务人不发生效力。农行滨海支行在诉讼中提供了书面情况说明，在2011年12月22日其依法向奇尔乐公司送达了债权转让通知，但因奇尔乐公司已停产歇业，无人管理，无人签收该通知，后于2012年7月17日在滨海报上刊登了债权转让通知，明确告知债务人债权转让的事实，履行了通知义务。故该债权转让对债务人奇尔乐公司发生效力。《担保法》第二十二条规定保证期间，债权人依法将主债权转让给第三人的，保证人在原保证担保的范围内继续承担保证责任。可见，担保债权作为一项从权利将随主债权的移转而发生移转，无须征得保证人的同意。故上诉人保盛公司、葛文标认为债权转让须得到保证人的同意没有法律依据，法院不予采信。综上，保盛公司、葛文标上诉认为本案所涉债权转让合同无效的理由不能成立，法院不予采纳。

根据最高额保证合同的约定，本案所涉保证担保的范围包括主债权本金、利息、罚息、复利等。《担保法解释》第二十三条规定最高额保证合同的不特定债权确定后，保证人应当对在最高债权额限度内就一定期间连续发生的债权余额承担保证责任。据此，最高额保证的责任范围应当是最高债权额限度内的债权余额。故本案中，农行滨海支行在债权转让时已经确定的债权本金150万元及相应利息，保证人对该部分确定的债权承担保证责任。至于债权确定后产生的债权利息、违约金、损害赔偿金等虽然在债权确定时尚未发生，但该利息作为附随债权如未超过160万元最高限额，也属于担保范围。因此，上诉人保盛公司、葛文标上诉认为保证人只应当在最高限额范围内承担保证责任的上诉理由成立，法院应予支持。另根据《物权法》第一百七十六条规定，被担保的债权既有物的担保又有人的担保的，债务人不履行到期债务或者发生当事人约定的实现担保物权的情形，债权人应当按照约定实现债权。本案中，保盛公司、葛文标签订的《最高额保证合同》第七条保证责任的承担约定，本合同所担保的债权同时存在物的担保和保证担保的，债权人可以就物的担保实现债权，也可以要求保证人承担保证责任。故金汇公司有权按照合同约定要求保证人承担保证责任。上诉人保盛公司、葛文标认为保证人应当就抵押权不能受偿的部分承担保证责任缺乏事实和法律依据，法院不予采信。

综上，农行滨海支行与奇尔乐公司、保盛公司、葛文标、阮琦签订的借款合同、最高额抵押合同、最高额保证合同均系有效协议。农行滨海支行将最高额抵押担保的债权转让给金汇公司，该债权转让的行为亦发生债权确定的效果。最高额抵押权因担保的债权确定后变更为担保特定债权的普通抵押权，该抵押权可以随特定债权转让。金汇公司受让特定债权及相应的担保权利后，因该债权已届清偿期，其有权行使抵押权在约定的最高债权余额内优先受偿，同时要求保证人在约定的最高债权余额内承担保证责任。

裁判要旨：商业银行将最高额抵押担保的债权转让后，该债权转让的行为发生债权确定的效果，最高额抵押权可随该特定债权转让。新的债权人有权就特定债权及债权确定后产生的利息、违约金等在最高债权余额限度内行使抵押权。

第六节 其 他

问题 31. 如何理解动产浮动抵押“购买人不受追及规则”

浮动抵押源于英国衡平法，是指抵押人以其现有的和将来取得的全部财产或部分财产设定抵押权的担保制度。与固定抵押相比，浮动抵押最显著的特征在于其“浮动性”，即抵押财产的不特定性和变动性。[①] 我国《物权法》第 181 条规定：“经当事人书面协议，企业、个体工商户、农业生产经营者可以将现有的以及将有的生产设备、原材料、半成品、产品抵押，债务人不履行到期债务或者发生当事人约定的实现抵押权的情形，债权人有权就实现抵押权时的动产优先受偿。”学界通说认为，此条乃动产浮动抵押之规定。

浮动抵押制度允许抵押人以现有的和将来取得的财产进行担保，满足融资需求，同时抵押人可以自由处分其财产，不影响日常经营，因而众多国家和地区民商事立法均予以吸纳。我国《物权法》第 189 条第 2 款规定：“依照本法第一百八十一条规定抵押的，不得对抗正常经营活动中已支付

① 王利明：《物权法研究》（下卷），中国人民大学出版社 2012 年版，第 1279—1280 页。

合理价款并取得抵押财产的买受人。”正是符合了浮动抵押保障抵押人经营的功能，规定了正常经营活动中的购买人不受追及规则。一方面，通过限制抵押权人以抵押权对抗第三人，从而保护抵押人和买受人的正当权益；另一方面，通过条款设置的各项条件保护抵押权的实现，维护抵押制度的基本价值。通过两个方面的兼顾，平衡抵押权人、抵押人、买受人三方利益。

实践中，对于该条款的适用应当注意以下几个方面，同时也是浮动抵押对抗效力例外情形的构成要件：

第一，正常经营活动应当如何界定？有学者主张应当采取宽泛的解释，因为市场情况千变万化，经营方式各不相同，经营行为各具特色，一一列举正常经营活动的种类难免挂一漏万。因此将判断行为合理性的权限交由法官，以诚实信用原则并结合交易习惯和商业管理作为标准评判。[①]亦有学者认为应对正常经营活动作狭义解释，如王利明教授认为，从《物权法》第189条的条文表述来看，应当将正常的经营活动限于移转所有权或其他权利的买卖活动，因为该条规定的只是买受人，显然不包括抵押权人、留置权人等非买卖活动中的当事人，而且必须是合法的交易行为。[②]再如，梁慧星教授主张，正常经营行为是指向产品用户或经销商出售产品，参考《合同法》第74条，不包括“无偿转让”和“以明显不合理的低价转让”。[③] 对正常经营活动的界定包含了价值判断，反映了立法者对不同主体利益关系的态度和安排。我们认为，在界定方法上，应当采狭义的具体列举，辅之广义的原则性标准指明特征或兜底，通过二者的结合既保证操作的客观性，也避免滥用自由裁量。

第二，何为已支付合理价款？浮动抵押不能对抗的第三人必须是正常经营活动中已支付了合理加款的买受人。如果买受人仅仅是与抵押人订立了买卖合同，但是尚未支付价款或者仅支付极少价款，那么就没有保护这些买受人的必要。“合理”是我国民商事立法中较为常见的术语，如《物权法》第106条善意取得制度的“以合理的价格转让”，《合同法》第74条

---

① 李政辉：《论浮动抵押》，载《民商法论丛》（第14卷），法律出版社2000年版，第726页。

② 王利明：《物权法研究》（下卷），中国人民大学出版社2012年版，第1284页。

③ 梁慧星：《特别动产集合抵押》，载《人民法院报》2007年9月13日，第6版。

债权人撤销权中“债务人以明显不合理的低价转让财产”等。合理加款应当参考市场价格或政府指导价，《合同法解释（二）》第19条对《合同法》第74条进行了解释，“人民法院应当以交易当地一般经营者的判断，并参考交易当时交易地的物价部门指导价或者市场交易价，结合其他相关因素综合考虑予以确认。转让价格达不到交易时交易地的指导价或者市场交易价百分之七十的，一般可以视为明显不合理的低价”。笔者认为，浮动抵押作为正常交易的担保形式，与正常交易中的价款联系紧密。因此，在法律适用上，应当保持一致。在判断买受人是否支付了合理价款时亦应参考合同法相关规定。值得注意的是，所谓合理价款并非必须是金钱，如当事人之间通过以物易物的方式，只要交换物的价值符合相关要求，也是适用本条款规定的。

第三，买受人必须已经取得了抵押财产，即抵押人已经将抵押财产交付给了买受人。根据《物权法》第23条规定：“动产物权的设立和转让，自交付时发生效力，但法律另有规定的除外。”如果抵押财产尚未交付，买受人就没有取得该抵押财产的所有权，即使其支付了全部价款，也仅仅是债权关系。作为担保物权的浮动抵押人自可以其物权对抗债权，得到优先的效力。

我国《物权法》规定了浮动抵押以及与浮动抵押密切相关的购买人不受追及规则，但规定较为简陋。从应然的角度看，物权法既然规定了浮动抵押，就应当全面、科学地规定与浮动抵押密切相关的其他制度，主要包括购买价金担保权制度和动产担保权的统一登记制度、动产担保物的科学分类制度。[①] 只有在应有制度全面构建基础上，才能真正发挥浮动抵押促进企业融资、担保交易安全的功能。

【典型案例31】

案例检索：中央储备粮宜昌直属库与湖北当阳农村商业银行股份有限公司借款合同纠纷案。一审：（2012）鄂宜昌中民一初字第00008号；二审：（2013）鄂民二终字第00041号。

---

① 董学立：《浮动抵押的财产变动与效力限制》，载《法学研究》2010年第1期。

典型案例裁判文书

湖北省高级人民法院(2013)鄂民二终字第00041号民事判决书

基本案情： 2011年3月31日，当阳农商行与新亚公司签订一份《流动资金借款合同》，约定向新亚公司发放贷款1300万元。同日，签订一份《法人客户浮动抵押合同》，约定合同项下的贷款由新亚公司以该公司所有12400吨小麦提供抵押担保并办理了动产浮动抵押登记。同日，当阳农商还与周治泉、田远明、周曰英签订一份《保证合同》，由周治泉、田远明、周曰英对上述借款本息提供连带保证担保。后，债务人届期未清偿债务，债权人诉至法院。

法院裁判：《物权法》第一百八十一条规定：经当事人书面协议，企业、个体工商户、农村生产经营者可以设立浮动抵押。浮动抵押权是指企业、个体工商户、农村生产经营者以其全部动产，包括现在的和将来可以取得的全部动产为标的设定的抵押。动产浮动抵押是以不特定的动产作为担保标的物，因此只有因担保权的行使、债务人违约等确定事由发生而转换为特定担保，才以抵押人当时拥有的相应动产特定为抵押物，抵押权人只能对浮动抵押确定时属于抵押人财产享有优先受偿权。浮动抵押虽设立于抵押人的全部或部分财产之上，但抵押人仍有权对设押财产在日常经营范围内行使所有权的占有、使用、收益、处分权能。同时，《物权法》第一百零六条规定："无处分权人将不动产或者动产转让给受让人的，所有权人有权追回，除法律另有规定外，符合下列情形的，受让人取得该不动产或者动产的所有权……"因此《物权法》第一百零六条规定的物权善意取得制度既适用于不动产，又适用于动产。该条对所有权善意取得规定了三个要件，即受让人受让该不动产或者动产时是善意的；以合理价格转让；转让的不动产或者动产依照法律规定应当登记的已经登记，不需要登记的已经交付给受让人。因抵押权的设立不以对价为要件且动产抵押权取自抵押合同，不依赖抵押物的登记和交付，因此善意取得动产抵押权的要件即为债权人在签订动产抵押合同时是善意的。本案中，当阳农商行与新亚公司签订浮动抵押合同时，是基于无权处分人新亚公司占有标的物的事实，该占有事实的存在具有公信力，当阳农商行在签订抵押合同时，并不知道新亚公司对所涉抵押标的物无权处分，且按合同约定向新亚公司实际发放了贷款。据此，虽然当阳农商行与新亚公司之间签订的浮动抵押合同中涉及无权处分所涉抵押部分违反了我国合同法和物权法禁止性规定，但因当阳农商行签订抵押合同是善意的，仍可以取得该部分动产的抵押权。由于本案当阳农商行与新亚公司签订的是浮动抵押合同，我国《物权法》第一百八十九条对浮动抵押登记及其效力和保护善意相对人利益亦作了规定。该条第二款规定："依照本法第一百八十一条规定设定抵押的，不得对抗正常经营活动中已支付合理价款并取得抵押财产的买受人。"故本案中，虽然当阳农商行与新亚公司签订了浮动抵押合同，亦办理了抵押登记，但根据上述关于浮动抵押对抗效力的特别规定，当阳农商行对小麦仍不能享有优先受偿权。

裁判要旨：第三人与动产浮动抵押人进行以物易物，该行为应当被认定为一种支付对价的交易行为，依据《物权法》第一百八十一条的规定，动产浮动抵押权不得对抗买受人。

第四章　质　押

第一节　质押合同的生效及质权的设立

问题 1. 交付是否为质押合同的生效要件

关于交付是否为质押合同的生效要件，《担保法》第 64 条第 2 款规定："质押合同自质物移交于质权人占有时生效。"而《物权法》第 212 条则规定："质权自出质人交付质押财产时设立。"可见，在这一问题上，《担保法》与《物权法》的规定并不相同。那么，《担保法》关于交付作为质押合同生效要件的规定是否还有效呢?

笔者认为，《担保法》第 64 条第 2 款的规定因与《物权法》的规定相冲突而不再适用。《物权法》第 212 条的规定修改了《担保法》的相关规定。同时，《物权法》第 178 条规定："担保法与本法的规定不一致的，适用本法。"而根据《物权法》的规定，是否交付质押财产并不影响质押合同的效力，而只是影响到质权是否设立。《物权法》作出这种修改显然是十分必要的。因为《担保法》的上述规定，混淆了质押合同的效力和质权设定的效力。[①] 在法律上，所谓质押合同的生效，只是指当事人依据法律的规定，就质押合同的主要条款达成了合意，且受到法律的认可。原则上，只要合意达成，质押合同就生效，并对当事人产生拘束力，使当事人之间依据质押合同而产生债权。所谓质权的设定，是指当事人通过订立质押合同并移转对质押财产的占有，从而创设质权。出质人应当根据质押合

---

① 参见刘保玉主编：《物权法学》，中国法制出版社 2007 年版，第 352 页。

同约定向债权人及时交付质押财产，在交付并移转对质押财产的占有之后，才导致质权的设定。所以，出质人没有交付质押财产，只是没有完成法定的质权设定的公示方法，从而导致作为担保物权的质权不能设立，但并不会影响质押合同的效力。[①]

相应地，《担保法解释》第87条第1款规定的“出质人代质权人占有质物的，质押合同不生效”也不再适用。[②]

【典型案例1】

案例索引：北京众义达汇鑫汽车销售服务有限公司与北京华盛典当有限公司借款合同纠纷案[③]。一审：（2009）朝民初字第23443号；二审：（2010）二中民终字第702号。

典型案例裁判文书

北京市第二中级人民法院(2010)二中民终字第702号民事判决书

基本案情：2008年5月15日，（乙方）北京众义达汇鑫汽车销售服务有限公司（以下简称汇鑫公司）与华盛典当公司（甲方）北京华盛典当有限公司（以下简称华盛典当公司）签订2008年借字023号《借款合同》。合同约定：甲方同意依本合同约定向乙方提供机动车质押借款。本合同项下的借款用于补充流动资金，未经甲方书面同意，乙方不得改变借款用途。为保证本合同项下借款本金得到偿还，采取编号为2008年动质字023号的质押合同、2008年保字023号的保证合同作为担保，乙方在此确认，甲方有权选择行使上述所列各担保合同中的权力，以实现甲方的债权并放弃对甲方上述选择的一切抗辩。本合同项下的担保如发生不利于甲方债权的变化，经甲方通知，乙方应按要求另行提供符合甲方要求的担保。

合同签订后，汇鑫公司于2008年5月15日将15辆荣威汽车的合格证原件、发票（空白）原件和车钥匙交付给华盛典当公司。华盛典当公司于2008年5月15日出具当票，典当金额为180万元。华盛典当公司在扣除

① 参见刘保玉主编：《担保纠纷裁判依据新释新解》，人民法院出版社2014年版，第229页。

② 但该条规定所体现出来的占有改定不构成质权设立中的“交付”的精神，仍应予以肯定，详见下文分析。

③ 刘保玉主编：《担保纠纷裁判依据新释新解》，人民法院出版社2014年版，第229页。

综合费用 75600 元后，将其余 1724400 元汇入汇鑫公司账号。后汇鑫公司主张质押合同不生效，向法院起诉。

法院裁判： 贷款人华盛典当公司与借款人汇鑫公司签订的借款合同、质押合同未违反国家有关金融法律法规的禁止性规定。就汇鑫公司认为质押财产并未移交给华盛典当公司，故质押合同无效，从而导致借款合同无效一节，因汇鑫公司将质押车辆的合格证原件、发票原件以及汽车钥匙交与了华盛典当公司，虽然车辆停在汇鑫公司处，但汇鑫公司已不能随意处置车辆，华盛典当公司可以视为已经实际占有了车辆，故汇鑫公司的该项理由不成立，汇鑫公司与华盛典当公司签订的借款合同和质押合同合法有效，对贷款人、借款人均产生法律约束力。根据双方的合同约定，华盛典当公司收取综合费的方式为预先收取，故华盛典当公司在放款时，先行扣除综合费的行为并无不妥，双方之间的借款金额应以借款合同的金额为准。因汇鑫公司未能按照合同约定履行归还本金的义务，已构成违约，其应当承担相应的违约责任。华盛典当公司要求汇鑫公司支付逾期滞纳金的诉讼请求，符合法律规定，予以支持。

裁判要旨： 质押财产的交付是质权人享有质权的前提条件，并不影响质押合同的效力。

问题 2. 如何认定是否构成动产质权设立中的“交付”

取得动产质权，有依法律行为取得质权和非依法律行为取得质权。所谓非依法律行为取得质权，即通过继受取得质权。具体来说，有通过继承或让与等方式取得质权。由于质权属于从权利，因此，一般情况下，无当事人另有约定时，质权随主债权移转而移转，即主债权被继承的，其附属的质权也一同被继承。在继受取得质权的情形下，由于在质权移转之前，此前的质权人已经法定方式合法取得质权，并通过交付的方式获得对质押财产的占有，因此，此时无须考虑动产质权设立的交付问题。正如《物权法》第 29 条规定：“因继承或者受遗赠取得物权的，自继承或者受遗赠开始时发生效力。”

但是，在依法律行为设定质权时，却一定存在移转质押财产的占有，即所谓的“交付”的问题。对此，《物权法》第 212 条规定，质权自出质人交付质押财产时设立。

那么，该如何认定是否构成动产质权设立中的“交付”呢？在理论上，交付分为现实交付与拟制交付，而拟制交付又分为简易交付、指示交付和占有改定。那么是否以上的交付类型都足以构成设立动产质权的交付呢？

首先，通过现实交付可以设立动产质权，这点并无疑问。所谓现实交付，即出质人将对质押财产的占有现实地移转给质权人。只有当质权人取得了对质押财产的单独占有并且出质人不享有任何占有时，现实交付才算完成。现实交付也可以借由占有辅助人、占有媒介人等第三人的加入甚或被指令人的加入而完成。[①] 现实交付是最典型的设立动产质权的方式，这种方式使得质押财产在脱离原占有人即债务人或者第三人的直接占有后随即由债权人直接占有，一旦直接占有人由债务人或者第三人转为债权人，即交付完成，此时原债务人或者第三人就多了一个身份，即出质人，而原债权人也就成了质权人。

其次，通过简易交付和指示交付也可设定动产质权。所谓简易交付，是指动产物权设立和转让前，如果债权人已经依法占有了该动产，就无须再行实际交付。从质押合同发生效力时起直接发生物权设立的效力。对此，《物权法》第 25 条规定：“动产物权设立和转让前，权利人已经依法占有该动产的，物权自法律行为生效时发生效力。”[②] 当出质人并不占有质押财产，而是由第三人占有质押财产时，其也可以通过指示交付的方式设立动产质权。所谓指示交付，也称“返还请求权的让与”，以指示交付的方式设立动产质权是指，负有交付义务的出质人的动产由第三人占有，此时出质人将其享有的针对第三人的返还请求权让与给质权人，以代替现实交付。[③] 对此，《物权法》第 26 条规定：“动产物权设立和转让前，第三人依法占有该动产的，负有交付义务的人可以通过转让请求第三人返还原物的

---

① 程啸：《担保物权研究》，中国人民大学出版社 2017 年版，第 497 页。

② 最高人民法院民一庭：《质权人将质押财产交回出质人后不再享有质权》（杨永清执笔），载奚晓明主编、最高人民法院民一庭编：《民事审指导与参考》2010 年第 4 集，法律出版社 2011 年版，第 184 页。

③ 程啸：《担保物权研究》，中国人民大学出版社 2017 年版，第 497 页。

权利代替交付。”以上两种拟制交付都有物权法明确规定可以设定动产质权，其交付的效力与现实交付相同。

最后，对于通过占有改定这种拟制交付的方式是否可以设定动产质权，实务中存在不同观点：第一种观点认为，占有改定可以设定动产质权。理由是，占有改定属于交付方式的一种，理应可以设定动产质权。第二种观点认为，占有改定不能设定动产质权。理由是，动产质权属于留置型的担保，其目的是通过占有债务人或者第三人的动产，一方面对债务人产生心理压力，从而迫使其尽快履行债务；另一方面，防止债务人处分担保财产，保证债权优先受偿。如果允许当事人采取占有改定的方式设立质权，就违背了动产质权制度的设立目的。[①] 笔者赞同第二种观点，所谓占有改定，是指动产物权的让与人使受让人取得对标的物的间接占有，以代替该动产现实移转的交付。[②] 对此，《物权法》第 27 条规定，动产物权转让时，双方又约定由出让人继续占有该动产的，物权自该约定生效时发生效力。之所以认为占有改定不能设定动产质权，主要是基于以下几点考虑：

第一，动产质权的设立须对外进行公示，这是物权法上公示公信原则的要求。只有进行公示，才能保障交易安全。而动产质权的公示方式则就是进行交付。即从外界来看，质押财产的直接占有由原债务人或者第三人移转至债权人。若非质押财产的直接占有移转，则从外界来看，质押财产的占有并没有改变。而从占有改定的含义可以看出，在占有改定中，当事人并没有实现对质押财产的实际转移，从始至终，对标的物的直接占有都属于债务人。因此，占有改定也被称为假交付。[③] 由于没有实现债权人对质押财产的直接占有，缺乏公示性。因此，认定占有改定亦构成动产质权设立中的“交付”，与设定动产质权所需的公示要求不相吻合。

第二，动产质权之所以要求转移直接占有，是因为动产质权在性质上属于留置型担保。当债务人到期不能清偿债务时，债权人可以就自己直接占有的质押财产优先受偿，即可对质押财产拍卖变卖等以受偿债务。《物

---

① 参见王利明：《法律解释学导论——以民法为视角》，法律出版社 2009 年版，第 295 页。

② 程啸：《担保物权研究》，中国人民大学出版社 2017 年版，第 497 页。

③ 曹士兵：《中国担保制度与担保方法》（第四版），中国法制出版社 2017 年版，第 326 页。

权法》第208条第1款也规定："为担保债务的履行，债务人或者第三人将其动产出质给债权人占有的，债务人不履行到期债务或者发生当事人约定的实现质权的情形，债权人有权就该动产优先受偿。"正是因为担保性，只有通过移转直接占有，才能给债务人形成一种压力。如果到期不能偿还债务，则该质押财产将可能被债权人优先受偿。如果不移转占有，则债务人直接占有该质押财产，这很难形成对债务人的压力，因为：一方面，债务人自己直接占有质押财产，在质押期间，其自身可能对质押财产进行各种使用，使得质押财产价值可能减损；另一方面，到期不能清偿债务时，债务人可能会先行对质押财产进行处置，债权人就难以优先受偿，这样就难以实现质押财产的担保作用了。

此外，还有几种与占有改定性质一样的行为，由于没有实现债权人对质押财产的直接占有或不符合公示要求等，也不能成立动产质权。第一种是由质权人或质权人的代理人代替债权人占有质押财产；第二种是在实现质押财产的现实交付后，质权人又将质押财产交回出质人。以上两种行为，其本质上与占有改定一样，均没有实现债权人对质押财产的实际控制，也不符合动产质权的公示要求，因此，不能通过该种方式设定动产质权。

综上所述，就交付方式而言，现实交付、简易交付和指示交付均可依法设定动产质权，而对于占有改定来说，由于其难以实现担保的作用，因此不能由占有改定的交付方式设定动产质权。

【典型案例2】

案例索引：祝培武与烟台胶东美术馆、吕健质押合同纠纷案。一审：(2013)烟商初字第201号；二审：(2014)鲁商终字第457号民事判决；申请再审审查：(2015)民申字第1212号。

典型案例裁判文书

山东省高级人民法院(2014)鲁商终字第457号民事判决书

基本案情：2011年10月14日，祝培武与吕健签订《个人借款合同》，祝培武借给吕健1000万元，借期为2011年10月14日至2011年11月13日，利息为按月利率3%计。同日，祝培武与烟台胶东美术馆签订《质押合同》，约定为保障上述债权，烟台胶东美术馆向祝培武提供质押担保。质押财产为烟台胶东美术馆所有藏品，具体状况见合同附件，编号为(20111014—1) 号《质押财产交接清单》。质押财产在烟台胶东美术馆于本合同签订同时，向祝培武移交质押财产、由祝培武保管。当日，祝培武与吕健签署《20111014—1 号质押财产交接清单》，移交人为烟台胶东美术馆法定代表人吕健，接收人为祝培武。

祝培武在将借款 1000 万元付给吕健后，吕健未能按期还款。2012 年 1 月，祝培武将烟台胶东美术馆、吕健及借款担保人烟台华健经贸发展有限公司、烟台柯兰家饰品有限公司和吕健之妻靳玉珍诉至山东省烟台市中级人民法院。要求其返还借款本金 1000 万元及承担利息、违约金等。该院以（2012）烟民一初字第 20 号民事调解书结案。在该案审理过程中，祝培武申请对烟台胶东美术馆的财产进行查封。2012 年 2 月 10 日，原审法院对祝培武做过一次调查笔录，内容为："关于你诉吕健一案，你要求保全烟台胶东美术馆内的全部藏品或财产，现在又没有明细、也无法清点，前面还有查封的，怎么保?"祝培武称："这个我可以承诺，先公告全部查封上，将来以实际存在的物品和数量为准。"原审法院于 2012 年 2 月 24 日在烟台胶东美术馆的门上张贴了公告，查封烟台胶东美术馆所有财产。

本案在审理过程中，烟台市福山区人民法院向原审法院反映，该院在审理烟台市福山区润福信用担保有限责任公司诉烟台胶东美术馆、吕健借款纠纷一案中，于 2011 年 12 月 23 日查封保全了胶东美术馆所有的物品一宗（字画、红木家具、瓷器等），并附有查封清单及照片、录像。2012 年 1 月 9 日，邢治山诉烟台胶东美术馆、吕健借款纠纷一案，双方达成了调解协议。协议达成之前，邢治山也申请福山区法院对烟台胶东美术馆的财产进行了查封。烟台市福山区人民法院执行局在执行该案过程中，对被执行人吕健所做执行笔录中，吕健称烟台胶东美术馆办理质押时，祝培武提出质押财产存放地问题，吕健称自己不同意改变，给了祝培武一把钥匙，2013 年 11 月 26 日之后，祝培武把烟台胶东美术馆的门锁上了。

法院裁判：《物权法》第二百一十二条规定："质权自出质人交付质押财产时设立。"所谓交付，即移转占有。质权作为享有优先受偿的担保物权，因可能涉及其他债权人的利益，故其设立须以转移占有作为公示方法。本案双方当事人签订《质押合同》约定，祝培武租赁吕健的房产即藏品原存放地点保管质押财产，美术馆向祝培武交付一把钥匙。祝培武据此认为，双方已经完成质押财产的交付，其对质押财产实际控制与占有。然而，美术馆仅向祝培武交付一把钥匙，且该钥匙并非美术馆唯一的钥匙，美术馆亦持有其他钥匙，说明质押财产并未脱离出质人的占有与控制。如一审法院认定，案涉财产质押期间，在祝培武不知情的情况下，质押财产因另案被其他法院查封，表明祝培武对质押财产没有完全控制与占有，质押财产亦未脱离出质人的直接控制。动产质权设立之目的在于保障债权人可以依据质权优先受偿，确保其权益的实现。如果质押财产仍留在出质人手中，或者并未脱离出质人的直接占有与控制，就不能有效地防止出质人擅自处分质押财产，与质权设立之目的相悖。因此，本案质押财产的交付方式，既不符合动产质权的公示方法，亦不符合质权制度设立之目的，不构成有效的交付。祝培武关于质押财产已经交付，质权因此设立的主张缺乏事实和法律依据，本院不予支持。

裁判要旨：动产质权设立之目的在于保障债权人可以依据质权优先受偿，确保其权益的实现。如果质押财产仍留在出质人手中，或者并未脱离出质人的直接占有与控制，就不能有效地防止出质人擅自处分质押财产，与质权设立之目的相悖。

问题 3. 质权的效力是否及于从物

按照物的分类，可以将物分为主物与从物。所谓从物，是指非主物的成分，但辅助主物发挥其效用的物。原则上，从物与主物共享法律命运。那么，当主物被设定质权时，从物是否为质权的效力所及？

对此，实务界存在两种不同的观点：

第一种观点认为，只有当从物与主物一并移交给质权人占有时，质权的效力才及于从物；[1] 第二种观点认为，主物的处分效力及于从物，此乃

---

① 参见谢在全：《民法物权论》（下册），中国政法大学出版社 2011 年版，第 217 页。

民法基本原则，因此无论从物是否随同质押财产一并交付给质权人，质权的效力均及于从物。①

笔者赞同第一种观点，即质权的效力是否及于从物，这取决于从物是否随同主物一并交付。理由在于，交付为动产质权设立的生效要件。如果从物并未交付，则从物自然不应属于质权标的物的范围。对此，《担保法解释》第91条规定："动产质权的效力及于质物的从物。但是，从物未随同质物移交质权人占有的，质权的效力不及于从物。"

问题4. 质权是否随主债权转让而一并移转

质权与抵押权是常见的担保物权。关于抵押权的可转让性，因法律有明文规定，并不存在争议。根据《担保法》第50条与《物权法》第192条之规定，抵押权不得与债权分离而单独转让或者作为其他债权的担保。债权转让的，担保该债权的抵押权一并转让，但法律另有规定或者当事人另有约定的除外。可见，抵押权是可以转让的，但须受到担保物权从属性的限制，只能与主债权一同转让。

不同于抵押权，关于质权可否以及如何转让，现行法并未明确。实践中存在不同认识。一种观点认为，质权包括动产质权和权利质权。作为担保物权的动产质权，其对外公示的特征是直接占有或者间接占有的实际控制，离开了占有，质权消灭。主债权转移，并不必然导致主债权受让人对于质物动产的相应占有或实际控制的转移，因此，在法律没有规定或当事人没有其他约定的情形下，主债权的转移并不必然会导致动产质权的相应转移，即使当事人约定有相应的动产质权的转移，但并未实现动产质物的相应转移占有或实际控制，动产质权作为担保物权也不随债权债务转移。而作为担保物权的权利质权，其对外的公示的方法，应分为三类，即占有型的权利质权，如提单，只要占有提单，权利质权就设立，登记型的权利质权，如知识产权的质押，只有办理相应的质权登记，质权才能得以设立，混合型的权利质权，占有则质权设立，但未经登记，不得对抗善意第

---

① 参见谢在全：《民法物权论》（下册），中国政法大学出版社2011年版，第264页。谢在全先生在该书的第五版改变了其原来的观点，也采取了第一种观点。

三人，如存单，移交给债权人，则质权设立，但未经登记核押，出质人挂失存单而转移存款，善意的银行不承担责任，三种不同的权利质权形态，债权转移，相应的权利质权是否转移也不同（不过，如果按照《物权法》第229条“权利质权除适用本节规定外，适用本章第一节动产质权的规定。”以及权利质权和动产质权都未对债权转移而相应的质权是否转移都未作出规定，应该得出的结论是权利质权也不适用“在法律没有规定或当事人没有其他约定的情形下，主债权的转移必然会导致担保物权的转移。”这一结论），占有型的权利质权应适用动产质权的规则，登记型的权利质权应适用抵押权的规则，而混合型的则应该是质权的设立和对抗规则分别适用动产质权和抵押权的规则，从而权利质权也并不完全适用“在法律没有规定或当事人没有其他约定的情形下，主债权的转移必然会导致担保物权的转移。”这一结论。另一种观点认为，《物权法》对于质权转让未作规定，应为法律漏洞，而非有意否定质权的可转让性，主要理由如下：首先，质权属于财产权，且不具有专属性，法理上并无禁止其转让的理据，若质权不能随债权一同转让，必将极大遏制债权流通，于经济发展显著不利；其次，我国法律并未明令禁止质权转让，质权作为债权的从权利，《合同法》第81条关于“债权人转让权利的，受让人取得与债权有关的从权利”的规定完全可以作为质权随债权转让的法律依据；最后，比较法上（如德国、法国、日本、我国台湾地区等）均承认质权的可转让性，同时坚持担保物权的从属性，我国并不存在排除质权转让的特殊情境。质权属于意定担保物权，其法理逻辑及特征属性与抵押权最为相似，质权转让应当参照适用抵押权转让的相关规则。概言之，质权不得脱离债权而单独转移，质权原则上随主债权一并转让，无须得到出质人的同意，但法律另有规定或当事人另有约定的除外。如果当事人特别约定质权不随同主债权转移，则在主债权转让后，质权即归于消灭（但不知该特约的债权受让人能否善意取得质权，学理上存在争议）。后一种观点为学界通说，笔者亦赞同此观点。

唯需注意的是，质权在类型上分为登记型质权与占有型质权，两者转让的程序存在不同：

1. 登记型权利质权转让与转移/变更登记

根据《物权法》第 226 条、第 227 条和第 228 条规定，以基金份额、股权、知识产权中的财产权、应收账款等财产权利出质的，只有办理相应的质权登记，质权方能有效设立。以登记作为公示方式且不存在转移占有的无形财产质押与抵押权十分相似，故登记型权利质权转让参考抵押权转让的相关规则具有合理性。

债权受让人取得抵押权是否以办理登记为前提条件，司法裁判与理论界已有较多讨论，但至今未达成共识。多数意见认为，抵押权作为从权利随主债权一同转移系基于法律规定而直接发生的物权变动，不以办理抵押权转移/变更登记为生效要件；少数意见则坚持，抵押权随同债权的转让而转移时，须办理登记始生效力，以确保登记簿的记载与真实的物权状况相一致，贯彻物权公示与公信原则。[①] 如本书抵押部分所述，笔者赞同多数意见，抵押权随主债权转移属于或近似于“法定转移”，无须登记即发生物权变动效力。参照适用上述规则，登记型权利质权随同主债权转移时，亦不以登记为生效要件。

2. 动产质权及占有型权利质权的转让与交付要件

动产质权以及占有型权利质权（如仓单、提单、存款单等）的公示方式为转移占有，质权的有效设立和存续必须以质权人对质押财产的支配和控制为必要条件，由此引发的问题是，若原债权人未将质押财产交付给债权受让人，受让人是否享有质权？

我国法对该问题并无规定，学说上主要有以下两种观点：

第一种观点主张，质权不能脱离占有而存在，只要债权受让人未取得对质押财产的占有，动产质权就不能随债权转移。鉴于债权自当事人达成合意时即转移至受让人，如果采纳该主张，就会出现债权已经转移但质权因没有交付而未随同转移的现象，根据担保物权的从属性，质权会因失去担保债权而归于消灭。即便质押财产后来交付给受让人，其也无法重新取得质权，此种结果显然不合理。利用观念交付来调和动产质权必须转移占有与质权从属性之间的矛盾，似有解释上的空间。若原债权人直接占有质

① 参见程啸：《主债权的转让与不动产抵押权转移登记》，载《财经法学》2016 年第 5 期。

押财产，可以将原债权人在债权转让后继续占有质押财产的行为解释为占有改定，即质押财产在观念上已完成交付，受让人成为新的质权人，只是仍由原债权人继续占有质押财产。通说认为，为确保质权的留置作用以及对出质人之其他债权人的公示效应，必须剥夺出质人对质押财产的直接占有，故占有改定在质权设立阶段无适用余地。但在质权转让中，因出质人始终未直接占有质押财产，排除占有改定的理由并不成立。原债权人基于其与受让人之间的“约定”继续占有质押财产，受让人取得对质押财产的间接占有，出质人则从第一层间接占有人变为第二层间接占有人，理论上并无不可。

第二种观点认为，质权基于从属性而随同债权转移，不以质押财产交付为生效要件，即使原债权人拒绝转移质押财产占有，也不影响受让人取得质权。主要理由如下：首先，依据《合同法》第81条规定，质权随同转移应为债权转让行为的法定效果，属于基于法律规定而直接发生的物权变动，应为《物权法》第23条规定的例外情形，不以交付为生效要件；其次，质权与抵押权的法律逻辑与立法目的具有一致性，在法律及司法实务已认可抵押权随债权转让不以登记为生效要件的情形下，对于质权转让应当得出类似结论；最后，参考比较法规定，德国和我国台湾地区均认为债权受让人取得质权不以占有质押财产为前提，新质权人可基于其享有的质权请求原质权人交付质押财产（此系物上请求权）。[①]

【典型案例3】

案例索引：重庆渝宏公路工程（集团）有限责任公司等诉重庆市和胜汇邦资产管理有限公司借款合同纠纷案。一审：（2015）永法民初字第03663号；二审：（2016）渝05民终2939号。

典型案例裁判文书

重庆市第五中级人民法院(2016)渝05民终2939号民事判决书

基本案情：2014年2月27日，渝宏公司签订了《授信额度协议》，授信额度为4000万元，授信期间为协议生效之日至2015年2月27日。同时

① 郑杰：《主债权转让，质权是否随同移转？》，载微信公众号“天同诉讼圈”2016年12月27日。

汇恒公司与刘皓签订了《最高额保证合同》，约定刘皓对渝宏公司在汇恒公司授信额度和期限内的借款承担连带保证责任。另外，2014年9月18日渝宏公司与汇恒公司签订了《最高额质押合同》，约定渝宏公司以其在盘县红果主城区南湖公园工程项目、南湖大道项目、盘县红果西北出口道路工程以及盘县交通局—红果立交项目的应收账款等为上述借款提供质押担保，同时签订了《应收账款质押登记协议》并在中国人民银行征信中心进行了登记。2014年12月26日，渝宏公司向汇恒公司申请提款2000万元，借款期限至2015年4月26日，随后汇恒公司按约定发放了该笔贷款。现借款期限已届满，渝宏公司尚未归还该笔借款及部分利息。2015年3月13日，汇恒公司与和胜汇邦公司签订《债权转让协议》将基于《授信额度协议》《公司借款合同》《最高额保证合同》《最高额质押合同》等文件对渝宏公司享有的所有债权及抵押权、质权等全部转让给和胜汇邦公司，同时通知了渝宏公司、刘皓。渝宏公司、刘皓到期未支付和胜汇邦公司该笔款项，故和胜汇邦公司起诉要求渝宏公司立即偿还借款本金2000万元及利息，并由刘皓对以上本金及利息承担连带清偿责任，同时对渝宏公司提供的在盘县红果主城区南湖公园工程的应收款等享有优先受偿权。

法院裁判：汇恒公司与渝宏公司于2014年12月26日签订的借款合同、保证合同以及质押合同系双方真实意思表示，不违反法律行政法规效力性强制性规定，合法有效。2014年12月26日，汇恒公司按照约定通过银行向渝宏公司划拨了2000万元，此时渝宏公司同汇恒公司的借款生效。汇恒公司后转让该笔债权给和胜汇邦公司，该债权已经到期，且按照合同约定的送达地址送达了相应责任主体，转让行为合法，因此渝宏公司应当向和胜汇邦公司支付该笔借款及利息，因保证人对以上借款承担的系连带保证且不存在保证过期或无效的情况，因此应当对借款承担连带保证责任。综上所述，和胜汇邦公司要求渝宏公司偿还2000万元借款及利息的诉求，法院予以支持。对涉案质权问题，因质权系按照法律规定办理了登记，质权成立，又因质权系从权利，应随主权利一并转移，因此在汇恒公司将主债权转让给和胜汇邦公司后，和胜汇邦公司即取得了该主债权项下的从权利，因此，对和胜汇邦公司要求行使质押财产的折价、变卖、拍卖的优先受偿权，亦予以支持。

裁判要旨：质权系从权利，应随主权利一并转移，因此，债权人将主债权转让后，新的债权人即取得该主债权项下的质权。

第二节　动产质押

问题5. 动产质权的善意取得如何认定

（一）动产质权能否善意取得

在解决动产质权的善意取得如何认定这个问题之前，有一个基础性的问题需要明确，即动产质权可否善意取得？动产质权善意取得是否有法律依据？

有观点认为，动产质权不能善意取得。理由是：《民法通则意见》第113条第1款规定："以自己不享有所有权或者经营管理权的财产作抵押物的，应当认定抵押无效。"依照上述解释的精神，以自己不享有所有权或者经营管理权的财产作质押的，应当认定质押无效。由此认为，司法实务禁止质权的善意取得。①

笔者不赞同这一观点。首先，"以自己不享有所有权或者经营管理权的财产作抵押物的，应当认定抵押无效"的规定是判定抵押或质押是否发生效力的原则，但并没有排除质权善意取得之适用机会。其次，《担保法解释》第84条规定："出质人以其不具有所有权但合法占有的动产出质的，不知出质人无处分权的质权人行使质权后，因此给动产所有人造成损失的，由出质人承担赔偿责任。"这条规定在学理上通常被称为"动产质权的善意取得"。动产质权的设定属于对物的处分行为，出质人自然应对标的物具有处分权。当出质人无权处分他人的财产而设定质权时，就涉及动产质权的善意取得问题。②《物权法》第106条明确规定："无处分权人将不动产或者动产转让给受让人的，所有权人有权追回；除法律另有规定

① 参见陈小君、曹诗权：《质权的若干问题及其适用》，载《法商研究》1996年第5期。

② 参见李显东主编：《民法物权法典型案例疏议》，法律出版社2010年版，第434页。

外，符合下列情形的，受让人取得该不动产或者动产所有权：（一）受让人受让该不动产或者动产时是善意的；（二）以合理的价格转让；（三）转让的不动产或者动产依照法律规定应当登记的已经登记，不需要登记的已经交付给受让人。受让人依照前款规定取得不动产或者动产的所有权的，原所有权人有权向无处分权人请求赔偿损失。当事人善意取得其他物权的，参照前两款规定。”可见，《物权法》规定了统一适用于动产和不动产的所有权善意取得制度，同时明确了当事人善意取得其他物权的参照规则，为质权适用善意取得制度奠定了法律基础。《担保法解释》和《物权法》关于动产质权的善意取得的规定相吻合，《物权法》生效后，《担保法解释》仍作为动产质权善意取得的法律依据。①

综上所述，笔者认为，动产质权可以善意取得，有其法律依据。

（二）动产质权善意取得的要件

根据《物权法》第106条和《担保法解释》第84条规定，动产质权善意取得的要件主要有：

1. 标的物须为动产。既然动产质权的标的物是动产，动产质权的善意取得自然也不例外，应以动产为其标的物。同时，唯有标的物是动产，才会给质权人产生出质人对质押财产享有所有权的信赖。也就是说，这时说第三人善意才有法律上的基础。至于这种占有究竟是直接占有，还是间接占有，无关紧要。② 此外，这里的动产必须是法律允许流转的动产，法律禁止或限制流转的物，因不能在市场上自由交换，自然不得适用善意取得制度。建议增加权利质押的善意取得。

2. 出质人系质押财产的合法占有人，但对质押财产无处分权。如果出质人处分自己有所有权或处分权的动产，那么这是有权处分，不会产生善意取得的问题。只有当出质人虽然占有动产却对该动产没有处分权而进行处分时，才会发生质权的善意取得问题。《担保法解释》第84条要求出质人必须是合法的占有人，在这里对“合法占有”的理解很重要。在传统民法占有的分类中，占有一般分为有权占有与无权占有、直接占有与间接占有、自主占有与他主占有、单独占有与共同占有，并无合法占有与非法占

---

① 刘保玉主编，《担保纠纷裁判依据新释新解》，人民法院出版社2014年版，第246页。

② 程啸：《担保物权研究》，中国人民大学出版社2017年版，第501页。

有这一分类方法。《担保法解释》第 84 条所谓的“合法占有”，究竟是指有权占有，还是既包括有权占有也包括无权占有？从起草者撰写的释义书来看，之所以要求出质人必须合法占有质押财产，主要是因为《担保法解释》的起草者认为，以盗窃、抢劫、拾得物出质的，相对人不能取得质权。[①] 因此，此处合法占有应当既包括有权占有也包括无权占有，仅仅将盗窃物等赃物以及失物排除在外。如果将“合法占有”只理解为有权占有，会使得动产质权善意取得的适用范围极为狭小，不利于对制度初衷交易安全的保护。[②] 无处分权主要包括如下情形：[③]（1）出质人本来就无处分财产的权利，如出质人仅是质押财产的承租人、借用人、保管人等；（2）共有中的一人或数人未经其他共有人的同意擅自处分共有财产；（3）出质人虽然拥有所有权，但处分权受到限制如被人民法院查封扣押的财产。此时，所有人对此物失去处分权。无权占有的例子？

3. 当事人已经订立质押合同且质押财产已经交付。当事人订立质押合同表示出质人交由债权人占有系出于担保债权之目的这是动产质权具有善意取得可能的前提。质权的发生以质权人取得质押财产的交付占有为要件，动产质权的善意取得，同样以出质人已经将质押财产交付与质权人为要件，否则，质权设定不发生效力，其善意取得无从谈起。出质人可以通过现实交付、指示交付或简易交付这三种方式使债权人取得对质押财产的占有。就善意取得时间点的判断，依据《最高人民法院关于适用〈中华人民共和国物权法〉若干问题的解释》第 18 条，如果现实交付，则债权人取得对质押财产的占有之时为动产交付之时；如果当事人以简易交付即《物权法》第 25 条规定的方式交付动产的，则质权合同生效时为动产交付之时；如果当事人以指示交付即《物权法》第 26 条规定的方式交付动产的，转让人与受让人之间有关转让返还原物请求权的协议生效时为动产交付之时。[④] 此外，这里还涉及质权人将质押财产交回出质人后的法律效力。最高人民法院民一庭认为，《物权法》第 208 条第 1 款规定：“为担保债务的

---

① 参见曹士兵：《中国担保诸问题的解决与展望——基于担保法及其司法解释》，中国法制出版社 2001 年版，第 221 页。

② 参见李显东主编：《民法物权法典型案例疏议》，法律出版社 2010 年版，第 435 页。

③ 参见何志：《担保法疑难问题阐释》，中国法制出版社 2011 年版，第 291 页。

④ 程啸：《担保物权研究》，中国人民大学出版社 2017 年版，第 503 页。

履行，债务人或者第三人将其动产出质给债权人占有的，债务人不履行到期债务或者发生当事人约定的实现质权的情形，债权人有权就该动产优先受偿。”第212条规定：“质权自出质人交付质押财产时设立。”据此，质权人将质押财产交回出质人后不再享有质权。[①] 关于动产质权的善意取得效果究竟是基于法律行为而取得，还是非基于法律行为而取得，历来存有争论。尽管从表面上看，当事人之间由于存在质押合同，才产生了善意取得问题，但由于出质人并无处分权，因此质权人取得质权的效果非因当事人之间的设定行为，而仅仅是基于法律的特别规定才取得了质权。所以，质押合同仅仅是引起质权法律效果发生的法律事实的构成要素之一。

4. 质权人在接受出质时须为善意。所谓善意，《担保法解释》第84条规定为“不知出质人无处分权”，即质权人在设定质权时，不知道或不应知出质人无权设定质押担保。在上述各种要件中，质权人的善意至关重要。但笔者认为，《担保法解释》的这一规定过于狭窄，不利于保护质押财产所有权人。因为，现代社会中动产的占有与所有权分离的情形非常普遍，因此，以占有的现实状态推定占有人享有所有权的可靠性变得非常差。从协调保护所有权与维护交易安全这两项利益的角度出发，应当认为，对于动产物权的善意取得中，取得人的善意的判断标准不同于不动产物权善意取得中取得人善意的判断标准。对前者的要求应当更加严格，即应当在“由权利外观原则与诱因原则”[②] 的基础上来确定取得人的善意。故此，笔者认为，接受出质之人的善意应当理解为“不知且无重大过失不知”出质人无处分权。具体来说，即在接受出质之时，接受出质之人对于出质人没有处分权的情况不知道，或者在当时条件下，接受出质之人对于其不知情无重大过失。如果接受出质之人，知道将质押财产出质给他的人并非动产的所有权人，却仍然接受质押，那么这显然非善意，不能善意取得。此外，在举证责任上，由于动产占有具有公信力，出质人占有动产的，质权人被推定为善意，因此证明质权人不构成善意的举证责任则由

---

① 最高人民法院民一庭：《质权人将质押财产交回出质人后不再享有质权》（杨永清执笔），载奚晓明主编、最高人民法院民一庭编：《民事审判指导与参考》2010年第4集，法律出版社2011年版，第184页。

② 程啸：《不动产登记簿公信力与动产善意取得的区分》，载《中外法学》2010年第4期。

质押财产的权利人承担，有权利凭证并有权利登记机关的特殊动产，如船舶、车辆，则不能以出质人占有质押财产简单推定质权人构成善意，还需考察质押财产的权利登记。当出质人登记为质押财产的权利人的，推定质权人构成善意，举证责任则由出质人或质押财产的权利人承担；反之，登记记载的权利人非出质人时，质权人需对自身构成善意负举证责任。[①]

【典型案例 4】

案例索引：联盛纸业（龙海）有限公司与中国光大银行股份有限公司漳州支行、漳州金鑫辉包装有限公司等买卖合同纠纷案。一审：（2014）漳民初字第 115 号；二审：（2014）闽民终字第 1217 号；申请再审审查：（2015）民申字第 1490 号。

典型案例裁判文书

福建省高级人民法院（2014）闽民终字第1217号民事判决书

基本案情：2013 年 1 月 1 日，龙海联盛公司与金鑫辉公司签订产品购销合同，约定金鑫辉公司向龙海联盛公司购买包装用纸，具体每笔交易按需方订购单发货，价格按供方的同期报价单为准，按月结算货款。需方付清货款前，供方保留货物所有权。合同签订后，金鑫辉公司通过其采购人员陈亮等人向龙海联盛公司下达采购单，龙海联盛公司陆续将金鑫辉公司订购的包装用纸运送到金鑫辉公司在蓝田开发区龙祥北路 39 号仓库。经龙海联盛公司与金鑫辉公司对账，截至 2014 年 3 月 31 日，金鑫辉公司结欠 46573502.22 元，已付款 24741215.8 元，尚欠 21832286.42 元。2014 年 4 月 2 日，龙海联盛公司向一审法院提起诉讼，请求确认龙海联盛公司对放置在金鑫辉公司仓库中标示有“联盛纸业”的所有联盛包装用纸具有所有权，并有权取回该货物；同时请求金鑫辉公司赔偿龙海联盛公司损失 6832286.42 元。诉讼中，龙海联盛公司申请对存放在金鑫辉公司仓库中标示有“联盛纸业”的包装用纸约 5000 吨采取保全措施并查封、扣押、冻结金鑫辉公司价值 700 万元的等值财产，一审法院依法裁定查封金鑫辉公司

① 参见曹士兵：《中国担保制度与担保方法》（第四版），中国法制出版社 2017 年版，第 329 页。

仓库内约5000吨标示有“联盛纸业”的包装用纸；查封、扣押、冻结金鑫辉公司价值700万元的财产。

另，诉讼中，漳州光大银行申请作为有独立请求权的第三人参加诉讼并请求驳回龙海联盛公司要求对标示有“联盛纸业”包装用纸享有所有权的请求。一审法院依法追加漳州光大银行和富亿公司作为第三人参加诉讼。2013年3月14日起至2014年3月，漳州光大银行与富亿公司签订数份综合授信协议和银行承兑协议以及流动资金贷款合同，约定漳州光大银行向富亿公司发放贷款等融资。漳州光大银行与富亿公司签订三份质押合同为上述贷款提供担保。约定富亿公司作为出质人以其依法所有或有权处分的瓦楞纸和牛皮卡纸向漳州光大银行出质。2013年3月8日，漳州光大银行（甲方）、富亿公司（乙方）、南储仓储管理有限公司福建分公司（丙方，简称南储公司）签订仓储监管协议，约定丙方同意对乙方提供并存入其仓库的上述质押财产提供保管服务，并按协议进行占有，履行监管责任。乙方同意质押给甲方的货物由丙方进行保管，丙方同意在其拥有使用权或所有权的仓库或者场地为乙方进行保管并履行监管责任。甲方采用间接占有的方式占有质押财产，由丙方通过直接占有的方式监管质押财产，乙方需保证配合丙方的占有、监管。在签订仓储监管协议之前，富亿公司与南储公司还签订了租赁仓库合同书，约定，南储公司以每月一元的价格向富亿公司租赁富亿公司位于蓝田开发区龙文园区的仓库，租赁期间的税费、水电费由富亿公司负责支付。2013年3月4日，金鑫辉公司声明，表示其完全知道富亿公司仓库内的牛皮卡纸、瓦楞纸用于向漳州光大银行质押融资，该公司将配合富亿公司的工作。

另，目前存放在龙祥北路39号仓库中的纸品约7485吨，其中标示有“联盛纸业”的有4346.773吨。

法院裁判：（一）关于漳州光大银行对诉争货物的质权是否成立的问题。第一，质押财产是否已交付质权人。从漳州光大银行、富亿公司以及南储公司三方签订的《仓储监管协议》的内容来看，该协议首先明确约定了自《查询及出质通知书》到达南储公司之日起，质押财产移交给漳州光大银行；其次，南储公司应遵从漳州光大银行的书面指示以及该协议的约定处置质押财产，并对不遵守约定而造成的损失对漳州光大银行负责。另外，尽管协议约定由富亿公司支付仓储监管费用，但南储公司在监管期内承担的监管责任相对独立，不以仓储费用如期足额支付作为其承担监管责任的条件。以上事实说明，在协议签订生效之后，质押财产已不受富亿公司支配，而是由漳州光大银行委托南储公司占有、支配和监管。从《仓储监管协议》的实际履行来看，质押财产每次进出库均有南储公司与富亿公司的登记确认，以上事实有漳州光大银行在二审中提交的《质押财产进仓单》《抵/质押财产库存表》等证据支持，证明南储公司受漳州光大银行委托，在约定的范围内实际履行了占有和监管质押财产的责任。综上，本案质押财产已完成交付，漳州光大银行能够占有和控制质押财产，本案并不存在质押财产返还给出质人富亿公司的情形。第二，质押财产是否特定化。漳州光大银行和富亿公司以通过约定质押财产的重量和单价的方式保证质押财产的价值总量，并通过南储公司的监管保证质押财产在流动的情况下，始终不低于约定价值。在这种情况下，质押财产应视为已满足特定化的要求。

（二）关于漳州光大银行是否善意取得质权的问题。漳州光大银行在对诉争货物设立质权时依合同约定审查了富亿公司仓库权属证明、富亿公司与其他公司的购销合同、增值税发票（货权发票），以审查富亿公司对质押财产是否享有所有权，且富亿公司在《质押合同》《仓储监管协议》《质押财产清单》《质押财产进仓单》等文件中均确认其对质押财产合法所有，对于无须登记的动产，以占有为其公示方式，尽管本案存在金鑫辉公司使用仓库的可能，但金鑫辉公司于 2013 年 3 月 4 日向漳州光大银行出具的证明明确了仓库内的货物归富亿公司所有，因此漳州光大银行有理由相信富亿公司对质押财产享有所有权，漳州光大银行已尽到了审慎的注意义务。在龙海联盛公司未提出相反证据证明漳州光大银行存在恶意的情况下，应推定漳州光大银行善意取得质权。因此龙海联盛公司关于漳州光大银行未尽审查义务，存在主观过错，无法善意取得质权的理由依据不足，不能成立。

（三）关于龙海联盛公司对诉争货物的所有权问题。根据《物权法》第一百零六条的规定，在本案中，即使龙海联盛公司能够证明金鑫辉公司或者富亿公司的行为属于无权处分行为，也不影响漳州光大银行善意取得诉争货物的质权，因此龙海联盛公司认为其有权取回货物的理由不能成立。

裁判要旨： 出质动产已经特定化并交付，债权人对质押财产权属已经尽到注意与审查义务的，可以善意取得质权。

典型案例裁判文书

浙江省杭州市中级人民法院(2010)浙杭商提字第1号民事判决书

【典型案例 5】

案例索引： 胡建平与余新成等质押合同纠纷案[①]。一审：(2009) 杭淳商初字第 310 号；二审：(2008) 杭民二终字第 1182 号判决书；再审：(2010) 浙杭商提字第 1 号。

基本案情： 余新成与童红梅于 2000 年 12 月 20 日登记结婚。2007 年 2 月 15 日，童红梅购买雪佛兰轿车一辆，价税合计 97500 元。机动车登记所有人为童红梅。2007 年 9 月 30 日，余新成与童红梅登记离婚。离婚协议约定，夫妻共有房屋归童红梅所有，房屋抵押的贷款由童红梅归还；其他各自名下的财产归各自所有。即浙 AF9612 轿车登记在童红梅名下，归童红梅所有。

2008 年 6 月 7 日，余新成向胡建平借款，以浙 AF9612 号轿车作抵押。事后，余新成交付车辆、钥匙、机动车的相关证书和单据，但未办理抵押登记。借款期限届满后，余新成未归还借款。2008 年 8 月 11 日，胡建平就借款部分提起诉讼，该案已经二审终审作出判决。关于车辆抵押或质押问题，胡建平在该案中未请求处理。

法院裁判： 余新成以自己无所有权的车辆出质给胡建平，该车辆质押合同是否有效以及童红梅作为车辆的所有权人能否向胡建平主张权利，涉及胡建平对质权的善意取得问题。《物权法》第一百零六条规定："无处分权人将不动产或者动产转让给受让人的，所有权人有权追回；除法律另有规定外，符合下列情形的，受让人取得该不动产或者动产的所有权：(一) 受让人受让该不动产或者动产时是善意的；(二) 以合理的价格转让；(三) 转让的不动产或者动产依照法律规定应当登记的已经登记，不需要

① 刘保玉主编：《担保纠纷裁判依据新释新解》，人民法院出版社 2014 年版，第 248 页。

登记的已经交付给受让人。受让人依照前款规定取得不动产或者动产的所有权的，原所有权人有权向无处分权人请求赔偿损失。当事人善意取得其他物权的，参照前两款规定。”据此，胡建平对质权构成善意取得仍需同时具备该条文所规定的三要件，余新成将车辆交付给胡建平，虽符合占有转移的要件，但该交付行为并非构成善意取得的唯一要件，本案车辆质押合同的效力仍需衡量胡建平占有该车辆时是否出于善意，即胡建平不知道余新成无处分权，且无重大过失则构成善意取得。在判断胡建平是否为善意，理论上虽应采取推定的方法，应由童红梅对胡建平占有该车辆时的恶意进行举证，但是，本案中的有效证据显示，余新成向胡建平交付浙AF9612轿车时，机动车登记证书明确载明车辆所有权人是童红梅，即使胡建平不知道余新成与童红梅离婚之事实，胡建平也仅能推断该车辆系余新成与童红梅的共同共有财产，在未经童红梅同意的情形下，余新成不得单独对该车辆作出处分。因此，根据在案证据已可证实胡建平未尽一定程度的注意义务，根据《民事诉讼法》第六十四条第二款“人民法院应当按照法定程序，全面地、客观地审查核实证据”之规定，也符合《最高人民法院关于民事诉讼证据的若干规定》第六十六条所确立的综合判断证据原则，可以认定胡建平在接受车辆质押时存在明显过失，不构成善意取得。

裁判要旨：质权构成善意取得需同时具备物权法所规定的三要件，债务人仅将车辆交付给债权人，虽符合占有转移的要件，但该交付行为并非构成善意取得的唯一要件，质押合同的效力仍需衡量债权人占有该车辆时是否出于善意，即债权人不知道债务人无处分权，且无重大过失则构成善意取得。若有有效证据显示，债权人未尽一定程度的注意义务，可以认定债权人在接受车辆质押时存在明显过失，不构成善意取得。

问题 6. 动产所有权保留的约定能否对抗事后的质押合同

在实践中，买卖合同当事人若采取所有权保留这种形式完成交易，那么这意味着，在一段时间之内，货物所有权仍保留于卖方所有，如果在此时，买方将货物出质，并签订质押合同，则质押合同会因为出质人的无权处分行为而不成立吗？即，动产所有权保留的约定是否能对抗事后的质押合同呢?

有观点认为，动产所有权保留的约定可以对抗事后的质押合同，即在有所有权保留约定前提下，不能再对其进行出质。理由在于，由于买卖合同双方约定了所有权保留，则在所有权未转移的前提下，对货物出质是无权处分的行为，由无权处分行为导致质押合同效力瑕疵。因此，动产所有权保留约定可以对抗事后的质押合同。

对此，笔者认为，就本问题而言，其核心在于在事后的质押合同中，质权人是否是善意，并且尽到了应尽的义务。即使事先有所有权保留的约定，但是，出质人在出质时提供质押财产的购货发票的权利凭证，质权人有充分理由相信出质人对质押财产享有所有权，并无重大过失，则应当认定为善意取得质权。关于质权人对质押财产占有的认定问题，虽然质押财产形式上未转移占有，但是若质权人委托第三方对质押财产行使有效的管理，则应视为质权人占有质押财产，符合质押的法律特征，应认定质押合同成立且有效。此时，在先的所有权保留约定不能对抗此后订立的质押合同。

典型案例裁判文书

江苏省泰州市中级人民法院(2013)泰中执异字第0019号民事判决书

【典型案例 6】

案例索引：中国工商银行股份有限公司泰兴支行诉江苏港华船业有限公司等执行异议案[①]。(2013) 泰中执异字第 0019 号。

基本案情：2012 年 12 月 28 日和 2013 年 1 月 9 日，港华公司以其库存船用钢板及废钢为质押财产，向工行泰兴支行融资贷款，并分别签订《商品融资合同》两份，从该行各获得 1000 万元贷款。合同约定质押财产交由中国外运江苏集团公司扬州公司（以下简称中外运扬州公司）进行监管并由其出具相关保管凭证。港华公司提交的质押财产权利凭证包括：质押财产增值税专用发票、港华公司表明对质押财产享有所有权和处置权的《权属说明》、港华公司全体股东同意以现有库存钢及废钢质押的《股东会决议》、港华公司表示在质押未解除前不得

① 国家法官学院案例开发研究中心编：《中国法院 2015 年度案例——借款担保纠纷》，中国法制出版社 2015 年版，第 205 页。

对外进行质押的《承诺书》。2012年12月28日和2013年1月9日，工行泰兴支行、港华公司及中外运扬州公司三方签订《商品融资质押监管协议》两份，28日协议质押财产为1680吨船用钢板、3420吨废钢，最低价值为1667万元；9日的协议质押财产为2915吨LR—A船用钢板、2520吨废钢，最低价值为1667万元。港华公司向监管公司出具了两份出质通知书和质押财产清单（代质押确认回执），监管公司保证在其监管期间，两份质押监管协议项下载物的最低价值均不得低于166万元。协议履行期间，监管公司派员驻港华公司对质押财产进行监管，并安装了监控设施，建立了台账并实施月报制度。

2013年3月11日，工行泰兴支行就上述两份商品融资合同向江苏省泰州市中级人民法院提起诉讼，案经调解，当事人达成协议，该院于2013年5月9日作出（2013）泰中商初字第0038号民事调解书，载明：港华公司、李年华、曹兴洪保证按照商品融资合同履行；工行泰兴支行对港华公司质押的钢板及废钢在该财产折价或拍卖、变卖的价款中享有优先受偿权。由于港华公司逾期未履行上述还款义务，工行泰兴支行向该院申请执行。该院于2013年7月17日以（2013）泰中执字第0134号民事裁定书查封了港华公司厂区内全部钢板及废钢。苏豪公司异议称，其与港华公司在2011年12月21日作为共同卖方与荷兰船东签订8份船舶建造合同，2011年12月27日，其与港华公司签订《8艘荷兰船舶建造项目代理协议》，约定：苏豪公司向船东开具保函，交船前的船舶所有权归苏豪公司所有，包括但不限于建造船舶而采购的所有材料、设备等。此后，苏豪公司向船东出具了银行保函，并为建造船舶与镇市博锐金属材料有限公司签订《钢材采购合同》，向其采购了英国劳氏船级社标准船用钢材3825.545吨，指定港华公司码头为交货地点，苏豪公司共支付钢板价款2028.31万元。2012年5月22日港华公司签署入库单确认收到上述船用钢板，现上述钢板仍在港华公司厂区内存放。江苏省泰州市中级人民法院于2013年7月17日以（2013）泰中执字第0134号民事裁定书查封的位于港华公司厂区内的LR—A钢板以及废钢属苏豪公司所有。

法院裁判：根据苏豪公司提供的证据，苏豪公司为保证造船合同的履行，向船东出具了银行保函在港华公司未按合同全部交付船舶前，苏豪公司根据《8艘荷兰船舶建造项目代理协议》，对为建造8艘船舶所购材料享有所有权。但由于钢板及废钢被港华公司合法占有，且港华公司拥有质押财产的合法凭证，质权人有理由相信港华公司对质押财产享有所有权，其在接受质押财产的过程中对质押财产权利的审查已尽到了注意义务。港华公司虽称在融资贷款时向银行提供了全部证据，但《8艘荷兰船舶建造项目代理协议》中关于船舶及材料所有权的约定足以推翻港华公司向银行提供的其他全部证据，对于处于经营困境急需融资的造船企业而言，在已提供证据证明其对质押财产拥有所有权的同时，再提供一份相反证据，无法令人相信。因此对质权人善意取得质权的意见予以采信。

上述质押财产虽存于港华公司厂区并处于流动质押，但出质人向质权人及监管公司出具了出质通知，质权人委托监管公司对质押财产进行监管，监管公司对质押财产建立了台账和月报制度，实施了有效的监管，应当视为质押财产实际交付并处于质权人占有之，符合动产质押的法律特征。

裁判要旨：《担保法解释》第八十四条规定：“出质人以其不具有所有权但合法占有的动产出质的，不知出质人无处分权的质权人行使质权后，因此给动产所有人造成损失的，由出质人承担赔偿责任。”这表明，法律对善意取得之质权采取承认和保护的态度。出质人与第三人对质押财产所有权保留的约定，不能对抗善意质权人。

问题7. 质权人违反保管质押财产义务的判定与责任承担

所谓妥善保管，即以善良管理人的注意义务加以保管。善良管理人的注意，是指依照一般交易商的观念，认为有相当的知识经验及诚意的人所具有的注意义务，即以一种善良的心态和应当具备的知识来保管物。是否尽到该注意义务，应当根据具体的情形进行判断。例如，对于字画应当注意防潮、防虫蛀、防灰尘等，对于贵重珠宝的保管应当注意防盗窃、防碎裂等。如果达不到应当注意的保管标准的，就不是妥善保管。①

① 蔡永民：《比较担保法》，北京大学出版社2004年版，第222页。

如何判定质权人是否违反妥善保管质押财产的义务？无疑，应当由出质人负举证责任证明质押财产被损灭失的事实，由质权人举证证明自己对质押财产的保管是妥善的。换言之，对质权人的民事责任承担应当采用过错推定原则，即出质人只要证明质押财产遭受的毁损灭失即可，质权人应当举证证明自己已经尽了妥善保管义务。如果质权人举证不能或所举之证不能证明自己尽到了妥善保管之责，那么质权人便应当承担民事责任。在确定质权人保管是否妥善即是否有过错的问题上，应当以善良管理人的注意义务为标准。质权人因保管不善而对出质人应负赔偿责任时，即使出质人为主债务人，出质人的损害赔偿债权也不能与质权人的债权相抵销。还应当指出的是，质权人在质权存续期间，未经出质人同意，擅自使用、处分质押财产，因此给出质人造成损失的应承担赔偿责任。①

质权人违反保管义务造成质押财产毁损，灭失的，应当承担赔偿责任。值得注意的是，对于赔偿责任的性质，有人认为是侵权责任，也有人认为是基于出质人的所有权而产生的请求权，但该请求权属于物权请求权还是侵权损害赔偿请求权，并不明确。对此，应理解为可构成违约责任和侵权责任的竞合。需要注意的是，质权人承担赔偿责任时对于其所给付的赔偿金是否应列为代位物的范围？笔者认为答案是否定的。因为：第一，由于该损害是质权人违反其保管义务造成的，这与赔偿金代位中由第三人造成损害不同；第二，此时出质人所享有之赔偿金是质权人对出质人所有权侵害所给予的补偿，允许代位有违公平观念；第三，若将此赔偿金列入代位物，无异于鼓励质权人违反义务，非法使用质押财产，因为虽然质权人违反义务使用质押财产，造成了质押财产价值损害，但不仅质押财产的价值可继续担保，而且所支付的赔偿金也仍作为质押财产来担保质权。因此，此赔偿金不列入质押财产。在这里需要注意一种例外情形，根据《担保法解释》第 90 条的规定，质押财产的隐蔽瑕疵造成质权人其他财产损害的，应由出质人承担赔偿责任。但是质权人在质押财产移交时明知质押财产有瑕疵而予以接受的除外。

---

① 参见江平主编：《〈中华人民共和国物权法〉精解》，中国政法大学出版社 2007 年版，第 276 页。

典型案例裁判文书

浙江省湖州市中级人民法院(2010)浙湖商终字第127号民事判决书

【典型案例7】

案例索引： 林敬志与王瑞祥质押合同纠纷案[①]。一审：（2010）湖德武商初字第22号；二审：（2010）浙湖商终字第127号。

案情简介： 2008年1月25日，王孝祥与王瑞祥签订借款协议一份，双方约定王孝祥向王瑞祥借款人民币150000元，并以其所有的车牌号为浙A005H7的轿车一辆作质押。王孝祥借款后，将该车交付给王瑞祥。2008年12月31日，王瑞祥向林敬志借款人民币50000元，双方约定借款期限为两个月。借款后，王瑞祥将其占有并登记在王孝祥名下的该车转质给林敬志。2009年3月6日，王瑞祥以林敬志保管不当致使车辆丢失为由函告林敬志，要求林敬志返还该车。2009年3月11日，林敬志向法院起诉，要求判令王瑞祥立即归还借款人民币50000元，并支付利息人民币5000元。经一审、二审法院审理，终审判决王瑞祥归还林敬志借款人民币50000元。现王瑞祥要求林敬志返还车辆未果而诉至法院。王瑞祥于2010年1月11日向法院提起诉讼，请求林敬志返还王瑞祥质押财产三菱戈蓝轿车一辆或赔偿王瑞祥损失人民币150000元。

法院裁判： 林敬志作为本案质权人，应尽善良管理人的注意义务，即在整个质权存续期间，对其实际占有的质押财产以具有相当经验或知识及诚实信用之人所用之注意，应履行比处理自己事务更多注意的义务，不得懈怠。现有林敬志质证无异议并经本院依法予以认定的派出所询问笔录和林敬志的庭审承认，能证明质押财产被盗，且林敬志未能提供证据证明其对质押财产已经尽到善良保管之义务或对质押财产之毁损、灭失无过错，应推定其具有主观过错，违反了妥善保管质押财产之义务，须对王瑞祥承担相应的损害赔偿责任。

裁判要旨： 质权人在占有质押财产期间，未尽妥善保管义务，致使质押财产被盗，具有过错，应向出质人承担相应的损害赔偿责任。

---

① 刘保玉：《担保纠纷裁判依据新释新解》，人民法院出版社2014年版，第250页。

问题 8. 动产质押监管合同的法律性质

质押监管是金融与物流服务相结合衍生的一种动产担保融资业务模式。中小企业为向银行申请贷款，以原材料等动产设定质押，而银行为防范化解风险，委托专业的物流公司对质押财产进行监管。这种业务，从债务人角度看，可以叫作商品融资业务，从第三方即物流公司角度看，可以叫作质押监管业务。因在实务中，动产质押监管已成为业务通称，因此，笔者也称之为动产质押监管。在实践中，动产质押监管的一般操作模式为：债务人向银行申请贷款并以自己或者第三人动产进行质押担保，银行委托第三人（一般为物流企业，在动产质押监管中作为监管人）代为监管质押财产，履行监管责任，包括但不限于对质押财产的数量、质量的监管，对债务人或出质人出入库权利予以限制和约束，必要时对债务人履行债务的能力予以监管，发现有害于质权人利益的情形时及时通知质权人，防止损失的发生或扩大。法律上并没有对“监管”明确定义，“监管”合同也非有名合同，因此很难根据法律清晰界定该第三人在动产质押中对质权人应当承担何种责任。实践中，动产质押监管业务的具体形式不同，第三人在其中扮演的角色也不同，或是监管或是保管抑或二者兼有，目前的业务发展趋势是监管人逐步向监管、保管责任相混合的方向演化，仓储方和监管方合二为一，其责任也合二为一。[①] 质押监管协议，是合同法分则中没有明文规定的一种合同，属于我国《合同法》第 124 条规定的无名合同。动产质押监管合同属于我国《合同法》未明文规定的非典型合同。该类合同的性质界定，既决定了相关纠纷的案由如何确定，也一定程度上决定了应适用或准用何种法律规范。[②] 实践中，有确定为保管合同纠纷的，也有直接确定为监管合同纠纷，还有确定为委托监管合同纠纷的。正因如此，对于质押监管合同的性质在实践中存在较大争议。

主要有如下几种观点：

第一种观点认为，质押监管协议本质就是质押合同，质押合同是质权

① 揭志刚、刘晓夏：《动产质押监管中监管人的责任承担》，载《人民法院报》2010 年 6 月 23 日。

② 孙超、景光强：《动产质押中监管人的义务及责任》，载《人民司法·案例》2014 年第 10 期。

人与出质人签订的担保性质的合同。其本质就是质权人与出质人之间签订了质押合同，监管人一方的出现是为了保证出质人将质押财产交由质权人或者质权人指定一方占有管理，以达成质权设立的目的。

第二种观点认为，质押监管协议应属于保管合同。该观点认为，合同中，监管方承担的主合同义务是占有并保管、监管质押财产，监管期限届满时返还质押财产，享有的权利则是收取保管费用，故监管人即为保管人，该种权利义务具有保管合同的法律特征。

第三种观点认为，质押监管协议属于委托合同。该观点认为，动产质押监管的核心不在于保管，而在于监管人对于质押财产进行出库的严格管控，这可以理解为质权人委托监管人占有质押财产，并由其承担以监管义务为核心的受托义务。因此，从债权人（质权人）角度看，质押监管合同实质为委托合同。

第四种观点认为，质押监管协议的性质为一种混合合同，兼具保管合同与委托合同的内容。其理由是，一方面，监管协议中都会约定由监管人负责保管质押财产。监管人可以与质权人约定保管场所或者方法。此外，当事人也可以约定将保管物转交第三人保管（《合同法》第371条第1款）。显然，监管人保管和储存质押财产的义务属于保管合同的内容，适用《合同法》关于保管合同的规定。另一方面，监管协议中还会约定负担审核质押财产的权属状况、在质押期间监控质押财产以确保质押财产的价值维持在约定的额度内以及定期向质权人出具监管报告等义务，这些义务基于监管人接受质权人或出质人与质权人的共同委托而处理的委托事务所生，是委托合同的内容，这些义务的履行应当适用《合同法》关于委托合同的规定。故此，监管协议性质上属于委托合同与保管的混合体，是一种混合合同，而非《合同法》规定的有名合同。①

笔者认为，2013年11月1日生效的《动产质押融资监管服务规范》中，将动产质押监管定义为："出质人以合法占有的物品向质权人出质，作为偿还债务的担保，监管人接受质权人的委托，在一定期限内代质权人对质押财产进行占有、管理的行为。当事人约定委托保管的，依据合同法

---

① 程啸：《担保物权研究》，中国人民大学出版社2017年版，第518页。

签订合同。”很显然，根据这一定义，质押监管协议本身具有三个明显特征，即接受委托、管理和保管。根据这三个特征，其涵盖了委托合同和保管合同，但又与一般的委托合同与保管合同具有明显的区别，简单将其定性为单独的委托合同或是单独的保管合同均不准确。而与此同时，市场经济的蓬勃发展使得这一协议形式频繁使用，其对促进市场资金流转的作用不可忽视。故笔者赞同第四种观点，即质押监管协议为委托合同与保管合同的混合体，是一种混合合同。

该类合同涉及三方法律关系，从理论上讲，第三人（即监管人）与质权人之间是委托关系，第三人接受质权人的委托，在质权人的授权范围内，对质押财产进行保管、仓储及监督管理等行为。[①] 其中质权人与监管人的法律关系是其核心，亦是实践中争议的焦点。对于认为质押监管合同为保管合同的观点，笔者认为，质押监管协议与保管合同有一定区别。《合同法》第 376 条规定“寄存人可以随时领取保管物”。这一点在本质上与质押监管协议有很大的不同。根据质押监管协议而由物流企业保管的物品，虽然所有权仍归寄存人，但是寄存人并不能随时领取保管物，其要根据质押监管协议，并受到保管人一定程度的监督和限制。从这个角度来看，此时所谓的保管人和寄存人的身份和权利义务，已经与合同法中所列明的传统意义上的保管合同有了一定的区别。虽然银行的格式合同中一般都明确约定监管人对质权人负有保管质押财产的义务，但是不能就此得出其系保管合同的结论。因为动产质押监管业务的实质不在于保管，而在于监管人通过对质押财产进出库的严格管控，保障质权人债权的实现，保管义务只是监管义务的有效补充。

此外，监管人还须根据出质人的委托承担核验、占有、盘点质押财产及协助质权人实现质权的义务等，而这些并非典型的保管合同所能包含的内容。故结合之前的论述，质押监管协议定性为混合合同关系更为妥当，一方面，质权人委托第三方（监管人）占有质押财产，并由第三方承担以保管和监管义务为核心的受托义务。

同时，由于质押监管协议兼具保管合同与委托合同的内容，在质押监

---

① 揭志刚、刘晓夏：《动产质押监管中监管人的责任承担》，载《人民法院报》2010 年 6 月 23 日。

管协议尚属于混合合同，非为有名合同的情形下，在判定监管人是否履行了其义务以及其法律后果为何时，合同法仓储、保管合同的相关规定亦有适用的余地。[①]

典型案例裁判文书

河南省安阳市中级人民法院(2016)豫05民终1284号民事判决书

【典型案例8】

案例索引：中国工商银行股份有限公司安阳豆腐营支行与安阳安运交通运输有限公司保管合同纠纷案[②]。一审：（2015）北民初字第804号；二审：（2016）豫05民终1284号。

基本案情：2013年12月12日，安阳市郊博大纺织厂（以下简称市郊博大）向工行豆腐营支行贷款500万元，双方签订商品融资合同一份。2013年12月12日，市郊博大与工行豆腐营支行、安运公司签订商品融资质押监管协议（适用动态质押）。该协议一式三份，三个签约方各执一份，并附质押财产清单作为该质押监管协议附件。市郊博大同意将其所有的170吨棉纱质押给工行豆腐营支行，双方均同意将质押财产交安运公司监管，安运公司亦同意接受工行豆腐营支行的委托并按照其指示监管质押财产。工行豆腐营支行向市郊博大发放贷款后，市郊博大将货物移交安运公司监管。工行豆腐营支行提交的商品融资质押监管协议第4.10条约定：每周五上午10点前和质押财产发生变动当日，监管方需将监管的质押财产的进出库和库存信息以传真方式（指定接收传真机号码）或电子数据方式传送工行豆腐营支行，并自行做好数据备份。但安运公司提交的商品融资质押监管协议第4.10条并未确定周五的时间和传真机号码。关于质押财产清单，工行豆腐营支行提交清单一份，证明出质货物明细为：名称：棉纱；规格：JC7.3tex；重量：吨；数量：170；生产厂家：本企业；单价：46000；包装：6800；件数：6800。该出质清单上有安运公司签章和胡某（安运公司代表）的签字，落款时间为2013年12月12日。安运公司提供

---

① 王富博：《质押监管协议的性质认定及责任裁量》，载《人民法院报》2012年4月11日。

② 苏斐、段合林：《质押监管协议的性质及质押财产范围》，载《人民司法·案例》2017年第35期。

清单一份，证明出质货物明细为：名称：棉纱；数量：170吨；生产厂家：本企业。对单价、规格、包装、件数并未约定。该出质清单上有安运公司签章和董某某（市郊博大一方代表）、王某（工行豆腐营支行一方代表）的签字，落款时间为2013年12月17日。

2014年11月4日，三方对出质货物进行盘货，确认货仓还余有棉纱85.85吨。根据此次盘点结果，工行豆腐营支行认为存放质押财产仓库无一吨规格为JC7.3tex的棉纱，监管人安运公司给其造成了损失，应予赔偿。另外，2013年12月23日至2014年1月3日，安运公司单方允许市郊博大出货26吨。2014年6月21日至2015年3月24日，经工行豆腐营支行同意，市郊博大出货126.88吨。2014年12月11日市郊博大入库4吨。质押财产存放仓库剩余棉纱22.5吨。据《商品融资全国性商品准入目录》（2011年版）规定：棉纱质押率上限65%，其警戒线设置原则上不低于130%，即170吨棉纱，警戒线应当为130.77（170吨+130%）吨。另外，工行豆腐营支行已于2014年7月14日市郊博大提起诉讼，该案已经法院裁判，并已进入执行程序，已对债务人市郊博大价值483万元的机器设备、车辆予以查封。

法院裁判：质押财产清单作为商品融资质押监管协议的附件二，各方持有的质押财产清单内容应当一致。安运公司提供的质押财产清单上未对单价、规格、包装、件数约定，但有出质人、质押人、监管方三方签字；工行豆腐营支行提供的质押财产清单，仅有安运公司签章，各方当事人双方所持的质押财产清单不一致。工行豆腐营支行未能提供证据证明其提供的质押清单更具证明效力，双方之间提交的质押清单存在的矛盾无法排除，故工行豆腐营支行主张双方对质押财产棉纱的型号、价格、数量（包、件）和单价进行约定不予采信；安运公司单方允许市郊博大出货26吨，未超约定，不应承担赔偿责任。安运公司2014年6月21日至2015年3月24日，允许市郊博大出货126.88吨，系经工行豆腐营支行同意，故对于此数额的质押货物，安运公司亦不应承担赔偿责任。另外，工行豆腐营支行在另一起案件中，已对债务人市郊博大价值483万元的机器设备、车辆予以查封。依据当事人签订的合同及查明的事实，本案应定性为保管合同纠纷，不应定为质押合同纠纷。

裁判要旨： 质押监管协议兼具保管合同和委托合同的一些属性，但与二者又不完全相同。质押财产的确定应以质押清单为基础，当有多份质押清单时，应结合各方签章等确定有效清单并据此认定质押财产范围。质押监管协议多涉及质权人、质押人及监管人三方之间的不同法律关系而易发生多个诉讼，是分案起诉还是合并诉讼，应结合案情谨慎处理。

问题9. 动产质押监管协议下监管人的义务与责任

（一）动产质押监管合同下监管人的义务

监管人的义务是动产质押监管协议的核心内容，也是监管人对质权人承担赔偿责任的前提条件。根据各商业银行拟定的动产质押监管合同的格式文本，监管人承担的义务主要包括以下几类：

1. 审查核验义务

根据《商业银行法》第36条规定，银行在签订质押合同时，负有对质押财产权属的审查义务。然而，在动产质押监管业务中，银行（质权人）实际上将其审查质押财产的义务委托给了监管人履行，那么，在这种情况下，监管人就负有审查核验的义务。在实践中，一般流程是在出质人出具质押财产清单后要求监管人对质押财产进行审查，并在清点、审核无误后向质权人签发质押财产交接清单等书面文件作为权利凭证，表明其已占有质权人列明的质押财产，并以此作为质押财产转移占有及质押财产监管期间开始的标志。[①] 银行将对质押财产监督、保管的事务概括性地委托给监管人实施时，除非另有约定，否则应视为委托事务中包括了对质押财产权属的审核义务。监管人实施核库，对质押财产监控、管理，必须以对质押财产权属进行审核为基础，这是监管人依据诚实信用原则适当履行监管协议的必然要求。当然，赋予监管人对质押财产权属的审核义务，并不意味着银行的此项法定义务可因签订监管协议而完全免除。[②] 监管人审核的具体范围应根据动产质押监管协议的约定予以确定，一般情况下，主要包括审核质押财产的品名、数量、价值、质量及权属等，而审核的方法则一般

① 孙超、景光强：《动产质押中监管人的义务及责任》，载《人民司法·案例》2014年第10期。

② 王富博：《质押监管协议的性质认定及责任裁量》，载《人民法院报》2012年4月11日。

包括单据审查和外观检查。具体而言，监管人应对与质押财产相关的购销合同、增值税发票、报关单、货运单、质量合格证书、商检证明等单据进行审查，还应至现场对质押财产外观作进一步核查，必要时也可委托有资质的检验机构对质押财产进行检验等。由于质权人主要系因信赖监管人的陈述而发放贷款，若因监管人未适当履行核验义务而给质权人造成损失，其应承担赔偿责任。①

2. 保管义务

笔者认为，质押监管协议兼具保管合同与委托合同的内容，是一种混合合同、无名合同。因此，根据合同法规则，无名合同可适用与之最相近的有名合同规则，加之本身质押监管合同就有保管合同的内容，因此，质押监管协议中的监管人应负有保管义务。有观点认为，监管人在任何情况下都不对质权人承担保管义务，监管人对出质人承担的保管义务，也是受让的质权人的法定义务，且仅限于自营仓库内的质押监管。② 笔者对此并不赞同。根据合同自愿原则，质押监管协议中通常会约定由监管人承担妥善保管质押财产的义务。因此，监管人的保管义务应属于合同义务，此义务与在普通质押合同中，质权人本身所承担的法定的保管质押财产义务不同。此外，若否定监管人对质权人的保管义务，则在因监管人过错，比如其工作人员吸烟导致质押财产起火灭失的情况下，质权人将不能向监管人请求赔偿，这显然不妥。对于自营仓库内的质押监管，监管人应承担全面的保管义务，包括选择适宜的保管场所，提供适宜的保管条件，妥善、谨慎保管质押财产，保证质押财产的安全，防止质押财产毁损或灭失等。而对于第三方或出质人自己仓库内的质押监管，因保管场所为第三方或出质人提供，监管人仅享有有限的使用权，其应与第三方或出质人共同对质权人承担保管质押财产的义务，属于一种有限保管义务，在单纯因保管场所的原因导致质押财产灭失的情况下，其原则上不承担责任。

---

① 孙超、景光强：《动产质押中监管人的义务及责任》，载《人民司法·案例》2014年第10期。

② 高伟：《物流企业质押监管业务的法律分析》，载《中国海商法研究》2012年第1期。

3. 监管义务

与保管义务不同，监管义务主要是指监管人负有监控质押财产的数量和质量，防止质押财产随意出库的义务。具体包括：第一，在监管开始后，监管人应严格按照合同约定限制质押财产进出库。在静态质押的业务模式下，除非经过质权人的书面许可，监管人不得允许出质人放货或换货；在滚动质押的业务模式下，若质押财产的实际价值、数量超出合同约定的最低线的，监管人可为出质人办理提货或换货手续，但应保证提货或换货后的质押财产价值、数量不低于最低线。第二，监管人应定期对质押财产进行查验，核对种类、清点数目，对质押财产的出入库时间、数量、去向进行记录等。第三，接受质权人随时进行的书面或现场查询，并按照合同约定的频率定期向质权人提交质押财产状况报告，该报告的内容一般包括质押财产的数量、质量、价值及变动情况等。第四，在质押财产被非正常转移或其他原因导致质押财产短少、灭失的情况下，监管人应采取适当的应急措施，必要时可以报警，并应立即通知质权人，在质押财产已经发生短少或灭失的情况时，还应督促出质人及时归还或补足质押财产。[①]

（二）动产质押监管协议下监管人的赔偿责任

1. 监管人应承担侵权责任还是违约责任

根据动产质押监管协议，质权人与监管人之间具有合同关系，既具有保管合同的性质，也具有委托合同的性质。因此，监管人若违反协议，未尽合理保管义务、监管义务或合同约定的其他合法义务，则根据合同相对性原理，质权人有权对监管人主张违约责任。此外，质权作为绝对权，属于《侵权责任法》第 2 条第 2 款所列举的受保护的民事权益。故此，监管人没有履行监管义务从而给质权人造成损害时，其因过错行为侵害质权的行为属于侵权行为，监管人应当承担侵权责任。质权人有权依据《侵权责任法》第 6 条第 1 款要求监管人承担损害赔偿责任。[②] 因此，在质押监管协议中，常常可能出现侵权责任与违约责任竞合的情形。此时，选择何种责任以维护自身利益由质权人自由选择。

---

① 孙超、景光强：《动产质押中监管人的义务及责任》，载《人民司法·案例》2014 年第 10 期。

② 程啸：《担保物权研究》，中国人民大学出版社 2017 年版，第 518 页。

2. 监管人承担何种性质的合同责任

就违约责任而言，根据合同法的规定，监管人违反何种义务就承担相应的责任。如果监管人违反保管义务，则承担保管义务下合同法所规定的责任。例如，《合同法》第 374 条规定，保管人应当承担损害赔偿责任，但若保管是无偿的，保管人证明自己没有重大过失的，不承担损害赔偿责任。《合同法》第 394 条规定，储存期间，因保管人保管不善造成仓储物毁损、灭失的，保管人应当承担损害赔偿责任。因仓储物的性质、包装不符合约定或者超过有效储存期造成仓储物变质、损坏的，保管人不承担损害赔偿责任。而如果监管人违反审核检验的义务，则可以根据委托合同的相应规则确定责任。例如，《合同法》第 406 条规定，有偿的委托合同，因受托人的过错给委托人造成损失的，委托人可以要求赔偿损失。无偿的委托合同，因受托人的故意或者重大过失给委托人造成损失的，委托人可以要求赔偿损失。

3. 监管人的赔偿责任范围

对于质权人的损失，监管人究竟是与出质人一起承担连带责任，还是按份承担责任，抑或是其他形态的责任？对此，有两种不同的观点：第一种观点认为，监管人未尽到监管义务导致质押财产减少，进而损害质权人合法权益的，应当在质押财产减少的部分范围内承担赔偿责任；第二种观点认为，监管人仅就出质人不能承担的部分承担相应的补充责任。

笔者认为，应按具体的违约情形判断是连带或者补充责任。如果质押财产的损毁主要是由于监管人的保管不善导致的，那么，监管人应承担在质押财产减少的范围内的有限责任。所谓有限责任，是指监管人的赔偿责任应受到双重限制：一是以债务人不能清偿的债务数额为限；二是以因监管人过错导致质押财产灭失或短少的价值为限，而且应以两者较低者为最高赔偿限额。这是因为超出的损失与监管人的违约行为之间缺乏因果关系。如果质押财产是由于出质人在最开始移交给监管人就存在虚假或损毁，那么监管人根据其过失承担相应的补充责任。此时，主要的责任在于出质人。所谓补充责任，是指监管人承担的赔偿责任为第二顺位的责任，即只有在债务人不能依约清偿债务时，监管人才承担补充赔偿责任。

【关联延伸】质押监管责任承担是否应与主债务纠纷一并处理

动产质押监管人因监管责任未履行到位而承担的责任性质，一般被认定为补充赔偿责任，而非连带赔偿责任。但是对于监管责任在金融借款合同纠纷中如何处理，实践中存在不同认识：

一种观点认为，监管责任的顺位后于债务人及其担保人，由于债务人及担保人尚未承担责任，质押财产尚未通过处置用于清偿债务，债权人的债权能否得到全部清偿以及债权未完全得到清偿的损失金额均不能确定，故监管单位承担补充赔偿责任的前提条件尚不具备，应待债权人的损失确定后，另行向监管单位主张。

另一种观点认为，虽然监管单位承担的监管责任系补充赔偿责任，但是在主债务纠纷中一并处理监管责任，有利于节约司法资源，提高审判效率。监管单位具体承担的赔偿责任数额，应在执行中予以确定。

笔者倾向于第二种观点。虽然监管合同关系与金融借款合同关系是两个不同层次的法律关系，法院分为两个案件处理在法律关系上比较清晰，但是从司法实践的操作来看，如果债权人在主债务纠纷中将监管单位也作为被告，则将监管责任在主债务纠纷中一并处理，更加妥当。理由如下：

第一，两个法律关系一并处理不存在障碍。实践中遇到大量债权人在起诉主债权纠纷时一并将监管单位作为被告的情况，对监管单位因监管不力应承担补充赔偿责任已经形成了共识。所谓补充赔偿责任，当然是顺位在后，当债务人、保证人以及物的担保均承担责任之后，债权人仍不能得到清偿的部分由监管单位在质押财产损失范围内赔偿。故在金融借款合同纠纷案件中，人民法院在查明监管单位确实存在监管不力导致质押财产缺失的事实基础上，判决监管单位对债权人的损失承担补充赔偿责任，不会产生歧义。在执行中，如果债务人、保证人或者物的担保已经足以偿付债权，则债权人不存在损失，监管单位也无须承担责任。

第二，分案处理会增加当事人诉讼成本。监管责任是由为主合同担保的质押关系引申出来的，债权人无论是起诉债务人、保证人还是监管人，都是为了最大限度弥补自己的损失。如果将金融借款合同纠纷与监管合同纠纷分案处理，无疑会增加债权人的时间、金钱成本。作为监管单位，虽然在金融借款合同纠纷中因起诉条件尚不具备而被暂时判决不承担责任，但是其也面临着被保全、再次应诉、再次保全等诸多风险。实践中，已经遇到监管单位因在金融借款合同纠纷中被保全但未被判决承担责任，故而要求债权人赔偿因保全错误导致其损失的赔偿之诉。

第三，并案处理有利于法院审判执行的统一协调。分案处理意味着在主债务纠纷审结并执行完毕、债权仍不能清偿的情况下，债权人才能提起监管责任之诉。但两案因被告、诉讼标的均不同，很有可能在不同层级、不同区域的法院处理。这就需要两院之间相互协调。如果主债务纠纷吸收监管合同纠纷，并案处理，能够有效整合司法资源，提高审判、执行效率，确保公正高效地定分止争。

【典型案例 9】

典型案例裁判文书

最高人民法院(2013)民申字第591号民事裁定书

案例索引：中国工商银行股份有限公司淄博分行与蓬达资产管理有限公司借款合同纠纷再审案[①]。一审：(2010) 淄商初字第 73 号；二审：(2012) 鲁商终字第 171 号；再审：(2013) 民申字第 591 号。

基本案情：2008 年 10 月 16 日，淄博工行、蓬达公司、烨华公司签订动产质押监管协议一份，约定：淄博工行与烨华公司签署编号为 2008 年开发（质）字第 0050 号动产质押合同，为保障质押合同及所担保的主合同的履行，烨华公司同意将其享有所有权的货物作为质押财产质押给淄博工行，淄博工行和烨华公司均同意将质押财产交由蓬达公司存储监管，蓬达公司同意接受淄博工行的委托并按照淄博工行的指示监管质押财产。在监管期间，蓬达公司作为淄博工行的代理人，代理淄博工行监管质押财产，是指蓬达公司代理淄博工行占有质押财产并根据本协议的约定履行保管、监控质押财产的责任。监管方式为滚动质押，即约定质押期间质押财产数量（或价值）的最低线为 2000 万元。本协议项下质押财产存放地点为烨华公司煤场。监管期间，因各种原因导致质押财产发生短少、损毁、变质、

① 孙超、景光强：《动产质押监管合同下监管人的义务及责任探析》，载《人民司法·案例》2014 年第 10 期。

灭失等可能影响淄博工行权益的情形，蓬达公司应当立即通知淄博工行，并采取适当的应急措施。蓬达公司应当每周一次向淄博工行提交质押财产状况报告。质押财产的返还凭淄博工行签发的质押财产交接清单办理。蓬达公司因以下情形给淄博工行、烨华公司双方造成损失的，承担货物损失的赔偿责任，但淄博工行就其实际损失享有优先受偿权。该情形共 5 款，其中第 1 款约定：在监管期间，除不可抗力的事件外，质押财产毁损灭失或由于蓬达公司未尽到保管责任导致质押财产变质、短少、受污染的；第 2 款约定：蓬达公司未按本协议的约定办理放货的；第 4 款约定：在蓬达公司在质押财产可能短少、灭失时未及时通知淄博工行和烨华公司或未采取适当的应急措施的。签订上述动产质押监管协议后，烨华公司已向蓬达公司支付监管费 8 万元。淄博工行分别于 2008 年 10 月 29 日、2008 年 11 月 21 日根据双方签订的借款合同向烨华公司发放贷款 500 万元，共计 1000 万元。

2008 年 11 月 10 日，三方签字确认一份质押财产交接清单，载明质押财产煤、品质/等级 5000 大卡以上，数量 3.5 万吨，金额 2000 万元，交接后质押财产存放地点：出质人煤场，交接地点：出质人煤场。蓬达公司于 2008 年 10 月 29 日开始对煤炭质押财产进行监管，并于 2008 年 11 月 4 日开始向淄博工行作出监管报告。2009 年 4 月 27 日至 2009 年 6 月 7 日，烨华公司的质押财产大批量出库，造成质押财产价值明显低于质押财产价值底线，且烨华公司未向蓬达公司提供合法出库单据，蓬达公司直到 2009 年 6 月 16 日才向淄博工行提供上述情况的监管报告。2009 年 6 月 7 日起，蓬达公司又开始每周一次向淄博工行作出监管报告，但此期间内的质押财产价值低于质押财产价值底线，2009 年 7 月 27 日法院查封时质押财产总价值为 8708317 元。2009 年 8 月 21 日、8 月 29 日，周村法院执行程序中将监管质押财产运走并扣押 5000 吨左右煤炭。2009 年 9 月 15 日晚，崔桂华因与烨华公司法定代表人张学理有债务纠纷，遂强行拉走煤炭 1490 吨。自 2009 年 8 月 21 日至 2009 年 9 月 23 日，蓬达公司也每周一次向淄博工行提供监管报告，报告记载了上述周村法院强制执行和崔桂华强行拉走煤炭的情况。

淄博工行于 2009 年 7 月 21 日就上述两借款合同分两案将烨华公司、

蓬达公司等作为被告起诉至淄博市中级人民法院，请求法院判令烨华公司归还借款本息和支付律师费，对质押财产优先受偿，蓬达公司承担赔偿责任等。淄博市中级人民法院于 2010 年 3 月 10 日分别作出（2009）淄商初字第 75、76 号两份民事判决，判决烨华公司偿还淄博工行借款本金共计 1000 万元和相应利息及律师费共计 424800 元，淄博工行对质押财产（煤炭）优先受偿，对蓬达公司请求赔偿责任不予并案处理，可另行主张权利。上述两判决均已经发生法律效力。后淄博工行申请执行上述两判决，淄博市中级人民法院于 2010 年 12 月 2 日以烨华公司等暂无财产可供执行，淄博工行也提供不出可供执行的财产或财产线索为由，分别作出（2010）淄执字第 137—1、140—1 号民事裁定，终结上述两民事判决书的本次执行程序。现淄博工行向淄博市中级人民法院提起诉讼，请求判令蓬达公司返还 3.5 万吨、品质在 5000 大卡以上的国产煤炭或赔偿等值损失 2000 万元。

法院裁判： 案涉《动产质押监管协议》具有保管合同的性质，为有效合同。烨华公司、淄博工行将质押财产交由蓬达公司储存、监管后，蓬达公司应当严格按照监管协议的约定全面履行监管义务，保管、监控质押财产价值不得低于 2000 万元，以确保淄博工行债权的实现。但蓬达公司自 2009 年 4 月之后，怠于履行监管职责，在烨华公司擅自几乎全部拉走质押财产的情况下，未能采取有效措施加以阻止也未及时通知淄博工行，致使质押财产严重短失，烨华公司被执行时已无质押财产可供执行，损害了淄博工行的质权，给淄博工行造成相应的经济损失。为此，蓬达公司应承担相应的赔偿责任。至于淄博中院查封的被周村法院错误执行和崔桂华强行拉走的价值 8708317 元的质押财产，不是蓬达公司所能阻止的，没有过错，其相应的责任应当免除。由于蓬达公司未全面履行监管协议，致使 11291683 元（2000 万元—8708317 元）质押财产短少流失，淄博工行相应的债权无法实现。因淄博工行涉案的债权为 13680534.02 元远大于 11291683 元的质押财产损失，故山东高院确认蓬达公司应当在 11291683 元的范围内承担赔偿责任。

裁判要旨： 根据动产质押监管合同的约定，监管人对质押财产承担审核、保管、监管等义务。在债务人未经质权人许可而将质押财产擅自出库的情况下，若监管人不能证明其采取了适当的应急措施予以阻止，并立即通知了质权人，则应在因过错导致质押财产毁损、灭失的范围内向质权人承担赔偿责任；同时，赔偿数额也不能超出债务人不能清偿债务的数额。

典型案例裁判文书

最高人民法院(2016)最高法民终650号民事判决书

【典型案例10】

案例索引：大连俸旗投资管理有限公司与中国外运辽宁储运公司等借款合同纠纷案[①]。一审：(2014)辽民二初字第00043号；二审：(2015)民二终字第155号；重审一审：(2016)辽民初1号；重审二审：(2016)最高法民终650号。

基本案情：光德公司于2013年9月27日向杨一借款人民币4500万元整，并于2014年5月31日将对杨一的4500万元债务转让给大连谷物公司且大连谷物公司同意接受承担该笔债务。大连谷物公司于2013年12月27日向黄建借款人民币6000万元整，大连谷物公司于2013年5月17日向李旗借款人民币1亿元整，大连谷物公司于2014年5月12日向崔杨借款人民币300万元整。因截至2014年5月31日大连谷物公司公司无法归还上述四笔欠款，大连谷物公司将其公司的145400吨玉米仓单质押给上述四位债权人。此后，在大连谷物公司与辽宁储运公司联系质押监管事宜时，应辽宁储运公司要求，大连谷物公司将上述四个自然人的债权一并转让给俸旗公司，并与俸旗公司签署最高额动产质押合同，将权属于大连谷物公司的145400吨玉米质押给俸旗公司，由大连谷物公司与俸旗公司以及辽宁储运公司三方签署动产质押监管协议。

2014年6月4日，俸旗公司（质权人）与大连谷物公司（出质人）签订一份《最高额动产质押合同》（合同编号为：FQ001)。约定担保的债权最高余额折合人民币3亿元，大连谷物公司以自有玉米145400吨提供质押担保。

2014年6月4日，大连谷物公司为坐落于辽宁省大连市开发区大窑湾散粮码头新港物流仓库的质押财产145400吨玉米向中国太平洋财产保险股份有限公司大连分公司进行了投保，保险金额为3亿元，该保单的第一受

---

① 载《最高人民法院公报》2017年第7期（总第249期）。

益人为俸旗公司。

同日，俸旗公司（甲方、质权人）、大连谷物公司（乙方、出质人）、辽宁储运公司（丙方、监管人）鉴于大连谷物公司同意将其享有所有权的货物质押给俸旗公司，俸旗公司和大连谷物公司同意将质押财产交由辽宁储运公司监管，辽宁储运公司同意接受俸旗公司的委托并按照俸旗公司的指示监管质押财产，三方共同签订一份编号为质押FQ001号《动产质押监管协议》。其中约定，第一条，本协议项下所称的监管是指对出质人进行监督、对质押财产进行监控。对出质人监督是指对于出质人对质押财产的入库、提货等过程进行监督。质押财产监控是指对质押财产的品名、数量等进行查验、核对，及时向甲方报告质押财产状况，如有不符之处丙方应及时报告甲方，并采取相应措施。第二条第六款约定，在质押财产的转移占有过程中，甲乙双方根据质押合同的约定，向丙方出具《代出质通知书》，乙方交予的货物及实际库存与《代出质通知书》记载相符，丙方接收乙方交付货物，并向甲方签发《收到质押财产通知书》，质押财产完成转移占有。实际转移交付占有的质押财产以《收到质押财产通知书》列明的为准，如质押合同对质押财产的约定不明，或者约定的质押财产与实际移交的质押财产不一致的，以实际交付占有的质押财产为准。第二条第八款约定，如乙方交予的货物及实际库存与《代出质通知书》记载不一致，丙方不得接收货物并签发《收到货物通知书》，并应立即书面通知甲乙双方。同日，俸旗公司、大连谷物公司出具致辽宁储运公司《代出质通知书》载明，根据大连谷物公司（出质人）与俸旗公司（质权人）签署的编号为FQ001的《最高额动产质押合同》，出质人将货物质押给质权人。

同日，辽宁储运公司出具致俸旗公司编号为质押FQ001＃—01《收到质押财产通知书》，其中载明，本公司已按照相关协议于2014年6月4日至2014年12月3日接收下表货物并开始履行监管责任。本公司业已收到贵行与出质人共同签发的编号为质押FQ001＃的《代出质通知书》，本公司同意接受贵行委托并将按照贵行的指示代为监管质押财产。本公司确认上述质押财产已存放于监管场地新港物流公司，上述质押财产确已在本公司的占有、监管之下。本《收到质押财产通知书》为编号为质押FQ001《动产质押监管协议》不可分割的附件。本《收到质押财产通知书》构成对质押财产、质押生效的确认。

2014 年 7 月 5 日，大连谷物公司向俸旗公司出具一份《延期还款申请》载明，现由于大连谷物公司资金紧张，无法于约定还款期限内偿还上述债务，现申请对上述债务延期还款。大连谷物公司承诺于 2014 年 7 月 15 日向俸旗公司履行全部还款义务。如届时违约，俸旗公司可直接行使质权，大连谷物公司承担俸旗公司为实现质权而发生的所有费用，并放弃一切抗辩权利。

另，2014 年 6 月 4 日，鉴于大连谷物公司、辽宁储运公司与俸旗公司签订了编号为质押 FQ001 的《动产质押监管协议》，为履行该协议，新港物流公司（甲方、仓储人）、大连谷物公司（乙方、存货人）、辽宁储运公司（丙方、监管人）三方共同签订了《仓储管理协议》。约定甲方是仓储人，负责质押财产的装卸、搬运、码垛等具体操作事宜和仓库的安保管理，承担仓储人的全部责任；乙方是质押财产的所有人；丙方是质押财产的监管人，享有质押财产的管理权，负责质押财产的进出库控制和管理、单证管理和现场对甲方操作的高度指挥。

2011 年 2 月，新港物流公司（甲方）与大连谷物公司（乙方）签订《仓储保管协议》，约定乙方向甲方租赁仓库，租赁期限五年（2011 年 2 月至 2016 年 2 月）。

2014 年 6 月 26 日、27 日、7 月 15 日、29 日俸旗公司多次找辽宁储运公司孙鹤、驻大窑湾码头监管员张强、辽宁储运公司副总经理王英杰查询质押财产是否存在，辽宁储运公司向俸旗公司提供了台账、仓位图、总账、明细账，让俸旗公司拍照留存，并出示了监管员手写的库存结果，以此确认质押财产在辽宁储运公司监管之下，质押财产完好无损存在。但是，在庭审中，一审法院向大连港散粮码头公司下达协助执行通知书，大连港散粮码头公司在该协助执行通知书的回执中明确载明：协助执行通知书中所涉公司在我公司没有任何存粮。

法院裁判：大连谷物公司、俸旗公司与辽宁储运公司对涉案质权不能设立所造成的损失均有过错，均应承担责任。根据《物权法》第二百一十二条的规定，质权自出质人交付质押财产时设立。本案中，大连谷物公司与俸旗公司签订《最高额动产质押合同》，合同成立并生效，但是大连谷物公司自始没有交付质押财产145400吨玉米，质权未设立。对因质权未设立给俸旗公司造成的损失，应当根据大连谷物公司、俸旗公司和辽宁储运公司的过错程度，分别承担相应责任。

关于辽宁储运公司承担本案责任的性质及方式问题。第一，辽宁储运公司承担责任的性质应为违约责任。《合同法》第一百零七条规定，当事人一方不履行合同义务或者履行合同义务不符合约定的，应当承担继续履行、采取补救措施或者赔偿损失等违约责任。本案中，《动产质押监管协议》约定，辽宁储运公司应按照俸旗公司要求核对质押财产权属和品质证明文件，按照《代出质通知书》列明的内容核查大连谷物公司交付的货物及现有的库存，监管期间，因各种原因质押财产发生短少、毁损、变质、灭失等可能影响俸旗公司权益的情形，应在24小时内通知俸旗公司，并采取适当的应急措施。但是，辽宁储运公司未按合同约定履行查验、核对、清点质押财产的义务及报告义务，造成俸旗公司的质权因质押财产自始不存在而未能设立，对于因质权未设立而给俸旗公司造成的债权不能实现的损失，应当承担相应责任。这种责任因违反合同约定义务而来，性质上属于违约责任。

第二，辽宁储运公司承担责任的方式应为补充赔偿责任。在债权债务及担保法律关系中，债务人是终局性义务人，担保人在替代债务人清偿债权后可以向债务人追偿，属于从义务人，二者依法或依约定而产生，都是债权人的直接义务人。相对于债务人与担保人而言，担保物监管人仅是帮助债权人实现债权的辅助人，而不是债权实现的直接义务人，其责任虽具有一定的独立性，但除因自身原因造成监管担保物灭失外，其责任需依附于债务人与担保人的直接责任，如果直接责任因清偿而消灭，由于债权人因获得清偿而不存在损失，则其监管责任也相应消灭。所以其只可能是前述直接义务人后的辅助性补充性义务人。

裁判要旨：一、在审理动产质押监管合同纠纷案件时，应当查明质押财产是否真实移交监管或是否足额移交监管的基本事实，据此对相应质权是否已经设立作出准确认定。

二、在动产质押监管合同纠纷中，如果债权人、作为出质人的债务人、质押财产监管人三方对质押财产没有真实移交监管或没有足额移交监管均存在过错，则三方对相应质权没有设立给债权人造成的损失均应承担责任。由于债务人负有移交质押财产的法定义务，且质押财产是否移交直接决定质权是否设立，所以其对质押财产没有真实移交监管或没有足额移交监管而致质权没有设立给债权人造成的损失，存在的是主要过错，应当承担主要责任。监管人虽然存在误以为质押财产真实移交的过错行为，但因这种过错行为不是导致质权没有设立的主要原因，所以其应对债权人损失承担次要责任。监管人的这种责任因违反约定义务而产生，性质上应认定为违约责任。

三、在动产质押监管合同纠纷中，债权人的直接义务人是债务人和担保人，监管人仅是帮助债权人实现债权的辅助人，除因自身原因造成监管质押财产灭失外，其责任需依附于债务人与担保人的直接责任。如果直接责任因清偿而消灭，债权人因获得清偿而不存在损失，则监管人的监管责任也相应消灭。因此，监管人只是前述直接义务人的补充义务人，其对质押财产没有真实移交监管或没有足额移交监管而致质权没有设立给债权人造成的损失，应承担补充赔偿责任。

典型案例裁判文书

最高人民法院(2016)最高法民申2645号民事裁定书

【典型案例 11】

案例索引：河南中外运久凌储运公司诉中原银行股份有限公司郑州农业路支行等借款合同纠纷案。一审：(2014) 郑民四初字第189号；二审：(2015) 豫法民二终字第127号；再审：(2016) 最高法民申2645号。

基本案情：金豆公司与中原银行郑州农业路支行于2013年5月16日签订《开封市商业银行流动资金借款合同》一份，约定金豆公司向中原银行郑州农业路支行借款1000万元。同日，为确保借款合同的履行，中原银行郑州农业路支行与金豆公司又签订《动产质押合同》一份，金豆公司以暂作价4080万元棉花作为质押财产为该笔借款提供担保。为保障上述质押合同及借款合同的履行，中原银行郑州农业路支行、金豆公司、久凌储运公司签订一份《动产质押监管协议》，主要约定金豆公司同意将其享有所有权的货物作为质押财产质押给中原银行郑州农业路支行，中原银行郑州农业路支行和金豆公司均同意将质押财产交由久凌储运公司存储监管。合同签订后，中原银行郑州农业路支行与金豆公司共同向久凌储运公司出具《查询及出质通知书》，要求久凌储运公司确认所交付质押财产是否符合三方的约定，并要求久凌储运公司对质押货物进行监管，履行监管协议中的义务。久凌储运公司亦向中原银行郑州农业路支行出具《查询及出质通知书回执》，确认金豆公司交付的质押财产与《查询及出质通知书》相符。根据《查询及出质通知书》和《查询通知书回执》，作为出质人的金豆公司已按照《动产质押合同》的约定，将案涉暂作价4080万元的质押财产移交久凌储运公司实际占有，久凌储运公司也回函确认收到金豆公司交付的质押财产。

中原银行郑州农业路支行于2013年5月16日向金豆公司发放贷款1000万元人民币，偿还日期为2014年5月7日。但后来质押财产出现，中原银行郑州农业路支行要求金豆公司提前偿还全部贷款，金豆公司未按约定偿还借款本金和利息。

法院裁判：案涉《动产质押监管协议》为当事人真实的意思表示，未违反法律、行政法规的强制性规定，应为合法有效。对各方当事人具有法律约束力，当事人应按照合同履行各自的义务。《动产质押监管协议》约定：监管期间，因各种原因质押财产发生短少、损毁、变质、灭失等可能影响中原银行郑州农业路支行权益的情形，久凌储运公司应当在24小时内通知中原银行郑州农业路支行，并采取适当的应急措施；在监管期间，除不可抗力的事件外，质押财产毁损灭失或由于久凌储运公司未尽到本协议项下责任导致质押财产变质、短少、受污染给中原银行郑州农业路支行造成损失的，久凌储运公司应承担中原银行郑州农业路支行实际损失的赔偿责任。久凌储运公司因违反了《动产质押监管协议》的约定义务，构成违约，直接导致质押财产灭失，依约应承担相应的民事责任。故中原银行郑州农业路支行要求久凌储运公司依据《动产质押监管协议》的约定在该债权范围内承担赔偿责任的诉讼请求，亦应予以支持。

裁判要旨：《动产质押监管协议》未违反法律、行政法规强制性规定的，应为合法有效，监管人因违反监管义务应根据《动产质押监管协议》的规定，承担相应责任。

【典型案例12】

案例索引： 湖南全洲医药消费品供应链有限公司等诉中国工商银行股份有限公司湘潭湘江支行借款合同纠纷案。一审：(2013) 潭中民二初字第46号；二审：(2014) 湘高法民二终字第115号；申请再审审查：(2015) 民申字第1816号。

基本案情： 2012年10月18日，工行湘江支行与港鑫公司签订《商品融资合同》，合同约定港鑫公司因采购不锈钢向工行湘江支行借款24000000元，借款期限为9个月。同时约定港鑫公司为工行湘江支行在合同项下的债权提供质押担保，而合同项下的质押财产交由全洲医药公司进行监管，并由其出具相关保管凭证。质押财产情况详见编号为湘江（监）字003号《商品融资质押监管协议》中的《动产质押专用仓单》。同日，工行湘江支行与港鑫公司签订《质押合同》，约定为确保工行湘江支行债权的实现，港鑫公司自愿向工行湘江支行提供质押担保。港鑫公司以《质押财产清单》所列的质押财产不锈钢板28卷，评估价值37720000元，为2012年10月18日与工行湘江支行签订的《商品融资合同》项下的债权提供质押担保。2012年10月15日，工行湘江支行与港鑫公司、全洲医药公司签订了《商品融资质押监管协议》，约定港鑫公司同意将其享有所有权的货物作为质押财产质押给工行湘江支行，工行湘江支行和港鑫公司均同意将质押财产交由全洲医药公司存储监管，全洲医药公司同意接受原告的委托并按照工行湘江支行的指示监管质押财产。

因全洲医药公司事前已为港鑫公司保管该《商品融资质押监管协议》中所涉质押财产，全洲医药公司于2012年9月28日即向工行湘江支行出具了《动产质押专用仓单》。2012年10月15日，全洲医药公司向工行湘江支行、港鑫公司出具了《出质通知书（回执）》。2012年10月23日，工行湘江支行依约向港鑫公司发放了贷款24000000元。

2013年8月26日，工行湘江支行向港鑫公司发出了催收逾期贷款本息通知书，要求其偿还本金22949895.15元，利息211106.42元。

2014年3月26日，工行湘江支行向全洲医药公司出具提货通知书，通知其解除《商品融资质押监管协议》中全部质押财产的监管，并出具《关于湘潭市港鑫物资贸易有限公司质押财产的说明》，称港鑫公司的商品融资质押为静态质押，本次处置的质押商品为原物。随后，工行湘江支行与港鑫公司协商一致同意将原质押财产28卷热轧不锈钢钢卷及港鑫公司后放入的8卷热轧不锈钢钢卷计244吨（净重），按3250元/吨的价格处置变卖给了湖南欧浦钢铁贸易有限公司，所得货款793000元中的607000元用于归还工行湘江支行的贷款，168000元用于支付全洲医药公司的监管费。截至2014年6月20日，港鑫公司欠工行湘江支行贷款本金为21782807元，利息为1645515.23元。

法院裁判：工行湘江支行与港鑫公司签订的《商品融资合同》《质押合同》是双方的真实意思表示，是合法有效的。工行湘江支行按合同约定履行了发放贷款的义务，港鑫公司即应按照合同约定的期限偿还贷款本金和利息。因工行湘江支行与港鑫公司将《质押合同》中约定的质押财产交由双方指定的第三方监管，该质权已经设立，后工行湘江支行与港鑫公司协商将质押财产处置变卖，优先偿还工行湘江支行贷款的行为，予以认可。

关于全洲医药公司是否应当承担责任问题。依据《商品融资质押监管协议》的约定，全洲医药公司签发《动产质押专用仓单》即表明其已经对包括货物重量在内的质押财产情况进行了查核，并保证该仓单记载与质押财产情况相符。工行湘江支行基于对全洲医药公司正确履行查核义务的信任，向港鑫公司发放贷款，未能及时发现质押财产重量与约定重量严重不符的问题，造成不能以符合约定重量的质押财产行使质权回收贷款的损失。全洲医药公司以工行湘江支行出具《关于湘潭市港鑫物资贸易有限公司质押财产的说明》为由，主张其已充分履行监管义务，不应承担赔偿责任，与本案查明的事实不符，不能证明其已正确履行对质押财产进行审核的义务，该理由不能成立。因全洲医药公司未能正确履行《商品融资质押监管协议》约定的查核质押财产义务，应当向工行湘江支行承担违约赔偿责任。

裁判要旨：质押监管协议合法达成，监管人未尽审核义务的，应按协议规定向质权人承担违约赔偿责任。

典型案例裁判文书

最高人民法院(2016)最高法民终266号民事判决书

【典型案例 13】

案例索引：中国物流有限公司与广发银行股份有限公司哈尔滨长江路支行金融借款合同纠纷案。一审：（2014）黑高商初字第26号；二审：（2016）最高法民终266号。

基本案情：2014年3月19日，广发银行与哈尔滨商德公司签订一份编号为（2014）哈银授合字第CJ6号的《授信额度合同》，约定广发银行同意向哈尔滨商德公司提供授信额度，授信额度敞口最高限额为人民币8000万元。

同日，广发银行与哈尔滨商德公司又签订一份《最高额动产质押合同》，约定，为担保广发银行与哈尔滨商德公司于2014年3月19日所签订的编号为（2014）哈银授合字第CJ6号的《授信额度合同》项下债务的履行，哈尔滨商德公司自愿将其享有合法处分权、并列入后附《质押财产清单》的质押财产为广发银行的债权设立质押。债务人不履行到期债务或者发生本合同当事人约定的实现质权的情形，广发银行可以与哈尔滨商德公司协议以质押财产折价，也可以就拍卖、变卖质押财产所得的价款优先受偿。该最高额动产质押合同后附有《质押财产清单》。

同日，广发银行、哈尔滨商德公司及哈尔滨物流公司三方签订一份《动产监管合同》，约定，为保障广发银行与哈尔滨商德公司签订的编号为（2014）哈银最动质字第CJ6号的《最高额动产质押合同》的履行，哈尔滨商德公司自愿将其已经或即将拥有合法所有权及处分权的动产质押给广发银行，广发银行及哈尔滨商德公司同意指定哈尔滨物流公司为押品提供仓储及监管服务。哈尔滨物流公司同意根据协议的约定接受广发银行委托并按广发银行的指示提供监管服务，承担代理广发银行接收、占有、保管、监管押品的责任。如哈尔滨物流公司未能妥善保管押品，未能按合同约定履行监管责任导致押品毁损、灭失或哈尔滨物流公司丧失占有，均须按押品的市场零售价格与其购销合同中约定价格中的较高者为准向广发银行支付所涉及押品的全额价款。

同日，哈尔滨物流公司向广发银行出具了一份编号为20140320—1号的《押品清单》，广发银行、哈尔滨商德公司及哈尔滨物流公司均在该清单上加盖了公章。同日，广发银行向哈尔滨商德公司及哈尔滨物流公司发出《押品价格确定/调整通知书》，确定案涉押品的价格调整。同日，广发银行向哈尔滨物流公司作出《押品监管下限通知书》，确定监管下限为11500万元整。此后，在哈尔滨物流公司监管期间，共发生13次出入库情况。

2014年8月21日，哈尔滨物流公司向广发银行股份有限公司哈尔滨分行发送了一份《关于哈尔滨商德实业有限公司质押财产短缺的通知》，告知质押财产有所短缺，建议广发银行及时采取必要手段。截至2014年9月，哈尔滨物流公司所监管的押品数量仅为6000吨左右。

此外，在哈尔滨物流公司处留存的2014年6月3日及7月3日的两份《押品清单》上，仅加盖了广发银行及哈尔滨商德公司的公章，并未加盖哈尔滨物流公司的公章。清单上也未写明押品名称及核定单价、数量/重量以及金额。但在广发银行处留存的2014年6月3日及7月3日的两份《押品清单》上，均加盖有广发银行、哈尔滨商德公司及哈尔滨物流公司的公章，清单上也列明了押品名称、核定单价、数量/重量以及金额。

2014年4月17日，广发银行向哈尔滨商德公司发放了共计5200万元借款。自2014年8月21日起，哈尔滨商德公司未能按约定向广发银行偿付前述两笔借款的利息。

法院裁判：商德公司、广发银行与中国物流公司对质押钢材不足均应承担相应责任。根据《物权法》第二百一十二条的规定，质权自出质人交付质押财产时设立。本案商德公司实际交付质押钢材约6000吨，广发银行自质押财产交付时享有对该6000吨钢材的质权。对涉案质押钢材实际数量与监管下限27143.429吨差额部分质权不能设立给广发银行造成的损失，商德公司、广发银行、中国物流公司均存在过错，均应承担相应责任。

此外，关于中国物流公司承担责任的性质、范围及方式问题。

第一，本案中国物流公司承担责任的性质应为违约责任。所谓违约责任，是指合同当事人一方不履行合同义务或履行合同义务不符合约定所应承担的民事责任。《合同法》第一百零七条规定，当事人一方不履行合同义务或者履行合同义务不符合约定的，应当承担继续履行、采取补救措施或者赔偿损失等违约责任。本案中，《动产监管合同》约定，哈尔滨物流公司应按照广发银行的要求查验、核对、清点押品，制作《押品清单》，并保证入库监管押品的真实性，因哈尔滨物流公司原因发生以次充好、以假换真等情形，给广发银行造成损失的，哈尔滨物流公司须承担赔偿责任。但是，哈尔滨物流公司未按合同约定履行查验、核对、清点质押钢材义务，造成质押财产实际数量与《押品清单》载明的数量严重不符，对于质押钢材实际数量不足监管下限27143.429吨给广发银行造成的债权不能受偿的损失，应当承担相应责任。这种责任因违反合同约定义务而来，性质上属于违约责任。

第二，关于中国物流公司承担责任的范围问题。中国物流公司作为涉案质押钢材的监管人，既不是债务人，也不是保证人，仅应当按照《动产监管合同》的约定对质押财产负责，并且不承担市场价格波动风险，其违反合同约定造成交付质押钢材实际数量低于监管下限，应按照质押权实现时的价格，在质押钢材实际数量不足监管下限27143.429吨差额部分钢材价值范围内，赔偿广发银行债权不能实现部分的损失。根据商德公司、广发银行、中国物流公司的过错程度，中国物流公司应在上述范围内承担30％的赔偿责任为宜。

第三，关于中国物流公司承担责任的方式问题。广发银行涉案债权既存在人的担保，也存在物的担保。如该债权上存在的人的担保、物的担保或者债务人的履行行为足以清偿债权，则广发银行即不存在任何损失，只有在人的担保、物的担保及债务人均不能清偿债权的情况下，广发银行的损失才相应产生。因此，中国物流公司应承担责任为补充赔偿责任。广发银行的具体损失数额在人民法院强制执行涉案质押钢材、债务人商德公司及保证人商德金属公司等之后方可确定，中国物流公司应在人民法院对商德公司、商德金属公司、上海商德公司、刘晓东、胡晓梅、刘晓春、杨滨革、刘晓秋、刘井阳强制执行，并穷尽一切执行措施后仍不能清偿部分，在质押财产实际数量与监管下限27143.429吨差额部分按照质权实现时质押财产价值范围内承担补充赔偿责任。

裁判要旨：在动产质押监管协议中，监管人未尽合理监管义务的，根据协议，其责任性质为违约责任，责任范围为有限责任，承担责任方式为承担补充赔偿责任。

问题10. 应退税款质押的效力认定

金融借款合同中，当事人约定以特定增值税应退税款提供质押担保，并指定了退税账户，转移了对特定增值税完税凭证的占有，赋予了质权人对指定退税款项的直接处置权，该质押是否合法有效。

有观点认为，应退税款质押应当无效。理由是，依照《物权法》的相关规定，应退税款作为权利质押尚缺乏明确的法律依据。《物权法》第223条规定：“债务人或者第三人有权处分的下列权利可以出质：（一）汇票、支票、本票；（二）债券、存款单；（三）仓单、提单；（四）可以转让的基金份额、股权；（五）可以转让的注册商标专用权、专利权、著作权等知识产权中的财产权；（六）应收账款；（七）法律、行政法规规定可以出质的其他财产权利。”根据该条规定，可以出质的其他财产权利须有法律、行政法规规定，但目前对应退税款质押还没有法律、行政法规作出明确的赋权性规定。根据上述规定，应收账款可以出质，以应收账款出质的，质权自信贷征信机构办理出质登记时设立。通常理解认为，上述规定的应收账款是民事主体从事民事交易活动产生的应收款项，属于普通民事债权。应退税款则属于公法上的债权，难以归属于应收账款范畴。中国人民银行2007年制定的《应收账款质押登记办法》中，应收账款也未包括应退税款。实践中，应退税款质押的操作模式与应收账款质押也有明显不同，如应退税款质押通常由出质人授予质权人对应退税款账户中退税款项的直接处置权，并交付相关完税凭证，一般并未到信贷征信机构办理出质登记。

对此，笔者认为，应退税款质押贷款属于一项较为成熟的金融创新产品，实践中也已成为一种较为有效的企业融资方式，不宜轻易予以否定。应退税款质押贷款，是银行的一类常规融资品种。这一品种在市场上已经运行多年，较多的情况是适用在客户可以向税务机关办理退税，又有相关融资需求的情形。《最高人民法院关于审理出口退税托管账户质押贷款案件有关问题的规定》对出口退税托管账户质押给予事实上认可。该规定第1条第2款规定：“本规定所称出口退税专用账户质押贷款，是指借款人将出口退税专用账户托管给贷款银行，并承诺以该账户中的退税款作为还款保证的贷款。”第2条规定：“以出口退税专用账户质押方式贷款的，应当签订书面质押贷款合同。质押贷款合同自贷款银行实际托管借款人出口退税专用账户时生效。”第3条规定：“出口退税专用账户质押贷款银行，对质押账户内的退税款享有优先受偿权。”2008年最高人民法院以“与物权法有关规定冲突”为由废止上述第2条，使退税账户质押如何设立生效变得不甚明确，但并未完全否定退税账户质押这一质押形式。①

此外，对于应退税款质押的性质来说，在金融借款合同中，当事人约定以特定增值税应退税款提供质押担保，并指定了退税账户，转移了对特定增值税完税凭证的占有，赋予了质权人对指定退税款项的直接处置权，该质押可类似于动产质押。理由是，《担保法解释》第85条规定：“债务人或者第三人将其金钱以特户、封金、保证金等形式特定化后，移交债权人占有作为债权的担保，债务人不履行债务时，债权人可以以该金钱优先受偿。”这样一种类似于动产质押原理（转移质押财产占有即转让对质押财产的控制权）的操作模式，实现了应退税款账户和未来可处置应退税款的特定化，转移了对特定完税凭证的占有，赋了质权人对指定退税款项的直接处置权，符合上述司法解释规定精神。

综上所述，在金融借款合同中，当事人约定以特定增值税应退税款提供质押担保，并指定了退税账户，转移了对特定增值税完税凭证的占有，赋予了质权人对指定退税款项的直接处置权，该应退税款质押，符合法律、行政法规和司法解释规定精神，应当认定质押合法有效。

典型案例裁判文书

安徽省宣城市中级人民法院(2014)宣中民二初字第00040号民事判决书

【典型案例14】

案例索引：安徽郎溪农村商业银行股份有限公司诉郎溪县远大铜业有限公司等金融借款合同案②。一审：(2014)宣中民二初字第00040号。

基本案情：2012年11月22日，郎溪远大铜业公司以本公司两张增值

① 国家法官学院案例开发研究中编：《中国法院2016年度案例——借款担保纠纷》，中国法制出版社2016年版，第238页。

② 国家法官学院案例开发研究中编：《中国法院2016年度案例——借款担保纠纷》，中国法制出版社2016年版，第235页。

税完税凭证的应退税款提供质押，向郎溪农村合作银行申请贷款。溪远大铜业公司承诺委托郎溪县国税局将应退税款划到指定账户，并同意郎溪农村合作银行直接划收归还贷款本息。郎溪县国税局向郎溪农村合作银行承诺将应退税款及时划到郎溪远大铜业公司指定的账户。2012 年 11 月 27 日，郎溪远大铜业公司与郎溪农村合作银行签订《借款合同》和《权利质押合同》，约定：郎溪大铜业公司借款 870 万元，期限 6 个月；郎溪远大铜业公司以两张增值税完税凭证为权利质押财产提供质押担保。郎溪远大铜业公司法定代表人戴俊华承诺承担连带保证责任。合同签订当日，郎溪农村合作银行放借款 870 万元，郎溪远大铜业公司将两张增值税完税凭证作为权利质押财产交付给溪农村合作银行。2013 年 3 月 29 日和 2013 年 4 月 23 日，郎溪远大铜业公司采取相同方式（3 月 29 日以一张增值税完税凭证应退税款提供质押，4 月 23 日以两张增值税完税凭证应退税款提供质押），分别从郎溪农村合作行借款 500 万元、630 万元。郎溪远大铜业公司对上述借款分别归还了部分利息。上述借款发放后，郎溪县国税局尚未实际核定和支付郎溪远大铜业公司五张增值税完税凭证。（2013 年 12 月 31 日，郎溪农村商业银行开业，郎溪农村合作银行终止，郎溪农村合作银行债权债务转为郎溪农村商业银行债权债务。）2014 年 3 月 6 日，郎溪农村商业银行向法院起诉，请求判令：1. 郎溪远大铜业公司归还借款本金 2000 万元及未付利息；2. 确认郎溪农村商业银行享有质押优先受偿权；3. 戴俊华承担连带清偿责任；4. 郎溪县国税局按照承诺内容及时退税，用于归还郎溪远大铜业公司的贷款。

法院裁判：关于本案中应退税款质押的效力。本案中，郎溪远大铜业公司与郎溪农村合作银行均约定以已缴增值税应退款作质押担保，郎溪远大铜业公司并授权郎溪农村合作银行可以将指定账户内的特定退税款项直接划收归还贷款本息双方之间意思表示真实，据此成立应退税款质押关系。对于应退税款质押，我国法律、行政法规并无禁止性规定。实践中，应退税款质押贷款已经成为一种较为有效的企业融资方式。本案中，经郎溪远大铜业公指定，郎溪县国税局承诺将应退税款划入相应账户，实现了应退税款账户的特定化；郎溪远大铜业公司授权郎溪农村合作银行可以直接划收退税款项归还贷款本息，赋予了郎溪农村合作银行对指定应退税款账户中退税款项的直接处置权；双方约定质押的应退税款为特定已缴增值税完税凭证的应退税款，郎溪远大铜业公司并将约定的五张增值税完税凭证作为权利质押财产交付给郎溪农村合作银行，实现了未来可处置应退税款的特定化。从以上当事人之间约定及操作流程看，不违反法律、行政法规的规定精神，依照物权法和担保法有关动产质权的规定精神，应认定本案中的应退税款质押合法有效。郎溪远大铜业公司未按期偿清借款本金和利息，郎溪农村合作银行一方对指定应退税款账户内的特定应退税款依法享有质押优先受偿权。郎溪农村商业银行该项诉讼请求成立，应予确认。

裁判要旨：当事人约定以特定增值税应退税款提供质押担保，并指定了退税账户，转移了对特定增值税完税凭证的占有，赋予了质权人对指定退税款项的直接处置权，该质押合法有效。

问题 11. 出口退税账户质押的法律效力

所谓出口退税质押贷款，是指具有退税资格的外贸进出口企业以其应收出口退税款作为质押，取得银行资金支持的一种授信方式。这种授信方式主要是在授信担保方式上一种创新。[①] 借款人将出口退税专用账户托管给贷款银行，并承诺以该账户中的退税款作为还款保证的贷款。出口退税账户内的出口退税款，是在符合一定条件的前提下，由税务部门向作为纳税人的出口企业返还的税款。出口企业并不占有这笔款项，只是该账户户主享有的一种权利，是可以用金钱来估价的权利。出口退税权利的价值是该权利在实现时的货币反映，即出口退税款。当前，以出口退税账户设定质押的方式，在商业银行担保贷款业务中日渐普遍，其作为银行债权的质押，是一种比较可靠的担保方式。[②]

那么，出口退税账户质押是否具有法律效力？

一种观点认为，将出口退税账户托管贷款认定为质押贷款没有法律依据，故不能认定对出口退税款能成立质权。理由是：

1. 出口退税账户内的出口退税款，是在符合定条件的前提下，由税务

---

① 张春梅：《出口退税质押贷款——外贸企业融资新方式》，载《企业经济》2001 年第 8 期。

② 刘保玉主编：《担保纠纷裁判依据新释新解》，人民法院出版社 2014 年版，第 309 页。

部门向作为纳税人的出口企业返还的税款。在未经税务部门审查同意并返还给出口企业前，出口企业并不占有这笔款项，只享有主张税务部门给自己退税的权利。因此，出口退税账户内的出口退税款，不是民法上所说的财产，只是该账户户主的一种权利。由于这种权利是指向作为行政机关的税务部门，权利义务双方的法律地位不对等，是一种公法上的权利义务关系，所以这种权利不可转让。质权标的物应当具有财产性和可转让性，出口退税款明显不符合这两个条件。所谓出口退税权利质押，其标的物是行政法上的权利，不是平等主体之间的民事权利。这种权利由于不能转让，因此也不可以进行质押。

2.《担保法解释》第 85 条规定："债务人或者第三人将其金钱以特户、封金、保证金等形式特定化后，移交债权人占有作为债权的担保，债务人不履行债务时，债权人可以以该金钱优先受偿。"出口退税账户内的出口退税款，只是账户户主的一种权利，不是现实的金钱；在未经税务部门审查同意并返还前，对出口税账户户主来说，它只是一笔可能会实现、也可能不会实现的期待财产，根本无法将其"特定化"。因此，以出口退税账户托管的形式贷款，不是此条司法解释所指的金钱质押。

3. 目前银行业开展的出口退税账户托管贷款业务，起源于上级银行下发的《关于办理出口退税账户托管贷款业务的通知》。该通知第 4 条规定："出口退税账户托管贷款是商业性贷款，由商业银行自主审查、自主决定。商业银行应当与借款人约定：自银行发放贷款之日起至该笔贷款全部清偿完毕日止，借款人同意由贷款人监控该账户，未经贷款人同意，借款人不得擅自转移该账户内的款项。出口退税专用账户的退税款是出口企业偿还贷款的保证，商业银行要求企业在退税款到位后归还该项贷款的本息，必要时商业银行可根据贷款风险程度要求出口企业提供其他担保。"这是对出口退税账户托管贷款目的的最完整表述。这个部门规章只提到银行对出口退税账户可以进行托管，并未规定可以进行质押，而且通篇都没有使用质押一词，更未规定银行有优先权，因此不能成为银行行使质押权的依据。将出口退税账户托管贷款认定为质押贷款，没有法律依据。①

---

① 江必新、何东宁、程似锦著：《最高人民法院指导性案例裁判规则理解与适用·担保卷》，中国法制出版社 2017 年版，第 579 页。

另一种观点认为，出口退税账户设立质押有效。理由是：

1.《担保法》规定的质押有两种，即动产质押与权利质押。出口退税权利虽然是一种预期利益，但该利益是以一定数额的出口退税款这一形式实现的，这是能为人所有的财产；出口退税直接以货币数额来表示，当税款退入出口退税专户后，出口退税权就变现为出口退税款，出口退税权的变现功能使该权利具有了可转让性。既然出口退税是出口企业享有的一种权利，又具有财产性和可转让性，当然可以成为权利质押的标的物。

2. 将出口退税权利用于质押，我国法律目前虽无明确规定，但在实践中已客观存在。这个事实证明，这种担保形式对帮助企业缓解由于出口退税滞后而引起的资金紧张，解决部分外贸出口企业的贷款担保问题，扩大融资渠道，是有益的。确认这种在实践中发展起来的新型担保方式有效，对资金融通和商品流通，对保障交易安全和债权的实现，对稳定社会经济秩序，都有重要意义。如果否定这种担保方式，无疑会削弱其担保功能，使其不具有对抗第三人的效力，也无法借以约束借款人，债权人的债权则难以保障。①

笔者赞成第二种观点，即以出口退税账户设立质押有效。出口退税账户质押性质上属于金钱质押，因为它形式上是以账户形式出质的，但实质上是以账户内的可预期的金钱设定质押。出口退税权利质押以支配应收出口退税款这一财产利益为内容。所谓支配，在一般情况下，是指权利人得以自己的意思管领、占有、处分财产。而出口退税权利质权人所支配的并非某一财产实体，而是指控制、利用财产的价值，即可实现的应收出口退税，并从中受偿。因此，符合《担保法解释》第85条的规定，即“债务人或者第三人将其金钱以特户、封金、保证金等形式特定化后，移交债权人占有作为债权的担保，债务人不履行债务时，债权人可以以该金钱优先受偿”的情形。物权法生效后，退税账户质押应当纳人应收账款质押中，债权人可以按照物权法关于应收账款质押的规定办理出质登记，取得应收账

① 江必新、何东宁、程似锦著：《最高人民法院指导性案例裁判规则理解与适用·担保卷》，中国法制出版社2017年版，第579页。

款质权。[1]

【典型案例 15】

案例索引：中国工商银行常州市新区支行与常州康美服装有限公司贷款合同积分案[2]。一审：（2004）常民二初字第 150 号。

基本案情：2003 年 12 月中旬，康美公司与新区工行协商，准备向新区工行申请出口退税账户托管贷款。2003 年 12 月 18 日，康美公司向新区工行出具了“出口退税专户承诺书”，承诺以公司所享有的出口退税权利作为借款的担保，并在新区工行开立出口退税专户，账号为 1105021629001001561，授权新区工行有权从该退税专户扣收贷款本息。2003 年 12 月 18 日，常州市国税局在“出口退税账户托管贷款业务确认单”上盖章，确认康美公司在常州市国税局办理的出口退税账号为 1105021629001001561，并确认康美公司上年出口退税额为 647 万元，截至 2003 年 12 月 18 日，康美公司出口退税应退未退税额为 1351.31 万元。

2003 年 12 月 25 日，康美公司与新区工行签订一份编号为 2003 年新流字第 233 号流动资金借款合同，约定康美公司向新区工行借款 450 万元，借款期限自 2003 年 12 月 25 日起至 2004 年 6 月 22 日止，月利率为 5.04‰。同时，康美公司与新区工行签订了编号为 2003 年新质字第 233 号权利质押合同，约定康美公司以其所享有的出口退税权利质押给新区工行，作为 450 万元借款的担保。借款合同和出口退税权利质押合同签订后，新区工行依约向康美公司发放了出口退税账户托管贷款 450 万元。

2004 年 2 月 20 日，康美公司与新区工行又签订了一份编号为 2004 年新流字 013 号借款合同，约定康美公司向新区工行借款 300 万元，借款期限自 2004 年 2 月 20 日起至 2004 年 8 月 8 日止，月利率为 5.04‰。同时，双方签订了编号为新质字第 013 号权利质押合同，约定康美公司以其享有的出口退税权利质押给新区工行，作为 300 万元借款的担保。上述合同签订后，新区工行依约向康美公司发放了出口退税账户托管贷款 300 万元。

---

① 参见曹士兵：《中国担保制度与担保方法》（第四版），中国法制出版社 2017 年版，第 333 页。

② 载《最高人民法院公报》2005 年第 4 期。

康美公司于2004年4月22日归还新区工行借款本金50万元。2004年6月7日，康盛公司向新区工行出具一份担保承诺书，自愿对康美公司的借款承担连带保证责任，并自愿以其房产承担担保责任。2004年6月14日，新区工行以出现借款合同约定的提前收回全部借款的情形为由，向康美公司发出了提前收回全部借款的函。康美公司对新区工行提前收回借款并无异议。2004年6月24日，新区工行向法院提起诉讼。2004年7月29日，康美公司归还借款本金671617.28元。原告请求法院判令被告康美公司归还借款本金6328382.72元及其相应利息，并确认原告有权以被告康美公司的出口退税款优先清偿债务。

法院裁判：《合同法》第二百零七条规定："借款人未按照约定的期限返还借款的，应当按照约定或者国家有关规定支付逾利息。"《担保法》第六条规定："本法所称保证，是指保证人和债权人约定，当债务人不履行债务时，保证人按照约定履行债务或者承担责任的行为。"第七十五条第（四）项规定，依法可以质押的其他权利可以质押。被告康美公司与原告新区工行签订的借款合同合法有效。该借款合同履行过程中，由于出现了合同约定的贷款方有权提前收回全部借款的情形，新区工行主张提前收回全部借款，康美公司没有异议。康美公司目前尚欠新区工行借款本金6328382.72元，应当归还，并应支付相应利息及逾期利息。被告康美公司与原告新区工行在签订借款合同的同时，还签订了出口退税权利质押合同，约定康美公司将其享有的出口退税权利质押给新区工行，作为康美公司向新区工行借款的担保。根据质押合同，康美公司在新区工行设立了出口退税专用账户，这个账户和康美公司的应退未退税款金额1351万元，均得到常州国税局的确认。故康美公司与新区工行之间的出口退税账户托管货款，构成了出口退税权利质押，新区工行有权在康美公司的出口退税款中优先受偿。被告康盛公司向新区工行出具承诺书，自愿对康美公司的借款承担连带保证责任，该承诺不违反法律规定。新区工行的诉讼请求应予支持。当事人均未上诉。

裁判要旨：担保法对可以转让的合同权利、出口退税权利或其他债权是否可以出质，并无限制性或禁止性的规定。只要出口退税账户托管贷款当事各方意思表示真实，且具备了担保法关于质押合同成立的要件，在借款企业和贷款银行之间就形成了以出口退税专用账户为质押担保的合同关系。

问题 12. 质权人是否有权申请实现担保物权

根据《民事诉讼法》第 196 条的规定，申请实现担保物权由担物权人以及其他有权请求实现担保物权的人依照物权法等法律，向担保财产所在地或者担保物权登记地基层人民法院提出。我国《物权法》第 195 条第 2 款规定，押权人与抵押人未就抵押权实现方式达成协议的，抵押权人可以请求人民法院拍卖、变卖抵押财产。

但对于质权，《物权法》并未明确规定，仅明确债务人不履行到期债务或者发生当事人约定的实质权的情形，质权人可以与出质人协议以质押财产折价，也可以就拍卖、变卖质押财产所得的价款优先受偿。

笔者认为，从《民事诉讼法》的立法本意来看，质权人可以提出申请实现担保物权。理由如下：第一，从《民事诉讼法》的法条条文来看，其使用的是“担保物权”而非“质押权”的表述，那么，从文义理解来看，这应当包括抵押权、质押权、留置权等担保物权。第二，从立法本意来看，《民事诉讼法》在 2012 修正时即新增了申请实现担保物权的相关规定，这些规定主要在于完善抵押权等担保物权的公力救济途径，摈弃早期单一通过诉讼方式实现担保物权的做法，发挥担保制度应有的功能。现代商业社会，融资担保的形式已不再局限于不动产的抵押，票据、证券、提单、债券质押及留置权也早已成为担保制度的有效补充，如将申请实现担保物权的范围仅局限于《物权法》明确的抵押权，也无法完全达到立法目的。[①] 第三，从物权法关于实现质押的规定来看，其只表明质权人可以就拍卖、变卖质押财产所得价款优先受偿，但并未明确拍卖、变卖的途径，那么根据私法自治与意思自治原则，笔者认为，质权人可与担保人协商一致进行拍卖、变卖，也可包括质权人申请法院实施的拍卖、变卖。

---

① 国家法官学院案例开发研究中心编：《中国法院 2016 年度案例——借款担保纠纷》，中国法制出版社 2016 年版，第 247 页。

典型案例裁判文书

浙江省杭州市萧山区人民法院(2013)杭萧商特字第11号民事裁定书

【典型案例 16】

案例索引：杭州乾融典当有限责任公司与杭州振邦医疗器械有限公司申请实现担保物权案①。

基本案情：2012 年 12 月 11 日，杭州某某典当有限责任公司（以下简称典当公司）与杭州某某医疗器械有限公司（以下简称器械公司）签订《票据质押典当合同》一份，约定：器械公司同意将其自有的或有享有处分权的票据财产作为物质押给典当公司，典当公司同意接受器械公司以票据质押并提供相应的当金；器械公司用作质押的财产为：银行承兑汇票（出票日期：2012 年 11 月 16 日；承兑行：中国工商银行；出票金额：500 万元；汇票到期日：2013 年 5 月 16 日）；典当公司同意给器械公司发放当金 400 万元。

合同签订后，器械公司将合同中约定的银行承兑汇票交付给典当公司。同日，器械公司向典当公司出具收款确认书一份，载明已收当金 400 万元。器械公司已向申请人支付典当综合服务费 162640 元。

典当期限到期后，器械公司未及时归还借款当金。2013 年 3 月 11 日，典当公司向法院提出申请，请求准予拍卖、变卖或银行贴现器械公司质押担保的银行承兑汇票并对所得价款优先受偿本金 400 万元。

法院裁判：典当公司提供的《票据质押典当合同》、当票、《公司股东会同意借款决议书》、收款确认书、银行承兑汇票（票据号 02000×××××）、《公司股东会同意质押典当决议书》《法律服务委托合同书》、律师费发票等证据均系原件，内容客观明确、形式来源合法，故可认定器械公司向典当公司借款 400 万元，并以其拥有票据权利的银行承兑汇票（票据号 102000×××）质押，质押关系成立并有效。现主债务行期限已届满，典当公司依照合同要求实现质押财产权，符合法律规定。

裁判要旨：票据质押的质权人可以依据《民事诉讼法》新增第一百九十六条、第一百九十七条的规定申请实现担保物权。

---

① 国家法官学院案例开发研究中心编：《中国法院 2016 年度案例——借款担保纠纷》，中国法制出版社 2016 年版，第 244 页。

问题 13. 账户质押的法律性质

账户，是银行为国民经济各部门、各单位及个人办理资金收付的各项业务，进行记录和反映而设置的簿籍。[①] 账户质押（又称保证金质押）是指担保人依据与债权人的约定，将自己在银行开立的某些或全部账户及账户中的资金以浮动担保的方式向债权人质押，在债务人不能按时履行债务时，债权人可以以账户中的资金优先受偿，并可以接管使用此账户的一种担保方式。[②]。当质押财产为动产时，由于其名称、数量和质量等各方面的性质都很容易判断。因此，是否成立质权也很容易判断。但账户质押则不然，账户质押实际上是一个描述性词语，文义解释而言，具体包括两种情形：（1）在存有金钱的账户上设立质押（实户质押）；（2）在有预期收入的账户上设立质押（空户质押）。如按第一种理解，当质押财产表述为存有金钱的账户时，虽然账户上存有金钱，但账户一般本身并非有价物，故对于账户质押来说，其质押财产究竟是账户、金钱抑或其他实务中一直存有争议。如按第二种理解，则所谓账户质押实质是质押的未来不确定财产。这显然与担保物权的基本属性相悖，实不可取。

目前对账户质押的法律性质的争议主要在于对账户质押的法律性质有不同的看法。具体表现为账户质押属于动产质押还是权利质押。

第一种观点认为，账户质押本质上属于动产质押，是动产质押中的金钱质押。其依据是《担保法解释》（法释［2000］44 号）第 85 条“债务人或者第三人将其金钱以特户、封金、保证金等形式特定化后，移交债权人占有作为债权的担保，债务人不履行债务时，债权人可以以该金钱优先受偿”的规定。这一观点的争议在于，其似乎违反了法学通说观点，即“货币占有即所有”的观点，但是，“货币占有即所有”规则构建的前提是货币具有一般等价物性质和高度流通性，在作为支付手段进行市场交易时，很难区分货币本身的不同。而在账户质押下，货币被存放在特定的账户内，其是否还适用货币的“占有即所有”规则，值得商榷。

第二种观点认为，账户质押本质上属于权利质押，是权利质押中的债

---

① 王敏主编：《银行法实用全书》，华夏出版社 1995 年版，第 209 页

② 董翠香：《账户质押论纲》，载《法学论坛》2006 年第 5 期。

权质押。其理由是：第一，质押人对质押账户内的资金仅享有债权而没有所有权。因此，其将账户质押的行为应只能被认定为对债权的质押；第二，如果将账户质押认定为金钱质押，则由于缺乏公示性，他人仅依账户这一外观无从得知账户内资金已被质押之事实，不利于交易安全之保护。[①]这一观点符合了货币“占有即所有”的原则。法学通说认为，就一般存款关系而言，存款人将存款交付银行后，由后者取得所有权，存款人仅取得相应的偿还请求权。[②]

笔者倾向于第一种观点，即账户质押属于动产质押中的金钱质押。

首先，在账户质押下，“占有即所有”规则不再适用，即账户质押中的金钱属于“货币占有即所有”规则的一个例外。这是因为，若金钱质押采取特户、封金、保证金等形式，就可以实现特定化，此时金钱的所有权未转移，仍由出质人享有。就封金而言，系对金钱进行包封打上印记或者确定了面值和号码的货币，作为特定财产移交给债权人作为质押财产。在债务得到清偿后，债权人应该归还封金。[③] 当金钱被存入特定的账户时，被质押的是账户里的金钱，即不管金钱的高度可替代性，其始终是属于特定账户的，而这个账户是被特定化了的。因此，这属于“货币占有即所有”规则的例外。

其次，就交付即转移占有而言，银行可以对特定账户进行实际控制，这属于转移了对账户的占有。本来，按一般观点，转移占有即转移了对金钱的所有权。但是，在账户质押下，由于特定账户的存在，使得金钱被特定化。因而，转移占有并没有转移所有权，即仍可成立质权。需要说明的是，虽然账户所在的银行未必是债权人，但作为质押权人的债权人仍可通过共管等方式实际控制该特定账户从而控制其中的金钱。从这一点而言，质押财产转移占有，由担保权人实际控制也是成立的。

最后，认为账户质押属于权利质押中的债权质押的观点有一定的困境。《物权法》第224条至第228条规定了权利质押的成立要件须有权利凭证或登记。然而，对于账户质押而言，《担保法解释》第85条对特户成立

---

① 赵一平：《论账户质押中的法律问题》，载《人民司法·应用》2005年第8期。

② 陈承堂：《存款所有权归属的债法重述》，载《法学》2016年第6期。

③ 曹士兵：《中国担保制度与担保方法》，中国法制出版社2015年版，第331页。

质权的生效要件进行特殊规定，并没规定须转移权利凭证或登记，而是使用特殊的生效要件。因此，笔者认为，账户质押属于权利质押的观点不可取。

综上所述，由于账户质押满足质押财产特定化和转移占有等动产质权的生效要件，且与权利质权的要件不同，故相对债权质押而言，账户质押与动产质押更为接近。

【典型案例 17】

典型案例裁判文书

中国农业银行东莞高埗支行与叶健青等其他合同纠纷执行异议案

案例索引：中国农业银行股份有限公司东莞高埗支行与申请执行人叶健青、被执行人东莞市万江宏达花园建造有限公司执行异议审查案[①]。

基本案情：叶健青与宏达公司其他合同纠纷一案，叶健青根据东莞市中级人民法院作出的已发生法律效力的（2010）东中法民一终字第 1311 号民事判决书向东莞市第一人民法院申请强制执行。在执行过程中，东莞市第一人民法院作出（2010）东一法执字第 9634 号执行裁定书，于 2011 年 4 月 15 日依法冻结宏达公司在高埗支行的保证金账户存款 40 万元。随后，叶健青与被告宏达公司达成执行和解，约定宏达公司在 2011 年 7 月 15 日前一次性支付给叶健青债权余额 35 万元，否则，宏达公司除应支付上述款项外，还应当支付违约金 5 万元，叶健青可按照和解协议内容向法院申请恢复强制执行。后宏达公司没有按照执行和解协议履行义务，叶健青依执行和解协议向法院申请恢复强制执行，法院作出（2011）东一法恢字第 416 号裁定，裁定冻结、扣划宏达公司存款 40 万元或查封、扣押其相应价值的财产。依据该裁定，法院于 2011 年 7 月 27 日从宏达公司在高埗支行开设的保证金账户扣划款项 40 万元。高埗支行于 2011 年 10 月 19 日向法院提出书面异议，认为法院的扣划行为侵犯了其对涉案保证金账户的优先受偿权，请求法院返还从宏达公司保证金账户内扣划的 40 万元。

---

① 毋爱斌、陈渭强、刘晓宇：《保证金账户可以特定化并构成货币质押》，载《人民司法·案例》2012 年第 10 期。

法院裁判：根据双方协议约定，案外人高埗支行向购房者发放贷款后，宏达公司应当向保证金账户存储案外人发放贷余额的8%作为保证金。所涉房屋办理完预抵押登记时，案外人向被执行人宏达公司返还3%的保证金。在涉案房屋办理好房屋产权证和正式抵押登记后，案外人向被执行人返还剩余的5%。该保证金账户不通存、不通兑、不能取现。即便是该保证金账户金额具有流动性，也是由该保证金账户所担保的标的物变动性所决定的，且该保证金账户由案外人实际控制，被执行人无法自由支配该账户及账户内的资金。因而，该账户符合担保法解释规定的保证金账户特征，案外人对账户内款项享有优先受偿权。

同时，根据案外人与被执行人签订的协议约定，该保证金账户中款项的担保责任截止时间为购房者取得房屋产权证并办理完抵押登记。本案所涉房屋已经全部出售，并办理完预抵押登记，但并未办理房屋产权证和正式的房屋抵押登记手续，因而该保证金账户的担保责任解除的条件尚未成就。综上所述，案外人主张该保证金账户内款项为质押财产，对此享有优先受偿权，法院予以支持。参照《最高人民法院关于人民法院能否对信用证开证保证金采取冻结和扣划措施问题的规定》，对该保证金账户可以采取冻结措施，不能扣划。因而，法院可以对被执行人在案外人高埗支行开设的保证金账户资金采取冻结措施，但不应当对账户内款项采取扣划措施。依照《民事诉讼法》第二百零四条和《最高人民法院关于适用民事诉讼法执行程序若干问题的解释》第十五条之规定，裁定：中止对涉案40万元款项的执行。申请执行人自本裁定书送达之日起十五日内未提起诉讼的，法院依案外人申请将裁定从被执行人宏达公司在案外人高埗支行开设保证金账户扣划的40万元返还到原账户。

裁判要旨：房地产开发商以开设按揭贷款保证金专用账户方式向银行提供担保，达到货币实质上的特定化，在性质上属于动产质押中的货币质押。在强制执行中，法院对按揭贷款保证金账户可以采取冻结措施，在保证金质押解除条件成就时才可予以扣划。对于银行以对保证金账户中资金享有质权而提出异议的，应当适用案外人异议程序进行审查。

问题 14. 保证金账户质押的生效要件

对此问题，实践中存在两种不同的观点：

第一种观点认为，保证金质权的成立应当具备以下几个要件：第一，银行应当按照担保法的规定与出质人签订书面的质押合同，质押合同的形式和内容均应符合法律的规定；第二，质押合同中对以保证金的形式设金钱质押应有明确的约定；第三，出质应当将保证金存入银行以自己名义开设的专门的账号之下，或者银行应当开设保证金专户，账户中资金必须做到专款专用；第四，设定质权的资金必须与其担保履行的债务具有明确的对应关系或者是一一对应的关系，且保证金账户中的资金不能出入与变动。

第二种观点认为，银行主张的保证金质权的成立应具备以下要件：第一，不一定需要专门签订书面的质押合同，只要双方有书面的合意即可，合意可以体现在其他任何形式的协议中；第二，出质人可将保证金存入自己的账户，银行和出质人约定该账户由银行控制，且银行通过计算机系统将该账户锁定即达到转移占有的要求；第三，保证金账户上的资金可以变动，要不用于保证金以外的资金结算，即达到特定化的要求，有的还提出了特定化不等于固定化的观点。不难看出对于保证是否设立质权，在司法实践中存在严格与宽泛两种认识标准。[①]

笔者认为，《担保法解释》第 85 条规定，债务人或者第三人将其金钱以特户、封金、保证金等形式特定化后，移交债权人占有作为债权的担保，债务人不履行债务时，债权人可以以该金钱优先受偿。《物权法》第 212 条规定，质权自出质人交付质押财产时设立。据此可知，保证金账户下的资金质押成立的必要条件有二：一是账户内资金的特定化；二是转移占有。[②] 例如，最高人民法院在（2018）最高法民申 1209 号民事裁定中所归纳指出：金钱质押应当符合将金钱进行特定化并将该特定化的金钱移交

---

① 江必新、何东宁、程似锦著：《最高人民法院指导性案例裁判规则理解与适用 · 担保卷》，中国法制出版社 2017 年版，第 556 页。

② 陈宜芳、吴凯敏：《保证金账户资金质押的成立要件探析》，载《人民司法 · 案例》2013 年第 24 期。

债权人占有两个要件，以使该特定化之后的金钱既不与出质人其他财产相混同，又能独立于质权人的财产。类似的观点亦可在最高人民法院54号指导案例中得到验证，即“金钱以保证金形式特定化”及“债权人取得了案涉保证金账户的控制权，实际控制和管理该账户，此种控制权移交符合出质金钱移交债权人占有的要求”。易言之，“特定化”和“移交占有”系金钱质押得以设立的主要构成要件。[①]

1. 账户内资金的特定化

质权的成立，包括设立行为和交付质押财产两个前后相继的要件，但仅仅满足这两个要件，并不能当然设立质权。因为，如果质押财产不确定，则操作层面上无法将质权设定于具体的标的物上，交付质押财产也丧失其前提条件。法律层面上，质权人行使质权时也不知应当以何物的价值优先受偿。因此，质押财产的特定化成为质权设立的重要条件。[②] 保证金账户内资金的特定化即是保证金账户质押成立的必备条件之一。保证金质押的特定化，指的是保证金账户内资金的特定化，这里的特定化绝不能当作“固定化”进行理解，也并非保证金账户的特定化。“特定化”应当指资金性质和用途的特定化。保证金账户资金的特定化，往往是通过账户的特定化得以表现。具体表现为：设立专门账户、专款专用。只有在质押财产特定化后，才可能进行交付、保管、返还、处分行为。司法实践中，对于保证金质押特定化的认定，往往是保证金账户质押的关键点所在。

从司法实践来看，认定保证金是否特定化主要通过以下几种方法进行审查：

第一，出质人是否将保证金存入保证金账户，这一点主要是为了认定这部分金钱是否脱离自由流通领域。只要不再作为支付手段，用于流通，该部分金钱才不适用“占有即所有”原则，可以成为质押标的。如果未将金钱存入账户，那么保证金账户就成为空户，质权的标的物就不存在，也就无所谓保证金账户质押了。有一种例外是，虽然目前账户内不存在金钱，但是账户预期将会有金钱存入，这就将变成应收账款质押，不在保证

---

① 周俊南、曹琳：《对保证金质押性质裁判规则的观察及延伸思考》，载天同诉讼圈巡回观旨栏目。

② 孙鹏主编：《最高人民法院担保法解释精释精解》，中国法制出版社2016年版，第336页。

金账户质押的范围内。

第二，保证金账户能否与一般结算账户、基本存款账户相区分，这一点是为了认定账户的独立性，从而保证账户内资金的特定化。具体来说，首先特定化是外观上的区分。根据我国《人民币银行结算账户管理办法》的规定，客户在银行开户的类型包括：基本存款账户，一般存款账户，临时存款账户以及专用存款账户。而所谓专用存款账户，该办法第 13 条规定，专用存款账户是存款人按照法律、行政法规和规章对其特定用途资金进行专项管理和使用而开立的银行结算账户。在保证金质押下，出质人交付的金钱用作质押财产的，应依法存入专门的账户内。这样，在设立账户之初，账户的外观就有别于普通的结算账户。这样，不仅能实现特定化，同时，还能让第三人能够明确识别该账户至今的性质，保障对外的公示效力。①

第三，出质人能否自由支配该保证金账户。若出质人仍能够自由支配该保证金账户，则该保证金账户内资金仍可能自由进出，使得保证金和一般资金混同，无法保证其特定化。在保证金质押下，其账户内金钱应当与其他资金分开，即不能混同，这是特定化的应有之义。而要分开各种金钱，则账户就不应由出质人自由支配。否则，特定化就没有完成。

2. 转移占有

占有不同于所有权，占有是指对物进行控制和管理的事实状态。由于保证金特定化离不开保证金账户的特定化，故保证金的移转占有也离不开保证金账户的移转占有。对于保证金账户的移转占有，司法实践中往往采取“谁实际控制使用谁占有”的原则进行占有的认定。具体来说，就是银行取得对保证金账户的控制权，实际控制和管理该账户。一般而言，根据当事人的质押协议，保证金账户内的资金被限制使用，出质人没有独立的支配权，银行也没有自由使用的权利。所以，保证金账户质押中的质押财产转移占有并不是将出质人的账户资金直接划转到债权人账户里，而是实现保证金账户控制权的移转。也就是说，应当从实质层面理解《担保法解释》第 85 条、《物权法》第 212 条规定的占有的转移或交付。设立质押制

① 参见江必新、何东宁、程似锦著：《最高人民法院指导性案例裁判规则理解与适用·担保卷》，中国法制出版社 2017 年版，第 558 页。

度的目的，在于通过质权人对出质人提供的财产，实施一定的限制或处分行为，从而保证商业行为的正常运行，减少经营或者商业风险。在对保证金质押中的交付或转移占有要件的审查把握上，应当认为既包括质押财产的现实交付，也应包括拟制交付。在拟制交付的情况下，出质财产虽可能仍在出质人名下，但出质人实际上已经部分或者全部丧失了对出质财产的管理或控制权。

【典型案例 18】

案例索引：广发银行股份有限公司苏州分行与申请执行人瞿良敏，被执行人张坚华、苏州华铜复合材料有限公司、北京华北华铜电气有限公司执行异议审查案①。

基本案情：浙江省乐清市人民法院在瞿良敏与张坚华、苏州华铜复合材料有限公司（以下简称苏州华铜公司）、北京华北华铜电气有限公司债权转让合同纠纷一案中，冻结了苏州华铜公司在案外人广发银行股份有限公司苏州分行（以下简称广发银行苏州分行）开立的账户，并扣划了该账户内存款 463670.39 元。

广发银行苏州分行对冻结的账户和扣划的款项提出书面异议称，上述账户内的款项系苏州华铜公司在该行的贷款质押保证金，该行依法享有质押优先受偿权，请求法院返还扣划款项，并解除对该账户的冻结。

广发银行苏州分行与苏州华铜公司于 2015 年 5 月 22 日签订了一份保证金质押合同，约定：为担保偿还贷款本息义务，苏州华铜公司向广发银行苏州分行提供金额为 100 万元的保证金质押担保，并将该公司已在该行开立的账户作为保证金账户，有关款项一旦进入该账户，即视为已移交广发银行苏州分行占有，作为该行债权的质押担保。保证金账户仅用于质押担保主合同项下的支付，未经该行允许，苏州华铜公司不得随意转出或支配，不得作为日常结算账户使用，不得支取现金。在主债权被清偿前，苏州华铜公司不得支取或要求返还已交付的保证金。该合同第 19 条还约定，自 2015 年 5 月 25 日开始，此后每月 21 日 24 点前苏州华铜公司在广发银

① 倪亚蓓：《保证金账户的认定标准》，载《人民司法·案例》2016 年第 8 期。

行苏州分行保证金内存款余额不得低于100万元，如乙方未能按期履行债务或者发生合同约定的其他违约事项，广发银行苏州分行有权就保证金账户内的资金享有优先受偿权。

该合同签订后，哈尔滨万高电气设备有限公司根据苏州华铜公司指示，于2015年5月25日向该账户转账100万元。100万元到账后，该账户当天相继转出20万元、55万元、20万元，转入101477.33元、1062.84元，产生3笔手续费。

另，本案冻结、扣划的账户自质押合同签订之日2015年5月22日起至2015年6月3日发生交易共95笔，借方发生额为219.72万元，贷方发生额为261.67万元。

法院裁判：虽然广发银行苏州分行与苏州华铜公司签订了保证金质押合同，约定将该公司在广发银行苏州分行开立的账户内100万元款项设定为保证金，但合同第19条补充约定苏州华铜公司仅仅是确保于每月21日24点前在该账户内存款余额不得低于100万元。该账户交易频繁，100万元资金在2015年5月25日转入该账户后被陆续转出，可见该账户资金进出随意，广发银行苏州分行并不对该资金实际占有，也不享有掌控、支配权，且该笔资金也并未特定化，因此其不具备金钱质押的属性，该账户亦不能认定为特定保证金账户。法院冻结苏州华铜公司的账户、并扣划账户内存款463670.39元于法有据，故广发银行苏州分行要求解除对上述账户的冻结、返还扣划款项的异议，依据不足，不予支持。

执行裁定送达后，各方当事人均未提起复议，也未提出异议之诉，法院已将被扣划款项支付给了瞿良敏。

裁判要旨：名为保证金账户，但未明确约定账户及账户内资金专用于质押担保，实际上账户内资金可由存款人自由支取、支配，银行未能有效占有、控制，应认定未达到特定化的要求，该账户不属于保证金账户，不成立金钱质押，银行对账户内资金不享有优先受偿权，法院可依法予以扣划。

【典型案例19】

案例索引：兴业银行股份有限公司深圳罗湖支行与张某、第三人惠州广信物业发展有限公司执行异议之诉案[①]。一审：（2010）惠中法民二初字第14号；二审：（2012）粤高法民二终字第12号；申请再审审查：（2012）民申字第1070号。

基本案情：针对广信公司的“惠州世贸中心”项目，兴业银行与广信公司分别于2004年12月21日、2005年4月15日签订2份商品楼宇按揭（抵押）贷款合作协议书，合同约定按揭贷款额度最高限额分别为5000万元、2000万元；在购房者（借款人）按揭贷款本息尚未还清之前，广信公司保证在兴业银行账户的存款不低于当期该项目按揭贷款余额15%作为保证金等条款。2004年12月22日至2005年6月16日，兴业银行给“惠州世贸中心”购房者发放了按揭贷款，兴业银行（甲方）与广信公司（乙方）签订兴银深罗保金字（2005）第0001号保证金协议，约定：1. 本协议项下“保证金”是指广信公司存入兴业银行专门账户，由兴业银行占有，特定作为主合同项下还款担保的货币资金。保证金的性质为动产质押。2. 本协议项下保证金用于担保下述主合同［即前述2份商品楼宇按揭（抵押）贷款合作协议书］项下债务的及时清偿。3. 广信公司缴存保证金应占主合同项下债务人在兴业银行融资金额的15%。本协议签订当日，广信公司必须将保证金6041912.89元存入在兴业银行开立的保证金账户。保证金账号：337030100100021799（以下简称21799账户）。

21799账户从2007年9月设立至本案诉讼期间，进账4笔，共计6356677.58元；出账24笔，共计4671905.45元。上述出账用途均为归还逾期按揭欠款，其中2007年还按揭欠款120笔、2008年还按揭欠款684笔、2009年还按揭欠款515笔。

惠州市中级人民法院于2008年9月23日另案判决广信公司向张某偿还借款本金847万元，并支付相应利息及违约金。该判决生效后，张某向法院申请执行，惠州市中级人民法院将广信公司在兴业银行开立的上述21799账户中的存款190万元扣划至该院账户，兴业银行为此提出执行异议。惠州市中级人民法院认为，兴业银行与广信公司签订的保证金协议有效，但兴业银行并未以自己的名义设立专门账户，广信公司不可能将保证

---

① 陈宜芳、吴凯敏：《保证金账户资金质押的成立要件探析》，载《人民司法·案例》2013年第24期。

金存入兴业银行的专门账户，而是存在自己的银行账户，兴业银行并没有占有质押财产，存款仍由广信公司占有，质权并没有设立，兴业银行对存款并不享有优先受偿权，故裁定驳回兴业银行的执行异议。惠州市中级人民法院于2010年3月9日将上述扣划的广信公司存款190万元交付给张某抵偿等额债务。

兴业银行遂提起本案执行异议之诉，主张其针对21799账户签订的保证金协议真实有效，且完成了对保证金账户的特定化程序并占有该账户资金，质权业已设立，请求法院确认兴业银行对21799账户资金（现已被划回作为执行款）享有优先受偿权。

法院裁判：关于兴业银行是否对21799账户内的资金享有优先受偿权的问题。兴业银行与广信公司于2004年12月21日、2005年4月15日签订2份商品楼宇按揭（抵押）贷款合作协议书。在贷款合作协议中，双方约定，兴业银行为广信公司所销售的“惠州世贸中心”楼宇的购房者提供按揭贷款，广信公司为该贷款提供担保及回购保证。双方于2007年9月18日签订保证金协议，约定广信公司为兴业银行给予的融资服务提供保证金作为还（付）款担保，设立保证金户名为兴银深罗（按揭）（2004）第0001号惠州广信物业发展公司，账号为337030100100021799，保证金性质为动产质押。上述合同均是双方当事人的真实意思表示，内容没有违反法律、行政法规的强制性规定，是合法有效的合同。在履行保证金协议时，广信公司依约在兴业银行处开立了户名为“兴银深罗（按揭）（2004）第0001号惠州广信物业发展公司”、账号为337030100100021799的账户。该账户在名称上的设置为“信贷机构名称＋保证金存管协议编号＋客户名称”：“兴银深罗”为“信贷机构名称”，“（按揭）（2004）第0001号”为“保证金存管协议编号”，“惠州广信物业发展公司”为“客户名称”。因其有特定前缀“信贷机构名称＋保证金存管协议编号”，所以区别于只有单一“客户名称”的一般银行账户。“兴银深罗（按揭）（2004）第0001号”的特定前缀起到对外公示的标识作用，使该账户符合保证金账户的一般表现形式。按揭还款台账、保证金账户历史查询及交易凭证显示，21799账户自设立后，在使用过程中共出账24笔，均由兴业银行直接扣划，用途均为偿还逾期按揭欠款。上述账户的使用区别于一般结算账户，符合《人民币银行结算账户管理办法》第十三条关于专门账户是指设立专用账户，并严格执行专项管理和支付的账户的规定。因兴业银行实际控制和使用该账户，可认定为实现了对该账户的“占有”。因此，21799 账户为保证金账户，兴业银行对该账户内的资金享有优先受偿权。

裁判要旨：根据《担保法解释》第八十五条的规定，债务人或者第三人将其金钱以保证金形式特定化后，移交债权人占有作为债权的担保，债务人不履行债务时，债权人可以以该金钱优先受偿。保证金账户下的资金质押成立的必要条件有二：一是账户内资金的特定化，二是转移占有。满足要件的保证金质押具备合法性，质权人的优先受偿权应予保护。

典型案例裁判文书

最高人民法院(2015)民提字第175号民事判决书

【典型案例 20】

案例索引：大连银行股份有限公司沈阳分行诉抚顺市艳丰建材有限公司等案外人执行异议纠纷案[①]。一审：(2013) 廊民三初字第 123 号；二审：(2014) 冀民二终字第 32 号；再审：(2015) 民提字第 175 号。

基本案情：艳丰公司与郑克旭于 2011 年 12 月 6 日签订了借款合同。合同约定，借款金额 8000 万元，还款日期为 2011 年 12 月 7 日。同日，艳丰公司作为甲方，大连银行沈阳分行作为乙方签订了汇票承兑合同，全部汇票金额合计为捌仟万元。出票人为艳丰公司，收款人为沈阳首创物资有限公司（以下简称沈阳首创公司）。同日，艳丰公司将 8000 万元存入大连银行沈阳分行文艺路支行营业部的账户，大连银行沈阳分行文艺路支行将 8000 万元转至汇票承兑合同指定的保证金账户，大连银行沈阳分行对上述票据进行了承兑。

艳丰公司在借款合同约定的还款日期（即 2011 年 12 月 7 日）未还款。后于 2011 年 12 月 24 日艳丰公司作为甲方与郑克旭作为乙方及案外人明达意航企业集团有限公司（以下简称明达意航公司）作为担保人签订了还款协议。协议约定甲方于 2011 年 12 月 6 日向乙方借款捌仟万元用于大连银

---

① 载《最高人民法院公报》2016 年第 10 期。

行开具承兑汇票百分之百保证金。甲方收到此款用完后没按约定归还，反而把此款用于其他。

2012年6月6日，大连银行沈阳文艺路支行对上述银行承兑汇票总计金额8000万元进行了付款。同日，大连银行沈阳分行文艺路支行将8000万元转为承兑逾期垫款。

2012年5月，郑克旭以艳丰公司、明达意航公司作为被告向廊坊市中级人民法院提起诉讼，同时申请了保全。廊坊市中级人民法院于2012年5月28日裁定冻结了艳丰公司在大连银行沈阳分行文艺路支行开立的账户10×××23的保证金8000万元。廊坊市中级人民法院作出（2012）廊民三初字第117号和第133号民事判决书。明达意航公司对（2012）廊民三初字第133号民事判决不服向河北省高级人民法院提起上诉，河北省高级人民法院于2013年7月3日作出（2013）冀民一终字第139号民事判决书，驳回上诉，维持原判。

郑克旭在申请执行（2012）廊民三初字第117号民事判决书期间，大连银行沈阳分行于2013年5月14日提出书面异议。大连银行沈阳分行称，应依法纠正（2013）廊民执字第26号执行案件中的错误冻结行为，解除对银行保证金存款4000万元的查封。2012年5月28日、8月14日廊坊市中级人民法院以（2012）廊民保字第2号、（2012）廊民三初字第133号、（2012）廊民三初字第117—2号民事裁定书先后冻结艳丰公司在大连银行沈阳分行开立的保证金账户存款8000万元。2012年6月6日，大连银行沈阳分行依据汇票承兑合同的约定向持票人依法进行了足额兑付，共计垫付8000万元。

廊坊市中级人民法院于2013年8月20日作出（2013）廊执异字第26—1号执行裁定书，裁定驳回大连银行沈阳分行的异议。2013年10月9日，大连银行沈阳分行以艳丰公司、郑克旭为被告向法院提起案外人异议之诉。

法院裁判：关于大连银行沈阳分行对案涉4000万元是否享有质权的问题。

《物权法》第二百一十条规定："设立质权，当事人应当采取书面形式订立质权合同。质权合同一般包括下列条款：（一）被担保债权的种类和数额；（二）债务人履行债务的期限；（三）质押财产的名称、数量、质量、状况；（四）担保的范围；（五）质押财产给付的时间。”第二百一十二条规定：“质权自出质人交付质押财产时设立。”《担保法解释》第八十五条规定：“债务人或者第三人将其金钱以特户、封金、保证金等形式特定化后，移交债权人占有作为债权的担保，债务人不履行债务时，债权人可以以该金钱优先受偿。”根据上述法律及司法解释的规定，金钱作为一种特殊的动产，具备一定形式要件后，可以用于质押。具体到本案，大连银行沈阳分行对案涉4000万元是否享有质权，应当从大连银行沈阳分行与艳丰公司之间是否存在质押合同关系以及质权是否有效设立两个方面进行审查。

（一）大连银行沈阳分行与艳丰公司之间是否存在质押合同关系。大连银行沈阳分行与艳丰公司签订的《汇票承兑合同》约定表明，大连银行沈阳分行与艳丰公司之间协商一致，达成以下合意，即艳丰公司向大连银行沈阳分行缴存100%比例保证金作为案涉承兑汇票业务的担保，如艳丰公司未按期足额交付全部汇票金额，则大连银行沈阳分行有权以该保证金直接支付到期承兑汇票或偿还大连银行沈阳分行对持票人的垫款，也即大连银行沈阳分行对案涉保证金享有优先受偿权。上述合意具备质押合同的一般要件，符合《担保法解释》第八十五条关于金钱质押的规定。

（二）本案质权是否有效设立。根据《物权法》第二百一十二条“质权自出质人交付质押财产时设立”的规定，交付行为应被视为设立动产质权的生效条件。金钱质押作为特殊的动产质押，依照《担保法解释》第八十五条规定，生效条件包括金钱特定化和移交债权人占有两个方面。具体到本案，首先，案涉4000万元资金已经通过存入保证金专用账户的形式予以特定化。保证金特定化的实质意义在于使特定数额金钱从出质人财产中划分出来，成为一种独立的存在，使其不与出质人其他财产相混同，同时使转移占有后的金钱也能独立于质权人的财产，避免特定数额的金钱因占有即所有的特征混同于质权人和出质人的一般财产中。具体到保证金账户的特定化，就是要求该账户区别于出质人的一般结算账户，使该账户资金独立于出质人的其他财产。本案中，双方当事人按照《汇票承兑合同》的约定开立了账号为10×××23的保证金专用账户，用途均与保证金有关，不同于艳丰公司在大连银行沈阳分行开立的账号为10×××25的一般结算账户。艳丰公司按照《汇票承兑合同》约定的额度比例向该账户缴存了保证金，大连银行沈阳分行向艳丰公司出具了《保证金冻结通知书》，对保证金账户进行了冻结。因此，本案符合金钱以保证金形式特定化的要求。其次，大连银行沈阳分行能够对该保证金专用账户进行实际控制和管理，实现了移交占有。本案中，案涉保证金专用账户开立于大连银行沈阳分行的下属支行，艳丰公司在按照《汇票承兑合同》约定存入保证金之后，大连银行沈阳分行对该账户进行了冻结，使得艳丰公司作为保证金专户内资金的所有权人，不能自由使用账户资金，实质上丧失了对保证金账户的控制权和管理权。而大连银行沈阳分行依据《汇票承兑合同》第五条第5.7款规定，在艳丰公司未能在汇票到期日前足额交付全部汇票金额的情况下，有权将保证金账户中的款项直接用于支付到期汇票或者偿还大连银行沈阳分行对持票人的垫款，即大连银行沈阳分行有权直接扣划保证金专用账户内的资金。据此应当认定，大连银行沈阳分行实质上取得了案涉保证金专用账户的控制权，此种控制权移交符合动产交付占有的本质要求。

综合以上分析可以认定，本案金钱质押已经设立，大连银行沈阳分行对案涉4000万元保证金享有质权。

裁判要旨：根据《中华人民共和国物权法》第二百一十二条“质权自出质人交付质押财产时设立”的规定，交付行为应被视为设立动产质权的生效条件。金钱质押作为特殊的动产质押，依照《最高人民法院关于适用〈中华人民共和国担保法〉若干问题的解释》第八十五条规定，生效条件包括金钱特定化和移交债权人占有两个方面。承兑汇票出票人向银行承兑汇票保证金专用账户交存保证金作为承兑汇票业务的担保，该行为性质属于设立金钱质押。当出票人未支付到期票款，银行履行垫款义务后，银行基于质权享有就该保证金优先受偿的权利。

【典型案例21】

案例索引：山东省菏泽市兴农百盛农资有限公司与宋本玉借款合同纠纷案。一审：（2015）菏商初字第55号；二审：（2016）鲁民终298号；申请再审审查：（2016）最高法民申2052号。

基本案情：2013年3月22日，银昱公司作为甲方，与中国建设银行股份有限公司菏泽分行（以下简称建行菏泽分行）作为乙方，签订担保合作协议。协议约定，银昱公司在建行菏泽分行开立保证金账户，并存入该账户不低于500万元作为风险保证金，在贷款发放前3个工作日内将单笔业务保证金按担保金额的4%存入保证金账户。在担保期间，银昱公司支取保证金账户款项应事先征得建行书面同意。

典型案例裁判文书

最高人民法院(2016)最高法民申2052号民事裁定书

2013年6月27日，百盛公司与中国建设银行股份有限公司菏泽市中支行（以下简称建行市中支行）签订贷款合同一份，约定由百盛公司向建行市中支行贷款200万元，借款期限自2013年6月27日至2014年6月26日。同日，银昱公司与建行市中支行签订保证合同，约定由银昱公司为百盛公司在建行市中支行的200万元贷款承担连带担保责任。

2013年6月27日，百盛公司作为出质人，银昱公司作为质权人签订保证金质押合同一份，约定为了履行借款担保合同，双方约定以质押合同的保证金专户中的保证金提供质押担保。合同第二条约定：百盛公司将28万元存入保证金专户。非经银昱公司同意，百盛公司不得对保证金专户内资金进行支用、划转或作其他任何处分。保证金专用户名称为银昱公司，保证金账户为37××3175，开户银行为建行菏泽分行营业部。百盛公司提交了银昱公司同日出具的收据存根，显示收到百盛公司贷款保证金28万元。

2013年8月13日，百盛公司与建行市中支行签订贷款合同一份，约定由百盛公司向建行市中支行贷款300万元，借款期限自2013年8月13日至2014年8月12日。同日，银昱公司与建行市中支行签订保证合同，约定由银昱公司为百盛公司在建行市中支行的300万元贷款承担连带担保责任。

2013年8月13日，百盛公司作为出质人，银昱公司作为质权人，签订保证金质押合同一份，约定为了履行借款担保合同，双方约定以质押合同的保证金专户中的保证金提供质押担保。百盛公司将42万元存入保证金专户。百盛公司提交了银昱公司同日出具的收据存根，显示收到百盛公司贷款保证金42万元。

菏泽中院在执行宋本玉诉菏泽鹏翔文具有限公司、银昱公司、菏泽市清源化工有限公司、邬汝珍借款担保合同纠纷一案过程中，于2014年7月11日以（2013）菏非执字第34—6号执行裁定书和（2013）菏非执字第34—1号、34—2号协助划拨存款通知书，划拨了银昱公司在中国建设银行股份有限公司菏泽开发支行账户37××1563、37××1563（二者系关联账户）的存款260万元和建行菏泽分行账户37××3175、37××3175（二者系关联账户）的存款62万元，共计322万元。

百盛公司向该院提出执行异议，认为37××3175账户中的保证金28万元、42万元属于质押保证金，应归其所有。2014年10月29日，银昱公司出具证明，内容为：百盛公司于2013年6月27日至2014年6月26日和2013年8月23日至2014年8月23日在建行市中支行贷款200万元和300万元，由银昱公司提供担保，按规定百盛公司拿出贷款本金的14%作为建行贷款保证金，共计70万元，以银昱公司名义存入建行保证金账户。菏泽中院于2015年1月26日作出（2014）菏执异议字第51—1号执行裁定书，裁定驳回百盛公司的异议。

法院裁判：2013年6月27日、8月13日，银昱公司向百盛公司出具收据中的28万元、42万元是否构成质押保证金。根据《最高人民法院关于适用〈中华人民共和国担保法〉若干问题的解释》第八十五条规定，在将金钱以特户、封金、保证金等形式特定后，作为特定化的金钱可以作为质押标的物，债权人可以以该金钱优先受偿。

百盛公司未将保证金以专户专款的方式交给银昱公司，没有将70万元特定化，不具有特定化货币的意义。案涉的70万元并未以特户、封金、保证金等形式特定化，系非特定化的金钱。就百盛公司所举的证据而言，无法认定案涉70万元构成质押保证金，百盛公司应当对此承担不利的法律后果。

裁判要旨：案外人对执行标的以成立质押保证金为由，请求确认其权利并排除对该标的强制执行的，应当符合担保法解释规定的将金钱特定化和移交债权人占有两个条件。

【典型案例 22】

案例索引：中信银行股份有限公司安阳分行与中国银行股份有限公司安阳分行、安阳市信用担保投资有限责任公司执行异议纠纷案[①]。一审：(2017) 豫 0505 民初 955 号；二审：(2017) 豫 05 民终 3911 号。

基本案情：2014 年 3 月 26 日，原告中信银行股份有限公司安阳分行（以下简称中信银行）与安阳市永兴家电有限责任公司签订贷款合同一份，贷款金额 300 万元。2014 年 3 月 24 日，第三人安阳市信用担保投资有限责任公司（以下简称信用担保公司）与原告签订保证合同和保证金协议，约定以保证金 30 万元作为还款担保，保证金的性质为动产质押，由第三人存入原告专门账户，由原告占有。保证金存管至主合同项下债务清偿完毕为止。3 月 24 日，第三人将保证金 30 万元转入在原告处开立的保证金账户 7398××××××9897（以下简称账户 9897)。

2016 年 2 月 5 日，原告与安阳市新源电器有限责任公司签订贷款合同一份，贷款金额 300 万元。2016 年 2 月 4 日，第三人与原告签订保证合同和保证金账户质押合同，约定在原告处开立 8111××××××7632 保证金账户，金额为贷款金额的 10％共计 30 万元。第三人将该保证金账户及账户内资金向原告出质，资金进入保证金账户之时即视为质物移交原告占有、保管。同日，第三人转入原告指定保证金账户 30 万元。

2017 年 12 月 1 日，应本案被告中国银行股份有限公司安阳分行（以下简称中国银行）作为另案申请人的执行申请，安阳市殷都区人民法院对上述两个账户内存款 60 万元予以扣划执行；2017 年 12 月 14，安阳市殷都区人民法院对上述保证金之对应利息 11295 元予以扣划执行。原告提出执行异议。2017 年 3 月 10 日，安阳市殷都区人民法院作出（2017）豫 0505 执异字第 1 号执行裁定书，驳回原告的执行异议。法院裁判：，物权法第二百一十条规定，设立质权，当事人应当采取书面形式订立质押合同。第二百一十二条规定，质权自出质人交付质押财产时设立。《担保法解释》第 85 条规定，债务人或者第三人将其金钱以特户、封金、保证金等形式特定化后，移交债权人占有作为债权的担保，债务人不履行债务时，债权人可

---

① 刘家梁：《金融机构金钱质押的构成要件及法律效力》，载《人民司法·案例》2018 年第 29 期。

以以该金钱优先受偿。根据上述法律及司法解释的规定，金钱作为一种特殊的动产，具备一定形式要件后，可以用于质押。具体到本案，原审第三人信用担保公司于2014年3月24日、2016年2月4日分别与被上诉人中信银行签订的保证金协议、保证金账户质押合同，约定由信用担保公司在中信银行开设保证金专用账户。第三人将金钱存入该保证金账户后，中信银行向信用担保公司出具了保证金存款入账、冻结通知书，符合金钱以保证金形式特定化的要求，中信银行已取得保证金专用账户的实际控制和管理权，即以完成交付占有，质押权已设立，故其对保证金账户内的资金及利息享有质权和优先受偿权。

裁判要旨：出质人按照金融机构的要求设立存款账户，以此形式向金融机构提供质押担保，在符合法律有效构成要件的前提下，应充分肯定金融机构金钱质押的法律效力。

问题15. 保证金账户资金余额浮动是否影响质权设立

根据《担保法解释》第85条的规定，债务人或者第三人将其金钱以保证金形式特定化后，移交债权人占有作为债权的担保，债务人不履行债务时，债权人可以以该金钱优先受偿。可得知保证金账户下的资金质押成立的必要条件有二：一是账户内资金的特定化；二是转移占有。

那么，何为账户内资金特定化？当保证金账户内资金余额浮动时，金钱质权是否能够设立？对此，存在不同观点：

一种观点认为，如果特户或保证金账户中的金钱数额可以变动而不固定，那么金钱就并未被特定，从而无法出质；另一种观点则认为：金钱质押的有效要件为特定化，而非账户内资金不变动的固定化状态。只要特定账户内的金钱与其他金钱相区别，且保证金的存入划出是对应主债权的相应变动，也可以认定该账户符合特定化要求。

笔者赞同第二种观点。对于“特定化”应当作出以下理解：第一，出质人应当将资金存入相应的固定账户，使得该部分资金脱离自由流通领域以保证其“特定化”；第二，出质人应当确保该账户具有独立性，使该账户“特定化”；第三，出质人应保证该账户内资金“特定化”，即保证账户内资金符合出质的条件。所以，应保证出质人不能自由地支配该保证金账户，如出质人仍可自由支配该账户，使得该账户内资金自由流动，导致该账户内的设立质权的资金和一般的流动资金混同，则难以保证该保证金账户的特定性。最后，还应当注意的是，不可将“特定化”理解为“固定化”，即保证金账户资金余额是可能出现浮动的，而并不是一个固定的数值，只要能够保证保障金资金余额用于担保，从而发生数值的变动，那么就可以认定该保证金是符合金钱质权设立要求的。当然，如果该保证金账户余额内的资金的变化是由于日常结算所导致，则此时难以认定其符合金钱质权设立要求。

【典型案例 23】

案例索引：中国农业发展银行安徽省分行诉张大标、安徽长江融资担保集团有限公司执行异议之诉纠纷案[①]。一审：（2012）合民一初字第00505号；二审：（2013）皖民二终字第403号。

2009年4月7日，农发行安徽分行与长江担保公司签订一份《贷款担保业务合作协议》。其中第三条“担保方式及担保责任”约定：甲方（长江担保公司）向乙方（农发行安徽分行）提供的保证担保为连带责任保证；保证担保的范围包括主债权及利息、违约金和实现债权的费用等。第四条“担保保证金（担保存款）”约定：甲方在乙方开立担保保证金专户，担保保证金专户行为农发行安徽分行营业部，账号尾号为9511；甲方需将具体担保业务约定的保证金在保证合同签订前存入担保保证金专户，甲方需缴存的保证金不低于贷款额度的10%；未经乙方同意，甲方不得动用担保保证金专户内的资金。第六条“贷款的催收、展期及担保责任的承担”约定：借款人逾期未能足额还款的，甲方在接到乙方书面通知后五日内按照第三条约定向乙方承担担保责任，并将相应款项划入乙方指定账户。第八条“违约责任”约定：甲方在乙方开立的担保专户的余额无论因何原因而小于约定的额度时，甲方应在接到乙方通知后三个工作日内补足，补足前乙方可以中止本协议项下业务。甲方违反本协议第六条的约定，没有按

---

① 指导案例54号：中国农业发展银行安徽省分行诉张大标、安徽长江融资担保集团有限公司执行异议之诉纠纷案（最高人民法院审判委员会讨论通过2015年11月19日发布）

时履行保证责任的，乙方有权从甲方在其开立的担保基金专户或其他任一账户中扣划相应的款项。2009 年 10 月 30 日、2010 年 10 月 30 日，农发行安徽分行与长江担保公司还分别签订与上述合作协议内容相似的两份《信贷担保业务合作协议》。

上述协议签订后，农发行安徽分行与长江担保公司就贷款担保业务进行合作，长江担保公司在农发行安徽分行处开立担保保证金账户，账号尾号为 9511。长江担保公司按照协议约定缴存规定比例的担保保证金，并据此为相应额度的贷款提供了连带保证责任担保。自 2009 年 4 月 3 日至 2012 年 12 月 31 日，该账户共发生了 107 笔业务，其中贷方业务为长江担保公司缴存的保证金；借方业务主要涉及两大类，一类是贷款归还后长江担保公司申请农发行安徽分行退还的保证金，部分退至债务人的账户；另一类是贷款逾期后农发行安徽分行从该账户内扣划的保证金。

2011 年 12 月 19 日，安徽省合肥市中级人民法院在审理张大标诉安徽省六本食品有限责任公司、长江担保公司等民间借贷纠纷一案过程中，根据张大标的申请，对长江担保公司上述保证金账户内的资金 1495.7852 万元进行保全。该案判决生效后，合肥市中级人民法院将上述保证金账户内的资金 1338.313257 万元划至该院账户。农发行安徽分行作为案外人提出执行异议，2012 年 11 月 2 日被合肥市中级人民法院裁定驳回异议。随后，农发行安徽分行因与被告张大标、第三人长江担保公司发生执行异议纠纷，提起本案诉讼。

法院裁判：首先，金钱以保证金形式特定化。长江担保公司于 2009 年 4 月 3 日在农发行安徽分行开户，且与《贷款担保业务合作协议》约定的账号一致，即双方当事人已经按照协议约定为出质金钱开立了担保保证金专户。保证金专户开立后，账户内转入的资金为长江担保公司根据每次担保贷款额度的一定比例向该账户缴存保证金；账户内转出的资金为农发行安徽分行对保证金的退还和扣划，该账户未作日常结算使用，故符合《最高人民法院关于适用〈中华人民共和国担保法〉若干问题的解释》第八十五条规定的金钱以特户等形式特定化的要求。其次，特定化金钱已移交债权人占有。占有是指对物进行控制和管理的事实状态。案涉保证金账户开立在农发行安徽分行，长江担保公司作为担保保证金专户内资金的所有权人，本应享有自由支取的权利，但《贷款担保业务合作协议》约定未经农发行安徽分行同意，长江担保公司不得动用担保保证金专户内的资金。同时，《贷款担保业务合作协议》约定在担保的贷款到期未获清偿时，农发行安徽分行有权直接扣划担保保证金专户内的资金，农发行安徽分行作为债权人取得了案涉保证金账户的控制权，实际控制和管理该账户，此种控制权移交符合出质金钱移交债权人占有的要求。据此，应当认定双方当事人已就案涉保证金账户内的资金设立质权。

关于账户资金浮动是否影响金钱特定化的问题。保证金以专门账户形式特定化并不等于固定化。案涉账户在使用过程中，随着担保业务的开展，保证金账户的资金余额是浮动的。担保公司开展新的贷款担保业务时，需要按照约定存入一定比例的保证金，必然导致账户资金的增加；在担保公司担保的贷款到期未获清偿时，扣划保证金账户内的资金，必然导致账户资金的减少。虽然账户内资金根据业务发生情况处于浮动状态，但均与保证金业务相对应，除缴存的保证金外，支出的款项均用于保证金的退还和扣划，未用于非保证金业务的日常结算。即农发行安徽分行可以控制该账户，长江担保公司对该账户内的资金使用受到限制，故该账户资金浮动仍符合金钱作为质权的特定化和移交占有的要求，不影响该金钱质权的设立。

裁判要旨：当事人依约为出质的金钱开立保证金专门账户，且质权人取得对该专门账户的占有控制权，符合金钱特定化和移交占有的要求，即使该账户内资金余额发生浮动，也不影响该金钱质权的设立。

问题 16. 银行直接划转质押账户资金抵扣到期债务是否构成流质

银行在债务人违约时直接划转其质押账户款项的行为是否违反了禁止流质的规定？实践中存在两种观点：

一种观点认为，物权法所称的质押，是指债务人或者第三人将出质的财产或权利交债权人占有，作为债权的担保，在债务人不履行债务时，债权人有权以该财产或权利折价或拍卖、变卖所得价款受偿。《物权法》第211条规定：“质权人在债务履行期届满前，不得与出质人约定债务人不履行到期债务时质押财产归债权人所有。”账户质押是质押的一种，银行与债务人约定债务人不能清偿到期债务时，银行可以直接划转债务人质押账户款项的行为符合流质的特征，违反了法律的禁止性规定，应属无效。

另一种观点认为，《担保法解释》第85条规定：“债务人或者第三人将其金钱以特户、封金、保证金等形式特定化后，移交债权人占有作为债权的担保，债务人不履行债务时，债权人可以以该金钱优先受偿。”银行据此在债务人违约时划转债务人质押账户款项的行为并无不妥。

笔者认为，银行直接划转质押账户资金抵扣到期债务并不构成流质。这是因为：从禁止流质的立法本意看，《担保法》第66条规定：“出质人和质权人在合同中不得约定在债务履行期限届满质权人未受清偿时，质物的所有权转移为质权人所有。”延承上述立法精神，《物权法》第211条规定：“质权人在债务履行期届满前，不得与出质人约定债务人不履行到期债务时质押财产归债权人所有。”这是法律有关禁止流质的规定。禁止流质契约，按通说观点，立法上主要有以下几种考虑：第一，保护债务人的利益。该观点认为，债务人负担债务，“在许多情况下都是因为一时的经济上的急迫与窘困，这样债权人往往会利用这一机会，逼迫债务人提供抵押担保，并订立流质契约，以经济价值较高的抵押物担保债权额较小的债权，以期待债务人届期不能偿债时就可以直接取得经济价值较高的抵押物，从而获得超出自己债权额的非份的利益，致使债务人蒙受不利的损失，因此为保护债务人的利益，防止抵押权人滥用抵押权，自有必要在立法上对流质契约加以禁止。”① 第二，为了体现民法的公平、等价有偿原则。这一观点认为，“在很多情况下，债务人为经济上困难所迫，会自己提供或请求第三人提供高价值的抵押财产担保价值较小的债权，而债权人可能乘人之危，迫使债务人订立流质契约，从中获取暴利，从而损害债务人或第三人之权益，明显有失公允；若抵押权设定后，抵押财产价值大跌，以致低于所担保的债权，此时虽对债务人有利，但对债权人也是不公平的。因此，禁止流质契约的目的主要是为了保护抵押人利益，但更重要

① 孔祥俊：《担保法例解与适用》，人民法院出版社1996年版，第341页。

的是体现民法的公平、等价有偿原则。”[①] 从该观点的理由内容来看，其实际也认为保护债务人利益是禁止流质契约的主要目的之一。第三，有学者认为，禁止流质契约并非是为债务人利益考虑，而是为了维护抵押权为价值权的本质属性。抵押权在本质属性上属于价值权，抵押财产未经评估拍卖，抵押人与抵押权人就预先约定将抵押物在债务清偿期届满时归于抵押权人，不符合抵押权为价值权的本质属性。台湾地区有学者即认为，此项规定之立法意旨应系在抵押权为专以抵押物卖得价金清偿所担保债权为目的之价值权，倘未经拍卖卖得价金，或未经于债权清偿期届满后，与抵押人订约，取得抵押物所有权，即与抵押权为价值权之性质不合，故不许预为此项约定。[②]

而银行直接划转质押账户款项的行为与上述立法本意并不冲突。其一，传统质权是一种变价受偿权，如果不经过折价或拍卖变卖环节而直接将质押财产所有权转移给债权人，则会在质押财产拍卖变卖所得价款高于债权数额本身时损害债务人和其他债权人的利益。而质押账户中的货币作为等价交换物，其价值是确定的，既不需要折价协商明确价值，也不需要经过拍卖变卖程序确定价值，在债务人不履行到期债务时，债权人在债权额度范围内直接以质押账户中的货币受偿，不存在价值高估或低估的情形。其二，银行要求债务人提供质押账户作为主债权履约担保，债务人存入质押账户中的资金一般仅为贷款金额的一定比例，但通常均远远低于贷款金额，否则债务人根本无须向银行借款，直接自行支配相应规模的资金即可。在账户质押中，债务人存入质押账户中的金额是确定的，双方约定的存款利率也是确定的，质押账户中的资金在一定期间内产生的利息也是能够明确计算出的，不存在价值高估或低估进而损害债务人及其他债权人利益的情形。其三，划转质押账户款项的行为并不会对债务人造成财产损害。相较传统质押而言，质权实现需要经历的司法评估、拍卖、变卖、折价等环节均需要较长时间，债务人欠付的本金及利息在这段时间内仍然要持续产生罚息和复利，最终债务人实际需要偿还的总金额亦会随着时间的

---

① 最高人民法院物权法研究小组：《〈中华人民共和国物权法〉条文理解与适用》，人民法院出版社2007年版，第557页。

② 谢在全：《民法物权论》（下册），中国政法大学出版社1999年版，第675页。

延长而增加，债务人的负担也会相应加重。因此银行划转质押账户款项的行为在某种程度上甚至可以变相减轻债务人的偿债负担，及时止损。①

此外，划转质押账户款项的行为可以实现货币价值最大化，节省交易成本。《物权法》第 219 条第 2 款规定："债务人不履行到期债务或者发生当事人约定的实现质权的情形，质权人可以与出质人协议以质押财产折价，也可以就拍卖、变卖质押财产所得的价款优先受偿。"此条款为质权实现的一般性规定。传统动产质权实现时，需要经过协商折价或冗长的司法评估、拍卖、变卖等环节，上述程序均需要耗费较多的人力、物力、财力成本。即便是协商折价这个看起来最为经济的方法，亦需要耗费较高成本。"协议折价已经是一种事后的重新协商，是一种新的交易成本的增加。何况折价还面临着双方当事人不能达成协议的危险，担保人甚至还会恶意地阻止折价协议的达成，从而人为地增加担保物权实现的困难。"② 在折价协商不成的情况下，当事人只能通过司法途径实现担保物权。而仅拍卖一个环节可能就需要司法评估确定质押财产价值，继而经历一拍、二拍、二拍等程序，质权人虽然对质押财产享有优先受偿权，但真正实现债权的时间成本非常高。同时，司法评估及拍卖变卖本身需要一定费用，这些费用亦会增加交易成本。而银行直接划转质押账户资金则无须经历协商折价或司法评估、拍卖、变卖环节，避免了拍卖或协议折价等中间环节的延误，从而大幅缩减了债权人实现债权的时间，减轻了质押双方当事人的交易成本，提高了债权实现的能力，亦节约了司法资源。从法律的经济分析来看，相较于其他担保方式，质押账户以其明显的成本和效益优势而备受欢迎，这也是实践中账户质押及类似的保证金质押被广泛应用于证券、保险、期货、信用证等金融领域的原因。③

---

① 叶永忠、李珊：《银行直接划转质押账户资金抵扣到期债务是否构成流质》，载《人民司法·案例》2018 年第 8 期。

② 孙鹏、王勤劳：《流质条款效力论》，载《法学》2008 年第 1 期。

③ 叶永忠、李珊：《银行直接划转质押账户资金抵扣到期债务是否构成流质》，载《人民司法·案例》2018 年第 8 期。

典型案例裁判文书

重庆市第五中级人民法院(2017)渝05民终3593号民事判决书

【典型案例24】

案例索引：重庆国润汽车销售服务有限责任公司与大华银行（中国）有限公司重庆分行金融借款合同纠纷案[①]。一审：（2016）渝0103民初154号；二审：（2017）渝05民终3593号。

基本案情：重庆国润汽车销售服务有限责任公司（以下简称汽车销售公司）因资金周转需要向大华银行（中国）有限公司重庆分行（以下简称大华银行）循环融资贷款2000万元。为担保该债权实现，双方签订了一份账户质押协议，约定汽车销售公司将开立在大华银行的特定账户质押给大华银行，并存入400万元，承诺在到期不能清偿贷款时，银行可以直接处置该质押账户中存款以及利息收益等以实现质权，且无须征得汽车销售公司的同意。嗣后，汽车销售公司未能如期还款。

大华银行诉称，汽车销售公司未按时还款的行为已构成违约，根据双方约定，银行划转了质押账户款项以抵扣汽车销售公司部分应付债务，汽车销售公司仍欠银行借款本金、利息、罚息、复利。请求法院判令：汽车销售公司立即偿还尚欠的借款本金15908473.07元，截至2016年5月13日的利息179075元，并支付以16087548.07元为基数，按中国人民银行同期贷款利率的130%的基础上上浮50%的标准计算的利息。

汽车销售公司对借款事实和未按期归还贷款无异议，但不同意银行直接划转其质押账户中存款，认为银行未经法定程序或者当事人事后协商一致，直接划转其质押账户存款的行为属于物权法规定的流质行为，违反了法律禁止性规定。

法院裁判：首先，双方签订的账户质押协议约定质权实现的方式包括但不限于：（1）将质押账户并入质权人的账户中，用于清偿被担保债务；（2）将质押账户中全部或部分存款抵扣、抵销、划转到质权人名下，用于清偿被担保债务。大华银行扣划质押账户金额有相应合同依据。其次，《担保法解释》第八十五条规定："债务人或者第三人将其金钱以特户、封

---

① 叶永忠、李珊：《银行直接划转质押账户资金抵扣到期债务是否构成流质》，载《人民司法·案例》2018年第8期。

金、保证金等形式特定化后，移交债权人占有作为债权的担保，债务人不履行债务时，债权人可以以该金钱优先受偿。”本案中，双方当事人设立了账户质押，而账户质押的本质是以账户中的资金作为担保财产，构成金钱质押。虽然《物权法》第二百一十一条规定：“质权人在债务履行期届满前，不得与出质人约定债务人不履行到期债务时质押财产归债权人所有。”但该禁止流质条款的立法本意在于质权是一种变价受偿权，若不经过折价或拍卖、变卖环节而将质押财产所有权直接转移给债权人，则会在质押财产拍卖、变卖所得价款高于债权数额本身时损害债务人和其他债权人的利益，有违公平原则。本案中的账户质押构成金钱质押，金钱不同于一般动产，其作为一般等价物，其价值是确定的，不需要经过拍卖、变卖程序确定价值，因此金钱质押构成特殊动产质押，在债务人不履行债务时，债权人可以以该金钱优先受偿。最后，该扣划行为发生后，汽车销售公司所欠大华银行债务本金数额相应减少，该部分扣划的金额不再计算逾期利息，对汽车销售公司来说可以及时止损，并不存在损害其利益的情况。因此，大华银行基于《担保法解释》第八十五条的规定与双方签订的账户质押协议之约定，对汽车销售公司向大华银行提供质押的账户资金进行扣划以抵扣汽车销售公司应付债务的行为，不违反法律法规的禁止性规定，应属有效。

裁判要旨：账户质押构成金钱质押。金钱作为一般等价物，其价值是确定的，不需要经过拍卖变卖程序确定价值，因此金钱质押构成特殊动产质押，在债务人不履行债务时，债权人可以以该金钱优先受偿。银行据此扣划债务人质押账户中资金用于抵扣到期债务的行为并不构成流质。

第三节 权利质押

问题 17. 应收账款质权设立的要件

“应收账款”是一个会计学上的概念，是指因销售商品或提供劳务而应向购货单位或顾客收取的款项。[①] 在民法理论中，应收账款是指权利人因提供一定的货物、服务或者设施而获得的要求义务人付款的权利。[②] 我国《应收账款质押登记办法》第 4 条第 1 款规定："本办法所称的应收账款是指权利人因提供一定的货物、服务或设施而获得的要求义务人付款的权利，包括现有的和未来的金钱债权及其产生的收益，但不包括因票据或其他有价证券而产生的付款请求权。"

应收账款质权，其质押范围已有明确规定，《应收账款质押登记办法》规定："本办法所称的应收账款包括下列权利：（一）销售产生的债权，包括销售货物，供应水、电、气、暖，知识产权的许可使用等；（二）出租产生的债权，包括出租动产或不动产； （三）提供服务产生的债权；（四）公路、桥梁、隧道、渡口等不动产收费权；（五）提供贷款或其他信用产生的债权。"在此基础上，关于应收账款质权设立的要件有哪些便是一个重要的问题。

对于应收账款质权的设立要件，有几种不同的观点：

第一种观点认为，设立要件应当包括签订书面质押合同，交付债权凭证，通知第三债务人，登记等。之所以需要交付债权凭证，主要是因为应收账款为无形财产，只能通过移转债权证书的占有来完成转移控制权和公示之机能。因此出质债权如果没有书面凭证，应作成书面凭证交付质权人，否则不得设立质权。而通知第三人作为应收账款质权的设立要件是完善应收账款质权理论和实现当事人利益均衡的双重需要。[③]

第二种观点认为，设立要件包括订立质押合同加上登记。而对于质押合同的形式，有观点认为，质押合同应当为书面合同，也有观点认为，质押合同可以不必为书面合同。

笔者认为，应收账款质权的设立要件应包括： (1) 订立质权合同。(2) 办理应收账款质押登记。首先，我国《物权法》第 228 条第 1 款规定："以应收账款出质的，当事人应当订立书面合同。质权自信贷征信机构办理出质登记时设立。"依照此规定，设立应收账款质权，既要订立书面出

---

① 程啸：《担保物权研究》，中国人民大学出版社 2017 年版，第 575 页。

② 郭明瑞：《关于应收账款质权的三个问题》，载《江淮论坛》2011 年第 6 期。

③ 罗欢平：《论应收账款质权的设立要件》，载《上海金融》2008 年第 10 期。

质合同，又要办理出质登记。然而，当事人以其他形式订立质押合同并经登记就不能设立质权吗？笔者认为，此处法律规定“应当”订立书面合同，而非“必须”。可见，是否以书面形式订立质押合同并非质押合同成立生效的要件。[①] 此外，在此处，“应当”一词的本义，是提倡性的、劝导性的、鼓励性的，不具有强制性。故不能因当事人未签订书面质押合同而认定质押不成立或无效。[②] 因此，质押合同不必为书面合同。

其次，应收账款质押须办理出质登记方可生效。《物权法》规定，以应收账款设立质权，质权自信贷征信机构办理出质登记时设立。出质登记是应收账款质权设立的生效要件。也就是说，只有经办理出质登记，应收账款质权才设立，自登记之日起质权人才取得以出质的应收账款为标的权利质权。当事人仅订立以应收账款出质的书面质权合同而未办理出质登记的，质权并未成立，当事人仅存在合同权利义务，并不依合同而享有作为担保物权的应收账款权利质权。[③] 而所谓“信贷征信机构”就是依法设立的，专门从事企业、个人信用征信，从而为金融机构的信贷决策提供服务的有关机构。《应收账款质押登记办法》第 2 条规定，中国人民银行征信中心是应收账款质押的登记机构。征信中心建立应收账款质押登记公示系统，办理应收账款质押登记，并为社会公众提供查询服务。之所以将应收账款质押的登记机关确定为信贷征信机构，这主要是基于以下考虑：第一，应收账款质权登记机构的确定必须考虑到现在市场交易追求交易安全、便捷、迅速的特点，因此，统一应收账款出质的登记机构势在必行，而不宜根据应收账款的种类不同规定不同的登记机构；第二，由于应收账款的不确定性和风险性，因而要求质权登记机关必须具备现代化的、集中化的和基于互联网的技术信息系统，能够做到信息准确，快速及时、查询便捷、操作简单、成本低廉和使用安全。而中国人民银行征信系统建立了世界规模最大、收录人数最多、收集信息全面、覆盖范围和使用广泛的信用信息基础数据库。因而，由信贷征信机构作为统一的应收账款质权登记

---

① 何志：《担保法疑难问题阐释》，中国法制出版社 2011 年版，第 276 页。

② 参见奚晓明主编，最高人民法院民事审判第二庭编：《担保案件审判指导》，法律出版社 2014 年版，第 427 页。

③ 郭明瑞：《关于应收账款质权的三个问题》，载《江淮论坛》2011 年第 6 期。

机构是必须的。[①]

至于是否应以通知债务人作为应收账款质权设立的要件，笔者认为，应收账款质权的设立是发生在出质人与质权人之间的法律行为，质权设立与否，与债务人并无直接关系。因未通知第三人导致其不知晓，并不影响质权的设立。对此，将在本章下一个问题中进一步阐述。

此外，需要特别说明的是，对于应收账款质权的设立，要求在债务人与债权人之间有真实的基础交易，即应收账款基础合同真实有效。应收账款系金钱债权，应收账款质押本质上是债权质押，其类似于大陆法系国家的一般债权质押，作为质押标的的应收账款债权应真实有效且特定化，才可成为质押标的。因此，在实务中应当审查应收账款的真实性，尤其应审查应收账款基础合同关系。若应收账款基础合同关系不成立或无效，则应收账款质权相应不能成立。

典型案例裁判文书

福建省福州市中级人民法院(2014)榕民初字第296号民事判决书

【典型案例 25】

案例索引：交通银行股份有限公司福建省分行诉福建万家药业有限公司等金融借款合同纠纷案[②]。一审：（2014）榕民初字第296号。

基本案情：2012年9月24日，交通银行股份有限公司福建省分行（以下简称交行福建分行）与福建万家药业有限公司（以下简称万家公司）签订《开立银行承兑汇票额度合同》，交行福建分行给予万家公司1000万元授信额度。当天，交行福建分行与万家公司签订《应收账款质押合同》，约定万家公司将其对江西药都樟树药业有限公司（以下简称药都樟树公司）“基于086号《药品买卖合同》产生的5065867元应收账款（到期日为2013年3月24日）及未来十八个月应收账款”作为出质标的，提供质押担保。当天，双方办理了出质登记手续。交行福建分行还分别与福建盛和食品集团有限公司（以下简称盛和公司）、黄勤春、张莉签订《最高额保证合同》。

---

① 程啸：《担保物权研究》，中国人民大学出版社2017年版，第579页。

② 本案为福建省福州市中级人民法院2015年公布的金融商事审判十大案例之一。

上述合同签订后，万家公司分别于2012年9月24日、10月16日向交行申请开立银行承兑汇票，汇票金额分别为700万元、300万元，并提供了两份伪造的《药品买卖合同》及《应收账款质押通知书》，之后万家公司已付清该两笔汇票的票款，其中500万元款项系其指示药都樟树公司汇入其开立于交行的指定账户。

2013年3月26日、4月17日，万家公司再度向交行福建分行申请开立承兑汇票，金额分别为700万元、300万元。并提交了两份伪造的《药品买卖合同》及《应收账款质押通知书》。因万家公司未依约还款，交行福建分行向药都樟树公司催款时，药都樟树公司提出异议，并以《药品买卖合同》及《应收账款质押通知书》所盖印章均系伪造为由，向当地公安机关报案。当地公安机关已立案侦查，万家公司法定代表人黄勤春在接受讯问时承认其私刻药都樟树公司印章伪造了《药品买卖合同》及《应收账款质押通知书》。另，万家公司与药都樟树公司长期存在药品买卖合同关系，双方于2012年年初签订过《销售协议》，万家公司在向银行申请开立承兑汇票时隐瞒了该份《销售协议》，并继续收取万家公司支付的货款，药都樟树公司已付清货款。因万家尚欠垫款本金4853729元及利息，交行福建分行遂提起本案诉讼，要求万家公司偿还其垫款及利息，请求法院确认其对药都樟树公司的应收账款享有优先受偿权，盛和公司、黄勤春、张莉承担连带清偿责任。

法院裁判：关于案涉应收账款质权是否设立的问题。首先，案涉应收账款质押虽符合《物权法》第二百二十八条第一款规定的订立书面要式合同并办理出质登记的应收账款质权设立的形式要件，但应收账款作为金钱债权，其应为真实存在且已特定化的债权。本案《应收账款质押合同》约定出质人万家公司将其对药都樟树公司“基于086号《药品买卖合同》产生的5065867元应收账款（到期日为2013年3月24日）及未来十八个月应收账款”作为出质标的，但出质人万家公司提供给原告的应收账款基础合同即各《药品买卖合同》以及《应收账款质押通知书》均系伪造，其所指向“应收账款”亦非真实。其次，药都樟树公司与万家公司虽长期存在药品买卖关系，但被告万家公司并未将真实有效的《销售协议》作为应收账款基本合同向原告提交，且原告亦系根据伪造的《药品买卖合同》而非

《销售协议》向药都樟树公司主张行使应收账款质权，故万家公司基于《销售协议》履行产生的对被告药都樟树公司的货款债权，并非《应收账款质押合同》约定的质押标的。

裁判要旨：应收账款质权的设立，不仅应具备要式合同、出质登记的形式要件，而且应收账款基础交易合同及其指向的“应收账款”这一金钱债权应当真实有效。伪造应收账款基础交易合同虚构“应收账款”的，应认定质权未设立。

典型案例裁判文书

最高人民法院(2015)民申字第2387号民事裁定书

【典型案例 26】

案例索引：陕西庆泰商贸有限公司诉昆仑银行股份有限公司与昆仑银行股份有限公司西安分行等金融借款合同纠纷案。一审：(2013）西民三初字第 00133 号；二审：(2014）陕民二终字第 00115 号；再审：(2015）民申字第 2387 号。

基本案情：2012 年 10 月 18 日，昆仑银行西安分行与宏瑞公司签订了一份《流动资金贷款合同》，约定，宏瑞公司从昆仑银行西安分行借款 1650 万元，借款期限为 2012 年 10 月 18 日至 2013 年 10 月 17 日，担保方式，由保证人王宝全提供连带责任保证，由出质人宏瑞公司以其依法可以出质的普通应收账款提供质押担保等内容。该合同签订当天，昆仑银行西安分行按约定向宏瑞公司支付了 1650 万元，宏瑞公司在借款凭证上加盖了公章和其法定代表人王宝全印章。

2012 年 10 月 18 日，昆仑银行西安分行与宏瑞公司签订了一份《质押合同》。合同约定，出质人宏瑞公司为确保与质权人昆仑银行西安分行签订的《流动资金贷款合同》项下债权的实现，宏瑞公司自愿向昆仑银行西安分行提供质押担保，质押财产见《质押财产清单》，与本合同具有同等法律效力。

2012 年 10 月 18 日，昆仑银行西安分行与宏瑞公司签订了一份《应收账款质押登记协议》，合同约定，鉴于出质人宏瑞公司与质权人昆仑银行西安分行已签订《质押合同》，出质人以质押合同项下应收账款出质；应收账款质押登记通过中国人民银行征信中心的应收账款质押登记公示系统办理质押登记，出质人应向质权人提供协助；出质人未来一年内为中国石油天然气股份有限公司及其下属企业宝鸡石油公司、宝鸡石油咸阳分公司、四川宝石公司提供服务产生的所有应收账款一并质押并办理登记。

2012 年 10 月 18 日，昆仑银行西安分行在中国人民银行征信中心办理了两次应收账款质押登记，登记载明了出质人宏瑞公司、质权人昆仑银行西安分行的信息；交易类型为应收账款，登记期限为一年，登记到期日为 2013 年 10 月 17 日，金额 1650 万元等。

2012 年 10 月 18 日，昆仑银行西安分行与王宝全签订了一份《保证合同》，合同约定，为了保证昆仑银行西安分行与宏瑞公司签订的《流动资金贷款合同》项下债权的实现，王宝全愿意向昆仑银行西安分行提供保证担保，保证方式为连带责任保证；保证范围为《流动资金贷款合同》约定的宏瑞公司向昆仑银行西安分行借款 1650 万元等内容。

2013 年 10 月 10 日，昆仑银行西安分行与宏瑞公司又签订了一份《应收账款质押登记协议》，该协议约定，鉴于出质人宏瑞公司与质权人昆仑银行西安分行已签订《质押合同》，出质人以质押合同项下应收账款出质；应收账款质押登记通过中国人民银行征信中心的应收账款质押登记公示系统办理质押登记，出质人应向质权人提供协助。

2013 年 10 月 22 日，昆仑银行西安分行向宏瑞公司发出《催收到期贷款通知书》，主要内容为：截至 2013 年 10 月 22 日，贷款余额为 1500 万元，该贷款已于 2013 年 10 月 17 日到期，请收到本通知书后抓紧筹措资金，尽快偿还 1500 万元贷款及利息。王宝全在《催收到期贷款通知书》上签名。

截至 2014 年 2 月 26 日宏瑞公司尚欠昆仑银行西安分行借款本金 1454.708233 万元及利息 516057.62 元未清偿。

法院裁判：关于质押合同是否有效的问题。首先，根据《物权法》第二百二十八条的规定，以应收账款出质的，当事人应当订立书面合同，质权自信贷征信机构办理出质登记时设立。本案中，双方当事人依法订立了质押合同并办理了出质登记，质权即已依法设立。债务人宏瑞公司与合同相对人对应收账款的真实性也予以认可，即使应收账款对应的合同存在没有原件、登记编号重复等问题，也不影响质权依法有效设立。其次，关于质权主体问题。本案质权在征信机构办理了出质登记，即产生了公示效力，虽然登记的质权主体是昆仑银行有限责任公司，与实际的质权主体昆仑银行西安分行有一定出入，但后者是前者的分支机构，中国人民银行征信中心在二审阶段的回函意见，也足以说明本案质权主体的出入不影响应收账款质押登记的公示效力。再次，关于应收账款债权是否达到可识别程度的问题。本案中，宏瑞公司与合同相对人对于应收账款债权均予以认可，作为质权标的的应收账款债权明确、特定，虽然登记时合同编号有重复，但不影响对合同项下应收账款债权的识别，不能因此否认质押合同的效力。最后，关于昆仑银行西安分行与宏瑞公司是否存在恶意串通的问题。本案贷款关系真实存在，双方于签订贷款合同当日签订了质押合同，并在征信机构依法办理登记，且上述行为均发生在庆泰公司起诉宏瑞公司之前，申请人主张昆仑银行西安分行与宏瑞公司之间涉嫌恶意串通，但并未提交相应证据证明。综上，关于质押合同无效，质权未设立的申请理由不能成立。

裁判要旨：以应收账款出质的，当事人应当订立书面合同，质权自信贷征信机构办理出质登记时设立。作为质权标的的应收账款债权应明确、特定，且基础关系须真实合法。

问题 18. 应如何认识通知应收账款债务人在应收账款质押中的法律意义

首先应当明确的是，根据《物权法》第 220 条规定，应收账款的质押的设立不以通知应收账款债务人为必要。因此，正如本章前一问题所述，通知应收账款债务人并非应收账款质押设立的要件。对此，最高人民法院在（2016）最高法民申 3444 号民事裁定书中指出，可以质押的应收账款范围不仅包含了现有债权，还包含了未来将会产生或者可能产生的债权。应收账款不以设质时已存在的财产为界，亦可以是未来预期的收益，且不以是否已届履行期限为限。因此，只要有书面合同并办理登记，质权即成立。不能因为未将质押登记事项通知应收账款债务人，就否定质押登记的效力和质押权人享有的质权。

那么，应收账款债务人在应收账款质押法律关系中究竟处于何种法律地位？这直接关系到对于将应收账款质押的事实通知应收账款债务人这一行为意义的理解。如果答案是肯定的，那么自然无需另行通知；而如果答案是否定的，则在未获通知的情况下，应收账款债务人对出质人为清偿，将作何法律解读，则不无疑问。

《物权法》第 228 条第 1 款规定："以应收账款出质的，当事人应当订立书面合同。质权自信贷征信机构办理出质登记时设立。"但该条规定中的"当事人"概念比较含糊。应收账款质押涉及出质人、质权人和出质人的债务人，由谁来订立书面质押合同，法律没有明确规定。应收账款质押涉及出质人的债务人，质押合同的当事人是否包含出质人的债务人，值得讨论。而从应收账款质押的制度设计以及合同法的基本原理看，出质人是用自己所有的债权作质押，质押合同的签订和质权的实现并不直接影响到出质人的债务人权利义务，故该条中的当事人似不包括应收账款的债务人。

在此情况下，应收账款质权人及出质人是否有通知收账款的债务人的义务？如未通知，应收账款债务人是否能以未通知其设立应收账款质押为抗辩对抗质权人行使质权，我国法律均没有明确规定。对此，实践中亦存在认识分歧。一种观点认为，当事人质押登记后，就已经就应收账款质押向全社会不特定的人进行了公示，为法律推定为不特定人所知晓，当然可以默示地认为应收账款的债务人如同其他不特定第三人一样知道这一质权的存在。登记一经完成，任何相关方不得以不知情作为抗辩，因此没有必要再另行通知应收账款债务人，从而增加质权设立与生效的时间与物质成本。而且，应收账款质权的设立本身并不意味着应收账款这一债权发生了转让，只有在质权实现时，才会发生债权转让的问题。故此，设立应收账款质权时，不适用《合同法》第 80 条第 1 款的规定，无须通知债务人。①另一种观点认为，应收账款属于债权，其设立质押如同债权转让，均是对债权的处分，亦涉及应收账款债务人的利益，故债权质权的设立应受到债权让与规则的规制，应当参照《合同法》第 80 条第 1 款的规定，不通知债

① 程啸：《担保物权研究》，中国人民大学出版社 2017 年版，第 580 页。

务人的，对债务人不发生效力。

笔者倾向于后一种观点。虽然应收账款质押与债权转让不同，直接适用《合同法》第80条第1款的规定并不妥当，但两者确实均系对债权的处分。债权转让后如果债务人对原债权人清偿，势必影响到债权受让人债权的实现。与此相似，应收账款设立质押后，如果应收账款债务人对出质人偿还债务，显然也将实质性地影响到应收账款质权人质权的实现。因此，应收账款在出质登记后虽然依法设立，具有对世效力，但由于其自身法律关系的特点，并不能当然约束应收账款债务人的债务清偿行为。应收账款债务人在偿还账款之前并无义务查询该账款是否为出质登记的情况，若其不知该账款已出质而向该账款债权人（出质人）偿还款项，则应视为其履行了清偿义务，无须对质权人负有任何责任。因此，虽然《担保法》和《应收账款质押登记管理办法》均未对通知作出规定，未将通知应收账款债务人作为质权的设立要件，亦未将通知应收账款债务人规定为质权人或出质人的义务，但因应收账款质权的实现有赖于应收账款债务人的清偿，质权人从保障自身利益出发，应当将出质事实通知应收账款债务人，以对应收账款债务人产生约束力。否则，将因此而承担质权不能实现之风险。

当然，通知只是使应收账款债务人受到质权的约束，并非要求其必须向质权人清偿应收账款。这种约束首先体现的是一种消极义务，即应收账款债务人不得随意向原债权人履行。至于应收账款债务人具体应向谁清偿、如何清偿，应由质权人和出质人根据账款清偿期、主债务期限以及其他交易因素自行约定。若账款清偿期先于主债权到期，当事人一般约定应收账款债务人将应收账款结算资金支付到指定账户以便质权人监管，可提前清偿主债务或进行提存；若账款清偿期后于主债权到期时，则可约定应收账款债务人直接向质权人清偿。此类约定，应收账款债务人都应遵照履行。即便当事人在通知中没有对应收账款债务人的清偿作出明确约定，但仅仅告知出质事实已足以对应收账款债务人宣示质权人的对应收账款拥有担保物权，应收账款债务人所受的最低约束就是不能妨害质权人享有和行使这一担保物权，具体而言就是未经质权人同意，不得向出质人清偿债务。由于债务人必须依债之本旨履行义务，方生清偿效力。在应收账款质押通知中，质权人与出质人约定了账款清偿必须付款至指定账户，未经质权人同意不得变更，应收账款债务人对此亦明知。此种情况下，未经质权人同意向向其他账户付款的，既不符合该出质人的付款指示，也不符合该债权的实际持有人（质权人）对债的履行需求，当属未依债之本旨履行义务，故该清偿行为对质权人不产生效力，质权人仍有权向应收账款债务人行使出质权利。

笔者认为，首先，应收账款的质押与债权转让虽有一些相似之处，但仍有着本质区别，两者不能等同。应收账款质权的设立本身并不意味着应收账款这一债权发生了转让，只有在质权实现时，才会发生债权转让的问题。故设立应收账款质权时，不适用《合同法》第80条第1款的规定，无须通知债务人。其次，应收账款质押已经办理了质押登记，实现了应收账款质权的公示，无须再增设逐一的通知义务，从而增加质权设立与生效的时间与物质成本。因此，应收账款质权登记一经完成，任何相关方不得以不知情作为抗辩。最后，从操作实践看，应收账款的种类很多，有些应收账款是无法一一通知债务人的，如经营性收费权的债务人极为众多，如果要求当事人在设立质权时履行通知债务人的义务，也是不现实的。故应收账款债务人不能以未通知其设立应收账款质押为抗辩理由对抗质权人行使质权。

【典型案例27】

案例索引：交通银行股份有限公司福建省分行与福建万家药业有限公司、福建盛和食品集团有限公司等金融借款合同纠纷案①。一审：（2014）榕民初字第296号。

基本案情：2012年9月24日，原告交通银行股份有限公司福建省分行（以下简称交行福建分行）与被告福建万家药业有限公司（以下简称万家公司）签订《开立银行承兑汇票额度合同》，交行福建分行给予万家公司1000万元授信额度。当天，交行福建分行与万家公司签订《应收账款质押合同》，约定万家公司将其对江西药都樟树药业有限公司（以下简称药都樟树公司）“基于086号《药品买卖合同》产生的5065867元应收账款

① 本案为福建省福州市中级人民法院2015年公布的金融商事审判十大案例之一。

（到期日为 2013 年 3 月 24 日）及未来十八个月应收账款”作为出质标的，提供质押担保。当天，双方办理了出质登记手续。原告还分别与被告福建盛和食品集团有限公司（以下简称盛和公司）、黄勤春、张莉签订《最高额保证合同》。

上述合同签订后，万家公司分别于 2012 年 9 月 24 日、10 月 16 日向交行申请开立银行承兑汇票，汇票金额分别为 700 万元、300 万元，并提供了两份伪造的《药品买卖合同》及《应收账款质押通知书》，之后万家公司已付清该两笔汇票的票款，其中 500 万元款项系其指示药都樟树公司汇入其开立于交行的指定账户。

2013 年 3 月 26 日、4 月 17 日，被告万家公司再度向原告申请开立承兑汇票，金额分别为 700 万元、300 万元。并提交了两份伪造的《药品买卖合同》及《应收账款质押通知书》。因万家公司未依约还款，交行福建分行向药都樟树公司催款时，药都樟树公司提出异议，并以《药品买卖合同》及《应收账款质押通知书》所盖印章均系伪造为由，向当地公安机关报案。当地公安机关已立案侦查，万家公司法定代表人黄勤春在接受讯问时承认其私刻药都樟树公司印章伪造了《药品买卖合同》及《应收账款质押通知书》。另，万家公司与药都樟树公司长期存在药品买卖合同关系，双方于 2012 年年初签订过《销售协议》，万家公司在向银行申请开立承兑汇票时隐瞒了该份《销售协议》，并继续收取万家公司支付的货款，药都樟树公司已付清货款。因万家尚欠垫款本金 4853729 元及利息，交行福建分行遂提起本案诉讼，请求：万家公司偿还其垫款及利息，确认其对药都樟树公司的应收账款享有优先受偿权，被告盛和公司、黄勤春、张莉承担连带清偿责任。

法院裁判：（针对应收账款质权的清偿）应收账款质押登记，并不能取代出质通知。在债权上设定质权，出质人行使债权的权利受限，出质人或质权人应当将出质情况通知应收账款债务人，以便于应收账款债务人正确履行债务。但本案讼争《应收账款质押通知书》系伪造，原告与被告万家公司均未向被告药都樟树公司正式通知应收账款质押情况，故即便本案应收账款质权可依法设立，应收账款质押亦对药都樟树公司不发生效力。

裁判要旨：应收账款质押登记，并不能取代出质通知。出质人或质权人应当将出质情况通知应收账款债务人，以便于应收账款债务人正确履行债务。未通知的，对应收账款债务人不发生效力。

【典型案例 28】

案例索引： 无锡市新区科技金融创业投资集团有限公司与江苏华莱坞投资发展有限公司质权纠纷案。一审：(2015) 锡滨商初字第 00491 号；二审：(2016) 苏 02 民终 2861 号。

基本案情： 2014 年 2 月 28 日，方圆公司向华莱坞公司发出《应收账款询证函》，载明："我司与贵司于 2012 年 1 月签订的《无锡国家数字电影产业园媒体墙设备及安装工程合同》项下，截至 2014 年 2 月 28 日我司对贵司的应收账款为 3838574 元，将出质给创投公司。烦请贵公司核对应收账款金额，若金额相符，请在下方回复项下签章证明；若金额不符，请及时与我司联系。"华莱坞公司持有的原件有方圆公司在文件"出质人盖章"处盖章，创投公司持有的原件除方圆公司盖章外，创投公司还在文件空白处加盖公章。《应收账款询证函》所附的《回复》载明："我司已知悉上述应收账款出质事宜，对该应收账款及其质押没有任何异议，并承诺放弃主张任何抗辩或抵销。我司确认在上述截止日该应收账款真实存在。"华莱坞公司在《回复》后盖章。

另有一份方圆公司向华莱坞公司发出的《付款账户（变更）通知书（单笔）》，文件载明：请贵司将我司编号 02290964、02290965、01737056、00574754、01737067、01737068 的发票项下的应收账款款项付至以下账户：账户名称方圆公司，账号 84×××00，开户行浦发银行无锡新区支行。华莱坞公司持有的原件有方圆公司在"卖方"处盖章，创投公司持有的原件除方圆公司盖章外，创投公司还在文件空白处加盖公章。《付款账户（变更）通知书（单笔）》所附的《回复》载明："本司同意按照《付款账户（变更）通知书（单笔）》要求办理。"华莱坞公司在《回复》"买方"处盖章。关于《付款账户（变更）通知书（单笔）》的发送时间，文件载明的落款日期空白，创投公司称是在签订《应收账款质押合同》后发送，华莱坞公司则称是与上述《应收账款询证函》一并发送，对此双方均未提供证据予以证明。

2014年3月11日，方圆公司与创投公司签订《应收账款质押担保合同》，约定：根据方圆公司与创投公司签订的《委托贷款借款合同》约定，创投公司向方圆公司提供贷款，方圆公司愿意向创投公司提供权利质押担保；被担保的债权是创投公司向方圆公司发放的1500万元，其间2014年1月27日至2015年5月24日之中小企业统借统还贷款，因该项贷款所产生的全部债权；在方圆公司不能偿还创投公司债务的，创投公司有权处分用于质押的应收账款.

2014年3月11日，方圆公司向华莱坞公司发送《无锡（国家）数字电影产业园媒体墙设备及安装工程项目请款函》，载明：根据双方的合同，合同总合计15959774元，审计核减121200元，项目审定总价15838574元……贵方目前已支付1200万元，尚有尾款3838574元。本公司已开票金额15357274元，按照付款进度，截至2014年3月11日贵单位理应支付至14490094.60元，目前尚有工程进度款2368894.60元未付。

2014年3月25日，创投公司办理了应收账款质押登记。登记的质权人为创投公司，出质人为方圆公司，质押财产价值3838574元，质押财产是方圆公司基于货物销售合同之下产生的应收货款，发票号02290964、02290965、01737056、00574754、01737067、01737068。

2014年4月1日，方圆公司向华莱坞公司发送《无锡（国家）数字电影产业园媒体墙设备及安装工程项目请款函》，载明：根据双方的合同，合同总合计15959774元，审计核减121200元，项目审定总价15838574元……贵方目前已支付1200万元，尚有尾款3838574元，按照付款进度，截至2014年4月1日贵单位理应付14490094.60元，目前尚有工程进度款2490094.60元未付……烦请贵司兑现工程进度款2490094.60元。

2014年4月16日，根据方圆公司的上述请款，华莱坞公司向方圆公司支付了149万元。其中给付方圆公司承兑汇票140万元及价值7万元的华莱坞卡，向方圆公司在中国农业银行股份有限公司无锡科技支行开立的账户汇款支付2万元。

2014年8月12日，创投公司将方圆公司起诉至无锡高新技术产业开发区人民法院，要求方圆公司归还《委托贷款借款合同》项下借款本息、赔偿律师费损失。该院经审理，于2014年12月18日作出（2014）新商初字第0649号民事判决，判决方圆公司于判决发生法律效力之日起10日内归还创投公司借款本金700万元并支付罚息；驳回创投公司的其他诉讼请求。该案判决已生效。因方圆公司不履行判决义务，创投公司申请无锡高新技术产业开发区人民法院强制执行。因方圆公司名下无可供执行的财产线索，该院于2015年12月15日裁定终结本次执行程序。

法院裁判：华莱坞公司向方圆公司支付案涉149万元存在过错，华莱坞公司对该款项仍应向创投公司履行付款义务。理由：根据物权法等法律法规的相关规定，对于应收账款出质的实质要件是应存在真实、合法的应收账款债权，主合同的债权人与债务人应就该应收账款的出质达成合意，应收账款的出质通知自送达到次债务人之日起对次债务人产生法律约束力。本案中，首先，方圆公司与创投公司签订了质押担保合同，在合同中明确将方圆公司对华莱坞公司的应收账款3838574元出质给创投公司，并依法办理了质押登记，华莱坞公司在《应收账款询证函》的回复中对上述应收账款予以确认，故方圆公司对该应收账款的出质合法有效，创投公司对于该应收账款的质权设立。

其次，参照《中华人民共和国合同法》第八十条第一款“债权人转让权利的，应当通知债务人。未经通知，该转让对债务人不发生效力”的规定，主合同的债权人与债务人就应收账款出质达成合意后应当通知次债务人，对于次债务人来讲，不论是债权人还是债务人于何时、以何种方式发出该通知，只要能够表明次债务人知晓出质的事实，即可构成法律意义上的通知。本案方圆公司虽在《应收账款询征函》中对于应收账款的出质表述为将出质给创投公司，但从该询征函的内容来看，方圆公司一方面是要求华莱坞公司确认欠款情况，另一方面是告知出质事宜，并对出质金额及出质对象即质权人均已明确，且在签章处写明其公司为出质人；华莱坞公司在该询征函的回复中确认已知悉方圆公司所告知的出质事宜，且不持任何异议，而且案涉应收账款的出质已依法登记，具有相应的公示公信效力，据此可以认定对于案涉应收账款的出质事宜已达到了通知的效果，至于出质通知是否应在出质登记后再行通知，并无法律规定，就本案具体情况而言，亦无必要，故本院认定方圆公司已将应收账款的出质事实通知了华莱坞公司。

再次，参照《担保法解释》第八十八条“出质人以间接占有的财产出质的，质押合同自书面通知送达占有人时视为移交。占有人收到出质通知后，仍接受出质人的指示处分出质财产的，该行为无效”的规定，在应收账款作为权利出质的法律关系中，主合同债务人出质的财产实际就是其对次债务人所欠债务的付款请求权，出质通知的效果就是告知次债务人在此之后对应收账款的处分应受该质权的约束。故华莱坞公司收到案涉应收账款出质通知后，华莱坞公司对该账款的处分应当按照创投公司的指示办理，而非方圆公司；并且华莱坞公司在《付款账户（变更）通知书（单笔)》中对该应收账款的支付方式等还作出了明确承诺，但华莱坞公司仅是在方圆公司于质权设立后单方向其公司请款时，不仅没有征得创投公司的同意，也没有按其公司的承诺将案涉149万元款项支付到指定的特定账户以及将银行承兑汇票交付给创投公司，因此华莱坞公司向方圆公司支付149万元有违诚信，存在明显过错，损害了创投公司的质权，华莱坞公司对此应当承担相应责任。

最后，按照方圆公司与创投公司的质押担保合同的约定，方圆公司不能向创投公司清偿到期债务，创投公司有权就质押的应收账款行使处分权，且案涉应收账款作为已经确定金额的金钱债权可以直接支付，因此创投公司对享有优先受偿权的3838574元应收账款有权向华莱坞公司提出付款主张，故华莱坞公司除对尚未支付给方圆公司的2348574元应向创投公司履行付款义务以外，还应对已经支付的149万元向创投公司履行付款义务。

裁判要旨：我国法律虽然未直接规定，但通过参照债权转让立法，在双方已经订立质押合同并登记的情况下，质权的效力不会因为是否经通知而有所改变，但在质权人或出质人通知后，会对应收账款债务人的清偿行为产生约束力。

问题19. 质权人是否有权直接向应收账款的债务人收取应收账款

《担保法解释》第106条规定：“质权人向出质人、出质债权的债务人行使质权时，出质人、出质债权的债务人拒绝的，质权人可以起诉出质人和出质债权的债务人，也可以单独起诉出质债权的债务人。”该条虽然规定了质权人有权一并或单独起诉出质债权的债务人，但却并没有明确规定质权人是否有权直接收取债权。司法实务中，针对质权人起诉应收账款的债务人要求直接收取应收账款的诉讼请求，各地法院的处理方式有所不同。

第一种处理方法是，根据《担保法解释》第 106 条的规定，质权人选择出质人和出质债权的债务人共同主张权利，故质权人作为该案诉讼主体符合法律规定，有权直接要求应收账款的债务人直接履行债权。该处理方法的理由在于：第一，次债务人对于质权人应收账款质权的实现负有协助义务，并且在应收账款作为已经确定金额的金钱债权时，质权人有权要求次债务人直接向其支付。（案例可参见江苏省无锡市中院（2016）苏 02 民终 2861 号案件以及江苏省高院（2014）苏商终字第 0267 号案件）。第二，应收账款质押通知的作用实际是质权人可以凭此通知直接向次债务人收取债权的条件并有权就该应收账款优先受偿。（案例可参见上海二中院（2015）沪二中民六商终字第 444 号案件）。第三，应收账款质权的质权人有权直接行使质权标的的权利受偿其债权，是应收账款质权的主要的特别效力，也是质权人的基本权利。应收账款质权的质权人以行使质权标的的权利优先受偿其债权，也就是应收账款质权的实现。因此，应收账款质权效力的这一特殊性也是质权实现上的特殊性。[①]

第二种处理方法是，《担保法解释》第 106 条的规定并未明确质权人直接收取应收账款的权利，故仅确认质权人对于应收账款享有优先受偿的权利。例如，广州丰彩公司向华侨永亨银行新城支行借款，为提供担保，广州丰彩公司将其基于买卖合同对烟台丰彩公司享有的应收账款质押给华侨永亨银行新城支行。现借款到期未还，华侨永亨银行新城支行起诉烟台丰彩公司。该案中，关于原告华侨永亨银行新城支行请求被告烟台丰彩公司直接向其支付案涉应收账款的问题，最高法院认为，原告华侨永亨银行新城支行与第三人广州丰彩公司之间形成的是应收账款质押法律关系。原告

---

① 郭明瑞：《关于应收账款质权的三个问题》，载《江淮论坛》2011 年第 6 期。

据此可以请求确认其对案涉应收账款享有优先受偿权，但不能直接对案涉应收账款主张所有权。因第三人广州丰彩公司并未将其享有的对被告烟台丰彩公司的债权转让给原告，原告与被告之间并未形成直接的债权债务关系，故原告无权请求被告直接向其支付案涉应收账款。

落实到具体判决当中，司法裁判中多出现三种判决结果：第一种判决结果为，仅确认优先受偿权，但不判决优先受偿权的实现方式（案例可参见（2016）津民初22号）；第二种判决结果为，确认优先受偿权，同时判决以折价拍卖或变卖优先受偿（案例可参见（2014）新民二初字第49号）；第三种判决结果为，确认优先受偿权，并判决次债务人直接将相应款项支付给质权人［案例可参见（2016）苏02民终2861号］。

笔者认为，质权人是否有权直接向应收账款的债务人收取应收账款，应当视应收账款质权所涉及的两笔债权债务关系（质权人与出质人，出质人与次债务人）的清偿时间的先后顺序而定。

第一，在应收账款与主债权清偿期均届满的情况下，应收账款后于主债权到期的，在符合条件的情况下，质权人应当有权直接向应收账款债务人收取。这是理论界通说和各国立法例的共识，因为质权人虽然行使了出质人对应收账款债务人的权利，但质权人享有该债权的基础是其就该债权享有质权，对于此类基于物权产生的债权请求权，法律应给予特殊保护。[①] 在这种情况下，对于《担保法解释》第106条规定的理解，就不应当局限为仅赋予质权人诉权，而没有赋予质权人直接向次债务人收取应收账款的权利，否则将与理论界通说观点相悖。同时，若不赋予质权人直接向次债务人收取应收账款的权利，质权人在其后仍需提起代位之诉，增加质权人的诉讼负担，同时也会造成司法资源的严重浪费。因此，在这种情况下，应收账款质权人有权直接向应收账款债务人直接收取应收账款。

第二，当主债权未到清偿期而应收账款清偿已经届满的情况下，这种情况在实践中难以发生，唯有在次债务人做出损害或可能损害质权人的利益的情况下，才可能引起诉讼。参照各国立法例，德国民法规定，债权质权中主债权到期前，出质人债权到期的，质权人和出质人中任何一人均可

---

① 王成：《论债权质权的设定及效力》，载《中外法学》1999年第4期。

请求应收账款债务人给付，但只能向质权人和出质人同时履行给付，也可以请求为二者提存，或交给法院选的保管人。日本民法则规定，入质债权清偿期先于主债权到期的，质权人可以要求提存该金额。笔者认为，对于质权人而言，在此情况下实现质权的条件并不具备，对出质人和应收账款债务人均无任何请求权；此时应收账款债务人的清偿行为使其与出质人之间的债权债务关系消灭，客观上导致了质权人质权标的灭失。因此，采直接清偿则与权利质权性质之权利标的说相矛盾，并且亦有流质之嫌。对于出质人而言，因为出质债权清偿期已届满，出质人虽然有权接受清偿，但是出质人的受偿权又因为质押行为而受到限制。[①] 因此，在这种情况下质权人无权直接向应收账款的债务人收取应收账款，但是根据《担保法解释》第 106 条，质权人是存在向法院提起诉讼，要求人民法院确认质权人对应收账款享有优先受偿的权利的可能性的。

第三，当应收账款未到清偿期而主债权清偿期已届满的情况下，质权人是否有权直接收取应收账款？对此，有两种不同的观点：

第一种观点认为，只要质权人自己的债权清偿期已届满，即使出质的应收账款清偿期未到，质权人也可以要求第三债务人清偿。否则，一方面使质权人不得行使权利；另一方面质权人的债务人借此而免却如期清偿的责任，太不公平。

第二种观点认为，在出质的应收账款清偿期未到时，尽管质权所担保的债权清偿期届满，质权人也不能直接请求第三人向其清偿。因为，既然第三债务人的债务履行期未到，也就没有理由因应收账款出质而剥夺其期限利益。质权人不能向第三人请求清偿也并非对质权人保护不周，因为质权人的债权清偿期虽已届满，但并非除请求第三债务人清偿外，无其他方法实现其质权。

笔者赞同第二种观点。理由是，质权人就自己受应收账款质权担保的债权额，可以请求第三人给付，直接以收取的款项清偿其债权。质权人收取出质的应收账款的权利是以实现其债权为目的的，为此目的，质权人得为催告、起诉、受领代物清偿、为破产的申请或参加分配等，但质权人不

---

① 许旭涛：《应收账款质押制度的典型问题探析》，载《人民司法·案例》2016 年第 19 期。

得免除或更改第三债务人的债务，因为出质的应收账款与质权所担保的债权为两项不同的权利，质权人并不是第三债务人的债权人。[①] 此外，质权人与出质人在产生质权之时，债权人就应当明知应收账款未到清偿期而主债权清偿期已届满这一情形，在产生质权之时，便已经有承担后果的表示。因此，当主债权已到清偿期而出质的应收账款未到期，质权人无权直接向应收账款的债务人收取应收账款，质权人只有在出质债权期限届满时，方可向债务人主张该债权。那么，质权人应当如何维护其利益呢？笔者认为，首先，质权人可以向出质人要求清偿。此外，根据《担保法解释》第106条，质权人仍可以向法院提起诉讼，要求确认质权人对应收账款享有优先受偿的权利。

问题20. 应收账款债务人在应收账款质权设立后是否享有其对于出质人的抵销权

应收账款本质上为以债权担保债权，故除了与应收账款本身相关的合同履行抗辩权之外，最为主要的莫过于法定抵销权抗辩，即主张出质人对其亦负有到期债务，可以全部或部分抵销。

应收账款的金钱债权属性决定了其同质性强，被抵销的可能性大，从而对应收账款是否存在及数额产生直接影响。如果出质人资产数额充足，则不论抵销权是否成立以及实现，都不会对应收账款质权人和债务人的相关债权产生不利影响。在这种情况下，冲突自然不存在。但是，倘若出质人资产不足以或者仅仅只能清偿全部债务的情况下，法律优先保护哪种权利，将会与质权人和应收账款债务人的利益直接挂钩。

而对此冲突的解决及权利的优先安排，我国法律没有相关规定。有观点认为，以诚实信用的基本原则为基础，平衡应收账款质权和债务人法定抵销权的利益，宜确定应收账款质权设立时抵销权是否成立为分界点，界定两种权利的保护优先程度。如法定抵销权成立于应收账款质权设立前，

---

① 郭明瑞：《关于应收账款质权的三个问题》，载《江淮论坛》2011年第6期。

则应允许债务人先向出质人行使抵销权，余额部分债权人才能行使质权。[1]还有观点认为，从利益平衡的角度考虑，应以确定应收账款质权通知债务人时抵销权是否成立为分界点[2]。

笔者认为，第一种观点更为合理。首先，应收账款质权往往是同质债权，法定抵销权的成立与质权债务人是否得到“通知”关联不大；其次，我国已经建立了应收账款质押登记公示系统，质权成立并生效的时间，相比于“通知”更加清晰明了，且更容易认定，作为证据时的证明力更强；最后，如果不采取质权登记时间作为认定抵销权是否可以行使的节点，则某债权人可以通过出质的方式来规避其债务人同质债权的实现。这实际上破坏了企业一般经营中互有往来的交易常态，使交易稳定和效率大打折扣，交易成本也会无谓增加。[3]

【典型案例 29】

典型案例裁判文书

最高人民法院(2012)民申字第1019号民事裁定书

案例索引：中国农业银行股份有限公司上海市分行与上海金源国际经贸发展有限公司、佳宝控股集团有限公司（原为纵横控股集团有限公司）、浙江佳宝聚酯有限公司、浙江佳宝高仿真化纤有限公司应收账款质权纠纷案[4]。一审：（2011）浙绍商初字第 5 号；二审：（2011）浙商终字第 25 号；再审：最高人民法院（2012）民申字第 1019 号。

基本案情：2009 年 6 月 12 日，浙江省嘉兴市中级人民法院裁定纵横公司、聚酯公司、高仿真公司及其余三公司破产重整，同时指定管理人；2009 年 9 月 23 日，第二次债权人会议上经表决通过合并重整的决议；2009 年 11 月 30 日、12 月 11 日，债权人会议表决通过了重整计划草案；

① 袁小梁：《应收账款质权与法定抵销权冲突的司法处理》，载《人民司法·案例》2012 年第 14 期。

② 许旭涛：《应收账款质押制度的典型问题探析》，载《人民司法·应用》2016 年第 19 期。

③ 袁小梁：《应收账款质权与法定抵销权冲突的司法处理》，载《人民司法·案例》2012 年第 14 期。

④ 袁小梁：《应收账款质权与法定抵销权冲突的司法处理》，载《人民司法·案例》2012 年第 14 期。

2009年12月16日，根据管理人的申请，浙江省嘉兴市中级人民法院裁定批准了合并重整条件下的重整计划，并终止重整程序。重整计划中债权清偿方案表明，除破产费用和共益债务先予清偿外，对职工债权、就纵横系企业的特定财产享有担保权的债权均100%受偿，部分债权由担保人直接清偿，且担保人放弃对纵横公司等合并重整六公司的追偿权，普通债权按28%的比例分两期进行清偿。重整计划中表明，纵横集团等合并重整六公司的普通债权为7928903847.14元（包括临时债权），其中六公司为债权人提供担保而形成的债权金额为806053327.69元，该债权可与相应债权人的债权互相抵销。另有担保人直接向债权人清偿并放弃追偿权的债权为1131868328.51元，相核减后确定普通债权为5990982190.94元。

上海农行与金源公司之间原有贷款、海外代付融资等业务关系。2009年9月8日，金源公司向上海农行出具确认书一份，确认上海农行对其享有的债权，上述确认书出具前后，金源公司通过各种方式陆续归还上海农行部分款项，截止到上海农行起诉之日，尚欠上海农行确认书中载明的第2项借款债权项下款项为170496251.86元及相应利息。

2009年10月9日，上海农行与金源公司签订权利质押合同一份，约定：上海农行为质权人，金源公司为出质人，出质人愿为借款合同所形成的债权提供质押担保，被担保的主债权种类为借款，本金为262671280.14元，出质人同意以其所有应收账款出质，质押权利详见权利质押清单（应收账款），出质权利暂作价366086898元，2009年10月10日，上述质押合同项下的应收账款在中国人民银行征信中心办理了应收账款质押登记手续。

2009年12月9日，上海农行以“中国农业银行上海市陆家嘴分行”的名义发函给管理人，希望管理人书面确认并同意将金源公司已质押给自己的清偿债权直接划付至其指定账户。管理人收函后，于次日回函，称：在同时符合二项条件的情况下，管理人将依法指示重整后的企业按重整计划内容对金源公司实际可清偿部分金额划付原告指定账户。两个条件为：一是重整计划草案获债权人会议表决通过并经法院批准，二是金源公司可受偿债权未经司法机关冻结、查封，并取得金源公司同意转变支付方式的书面指示。

2010年2月5日，纵横集团向浙江省绍兴市中级人民法院提起诉讼，要求金源公司支付其代偿的担保债权155781801.44元。该案经审理，浙江省绍兴市中级人民法院作出（2010）浙绍商初字第12号民事判决，确认纵横集团在破产重整程序中，因纵横集团为金源公司提供担保而清偿了担保债权款155781801.44元，遂判令金源公司向纵横集团偿付该款项。金源公司不服，向浙江省高级人民法院提起上诉，浙江省高级人民法院裁定按金源公司自动撤回上诉处理。之后，纵横集团向浙江省绍兴市中级人民法院申请执行。执行过程中，该院于2011年1月28日、2月16日、2月17日将款项155781801.44元划付给纵横集团。

经金源公司申报、管理人审核，双方于2010年8月对其中无异议部分的债权进行了确认，为614016980.75元。

法院裁判：根据合同法规定，当事人互负到期债务时可行使抵销权。本案中，银行向纵横集团破产管理人申报了债权，同时经贸公司对纵横集团享有债权亦进行了申报。由于纵横集团进入破产重整程序，纵横集团对银行担保了债务清偿和对经贸公司债务的清偿，均由债权人表决通过并由法院裁定批准的破产重整计划，纵横集团对银行和经贸公司的债务清偿比例和时间均为一致，纵横集团一旦清偿了担保债务，其担保追偿权即产生，不以是否经过诉讼为前提。故可认定纵横集团与经贸公司存在互负到期债务的事实。且重整计划对纵横集团可向经贸公司抵销相应债权的情形作了明确规定，对全体债权人均应有相应约束力。另外，纵横集团系出质人经贸公司的债务人，纵横集团又为经贸公司向银行借款提供了担保，纵横集团履行担保义务后，有权向经贸公司追偿。根据本案法律关系，经贸公司与纵横集团互负债务系直接的债权债务关系，而银行与纵横集团之间并无直接债权债务关系，且质权人银行能否实现质权取决于出质人提供的应收账款是否真实存在，故纵横集团对经贸公司所负债务可与因纵横集团向其行使担保追偿权所形成的对纵横集团的债务相互抵销，判决驳回银行诉讼请求。

裁判要旨：出质人明知其对应收账款债务人负有同种债务，仍将应收账款出质的，应收账款债务人对出质人拥有的法定抵销权应优于应收账款质权得到法律保护。债务人进入破产重整程序，债权人与对破产企业负有债务的第三人之间，以第三人对破产企业在账面上拥有的应收账款设立的质权，不能约束破产企业，亦不具有对抗破产企业全体债权人的效力。

问题 21. 股权质押担保未能有效设立的责任承担

《物权法》第 226 条规定："以基金份额、股权出质的，当事人应当订立书面合同。以基金份额、证券登记结算机构登记的股权出质的，质权自证券登记结算机构办理出质登记时设立；以其他股权出质的，质权自工商行政管理部门办理出质登记时设立。基金份额、股权出质后，不得转让，但经出质人与质权人协商同意的除外。出质人转让基金份额、股权所得的价款，应当向质权人提前清偿债务或者提存。"据此，上市股份有限公司的股权质押，经证券登记结算机构办理出质登记时设立；非上市股份有限公司和有限责任公司的股权质押，经工商行政管理部门办理出质登记时设立。

但是，根据《物权法》确立的区分原则，当事人以股权为标的签订质押合同，合同只要依法成立即生效，与股权是否完成出质登记无关。此时，进行股权出质登记则成为出质人与质权人的合同义务。所以，无论是合同哪一方不履行义务，致使股权质押未能有效设立，均应当承担相应的违约责任。

但应当承担相应违约责任的合同当事人承担的违约责任范围应当如何确定，由于股权价值变动不居的特点，实践中存在不同认识，因此，确定一个合理的时间节点就尤为必要。笔者认为，应当以质押合同订立时股权所实际代表的价值为限。这样做的优点在于：1. 实践中质押合同订立的时间较为明确；2. 以质押合同订立的时间来确定股权的价值符合质权人的期待利益；3. 为避免上述债务人无法偿债时股权价值相应贬低并且无法估算的情形出现，应当将质权人由此遭受的损失确定为在质权合同签订时股权所实际代表的价值。[①]

对于因出质人过错而导致质权无法设立的责任性质，是赔偿责任还是

① 参见韦炜、赵晓青：《有限责任公司股权质押的效力认定及责任承担》，载《人民司法·案例》2012 年第 6 期。

连带清偿责任？实践中存在争议。笔者认为，与抵押合同生效后未办理抵押登记的情形下抵押人责任类似，出质人实系违背诚实信用、违反合同约定而未办理出质登记致使债权人受到损失，故其应当承担的是损失赔偿的违约责任。如此，则如果债务人清偿了债务，质押合同不履行就未实际给债权人造成损失，因此出质人所承担的应为补充赔偿责任，即对债务人不能清偿的部分承担赔偿责任。实践中，如果质权人主张出质人承担连带清偿责任而不要求赔偿损失的，人民法院可否判令出质人承担赔偿责任呢？有观点认为，连带清偿责任是法定责任，债权人要求出质人承担连带清偿责任明显无法律依据，故应驳回债权人的诉讼请求，对于是否承担赔偿责任根据不告不理的民事诉讼原理无需进一步审理。实则不然，债权人要求出质人承担责任的依据均基于股权质押合同有效的认识，要求出质人承担责任的诉求并无不同，只是在选择承担责任的方式上有所不同且从承担责任的大小看，违约赔偿责任轻于连带清偿责任，实际上减轻出质人的责任，而且要求债权人另案主张权利的话，无疑增加当事人的诉讼成本。质权并未有效设立的情况下，债权人要求出质人承担连带清偿责任而未提出赔偿要求的，人民法院经审理认为出质人不应承担连带清偿责任而应承担赔偿责任的，可以根据出质人的过错程度，判令出质人承担相应的赔偿责任，这样处理，并不违反民事诉讼不告不理的原则，亦不存在剥夺当事人处分权的情形。当然，人民法院对于当事人的诉讼请求与法律规定不符的，应加以适当的引导和释明。[①]

【典型案例 30】

案例索引：长城（宁夏）资产经营有限公司与北京金桥国盛投资有限公司等借款合同、股权转让纠纷案。一审：（2014）黑高商初字第 30 号；二审：（2015）民二终字第 70 号。

典型案例裁判文书

最高人民法院(2015)民二终字第70号民事判决书

基本案情：2011 年 8 月 12 日，金桥公司与金汇公司、长城宁夏公司

① 参见董立强：《股权质押担保未能有效设立的责任承担》，载《山东审判》2017 年第 1 期。

签订《借款合同》，金汇公司向金桥公司借款1.2亿元，长城宁夏公司将其合法持有的金汇公司80%股权及法定孳息（包括质押股权应得红利和其他收益）质押给金桥公司，作为金桥公司向金汇公司提供上述贷款的担保。在法定担保期间内，如未经金桥公司同意，金汇公司未按合同约定如期偿还本息，则金桥公司有权依法定方式，通过处理长城宁夏公司质押的股权及其法定孳息所得款项及权益优先受偿。此后，金桥公司共计向金汇公司汇款107000000元。

2011年9月18日，金桥公司与长城宁夏公司通过上海联合产权交易所签订了《产权交易合同》，约定：金桥公司受让长城宁夏公司所持有的金汇公司80%股权，股权转让价款为1300万元，金桥公司先期支付的保证金2420000元转为履约价款，合同生效后3个工作日内，金桥公司支付剩余转让款1058万元。金桥公司承诺受让股权同时，替金汇公司偿还对长城宁夏公司的借款及利息50712151.67元及对中粮信托有限责任公司的债务及利息1亿元，偿还完金汇公司上述债务及解除上述担保，并支付完股权转让款后，金汇公司股权权属发生转移，长城宁夏公司协助金桥公司完成工商变更登记手续。如长城宁夏公司违约致使本合同不能履行，定金双倍返还金桥公司；如金桥公司违约致使本合同不能履行，则无权请求返还定金。双方同意解除本合同，长城宁夏公司应将金桥公司的已付款项全额返回给金桥公司。此后，金桥公司向上海联合产权交易所汇款共计1300万元。

金汇公司于2011年9月28日至2014年1月28日分八次偿还金桥公司借款3100万元。各方当事人在一审诉讼中均确认，虽然《产权交易合同》中约定金桥公司应提供1.5亿元借款，但各方当事人的真实意思是金桥公司提供包括1300万元股权转让款在内共计1.2亿元，其余3000万元由金汇公司提供。

金桥公司系昌健公司投资设立的公司，法定代表人为乔健。案涉借款及股权转让款均出自昌健公司或昌健公司下属公司。2012年10月12日，金汇公司致函昌健公司，主要内容为：截至2012年9月30日，金汇公司欠昌健公司借款本息共计人民币120000000元，计划于2012年10月19日偿还1600万元至2000万元，余下款项逐步清偿。目前金汇公司正在与上海某基金公司洽谈整体转让一事，一个月内完成，转让成功后，一次性还清剩余欠款。2012 年 12 月 27 日，金汇公司再次致函金桥公司及昌健公司，主要内容为：原约定 2012 年 12 月底前完成所欠债务的偿还事宜，由于与公司重组方的股权交割手续及债权资产转让等事项正在办理中，不能按原定时间履行还款义务，确保在 2013 年 1 月前完成全部款项的偿还。昌健公司于 2014 年 11 月 18 日出具情况说明，表示对于金汇公司将借款直接偿还到金桥公司没有异议。

宁夏长信资产经营有限公司成立于 2007 年 2 月 6 日，后于 2011 年 12 月 22 日更名为长城宁夏公司。金汇公司成立于 2009 年 9 月 27 日，注册资本为 1000 万元，股东为长城宁夏公司，实缴出资额 1000 万元人民币。2011 年 9 月 18 日，金桥公司受让金汇公司 80%股权后，金汇公司工商登记未发生过变更。长城宁夏公司诉讼中亦明确表示现无法为金桥公司办理案涉股权的变更登记手续。

金桥公司诉称，其出借给金汇公司的款项也已到期，金汇公司及长城宁夏公司的上述违约行为不仅导致金桥公司的合同目的无法实现，而且给金桥公司带来巨额经济损失，故提起本案诉讼。

法院裁判：关于长城宁夏公司是否应承担未能办理股权质押登记的法律责任及承担何种责任形式问题。一方面，长城宁夏公司认为其已将持有金汇公司的 80%的股权转让给了金桥公司，此时，金桥公司既是《借款合同》质押法律关系中的债权人（质权人）也是债务人（质押人），该部分债权债务同归于一人，其依法不再承担质押责任。对此，本案存在两个法律关系，长城宁夏公司既是借款合同质押法律关系中的出质人，也是股权转让法律关系中的股权转让人。根据一审查明的事实，金桥公司已履行了《借款合同》及《产权交易合同》中有关出借借款及支付股权转让款的义务，但长城宁夏公司在《借款合同》签订后未能办理质押登记，未能有效设立质押，而且一直未能为金桥公司办理相关的股权变更手续，致使金桥公司既未能取得质权，也未能取得涉案股权，因此，该部分债权债务并未同归于金桥公司。另一方面，长城宁夏公司认为因涉案股权已经转让给金桥公司，故即便需要继续办理股权质押，也必须金桥公司同意并通知长城宁夏公司办理，长城宁夏公司无权单方处置，故对于未办理质押手续，金桥公司应当承担过错责任。对此，如前所述，长城宁夏公司所称股权已经如约转让与金桥公司的事实并不存在，金桥公司并未成为质押法律关系中的出质人，且长城宁夏公司已认可金桥公司曾催促其办理股权质押，但由于其自身原因未能办理，因此，长城宁夏公司的此项主张亦缺乏事实依据。长城宁夏公司在既未如约将涉案股权为金桥公司依法设立质权又未如约转让涉案股权的情况下，其行为构成违约，金桥公司有权依照借款合同中质押法律关系的约定追究长城宁夏公司的违约责任。对于长城宁夏公司承担责任的具体形式，《物权法》第二百二十六条第一款规定："以基金份额、股权出质的，当事人应当订立书面合同。以基金份额、证券登记结算机构登记的股权出质的，质权自证券登记结算机构办理出质登记时设立；以其他股权出质的，质权自工商行政管理部门办理出质登记时设立。"长城宁夏公司囿于其自身原因未能如约办理相应的股权质押登记，导致涉案股权质押并未有效设立。虽然因长城宁夏公司的原因导致股权质押未有效设立，但是并不影响《借款合同》中有关质押担保条款的效力。因此，在质押担保条款有效的前提下，依据《合同法》第一百零七条关于"当事人一方不履行合同义务或者履行合同义务不符合约定的，应当承担继续履行、采取补救措施或者赔偿损失等违约责任"的规定，长城宁夏公司应当承担未能履行设立股权质押义务的违约责任。对于违约责任的具体形式，鉴于长城宁夏公司的违约行为导致其不当逃避了质押担保责任，致使金桥公司丧失在涉案股权及法定孳息范围内的质押权利，亦失去了收回涉案借款的物权保障，因此，长城宁夏公司因违约而逃避的责任以及金桥公司丧失的权益即应视为金桥公司的损失。依据《借款合同》第七条的约定，长城宁夏公司将合法持有的金汇公司的80%的股权以及法定孳息（包括质押股权应得红利）质押给金桥公司，作为金桥公司向金汇公司提供贷款的担保。在法定担保期间内，如未经金桥公司同意，金汇公司未按合同约定如期偿还本息，则金桥公司有权依法定方式，通过处理长城宁夏公司质押的股权及其法定孳息所得款项及权益优先受偿。长城宁夏公司依法应当在其持有金汇公司80%的股权价值以及法定孳息，包括质押股权应得红利范围内承担赔偿责任。

裁判要旨：出质人因其自身原因未能如约办理相应的股权质押登记，

导致涉案股权质押未有效设立的，并不影响《借款合同》中有关质押担保条款的效力。依据《中华人民共和国合同法》第一百零七条的规定，出质人应当承担未能履行设立股权质押义务的违约责任。

【典型案例31】

案例索引：王佩玥与江苏省苏州市常乐食品有限公司、盛侃、吉赞红借款合同纠纷案[1]，一审：(2007) 苏中民三初字第0084号。

典型案例裁判文书

江苏省苏州市中级人民法院(2007)苏中民三初字第0084号民事判决书

基本案情：2005年年初，王佩玥分两次将10万元及6万元人民币交给林某，由林某转交于常乐公司作为对常乐公司的借款。后林某将两份落款时间分别为2005年4月4日和2005年5月10日的借据及16张泡泡龙股票（每张记载面值为10000股，每股价值1元）一并交付给王佩玥。其中，出具时间为2005年4月4日的借据上载明常乐公司借到王佩玥人民币10万元整，借期三个月（2005年3月31日至2005年6月30日），月利息1%。落款处盖有常乐公司公章及财务专用章，并由法定代表人盛侃签名。借据下方备注“此借据由常乐公司股东盛侃用所持有的常乐公司股份壹拾万股提供抵押担保（股票号码0300014至0300023）”，落款处由盛侃签名确认。出具时间为2005年5月10日的借据上载明借到王佩玥人民币6万元整，借期三个月，利息为月息1%。该借款以盛侃所持有的公司股份作为抵押（股票号码0300027至0300032），落款处由常乐公司盖章及盛侃签名确认。

另，常乐公司成立于2002年8月27日，企业类型是有限责任公司，法定代表人为盛侃，公司注册资本为人民币50万元。股东为盛侃和吉赞红，其中，盛侃出资37.5万元，占注册资本的75%；吉赞红出资12.5万元，占注册资本的25%。2007年3月19日，该公司因未办理年检而被吊销营业执照。

由于上述借款均未如期归还，故王佩玥请求判令常乐公司偿还借款16万元及相应的利息，并要求盛侃、吉赞红承担连带责任。

---

① 韦炜、赵晓青：《有限责任公司股权质押的效力认定及责任承担》，载《人民司法·案例》2012年第6期。

法院裁判：首先，关于担保的性质问题。在涉案两份借据中均记载有由常乐公司法定代表人盛侃所持有的公司股份作为抵押，并实际交付了常乐公司自行印制的泡泡龙股票，即双方间有为借款法律关系设定担保的意思表示，担保的标的是常乐公司法定代表人盛侃所持有的公司股份，按照担保法对抵押和质押的法律规定，以有限责任公司的股份设定担保，应适用质押的相关规定。故本案中，虽然双方当事人实际表述为“抵押”，但按照法律规定双方间实际应为设定质押，依法应当按照法律对于质押的相关规定予以规范。

其次，关于质押财产的认定问题。本案中，双方合同约定以常乐公司法定代表人盛侃所持有的公司股份作为质押财产，并实际交付了16张泡泡龙股票。依据泡泡龙股票票面记载：“股票由公司盖章、登记备案及法人签字盖章后与股权确认书一并生效。”但在常乐公司工商档案中未见登记备案的相关记载，即该股票并不具有实际效力。而结合双方在质押合同中的明确约定，“以常乐公司股东盛侃所持有的公司股份作为抵（质）押”，该约定应当为双方真实意思表示，故其所交付的泡泡龙股票显然只是作为盛侃持有公司股份的依据，而并不是改变质押财产的性质和种类。因此，尽管盛侃实际交付的泡泡龙股票在法律上不具有效力，但并不能就此否定双方间以盛侃所持有常乐公司股份设定质押的真实意思表示。故本案中应当依法认定双方间质押财产为盛侃所持有的常乐公司股份。

最后，关于质押合同及质权设立的效力问题。第一，涉案质押合同成立并生效。本案中，双方订立有书面质押合同，且该质押合同经出质人盛侃签名确认，应系其真实意思表示，亦不违反法律规定，合法有效，应受法律保护。第二，涉案质权并未生效。由于质押合同的订立和质权的设定为不同的法律事实，质押合同的订立只是质权设定的基础行为，质权的有效设定，除了要具有生效的质押合同外，还须符合公示公信原则的要求，即履行实际交付或其他特定的公示义务。本案中，双方以有限责任公司的股份设定质押担保，按照《担保法》第七十八条第三款的规定，以有限责任公司的股份出质的，适用公司法股份转让的有关规定。结合《公司法》（2004年修订）第三十五条规定，以有限责任公司股份向本公司以外的人出质的，质权的设立必须具备以下三个条件：1. 须取得公司全体股东过半数同意；2. 须订立书面质押合同；3. 须将出质情况记载于股东名册。依据上述条件判断，显然本案中盛侃将其在常乐公司的股份提供质押担保既未为此召开股东大会并通过相关决议，又未将出质情况记载于股东名册，依法不符合以有限责任公司股份设定质押时质权生效的公示要件。因此，双方间设定的质权并未生效。第三，在双方间质押合同生效而质权未生效的情况下，应由造成质权未生效的一方承担由此导致的违约责任。本案中，无论是召开股东大会还是将出质情况记载于股东名册，均属于出质人盛侃应当履行的义务，故在盛侃未履行自己的合同义务导致双方间的质权未产生效力时，盛侃应当承担由此导致的违约责任，赔偿因其违约行为给王俪琄所造成的损失，在质押合同领域就是质押财产实现质权后可由王俪琄优先受偿的价值。本案中，虽然双方以盛侃所持有常乐公司股份设定质押，而在常乐公司被吊销营业执照后公司股份的实际价值无法估算，但是基于质押合同订立时作为出质人盛侃的意思表示是以其所持有常乐公司的16 万股股份，依据当时提供的股票票面记载，应当为价值 16 万元的公司股份设定了质押，而质权人王俪琄出于合理信赖，亦认为该 16 张泡泡龙股票实际代表了价值 16 万元的常乐公司股份，故应认定双方在签订借款合同时，是以与借款数额等值的 16 万元公司股份设定了质押担保。因此，目前在王俪琄无法就质押财产变价优先受偿的情况下，应由出质人盛侃在其提供质押财产价值即 16 万元的范围内对常乐公司的上述还款义务承担连带清偿责任。对于王俪琄请求法院依据现行《公司法》第二十条第三款判令盛侃和吉赞红对常乐公司返还投资款和借款的事项承担连带责任能否得到支持。基于王俪琄请求适用的现行公司法生效于 2006 年 1 月 1 日，而本案事实发生于 2005 年，依据法不溯及既往原则，王俪琄请求以行为时并不存在的法律条文来约束和规范当事人缺乏法理依据，故本案依法不适用现行《公司法》第二十条第三款的规定。同时依照《最高人民法院关于企业法人营业执照被吊销后，其民事诉讼地位如何确定的复函》［法经（2000）24 号函］的精神，常乐公司在被吊销营业执照但未进行清算的情况下，股东盛侃、吉赞红可以作为共同被告参与诉讼，承担清算责任。

一审宣判后，双方均未提起上诉。

裁判要旨：不具备流通股发行能力的有限责任公司私下印制了股票，

并且公司股东以实际交付该股票作为对公司债权提供质押担保时，尽管该股票本身不具有法律效力，但不能改变质押人以其在公司享有的股份设定担保的真实意思表示。在质押合同生效而质押权因未履行公示原则未生效时，应由导致质押权未能生效的一方即担保人对质押权人承担违约责任；违约责任的范围，基于信赖利益原则应以股份出质时该股份实际代表的价值为准。

问题 22. 核押是否影响存单质押的设立

存款单，又叫“存单”，是由银行或储蓄机构发给存款人的证明其存款债权并承诺到期还本付息的权利凭证。① 所谓存款单质押，就是指以在银行存款的凭证即存款单作为质押的标的。② 存单质押，性质上属于以债权出质，由此成立债权质权。我国《担保法》第 75 条和《物权法》第 223 条明确规定，存款单可以质押。以《物权法》第 224 条之规定，存单质押的设立要件应包括两个：当事人之间订立质押合同，并且，出质人将存单交付给质权人。以上两个要件满足之后，存单质押设立完成。当然，如果质权人不是银行，那么，出质人和质权人应当将存单设质的情况通知银行，防止出质人在以存单出质后到银行挂失，继而背着质权人将存款取走，使质权落空。将存单设质的情况通知银行之后，银行则不准出质人提款。

从上文可以看出，存单质押的要件为订立质押合同与交付存单两个。至于其他的事项，则并非存单质押的设立要件。然而，在实践中，通常情况下，以存单设质过程中还涉及存单的核押。所谓存款单核押，简单说就是存款行对存款单进行确认，即质权人将存款单质押的情况告知金融机构，并就存款单的真实性向金融机构咨询，金融机构对存款单的真实性予以确认并在存款单上或以其他方式签章的行为。存单核押意义重大。首先，核押具有通知义务人的法律意义。存单质押属于权利质押，而权利质押应当通知出质权利的义务人，这是大陆法系各国法律在权利质押方面的

---

① 刘保玉主编：《担保纠纷裁判依据新释新解》，人民法院出版社 2014 年版，第 277 页。

② 参见王利明：《物权法研究·下卷》，中国人民大学出版社 2007 年版，第 601 页。

共通规定。我国《担保法》对此未作规定，应属于立法漏洞。[①] 存款单核押在本质上是向辅助人（存款行）为出质通知，辅助人在收到通知后不得向存款人兑付存款，否则对质权人不生效力。[②] 为此，《担保法解释》第100条规定："以存款单出质的，签发银行核押后又受理挂失并造成存款流失的，应当承担民事责任。"其次，存款单核押的法律意义还在于，开具存款单的金融机构对存款单进行核押，表明该金融机构对存款单的真实性予以确认，因而应推定存款单系具有完全权利内容的权利凭证，可以成为合法的权利质押标的。同时，金融机构核押存款单即知悉存款单出质的事实，存款人成为"虚有权利人"，质权人成为权利的实际控制人。金融机构不得向存款人支付存款单上的款项，更不能接受存款人的挂失。反之，以存款单出质如不向辅助人为出质通知，辅助人在不知存款单已被出质的情况下向出质人兑付存款（如通过挂失方式兑付存款），存款单所指向的债权消灭，质权也消灭。最后，核押具有民事诉讼证据的意义。因存单属于权利凭证，容易被伪造、变造，实践中经常有当事人因为接受了假存单而受到损失的。但由于存单所代表的债权是权利而非实在之物，所以当债权人持出质存单向开出行核押，开出行对存单所代表的债权予以承诺的话，即便存款事实并未发生，开出行也应对其承诺的存单的真实性负责。[③] 核押所具有的民事诉讼证据意义在于，债权人可以凭存单已核押来证明所享有的存单质权的真实性、有效性，债权人接受已核押的存单出质，属于善意无过失，开出行即便可以证明存单虚假，也因其核押行为而不能对抗质权人。[④] 如果当事人不履行到期债务或者发生当事人约定的实现质权的事由时，质权人有权要求存款银行兑现存单。[⑤]

然而，依照我国《担保法》《物权法》的规定，存款单质押并不需要核押程序，当事人签订质押合同并交付存款单给债权人后，质权成立，核

---

① 人民法院出版社编：《最高人民法院司法观点集成——商事卷》，人民法院出版社2017年版，第1496页。

② 人民法院出版社编：《最高人民法院司法观点集成——商事卷》，人民法院出版社2017年版，第1500页。

③ 何志著：《担保法疑难问题阐释》，中国法制出版社2011年版，第306页。

④ 《最高人民法院司法观点集成——商事卷》（第三版），人民法院出版社2017年版，第1496页。

⑤ 程啸：《担保物权研究》，中国人民大学出版社2017年版，第551页。

押与否不影响存款单质权的成立。但从以上分析来看，核押是质权人保护自身权利安全的重要方法，值得肯定和推广。[1]

典型案例裁判文书

内蒙古自治区高级人民法院(2012)内商终字第33号民事判决书

【典型案例 32】

案例索引：内蒙古银行股份有限公司与中国工商银行股份有限公司呼和浩特新城支行质押合同纠纷案[2]。一审：（2008）呼民二初字第 258 号；二审：（2012）内商终字第 33 号。

基本案情：2007 年 11 月 27 日，内蒙古银行金盈支行与内蒙古尚岗矿业有限公司签订了一份借款合同，约定内蒙古尚岗矿业有限公司向内蒙古银行金盈支行借款 500 万元。同日，该支行与安宇红签订一份质押合同，约定以安宇红的账号为 0602003316000053121、金额为 750 万元的中国工商银行定期一本通存折，为内蒙古尚岗矿业有限公司提供质押担保。同日，上述两份合同均作了公证。同日，内蒙古银行金盈支行向工行新城支行茂尼路分理处递送了冻结通知书，载明：安宇红的上述存折现已作为我行质押贷款的质押财产，特通知从即日起予以冻结，不得办理挂失、提前支取及再抵押或质押等手续，直至贷款本息全部清偿，我行出具解冻通知为止；如贵行确认以上有价证券（凭证），并同意以上所述，请盖章予以证明等。该冻结通知书上盖有呼和浩特市商业银行股份有限公司金盈支行公章及中国工商银行呼和浩特市茂尼路分理处业务公章。内蒙古银行金盈支行已持有安宇红的上述存折，并发放了该借款。内蒙古尚岗矿业有限公司至今未还款。

2007 年 12 月 21 日，内蒙古银行联信支行向工行新城支行茂尼路分理处递送了冻结通知书，载明：该分理处开具的定期存单户名王磊、账号 0602003316000060569，金额共 230 万元，及账号 0602003316000060445，

---

① 曹士兵：《中国担保制度与担保方法》（第四版），中国法制出版社 2017 年版，第 361—362 页。

② 白慧春：《金融机构已核押的以虚假存单出质的质押合同有效》，载《人民司法·案例》2013 年第 22 期。

金额为170万元的存折现已作为我行质押贷款的质押财产，特通知从即日起予以冻结，不得办理挂失、提前支取及再抵押或质押等手续，直至贷款本息全部清偿，我行出具解冻通知书为止；如到期不能偿还我行贷款本息，我行可凭此通知书，及我行介绍信支取该存款，用于偿还贷款本息；如贵行（所、社）确认以上定期存单并且同意以上所述，请盖章予以证明等内容。在冻结通知书上有质押人王磊签名，且盖有呼和浩特市商业银行股份有限公司联信支行公章、中国工商银行呼和浩特市茂尼路分理处业务公章和中国工商银行呼和浩特市新城支行业务专用个人金融业务科公章以及柳岸签名。2007年12月28日，内蒙古银行联信支行与王磊签订了一份个人借款合同，约定王磊向该行借款300万元等。同日，该支行又与王磊签订了一份质押合同，以王磊的上述两个存折为上述300万元借款提供质押担保。2007年12月29日，上述两份合同均作了公证。内蒙古银行联信支行已持有王磊的上述存单，并于2007年12月29日将300万元借款打入王磊账户。王磊至今未还款。

另，齐飞时任工行新城支行个人金融业务科科长，柳岸时任工行新城支行茂尼路分理处经理。安宇红将以王磊的名义办的中国工商银行定期一本通存折挂失后，由齐飞在该存折上空打存款400万元，安宇红用该伪造后的存折向内蒙古银行联信支行申请质押贷款。2007年12月21日，内蒙古银行联信支行到工行茂尼路分理处进行查询和冻结，柳岸回复该存折上的存款真实，并做了虚假冻结。齐飞做了核实并加盖公章后，于2007年12月28日签订了借款合同、质押合同。现柳岸、齐飞因以虚假质押的方法诈骗银行贷款800万元，已被内蒙古自治区呼和浩特市中级人民法院以（2009）呼刑初字第78号刑事判决认定犯贷款诈骗罪，判处有期徒刑。该判决还认定了本案所涉的用于质押的存单均系伪造的。安宇红因涉嫌贷款诈骗已被公安机关批准逮捕。

法院裁判：内蒙古银行通过签订质押合同而持有存单，本案是因其为实现该质权而提起的诉讼，因此，本案为存单质权纠纷。

关于本案质押合同是否有效的问题。首先，在借款人提出借款申请后，内蒙古银行为控制贷款风险，已要求借款人提供担保，为此，借款人提供了相应存单作为质押，该质押存单明确记载了户名、金额等，并加盖了开户行工行茂尼路分理处的公章，内容完整，符合存单的形式要件。其次，内蒙古银行与内蒙古尚岗矿业有限公司、王磊签订借款合同、质押合同、发放贷款之前，内蒙古银行为保证质权的合法存在，均向工行新城支行递送了冻结通知书，载明了涉案存单用于质押贷款，要求工行新城支行核实存单的真实性，并记载了对该质押财产（存单）冻结止付等核押主要内容。工行新城支行对上述存单的真实性进行再次确认后，加盖了公章，至此，冻结通知书已产生了对质押存单核押的法律效力。而且柳岸、齐飞分别时任工行茂尼路分理处经理和工行新城支行个人金融业务科科长，其签收、加盖公章的行为在外观上应属履行职务的行为，其实施核押的流程是否符合其内部的规章制度，是否构成个人犯罪，以及内蒙古银行提出的该核押是否符合工商银行新城支行内部对核押权限和流程的相关管理规定，对内蒙古银行而言，并不影响其已就相关质押存单获得核押的法律后果。虽然存单的金额是安宇红与齐飞等人伪造的，但根据《最高人民法院关于审理存单纠纷案件的若干规定》第八条第一款、第三款的规定，上述质押合同有效，内蒙古银行依法取得该存单的质权。工行新城支行应当以质押存单所记载的款项依法向内蒙古银行兑付质押借款本金800万元及相应利息。

裁判要旨： 银行工作人员采用虚打存折的方法为他人出具虚假存单，用作质押贷款，后又利用职务便利为该质押存单核押，在判定据此形成的质押合同的效力时，既要考虑此类合同“以合法形式掩盖非法目的”，以犯罪为目的骗取银行借款的本质，又要考虑银行作为金融机构，其核押行为的对世效力。依据《最高人民法院关于审理存单纠纷案件的若干规定》第八条第一款、第三款的规定，在核押行为有效的情况下，即使存单虚假，上述质押合同仍应认定为有效，持有存单的质权人依法享有质权。当质权人要求核押存单的出票银行兑付存单时，该出票银行应当无条件予以兑付。

问题23. 未背书“质押”字样的票据质押效力

基于各种原因，在票据融资交易过程中，即便质押人与质权人意欲以票据为主合同关系设定质押担保，但票据未背书“质押”字样的情况时有发生。

我国《票据法》《担保法》和《物权法》均对票据质押作了规定，《票据纠纷规定》、《担保法解释》也对票据质押进行了制度设计，但它们却对票据质押背书效力作了不同规定，具体可分为三种情形：

（一）《票据法》及其司法解释的规定

《票据法》第35条第2款规定：“汇票可以设定质押；质押时应当以背书记载‘质押’字样。被背书人依法实现其质权时，可以行使汇票权利。”同时，该法第80条及第93条还规定了本票与支票的质押背书对第35条规定的准用。《票据纠纷规定》第55条规定：“依照票据法第三十五条第二款的规定，以汇票设质押时，出质人在汇票上只记载了‘质押’字样未在票据上签章的，或者出质人未在汇票、粘单上记载‘质押’字样而另行签订质权合同、质押条款的，不构成票据质押。”上述规定可以看出，票据质权之设立应以背书记载“质押”字样为必要，设质背书是票据质权的生效要件。

（二）《担保法》及其司法解释的规定

《担保法》第76条规定：“以汇票、支票、本票、债券、存款单、仓单、提单出质的，应在合同约定的期限内将权利凭证交付质权人。质押合同自权利凭证交付之日起生效。”这一规定将票据的交付作为票据质押合同的生效要件。《担保法解释》第98条规定：“以汇票、支票、本票出质，出质人与质权人没有背书记载‘质押’字样，以票据出质对抗善意第三人的，人民法院不予支持。”从此条规定来分析，是将“质押”书作为票据质押的对抗要件而不是生效要件。

（三）《物权法》的规定

《物权法》第224条规定：“以汇票、支票、本票、债券、存款单、仓单、提单出质的，当事人应当订立书面合同。质权自权利凭证交付质权人时设立；没有权利凭证的，质权自有关部门办理出质登记时设立。”这一规定在承继《担保法》第76条规定的同时，仅就质权合同的生效和质权的设定进行了修正与完善，票据质押合同应依《合同法》的规定自依法成立时生效，而票据质权则应出质人将票据交付质权人时生效。《物权法》第

224条对《担保法》第76条有关票据质权的内容并没有进行实质性的修改，即对票据质权是否以设质背书为要件未作规定。

从《物权法》《担保法》与《票据法》有关票据质权设立的条文来看，相互之间存在冲突和矛盾，突出地表现在交付出质票据时是否需要在票据上记载“质押”或者记载与“质押”同义的字样。换言之，出质人付未记载“质押”字样的票据给债权人能否构成票据质权。这些冲突和矛盾引发了学术界和实务界的广泛争议和质疑。[①] 此外，从以上法律的相关规定可以看出，票据质押成立需要订立书面合同并进行交付已无异议，但有关质权的生效，是依照《物权法》的规定交付票据，实行交付制，还是根据《票据法》的规定应当背书“质押”字样，实行背书制，仍存在争议。[②] 如果出质人仅将票据交付但未进行背书，那么票据质权是否设立？换言之，背书“质押”字样是否为票据设质的生效要件？对此，学界有不同观点：

第一种观点认为，应当按照物权法的规定，由当事人订立质押合同并交付票据，至于未背书“质押”字样，并不影响当事人之间票据质权的设立。此外《票据法》第35条第2款规定“汇票可以设定质押；质押时应当以背书记载‘质押’字样。被背书人依法实现其质权时，可以行使汇票权利”，这里没有规定不背书“质押”字样时票据质押无效，再结合《担保法》第76条和《担保法解释》第98条的规定，如《担保法解释》第98条规定：“以汇票、支票、本票出质，出质人与质权人没有背书记载‘质押’字样，以票据出质对抗善意第三人的，人民法院不予支持。”因此，只要票据已经交付给质权人，质权即成立，只是质权人不得以该票据的出质对抗善意第三人。

第二种观点认为，应当按照票据法的规定，票据质权设立必须有背书质押字样，否则票据质权不能设立。其主要理由在于，在认定票据质押关系是否成立的问题上，票据法相对于物权法来说属于特别法，按特别法优于普通法的法律适用原则，在认定票据质押成立要件上，应优先适用票据法及有关司法解释。同时，物权法的担保物权编与票据法虽然都调整票据质权关系，但二者有明显的分工。物权法仅调整票据质权的原因关系，即

---

① 刘保玉：《物权法》，上海人民出版社2003年版，第177页。

② 姜昭：《票据质押的生效条件辨析》，载《当代法学》2014年第6期。

质押合同关系，而不调整票据关系，票据关系应当交由票据法调整。[①] 而依据《票据法》第 35 条第 2 款、《票据纠纷规定》第 55 条，票据质押是一种要式行为，所以票据设质时必须在票据上为质押背书，否则不构成票据质押。

此外，关于质押背书究竟是票据质权的对抗要件还是生效要件，最高人民法院民二庭庭务会议对该问题进行了集中研究。最高人民法院民二庭庭务会议一致认为这涉及票据背书的法律意义问题，依据《担保法》和《票据法》的规定，认定质押背书是票据质权的生效要件无法律依据，即背书质押并非唯一生效要件。理由有三：一是《担保法》未规定质押背书为票据质权的取得要件，在《票据法》亦未规定的情况下，仅凭未作质押背书就认定债权人不能取得质权无法律依据；二是根据《票据法》的规定，票据质权人所享有的权利属于票据权利，背书虽然是当事人取得票据权利的重要方式，但并不是当事人取得票据权利的唯一方式，不能仅凭无背书即否定票据权利的存在，不能绝对化对待背书行为；三是以票据出质的，质押背书是表明票据持有人享有票据质权的直接证据，如果票据质押无质押背书，票据持有人可以依法举证证明其票据权利。在当事人签订书面质押合同情况下，质押合同即票据持有人证明其享有票据质权的合法证据。在票据持有人持有票据，并有书面质押合同的情况下，应当认定持票人享有票据质权。否则，不符合《票据法》关于“非经背书转让，而以其他合法方式取得汇票的，依法举证证明其汇票权利”规定的精神。换言之，书面质押合同与质押背书在票据质权的取得上具有相同的证据效力，票据持有人可任凭其一证明其票据质权的存在。[②]

笔者认为，票据质押不以背书质押票据为生效要件，即在以票据设质中，当事人可经订立质押合同并交付票据而设立票据质权，虽未背书“质押”字样，票据质权照样设立。

首先，不能认为背书“质押”字样是取得票据权利的唯一方式。根据

---

① 程啸：《担保物权研究》，中国人民大学出版社 2017 年版，第 539 页。

② 参见曹士兵：《关于票据质押的背书》，载李国光主编、最高人民法院民事审判第二庭编：《经济审判指导与参考》第 4 卷，法律出版 2001 年版，第 83—86 页；曹士兵：《中国担保制度与担保方法》（第四版），中国法制出版 2017 年版，第 366—367 页。

《票据法》的规定，票据权利可以因背书转让取得，也可以继承、赠与等方式取得。[1] 并且《票据法》第 31 条规定，持票人在没有票据背书的时候，可以依法证明自己享有的票据权利。因此，仅凭无质押背书就否定票据质押，这本身也不符合票据法的规定。[2]

其次，票据设质应当主要适用物权法与担保法的规定。以背书质押字样作为票据质押生效要件的观点不符合物权法与担保法的规定。依物权法与担保法的规定，票据质押的设立，当事人应订立质押合同并且交付票据。一般而言，票据关系应当由专门的票据法调整，但是，票据质权关系不同于票据关系，票据质权关系由于涉及质权的设立等，应当由物权法和担保法调整。严格地说，作为调整票据权利关系的票据法不应当去调整作为物权法律关系的票据质权关系。因此，以票据法属于特别法，而物权法、担保法属于一般法为由，认为应当优先适用票据法的观点是错误的。[3] 因而，票据质权的设立应适用物权法与担保法的规定，未背书质押字样，但按照物权法的规定订立了质押合同并交付了票据的，票据质权设立。

综上所述，笔者认为，虽未未背书“质押”字样，但是已经订立质押合同并交付了票据的，票据质权依法成立。

典型案例裁判文书

滕州市城郊信用社诉建行枣庄市薛城区支行票据纠纷案

【典型案例 33】

案例索引：滕州市城郊信用社诉建行枣庄市薛城区支行票据纠纷案[4]。

基本案情：1997 年 5 月，滕州市金利来洗煤厂（以下简称洗煤厂）的业务员张宗乾请求中国建设银行枣庄市薛城区支行（以下简称薛城区建行）所属陶庄办事处副主任渠继栋为其提供贷款担保，并许诺给予好处费。5 月 28 日，渠继栋利用担任陶庄办事处副主任之便，在没有收到任何款项的情况下，签

---

① 《票据法》第 11 条规定：因税收、继承、赠与可以依法无偿取得票据权利，不受给付对价的限制。但是，所享有的票据权利不得优于其前手的权利。

② 参见曹士兵：《中国担保制度与担保方法》（第四版），中国法制出版社 2017 年版，第 367 页。

③ 程啸：《担保物权研究》，中国人民大学出版社 2017 年版，第 540 页。

④ 载《最高人民法院公报》2004 年第 11 期。

发了编号为VIV00316605的银行汇票（以下简称5号汇票），次日收到洗煤厂的法定代表人刘宝廷和业务员张宗乾出具的借条一张，内容为：借薛城区建行陶庄办事处汇票一张75万元，借款人刘宝廷、张宗乾，并加盖洗煤厂财务专章。该银行汇票记载的出票单位为陶庄办事处、收款人为洗煤厂、金额为75万元。同日，洗煤厂与滕州市城郊信用社（以下简称城郊信用社）签订一份质押借款合同，约定：洗煤厂向城郊信用社借款75万元，期限1个月，质押财产为“汇票”。合同签订后，洗煤厂向城郊信用社交付5号汇票和一份《权利质押财产质押声明书》，其上加盖了汇票签发行陶庄办事处和汇票收款人洗煤厂的印章，载明的主要内容为洗煤厂以其所有的5号汇票作为向城郊信用社借款的权利质押凭证，城郊信用社据此向洗煤厂发放贷款75万元。同年6月26日，借款期限即将届满时，渠继栋担心如果洗煤厂不能按期归还，城郊信用社一旦行使质权，将暴露其非法出具银行汇票的事实，于是在没有收到任何款项的情况下，又签发了编号为VIV00316608的银行汇票（以下简称8号汇票）。洗煤厂持8号汇票向城郊信用社换回了5号汇票，同时交付城郊信用社一份注明权利质押凭证为8号汇票的《权利质押财产质押声明书》。8号汇票记载的出票单位亦为陶庄办事处，收款人为洗煤厂，金额为75万元，出票日期为1997年6月26日。该汇票的背书人栏内加盖了洗煤厂的财务专章及法定代表人刘宝廷的印章，但被背书人栏内空白。该汇票的“持票人向银行提示付款签章”处加盖了“滕州市金利来洗煤厂财务专章”和法定代表人“刘宝廷”印章，并书写有“委托城郊信用社收款”。洗煤厂在借款到期后未能偿还借款，城郊信用社于1997年7月17日将8号汇票提交滕州市人民银行，通过票据交换系统向薛城区建行收取75万元票款。薛城区建行见票后，通知陶庄办事处办理解付，原陶庄办事处副主任渠继栋收到汇票后，携票潜逃，薛城区建行遂向检察机关报案，并拒绝向城郊信用社支付票款。渠继栋潜逃三天后，将该汇票寄回薛城区建行处，薛城区建行将该汇票退回城郊信用社，但仍拒付票款。在本案的审理过程中，薛城区建行向城郊信用社出具退票理由书，明确退票理由：一是洗煤厂以恶意取得票据，二是该票据实际结算金额没有套写。

法院裁判：双方当事人争议的焦点问题为，城郊信用社与洗煤厂之间是否就8号汇票形成有效的质押关系，薛城区建行应否向城郊信用社支付票款。

洗煤厂既在8号银行汇票的背面作了委托收款背书，又在该汇票上设定了质押，因其是票据权利人，其在票据上进行了委托收款背书之后，在委托收款行为完成之前，其有权取消委托而再对汇票进行质押处分。因此，上诉人关于票据作了委托收款背书之后不能再为质押的上诉理由不能成立。

关于城郊信用社与洗煤厂之间是否形成有效的质押关系，既应适用票据法、担保法，也应适用《最高人民法院关于适用〈中华人民共和国担保法〉若干问题的解释》和《最高人民法院关于审理票据纠纷案件若干问题的规定》。《票据法》第三十五条第二款规定，汇票质押时应当以背书记载“质押”字样。但并未规定如果未记载“质押”字样的，质押不生效或无效。《担保法》第七十六条规定：“以汇票、支票、本票、债券、存款单、仓单、提单出质的，应当在合同约定的期限内将权利凭证交付质权人。质押合同自权利凭证交付之日起生效。”因此，背书质押不是设定票据质权的唯一方式，订立质押合同、交付票据也可以设定票据质权。《票据法》第三十一条第一款规定：“以背书转让的汇票，背书应当连续。持票人以背书的连续，证明其汇票权利；非经背书转让，而以其他合法方式取得汇票的，依法举证，证明其汇票权利。”以票据出质的，质押背书是表明票据持有人享有票据质权的直接证据，如果无质押背书，书面的质押合同就是票据持有人证明其享有票据质权的合法证据。在票据持有人持有票据，并有书面质押合同的情况下，应当认定持有人享有票据质权。《最高人民法院关于适用〈中华人民共和国担保法〉若干问题的解释》第九十八条规定：“以汇票、支票、本票出质，出质人与质权人没有背书记载‘质押’字样，以票据出质对抗善意第三人的，人民法院不予支持。”由此，背书“质押”字样不是票据质权的取得要件，仅是票据质权的对抗要件。虽然《最高人民法院关于审理票据纠纷案件若干问题的规定》第五十五条规定，“依照票据法第三十五条第二款的规定，以汇票设定质押时，……或者出质人未在汇票、粘单上记载‘质押’字样而另行签订质押合同、质押条款的，不构成票据质押”，但因该规定的颁布时间早于《最高人民法院关于适用〈中华人民共和国担保法〉若干问题的解释》，故对本案应适用《最高人民法院关于适用〈中华人民共和国担保法〉若干问题的解释》中的规定。综上，本案城郊信用社与洗煤厂间订有质押合同、洗煤厂将银行汇票交付城郊信用社占有，双方在8号银行汇票上成立了有效的票据质押关系，城郊信用社取得票据质权。

裁判要旨： 根据《票据法》第三十五条第二款、《担保法》第七十六条、《最高人民法院关于适用〈中华人民共和国担保法〉若干问题的解释》第九十八条规定，汇票质押应当背书记载“质押”字样，但是没有背书记载的并不必然无效；如果质押的汇票已经交付质权人，且签订了书面质押协议，则质权人取得质押权；但是这一质押权不能对抗善意第三人。因此，银行汇票上未背书记载“质押”字样，而是另行签订书面质押协议且汇票已经交付给质押权人的，汇票质押权人可以要求付款行兑付汇票。

问题24. 记载“不得转让”字样的票据能否出质

一般而言，票据作为支付、信用、结算和融资的手段，具有高度流通性，可以自由转让。但是，为了尊重当事人的自由意志，法律也允许出票人、背书人取消票据的流通性，即可以在票据上记载“不得转让”的字样，这就是所谓的禁止背书与禁止背书的背书。[①]“不得转让”的票据记载事项是有益记载事项，一经记载即发生法律效力。

关于记载“不得转让”的票据能否质押，其效力如何，《票据法》和《担保法》均未明确规定，学界及实务中对此观点不一。在票据法理论上，通说认为，有禁止背书的记载就意味着该票据不得转让，故也不得质押，否则质权无效。因为在已经记载了“不得转让”的字样的情况下，如果仍允许出质人将其质押，则会导致质权人在实现质权时违背出让人记载“不得转让”字样的目的。同时，根据《票据纠纷规定》第53条规定，[②] 认为

---

① 参见程啸：《担保物权研究》，中国人民大学出版社2017年版，第535页。

② 《票据纠纷规定》第53条：依照票据法第27条的规定，出票人在票据上记载“不得转让”字样，其后手以此票据进行贴现、质押的，通过贴现、质押取得票据的持票人主张票据权利的，人民法院不予支持。

出票人注明“不得转让”的票据不可以作为出质权利，以“不得转让”的票据质押的，质押合同无效，债权人不能取得质权。因此，当票据上记载“不得转让”的字样，接受票据的相对人自知悉该票据已被出票人禁止流通，相对人不能在该票据上成立质权。[①] 但另一种观点认为，质押背书的性质为“非转让背书”，质权人因背书取得的仅系收款的权利，票据权利并未因背书而转移于质权人。并且出票人在票据上记载“不得转让”的效力，仅限于持票人不得依票据法上的方式（即背书或交付）转让票据权利，并非意味着该票据不能以任何方式转让。事实上，持票人仍得依民法上普通债权让与的方式转让票据权利。因此出票人记载“不得转让”字样的行为，并没有真正彻底地使票据丧失可转让性，票据作为债权性质的有价证券，其一般民事财产权的属性并没有因出票人的记载而发生改变，其价值的可变现性也并没有因出票人的记载而丧失。因此，以“不得转让”的票据出质的有效性是不容置疑的。此外，票据质权兼具留置效力与担保效力，质权的设立不等于质权的实现。故此，只要债权人乐于接受，即便票据上有“不得转让”的记载，也可以质押。[②]

问题的争议体在实务中则体现为不同的裁判。在中国投资银行天津分行诉天津轻工业对外贸易公司等票据纠纷案中，法院认为，为保证其付款义务的履行，有权通过质押背书，将六张以其为收款人，标明“不得转让”字样的银行承兑汇票，交给质权人，形成权利质押。由于质押仅能使质权人占有质物，并未形成所有权的移转，因此，票面记载的“不得转让”字样不影响双方当事人之间设定质押合同的合法有效性。[③] 在沈阳石化公司诉辽宁石油公司、招商银行沈阳分行票据质押案中，法院认为：该汇票明确载明不允许背书转让，此系双方当事人对汇票的约定，而持票人与质权人明知该承兑汇票约定不允许背书转让，仍以此承兑汇票质押，显系不妥。质押行为的法律后果将发生转让行为，而权利质押的标的只能是依法可以转让的财产权，不可转让的权利不得设立质押。因此认定质押无

---

① 曹士兵：《中国担保制度与担保方法》（第四版），中国法制出版社 2017 年版，第 334 页。

② 参见程啸：《担保物权研究》，中国人民大学出版社 2017 年版，第 536 页。

③ 载《最高人民法院公报》1997 年第 1 期。

效，汇票归还出票人。[①]

笔者认为，从上述案件的裁判时间看，均发生于《票据纠纷规定》颁布实施之前，虽前一案例刊登在《最高人民法院公报》上，但此后实施的《票据纠纷规定》第53条对此已经表明了倾向，在当前的司法实践中应当按照司法解释的规定对该问题加以认定。如前所述，记载“不得转让”的票据在类型上大致可分为出票人记载和背书人记载两种，对此类票据设定质押的效力，也应当区分这两类情形而定。出票人在票据上记载了“不得转让”字样后，若收款人背书转让票据，背书的效力如何，各国的《票据法》有着不同的规定，主要有两种立法例：1. 产生一般债权转让效力的立法例。日内瓦《统一汇票本票法》第11条规定，出票人在汇票上有不得由指定人收款或同义之记载时，其票据只有依一般方式转让，并仅有普通债权转让的效力。所谓的发生普通债权转让的效力，并非指受让人不能取得票据权利，而是指被背书人虽然取得票据权利，但与民法上一般债权转让一样，不切断抗辩，也就是说，票据债务人可以与背书人之间存在的抗辩事由，对抗被背书人。另外，背书不具有权利担保的效力，背书人交付票据后即退出票据关系，对受让方及其后手不承担担保付款与担保承兑的责任，但出票人、承兑人在没有抗辩事由的情况下，仍要对受让方承担票据责任。2. 出票人、承兑人不对受让人承担责任的立法例。《英国票据法》则规定，凡汇票含有禁止转让或表明有不可转让之意向，它只能在票载当事人之间有效，而是不可议让的。按照该规定，在英国，由于此种汇票是不可转让的，当然也是不可流通议让的，但此种汇票在出票人、收款人与付款人之间有效。我国台湾地区“票据法”第30条第2款规定，背书人于票上记载禁止转让者，仍得依背书而转让之。但禁止转让者，对于禁止后再由背书取得汇票之人，不负责任。在理论上，国内的学者也存在类似上述两种不同立法例的两种意见。最终，《票据纠纷规定》是采出票人、承兑人不对受让人承担责任的立法例。我国《票据法》第二十七条第二款规定：“出票人在汇票上记载‘不得转让’字样的，汇票不得转让。”同时，根据《票据法》第八十一条和第九十四条的规定，该条款的规定也同样适

① 载《人民法院案例选》总第22辑（1997年第4辑）。

用于本票和支票。《票据法》的规定只是强调出票人记载“不得转让”字样的票据不得转让，并没有规定不顾此规定而背书转让的效力问题。《票据纠纷规定》第四十七条明确规定：“票据的出票人在票据上记载‘不得转让’字样，票据持有人背书转让的，背书行为无效；背书转让后的受让人不得享有票据权利，票据的出票人、承兑人对受让人不承担票据责任。”《票据纠纷规定》第五十三条又规定：“依照票据法第二十七条的规定，出票人在票据上记载‘不得转让’字样，其后手以此票据进行贴现、质押的，通过贴现、质押取得票据的持票人主张票据权利的，人民法院不予支持。”明确地表明了通过背书转让（包括贴现、质押）取得票据的持票人不享有票据权利，因此不产生一般债权转让效力。即我国立法是持第二种观点的，票据的出票人在票据上记载“不得转让”字样后，其后手又将票据转让、贴现或质押的，通过转让、贴现或质押取得票据的持票人均不享有票据权利。上述规定体现了司法实务中对该问题处理的谨慎态度。

背书人记载“不得转让”通常也是出于与出票人同样的考虑，但其法律效力与出票人约定“不得转让”的法律效力不同。《票据法》第三十四条规定：“背书人在汇票上记载‘不得转让’字样的，其后手再背书转让的，原背书人对后手的被背书人不承担保证责任。”《票据纠纷规定》作出了与《票据法》基本相同的解释，第五十四条规定：“依照票据法第三十四条和第三十五条的规定，背书人在票据上记载‘不得转让’字样，其后手以此票据进行贴现、质押的，原背书人对后手的被背书人不承担票据责任。”第五十一条规定：“依照票据法第三十四条和第三十五条的规定，背书人在票据上记载‘不得转让’、‘委托收款’、‘质押’字样的，其后手再背书转让、委托收款或者质押的，原背书人对后手的被背书人不承担票据责任，但不影响出票人、承兑人以及原背书人之前手的票据责任。”根据上述规定，背书人在票据上记载“不得转让”字样后，禁止背书的背书人（原背书人）只对直接的被背书人承担《票据法》上的责任，对于该被背书人的后手不负票据上的责任，但票据的出票人、承兑人和原背书人的前手仍然要承担票据责任。或者说，被背书人的后手不得对记载“不得转让”字样的背书人进行追索，但可向出票人、承兑人和原背书人的前手请求行使付款请求权和追索权。

【典型案例 34】

典型案例裁判文书

中国投资银行天津分行诉天津市轻工业对外贸易公司票据质押纠纷案

案例索引：沈阳石化公司诉辽宁石油公司以“不得转让”汇票向招商银行沈阳市分行设定质押无效案[①]（一审判决生效）。

案情简介：1996年10月4日，原告沈阳市石油总公司石化物资公司（以下简称沈阳石化公司）与被告辽宁省石油煤炭销售公司（以下简称辽宁石油公司）签订购销合同一份。合同约定：由辽宁石油公司供给沈阳石化公司国家标准0号柴油5000吨，每吨单价1920元，货款总金额960万元；首批供给2000吨，货款计384万元，交货地点在旅顺港，交货时间从原告转款之日起10日内，于1996年10月20日前在旅顺港平仓交货；如果辽宁石油公司违约给沈阳石化公司造成经济损失，辽宁石油公司承担全部责任。合同签订后，沈阳石化公司从开户银行第三人招商银行沈阳分行南顺城办事处开出一张面额为384万元的银行承兑汇票，辽宁石油公司为受款人，承兑日期为1996年11月11日。该办事处根据沈阳石化公司该汇票不得背书转让的要求，专门刻制了“不允许背书转让”字样的印章，加盖在该汇票的背面。同时，沈阳石化公司按辽宁石油公司的要求，给其3万元的请车费。辽宁石油公司在收到该汇票和3万元后，在合同规定的期限内没有履行供货义务。1996年10月18日，辽宁石油公司将该汇票交给第三人招商银行沈阳分行（以下简称沈阳招行）的下属单位沈阳招行太原办事处做为质押，并与沈阳招行签订了质押贷款协议：沈阳招行太原办事处贷给辽宁石油公司购买0号柴油货款384万元，并将该笔贷款划入辽宁石油公司在该办事处开立的帐户。随后，辽宁石油公司从384万元贷款中支出40万元给沈阳招行，用途为代义泰石油公司还贷款；余下344万元也被辽宁石油公司分7次支出，其用途分别为代退货款，代付投资款等。另外，辽宁石油公司与沈阳招行签订质押贷款合同前，沈阳招行为确定质押汇票的真伪，曾对原告与被告签订的购销合同及质押汇票进行过核实。二审法院审理此案期间，沈阳招行承认其知道此笔质押贷款系为辽宁石油公司购买0号柴

① 载《人民法院案例选》总第22辑（1997年第4辑）

油所贷。由于购销合同规定的供货期限超过，辽宁石油公司没有履行供货义务，也没有将汇票退还，沈阳石化公司遂于1996年10月24日向沈阳市中级人民法院提起诉讼。

法院裁判：关于沈阳石化公司开出的不得背书转让的汇票能否设定质押问题，该汇票明确载明不允许背书转让，此系双方当事人对该汇票的约定，而辽宁石油公司与沈阳招行明知该承兑汇票约定不允许背书转让，仍以此承兑汇票设立质押，显系不妥。我国票据法规定，出票人在汇票上记载不得背书转让字样的，汇票不得转让；原背书人对后来的被背书人不承担保证责任。沈阳招行与辽宁石油公司的质押行为，其法律后果将发生转让行为，而权利质押的标的只能是依法可以转让的财产权，不可转让的权利不得设立质权。因此，该质押行为应认定无效，其质押物承兑汇票应归还出票人沈阳石化公司所有。

裁判要旨：以汇票设定质权，是对票据权利的一种处分行为，要求设质人对质物，即票据有处分权。由于不得转让的汇票在法律上有不得转让、限制流通的基本特性，受票人对持有的票据享其权利，但没有处分权和转让权。设质人对没有处分权的质物设定质押，该质押无效。

问题25. 空白支票能否质押

空白支票，即空白授权支票，是指出票人预先在票据上签名，而将票据上其他应记载事项的全部或一部分授权他人补充完成的支票。

从严格《票据法》意义上讲，空白票据应当是无效的。因为票据是要式证券和文义证券，支票应严格按照《票据法》规定记载相应的事项。所以最初各国票据法均不承认包括空白支票在内的所谓空白票据。但是，现实经济的发展终于使空白票据得到各国法律的确认。[①]

我国《票据法》第86条规定："支票上的金额可以由出票人授权补记，未补记前的支票，不得使用。"第87条第1款规定："支票上未记载收款人名称的，出票人授权，可以补记。"可见，我国《票据法》只承认两类空

---

① 刘保玉主编：《担保纠纷裁判依据新释新解》，人民法院出版社2014年版，第275页。

白支票：一类是金额空白支票；一类是收款人空白支票。《担保法》第75条规定，支票可以质押，但是，对于空白支票是否可以质押，我国担保法没有明确规定。由于《票据法》有条件地承认空白支票，因此，空白支票也可以在一定情形下实行质押。空白支票质押的效力与完全支票质押效力并不相同，不同种类的空白支票其质押效力也不一样。

1. 以金额空白支票为质押财产的质押是否有效

根据《票据法》第85条的规定，支票上的金额是支票必须记载的事项，没有记载金额的支票原则上讲是无效的。由于票据金额是支票必须记载的事项，所以《票据法》在承认金额空白支票效力的同时，规定空白支票的金额必须补记才能使用。根据这一规定，空白支票的金额在补记之前不能使用，也不能质押。用金额空白支票质押的，这种质押不具有法律效力。具体而言：一是《票据法》第86条规定："支票上的金额可以由出票人授权补记，未补记前的支票，不得使用。"允许空白支票生效，必须经出票人授权补记，这就涉及空白支票的补记权问题。所谓空白支票的补记权又称补充权或填充权，是指持票人的经补记空白支票所欠缺的票据必要记载事项，使之成为完全票据，以行使票据上的权利。可见，补记权乃是空白支票生命力之所在，支票空白便无以发挥其经济效用。空白支票补记权原则上应基于出票人授权而产生。在交付前，可就补记权限问题与持票人达成协议，持票人根据协议而获得授权。授权方式可以授权书方式，也可以法律所不禁止的其他方式为之。但以支票为权利凭证出质的行为，已不单是一种出票行为，实质上是在使用支票，行使持票人的票据权利，可此时的支票仍是金额空白的支票，这违背了票据法关于不得使用未经授权补记的支票的规定。这就是说，空白支票是有效的，但是，必须由出票人进行补记。未经过补记的空白支票不能充当质押财产。当然，如果经过补记，那就可以质押。但是，经过补记的支票已经不再是空白支票而是正常的支票了。二是把金额空白支票用作担保，其担保效力具有不确定性。我国《担保法》虽未明确规定质押财产的价值与所担保的债权的价值之间的关系，但这并不等于说，权利质押的质押财产不需要具备价值的确定性。用作担保的质押财产，其价值不确定，将无法确定担保责任。未记载金额的空白支票，不能判断其价值，其金额需由出票人授权补记后才能得以明确，故未记载金额的空白支票起不到担保作用。所以，对于未记载金额的空白支票，因其内容缺乏确定性，不符合充当质押财产的要求。[①]

2. 以收款人空白支票为质押财产的质押行为效力

根据《票据法》第85条的规定，收款人不是支票必须记载的事项。因此，收款人空白支票在出票人授权持票人补记收款人的名称之前，并不影响支票的效力。所以，收款人空白支票质押的效力与完全支票质押的效力相同，即当出质人按照质押合同清偿欠质权人的全部债务，有权赎回支票；当出质人出现实质性违约时，质权人有权要求出质人依法作成背书，把票据权利全部转让给支票质权人，质权人从而成为被背书人，即支票的持票人，其有权向该支票的各债务人行使付款请求权或者追索权。

【典型案例35】

案例索引：乌鲁木齐冀新通汽配有限公司与孙年粉买卖纠纷案[②]。一审：(2002）新民初字第2033号；二审：(2002）乌中民终字第2675号；再审：(2005）乌中民再字第34号。

案情简介：2001年12月8日，孙年粉将号码为0094067的空白转账支票一张押于冀新通公司用于购货后付款，孙年粉将支票交给冀新通公司时已经将支票的万位封死。后孙年粉陆续在冀新通公司提货冀新通公司财务人员于2002年1月8日将支票金额填写为4324元（用途为工资），该支票向银行承兑时，被银行以印章不清为由退票。孙年粉押在冀新通公司的支票上公章为孙年粉个体经营的乌鲁木齐市新市区文翔汽车修理部，私章为孙年粉丈夫陆稳定，孙年粉对该支票真实性无异议，但以支票金额是冀新通公司擅自填写的为由，对货款金额4324元不予认可，提出其提货价值只有1310元。冀新通公司提出支票金额是与孙年粉丈夫陆稳定对账后，由公司财务人员填写。

法院裁判：孙年粉押在冀新通公司的支票真实、有效。孙年粉将万位封头、印章真实且未填写金额的支票质押给冀新通公司，应视为其授权冀

---

① 参见高子才：《票据质押的若干法律问题研究》，载中国民商法律网，https//www.cvillaw.comcnurticle/default.asp? id=29455。

② 刘保玉主编：《担保纠纷裁判依据新释新解》，人民法院出版社2014年版，第276页。

新通公司补记金额，冀新通公司以该支票作为孙年粉欠款的证据，要求支付货款4324元，法院予以支持。

裁判要旨： 支票上的金额可以由出票人授权补记，授权可以法律所不禁止的方式为之，经过授权补记过的支票质押合法有效，质权人可以据此享有质权。

问题26. 仓单持有人背书并经保管人签章对于仓单质权设立是否有影响

所谓仓单，是指保管人在收到仓储物时向存货人签发的表示收到一定数量的仓储物的有价证券。在世界各国，关于仓单的立法主要有三种：两单主义，即同时填发两张仓单，一张为存入仓单，另一张为出质仓单设定质权担保；一单主义，即保管人只填发存入仓单，该仓单可以出质也可以转让；并用主义，即依存货人的请求填发一张或者两张仓单。[①] 根据《合同法》第385条的规定：存货人交付仓储物的，保管人应当给付仓单。因此，我国所规定的一律为一单主义。

仓单质权是以仓单为标的物而成立的一种质权。虽然仓单所代表的是保管物，即动产，但是，仓单质权却并非动产质权。主要就是因为仓单质权的标的物为仓单这一权利凭证。[②]

根据我国《物权法》第224条的规定，以汇票、支票、本票、债券、存款单、仓单、提单出质的，当事人应当订立书面合同。质权自权利凭证交付质权人时设立。因此，根据物权法之规定，仓单质权设立的要件有二，一是订立质押合同；二是交付权利凭证及仓单。此处的“交付”与前述“如何认定是否构成动产质权设立中的交付”里的“交付”一样，排除了以占有改定的方式交付仓单，可以以现实交付、简易交付和指示交付的形式交付仓单。

然而，我国《合同法》第387条规定：仓单是提取仓储物的凭证。存货人或者仓单持有人在仓单上背书并经保管人签字或者盖章的，可以转让

---

① 刘保玉主编：《担保纠纷裁判依据新释新解》，人民法院出版社2014年版，第306页。
② 程啸：《担保物权研究》，中国人民大学出版社2017年版，第553页。

或者提取仓储物权利。那么此时的问题是：仓单持有人背书并经保管人签章对于仓单质权设立是否有影响？即仓单持有人背书并经保管人签章是否是仓单质权设立的要件？如果没有“仓单持有人背书并经保管人签章”这一程序，仓单质权是否能够设立？

对此，多数学者认为，仓单质权的设立，不仅要交付仓单，还应当由出质人在仓单上背书并经保管人签章。[①] 其理由是：首先，仓单属于记名证券，且仓储过程中，保管人可能有一些事项需要通知仓单持有人。如果仓单质权设立中，不经过背书并由保管人签章，则保管人难以知悉仓单持有人并加以通知。其次，仓单质押后，一旦债务人不履行到期债务或者发生当事人约定的实现质权的情形时，质权人就享有提取仓储物的权利。如果没有出质人在仓单上的背书和保管人的签章，质权人就无法提取货物。因此，出质人在仓单上背书并经保管人签章，是保障质权得以实现的重要行为。

笔者赞同上述观点。除了上述理由之外，主要是因为经济生活中的虚假仓单质押骗贷事件多发，而防止这类事件发生的较好方法就是出质人在仓单上背书并经保管人签章。在我国经济生活中，常出现保管人虚开仓单并以虚假仓单质押，从而损害质权人的情形。如保管人就同一仓储物反复开具仓单并交由存货人，存货人再以仓单向多家银行质押骗贷。对此，若是出质人背书并经保管人签章，那么这种现象就很难发生了。

综上所述，为防止出现虚假仓单质押，在以仓单设质时，除了应由当事人签订质押合同并将仓单交付给债权人外，还应当由出质人在仓单上背书并经保管人签章。

问题 27. 私募基金份额质押设立要件

出质人以其作为有限合伙人向有限合伙企业实缴出资所形成的财产份额及相应的财产权益作为质押财产，此种质押系权利质押，该财产份额实为有限合伙私募股权投资基金份额，也有学者称之为合伙企业股权。私募

① 参见程啸：《担保物权研究》，中国人民大学出版社 2017 年版，第 553 页。

基金（PrivateFund）是指仅向特定少数投资者募集的资金。与之相对应的是向不特定公众募集的资金，即公募基金（PublicFund）。[①] 有限合伙制私募股权投资基金是指采取有限合伙的形式设立的股权投资基金，指的是企业与个人之间，个人与个人之间相互募集借贷资金的一种经济方式。合伙私募形式上是合伙制，不设董事会，由普通合伙人负责日常管理工作。2007 年 6 月 1 日开始实施的《合伙企业法》专门增加了有限合伙条款，同时允许法人合伙，从而使私募股权投资基金模式获得了法律认可。有限合伙是由一种由普通合伙人和有限合伙人两类不同性质的合伙人组成的合伙企业，其中普通合伙人对合伙企业承担无限连带责任，有限合伙人则在自己出资范围内对合伙企业承担有限责任。投资者作为有限合伙人（LP）只在自己投资金额的限度内承担投资风险，作为普通合伙人则承担无限责任。基金经理被授权管理合伙资产。有限合伙私募股权投资基金份额质押却面临实践困境。

《物权法》第 223 条第 4 项允许以“可以转让的基金份额”设定质权，但该法第 226 条第 1 款规定：“以基金份额、证券登记结算机构登记的股权出质的，质权自证券登记结算机构办理出质登记时设立；以其他股权出质的，质权自工商行政管理部门办理出质登记时设立。”由此可见，《物权法》中规定的可以用于质押的“基金”，仅指《证券投资基金法》规定的“证券投 资基金份额”。因此，有限合伙私募股权投资基金份额并非《物权法》第 223 条第 4 款所规定的基金份额。这就导致实践中，私募基金既不能作为基金份额在证券登记结算机构办理出质登记，工商行政管理部门也以没有这些业务为由拒绝为其办理出质登记。

现行法律明确规定有限合伙人可以将其在合伙企业中的财产份额出质。物权法、担保法规定财产权利可以质押，且非上市股权质押由工商行政管理部门办理。《物权法》第 223 条规定：“债务人或者第三人有权处分的下列权利可以出质：……（七）法律、行政法规规定可以出质的其他财产权利。”《担保法》第 75 条规定：“下列权利可以质押：……（二）依法可以转让的股份、股票；……（四）依法可以质押的其他权利。”合伙企

---

① 贺栩栩：《私募基金份额质押融资的法律风险分析》，载《现代管理科学》2015 年第 11 期。

业法规定合伙企业的财产份额可以质押。《合伙企业法》第 25 条规定，“合伙人以其在合伙企业中的财产份额出质的，须经其他合伙人一致同意”。第 72 条规定：“有限合伙人可以将其在有限合伙企业中的财产份额出质；但是，合伙协议另有约定的除外。”

作为有限合伙企业的财产份额，其作为财产权利的可出质性更为明显。首先，有限合伙企业的财产份额是以有限合伙人的出资为基础，并且包含了有限合伙人的利润分享权和剩余财产分配权。因此其具有财产性毋庸置疑。其次，有别于普通合伙企业，有限合伙企业兼具资合性的特点，其中有限合伙人仅就其实际出资范围承担有限责任。因此，有限合伙企业的财产份额更具有股权的属性，其可转让性也更为明确。此外，由于有限合伙人并不参与合伙企业管理，故而当质权实现时，也不会由于有限合伙人的退伙或者合伙人的变更而影响合伙企业的稳定与发展。

但是如果将有限合伙私募股权投资基金份额参照《物权法》第 223 条第 4 款规定的股权，视之为“其他股权”，则质权应自工商行政管理部门办理出质登记时设立。尽管在学理研究上有学者将此类财产份额称呼为“合伙企业股权”，但在法律上并未获得与股权同样的地位和待遇，出质人、质权人抑或有限合伙企业向工商行政管理部门申请办理出质登记时，会遭到拒绝。而实践中确实存在将有限合伙私募股权投资基金份额进行质押的需求，在这种情况下，可参照《物权法》第 229 条的规定，对此适用动产质权的规定。《物权法》第 212 条规定，质权自出质人交付质押财产时设立。“交付”的标准，其一是特定化，其二是质权人实际控制质押财产。以有限合伙财产份额出质，其出质的财产份额是明确的，是出质人对该合伙企业的实际出资所形成的财产份额，包括利润分享权和剩余财产分配权，在合伙企业内部名册中也是明确登记在该出质人名下的，因此是符合特定化要件的。有限合伙财产份额质权是否成立，关键是对质权人是否实际控制该财产份额的判断。由于该财产份额的内容实质是一种财产权利，作为权利是依附于出质人人身的，此种财产权利的主张和实现均有赖于出质人作为有限合伙人即出资者的身份。作为质权人，一旦控制利润分享权和剩余财产分配权，即出质人获得利润分红、转让财产份额、退伙、合伙企业解散均需有质权人的同意方能实现，即可以认为质权人对该质押的财产权利具有实际控制权。[1]

【典型案例 36】

案例索引：苏州高新区通安农村小额贷有限公司诉苏州成罡钢铁贸易有限公司借款合同纠纷案[2]。一审：（2013）虎商初字第0522号。

典型案例裁判文书

江苏省苏州市虎丘区人民法院(2013)虎商初字第0522号民事判决书

基本案情：2012年8月3日，苏州高新区通安农村小额贷有限公司（以下简称通安小贷公司）与苏州成罡钢铁贸易有限公司（以下简称成罡公司）签订一份最高额借款合同，约定通安小贷公司向成罡公司提供300万元的授信。通安小贷公司随即向成罡公司发放了300万元借款。为保证该主合同的履行，通安小贷公司与苏州鑫澳担保投资有限公司（以下简称鑫澳担保公司）签订一份最高额保证合同，约定鑫澳担保公司为成罡公司上述债务在最高债权本金300万元的范围内承担连带保证责任。

通安小贷公司又与张海根签订一份权利质押合同，约定张海根为上述债务提供质押担保，以凯风万盛企业的股权作为出质权利，作价300万元。凯风万盛企业第四次合伙人决议同意合伙人张海根将其对凯风万盛企业的实缴出资额向通安小贷公司提供质押担保。同时，通安小贷公司与凯风万盛企业、张海根签订一份补充协议，约定凯风万盛企业为有限合伙企业，张海根为其有限合伙人之一，其认缴出资额为1000万元，实缴出资额为300万元；凯风万盛企业同意张海根以其实缴出资额及其享有的财产份额为上述最高额借款合同项下的债务向通安小贷公司提供质押担保；凯风万盛企业进行任何收益分配时、张海根退伙或被除名时、张海根拟转让部分或全部出资额及其享有的财产份额时，应及时通知通安小贷公司，归属于张海根的任何收益在扣除必须的税收、政府收费以及张海根分担的为进行收益分配而支出的必要费用后全部进入通安小贷公司账户，未经通安小贷公司书面同意，不应支付给张海根或其他任何第三方；凯风万盛企业同意

① 刘晓夏：《私募基金份额质押权成立的条件》，载《人民司法·案例》2014年第12期。
② 刘晓夏：《私募基金份额质押权成立的条件》，载《人民司法·案例》2014年第12期。

通安小贷公司因实现质权时受让张海根的实缴出资额及其享有的财产份额而成为其合伙人。

后因上述贷款到期，成罡公司未能按约归还借款本金，通安小贷公司遂诉至江苏省苏州市虎丘区人民法院，请求法院判令：1. 被告成罡公司归还借款本金人民币300万元及利息（包括罚息、复利）326116.85元（截至2013年4月11日，之后的利息、罚息、复利按合同约定计算至本息还清之日）；2. 被告成罡公司承担原告为实现债权而支付的律师费45000元；3. 被告鑫澳担保公司对被告成罡公司的上述债务承担连带清偿责任；4. 原告就上述债权对被告张海根所质押财产依法折价或拍卖、变卖，并对所得款项享有优先受偿权。

法院裁判：成罡公司未能按约归还借款本金，应当归还通安小贷公司借款本金300万元及逾期利息。鑫澳担保公司作为连带责任保证人，对成罡公司的上述债务承担连带清偿责任。关于张海根将其向凯风万盛企业的实缴出资额300万元及其享有的财产份额质押是否成立的问题，法院认为，依据合伙企业法的规定，有限合伙人可以将其在有限合伙企业中的财产份额出质。但对于以有限合伙企业中的财产份额进行的权利质押，物权法和担保法均未规定其质权设立的登记手续，故而应当适用动产质权的规定，质权自出质人交付质押财产时设立。本案中，关于张海根将其出资额及其享有的财产份额出质给通安小贷公司的相关事宜，凯风万盛企业召开合伙人会议进行决议，并与通安小贷公司以补充协议的方式对该出质事宜以及出质后质权人所享有的权利进行了约定。从补充协议的内容来看，通安小贷公司实际上已经取得了对该出资额及其享有的财产份额的控制权，应视为该质押权利已经交付给通安小贷公司，质权自该补充协议生效时设立。因此，通安小贷公司有权就该质押的出资额及其享有的财产份额优先受偿。

裁判要旨：私募基金是指一般采取有限合伙的形式设立的股权投资基金，其有限合伙人可以以其所拥有的基金份额出质。我国物权法和担保法均未规定其质权设立的登记手续，工商行政管理部门目前仍不接受此类登记业务，故对其质权的设立应当适用动产质权的规定，质权自出质人交付质押财产时设立。质权人如以协议、基金企业合伙人名册登记等方式实际取得对基金份额的控制权，即应视为该质押的基金份额已经交付给质权人，质权因此成立。

问题 28. 以质押财产抵债协议与流质契约的法律效力区分

（一）以质押财产抵债协议效力问题

在质押关系中，若出质人到期不履行债务，质权人有权就质押财产进行折价或以拍卖、变卖质押财产的价款优先受偿。由于质押财产拍卖、变卖通常由法院或者质权人主导，出质人对拍卖、变卖所得价款未必满意，因此出现了质权人与出质人签订以质押财产抵偿债务的协议：一则为了尽快完成债权债务的清偿；二则节约了诉讼成本；三则一定程度上避免因质押财产变卖、拍卖的价格不符合当事人的要求而拖延质权的实现。

但是，对质押财产抵债协议的效力问题，实务中产生了不同的意见：

第一种意见认为，以质押财产抵债协议是当事人自愿达成，系双方当事人真实意思表示，不违反法律规定，应当予以确认；第二种意见认为，以质押财产抵债协议违反了《担保法》第 66 条和《物权法》第 211 条关于禁止流质契约的规定，应属无效；第三种意见认为，在债权期限届满后签订的以质押财产抵债的协议有效，在债权期限届满前签订的以质押财产抵债的协议因违反禁止流质契约条款而无效。

笔者认为，对此问题，根据《物权法》的规定，债务履行期届满质权人未受清偿的或发生当事人约定的实现质权的情形时，双方可协议以质押财产冲抵债权或部分债权。笔者认为应属有效。债权与出质人之间达成的这种协议具有代物清偿契约的性质，也同样会发生质押财产所有权转让于债权人的结果，但其有效的前提是必须符合两个条件：一是债务履行期届满，债权人未受清偿；二是质权人与出质人协议以折价取得质押财产的所有权。债务履行期届满后债权人未受清偿的，质权人可以与出质人协议以质押财产折价取得质押财产，折价涉及与质押财产有利害关系的各方当事人的利益，因此，应当对经协议取得质押财产予以限制：一是质权人与出质人签订取得质押财产的合同。因为出质人享有质押财产的所有权或支配权，质权人只能通过签订协议取得质押财产；二是当事人须在质权所担保的债权已届清偿期后，才能签订取得质押财产的协议。如果在债权清偿期届满前订立，则属于流质契约；三是不得损害其他质权人和债权人的利益。同一财产上并存多个质权的，前手的质权人与出质人签订契约以低廉的代价取得质押财产，损害顺序在后的担保物权人和其他债权人利益的，当事人可以主张用《合同法》第74条、第75条的有关债权人撤销权的规定，撤销该协议。

（二）流质契约的效力

《担保法》第66条规定："出质人和质权人合同中不得约定在债务履行期限届满质权人未受清偿时，质物的所有权转移为质权人所有。"《物权法》延续了这一立法精神，其第211条规定："质权人在债务履行期届满前，不得与出质人约定债务人不履行到期债务时质押财产归债权人所有。"同时，质权是权利人就标的物的交换价值加以直接的、排他性支配的权利，质权人占有质押财产，主要是从某种程度上为出质人施加一定的压力，以保证质权人债权的实现，而不是为了让质权人取得质押财产。并且，《物权法》第219条第1款明确规定了质权人的质押财产返还义务。[①]因此，流质契约在法律上被严格禁止，当然无效。但流质契约无效并非指整个担保合同无效。如果该内容的无效不影响担保合同其他内容的效力，担保合同其他部分内容仍是有效的。《担保法解释》第57条第1款规定："当事人在抵押合同中约定，债务履行期届满抵押权人未受清偿时，抵押物的所有权转移为债权人所有的内容无效，该内容的无效不影响抵押合同其他部分内容的效力。"值得注意的是，流质契约的禁止是严格意义上的禁止，是绝对的和无条件的。尽管担保权人在实行担保权时，担保物的价值可能等于或者小于拍卖的价值，担保权实现的结果实质上并没有侵害担保人的权利，该流质契约也应属无效。[②]

《担保法》与《物权法》之所以禁止流质契约，主要基于以下原因：

其一，债务人借债往往处于急窘之境，债权人可以利用债务人的这种不利境地和自己的强势地位，迫使债务人与其签订流质契约，以价值过高的质押财产担保小的债权额，在债务人不能清偿债务时，取得财产质押的

① 李保军、周振超：《特殊动产质权的实现路径》，载《人民司法·案例》2012年第12期。
② 高圣平：《物权法与担保法对比分析与适用》，人民法院出版社2010年版，第321页。

所有权，从而牟取不当利益。为了保障出质人的合法利益，法律规定禁止流质契约。

其二，保护担保人的其他债权人的利益，担保物权人本来只能在受担保的债权范围内就担保物交换价值优先受偿，若担保物的交换价值大于被担保债权，担保物权人优先受偿后的剩余部分应返还给担保人，并作为担保人的责任财产，确保其他债权人受偿。如果法律允许流质条款，担保人和担保物权人就可能恶意串通，通过订立流质条款这种合法的方式，逃避担保人对其他债权人的债务，最终损害其他债权人的利益。

其三，有利于社会的稳定、和谐发展。流质契约合同中的债务人，往往在向债权人借款时，以房屋、车辆等主要生产、生活工具作为抵押财产。如果允许订有流质契约条款，并可将担保物的所有权直接转归债权人所有，在价位失衡的情况下使债务人失去了主要生产、生活条件，从而导致债务人处于更加困难的境地，势必会给社会的稳定带来弊端，也不符合建设和谐社会的现实需要。

当然，从现实生活与经济发展看，债务人借债，并非都是处于弱势地位，借债并进行质权担保的发生原因是多样化的。但从总体上说，为了保证担保活动的平等、自愿、公平和诚实信用，规定禁止流质契约还是十分必要的。[①]

（三）以质押财产抵债协议与流质契约的区别

实践中，流质契约与质押财产折价协议的区分应以合同达成的时间为标准：凡是在债权已届清偿期后达成的协议，为质押财产折价协议；相反，凡是在债权尚未届清偿期之前达成的以债务人不履行债务时直接转移质押财产所有权为内容的协议为流质契约。需要说明的是，流质契约不一定于质权设立时签订。在担保合同成立后被担保债权到期前签订的，以直接转让质押财产所有权为目的的合同，都可能因成为流质契约而无效。

① 刘保玉主编：《担保纠纷裁判依据新释新解》，人民法院出版社2014年版，第243页。

典型案例裁判文书

上海市第一中级人民法院(2003)沪一中民三(商)初字第28号民事判决书

【典型案例 37】

案例索引：绍兴市新民热电有限公司诉绍兴县钱清热电厂等质押合同纠纷案[①]。一审：（2003）沪一中民三（商）初字第 28 号。

基本案情：1999 年 11 月 1 日，浙江钱清发电有限责任公司（以下简称钱清发电公司）与中国电力信托投资有限公司（以下简称中电信托）签订“99 年贷字第 1022 号”《人民币资金借款合同》一份，约定中电信托向钱清发电公司发放贷款人民币 4500 万元。同日，绍兴县钱清热电厂（以下简称钱清热电厂）与中电信托签订了“99 年质字第 1022 号”《质押合同》一份，约定由钱清热电厂作为出质人，以其持有的借款人钱清发电公司之 39%的股权（合同约定价值人民币 5148 万元）作为权利质押。

2000 年 1 月，中电信托依照央行批复改组更名为中国电力财务有限公司（以下简称中电财务），原中电信托之债权债务全部由中电财务承接。2000 年 11 月 1 日、11 月 2 日，钱清发电公司分二次向中电财务返还借款共计人民币 1000 万元。2002 年 10 月 23 日，中电财务将对被告钱清发电公司的剩余部分债权共计人民币 35402571.28 元全部转让给绍兴市新民热电有限公司（以下简称新民热电公司）。

因钱清发电公司资金周转困难，新民热电公司与钱清发电公司、钱清热电厂于 2002 年 11 月 9 日在上海签订了《还款协议书》一份，约定：三方确认上述债权、质权以及转让之效力，新民热电公司将还款期限宽限至 2002 年 12 月 9 日，钱清热电厂同意继续以其持有的钱清发电公司之 39%股权（现因扩股实占总股本 24.46%）为上述经转让的债务提供完全的担保。后新民热电公司与钱清热电厂又签订《补充协议》一份，约定若钱清发电公司未能在 2002 年 12 月 9 日前清偿全部债务，新民热电公司有权直接对出质的股权变卖或变价以清偿债权。

2002 年 12 月 10 日，新民热电公司向钱清热电厂发出催收函。但其一直未还款。故新民热电公司诉请判令被告钱清热电厂将其出质的被告钱清

---

① 刘保玉主编：《担保纠纷裁判依据新释新解》，人民法院出版社 2014 年版，第 244 页。

发电公司 39%股权（现占总股本 24.46%）折价以偿还其对原告的债务计人民币 35402571.28 元。

另，庭审中，钱清发电公司明确表示，其无力还款。钱清热电厂亦当庭承诺以评估价值合理确定质押财产的折价处分，以此偿还钱清发电公司对新民热电公司的主债务以及本案的诉讼费用、评估费等。

法院裁判：原债权人中电信托与被告钱清发电公司、钱清热电厂之间所形成的借款关系、质押担保关系均依法成立，具有法律效力。经过原债权人的主体变更、主债权的依法转让以及本案三方当事人对系争债权、质权的重新确认等一系列法律事实，原告因此成为合法承继之债权人和质权人。被告钱清发电公司到期未向原告履行其还本付息之义务，理应承担相应的民事责任和违约责任。同时，原告作为质权人，有权在被告钱清发电公司不履行主债务时，对被告钱清热电厂所质押的钱清发电公司 24.46%股权行使优先受偿权。现被告钱清发电公司已明确表示其不能清偿到期债务，原告据此向被告钱清热电厂主张质权。上述质押关系的双方当事人在本案实体审理中，合意以评估价格确定质押财产的折价处分以抵偿主债务及利息，符合公平、诚信原则，亦不属禁止之流质契约，对此本院予以支持。

裁判要旨：以质押财产抵债协议与流质契约的法律效力不同，法律禁止流质契约。质押关系当事人在债务到期后，合意以评估价格确定质押财产的折价处分以抵偿主债务及利息，符合公平、诚信原则，有效。

问题 29. 大学生公寓经营收益权质押的生效要件

（一）大学生公寓经营收益权能否作为质押标的

实践中，有观点认为，根据物权法定原则，必须是法律或行政法规才能规定何种权利可以质押，大学生公寓经营收益权并不属于我国现行法律明确规定的可以作为质押标的的权利。因此，质押是无效的。[①] 作为我国高等院校后勤社会化改革背景下的产物，大学生公寓经营收益权一度曾广

① 参见王利明：《收费权质押的若干问题探讨》，载《法学杂志》2007 年第 2 期。

泛存在，其具体是指公寓的投资方通过取得公寓竣工后一定期限内的经营收益来收回投资的一种权利，本质上是一种投资收益权。作为一种新兴权利，我国现行法律法规中对其属性及法律地位尚无明确规定，其是否可归入《担保法》第75条第4项所规定的“依法可以质押的其他权利”，或者说其能否作为质押标的，理论界与实务界不无争议。

从性质上看，大学生公寓经营收益权与我国《担保法解释》中的不动产收益权较为接近。《担保法解释》第97条规定：“以公路桥梁、公路隧道或者公路渡口等不动产收益权出质的，按照担保法第七十五条第（四）项的规定处理。”该司法解释明确将不动产收益权纳入了可出质的权利范畴。而在1999年4月26日国务院向交通部、中国人民银行批转的《国务院关于收费公路项目贷款担保问题的批复》（国函〔1999〕28号）中亦曾对公路收费权质押方式的合法性等问题进行了确认，即“公路建设项目法人可以用收费公路的收费权质押方式向国内银行申请贷款，以省级人民政府批准的收费文件作为公路收费权的权力证书，地市级以上交通主管部门作为公路收费权质押的登记部门。质权人可以依法律和行政法规许可的方式取得公路收费权，并实现质押权”。该批复并被视为国内有关不动产收益权出质的最早的法律性文件。但由于这些法律文件中对于大学生公寓经营收益权均未进行明确规定，故给实践中相关认识分歧的产生留下了空间。

一般认为，衡量某项权利可否质押，主要看它是否具备如下质押要件：一是财产权利；二是可通过市场交易实现价值；三是可以交付。笔者认为，大学生公寓经营收益权是具备这些要件的。同时，大学生公寓经营收益权与公路桥梁等不动产收益权一样具有收益来自对不动产的利用等特点，并且该司法解释采用的是列举与概括并用的界定方式，故从法律解释角度讲，将大学生公寓经营收益权归入不动产收益权应不存在什么障碍。另外，根据“法不禁止即可为”的私法自治理念，我国现行法律法规并未禁止大学生公寓经营收益权作为质押标的，故实践中法院可以依据担保法及其司法解释的规定，认定大学生公寓经营收益权可以作为权利质押的标的。①

---

① 任自力：《大学生公寓经营收益权质押合同的生效要件》，载《人民司法·案例》2009年第6期。

（二）大学生公寓经营收益权质押合同生效要件的认定要件

大学生公寓经营收益权可以归入物权法和担保法规定的“依法可以质押的其他权利”，故以之为标的的质押合同的生效要件是：自权利凭证交付或登记日起生效，或者自质押财产移交质权人占有时生效。因大学生公寓经营收益权并不存在一个权利凭证，故其生效要件只能是出质登记或移转占有，并无第三种选择。具体言之，在出质登记方面，银发〔2002〕22号文明确规定，大学生公寓经营收益权的质押合同须经省级教育行政部门审批和统一登记，并自登记日起生效。该规定作为中国人民银行和教育部联合下发的针对大学生公寓等高校后勤服务设施质押贷款的文件，对质押合同具有直接约束力。同时，该规定也是对担保法中质押合同生效要件之原则性规定和物权变动基本法理的具体化和明晰化。[①]

【典型案例 38】

案例索引：中国建设银行股份有限公司北京丰台支行等与北京育联科大学生公寓开发有限公司等质押合同纠纷上诉案[②]。一审：（2006）二中民初字第 08207 号；二审：（2007）高民终字第 362 号。

典型案例裁判文书

北京市高级人民法院（2007）高民终字第362号民事判决书

基本案情：2002 年 4 月 23 日，中国建设银行股份有限公司北京丰台支行（以下简称建行丰台支行）、北京育联科大学生公寓开发有限公司（以下简称育联科公司）、北京外国语大学（以下简称北外）三方签署协议书约定：北外承诺将育联科公司承建的北外大学生公寓楼 12 年的经营收益权自该楼交付使用日起交付给育联科公司；北外同意育联科公司将该公寓楼 12 年经营收益权质押给建行丰台支行，为育联科公司在该行贷款提供质押担保。同日，育联科公司、建行丰台支行签署协议书约定：育联科公司将其拥有的北外大学生公寓 12 年经营收益权转让给建行丰台支行，为育联

① 任自力：《大学生公寓经营收益权质押合同的生效要件》，载《人民司法·案例》2009 年第 6 期。

② 任自力：《大学生公寓经营收益权质押合同的生效要件》，载《人民司法·案例》2009 年第 6 期。

科公司在建行丰台支行的贷款及所有债务提供质押担保；育联科公司在建行丰台支行开设北外大学生公寓收费保证金专户，该公寓的全部收入存入该专户，用于清偿育联科公司在建行丰台支行所有债务的保证。

2002年8月30日，建行丰台支行和育联科公司签署2002年房开字第001号借款合同，约定：建行丰台支行向育联科公司提供贷款4550万元，为期6年，育联科公司应于2003—2008年按约定时间分期偿还贷款本息等。同日，建行丰台支行分别和北京市建雄建筑集团有限公司（以下简称建雄集团）、北京华威时代基础设施投资有限公司（以下简称华威公司）签订2002年房开字第001号保证合同，约定建雄集团、华威公司对育联科公司在上述借款合同项下的全部债务提供连带责任保证。之后，建行丰台支行依约向育联科公司发放了4550万元贷款。

2005年年底，育联科公司和北外签署回购协议，约定由北外出资8100万元回购育联科公司所承建并经营管理的北外大学生公寓，8100万元构成育联科公司承建该公寓全部支出及育联科公司依约所拥有的该公寓12年经营收益权的足额对价。之后，北外全面接管该公寓的经营管理活动。

2006年年初，因育联科公司出现还款违约事件，建行丰台支行依据借款合同宣布贷款立即到期并于同年4月起诉要求：(1) 育联科公司立即归还剩余贷款本金2500万元及其利息；(2) 建雄集团、华威公司对育联科公司的全部债务承担连带偿还责任；(3) 北外在未告知并征得建行丰台支行同意的情况下，擅自收回了上述经营收益权，导致其享有的质押权的灭失，故北外的行为损害了其债权，应对育联科公司的债务承担连带偿还责任。

法院裁判：第一，关于质押协议的效力。权利质押应遵守相关法律规定，在法律未明确规定本案所涉大学生公寓的经营收益权可质押的情况下，为落实国务院相关规定所制定的银发［2002］220号文件，应作为本案权利质押的依据。该文件中明确规定，商业银行与借款人就学生公寓收费权质押签订的质押合同须经省级教育行政部门审批和统一登记，自登记之日起生效。而本案所涉经营收益权既未登记，也未移转占有，故育联科公司无须承担质押责任，北外亦不存在恶意侵害质权的情形。第二，关于建雄集团的保证责任。因加盖有建雄集团公章的建雄集团的董事会决议及核保单内容表明建雄集团自愿为本案所涉4550万元借款向建行丰台支行提供担保，并且建雄集团事后未向建行丰台支行撤销该文件，故建雄集团提供保证的意思有效，其主张不承担保证责任的证据不足，不予采信。

裁判要旨：大学生公寓经营收益权属于《担保法》第七十五条第（四）项下“依法可以质押的其他权利”。在大学生公寓经营收益权既未办理出质登记亦未移转占有情形下，应认定以之出质的质押合同未生效。

问题30. 特许经营权是否可以设立质押

无论动产质押还是权利质押，能否成立质权的关键都包括质押标的是否具有可转让性，但对有些物或权利是否有可转让性的问题上，当事人在民事活动中并不能够正确判断，尤其是在权利质押领域，其典型表现之一是特许经营权质押相关案件。①

通常情况下，特许经营权不具有可转让性，但是否仅依其不具有可转让性就一概否定质权人质权，存在两种不同的理解：

第一种观点认为，根据《担保法》第75条的规定和《物权法》第209条、第223条的规定之精神，质权标的必须具有可转让性，这是法律的强制性规定，特许经营权质押违反相关规定，因此当事人意欲设定的质权不能成立，质权人自然也不能通过拍卖、变卖方式实现其优先受偿权；

第二种观点认为，仅依据不具有可转让性，就直接否定特许经营权质押中质权人的权利未免太过不公。此外，特许经营权的价值构成应分为特许经营资格和特许经营产生的收益两部分，特许经营资格确实不具可转让性，但特许经营产生的收益并非不能转让，故在一定条件下将特许经营权质押认定为特许经营权产生的收益权质押，允许质权人优先受偿，既符合公平正义的理念亦符合法律的规定，可谓两全。

笔者赞同第二种观点，即特许经营产生的收益在一定条件下可以认定为特许经营权的收益权质押，具体理由如下：

1. 特许经营权质押可能转化为特许经营的收益权质押，而特许经营的

① 孙鹏主编：《最高人民法院担保法解释释精释精解》，中国法制出版社2016年版，376页。

收益权具有可转让性。特许经营权实际上可分为特许经营资格（或者说特许经营许可）和特许经营收益权两大内容，特许经营资格与特许经营权人主体资格相结合，具有人身性，在法律上具有不可分割性，价值也难以估定，因此不能转让，对其设定质押也无效。而特许经营收益权是使特许经营产生的利益归属于自身的权利，本身并不与特定的主体资格相系，其价值也容易计算，因此具有可转让性。针对特许经营权问题，能否质押、是否要质押主要在于其特许经营而所得的收益。对于经济活动来说，债权人想为其债权获得保障，主要是基于有特许经营的收益权。在债务人不能清偿到期债务或者发生当事人约定的实现质权时，能够以收益权优先受偿。而收益权由于不与人身性密切相连，具备可转让性，所以，即便特许经营权不具有可转让性，也不能以此直接认定质押无效，应再考虑特许经营收益权质押的有效性。

2. 特许经营的收益权质押一定条件下可适用《担保法解释》第97条。《担保法解释》第97条规定："以公路桥梁、公路隧道或者公路渡口等不动产收益权出质的，按照担保第七十五条第（四）项的规定处理。"特许经营权通常情况下是一些道路桥梁等不动产项目的特许经营，而在这些不动产特许经营项目下，特许经营的收益权实际等同于不动产收益权，与以公路桥梁、公路隧道或者公路渡口等不动产收益权没有本质差别，而《担保法解释》第97条本来也是不完全列举，故其他不动产收益权可以归为《担保法》第75条第4项规定的可以质押的财产。

3. 特许经营的收益权一定条件下可认定应收账款。目前法学理论通说认为，权利质权是以债务人或第三人所享有的可让与性财产权利为客体而设定的质权。权利质权的客体是出质人拥有的权利，该权利应当具备以下要件：一是必须是财产权；二是必须是具有可让与性的财产权，不具有让与性的财产权不能成为权利质权的客体；三是适于设定质权的权利，不属于法律明确规定的构成其他担保物权客体的权利。因此，作为权利质权的客体限于所有权、用益物权以外的可让与性财产权利。[①] 对于权利质权，质权标的须有变价的可能，其必须是依法可转让的财产权利。[②] 根据我国

---

① 刘凯湘主编：《民法学》（第三版），中国法制出版社2008年版，第330—331页。

② 高圣平：《担保法论》，法律出版社2009年版，第497页。

《物权法》第223条的规定，可以质押的权利具体包括：（1）汇票、本票、支票；（2）债券、存款单；（3）仓单、提单；（4）依法可以转让的基本份额、股权；（5）可以转让的商标专用权、专利权、著作权等知识产权中的财产权；（6）应收账款；（7）法律、行政法规规定可以出质的其他权利。需要注意的是，与担保法比较，物权法增加了基金份额和应收账款可以作为质押的权利。特许经营的收益权在本质上属于将来金钱债权，属于将来的应收账款，与因赊销贸易产生的一般应收账款相比，收益权是特殊的应收账款。但学界对于哪些收益权适宜质押，可以纳入可出质的应收账款，尚未形成共识。司法实践中，质押标的物涉及房屋、船舶等租赁物的租金收益，可获得的出口退税、物业费、供暖费等应收账款，但专属于人身性质的金钱给付义务不应作为质押标的物。[①] 而《应收账款质押登记办法》第4条规定："本办法所称的收账款是指权利人因提供一定货物、服务或设施而获得的要求义务人付款的权利，包括现有的和未来的金钱债权及其产生的收益，但不包括因票据或其他有价证券而产生的付款请求权。本办法所称的应收账款包括下列权利：（一）销售产生的债权，包括销售货物，供应水、电、气、暖，知识产权的许可使用等；（二）出租产生的债权，包括出租动产或不动产；（三）提供服务产生的债权；（四）公路、桥梁、隧道、渡口等不动产收费权；（五）提供贷款或其他信用产生的债权。"对特许经营权来说，其收益大都通过销售特许经营而生产的货物、提供特许经营的服务、特许经营的不动产收费权等方式获取，故特许经营权的收益权在符合《应收账款质押登记办法》第4条之规定的情形时可认定为应收账款，成为被法律明确认可的可质押权利。[②]

综上所述，对于特许经营权来说，因其中特许经营资格等内容不宜质押，然而，对于特许经营产生的收益则在一定条件下可以成为特许经营权产生的收益权质押，特许经营收益权在一定条件下可以设立有效质权。

---

① 最高人民法院案例指导工作办公室：《〈福建海峡银行股份有限公司福州五一支行诉长乐亚新污水处理有限公司、福州市政工程有限公司金融借款合同纠纷案〉的理解与参照——特许经营的收益权可以质押》，载《人民司法·案例》2017年第11期（吴光侠执笔）。

② 孙鹏主编：《最高人民法院担保法解释精释精解》，中国法制出版社2016年版，第379页。

典型案例裁判文书

福建省高级人民法院(2013)闽民终字第870号民事判决书

【典型案例39】

案例索引：福建海峡银行股份有限公司福州五一支行诉长乐亚新污水处理有限公司、福州市政工程有限公司金融借款合同纠纷案[①]。一审：(2012) 榕民初字第661号；二审：(2013) 闽民终字第870号。

基本案情：2003年，长乐市建设局为让与方、福州市政公司为受让方、长乐市财政局为见证方，三方签订《长乐市城区污水处理厂特许建设经营合同》，约定：长乐市建设局授予福州市政公司负责投资、建设、运营和维护长乐市城区污水处理厂项目及其附属设施的特许权，并就合同双方权利义务进行了详细约定。2004年10月22日，长乐亚新公司成立。该公司系福州市政公司为履行《长乐市城区污水处理厂特许建设经营合同》而设立的项目公司。

2005年3月24日，福州市商业银行五一支行与长乐亚新公司签订《单位借款合同》，约定：长乐亚新公司向福州市商业银行五一支行借款3000万元；借款用途为长乐市城区污水处理厂BOT项目；借款期限为13年，自2005年3月25日至2018年3月25日；还就利息及逾期罚息的计算方式作了明确约定。福州市政公司为长乐亚新公司的上述借款承担连带责任保证。

同日，福州市商业银行五一支行与长乐亚新公司、福州市政公司、长乐市建设局共同签订《特许经营权质押担保协议》，约定：福州市政公司以《长乐市城区污水处理厂特许建设经营协议》授予的特许经营权为长乐亚新公司向福州市商业银行五一支行的借款提供质押担保，长乐市建设局同意该担保；福州市政公司同意将特许经营权收益优先用于清偿借款合同项下的长乐亚新公司的债务，长乐市建设局和福州市政公司同意将污水处理费优先用于清偿借款合同项下的长乐亚新公司的债务；福州市商业银行五一支行未受清偿的，有权依法通过拍卖等方式实现质押权利等。

上述合同签订后，福州市商业银行五一支行依约向长乐亚新公司发放

---

① 指导案例53号，最高人民法院审判委员会讨论通过，2015年11月19日发布。

贷款3000万元。长乐亚新公司于2007年10月21日起未依约按期足额还本付息。

法院裁判：长乐亚新公司未依约偿还五一支行借款本金及利息，已构成违约，应向五一支行偿还借款本金，并支付利息及实现债权的费用。福州市政公司作为连带责任保证人，应对讼争债务承担连带清偿责任。本案争议焦点主要涉及污水处理项目特许经营权质押是否有效以及该质权如何实现问题。

一、关于污水处理项目特许经营权能否出质问题

污水处理项目特许经营权是对污水处理厂进行运营和维护，并获得相应收益的权利。污水处理厂的运营和维护，属于经营者的义务，而其收益权，则属于经营者的权利。由于对污水处理厂的运营和维护，并不属于可转让的财产权利，故讼争的污水处理项目特许经营权质押，实质上系污水处理项目收益权的质押。

关于污水处理项目等特许经营的收益权能否出质问题，应当考虑以下方面：其一，本案讼争污水处理项目《特许经营权质押担保协议》签订于2005年，尽管当时法律、行政法规及相关司法解释并未规定污水处理项目收益权可质押，但污水处理项目收益权与公路收益权性质上相类似。《最高人民法院关于适用〈中华人民共和国担保法〉若干问题的解释》第九十七条规定，"以公路桥梁、公路隧道或者公路渡口等不动产收益权出质的，按照担保法第七十五条第（四）项的规定处理"，明确公路收益权属于依法可质押的其他权利，与其类似的污水处理收益权亦应允许出质。其二，国务院办公厅于2001年9月29日转发的《国务院西部开发办〈关于西部大开发若干政策措施的实施意见〉》（国办发〔2001〕73号）中提出，"对具有一定还贷能力的水利开发项目和城市环保项目（如城市污水处理和垃圾处理等），探索逐步开办以项目收益权或收费权为质押发放贷款的业务"，首次明确可试行将污水处理项目的收益权进行质押。其三，污水处理项目收益权虽系将来金钱债权，但其行使期间及收益金额均可确定，其属于确定的财产权利。其四，在《中华人民共和国物权法》（以下简称《物权法》）颁布实施后，因污水处理项目收益权系基于提供污水处理服务而产生的将来金钱债权，依其性质亦可纳入依法可出质的"应收账款"的

范畴。因此，讼争污水处理项目收益权作为特定化的财产权利，可以允许其出质。

二、关于污水处理项目收益权质权的公示问题

对于污水处理项目收益权的质权公示问题，在《物权法》自2007年10月1日起施行后，因收益权已纳入该法第二百二十三条第（六）项的“应收账款”范畴，故应当在中国人民银行征信中心的应收账款质押登记公示系统进行出质登记，质权才能依法成立。由于本案的质押担保协议签订于2005年，在《物权法》施行之前，故不适用《物权法》关于应收账款的统一登记制度。因当时并未有统一的登记公示的规定，故参照当时公路收费权质押登记的规定，由其主管部门进行备案登记，有关利害关系人可通过其主管部门了解该收益权是否存在质押之情况，该权利即具备物权公示的效果。

本案中，长乐市建设局在《特许经营权质押担保协议》上盖章，且协议第七条明确约定“长乐市建设局同意为原告和福州市政公司办理质押登记出质登记手续”，故可认定讼争污水处理项目的主管部门已知晓并认可该权利质押情况，有关利害关系人亦可通过长乐市建设局查询了解讼争污水处理厂的有关权利质押的情况。因此，本案讼争的权利质押已具备公示之要件，质权已设立。

三、关于污水处理项目收益权的质权实现方式问题

我国担保法和物权法均未具体规定权利质权的具体实现方式，仅就质权的实现作出一般性的规定，即质权人在行使质权时，可与出质人协议以质押财产折价，或就拍卖、变卖质押财产所得的价款优先受偿。但污水处理项目收益权属于将来金钱债权，质权人可请求法院判令其直接向出质人的债务人收取金钱并对该金钱行使优先受偿权，故无须采取折价或拍卖、变卖之方式。况且收益权均附有一定之负担，且其经营主体具有特定性，故依其性质亦不宜拍卖、变卖。因此，原告请求将《特许经营权质押担保协议》项下的质押财产予以拍卖、变卖并行使优先受偿权，不予支持。

根据协议约定，原告海峡银行五一支行有权直接向长乐市建设局收取污水处理服务费，并对所收取的污水处理服务费行使优先受偿权。由于被告仍应依约对污水处理厂进行正常运营和维护，若无法正常运营，则将影

响到长乐市城区污水的处理，亦将影响原告对污水处理费的收取，故原告在向长乐市建设局收取污水处理服务费时，应当合理行使权利，为被告预留经营污水处理厂的必要合理费用。

裁判要旨：特许经营权的收益权可以质押，并可作为应收账款进行出质登记。特许经营权的收益权依其性质不宜折价、拍卖或变卖，质权人主张优先受偿权的，人民法院可以判令出质债权的债务人将收益权的应收账款优先支付质权人。

【典型案例 40】

案例索引：中国农业银行股份有限公司汉中分行等诉陕西广电网络传媒（集团）股份有限公司等借款合同纠纷案。一审：(2013) 汉中民初字第 00037 号；二审：(2014) 陕民二终字第 00080 号；申请再审审查：(2015) 民申字第 1571 号。

典型案例裁判文书

最高人民法院(2015)民申字第1571号民事裁定书

基本案情：2000 年 10 月 31 日、2001 年 8 月 31 日，镇巴县广播电视开发有限责任公司（以下简称镇巴广电开发公司）以建设广播电视光纤传输网络两次与中国农业银行股份有限公司汉中分行（以下简称农行汉中分行）下设的农业银行镇巴县支行（以下简称镇巴支行）签订《借款合同》，借款 290 万元和 200 万元，合计 490 万元；同时还分别签订了两份《权利质押合同》，将镇巴县的电视收费权（包括：电视网络建设费、有线电视收视维护费）质押给镇巴支行，并在镇巴县物价局办理了《企业收费权利质押登记证》，进行了质押登记。借款合同、质押合同签订后，镇巴广电开发公司向镇巴支行分别出具两份《借款凭证》，镇巴支行支付了 490 万元的借款。借款合同分别约定在 2003 年 10 月 30 日、2004 年 8 月 30 日偿还借款。2000 年 11 月 3 日，陕西省委办公厅下发陕办发〔2000〕59 号《关于印发〈陕西省广播电视信息网络公司组建方案〉的通知》，要求以全省各级政府及广电部门投资形成的网络资产进行重组，组建陕西省广播电视信息网络公司，广电部门以网络资产确定相应股权。2001 年 4 月 20 日，陕西同盛资产评估有限责任公司出具报告，对镇巴县广播电视局的网络资产评估价值为522.42万元。2001年5月16日，全省各市、县广电局发起设立了陕西省广播电视信息网络股份有限公司，镇巴文广局以其广播电视网络资产入股522万股，持股0.55%，2003年9月，陕西省广播电视信息网络股份有限公司确认漏评资产75万股，合计持股597万股。2002年3月25日，镇巴文广局将镇巴县广播电视网络资产移交给陕西省广播电视信息网络股份有限公司下设的陕西省广播电视信息网络股份有限公司镇巴县中心（后更名为陕西省广播电视信息网络股份有限公司镇巴支公司）。2002年12月27日，镇巴文广局与陕西省广播电视信息网络有限责任公司签订股权转让协议书，将其持有的陕西省广播电视信息网络股份有限公司的260万股以260万元转让给陕西省广播电视信息网络有限责任公司，合同约定出让股权所获股权转让款，由陕西省广播电视信息网络有限责任公司代为偿付镇巴文广局2000年年底前网络建设所形成的等额债务。2003年4月23日，镇巴广电开发公司归还借款290万元中的本金40万元。下欠450万元借款本金及利息至今尚未归还。2003年11月5日，镇巴县人民政府县长办公会议纪要（第32次）会议决定：其中，“四、债务划分原则：1.原镇巴县广电开发公司的一切债务由省广电网络股份有限公司镇巴支公司偿还。”2004年7月5日，镇巴县人民政府常务会议纪要，其中，“四、县广电局汇报广电网络股权转让有关问题。会议决定：1.为减轻债务负担，原则同意县广电局将在省广电网络公司的337万元股权转让给省广电网络公司，转让资金主要用于偿还原广电局在银行贷款用于网络建设形成的债务。”2004年12月9日，镇巴文广局又与陕西省广播电视信息网络有限责任公司签订股权转让协议书，将其持有的337万股以每股1元转让给陕西省广播电视信息网络有限责任公司。2004年9月16日、2006年8月29日，镇巴支行就本案借款向镇巴广电开发公司进行了催收；镇巴广电开发公司盖章确认。2006年6月13日，镇巴支行对镇巴文广局进行了催收，镇巴文广局盖章确认。2008年11月21日，镇巴支行将涉案贷款剥离移交农行汉中分行清收。2009年10月27日，农行汉中分行通过邮局向镇巴文广局邮寄落款时间为2009年5月18日的债务逾期催收通知书，镇巴文广局2009年11月11日给镇巴支行的回复函称镇巴支行2009年9月15日送达的债务逾期通知书已收悉。2009年11月23日，农行汉中分行交邮局向广电传媒镇巴支公司邮寄落款时间为2009年11月19日的债务逾期催收通知书。农行汉中分行清收无果，于是提起诉讼。

法院裁判：农行汉中分行要求镇巴广电开发公司偿还借款本金及利息，镇巴广电开发公司虽被吊销营业执照但民事责任主体仍然存在，其应当承担偿还借款本息的民事责任；原质押的电视收费权已投资入股到广电网络股份公司，后又转让给广电传媒公司，现属广电传媒公司享有并使用，广电传媒镇巴支公司接受了镇巴广电开发公司质押的资产，就应承担相应的债务，广电传媒镇巴支公司无承担民事责任的主体资格，应由广电传媒公司以原质押的镇巴县电视收费权范围内所收取的费用优先偿付借款本息。广电传媒公司在承担清偿责任后，有权向镇巴广电开发公司追偿。农行汉中分行主张电视质押收费权优先受偿的请求应予支持。

裁判要旨：电视收费权属于特许经营权的收益权，特许经营权的收益权可以质押，在债务人不能偿还到期债务时，可主张对电视质押收费权优先受偿。

问题31. 理财产品是否可以质押

所谓银行理财产品质押贷款，是指借款人以其购买的银行理财产品作为质押品向银行申请贷款；银行在对借款人理财产品所对应资金账户采取冻结支付手续后，向借款人发放贷款；在借款人到期不能清偿贷款本息或发生其他约定的情形时，银行有权以该理财产品的市场价值优先受偿。在实现质权时，银行主要采取以下两种方式：一是待理财产品到期且对应的理财本金和收益到达客户理财资金账户时，直接将该账户中的资金扣划并用于清偿贷款本息；二是在银行贷款到期且未获清偿时，根据银行与出质人之间的约定，提前终止个人理财产品协议，然后将提前赎回理财产品应交付客户的理财本金和收益扣划用于清偿贷款本息。

但是，对于理财产品是否可以质押，其是否合法，目前法律法规、司法解释并无明文规定。有观点认为，物权法定原则是物权法的三大基本原则之一，该原则为确保物权法律秩序的稳定发挥了重要作用，应予坚持。基于物权法定原则，根据物权法规定，理财产品既不属于《物权法》第

223 条第 1 项至第 6 项所明示列出的可出质权利范围，也不属于第 7 项“法律、行政法规规定可以出质的其他财产权利”。因此，理财产品应被排除在可质押财产之外，即理财产品不能质押。

笔者不赞同此观点。物权法定原则被大陆法系民法体系奉为圭臬，法律对当事人创设物权的意志自由是完全剥夺的。评价在银行理财产品回赎权和收益权上设立担保物权的相关问题时必须要面对物权法定原则的拷问。虽然在物权法中没有明确列明银行理财产品担保权利的归属，也无法确定成立要件和公示手段，但笔者认为，法律条文和社会实践经常会发生冲突，面对纷繁复杂、瞬息万变的现实社会，法律条文本身也并非铁板一块，其内涵和外延也在发生着变化。法条主义就总体而言，因其内部可以出现不同的法律见解，这些见解围绕法条而展开，不断纠缠，不断推进，不断“出新”，所以应当有其自发的调节性和适应性。对于银行理财产品质押，在其不违反社会公共秩序、不扰乱金融经济秩序的前提下，应当尽量在物权法体系内寻求解释的路径，不宜简单依据物权法定将其否定，应当通过多种渠道进行解读，使之在物权法体系中找到安身立命之所在，并满足社会的需求。① 随着市场经济的发展，不断涌现新的物权形态。如果采取过严的物权“法定”标准，不利于保障新经济形态的秩序稳定和金融债权安全。法律条文和社会实践经常会发生冲突，法律条文的内涵和外延将随着社会实践发生着变化，法律适用上不拘泥于文字的表述。对于理财产品质押，在不违反社会公共秩序、不扰乱金融经济秩序的前提下，应当尽量在物权法体系内寻求解释的路径，不宜简单以“物权法定”原则将其否定。②

那么，理财产品质押的法律性质究竟为何？首先，应当明确银行理财产品质押属于权利抵押还是权利质押？抵押的客体在物权法上既包括物又包括权利。根据《物权法》第 180 条的规定抵押物的范围是法律、行政法规未禁止抵押的财产，而《物权法》第 223 条规定的能够质押的权利必须是法律、行政法规规定可以出质的财产权利，相比于权利质押，权利抵押

---

① 杨开拓：《理财产品质押的效力认定》，载《人民司法·案例》2011 年第 12 期。

② 国家法官学院案例开发研究中心编，《中国法院 2018 年度案例——借款担保纠纷》，中国法制出版社 2018 年版，第 235 页。

具备口径宽、容量大的优势，因此将一些新型的权利担保归入权利抵押，以便克服物权法定主义的困扰。笔者认为，以权利为标的物设立抵押权是世界上不少国家和地区通行的做法，但在各国立法中适合于设定抵押的可转让的财产权通常是用益物权的诉权。大陆法系中通常将不动产担保适用抵押制度，动产担保适用质押制度，尤其以德国为甚。当然，很多国家也允许动产抵押，但是总体而言，适合于设定抵押的可转让的财产权通常是用益物权。因此，将一些新类型的权利担保纳入权利抵押中不符合民法体系的逻辑构建。况且，我国物权法中列举的可以抵押的权利为建设用地使用权和以招标、拍卖、公开协商等方式取得的荒地等土地承包经营权。从形式上看，这两种权利相当于大陆法系用益物权，但由于我国社会主义公有制决定了土地的国家所有权和集体所有权不能转让。因此，在借鉴大陆法系以所有权为中心构造物权体系时建设用地使用权和土地承包经营权实际上承担了所有权的功能。目前物权法中规定的抵押财产原则上应当是不动产和动产等有体物。虽然“法律、行政法规未禁止抵押的其他财产”作为兜底条款看似海纳百川，但实践中以其他权利作为标的物的抵押也是凤毛麟角。①

担保物权的发展经历了从强调担保物的所有权转移到占有的转移，再到所有权和占有均不转移的过程，在演化过程中越发强调对担保物的交换价值的支配，而逐渐忽视了对担保物的现实支配。因此，具备财产价值的权利也成了质权的标的物。虽然权利不是传统意义上的物，但是权利质权人取得不需他人介入而对入质权利直接产生影响并以此对抗第三人。从这个角度来讲，权利质和物上质是相同的。因此，在德国民法典中将权利质权和动产质权并行规定，并在权利质权部分没有的规定参照动产质权的规定。我国物权法也参照德国民法典的体例将权利质权和动产质权并行规定。因此，受其影响，当事人在设置一些新型的权利担保时按照权利质押模式进行构造，双方的意思表示完全按权利质押的思路进行。因此，笔者认为应当将理财产品的质押按照权利质押的方向进行解释。

其次，银行理财产品质押的属于何种权利质押？对此，一直存在不同

① 杨开拓：《理财产品质押的效力认定》，载《人民司法·案例》2011 年第 12 期。

认识。一种观点是“存单质押说”。存款单，是银行签发给存款人的存款凭证。由于存款单与理财产品同是以银行信用为基础，债务人均为银行，权利也均体现为对资金的回赎权和收益权的形式，所以理财产品质押类推适用存款单质押在实务中也得到部分裁判机构的认可。类推适用存款单质押的好处在于，存款单质押的成立并不需要经过烦琐的出质登记手续，只需要在合同约定的期限内将存款单（权利凭证）交付给质权人即可成立质权。另一种观点是“应收账款质押说”。该说认为，根据《物权法》第228条的规定：以应收账款出质的，当事人应当订立书面合同。质权自信贷征信机构办理出质登记时设立。应收账款出质后，不得转让，但经出质人与质权人协商同意的除外。在我国现有的物权法制度中，将理财产品类推为应收账款质权应当认定为有效。《应收账款质押登记办法》对应收账款作出了具体定义，其特征概括起来有以下几点：第一，未被证券化；第二，因合同而产生的债权关系；第三，以金钱为给付内容；第四，包括现有以及将来的债权。将理财产品类推为应收账款，有其实质相似性，而应收账款的其他特征，理财产品也同样符合。在此情况下，如果当事方所签订的理财产品质押合同将质押财产描述为投资者对银行在理财合同项下未来应支付的理财本金及收益的应收账款，并且根据《物权法》第228条的规定，在中国人民银行应收账款质押登记公示系统办妥质押登记的，应认可理财产品质押的效力。①

笔者倾向于认为，银行理财产品的回赎权和收益权可以归入应收账款的范畴。物权法规定的可以质押的权利包括应收账款，但对应收账款的概念没有进行严格的定义。《应收账款质押登记办法》第2条第2款对应收账款作了如下解释：本办法所称的应收账款包括下列权利：（一）销售、出租产生的债权，包括销售货物，供应水、电、气、暖，知识产权的许可使用，出租动产或不动产等；（二）提供医疗、教育、旅游等服务或劳务产生的债权；（三）能源、交通运输、水利、环境保护、市政工程等基础设施和公用事业项目收益权；（四）提供贷款或其他信用活动产生的债权；（五）其他以合同为基础的具有金钱给付内容的债权。该办法中应收账款

---

① 杨疏影：《我国商业银行理财产品质押：范畴界说、风险辨识与司法认定》，载《南方金融》2014年第1期。

的定义比物权法更加明确，也更加广泛，给新类型的权利质押提供了依据。可以说能够质押的权利严格法定为新类型权利质押登入物权法的殿堂关上了一扇门，但应收账款的宽泛解释又为其打开了一扇窗。理财产品是由金融机构自行设计并发行，将募集到的资金根据产品合同约定投入相关金融市场及购买相关金融产品，获取投资收益后，根据合同约定分配给投资人的一类金融产品。购买人享有在理财产品到期时请求金融机构返还本金和收益的权利，理财产品是建立在金融机构信用基础上而产生的债权。因此，依据“其他以合同为基础的具有金钱给付内容的债权”的规定，将理财产品等投资收益类产品现有或未来的金钱债权归入应收账款的行列，对依法设立的理财产品质押合同效力作出有效认定具有合理性，其质押应当纳入《物权法》的权利质押范畴。

【典型案例 41】

案例索引：凌莉诉中国工商银行股份有限公司广州东城支行等质押借款合同案[①]。一审：（2015）穗越法金民初字第 470 号；二审：（2015）穗中法金民终字第 1516 号。

典型案例裁判文书

广东省广州市中级人民法院(2015)穗中法金民终字第1516号民事判决书

基本案情：2006 年 10 月 31 日，凌莉在中国工商银行股份有限公司广州石牌支行（以下简称工行石牌支行）为其银行卡注册了网上银行及电话银行并关联了包括账号尾数 6631 的银行卡在内的三张银行卡。同时还向工行石牌支行中领了 USBKEY 证书（U 盾），并签署了《电子银行个人客户服务协议》。原提交的《网上银行个人质押借款合同载明：借款人（甲方）凌莉，贷款人乙方》中国工商银行；甲方自愿申请乙方网上银行个人质押贷款，并向乙方提供质押担保，质押财产为工商银行发行的非保本型理财产品，双方同意将乙方冻结甲方质押财产的行为视为质押财产的交付，贷款利率为 7.28%，贷款期限 1 个月，贷款金额 270000 元。凌莉的理财金账户历史明细清单显示，原告的账号尾数 6631 的银行卡在 2015 年 1 月 5 日转入贷款 270000 元，同日该款被网转划

① 国家法官学院案例开发研究中心编，《中国法院 2018 年度案例——借款担保纠纷》，中国法制出版社 2018 年版，第 230 页。

出。款项发生时，中国工商银行股份有限公司广州东城支行（以下简称工行东城支行）向凌莉手机号尾数7711发出过账户余额变化的手机短信。工行东城支行从凌莉账户上累计扣款8113.36元。

凌莉与中国工商银行广东省分行营部签订的《电子银行个人客户服务协议》约定："客户证书"是指用于存放客户身份标识，并对客户发送的电子银行交易信息进行数字签名的电子文件；中国工商银行客户证书的存放介质为USBKEY证书（U盾）。原告必须妥善保管本人注册卡号、客户编号、密码及客户证书，并对通过以上信息完成的金融交易负责。2015年1月6日，凌莉向公安机关报案称其遭到电话诈骗，当时凌莉未反应过来，便按对方指引将电脑的杀毒软件关掉，然后按照对方提示进入一个网站，并将银行U盾插上电脑和输入用户名和密码，对方还让凌莉不要理会95588银行发来的有关账户的钱被转走的信息。

另，中国工商银行股份有限公司广州执信南路支行（以下简称执信南路支行）是凌莉尾数6631的银行账户的开户行，凌莉在工行石牌支行开通了尾数7845的理财交易账户并通了电子银行功能和领取了USBKEY证书(U盾后)，工行东城支行是讼争质押借款的经办行。涉案理财产品属非保本型在电子银行办理质押款流程中，工商银行允许客户另行输入手机号码，并通过向该手机发送验证码的方式来验证确认手机是否属于客户所用。本案质押贷款办理流程中录入的手机号码与凌莉原来预留的手机号码不同。凌莉向越秀区法院起诉，请求判令：1. 凌莉与工行东城支行签订的《网上银行个人质押借款合同》无效，并恢复原状凌莉无须归还借款270000元及利息；2. 工行东城支行解除凌莉理财产品的质押；3. 执信南路支行、工行石牌支行、工行东城支行返还划扣原告的款项8113.36元。

法院裁判：对理财产品质押借款合同的效力认定。《物权法》第二百二十三条规定："债务人或者第三人有权处分的下列权利可以出质：……（六）应收账款；……"该规定明确了应收账款是可以出质的权利。《应收账款质押登记办法》第二条第二款规定："本法所称的应收账款包括下列权利：……（五）提供贷款或者其他信用产生的债权"，该款明确"其他信用产生的债权"属于应收账款。对照本案事实，本案用于质押的理财产品为中国工商银行自行设计发行的非保本理财产品，凌莉在委托理财期满后依约能取回一定数额的本金及收益，也即凌莉根据其与银行签订的理财合同享有相应的债权。这一债权，属于其他信用产生的债权，因而属于《物权法》第二百二十三条规定可用于质押的权利中的应收账款。同时，《物权法》第二百二十八条第一款规定："以应收账款出质的，当事人应当订立书面合同。质权自信贷征信机构办理出质登记时设立。"《应收账款质押登记办法》第七条第一款规定："应收账款登记由质权人办理。"本案的理财产品质押作为质权人的银行方并没有依法依规到信贷征信机构办理出质登记，不符合物权法关于质权因登记设立的规定，质权不成立。

裁判要旨： 理财产品持有人根据其与银行签订的理财合同享有相应的债权，属于可用于质押的权利中的应收账款。但未到信贷征信机构办理出质登记的，因不符合物权法关于质权因登记设立的规定，质权不成立。

【典型案例 42】

案例索引： 交通银行股份有限公司深圳盐田支行与耿治旭质押借款合同纠纷案[①]。一审：（2009）深盐法民二初字第 63 号；二审：（2009）深中法民二终字第 2027 号。

基本案情： 2007 年 6 月 19 日，交通银行股份有限公司深圳盐田支行（以下简称盐田支行）与耿治旭签订编号为 0005729 号的"得利宝"人民币理财产品交易委托书，约定：1. 耿治旭自愿向盐田支行申请购买金额为人民币 30 万元的得利宝人民币理财产品，并且自负盈亏、自担风险；2. 耿治旭若需向盐田支行申请个人贷款并签署借款合同，可以申请以其购买的上述人民币理财产品所享有的权利（包括被告按协议约定可收取本金和投资收益的权利）设定质押作为担保。在《交通银行深圳分行"得利宝"人民币理财产品交易章程》中约定人民币理财产品交易成立证实书是证明银行与客户之间成立人民币理财产品交易的唯一有效凭证，但原告没有向耿治旭送达证实书。

2007 年 11 月 26 日，盐田支行与耿治旭签订了得利宝理财产品质押借款合同，约定：盐田支行向耿治旭发放贷款人民币 270 万元用于其短期周

---

① 杨开拓：《理财产品质押的效力认定》，载《人民司法·案例》2011 年第 12 期。

转，贷款期限12个月，耿治旭以其在上述“得利宝”人民币理财产品交易委托书项下享有的人民币理财产品的权利设定质押以担保本合同履行，担保范围为本合同项下本金及利息、复利、罚息、违约金、损害赔偿金和实现债权的费用；耿治旭未按时足额偿还本合同项下贷款本息的，盐田支行有权按约定行使质权，处置质押财产，并以所得款项用于清偿本合同项下贷款本息及相关费用。盐田支行依据合同向耿治旭发放了贷款，但截至2008年12月11日耿治旭尚欠贷款本金人民币244088.49元和利息20884.81元没有偿还，盐田支行请求法院依法判令耿治旭偿还到期未付的借款并对编号为0005729号的得利宝人民币理财产品交易委托书项下的权利依法行使质押权。

法院裁判：“得利宝”人民币理财产品交易委托书记载了理财产品的金额、期限及购买人的基本信息等内容，证明了交易的事项和双方的权利义务，在盐田支行没有向耿治旭送达人民币理财产品交易成立证实书的情况下，该委托书是人民币理财产品交易的唯一凭证，耿治旭向原告交付了权利凭证，且耿治旭控制理财产品项下的资金，因此质押行为有效。

裁判要旨：银行理财产品质押实质属于权利质押，权利凭证的交付并非一定以交易成立证实书为标志，能够证明交易事项和双方权利义务的交易委托书同样可起到权利凭证的作用。

第五章 留 置

第一节 留置权的发生

问题 1. 债权人是否可以留置并非债务人所有但系后者合法占有的动产

《物权法》第 230 条规定："债务人不履行到期债务，债权人可以留置已经合法占有的债务人的动产，并有权就该动产优先受偿。前款规定的债权人为留置权人，占有的动产为留置财产。"该条文确立了债权人可以留置的动产范围，即"债务人的动产"。但该规定并未明确的问题是：何为债务人的动产？法律并没有明确规定留置的动产应当为债务人所有的动产，那么债权人是否可以留置并非债务人所有但系其合法占有的动产？

对于该问题，反对者认为，留置权所指的"债务人的动产"，应当属于债务人所有的动产。其理由包括：其一，留置权的取得根据法律规定产生而无须债权人与债务人的意思表示一致，因此留置行为的发生由于法定性质而失去交易行为的性质，与善意取得支付为了保护交易安全而设立的初衷相矛盾；其二，留置权制度的目标是平衡债权人与债务人的权利义务，因此无须牺牲第三人的利益；其三，由于第三人之物落入债权人占有通常不是以担保为目的，即使债权人扣留第三人的财产，对于债务人也未必能够构成强制，此时担保债务清偿的主要意义不存在。①

支持者则认为，债权人可以留置并非债务人所有但系后者所合法占有

---

① 肖厚国、孙鹏：《担保法律制度研究》，法律出版社 1998 年版，第 279 页。

的财产。如有学者指出，债权人的动产不能限缩理解为“属于债务人所有的动产”，应当予以扩张解释，债务人所有的或有处分权的动产、债务人基于正当原因交给债权人占有的他人的动产，均应当理解为属于“债务人的动产”，在符合留置权其他成立要件的前提下，标的物即便不属于债务人，债权人也可以依据正当合法的原因取得并行使留置权，且不论以其是否知道标的物不属于债务人为条件，因此留置权没有所谓善意取得的问题。[①] 支持此种观点的理由包括：其一，如果不适用留置权，债务人将他人的财产交付留置权人修理、保管时，即便不属于债务人所有，债务人若不支付修理费、保管费，也会对债权人造成很大不利；其二，如果不允许债权人留置非债务人所有的财产，在留置权发生后，债务人可能伪造证据声称标的物属于第三人所有，以对抗债权人的留置。[②] 有人认为，从民法的原则和担保的作用来看，支持留置非债务人所有的动产也具有合理性：其一，这是维护债权人利益，充分发挥留置权的需要，如果留置权人在行使留置权时随时担心留置物由于债务人的合法正当性留置权将受到影响，则不利于发挥担保功能；其二，这是遵奉诚实信用原则，维护占有的公示效力的需要；其三，这体现民法公平原则的需要。[③]

也有的学者认为，应当适用善意取得制度来解决这一问题。留置权的取得应当以债权人的善意为条件，债务人的动产应当解释为债务人交付债权人占有的动产而并非专指债务人所有的动产，尽管属于第三人所有的动产，只要为合法的占有人交付给债权人且债权人合法占有该动产，即可成立留置权，因为留置权所担保的债权的发生，与债权人留置的动产存在同一法律关系且该法律关系比债务人的联系更密切；因此，债权既因留置财产而产生，债权人在该留置财产上付出了自己的劳动，如果将留置财产限于债务人所有的财产，则对债权人有失公平。[④]

对此，笔者认为，将留置权的范围限制在债务人所有的财产范围内，显然是不合理的。理由包括：

---

① 刘保玉：《留置权成立要件规定中的三个争议问题解析》，载《法学》2009 年第 5 期。

② 王利明：《物权法研究（第三版）》下卷，中国人民大学出版社 2012 年版，第 648 页。

③ 崔令之：《论留置权的善意取得》，载《河北法学》2006 年第 12 期。

④ 高圣平：《担保法论》，法律出版社 2008 年版，第 569 页。

其一，正如物权法中存在善意取得制度的目的是维护交易安全，在留置权领域也不应当将留置权行使的范围限制在债务人的所有物之中，以此维护交易安全。如果留置权应当限制在债务人所有的动产中适用，债权人行使留置权还应当时刻担心债务人是否对动产有所有权，否则债权人的留置行为可能构成侵权。如此，则债权人因此无法放心地行使留置权，交易安全无法得到维护。在现实生活中，经常发生债权人占有非债务人所有动产的情况，比如修理债务人借自他人的自行车、修理债务人借来的照相机，甚至修理债务人租赁的汽车等，如果要求债权人必须尽到考察这些动产是否属于债务人所有，交易成本显然是很大的。而进一步要求债权人只能对债务人“所有的”动产成立留置权，显然不利于交易安全的保护，不利于债权人利益的保护，更不符合民法的公平原则。

其二，从常理而言，不考虑商事留置权的情形，债权人之所以会占有债务人的动产，往往是因为债务人将其合法占有的动产送至债权人处修理、加工等情形，此时第三人所有之物为债权人所留置，并不会对第三人有所不公平。此外，第三人亦可就债务人主张权利。

其三，债权人可以留置债务人合法占有的动产有利于我国诚实信用体系的建立。在债务人合法占有的动产同债权人的债权的发生具有同一法律关系的情况下，如果不能使债权人对该动产成立留置权，而使其所有权人可以请求返还所有物，显然容易滋生真正的所有权人不去修理其动产，而交由其他人来修理并且该他人拒绝支付修理费，其自身再以所有权人的身份请求返还该动产，这显然不符合民法的诚实信用原则，不利于对诚实信用的债权人的保护。所以，在债权人的债权同债务人占有的动产符合留置权其他成立要件的情况下，对债权人的留置权加以保护，能体现诚实信用原则对第三人合法利益的保护，以有利于社会诚实信用体系的构建。

其四，从我国《合同法》对本案事实的相关规定看。我国《合同法》第 264 条规定：“定作人未向承揽人支付报酬或者材料费等价款的，承揽人对完成的工作成果享有留置权，但当事人另有约定的除外。”从该条规定看，只要是工作成果，无论该工作成果的所有权是否属于债务人，债权人均可以成立留置权，因此对于张某所送修的其不享有所有权的涉案黄花梨椅子，即使从《合同法》的相关规定看，也是应该成立留置权的。

那么，这种占有是否需要以留置权人的善意为依据？此处的善意，应当指留置权人在行使留置权时不知道债务人对留置的财产不具有处分权。

反对的观点认为，其一，留置权的善意取得制度与动产善意取得并非完全一致，前者实质是标的物所有权在毫无原所有人意思表示的前提下转移给第三人，对物的原所有人利益有根本的影响；而对于留置权而言，债权人的行为不会对物的所有权归属发生影响，债权人的修理加工的行为甚至对标的物所有权人有利。其二，债权人在知道标的物不为债务人所有时，若其没有损害利益的目的，不应当否认债权人对留置权的取得。其三，善意与恶意难以举证，一方面会造成债权人花费大量精力证明其善意，另一方面这种举证有可能为债务人或物的所有权人所利用，从而对抗留置权。① 也有学者从相反的角度论述留置权适用善意取得制度存在的问题：作为法定物权，留置权的成立直接依照法律规定的构成要件而无须当事人意思的介入，因而在缺乏处分行为存在的前提下，留置权的善意取得很难在类推适用的框架下被证成。②

支持以善意为条件的观点认为：允许债权人就非债务人所有但由后者合法占有的动产主张留置权，此种制度实际上是对善意取得制度的参照。但是，在善意的判断上应当采用“消极观念说”，即只要留置权人在行使留置权时没有恶意或重大过失，即可视为债权人是善意的；在认定留置权的善意取得时，需采取更加宽松的条件，只要留置权人证明其是诚实行事、根据当时的环境、交易的一般情况，并不知道债权人的利益有缺陷或有任何可疑之处，也不是故意对可疑之处视而不见，就足以证明其是善意地取得留置权；在举证责任上，应当推定留置权人为善意，由留置物所有权人或者债务人证明留置权人并非出于善意。③

立法上显然采取了第二种态度。《担保法解释》第108条规定：“债权人合法占有债务人交付的动产时，不知债务人无处分该动产的权利，债权人可以按照担保法第八十二条的规定行使留置权。”该条文事实上赞同了上述的第二种意见：即留置非债务人所有的动产需要符合善意的条件。

---

① 肖厚国、孙鹏：《担保法律制度研究》，法律出版社1998年版，第334页。

② 张力毅：《债权人可留置他人之物的法学方法论之辩》，载《法律方法》2015年第2期。

③ 崔令之：《论留置权的善意取得》，载《河北法学》2006年第12期。

【关联延伸】

留置权善意取得的构成要件

在上述前提下，人们一般认为，善意取得的构成要件包括：第一，债权已届清偿期，即债务人的债务履行期已到。第二，债务人为无权处分动产占有人。第三，债权人占有债务人的动产，这与一般的留置权相同，是留置权成立和存续的必备条件，善意取得制度是保护善意第三人对占有的合理信赖，只有债权人已经占有债务人的物时方可适用；此外，这要求债权人占有的仅能是债务人的动产而不是不动产。第四，债权人对债务人财产的占有与债务人的债务具有牵连关系。第五，债权人不知其占有的动产不属于债务人所有。①

上述留置权善意取得构成要件的判断中，需要注意两个问题：其一，债务人作为无权处分动产占有人，此处的动产是否应当限制为占有委托物；即在占有动产为遗失物、盗赃物等情形下，是否可以适用留置权善意取得制度。反对以动产为占有委托物作为适用留置权善意取得条件的学者认为，如果限制了留置权人对债务人拾得物的留置权，将对债权人产生不利；赞成的意见则认为，善意取得制度本身起到了两个作用，一方面激励财物的流转并保护交易安全，另一方面也防范诱发侵占或偷盗他人之物的风险，因此将留置动产限制为占有委托物存在必要性。② 笔者赞成第二种观点。虽然《担保法解释》没有明确留置权善意取得的规定与《物权法》第 106 条的关系，但留置权的善意取得实则也是物权法中担保物权善意取得的一种情形。按照《物权法》对于善意取得制度规定的内容，盗赃物、遗失物等均不适用善意取得，按照体系解释的方法，这类动产自然也无法适用留置权善意取得制度。

其二，留置权人的“善意”如何判断。依照担保法司法解释的标准，善意的标准是“不知债务人无处分该动产的权利”。一般认为，善意的判断需要符合两个条件。第一，留置权人对债务人是否具有处分权应当处在“不知道”或者有合理理由做相反认识的状态下。因此，不能够仅仅以债

① 崔令之：《论留置权的善意取得》，载《河北法学》2006 年第 12 期。
② 常鹏翱：《留置权善意取得的解释论》，载《法商研究》2014 年第 6 期。

务人对动产的占有属于合法占有就判断留置权人可以善意取得，如果留置权人明确知道债务人对占有的动产不具有处分权，则不能依据该条文善意取得留置权。理由在于，这样可以更好地督促债务人履行债务，维护商业交往中的信用。[①] 第二，留置权人的善意应当理解为不仅仅包括不了解债务人对动产没有所有权，也应当包括不了解债务人对动产不具有处分权。也即，即便留置权人明知债务人不是动产的所有权人，但只要其不了解债务人无权处分动产，就可以对动产主张留置权的善意取得。如果界定留置权人知道债务人并非动产所有权人即排斥其善意取得的空间，则相当于赋予债务人单方面排除留置权适用的权力，留置权人无法对抗债务人不支付到期债务的行为。[②] 因此，在债务人因租赁、借用等法律关系而占有动产的场合，留置权人只要不知道债务人无权处分动产，依然可以善意取得留置权。

典型案例裁判文书

【民审指导性案例】债权人可以留置债务人合法占有的动产

【典型案例1】

案例索引：董某与甲收藏公司纠纷案[③]。

基本案情：张某和董某均系古董收藏爱好者。董某有黄花梨椅子一张。为举办个人收藏品展览，张某于2009年2月23日向董某借用上述御用黄花梨椅子，以供展览之用。在张某筹备展览过程中，张某所雇用的搬运工由于疏忽，摔断了所借黄花梨椅子的一条腿。次日，张某将该椅子送到甲收藏公司修理。张某同甲收藏公司约定，修理费为3万元人民币，修理时间为一个月，于交付修理费用时取回送修黄花梨椅子。甲收藏公司于2009年3月11日修理完成该黄花梨椅子。约定期限届满后，张某未支付修理费，亦未要求取回该黄花梨椅子。2009年3月27日，甲收藏公司催告张某支付修理费，并取回椅子。张某对甲收藏公司的催告未予答复。

---

① 程啸：《担保物权研究》，中国人民大学出版社2017年版，第600页。

② 常鹏翱：《留置权善意取得的解释论》，载《法商研究》2014年第6期。

③ 仲伟珩：《债权人可以留置债务人合法占有的动产》，载最高人民法院民事审判第一庭编：《民事审判指导与参考》（总第40集），法律出版社2010年版，第111页。

法院裁判：张某将其合法占有的涉案黄花梨椅子送甲收藏公司修理，甲收藏公司接受了该修理委托，并完成了修理工作，双方已经形成承揽合同，该合同系当事人真实意思表示，合法有效。根据合同约定，甲收藏公司有义务提供修理服务，张某有义务支付修理费用。根据我国《物权法》第二百三十条规定，在张某未支付修理费用的情况下，甲收藏公司有权留置已经合法占有的张某的动产，并有权就该动产优先受偿。尽管本案中涉案黄花梨椅子并非张某所有的动产，但是我国《物权法》规定的“债务人的动产”不仅仅限于债务人所有的动产，还应该包括债务人合法占有的动产，因此，甲收藏公司也有权对其所占有的张某合法占有的动产成立留置权。所以，在甲收藏公司基于承揽合同关系占有债务人张某交付的合法占有的动产，在债务人张某不支付承揽合同约定的修理费用的情况下，债权人甲收藏公司可以对涉案黄花梨椅子成立留置权。因此，董某请求返还其所有物的请求要受到甲收藏公司留置权的阻断，董某的请求无法律依据。

裁判要旨：即使债权人合法占有的债务人的动产并非债务人所有，而是债务人合法占有，债权人仍可以依据《物权法》第二百三十条的规定，在债务人不履行到期债务的情况下，留置该动产，并有权就该动产优先受偿。当然，这种情况下成立留置权，还需要符合《物权法》规定的留置权成立的其他条件。

【典型案例 2】

案例索引：汪子文与瑞安市华宇货运代理有限公司、瑞安市天伦健身器材有限公司买卖合同纠纷案。一审：(2014) 李商初字第 141 号；二审：(2015) 青民二商终字第 281 号。

典型案例裁判文书

汪子文与瑞安市华宇货运代理有限公司、瑞安市天伦健身器材有限公司买卖合同纠纷二审民事判决书_20180929下载

基本案情：2013 年 11 月，汪子文与瑞安市天伦健身器材有限公司签订货物销售合同，约定瑞安天伦公司向汪子文交付按摩椅 604W 号若干，汪子文支付货款。该合同还约定瑞安天伦公司负责将货物运送指定地点，并承担运费。汪子文支付货款 20 万美元后，瑞安天伦公司尚有 47000 美元货物未组织生产，另有 130 台 604W 号按摩椅已生产但未运送指定地点。就该 130 台货物，瑞安天伦公司委托瑞安市

华宇货运代理有限公司运送，现仍在瑞安华宇公司处。

法院裁判：本案的焦点是瑞安华宇公司对争议货物是否享有留置权。《物权法》第二百三十条规定，债务人不履行到期债务，债权人可以留置已经合法占有的债务人的动产，并有权就该动产优先受偿。第二百三十一条债权人留置的动产，应当与债权属于同一法律关系，但企业之间留置的除外。本案中上诉人与瑞安天伦公司存在货物运输关系，2013 年 12 月 16 日，瑞安天伦公司出具欠条，确认其尚欠瑞安华宇公司的运费 318730 元的事实，瑞安天伦公司不履行到期债务，瑞安华宇公司可以留置其已合法占有瑞安天伦公司的动产。同时瑞安华宇公司与瑞安天伦公司均系法人企业，瑞安华宇公司行使留置权系企业之间的留置，并不要求上诉人留置动产与其与瑞安天伦公司债权属于同一法律关系，故上诉人对争议货物依法享有留置权。

《担保法解释》第一百零八条规定，债权人合法占有债务人交付的动产时，不知债务人无处分该动产的权利，债权人可以按照《担保法》第八十二条的规定行使留置权。本案中，汪子文主张瑞安华宇公司对货物所有权已转移给汪子文是明知的，对此汪子文应承担相应的举证责任，汪子文未提交证据证实其主张。瑞安华宇公司系运输合同关系的承运人，托运人是瑞安天伦公司，瑞安天伦公司与汪子文之间是否存在货物买卖关系，争议货物所有权是否转移，瑞安华宇公司并不知晓，即使汪子文与瑞安天伦公司合同真实，在未告知上诉人的情况下，并不能以此对抗瑞安华宇公司享有的留置权。同时，瑞安天伦公司也于 2013 年 12 月 19 日向上诉人出具确认书，确认欠款，同时说明因无力偿还所欠运费，委托李斌将该批 130 台按摩椅的货物直接变卖，变卖所得款项直接清偿给上诉人瑞安华宇公司。该确认书也表明瑞安天伦公司未将货物所有权是否转移向上诉人进行说明。另外，瑞安华宇公司所持有的货运报关单据未显示货物存在国内贸易的环节，报关单据中显示的 FOB 条款，是对货物风险转移的规定，不能作为瑞安华宇公司已知晓货物所有权转移的依据，仅凭海运承运人英朗公司货柜铅封，也不能推知上诉人知悉货物所有权转移的事实。汪子文以其享有货物所有权对抗上诉人留置权的理由不能成立，其本案中要求返还货物的主张本院不予支持。因天伦公司已进入破产清算程序，瑞安天伦公司对汪子文的债务应计入瑞安天伦公司破产债务予以偿还，瑞安市人民法院于2014年2月8日裁定受理被上诉人瑞安天伦公司的破产清算的申请，其对汪子文债务的利息也应计算至瑞安天伦公司破产申请受理之日，本院对汪子文对瑞安天伦公司所享有的上述债权予以确认。

裁判要旨：债务人已向第三人移转货物所有权的，若债权人不了解货物所有权已经移交的事实，依然可以主张留置权善意取得。

问题2.《物权法》第231条规定的“同一法律关系”应如何理解

《担保法解释》第109条规定，“债权人的债权已届清偿期，债权人对动产的占有与其债权的发生有牵连关系，债权人可以留置其所占有的动产。”该规定以占有的动产与债权的发生有牵连关系作为判断债权人是否享有留置权的标准。《物权法》第231条则规定：“债权人留置的动产，应当与债权属于同一法律关系，但企业之间留置的除外。”这一规定要求，在判断债权人是否有权留置债务人的动产时，应当以动产与债权是否属于同一法律关系作为标准。

在学术上，对于何为牵连关系，存在两种观点：第一种观点是债权与债权有牵连关系说，即债权人的债权与相对人对物的返还请求权之间是否存在牵连关系是判断债权人能否就债务人之物成立留置权的依据，如德国民法上认为，“两请求权虽依不同的法律关系而发生，如果两种法律关系依照其目的、当事人的意思或交易观念可从经济上加以一体观察，也可认为有牵连关系”。①

第二种观点是债权与标的物有牵连关系说，即债权人的债权应当与其占有的物之间存在牵连。具体如何判断债权与占有的物之间是否存在关联则存在两元说与一元说两种观点。二元说认为，债权与物的牵连关系包括直接牵连与间接牵连，直接牵连即债权为物本身所产生；间接牵连则存在多种学说，包括债权与占有物处于占有人支配的同一关系而发生、债权与

① 高圣平：《担保法论》，法律出版社2008年版，第573页。

占有物的交付请求权之间存在关联、债权与占有物的返还请求权由同一法律关系或生活关系发生、债权与以占有物为标的的债权之间存在关联等。一元论则不区分直接牵连和间接牵连，只要占有物和债权存在关联，即可构成牵连关系。具体的判断上，一元说包括直接原因说、间接原因说和社会标准说：直接原因说认为标的物须构成债权发生的唯一原因或至少为发生的直接原因之一，也即物与债权之间存在因果关系，方可认为其存在关联；间接原因说认为只要物为债权发生的原因，不论原因是否为直接原因，均可认为存在关联；社会标准说认为只要债权与物基于某种经济关系发生，而债务人单独要求返还原物却不履行债务的行为在社会观念上认为不当的，即构成关联关系。[①] 而不论基于何种标准，人们普遍认为债权与标的物有牵连关系的原因包括以下几种：其一，债权因占有的物而发生，比如无因管理和侵权行为产生费用求偿权和损害赔偿请求权；其二，债权与物的返还请求权基于同一法律关系产生，例如保管人的报酬请求权；其三，债权与物的返还义务基于同一事实产生。[②]

史尚宽则列举了八种构成牵连关系情形：其一，物之修缮请求权、运费请求权、保管请求权，系以就物所为之契约为原因，其物与债权的发生有关联；其二，因物有瑕疵而对于占有人加以损害时，其损害赔偿债权，以其物有瑕疵之事实为原因而发生，其物与债权之发生有关联；其三，因所有人毁损债权人占有之物，或出租人妨害承租人为租赁物之使用，所生质权人或承租之损害赔偿请求权，系以就物所为之损害行为为原因，其物与债权之发生有关联；其四，他人之物之占有人，就其物支出必要或有益的费用时，其费用偿还请求权，系以就其物为费用的事实为原因，其物与债权的发生为有关联；其五，因物的偶然误换所发生的所有人相互间的返还请求权，以其物误换为原因，其物与债权的发生为有关联；其六，因买卖无效所生的价金返还请求权或租赁无效所生的预交租金返还请求权，系直接以合同的无效为原因、间接以物的买卖或租赁合同为原因而发生，其物与债权的发生有关联；其七，因物的购入或出卖的委托，其受托人的报

---

① 郭明瑞、房绍坤：《担保法（第二版）》，中国政法大学出版社2012年版，第185页。

② 徐银波：《〈物权法〉留置权规则的解释适用与立法反思》，载《法律科学》2017年第2期。

酬请求权，系直接以委托为原因，间接以物的购入或出卖为原因而发生，其物与债权的发生为有关联；其八，因物的让与所发生的债权，其让与价金债权之间为有关联。[①]

而《物权法》所规定的同一法律关系，有的学者认为，“同一法律关系”与“牵连关系”并不相同，若仅仅要求动产占有与债权的发生具有牵连关系，仍然不足以限定留置权的适用范围，可能会导致留置权的适用过于宽泛；而《物权法》所规定的动产与债权“属于同一法律关系”，要求动产的占有与债权之间存在法律关系，包括以下几种情形：其一，留置的财产是构成债权发生的事实之一，或者留置财产与债权都是基于同一法律关系而产生的，例如修理公司占有所修理的汽车，抑或运输公司扣押拖欠了运输费的货物；其二，留置的财产是导致债权发生的工具，例如留置撞碎玻璃的足球；其三，留置的财产与债权的发生之间具有相当因果关系；其四，动产的返还义务与债权处于同一法律关系的内容，例如返还保管财产和支付保管费的义务。[②] 有的学者则从以下方面论述了牵连关系和同一法律关系的关系：其一，牵连关系包括同一法律关系；其二，牵连关系包括同一事实关系，而同一法律关系不是同一事实关系，同一事实关系即同一生活关系；其三，牵连关系包括债权系因动产本身产生的情形，即标的物支出费用所产生的费用返还请求权和因标的物所产生的损害赔偿请求权。[③]

有的学者则认为，从目的解释的角度，“同一法律关系”既包括物与债权属于同一法律关系的情形，也包括债权人对物的占有与债权属于同一法律关系的情形，即牵连关系的情形。[④] 有的学者则认为，虽然“同一法律关系”比“牵连关系”更为明确，但却无法涵盖下述几种情形：其一，就标的物本身指出费用的债权，虽然规定在《物权法》第 243 条中，但这并不属于同一法律关系；其二，因动产所产生的损害赔偿债权，例如承运人因为承运货物发生爆炸而遭受的损失；其三，债权与该动产的返还义务

---

① 史尚宽：《物权法论》，中国政法大学出版社 2000 年版，第 498—499 页。

② 王利明：《物权法研究（第三卷）》下卷，中国人民大学出版社 2012 年版，第 1408—1410 页。

③ 崔建远，《物权：规范与学说——以中国物权法的解释论为中心（下册）》，清华大学出版社 2011 年版，第 949 页。

④ 刘保玉：《留置权成立要件规定中的三个争议问题解析》，载《法学》2009 年第 5 期。

基于同一事实关系。[①] 但若对同一法律关系进行扩张解释，上述情形也均可包含在内。

而在司法实践中适用同一法律关系的要求时，依然存在许多需要注意的问题，常见的争议是法律中的“同一法律关系”，是指“同一个法律关系”还是“同一类法律关系”。大部分学者认为，此处应当指同一类法律关系，属于同一类法律关系但不属于同一法律关系的不能发生留置权，否则将扩大留置权的适用范围，与适用“同一法律关系”而非“牵连关系”以限制留置权适用的初衷相违背。[②]

对此，笔者认为，“同一法律关系”较之担保法司法解释中的“牵连关系”，其范围应当更小，但是人们也普遍承认，对于“同一法律关系”中的“同一”，并不能进行过于狭窄的解释，应当对“同一法律关系”作如下理解：首先，由于留置权旨在督促债务人履行债务并于债务人不履行债务时确保债权人优先受偿，因而当事人之间如果没有产生债权债务而是纯粹生活关系，就不会发生留置权。其次，所谓法律关系是指发生在留置与被留置双方之间的以给付为内容的债权债务关系，而不包括其他主体之间的法律关系。最后，所谓“债权人留置的动产，应当与债权属于同一法律关系”是指，发生在留置构成人与被留置人之间的，“由于物的占有人增加了标的物价值，或者因标的物遭受了损害，在请求返还被占有物的人没有偿还得利或赔偿损害前拒绝给付，依此间接敦促其清偿的关系”[③]。唯其如此，赋予债权人以留置权才是公平合理的。[④] 实践中，以下情形应当属同一法律关系：

其一，留置物的返还请求权与债权人的债权请求权从同一法律关系而产生。例如，甲委托乙保管某物，而后甲拒绝支付保管费，乙留置甲委托保管的动产；抑或乙修理甲的动产，乙拒绝支付修理费，甲留置维修的动产。相似的情形还有：承运人承运托运人的货物，托运人拒绝支付运费的，承运人有权留置托运的动产；委托人委托行纪人购买动产，而在委托

---

① 仲伟珩：《留置权成立要件疑难问题研究》，载《民事审判指导与参考》第 40 集。

② 刘保玉：《留置权成立要件规定中的三个争议问题解析》，载《法学》2009 年第 5 期。

③ ［日］我妻荣：《新订担保物权法》，申政武、封涛、郑芙蓉译，中国法制出版社 2008 年版，第 31 页；转引自程啸：《担保物权研究》，中国人民大学出版社 2017 年版，第 603 页。

④ 程啸：《担保物权研究》，中国人民大学出版社 2017 年版，第 602—603 页。

人未支付行纪费时，行纪人有权留置购买的动产。

其二，债权人的债权是由于留置物而发生。这种情形涵盖了传统认为属于牵连关系的部分情形。例如，因物的管理而产生的无因管理请求权，若受益人不支付无因管理人管理费，则无因管理人有权留置该产生无因管理请求权的动产。又如，因为物产生的侵权损害，被侵权人在得到侵权损害赔偿之前，也有权留置该动产。再如，在寄存人交付的保管物有瑕疵而未告知保管人时，寄存人应就该物所致保管人的损害承担赔偿责任。保管人因该保管物而遭受了损害，进而享有损害赔偿请求权，此债权与保管物当然属于同一法律关系。故此，保管人在寄存人支付损害赔偿金前享有留置权。①

其三，留置物与债权仅因基于同一事实关系抑或生活关系而发生关联，则不足以认定为属于《物权法》所要求的同一法律关系。

【典型案例 3】

典型案例裁判文书

江苏省高级人民法院(2016)苏民终51号民事判决书

案例索引：无锡西姆莱斯石油专用管制造有限公司与无锡市卓盛隆国际货运代理有限公司排除妨害纠纷、返还原物纠纷案。一审：（2015）锡民初字第 00031 号；二审：（2016）苏民终 51 号。

基本案情：2013 年 12 月，西姆莱斯公司与无锡龙华钢管有限责任公司订立房地产租赁契约，约定西姆莱斯公司承租无锡龙华钢管公司位于无锡新区珠江路 10 号的涉案仓库。2014 年 10 月，无锡龙华钢管有限责任公司名称变更为俊业仓储公司。2014 年 10 月，法院裁定受理无锡波波林克科技有限公司对西姆莱斯公司的重整申请，根据 2015 年 2 月 5 日西姆莱斯公司重整案第一次债权人会议债权申报审查表记载，卓盛隆公司申报债权 6459284.78 元，俊业仓储公司申报债权 1932327.92 元，上述债权均列于无财产担保债权项下。2014 年 11 月，卓盛隆公司吸收俊业仓储公司，俊业仓储公司解散注销。俊业仓储公司的资产归卓盛隆公司所有，所有债权

① 程啸：《担保物权研究》，中国人民大学出版社 2017 年版，第 603 页。

债务由卓盛隆公司承继。2014 年 12 月，西姆莱斯公司管理人以西姆莱斯公司债权人的行为可能影响破产程序依法进行为由，向一审法院申请查封西姆莱斯公司所有存货。一审法院于 2014 年 12 月 12 日裁定查封西姆莱斯公司所有的存货。2015 年 1 月卓盛隆公司函告西姆莱斯公司要求西姆莱斯公司在三日内付清欠款，否则卓盛隆公司将卖掉涉案钢管。

法院裁判：根据法律规定，债务人不履行到期债务，债权人可以留置已经合法占有的债务人的动产，并有权就该动产优先受偿。留置权与抵押权、质押权均属于担保物权，但抵押权经登记生效，质押权经登记具有对抗第三人的效力，该两种担保物权均可基于一定的公示方式而产生公信力，而留置权无须登记公示，却会产生优先于抵押权和质押权的法律效力，故对留置权的确认应当严格把握其特性及构成要件。

《物权法》第二百三十条第一款规定："债务人不履行到期债务，债权人可以留置已经合法占有的债务人的动产，并有权就该动产优先受偿。"第三百三十一条规定："债权人留置的动产，应当与债权属于同一法律关系，但企业之间留置的除外。"故债权人行使留置权的前提是债务履行期限届满前其已合法占有债务人的动产，且留置的动产与债权之间存在牵连性。留置权分为民事留置权和商事留置权。民事留置权注重人们在一次交往活动中形成的利益关系的平衡，其功能在于纠正单项交往活动造成的利益失衡格局，因此基于公平原则，强调留置物和被担保债权属于同一法律关系，二者之间需要具有直接的牵连关系。而商事留置权重在保护债权人的债权集合体，寻求商人在持续性多次商事交往活动中的利益平衡。基于商事交易连续且频繁的特征，如果要求债权人对某一个具体的债权举证证明具有直接牵连关系，并不符合商业活动的内在要求，尤其是在采取"往来账"结算方式的情况下，商人之间原有的债权债务的独立性丧失，故商事留置权仅强调留置物与被担保债权的一般关联性。但商事交易并非均为连续且频繁，也有个别交易。简单、个别商事交易中的法律关系并不难证明，而且留置权相较于抵押权或质权具有优先性，如取消个别交易中留置权法律关系牵连性的限制，会造成维护当事人此笔交易安全之际，却破坏了债务人与其他债权人之间他笔交易的安全，不符合保护整体交易安全和公平的原则。故个别商事交易中留置物与债权在法律关系上的直接牵连性仍应得到强调。

本案中，西姆莱斯公司承租俊业仓储公司位于无锡新区珠江路10号的涉案仓库，并将货物存放在该仓库内。后俊业仓储公司被卓盛隆公司吸收合并。该两公司合并前，卓盛隆公司原有的债权与西姆莱斯公司存放在涉案仓库内的货物并无牵连性，其不能就该债权主张留置权。俊业仓储公司因与西姆莱斯公司间的房屋租赁关系而主张租金债权，该债权并非双方多次交易的集合体，而是双方之间特定的个别债权，从公平及平等保护其他债权人的原则来说，其就该债权主张留置权仍须以留置物与债权为同一法律关系为前提。而房屋租赁合同的标的物为房屋，合同双方的房屋租赁关系与承租人将货物存放在租赁房屋内系两个不同的法律关系，俊业仓储公司并不能对西姆莱斯公司存放涉案仓库中的货物主张留置。

再从俊业仓储公司是否合法占有涉案仓库中货物的角度而言，其主张的留置权亦不能成立。2014 年 10 月 9 日，一审法院裁定受理无锡波波林克科技有限公司对西姆莱斯公司的重整申请。俊业仓储公司主张根据《企业破产法》第十八条关于“人民法院受理破产申请后，管理人对破产申请受理前成立而债务人和对方当事人均未履行完毕的合同有权决定解除或者继续履行，并通知对方当事人。管理人自破产申请受理之日起二个月内未通知对方当事人，或者自收到对方当事人催告之日起三十日内未答复的，视为解除合同”的规定，因西姆莱斯公司未在两个月内向其发出任何通知，故双方的租赁合同已于 2014 年 12 月 9 日法定解除。对此，本院认为，西姆莱斯公司在破产申请受理后事实上仍在继续使用涉案仓库，俊业仓储公司亦称其于 2014 年 12 月 31 日合同到期时才将西姆莱斯公司看管人员赶走，故西姆莱斯公司即便没有向俊业仓储公司送达书面通知，其亦以行为作出继续履行租赁合同的意思表示，俊业仓储公司对此也应当明知。故俊业仓储公司二审中主张双方租赁合同已法定解除，不能成立。租赁合同期满后，无证据表明西姆莱斯公司已将租赁仓库返还，若俊业仓储公司此时系同意继续出租，两者之间形成不定期租赁关系，若俊业仓储公司此时系不同意继续出租，则西姆莱斯公司构成对仓库的无权占有。而无论上述何种法律关系，俊业仓储公司对涉案仓库而言仅为间接占有，对仓库内的货物不构成占有。至 2015 年 1 月 17 日，俊业仓储公司将大门换锁，仅可视为其欲将仓库收回并作出不再出租的意思表示。但在此之前，仓库内货物已被一审法院查封，即便未被法院查封，亦不成立无因管理之合法占有，因为西姆莱斯公司并没有将货物交付俊业仓库公司的意思表示，事实上西姆莱斯公司因为阻止俊业仓库公司搬运货物而报警。故俊业仓储公司并不能基于其收回仓库而当然认为其能够合法占有承租人未搬离的货物，在其不符合合法占有的前提下，其对涉案仓库内货物主张留置权，不能成立。

裁判要旨：商事交易并非均为连续且频繁，也有个别交易。简单、个别商事交易中的法律关系并不难证明，而且留置权相较于抵押权或质权具有优先性，如取消个别交易中留置权法律关系牵连性的限制，会造成维护当事人此笔交易安全之际，却破坏了债务人与其他债权人之间他笔交易的安全，不符合保护整体交易安全和公平的原则。故个别商事交易中留置物与债权在法律关系上的直接牵连性仍应得到强调。

问题 3. 承运人对第三人货物的留置权

从一般留置权的角度而言，判断承运人对第三人货物是否具有留置权，存在两个障碍：其一，在运输合同中，托运人常常对运输的货物并不具有所有权，甚至在有些时候收货人对运输的货物也不具有所有权，是否可以认定运输的货物属于《物权法》规定的“债务人的动产”？其二，由于运输合同涉及托运人、承运人、收货人乃至货物所有人之间的关系，合同的相对性又否认将不同的主体之间的法律关系相混淆的可能性，承运人主张留置权可能面临着《物权法》所要求的“同一法律关系”的障碍。

除此之外，《合同法》对承运人的留置权进行了特别的规定。该法第315条规定：“托运人或者收货人不支付运费、保管费以及其他运输费用的，承运人对相应的运输货物享有留置权，但当事人另有约定的除外。”该规定与《物权法》“债权人合法占有债务人交付的动产时，不知债务人无处分该动产的权利，债权人可以按照担保法第八十二条的规定行使留置权”的表述存在细微的差别，在合同法的规定中，似乎没有要求承运人的善意。

依照法工委的释义，“除法律另有规定外，承运人可以自行留置货物，不必通过法定程序留置货物”，[①] 表明承运人依照第 315 条行使的留置权与一般的留置权行使并不相同。相比于一般留置权中债务人可以以债权人知晓债务人无权处分财产为由对抗留置权，合同法中对抗留置权的理由是“当事人另有约定”。对于另有约定的含义，法工委指出，“此句包含了两层意思：第一是指当事人如果在合同中约定即使在运费、保管费以及其他运输费用没有付清的情况下，承运人也不能留置货物的，承运人就不能留置货物。第二是指如果托运人或者收货人提供了适当的担保，则承运人也不能留置货物。”[②]

有的学者则分析了货物为收货人所有和货物不为收货人所有两种情形，认为《合同法》第 315 条赋予货物合同承运人特别成立要件的观点不具有说服力，应当认为第 315 条并不是留置权的特别规定；合理的做法应当是基于诚实信用原则赋予承运人在运费尚未支付时对抗货物所有权人返还货物的请求，该权利不因承运人知道托运人非货物所有权人而受影响，即便货物并非依照货物所有权人的意思交付，除非为盗赃物，否则承运人依然可以善意取得。[③]

对于上述提出的“债务人的动产”与“同一法律关系”的问题，在承运人留置权领域有特别的规定。对于动产的归属问题，《合同法》第 315 条使用的表述为“相应的运输货物”，而对于何为相应的运输货物，依照《最高人民法院关于国内水路货物运输纠纷案件法律问题的指导意见》第 7 条规定：“国内水路货物运输合同履行完毕，托运人或者收货人没有按照约定支付运费、保管费或者其他运输费用，依照合同法第三百一十五条的规定，承运人对相应的运输货物享有留置权。人民法院在审查承运人的留置权时，应当重点审查承运人留置货物的数量是否是在合理的限度之内，以及承运人留置的货物是否是其合法占有的货物。债务人对留置货物是否具有所有权并不必然影响承运人留置权的行使，除非运输合同当事人对承运人的留置权另有特殊约定。”也即，法院审查的问题是承运人的占有权

---

① 全国人大法工委编：《中华人民共和国合同法释义》，法律出版社 2009 年版，第 481 页。
② 全国人大法工委编：《中华人民共和国合同法释义》，法律出版社 2009 年版，第 481 页。
③ 张家勇：《承运人对第三人货物的留置权》，载《法学研究》2009 年第 3 期。

限和留置货物的数量，且明确表明留置货物的所有权不影响承运人留置权的行使。

对于“同一法律关系”的问题，承运人对货物的留置权没有特别的规范。《海商法》第 87 条规定：“应当向承运人支付的运费、共同海损分摊、滞期费和承运人为货物垫付的必要费用以及应当向承运人支付的其他费用没有付清，又没有提供适当担保的，承运人可以在合理的限度内留置其货物。”该规定表明，在海事运输领域，依然需要坚持“同一法律关系”的原则，承运人只能留置本次运输过程所涉及的货物，而不能留置其他船只上所载的货物，即便其知道其他船只上的货物也为托运人所有。但与此同时，《物权法》却通过商事留置权的规定，放宽了企业之间相互留置时“同一法律关系”的限制。《物权法》第 231 条规定：“债权人留置的动产，应当与债权属于同一法律关系，但企业之间留置的除外。”因此，在承运人与托运人、收货人为企业时，其可以使用商事留置权的规定突破“同一法律关系”的要求；但是，商业实践中运输合同主体并非均为企业，若债权人或债务人并非企业，则留置的物应当与债权属于同一法律关系。

【典型案例 4】

案例索引：韩国元喜海运株式会社诉南太万达龙（天津）国际贸易有限公司案①。

基本案情：1993 年 7 月 21 日，原告韩国元喜海运株式会社与被告南太万达龙（天津）国际贸易有限公司签订了天津至俄罗斯那霍德卡往返航次的租船合同。合同约定：南太公司租用原告所属圣文森特籍“星光”轮，装运 1500 吨牛肉罐头从天津运至那霍德卡港，装三天卸三天；装运 1500 吨钢材自那霍德卡港至天津，在那霍德卡港装船时间允许三天。滞期费每日 2000 美元。因装运的上述货物系被告天津华升物业有限公司出口及进口，上述合同签订的同时，两被告之间也签订了与上述合同内容大致相同的往返航次租船合同。

① 载《中国审判案例要览》（1995 年综合本），中国人民大学出版社 1996 年版，第 1316 页。

1993年7月31日，原告所属“星光”轮在天津港第三港埠公司码头靠泊作业，于8月2日装货完毕驶离天津港。该轮于8月8日18：00时抵那霍德卡港锚地，8月13日20：24时靠泊，8月14日19：10时开始卸货，8月22日11：06时开始装货，9月2日11：40时装货结束。“星光”轮返驶抵天津港后，因与南太公司就在那霍德卡港产生的滞期费发生纠纷，原告拒绝卸下1500吨钢材货物，并欲留置船上货物运回韩国扣押。

天津华升物业有限公司得知后，以其托运的罐头丢失12吨及原告拒卸其所属的1500吨钢材为理由，于1993年9月16日申请天津海事法院诉前扣押原告所属圣文森特籍“星光”轮。天津海事法院裁定扣船后，天津华升物业有限公司经与原告协商达成协议，由天津普利达房地产开发有限公司为天津华升物业有限公司提供10.4万美元的担保，原告向天津华升物业有限公司交付货物。协议达成后，天津华升物业有限公司申请解除对“星光”轮的扣押，天津海事法院于9月25日裁定，解除了对该轮的扣押。

法院裁判：根据航海日志，“星光”轮在那霍德卡港的装卸记录及气象报告等证据材料，“星光”轮在那霍德卡港产生滞期费33888美元是成立的。南太公司作为承租人应该履行合同之义务，赔付原告因船舶滞期所产生的上述损失，然后有权向天津华升物业有限公司追偿。在诉讼中，南太公司已将所欠运费如数付给原告的代理天津市航运公司，原告也予以确认，原告关于运费的诉讼请求已经解决。

根据合同的约定，原告应向南太公司索赔所欠运费和滞期费，无权留置不属南太公司而属天津华升物业有限公司所有的货物。因此，天津华升物业有限公司以原告拒绝交付货物为理由申请扣船是正确的，由此产生的扣船损失应由原告自负，故对原告要求赔偿扣船损失的请求不予支持。

经法院主持调解，双方当事人于1994年3月3日自愿达成如下调解协议：一、天津华升物业有限公司自愿赔偿原告33800美元，作为与本案有关的最终的和全部的赔偿。二、上述款项自协议生效后30日内汇至天津市航运公司。逾期不付则按中国人民银行结算办法的规定，每延付一日加付万分之三的滞纳金。三、原告收到上述款项后，将天津普利达房地产开发有限公司为天津华升物业有限公司出具的担保退回该公司。四、本案诉讼费6910元人民币，由南太公司承担3000元，由天津华升物业有限公司承担 3910 元。

天津海事法院认为上述协议符合法律规定，予以确认。

裁判要旨： 在承运人行使对第三人货物的留置权案件中，依然应当审查留置的货物的范围。依据合同规定应当直接向债务人所有的船载货物行使留置权，却留置了非直接债务人所有的货物，属于留置货物范围的错误。①

问题 4. 基于劳动关系产生的债权能否适用留置权

《物权法》第 231 条规定："债权人留置的动产，应当与债权属于同一法律关系，但企业之间留置的除外。"该规定限制了留置权适用的范围，即留置的动产应当与留置权人的债权属于同一法律关系。在劳动纠纷中，由于企业拖欠员工薪酬而引发的劳动关系纠纷层出不穷，而与此同时为方便员工工作，企业也常将一定的财产分配于员工使用，此时如果企业拖欠员工工资，员工能否以此为由留置企业的财产？这是劳动债权纠纷中常见的情形。

员工能否留置企业的财产，关键在于判断劳动关系产生的债权与企业占有公司的动产是否属于同一法律关系。对此，支持者认为，劳动关系属于典型的以"提供劳务—支付劳动报酬"为基本内容的继续性合同，合同义务表现为一种持续性的状态，并不存在一个能够自始确定的、以金额和数量为表现形式的总给付数额，双方不断进行的给付与对待给付不具有独立的意义；因此，劳动合同双方的债权债务关系并非复数而是单数，劳动者基于劳动合同的履行对用人单位相关动产的占有，与其享有的劳动债权具有当然的牵连关系，劳动合同关系中具有纯粹工具的动产可以成为留置权的客体，兼具企

---

① 案例要览中编者对案例的点评认为：被告在天津港发现其托运的罐头丢失，以及船方拒绝卸下其收到的货物，向法院申请海事请求保全，符合"关于海事法院诉讼前扣押船舶的规定"精神，因此被告请求扣押船舶的范围符合规定；而原告追偿船的滞纳费，依据合同规定应当直接向债务人所有的船载货物行使留置权，却留置了非直接债务人所有的货物，出现留置货物范围的错误。参见中国高级法官培训中心，中国人民大学法学院编：《中国审判案例要览》（1995 年综合本），中国人民大学出版社 1996 年版，第 1318 页。

业福利属性的其他动产如汽车等也可以成为留置权的客体。[①]

反对者则从劳动合同的结构进行论述。有的学者认为，企业的性质是用“有形之手”对“无形之手”进行替代，而劳动合同则是用“无形之手”对“有形之手”进行制约；因此，劳动债权不适用留置权是服从“有形之手”的规律使然，一旦赋予劳动者留置权，劳动者有权在用人单位组织生产过程中留置用人单位的财产甚至包括生产工具，有可能会危及外部债权人利益，导致外部合约受到内部合约的牵制，也破坏劳动关系的平衡。[②]

对于这个问题，笔者赞成第二种观点。《物权法》明确规定行使留置权以动产与债权处于同一法律关系为前提，因此判断劳动关系下劳动者是否有权对公司动产行使留置权，关键在于判断劳动者对公司的劳动报酬请求权与其占有公司财产是否属于同一法律关系。笔者认为，尽管劳动者与企业之间的关系是劳动合同关系，但在该合同关系下存在不同的关系：一方面，劳动者接受企业的管理，双方存在管理与被管理的不平等关系；另一方面，劳动者通过向企业提供劳动而获得劳动报酬，双方在此层面上处于互相平等的关系。因此，与员工劳动报酬请求权相对应的义务是提供劳务的义务，而员工所占有的财产并不属于提供劳动与获得劳动报酬这一关系的组成部分。因此，劳动者无权就与企业的劳动关系行使留置权。而这一观点，也得到了最高法院《人民司法（案例）》的支持。

【典型案例 5】

典型案例裁判文书

留置权与牵连关系——长三角商品交易所有限公司诉卢海云返还原物纠纷案

案例索引：长三角商品交易所有限公司与卢某返还原物纠纷案[③]。一审：（2014）崇民初字第 0562 号；二审：（2014）锡民终字第 1724 号。

基本案情：卢某原系长三角公司副总经理，分管行政、人事、财务等工作。为方便卢某工作，长三角公司将名下的

---

① 王硕：《论留置权在劳动合同中的适用》，载《中国劳动》2017 年第 5 期。

② 姜丽丽：《留置权在劳动债权中的适用探讨——一种结构分析的视角》，载《法律适用》2017 年第 17 期。

③ 载《最高人民法院公报》2017 年第 1 期。

捷达苏BV367R轿车交付卢某使用。2014年2月21日，长三角公司向卢某送达关于卢某旷工和挪/占用公司财产处罚通告，载明卢某“连续旷工13日，我公司多次通知拒不去集团物流园报到，也不来交易所，并挪用和拒还公司轿车（捷达苏BV367R），其行为违反了公司《员工手册》第三章第十五条关于旷工的规定和第十三章第七十二条第十款挪用公司财物的规定，属于严重的违纪行为，从即日起给予辞退处理”等内容。卢某对解除劳动关系并无异议，但认为长三角公司解除劳动关系违法，应向其支付拖欠的工资、社保金及经济补偿金，故拒绝向长三角公司返还苏BV367R轿车。

法院裁判：（一）基于劳动关系产生的债权不能行使留置权。《物权法》第二百三十条第一款规定：“债务人不履行到期债务，债权人可以留置已经合法占有的债务人的动产，并有权就该动产优先受偿”；第二百三十一条规定：“债权人留置的动产，应当与债权属于同一法律关系，但企业之间留置的除外。”根据法律规定及法律体系的架构，留置权的行使要件之一应为存在平等主体间的债权债务关系。留置权是担保物权之一，规定在民法通则、担保法、物权法等民法体系中，其调整对象应是平等主体间的民事担保关系，排除因管理行为产生的债权债务对担保法的运用。留置权在性质上是平等主体间实现债权的一种方式，其平等性表现在债权人可通过留置债务人的动产对抗债务人，督促其履行债务，并可通过对留置物进行变价优先受偿来保护债权。而劳动关系一方为用人单位，另一方为劳动者，与一般的民事关系相比，双方在履行劳动合同过程中处于管理和被管理的不平等关系，劳动者不能基于劳动管理关系而对所占有的用人单位的财产适用留置权，否则将导致劳动管理秩序的紊乱。我国劳动法及劳动合同法已经对劳动者的合法权利设置了倾斜性保护条款，劳动者完全可以通过法定的正当途径保护自己的劳动债权，如再使用私力救济方式保护劳动债权，不仅影响劳动生产和管理秩序，还将造成债权债务保护的不公平性。另外，由于留置权具有优先受偿性，不仅优于一般债权人，还优先于享有抵押权、质押权人的其他债权人，而劳资纠纷产生于用人单位与劳动者之间，本质上系经济组织的内部纠纷，从用人单位与劳动者共担经营风险的角度而言，也不应通过行使留置权而优先于外部债权人受偿。

（二）卢某所扣留的苏BV367R轿车，不是双方劳动合同关系的标的物，不符合“同一法律关系”的构成要件。除企业间留置外，留置的动产应与债权属于同一法律关系，这实际上对留置的动产范围作了严格限定。所谓同一法律关系，是指债权人占有动产是基于与其债权发生的同一法律关系发生，动产与债权发生具有紧密联系性。劳动合同的基本法律关系为劳动者承担向用人单位提供劳动和接受用人单位管理的义务，并有权要求用人单位依约支付劳动报酬。本案中，卢某被长三角公司安排在管理岗位，分管行政事务、财务以及人事工作，因此卢某所扣留的苏 BV367R 轿车，仅仅是长三角公司为公司高管出行提供的便利，并非双方建立的劳动关系的标的物，长三角公司可以随时收回车辆，也并不影响原有劳动关系的履行，长三角公司是基于所有权而不是基于劳动关系要求卢某返还车辆，因此卢某占有苏 BV367R 轿车与其主张的工资、社保金等劳动债权并非基于同一法律关系。

（三）双方劳动关系已经解除，卢某丧失合法占有苏 BV367R 轿车的基础。作为长三角公司高管所享受的便利，卢某合法占有苏 BV367R 轿车是有时间限制和条件限制的，在双方劳动关系解除后，卢某合法占有苏 BV367R 轿车的条件已不存在，理应向长三角公司返还苏 BV367R 轿车。

裁判要旨：留置权是平等主体之间实现债权的担保方式；除企业之间留置的以外，债权人留置的动产，应当与债权属于同一法律关系。劳动关系主体双方在履行劳动合同过程中处于管理与被管理的不平等关系。劳动者以用人单位拖欠劳动报酬为由，主张对用人单位供其使用的工具、物品等动产行使留置权，因此类动产不是劳动合同关系的标的物，与劳动债权不属于同一法律关系，故人民法院不予支持该主张。①

---

① 审理该案的二审主审法官认为，其一，留置权属于平等主体之间的民事担保方式，因管理行为产生的债权无法适用担保，留置权的本质在于平衡债权人预先在物质上或劳力上的付出，以保护平等的法律关系主体，但劳动关系在履行过程中是管理与被管理的关系，居于被管理地位的劳动者权利已为立法倾斜性条款保护，再行使私力救济手段将导致法律关系的失衡。其二，从解释论上来说，用人单位为劳动者提供的工作便利条件所涉及的动产不是劳动法律关系的标的物，与劳动债权不属同一法律关系，理由包括：用人单位的所有物返还请求权建立在所有权基础上，劳动者的劳动债权建立在劳动合同基础上，两者不产生于同一法律关系；用人单位向劳动者支付报酬所对应的劳动者的义务是提供劳动，与占有企业财产并不相对应。因此，劳动者基于报酬请求权不能留置企业的财产。参见姜丽丽、诸佳英：《基于劳动关系产生的债权不能适用留置权》，载《人民司法·案例》2015 年第 8 期。

问题 5. 商事留置权的适用

尽管上文已经论述“同一法律关系”在适用留置权时的重要性，但在合同双方均为商事主体的情况下，法律往往会放宽“同一法律关系”的要求。这种法律制度被称为“商事留置权”，但在我国的法律中却不以商事主体作为必要条件，而是以双方主体均为企业作为区分民事留置和商事留置的依据。《物权法》第 231 条规定：“债权人留置的动产，应当与债权属于同一法律关系，但企业之间留置的除外。”

（一）适用商事留置权的原因

商事留置权起源于中世纪意大利商人团体的习惯法，主要的作用是维持商人之间的信用，并保障交易关系的稳定和交易的安全，即在债务人不履行到期债务时，债权人有权留置因商事行为而归自己占有的债务人的所有物或有价证券，这种留置权与民事留置权来源于罗马法的渊源不相同。①

确认行使商事留置权无须以债与留置物属于同一法律关系的主要考量是，如果要求债权人留置的动产应当与债权属于同一法律关系则过于狭窄，无法最大限度地发挥留置权的功能；而且企业之间的商业交易往往难以判断动产与债权是否属于同一法律关系，仅有放宽同一法律关系的要求才能实现交易的快捷与效率，确保企业之间的商业信用。② 此外，我国规定商事留置权不受同一法律关系限制的制度价值还包括：其一，扩大留置权的适用范围，从而有助于保障企业之间债权的实现；其二，促进资金的快速流转，有利于债务的及时清结，商事留置权有利于保障企业不会长期拖欠费用，以至于导致纠纷处理时间更长；其三，有利于及时解决企业之间的债权债务纠纷，如果企业之间的留置权限制过于严格，则不利于企业之间的债权实现。③ 有的学者则认为，商事留置权的目的在于保护债权人的债权集合体，寻求商事交往过程中形成的整体利益平衡，而这种利益关系的集合性由商人主体的特殊性决定，这种特殊性包括：其一，保障商人

---

① 刘凯湘：《比较法视角下的商事留置权制度》，载《暨南学报》2015 年第 8 期。

② 程啸：《担保物权研究》，中国人民大学出版社 2017 年版，第 604 页。

③ 王利明：《物权法研究（第三版）》（下卷），中国人民大学出版社 2012 年版，第 1429 页。

主体资格正常存续的需要，因为商人财产总量减少到一定程度不但会阻碍商人正常的经营活动，甚至可能影响其主体资格的存续；其二，商人之间因多次交易形成了复杂的债权债务集合体，允许债权人留置无牵连关系的财产，有利于及时、便捷地了解其与债务人之间的整体债权债务关系，以确保其资产状态、经营能力和主体资格存续能力。①

总而言之，商事留置权适用的缘由主要是基于作为以从事商业活动为生的商事主体，以及商事实践中复杂的商业往来形成的商事关系，为了满足交往中形成的交易关系稳定性并提交交易的效率和纠纷解决的效率。因此，法律赋予商主体特殊待遇，使得商事活动中可以更为广泛地利用留置权保障债权人的权益，并敦促债务人及时履行债务。

（二）商事留置权的构成要件

我国对于商事留置权的规定仅有“但企业之间留置的除外”这一排除同一法律关系要求的规定，但没有对商事留置权的构成要件进行特别规定。人们通常认为，适用商事留置权，应当符合以下构成要件：

1. 主体方面

相较于其他立法例使用“商主体”作为商事留置权的主体要件，我国法律以“企业”作为商事留置权的适用主体。但是“企业”的概念较为模糊，其本质上是一个经济概念而非法律概念，且由于我国商事主体形态多样，难以对“企业”进行明确的界定。因此，“企业”的界定便存在诸多问题：其一，许多非企业形态而从事商事活动的主体，除了商人个人外，个体工商户、农村承包经营户等商事主体是否属于可以适用商事留置权的企业？其二，许多性质上并非商事主体的组织却实际从事了商业活动，例如我国从事经营性活动的电视台等事业单位，是否属于可以适用商事留置权的企业？

对于第一个问题，学界存在不同的主张：有的学者认为，依照《物权法》的文义，个体工商户、农村承包经营户、个人合伙等非企业形态的商主体不能被认定为属于商事留置权的适用主体。② 有的学者则认为，农村承包经营户、个体工商户应当被认定为属于商事留置权中的企业。有人认

① 熊丙万：《论商事留置权》，载《法学家》2011 年第 4 期。

② 王利明：《物权法研究（第三版）》（下卷），中国人民大学出版社 2012 年版，第 1431 页。

为，应当对此处的“企业”进行扩张解释，原因包括：其一，商事留置权的产生和发展表明其关注的重心在于持续性经营活动，只要个体工商户对外开展了持续性经营活动，就可能产生债的关系并由债权人占有债务人的动产，出于维护利益平衡需要适用商事留置权；其二，从《物权法》的规范体系来看，《物权法》第181条明确将个人工商户和农业生产经营者列为可以适用浮动抵押的主体之一，通过举重以明轻，应当认为保护效果更弱的商事留置权可以适用；其三，扩张解释符合比较法上的通行惯例和国际商事交往惯例，而比较法上以商人而非企业作为商事留置权的适用对象。①

对于第二个问题，由于我国存在大量的经营性事业单位，其是否属于适用商事留置权的企业存在诸多疑问。有的学者主张，应当对此处“企业”进行扩张解释，当事业单位以商业活动为常业时，应当认定适用商事留置权；但是，“对出版社、电视台等事业单位所从事的非经营性活动所引发的债和财产占有关系，要区分债权和留置物是否是因经营性活动所形成，不宜简单适用商事留置权制度，如电视台在从事抗震救灾报道过程中，因报道活动紧急需要将器材交由其他商人保管，恰逢该商人因其他经营性活动享有对该电视台的债权，但其不能就因抗震救灾报道等非经营性活动占有的财产主张商事留置权。”②

笔者认为，上述对商事留置权中“企业”概念的扩张解释虽然存在许多合理的适用空间，但这些观点尚未得到最高人民法院的认同，实践中也鲜见法院将上述主体列入商事留置权的适用范围，在司法实践中应当慎重采纳。但是有一点应当肯定：企业之间的商事留置权需要在企业之间债权债务因营业活动而发生时，才可以适用商事留置权，若非营业活动而引发的债权债务，不得突破“同一法律关系”的限制。

2. 企业基于营业关系而占有其他企业之动产

如果企业之间留置可以完全不受同一法律关系的限制，则至少需要将占有动产的原因限制在营业关系之内。有的学者则将该构成要件拆分为三个方面：首先，适用留置权的债权应当发生在营业关系之中，而这种营业关系不仅包括营业中的合同关系，还包括营业中形成的不当得利、无因管

---

① 熊丙万：《论商事留置权》，载《法学家》2011年第4期。

② 熊丙万：《论商事留置权》，载《法学家》2011年第4期。

理关系，甚至是商业侵权如诋毁商誉和盗取商业秘密；其次，债权须后于对动产的占有而发生，这一点得到了我国《物权法》第230条“债权人可以留置已经合法占有的债务人的动产”的确认；最后，对动产的占有应当发生在营业关系中，如果对于基于非营业关系而占有动产的情形纳入适用商事留置权的情形，否则将构成对债权人的过度保护而给债务人带来莫测的商业风险。[①]

3. 企业合法占有其他企业的动产

这一规定是所有留置权均需符合的要求。这一要求包含了三层意思：其一，占有的物应当为动产，不动产之上不能形成留置权；其二，必须是债权人占有动产，该种占有可以是直接占有也可以是间接占有，但单纯的持有不能构成占有，例如占有辅助人不能成立留置权；其三，占有动产必须合法，如果是非法占有债务人的动产，则构成侵权行为。[②] 以上要求在商事留置中依然适用。

（三）商事留置权的善意取得

上文讨论到留置权中债权人能否对非债务人所有而为债务人合法占有的动产上主张留置权，而依据我国担保法司法解释的规定，在债权人不知道债务人无权处分被留置动产的情况下，可以类推善意取得制度，即债权人可以对该笔动产主张留置权。理论上认为，既然在民事留置的情况下债权人可以适用善意取得制度，商事留置的目的就是扩大留置权的适用范围以达到保障企业利益、维护交易安全并促进流转效率，那么商事留置权也应当可以适用善意取得制度。

从另一个角度看，商事留置权也符合《物权法》第106条关于善意取得的构成要件。有学者认为，善意取得的构成要件包括受让时的善意、支付价格的合理和物权公示的完成，而在商事留置权中，上述条件也可以得到满足：其一，留置权人一般对债务人无权处分行为不知情，留置权人在接受债务人交付的动产时，往往不会追问动产的真实所有权属状况，因此符合善意要件；其二，债权人对债务人所享有的债权可以视为债权人支付的对价，符合支付价格合理的要件；其三，对于动产而言，善意取得的公

---

① 孟强：《论我国〈物权法〉上的商事留置权》，载《政治与法律》2008年第10期。

② 胡康生主编：《中华人民共和国物权法释义》，法律出版社2007年版，第497页。

示要求是已经转移占有，而在留置权的行使过程中，债权人自初便已经占有该动产，公示要件也已经完成。[1] 因此，从善意取得的适用条件上进行分析，商事留置权完全可以适用善意取得制度。

笔者赞同上述观点。一方面，从商事留置权的立法目的而言，商事留置权的目标是便利留置权的使用，既然在民事留置中债权人有权就非债务人所有但由其合法占有的动产主张留置，商事留置权中也应当适用。另一方面，担保法司法解释规定了留置权的善意取得条件，而对于商事留置权中是否可以主张善意取得没有特别规定，即应当适用一般性的规定。

典型案例裁判文书

上海市第二中级人民法院(2008)沪二中民四(商)终字第432号民事判决书

【典型案例 6】

案例索引： 上海桃宏装饰装潢有限公司与上海金朋运输有限公司等财产损害赔偿纠纷案。一审：（2008）嘉民二（商）初字第235号；二审：（2008）沪二中民四（商）终字第432号。

基本案情： 上海国嘉高分子材料有限公司（以下简称国嘉公司）与上海桃宏装饰装潢有限公司（以下简称桃宏公司）系租赁关系，由国嘉公司承租桃宏公司厂房。上海金朋运输有限公司（以下简称金朋公司）与国嘉公司有运输业务往来。2007年12月9日，金朋公司接受国嘉公司委托，将国嘉公司在桃宏公司处的设备运输至江苏吴江，桃宏公司获悉后，用车辆堵住厂房大门，阻止金朋公司的运输车辆出厂。当地警方接报警后出警，要求双方妥善处理。次日，桃宏公司与国嘉公司签订协议1份，约定：国嘉公司应于2007年12月13日将用电户名过户给桃宏公司，并将电、厂房情况恢复；留置在厂房内的财产（设备零件、大卡车、铲车等）国嘉公司保证在诉讼时效内不拉走；国嘉公司于2007年12月向法院起诉。当月13日，国嘉公司向桃宏公司发出“解除厂房租赁合同通知函”1份，要求终止租赁合同，并要求桃宏公司撤离堵住大门的车辆、赔偿国嘉公司租赁的卡车导致的经济损失。桃宏公司未予回复。

① 孟强：《论我国〈物权法〉上的商事留置权》，载《政治与法律》2008年第10期。

法院裁判： 讼争车辆系金朋公司所有，其在运输国嘉公司设备时遭桃宏公司阻拦，最终因桃宏公司用车堵住厂区大门，致使金朋公司无法将车辆驶离。桃宏公司的行为侵犯了金朋公司的合法权益，应当承担相应的赔偿责任。金朋公司系运输营运公司，其对每日经济损失的主张，并不过当，酌情予以支持。国嘉公司并非侵权行为人，故金朋公司要求国嘉公司承担赔偿责任，不予支持。桃宏公司辩称行使不安抗辩权，应当针对与其相关的合同当事人即国嘉公司行使，而不应阻拦金朋公司车辆驶离。至于桃宏公司与国嘉公司签订协议将车辆留置，涉及的是国嘉公司的财产，其中并未明确包含本案被扣押的沪 AR7740 货运车，即便已经包含，这种约定也不能对抗非协议方的金朋公司。《中华人民共和国物权法》第二百三十条规定，“债务人不履行到期债务，债权人可以留置已经合法占有的债务人的动产，并有权就该动产优先受偿”。桃宏公司不当留置了非债务人的财产，违反法律规定且引起损失，应对此承担相应的法律责任。

裁判要旨： 即便在行使商事留置权的场合，依然需要对留置权的动产范围进行限制，留置的动产应当是债务人的动产。不当留置非债务人的动产而引起损失的，留置方应对此承担相应的法律责任。①

【典型案例 7】

案例索引： 舟山富生船舶修造有限公司与浙江涌禾运输有限公司船舶修理合同纠纷案。一审：（2016）浙 72 民初 2446 号；二审：（2017）浙民终 127 号。

---

① 审理案件的二审法官分析了该案例中的三个问题：其一，商事留置权虽然对“同一法律规定”进行了突破，但商事留置权的外延也应当加以限制，而商事留置权的主要目的在于保障商事交易的安全与效率，而“营业关系”的认定应当根据行为是否具有商业目的判断，例如本案中的汽车虽然并非两公司承租厂房关系所发生，却是为了商业目的使用，应当认定为属于“营业关系”；其二，关于合法占有与强行扣押的界限问题，留置权源于对物的事实上的占有，且这种占有应当是合法占有，不能违背公序良俗，暴力扣押他人财产的行为不能得到法律的保护和确认，但行使留置权的占有与物权性的稳定的占有制度存在一定距离，在司法实践中认定构成占有需要考虑多种因素，包括对财产控制的程度、控制时间的持续性、占有者与被占有者的主观心理状态以及考量占有手段的社会后果等多种因素；其三，对于“债务人的动产”的认定，应当解释为债务人所有的动产，仅在债权人不知道债务人无权处分动产之时方可适用留置权的善意取得制度。参见符望：《行使商事留置权不当应承担法律责任》，载上海法院网，http：//shfy.chinacourt.org/article/detail/2009/09/id/593335.shtml。

典型案例裁判文书

浙江省高级人民法院(2017)浙民终127号民事判决书

基本案情：2015年2月，原告舟山富生船舶修造有限公司与涌禾公司就修理“涌禾16”船签署《船舶修理合同》，修理完毕后，涌禾公司确认修理项目。2015年4月，双方确认“涌禾16”船船舶修理费含税价为325260元。涌禾公司于2015年3月23日支付100000元，尚欠修理款225260元。2016年1月，双方就修理“涌禾11”船签署《船舶修理合同》，修理完毕后，涌禾公司确认修理项目。2016年2月28日，双方确认“涌禾11”船修理费为640000元（含税）。同年6月1日，富生公司向涌禾公司发《函》，要求涌禾公司立即支付上述二船船舶修理欠款，并通知涌禾公司“涌禾11”船已被富生公司依法留置。2016年6月18日富生公司再次向涌禾公司送达《通知书》，通知涌禾公司留置“涌禾11”船，涌禾公司确认收到。2016年7月31日，涌禾公司确认“涌禾11”船码头费及看管费为340973元（含税），双方就上述二船舶修理的拖欠款项进行对账确认，约定：涌禾公司于8月31日前一次性付清欠款，如发生涌禾公司逾期付款或者富生公司诉讼，则由涌禾公司承担律师费、财产保全费；利息自2016年7月31日起按月利率1%结算至欠款付清之日止，先付利息，后付本金，息随本清；凡与本次对账单不一致的，以本次对账单为准；双方一致同意按我国《物权法》《担保法》《合同法》等相关规定进行处理。

法院裁判：根据我国《海商法》第二十五条第二款的规定，船舶留置权是指造船人、修船人在合同另一方未履行合同时，可以留置所占有的船舶，以保证造船费用或者修船费用得以偿还的权利，船舶留置权在造船人、修船人不再占有所造或者所修的船舶时消灭。我国《物权法》在第二百三十条第一款规定债务人不履行到期债务，债权人可以留置已经合法占有的债务人的动产，并有权就该动产优先受偿的同时，在第二百三十一条又规定，债权人留置的动产，应当与债权属于同一法律关系，但企业之间留置的除外。结合本案，富生公司为涌禾公司修理“涌禾16”船，涌禾公司未按约定付清船舶修理费用，富生公司亦未对“涌禾16”船行使船舶留置权，依照我国《海商法》第二十五条第二款的规定，富生公司丧失对“涌禾16”船的船舶留置权当无异议。但此后富生公司又为涌禾公司修理

“涌禾11”船，在涌禾公司未支付“涌禾11”船修理费用的情况下，富生公司留置“涌禾11”船，并就“涌禾11”船的全部修理费用和“涌禾16”船尚欠的修理费用178000元及利息主张优先受偿的权利。富生公司留置“涌禾11”船并对该船的修理费用要求优先受偿，符合《海商法》第二十五条第二款的规定，亦无争议。

本案争议的问题在于富生公司能否就“涌禾16”船的修理费用对“涌禾11”船行使留置权并优先受偿，换言之，《物权法》第二百三十一条所规定的企业间动产留置权即一般所称的商事留置权能否适用于船舶？

首先，将《物权法》第二百三十一条的商事留置权适用于船舶符合现有法律规定。根据《物权法》第五条的规定，物权的种类和内容，由法律规定，即物权法定，故商事留置权属于我国《物权法》规定的法定物权之一，而我国《海商法》虽规定了船舶留置权，但对于船舶的商事留置权并无规定，据此，将《物权法》第二百三十一条规定的商事留置权适用于船舶既符合物权法定的基本原则，也未违反《物权法》第八条“其他相关法律对物权另有特别规定的，依照其规定”的内容。因此，在《海商法》对船舶的商事留置权未作规定，且双方当事人均同意适用《物权法》的情况下，原判以特别法优于一般法为由否认双方当事人选择适用《物权法》的行为效力，既有违当事人意思自治原则，也不符合物权法定原则。

其次，本案符合行使商事留置权的条件。按照2015年2月23日富生公司与涌禾公司就修理“涌禾16”船签订的《船舶修理合同》，修理费用支付采取一次性结算的方法，即涌禾公司应当在“涌禾16”船出厂前一次性付清修理费用，但涌禾公司仅支付了10万元，余款未付，故2016年6月1日富生公司致函涌禾公司告知留置“涌禾11”船时，涌禾公司因“涌禾16”船对富生公司所欠的债务早已到期，符合《物权法》第二百三十条、第二百三十一条适用的条件。虽然本案双方当事人于2016年7月31日又签订《对账单》，明确涌禾公司应当在2016年8月31日前一次性付清“涌禾16”船和“涌禾11”船的修理费用，但该付款期限属于富生公司为催告涌禾公司履行义务给予的合理期限，并未改变涌禾公司因“涌禾16”船对富生公司所欠债务已经到期的事实。

再次，将商事留置权适用于船舶符合保护债权人利益的立法价值取向。无论是《海商法》规定的船舶留置权，还是《物权法》规定的动产留置权（包括商事留置权），其立法的本意均系妥善保护债权人的合法权益，故将商事留置权适用于船舶，亦符合上述法律的价值取向。

最后，将商事留置权适用于船舶符合当前我国航运业、船舶修理业的实际。由于近年来很多航运企业经营不景气，资金周转困难，故船舶修理企业在完成船舶修理后，一般会给予船东一定的宽限时间支付船舶修理费用，而非通过行使船舶留置权来主张船舶修理费用，这既有船舶修理企业对于航运市场现状的现实考量，也体现了船舶修理企业愿意与船东企业共渡难关的商业善意。在船东企业经营出现严重问题或者积欠船舶修理费用过高时，赋予船舶修理企业商事留置权，既符合我国当前航运业、船舶修理业的实际情况，也有助于船舶修理企业控制经营风险，体现法律对于船舶修理企业商业善意的肯定。综上所述，《物权法》第二百三十一条所规定的商事留置权可以适用于船舶，但此时对于船舶的留置，并非《海商法》意义上的船舶留置权，而是基于《物权法》所规定的企业间动产留置权。

裁判要旨：依据《海商法》，船舶留置权是指造船人、修船人在合同另一方未履行合同时，可以留置所占有的船舶，以保证造船费用或者修船费用得以偿还的权利。《物权法》规定的商事留置权亦可适用于对船舶的留置，因此造船人、修船人在合同另一方未履行合同时，可以留置其合法占有的债务人的其他船舶，此时留置权产生依据的不是船舶留置权，而是《物权法》规定的商事留置权。

问题 6. 房屋出租人在承租人欠付租金时是否可对承租人放置在租赁房屋内的物品享有留置权

实践中时常出现的一种情况为：在房屋租赁合同之中，承租人拒绝支付已到期的租金。由于房屋属于不动产且为承租人所占有，出租人不可能对租赁房屋行使留置权，且房屋本为其所有，行使留置权没有意义。那么出租人是否有权留置承租人置于房屋内的动产？在某些商业地产租赁的实践中，合同双方甚至会在合同中直接约定承租人不支付租金时出租人有权留置房屋内的动产。相比较而言，我国法律在这方面没有直接规定。那么，出租人是否享有此种留置权？

支持出租人此种留置权的理由，一般是考虑到出租人收取租金的困难。在房屋租赁合同履行伊始，出租人就需要履行交付房屋的义务，房屋因此为承租人所占有，此后承租人需要负担支付租金的义务。但是，如果承租人拒绝支付租金，对于出租人的保护是相对薄弱的，出租人很难收回房屋占有，而即便出租人收回了对房屋的占有，房屋的使用价值也已经为承租人所使用，出租人缺乏制约承租人的手段。因此，赋予出租人留置出租房屋内动产的权利具有一定必要性。

反对出租人留置出租房屋内动产的理由则包括：其一，在不动产租赁合同中，承租人相对于出租人而言一般被认为是更为弱势的一方，实务中房屋的出租者往往拥有不止一套房产，而承租人常常并不拥有房产，只能通过承租房屋获得安身之地，房屋对于出租人而言只是谋利工具，而对于承租人而言是居住的地方，赋予出租人更强的债权保护实无必要；其二，虽然在租赁合同中出租人处于先行交付的不利地位，但这并不足以构成对其进行专门保护的理由，合同中双方交付顺序不同是常有的情形；其三，当代民法的趋势是尽量保护承租人的权益，包括确立买卖不破租赁制度、承租人的优先购买权等，赋予出租人专门的留置权与这一趋势并不符合。①

我国法律并未直接规定出租人是否有权留置出租房屋内的财产，因此从法解释学的角度分析，应当遵从留置权成立的基本要件。一般认为，行使留置权的构成要件包括：其一，债权人合法占有债务人的动产；其二，债务人所留置的债务人的动产与债权处于同一法律关系；其三，债务的履行期限届满。在出租人留置出租房屋内动产的问题上，面临的障碍主要集中在：其一，出租的房屋为债务人所占有，其房屋内的动产也为债务人所占有，出租人如何才能够合法地占有该动产？其二，房屋内的财产是否与租赁关系属于同一法律关系？

首先分析同一法律关系的问题。在这个问题上，一般认为房屋租赁合同与房屋内承租人的动产并不属于同一法律关系。按照上文笔者对《物权

---

① 周珺：《论我国出租人留置权制度的存废》，载《政治与法律》2012年第8期。

法》第231条对“同一法律关系”含义的分析，留置财产的返还请求权与债权请求权要么必须从同一法律关系中产生，要么债权人的债权是基于留置物而发生。检验此种情形下的法律关系，在房屋租赁合同中，出租人取得的租金是出租房屋使用价值，而承租人放置在租赁房屋内的财物，与租赁合同无关。承租人物权请求权的产生是由于出租人通过锁门等方式占有房屋中的动产，而租金请求权是基于租赁合同，两者并不能视为来源于同一法律关系。与此同时，租金请求权更不可能视为来源于房屋内出租人所留置的动产，因此两者显然并不来源于同一法律关系。

但是，如果承租人和出租人均为企业，则可以适用《物权法》第231条“债权人留置的动产，应当与债权属于同一法律关系，但企业之间留置的除外”的规定，从而突破同一法律关系的限制。因此，在商业租赁之中，留置权构成的主要障碍并不在于法律关系同一性的要求，而是来源于对出租人占有动产是否合法的判断。

下面分析合法占有的问题。在房屋租赁关系中可以想见，承租人承租了房屋之后，出租人应当将房屋交付给承租人使用，承租人因此合法有效占有了房屋，而承租人置于房屋内的动产，依照社会一般人的观念，不论承租人是否在房屋内，其对房屋内的财产是毫无疑问地处于占有人的地位。甚至于即便承租人忘了锁上房门，也不会有人认为房屋内的财产是处于无主物、遗失物的状态。在此前提下，出租人要占有动产有几种情况：其一，进入房屋并将动产取出，依照社会一般人的观念，这不仅是一种不正当的做法，如果数额较大，甚至可能构成盗窃罪。其二，承租人主动将动产交付给出租人作为担保，此时出租人当然可以将动产作为担保，但这就不是留置权的问题，而是通过新的合意提供的担保。其三，出租人通过在房屋上多加一道锁等方式，使得承租人无法进入房屋取走动产。此时出租人虽然没有直接持有房屋内的动产，但从社会一般观念上看，此时其对房屋内的动产为持有占有的地位。那么此时是否构成对动产的合法占有？在这个问题上，现有的司法实践对此大多持否认态度。

如果租赁合同中明确约定承租人不支付租金时出租人有权留置其置于房屋内的动产，是否可以认定此时出租人对动产的占有属于因合同约定而形成的合法占有？笔者认为，留置权作为一种法定担保物权，不能通过当事人的约定来形成。此外，如果留置权的行使涉及第三人，通过约定形成留置权便更不恰当。例如，承租人在租赁厂房内的机器设备上设置了动产抵押，而出租人却因为对厂房租金的债权依据租赁合同中的留置条款留置了机器设备，依据留置权的优先性原理，此时出租人的留置权处于优先地位；对于抵押权人来说，这无疑是不具有预见性的对于其权利的损害。因此，笔者不认同通过合同约定可以赋予出租人对房屋内动产留置权的观点。

另一种可能涉及的情形是，出租人与承租人在租赁合同中约定了出租人对房屋内财产的留置权，后因承租人拒绝支付租金，出租人留置了房屋内的财产，此时承租人能否主张出租人没有留置权，因此应当对留置行为带来的后果承担赔偿责任？笔者认为，此种情形下虽然不能认定出租人享有对世的留置权，但因为双方合同中具有明确约定，承租人不能因出租人留置相关财产而请求其赔偿。

从比较法上看，许多地区通过法律的规定明确赋予了出租人对承租人放置于房屋内财产的留置权，但这种留置权是法律赋予的特别规定，属于特殊的留置权，而不是一般的留置权。例如，台湾地区民法规定，“不动产之出租人，就租赁契约所生之债权，对于承租人之物置于该不动产者，有留置权。但禁止扣押之物不在此限。”但是，出租人之留置权在世界范围内处于式微趋势，特别是英美法系国家已经大多废止了此种特殊留置权。[①] 笔者认为，在我国现有的法律规范下，应当做如下把握：其一，在承租人与出租人其中一方为自然人的情况下，由于房屋内的财产与租金债权不属于同一法律关系，不应当支持出租人对房屋内财产的留置权；其二，在承租人与出租人双方均为企业的情况下，也不能当然认为承租人享有留置权。如果合同双方在租赁合同中明确约定承租人不支付租金时出租人有权留置房屋内财产，则应当通过对合同条款、案件可能涉及的第三人的状况等情况综合分析，针对案件的具体情况谨慎把握。

---

① 周珺：《论我国出租人留置权制度的存废》，载《政治与法律》2012 年第 8 期。

典型案例裁判文书

浙江省温州市中级人民法院(2015)浙温民终字第2540号

【典型案例 8】

案例索引：苍南县荣晖房地产经纪服务有限公司与天达印刷集团有限公司、杨加宗租赁合同纠纷案。一审：(2014) 温苍民初字第 1154 号；二审：(2015) 浙温民终字第 2540 号。

基本案情：仪邦集团为仪邦集团工业园 A1 幢、A2 幢、A3 幢的厂房的权利人。仪邦集团有限公司将上述厂房出租事项委托给荣晖公司统一出租，由荣晖公司代收租金、逾期占有使用费及违约金。天达公司于 2008 年开始租赁上述厂房并在内生产经营，租期三年，该期租金已付清。租期届满后，天达公司继续使用上述厂房生产印刷产品。为此，杨加宗（天达公司法定代表人）与荣晖公司分别于 2012 年 6 月 18 日、7 月 12 日补签了三份《厂房租赁使用合同》，并约定合同解除后天达公司逾期交还厂房超过 10 日，杨加宗有权自行清场，收回厂房，如有遗留设备、物品，杨加宗同意视作废弃物由荣晖公司自行处理。上述厂房租赁合同期限届满后，天达公司、杨加宗交还了 A1 幢厂房，但未交还 A2、A3 幢厂房，天达公司的印刷设备及相关生产工具仍在 A2、A3 幢厂房内。为此，双方产生纠纷，荣晖公司于 2013 年下半年对 A2、A3 幢厂房的水电进行了关停。2013 年 12 月 26 日，荣晖公司以在 A2、A3 厂房张贴告知函的方式向天达公司、杨加宗公告留置其遗留在厂房内的印刷机器设备及财物。

法院裁判：根据《民法通则》第八十九条第（四）项的规定：“按照合同约定一方占有对方的财产，对方不按照合同给付应付款项超过约定期限的，占有人有权留置该财产，依照法律的规定以留置财产折价或者以变卖该财产的价款优先得到偿还。”《物权法》第二百三十条第一款规定：“债务人不履行到期债务，债权人可以留置已经合法占有的债务人的动产，并有权就该动产优先受偿。”因此，出租人留置承租人的物品，应有租赁合同的约定。在租赁合同未作约定的情况下，出租人对承租人留在租赁房屋内的物品，并不当然享有留置权。

涉案租赁合同第 16—1 条约定，天达公司逾期交还厂房超过 10 日，荣晖公司有权自行清场，收回厂房，如有遗留设备、物品天达公司同意视作废弃物由荣晖公司自行处理。关于该约定中“视作废弃物”的“遗留设备、物品”，按通常理解，应属价值不大，且可废弃之物。而天达公司留存于租赁厂房内的为价值较大的胶印机等机器设备，为可直接用于生产经营的生产资料，应不属于可废弃的设备、物品。作为具有理性价值判断的租赁合同双方当事人，作出将上述机器设备作为废弃物处置约定，不符合市场交易习惯。同时，天达公司对租赁房屋的承租期虽已届满，但并无证据证明该公司同意将上述生产资料交由荣晖公司用以抵扣租金。故荣晖公司占有上述机器设备不符合租赁合同的约定，即不符合《民法通则》第八十九条第（四）项的规定“约定占有”，也不符合《物权法》第二百三十条第一款规定“合法占有”这一要件。

天达公司在租赁期届满后，未按照约定将租赁厂房内的设备腾空，存在过错。荣晖公司作为出租人有权腾空，并对由此需要保管厂房内机器设备而产生的费用提出主张。但荣晖公司无权以其出租人的身份占有该机器设备，荣晖公司不享有留置权。

裁判要旨：出租人留置承租人的物品，应有租赁合同的约定。在租赁合同未作约定的情况下，出租人对承租人留在租赁房屋内的物品，并不当然享有留置权。即便租赁合同中存在对于承租人留在租赁房屋内的物品的处理方法有约定，也应当对约定内容进行审查。

问题 7. 留置权是否仅限于合同之债

我国《民法通则》第 89 条第 4 项规定，“（四）按照合同约定一方占有对方的财产，对方不按照合同给付应付款项超过约定期限的，占有人有权留置该财产，依照法律的规定以留置财产折价或者以变卖该财产的价款优先得到偿还。”《担保法》第 84 条规定：“因保管合同、运输合同、加工承揽合同发生的债权，债务人不履行债务的，债权人有留置权。法律规定可以留置的其他合同，适用前款规定。当事人可以在合同中约定不得留置的物。”第 82 条则规定：“本法所称留置，是指依照本法第八十四条的规定，债权人按照合同约定占有债务人的动产，债务人不按照合同约定的期限履行债务的，债权人有权依照本法规定留置该财产，以该财产折价或者以拍卖、变卖该财产的价款优先受偿。”因此，依据《担保法》的精神，留置权仅适用于合同之债，且需要在保管合同、运输合同、加工承揽合同及法律规定的其他可以适用留置权的合同中方可适用。

但是，《物权法》对留置权适用范围的规定为：“债务人不履行到期债务，债权人可以留置已经合法占有的债务人的动产，并有权就该动产优先受偿。前款规定的债权人为留置权人，占有的动产为留置财产。”物权法并没有限定留置权仅能适用于合同之债。对此，有观点认为，由于我国《物权法》已经扩大了留置权的适用范围，所以拥有留置权的债权人不限于合同之债中的债权人，还包括其他债的关系中的债权人。[①] 反对者则认为，其一，法定之债的债权人缺乏受偿的正当性，从理论分析而言，留置权赋予债权人对抗包括意定担保物权人在内的其他债权人的优先受偿权，在保管与承揽合同中债权人保全或增加了标的物的价值，若不赋予债权人优先受偿权则将相当于以债权人的劳动或投入来清偿债务人的债务，但无因管理和侵权领域中债权人并未使债务人财产价值增加，赋予债权人留置权将对其他担保物权人产生不利影响；其二，即便不考虑优先受偿权，某些情况下债权人也不具有变价受偿的正当性。[②] 此外，通过对已有案例的分析，该学者指出，目前不存在被侵权人行使留置权的案例，也无不当得利债权人行使留置权的案例；即便在《物权法》修订后新设的因租赁合同而发生的留置权纠纷，大部分法院也认定租金及其他费用债权仅是普通债权而不享有优先受偿的权利。[③]

第二节　留置权的效力与实现

问题 8. 抵押权、质权与留置并存时的适用规则

《物权法》第 239 条规定：“同一动产上已设立抵押权或者质权，该动

---

① 王利明：《物权法研究（第三版）》下卷，中国人民大学出版社 2012 年版，第 1404 页。

② 徐银波：《〈物权法〉留置权规则的解释适用与立法反思》，载《法律科学》2017 年第 2 期。

③ 徐银波：《〈物权法〉留置权规则的解释适用与立法反思》，载《法律科学》2017 年第 2 期。

产又被留置的，留置权人优先受偿。”此外，《担保法解释》第79条则规定：“同一财产法定登记的抵押权与质权并存时，抵押权人优先于质权人受偿。同一财产抵押权与留置权并存时，留置权人优先于抵押权人受偿。”《海商法》第25条第1款也规定：“船舶优先权先于船舶留置权受偿，船舶抵押权后于船舶留置权受偿。”上述规定均表明，我国法律认为，在同一物上同时存在留置权和抵押权、质权时，留置权可以优先适用。

理论上对于如何解决同一物上抵押权和质权的关系存在三种观点：第一种观点为先来后到说，即设立在先的担保物权应当优先于设定在后的担保物权；第二种观点为实现先后说，即认为实现在先的担保物权优先于之后实现的担保物权；第三种观点为留置权优先说，即认为留置权是法定担保物权，优先于作为约定担保物权的抵押权和质权。①

笔者认为，对于这一问题不能一概而论，而应当区分动产是先得到抵押、质押抑或先得到留置，这几种情形下的处理规则可能存在差异。

第一种情形，是动产上先设立了抵押权或质权，其后又在动产上设立了留置权。在抵押权的情形中，例如债务人将抵押的动产交由第三人保管或维修，而后又没有支付合同价款，此时第三人留置了动产以作为保管费或维修费的担保。在质权的情形中，例如债权人获得了债务人的质押物后，需要将质押物交由第三人进行保管抑或维修，而后又没有支付合同价款，此时第三人留置了动产以作为保管费或维修费的担保。

在这两种情况下，立法采取了留置权优先的立法态度。其原因包括：其一，反映了我国立法经验和司法实践经验，立法中海商法的经验，司法实践中担保法司法解释及相关司法审判经验都承认了留置权优先于抵押权的原则；其二，符合国际上的立法经验，包括美国商法典在内的许多国家和地区的法律均认为留置权优先于抵押权；其三，从理论出发，留置权属于法定担保物权，其效力来源于法律规定，而抵押权与质权属于约定担保物权，法定担保物权优先于约定担保物权是公认的物权法原则。②

当然，除了上述理由，学者们对留置权优先说还有诸多支持理由。对于抵押权与留置权的适用顺序问题，学者认为：其一，如果允许抵押权优

---

① 许明月：《抵押权制度研究》，法律出版社1998年版，第304页。

② 胡康生主编：《中华人民共和国物权法释义》，法律出版社2007年版，第506—508页。

先于留置权受偿，等于鼓励定作人、托运人、存货人等以其定作物、托运物、保管物等为客体设定抵押权，从而排斥留置权的适用，影响其实施工作的积极性，而抵押权人的利益可以通过约定排除在抵押物上适用其他担保而得以保护；其二，抵押权具有不可分性和物上代位性，抵押权可以在抵押物的某一部分上和抵押物的变形物的请求权上存在，尚有剩余的或变形的财产其依然是抵押物的一部分，即便留置权优先，抵押权人依然可以就该部分主张抵押权，但反之如果抵押权优先，留置权人则完全无法行使留置权；其三，承揽合同中，定作物中已经加入了承揽人的劳动价值，定作物一定意义上是定作人和承揽人的共有物，此时如果赋予抵押权人优先受偿权则意味着承揽人部分为债务人承担了债务。[①] 上述大多数理由亦可用于留置权与留置权并列时优先适用留置权的理由，包括留置权适用大多数条件下增加了物的价值、留置权作为法定担保物权优先于作为约定担保物权的质权；等等。其他支持留置权优先说的理由还包括：其一，留置权和抵押权、质权所担保的债务性质一般不同，抵押权和质权所担保的债权是一般的债权利益，而留置权所担保的债权通常具有工资或劳动报酬的性质，对于该类特别的债权，法律通常会予以特别的保护；其二，如果不赋予留置权优先于抵押权和质权的效力，那么留置权人会因为害怕自己的劳务和材料得不到有效保障而拒绝签订合同，从而不利于交易的进行。[②]

在适用留置权优先规则方面需要探讨留置权人是否需要符合善意要见的问题。一般认为，留置权是否优先适用不受留置权人在留置动产时是否为善意影响，一般留置的财产范围远小于抵押权与质权上存在的财产价值，留置权基于公平原则而产生，如果因为留置权人对动产上存在抵押或质押知情便否认留置权的产生，对于留置权人不公平。[③] 因此，当某一物上同时存在留置权与抵押权、质权时，应当坚持留置权优先的原则，且该原则的适用不以留置权人的心理状态而影响。

第二种情形，是留置权设立在前，而抵押权和质权设立在后，即留置

---

① 崔建远：《抵押权若干问题之我见》，载《法律科学》1991 年第 5 期。

② 李显冬主编：《新编中国物权法要义与经典案例释解》，法律出版社 2009 年版，第 615—616 页。

③ 胡康生主编：《中华人民共和国物权法释义》，法律出版社 2007 年版，第 509 页。

物被抵押、质押。

在留置物被抵押的情况下，《担保法解释》第79条的表述为“同一财产抵押权与留置权并存时，留置权人优先于抵押权人受偿”，可以注意到此时司法解释并没有区分留置权设立在先还是抵押权设立在先，均赋予了留置权人的优先效力。

但是在留置物被质押的情况下，《担保法解释》没有类似的规定，《担保法》仅规定：“同一动产上已设立抵押权或者质权，该动产又被留置的，留置权人优先受偿。”有人认为，此时应当认为相关法律并没有对两者效力的优先性进行明确，按照担保法的一般原理，应当适用“时间优先，效力优先”的规则，认定设立在先的留置权具有优先效力。① 笔者认同该观点。

因此可以得出结论，在同一动产上抵押权、质权与留置权并存时，留置权的效力具有优先性。

【典型案例 9】

案例索引：山东成武农村商业银行股份有限公司与山东中平吉盛资产管理有限公司委托合同纠纷案。一审：(2017)鲁0102民初527号；二审：(2017)鲁01民终8661号。

典型案例裁判文书

山东省济南市中级人民法院(2017)鲁01民终8661号民事判决书

基本案情：2015年5月30日，因农商行与海辰公司签订了《动产质押合同》，双方同意将质押物交由中平公司存储监管。中平公司接受农商行委托并按照农商行的指示监管质物。为此中平公司与农商行、海辰公司签署了《动产质押监管协议》，约定中平公司为农商行的代理人，代理农商行监管质物，即占有、保管、监控质物。同日，中平公司与海辰公司签订了《质押财产监管协议书》，约定海辰公司作为出质人自愿接受中平公司对质押物的监管，中平公司按照协议对质押物承担监管责任。上述协议书签订后，中平公司按合同履行监管义务。但监管协议到期后，由于海辰公司经营状况严重恶化，未支付后续监管费

① 程啸：《担保物权研究》，中国人民大学出版社2017年版，第615页。

用。2016年8月16日，中平公司向农商行发函通知质押物即将超过保质期，要求农商行积极处理，并要求农商行支付5月16日至8月15日的监管费用6万元。2016年8月21日，农商行书面通知中平公司，因中平公司监管的海辰公司鲁西黄牛（活牛）根据法律程序已变卖完毕，农商行同意中平公司将监管的135头鲁西黄牛解除动产质押监管。2016年8月24日，山东省成武县人民法院作出（2014）成执字第1019—6号执行裁定书裁定：将被执行人成武县海辰养牛专业合作社所有的鲁西黄牛221头，交付竞买人（亦为申请执行人）李春。2016年8月30日，中平公司向农商行发函要求支付费用，提示监管环境发生变化的代理风险，要求解除监管。2017年4月2日，中平公司向农商行发函提出因监管环境变化，中平公司已无法继续履行监管义务，加之农商行未支付任何监管费用，中平公司自2017年4月6日退出监管。2017年4月5日，农商行向中平公司回函要求中平公司继续履行监管义务，不同意支付监管费，农商行同意自2016年7月起对海辰公司的电费、工人工资、冷库的日常支出由农商行垫付。

法院裁判：本案的争议焦点系农商行应否承担中平公司的监管费用。无论是中平公司与农商行、海辰公司签署的《动产质押监管协议》，还是中平公司与海辰公司签订的《质押财产监管协议书》，均明确约定监管费用由海辰公司承担。且依据《动产质押监管协议》第十一条的约定，中平公司在未足额收取监管费用前，享有对质物的留置权。《物权法》第二百三十九条规定："同一动产上已设立抵押权或者质权，该动产又被留置的，留置权人优先受偿。"故中平公司在监管质物期间，亦可以依法就未足额收取的监管费用对质物行使留置权。由此，《动产质押监管协议》的约定，对中平公司的监管费用，已予以了充分的保障，即便海辰公司不支付监管费用，中平公司亦有充足的权利救济途径。《动产质押监管协议》虽然约定中平公司为农商行的代理人，代理农商行监管质物，但明确约定监管费用由海辰公司承担。故中平公司的监管费用应由海辰公司支付，在海辰公司不能如约支付时，中平公司应依法就监管的质物行使留置权。中平公司怠于行使留置权致使其监管费无法收回，系其自行放弃权利而导致自身利益损害，与农商行无关。

裁判要旨：同一动产上已设立抵押权或者质权，该动产又被留置的，留置权人优先受偿。若已经约定债权人可以就债权对质物行使留置权，债权人的债权已经得到充分保障，其怠于行使留置权所造成的债权不能实现不能请求债务人以外的其他人承担。

问题 9. 留置权实现的条件与方式

留置权仅是一种对债权的担保方式，单纯享受留置权并不能实现债权的清偿。因此，留置权人意图达到债权实现的效果，还需要经过留置权的实现这一道程序。与抵押权、质权类似，留置权的实现需要遵循法律的条件和程序。

《物权法》第 236 条规定："留置权人与债务人应当约定留置财产后的债务履行期间；没有约定或者约定不明确的，留置权人应当给债务人两个月以上履行债务的期间，但鲜活易腐等不易保管的动产除外。债务人逾期未履行的，留置权人可以与债务人协议以留置财产折价，也可以就拍卖、变卖留置财产所得的价款优先受偿。留置财产折价或者变卖的，应当参照市场价格。"该条款是对留置权实现条件与方式的规定。《担保法》第 87 条则规定："债权人与债务人应当在合同中约定，债权人留置财产后，债务人应当在不少于两个月的期限内履行债务。债权人与债务人在合同中未约定的，债权人留置债务人财产后，应当确定两个月以上的期限，通知债务人在该期限内履行债务。债务人逾期仍不履行的，债权人可以与债务人协议以留置物折价，也可以依法拍卖、变卖留置物。留置物折价或者拍卖、变卖后，其价款超过债权数额的部分归债务人所有，不足部分由债务人清偿。"在《物权法》颁布之后，对该问题的规定应当以物权法为准。

（一）留置权实现的条件

依照《物权法》的规定和担保物权的理论，实现留置权需要符合下述条件：

其一，留置权人逾期未履行债务。

留置权作为担保物权具有从属性，其产生、效力和消灭都从属于主债务的产生、效力和消灭。如果其担保的主债权消灭，则留置权也随之消灭，自然不存在留置权实现一说；而要实现留置权，需要满足的条件是债务人逾期未履行债务。如果债务人按期履行了债务，留置权人便没有必要通过留置权的实现以实现其债权的清偿。

但是，此处要求债务人逾期未履行债务的期限，与主债务约定的债务履行期限并不相同。实际上，留置权的构成要件中便包括债务人没有按期履行债务，因此实现留置权时要求的期限应当有所区分。因此，我国法律明确规定，留置权人实现留置权需先给予债务人一定的宽限期。

而至于该期限的计算，依照《物权法》第236条的规定，包括两种情况。第一种情况，若当事人对宽限期进行了约定，则期间的计算应当依据当事人约定的期间；第二种情况是当事人没有约定或者约定不明，则债务人的债务履行期间应当不少于两个月，除非是鲜活易腐等不易保管的动产。与《担保法》不同，后者规定债务人应当在不少于两个月的期限内履行债务，即当事人约定的期限也不得少于两个月，但《物权法》允许当事人约定短于两个月期限的债务履行期间。

之所以作这样的规定，是出于尊重意思自治的需要。在现代商业社会中，交易关系瞬息万变，如果一味限制实现留置权的宽限期需要长于两个月，不利于促进交易，维护当事人之间的意思自治。而将鲜活易腐等不易保管的动产排除在适用不少于两个月宽限期之外的规定，则是因为此类产品不易保管，如果强制规定一定的宽限期，该留置财产在实现留置权时早已失去了价值。

而该宽限期的起算点，一般则认为应当是在留置权人通知债务人之时。有人认为，该通知中留置权人应当明确说明如果债务人不在宽限期内履行债务，则留置权人将会拍卖、变卖或折价处分该动产，以达到实现留置权的目的；同时，如果该动产上还存在质权、抵押权的，留置权人还应当通知质权人和抵押权人。[1] 笔者赞同上述观点。

在明确了宽限期后，债务人需要有逾期不履行债务的行为，该行为可以是拒绝履行，也可以是履行不能、迟延履行等。

实践中出现的争议是，如果留置权人没有经过约定或法定的债务履行

---

① 程啸：《担保物权研究》，中国人民大学出版社2017年版，第617页。

期间便擅自处分了留置财产，是否构成侵权？笔者认为，由于留置权的本质是通过占有债务人的动产督促债务人履行义务，仅有在催告后经过合理的期间债务人依然没有履行债务时，方可通过债权人直接变卖、拍卖的方式通过留置物直接获得债的履行。在留置期间，债权人仅占有债务人的动产，而不能处分债务人的动产，如果没有经过法定的留置权实现手续而变卖拍卖留置物，则构成侵权。

其二，留置权人持续占有债务人的动产。

除了上述《物权法》明确规定的条件，作为通过占有的公示实现的担保物权，一般认为留置权的实现应当包括债权人持续占有债务人的动产的条件。一般认为，留置权作为一种法定物权，以占有为构成要件，如果因为留置权人自身的原因导致对留置物的占有丧失则视为债权人抛弃留置权而导致留置权从此消灭，[①] 这在《物权法》第 240 条“留置权人对留置财产丧失占有或者留置权人接受债务人另行提供担保的，留置权消灭”的规定中也得以体现。

（二）留置权实现的方式

除此之外，《物权法》第 236 条还规定了实现留置权的多种方式，即以留置财产折价，也可以就拍卖、变卖留置财产所得的价款优先受偿。但是，如果采用拍卖或变卖方式实现留置权，都应当根据市场价格调整留置财产的价格。

所谓折价，是指留置权人与债务人通过协商确定留置财产的价格，并通过留置权人获得留置财产所有权的方式抵销债务人对留置权人负担的债务，以此消灭债权债务关系。所谓变卖，是指以一般的买卖方式出卖留置财产，以留置财产所变卖的价款清偿债务人的债务。所谓拍卖，是指按照拍卖法规定的拍卖程序以公开竞价的方式出卖留置财产，以其拍卖的价款清偿债务人的债务。

根据《物权法》第 237 条的规定，债务人可以请求留置权人在债务履行期届满后行使留置权；留置权人不行使的，债务人可以请求人民法院拍卖、变卖留置财产。该条款说明，不仅留置权人有权启动留置权的实现程

① 王利明：《物权法研究（第三版）》下卷，中国人民大学出版社 2012 年版，第 1432 页。

序，债务人也有权启动实现程序，如果留置权人不行使留置权的，债务人还可以请求人民法院启动。同时依据《民诉法解释》第361条，留置财产的所有权人也有权请求法院实现留置权。

依据《民事诉讼法》第196条、第197条和《民诉法解释》第367条至第372条，申请法院行使留置权的具体程序包括：其一，应当由留置权人、债务人或留置财产的所有权人向留置财产所在地基层人民法院提出申请。其二，申请实现留置权，应当提交的材料包括申请书、证明留置权存在的材料、证明实现留置权条件成就的材料、留置财产现状的说明，以及人民法院认为需要提交的其他材料。其三，人民法院受理申请后，应当在五日内向被申请人送达申请书副本、异议权利告知书等文书。被申请人有异议的，应当在收到人民法院通知后的五日内向人民法院提出，同时说明理由并提供相应的证据材料。其四，人民法院审查的内容包括：主合同的效力、期限、履行情况，留置权是否有效设立、留置财产的范围、被担保的债权范围、被担保的债权是否已届清偿期等担保物权实现的条件，以及是否损害他人合法权益等。其五，人民法院审查后，按下列情形分别处理：（1）当事人对实现留置权无实质性争议且实现担保物权条件成就的，裁定准许拍卖、变卖留置财产；（2）当事人对实现留置权有部分实质性争议的，可以就无争议部分裁定准许拍卖、变卖留置财产；（3）当事人对实现留置权有实质性争议的，裁定驳回申请，并告知申请人向人民法院提起诉讼。

问题10. 承揽合同中承揽人不当行使留置权应当承担的责任认定

《合同法》第251条规定："承揽合同是承揽人按照定作人的要求完成工作，交付工作成果，定作人给付报酬的合同。承揽包括加工、定作、修理、复制、测试、检验等工作。"一般认为，承揽合同是留置权适用的典型场合。实践中常见的情形是，定作人将自己持有的动产交与承揽人加工，承揽人完成加工后定作人拒绝支付加工费，留置权人因此享有对该动产的留置权。但是，对该动产的留置本身只是作为获得债权的担保，占有该动产并不能直接使得债权得到清偿，要想债权得到清偿，需要满足上文所讨论的留置权的实现条件和方式，通过折价、变卖、拍卖的方式使得债权得到清偿。

此外，在行使留置权时，留置权人还需要满足以下条件：其一，给予债务人一定的宽限期，若未约定时限，宽限期不得少于两个月；其二，经过宽限期后，债务人依然没有履行债务；其三，依照留置权的占有属性，行使留置权时留置权人仍然应当占有留置财产，若丧失留置财产的占有，则留置权消灭。

如果承揽人行使留置权时没有符合上述条件和方式，承揽人对留置财产的处分可能构成对债务人财产的侵害，此时承揽人需要对债务人承担赔偿责任。具体而言，对留置财产的何种处分方式会构成不当行使留置权？笔者认为，应当参考留置财产的公平价值和实际行使留置权所得的价款，如果实际行使留置权所得的价款显著低于留置财产的公平价值，而留置权人对此有过错的，应当赔偿债务人这两者的差价。从最高法院审理的相关案例中可以得知，最高法院也认同留置财产的公平价值对于承揽人行为的判断与赔偿数额计算的参照作用。

【典型案例 10】

上海诚华机械有限公司、合肥熔安动力机械有限公司与上海诚华机械有限公司、合肥熔安动力机械有限公司承揽合同纠纷案①，一审：（2014）合民二初字第 00031 号，二审：（2015）皖民二终字第 00604 号，申请再审审查：（2016）最高法民申 1020 号。

典型案例裁判文书

最高人民法院(2016)最高法民申1020号民事裁定书

基本案情： 2011 年 5 月 5 日，熔安动力公司与诚华机械公司签订《熔安动力设备订货合同》，约定熔安动力公司向诚华机械公司采购熔安动力焊装平板 40 块，总价格 650 万元。上述合同签订后，诚华机械公司于 2011 年 9 月 20 日前完成了 40 块焊装平板的承揽工作。合同履行过程中，

① 杜万华主编、最高人民法院民一庭编：《民事审判指导与参考》（总第 66 辑），人民法院出版社 2016 年版，第 166—171 页。

熔安动力公司陆续支付诚华机械公司合同款307万元。2013年7月16日，诚华机械公司向熔安动力公司发出催告函催告其支付剩余款项。2013年9月22日，诚华机械公司向熔安动力公司发函解除合同。2014年2月27日，诚华机械公司与河北宝鼎拍卖有限公司（以下简称宝鼎拍卖公司）签订《委托拍卖合同》一份，约定诚华机械公司委托宝鼎拍卖公司拍卖铸铁平板（40块）及配件。2014年3月12日，上述拍卖标的由卞某某以168万元竞得。

法院裁判：《合同法》第二百六十四条规定，定作人未向承揽人支付报酬或者材料费等价款的，承揽人对完成的工作成果享有留置权，但当事人另有约定的除外。根据《担保法》第八十四条规定，因加工承揽合同发生的债权，债务人不履行债务的，债权人有留置权。本案中，由于熔安公司未依约支付货款，且本案合同已经解除，债权人诚华公司留置已经合法占有的留置财产并无不当。

《物权法》第二百三十六条规定，留置权人与债务人应当约定留置财产后的债务履行期间；没有约定或者约定不明确的，留置权人应当给债务人两个月以上履行债务的期间，但鲜活易腐等不易保管的动产除外。债务人逾期未履行的，留置权人可以与债务人协议以留置财产折价，也可以就拍卖、变卖留置财产所得的价款优先受偿。留置财产折价或者变卖的，应当参照市场价格。留置权本质为债权人对留置财产进行处分，以优先受偿其债权的行为。

根据《物权法》第二百三十六条规定，留置权的实现方法包括折价、拍卖、变卖。在债权人与债务人就留置财产未能协商一致予以折价情况下，当事人无论采取拍卖还是变卖方式，均需参照市场价格，而不能随意降低该留置财产的价格。诚华公司明知成本认证价格情况下，擅自按照其所称处置“废品”方式，以164万元起拍价进行拍卖，并未提交足够证据足以证明其处置定作物的正当性、合理性，亦有悖诚实信用原则。故原判不以定作物拍卖价格168万元作为损失衡量依据的认定，并无不当。原判综合考虑定作物成本价、定作物市场报价以及诚华公司不当处置定作物过错程度等因素，酌定以熔安公司认可的定作物报价区间最低值即520万元为处置价格，在定作物已经处置的情形下，具有一定的合理性。诚华公司申请再审主张认定定作物价值为 520 万元而非拍卖价格 168 万元错误事实依据和法律依据不足，本院不予支持。

裁判要旨：承揽合同中的留置权为法定担保物权，定作人不履行到期债务，承揽人即可以依照法律规定留置合法占有的定作物，并在满足法律规定条件的情况下，折价或者拍卖、变卖留置财产以受偿。留置权行使应符合一定条件，应参照市场价格，不能随意降低留置财产价格。造成定作人损害的，承揽人应该承担相应责任。

【典型案例 11】

案例索引：北京施尼克机械有限公司与海通恒信国际租赁有限公司财产损害赔偿纠纷案。一审：(2015) 黄浦民二（商）初字第 172 号；二审：(2015) 沪二中民四（商）终字第 816 号。

典型案例裁判文书

上海市第二中级人民法院(2015)沪二中民四(商)终字第816号民事判决书

基本案情：2009 年 11 月 19 日，施尼克公司与案外人李甲签订《维修协议》，约定维修车型为日立挖掘机 240，维修费用总计人民币 760308 元。2010 年 1 月，施尼克公司与案外人李乙签订《维修协议》，约定维修车型为 1 挖掘机 330，维修费用总计 998340 元。2010 年 3 月，施尼克公司已将 330 挖掘机维修完毕，达到交车状态，用户现场检验核实之后，2011 年 12 月，施尼克公司与济南皓邦基础工程有限公司签订《机械设备租赁合同》两份，分别约定将 330、240 挖掘机出租给济南皓邦公司使用，期限为一年，并约定了租金的支付等内容。2012 年 1 月，海通恒信公司派人强行将两台挖掘机拖走。

日新租赁（中国）有限公司（施尼克公司变更登记前原公司的名称）曾经因 240 挖掘机保险事故向保险公司索赔 760308 元（挖掘机维修），定损金额为 702079.22 元（挖掘机维修），理算金额 554703.38 元，海通恒信公司已实际领取理赔款 554703.38 元。其中，索赔金额 760308 元明细组成与施尼克公司提供的其与李甲签订《维修协议》的明细内容一致。施尼克公司在保险事故申请理赔过程中提供三家公司的维修报价，其中包括海通恒信公司的维修报价 760358 元。该保险事故火灾原因认定书中当事人签名显示为李甲。保险事故询问笔录显示240挖掘机系李甲与薛野卫从日新(中国)租赁有限公司以合伙分期付款形式购买，所有权仍为日新(中国)租赁有限公司所有。

法院裁判：根据《合同法》的规定，定作人未向承揽人支付报酬或者材料费等价款，承揽人对完成的工作成果享有留置权。同时，根据《物权法》第二百三十条的规定，债务人不履行到期债务，债权人可以留置已经合法占有的债务人的动产，并有权就该动产优先受偿。本案中，施尼克公司先后于2009年11月19日、2010年1月与案外人李甲、李乙就两台挖掘机签订《维修协议》，双方已形成承揽合同法律关系。后因李甲、李乙一直未能支付修理费用，已损害到施尼克公司作为债权人的合法利益，故施尼克公司行使留置权具有法律依据。但施尼克公司基于其与李甲、李乙之间的承揽合同关系所产生的债权对系争挖掘机行使留置权，施尼克公司依法行使留置权应持续占有留置物，但其将留置物出租给他人系擅自处置留置物的行为。施尼克公司主张占有物损害赔偿提起本案的诉请，而占有物损害赔偿的权利主体应为原占有人，即该占有人在侵占发生前对物享有事实上的控制支配权，施尼克公司已因对留置物的擅自处置而丧失占有权，故其依据《物权法》第二百四十五条提起本案诉讼，请求判令海通恒信公司赔偿施尼克公司损失1038648元，缺乏事实和法律依据，依法不能成立。

裁判要旨：承揽人因定作人未支付债务而留置相应的动产，其依法行使留置权应持续占有留置物，若将留置物出租给他人系擅自处置留置物的行为。此时若其留置权得到损害，由于其已经丧失对留置物的占有，不再具有请求损害赔偿的资格。

问题11. 留置权人能否提起执行异议之诉以排除针对留置物的强制执行

债务人因对他人负有金钱债务而进入强制执行程序导致留置物成为执行标的时，留置权人能否提起执行异议之诉以排除针对留置物的强制执行呢？对这一问题一直存在争议。

实务中，对于担保物权人是否可以针对执行标的的强制执行提起执行异议之诉，多有争议。有观点认为，担保物权的性质为优先受偿权，根据《物权法》第 170 条规定，“担保物权人在债务人不履行到期债务或者发生当事人约定的实现担保物权的情形，依法享有就担保财产优先受偿的权利”，因此，担保物权人可以从强制执行标的的变价款中优先受偿，并不需要排除对担保物的执行，故不具有提起执行异议之诉以排除对执行标的强制执行的利益，不应赋予其提起该诉的权利。

笔者认为，这一观点没有考虑到不同类型的担保物权的特殊性，其“一刀切”式的结论难免失之于武断，留置权即为典型。而且，留置权因其本身的特性以及其在不同阶段的不同效力，在针对不同类型的强制执行措施能否予以排除的问题上，又呈现出差异化的特征。

在债务人因对他人负有到期债务而进入强制执行程序时，留置物属于被执行人财产并无疑义，而根据物权法的规定，无论是民事留置权还是商事留置权，均需以债权人合法占有债务人的动产为留置权成立要件之一。根据《物权法》第 240 条规定，留置权人丧失对留置物的占有的，留置权消灭。留置权的成立及效力均以占有为公示方式，因此，强制执行会否影响到留置权人对留置物的占有，是判断应否赋予留置权人提起执行异议之诉权利的关键。

强制执行措施可分为保全性执行措施和处分性执行措施，前者是以防止被执行人转移、隐藏、变卖、毁损财产为目的的执行措施，后者则是对被执行人的财产予以处分以满足申请执行人的请求的执行措施。对于留置物而言，前者主要是指查封、扣押，后者则主要包括拍卖、变卖、折价。两种强制执行措施对留置物以及留置权的影响显然存在重大区别，亦应加以区别分析。

因留置权属于法定担保物权，债权人与债务人不存在协商留置权的行使条件问题，因此债权人仅能按照法律规定的条件行使留置权。与抵押权、质权的行使条件有别的是，法律规定留置权行使条件不是被担保的债务到期，而是“留置权人与债务人约定的债务清偿期间”届满。依据《物权法》第 236 条的规定，债权人留置财产后，债务人应当按照债权人与债务人约定的债务清偿期间（即宽限期）履行债务。该宽限期在债务到期之后，期限长短由债权人与债务人约定，法律不作限制。如果债权人与债务人在合同中未约定宽限期的，债权人留置债务人财产后，应当确定两个月以上的期限，并通知债务人在该期限内履行债务。债务人逾期仍不履行债务的，留置权人方可实现留置权，将留置物变价并就所得价款优先受偿。如果债权人没有履行通知义务而直接变价处分留置物的，应当对此造成的损失承担赔偿责任。因此，留置权不同于其他担保物权的一个重要特点就在于其发生二次效力，当债权清偿期限届满而债务人不履行债务时，留置权仅产生留置的效力，即债权人有权留置标的物，但尚不发生优先受偿效力。也就是说，留置权人不能立即将留置物进行变价并优先受偿，而必须再履行法律规定的程序方能真正实现留置权。

对于留置权的留置效力而言，是否在法律上认可留置权人对于留置物的占有至关重要。根据《查封规定》第 15 条第 2 款规定，法院可以对留置物采取查封、扣押措施，但留置权人可以继续占有该财产。一方面，司法解释允许对留置物采取查封、扣押措施；另一方面，留置权人并未因此丧失占有，因而该强制执行措施也并未影响留置权，故留置权人无权排除法院采取的查封、扣押措施，其不符合民事诉讼法及其司法解释规定的提起执行异议之诉的条件。但若法院采取扣押等改变占有的执行措施，留置权人是否有权提出执行异议之诉呢?《查封规定》第 13 条对此给予了明确回答："查封、扣押、冻结担保物权人占有的担保财产，一般应当指定该担保物权人作为保管人；该财产由人民法院保管的，质权、留置权不因转移占有而消灭。"可见，即便对留置物采取的查封或扣押措施导致留置权人丧失对留置物事实上的占有的，法律上亦拟制其仍为该留置物的占有人，故该强制执行措施也未影响其留置权，因此也不符合民事诉讼法及其司法解释规定的提起执行异议之诉的条件。但上述司法解释并未进一步涉及处分性强制执行措施，而如果在留置权人基于留置权的二次效力得以行使优先受偿权之前，法院对该留置物采取查封、扣押措施之后又进一步进行拍卖、变卖、折价的，由于此时留置权人尚不具备行使优先受偿权的条件，其无法就拍卖、变卖所得价金优先受偿，也难以针对基于强制执行而折价受让的第三人提起返还占有之诉，留置权人将因此丧失对留置物的占有而导致留置权消灭，这将在根本上影响留置权的实现，故其应当有权于此种情况下针对执行标的（即留置物）提起执行异议之诉。此外，在这一情形下，因留置权人尚不能通过行使优先受偿权的方式实现债权，故即便法院和申请执行人均认可留置权人优先受偿，也并不能够圆满这一要件，况且亦不能够确定被执行人是否还有其他债权人，因此，法院和申请执行人认可留置权人优先受偿并不构成法院采取处分性强制执行措施的例外条件。

对于留置权的优先受偿效力而言，在当事人约定或者法律规定的履行债务宽限期届满之后，留置权的行使就和抵押权、一般的质权没有本质区别了，其在性质上表现为变价受偿性，即留置权人利益的实现，并非直接通过占有、转移债务人财产而实现，而是首先使债务人财产售出转换为价款，再从价款中实现清偿。也就是说，其对留置物（即执行标的）享有的仅为拍卖、变卖后所得价款的优先受偿顺位，故既无权排除对留置物的查封、扣押，亦无权排除对留置物的拍卖、变卖。此时，如留置权人对强制执行有异议，则应当通过《民事诉讼法》第 225 条规定的程序寻求救济。但此时需要注意的是，处分性强制执行措施中亦包含折价这一措施，而折价措施的采取将使得执行标的的所有权由被执行人转移给申请执行人，这显然也将会导致留置权人优先受偿权的落空。因此，笔者认为，对通过折价方式处分执行标的影响留置权实现的，留置权人提出的执行异议，虽然在表面上表现为针对具体执行行为，但在背后实为对于法院通过折价方式处分执行标的的异议，此时赋予留置权人通过提起执行异议之诉获得救济的诉讼权利，似更符合民事诉讼法及其司法解释对于执行异议之诉的功能定位。当然，由于留置适用的可以限于动产，而且以留置权人占有为要件，故执行法院在强制执行时依据占有外观以及留置权人的初步举证已经可以初步认定在执行标的上可能存在留置权，因此在实践中，执行法院一般不会再采取折价的方式进行处分，故实践中出现此种情况的概率较小，但确实也无法一概排除其发生的可能性，故出于逻辑周延的考虑，还是应对此予以探讨。

综上所述，关于留置权人能否提起执行异议之诉以排除针对留置物的强制执行，可得出如下一般性结论：

1. 在当事人约定或者法律规定的履行债务宽限期届满之前，无论法院对留置物采取查封、扣押措施是否会导致占有的改变，留置权人均无权排除法院的查封、扣押，其不能依据《民事诉讼法》第227条的规定提起执行异议之诉。但法院因债务人的其他债权人申请强制执行而对该留置物进行拍卖、变卖、折价的，留置权人有权排除上述强制执行，其有权依据《民事诉讼法》第227条的规定提起执行异议之诉。

2. 在当事人约定或者法律规定的履行债务宽限期届满之后，法院因债务人的其他债权人申请强制执行而对该留置物采取处分性强制执行措施的，留置权人无权排除上述强制执行，其不能依据《民事诉讼法》第227条的规定提起执行异议之诉，但通过强制执行程序对执行标的予以折价的除外。

第三节　留置权的消灭

问题12. 留置权消灭的特别方式

《担保法》第88条规定，“留置权因下列原因消灭：（一）债权消灭的；（二）债务人另行提供担保并被债权人接受的。”《物权法》第240条规定：“留置权人对留置财产丧失占有或者留置权人接受债务人另行提供担保的，留置权消灭。”上述条款是对留置权特别消灭方式的规定。

留置权消灭的第一种特别方式，在《担保法》中的描述是债权消灭，但依据担保的从属性质，不论是抵押、质押、保证还是留置权，只要所担保的主债权消灭，担保也当然消灭，因此债权消灭并不是留置权消灭的特别原因，无须在留置权消灭的条件中进行规定。而在《物权法》中，第一种方式是留置权人对留置财产的丧失。一般认为，留置权以留置权人合法占有债务人的动产为前提，如果留置权人丧失对留置财产的占有，则不可再主张留置权，留置权归于消灭。

实践中存在的争议是，此处的丧失对留置财产的占有，是否需要考虑留置权人的主观状态？留置权人丧失对留置物的占有可能出于两种原因：第一种原因是留置权人自愿放弃对留置物的占有，在这种情况下，一般认为留置权人即丧失了留置权。第二种原因是因他人的原因造成留置权人丧失对留置物的占有，例如留置物为他人所盗窃，这种情况下留置权是否应当消灭？对此，存在两种观点：一种观点认为，这种情况下不能认为留置权消灭，只要留置权人能够行使占有物返还请求权要求返还留置物，即可继续行使留置权。理由在于，留置权人如果非基于自己的意志而丧失对留置物的占有便认为留置权消灭，对于留置权人显然有失公平，且剥夺了留置权人对抗第三人的权利；留置权有着物权的效力，如果留置物为第三人非法侵夺乃至为第三人造成物的毁损灭失，如果认为留置权消灭则留置权人没有法律依据向第三人提出请求，无法得到物权的保护。① 另一种观点则认为，依据《物权法》规定的文义，只要丧失了对留置物的占有，则留置权应当消灭。法工委组织编写的物权法释义中则采纳了第一种观点：若留置权人非依自己的意愿暂时丧失对留置财产的占有，此时因为失去对留置财产的占有，应当认为留置权消灭；但是，这种消灭不是终局性的消灭，因为留置权人为留置物的合法占有人，其可以通过占有的返还原物之诉要求非法占有人返还留置物，此时其可以重新获得留置权。②

留置权消灭的第二种特别方式是“留置权人接受债务人另行提供担保”。之所以进行这样的规定，考虑的原因在于：其一，留置权的效率问题。行使留置权后，留置权人只能占有动产，但未经债务人同意或者法定程序也不得处分动产，反而需要支付保管费用，对债权人并不利；对于债务人而言，其财产被留之后无法发挥财产的功能，甚至由于留置财产的不可分性可能会造成为较小的债而留置价值更大的财产的情况，整体上并无效率。③ 其二，留置权行使目的的考虑。债权人行使留置权的目的在于担保债权的实现，如果已经有其他的方式形成替代的担保，则无须继续行使担保权，且双重担保对债务人限制过多，也不符合公平和诚实信用原则。④

通过该种方式消灭留置权应当符合以下两个条件：其一，债务人提供担保的数额应当与债权的数额大体相当，而无须考虑留置物的价值大小；

---

① 王利明：《物权法研究（第三版）》下卷，中国人民大学出版社 2012 年版，第 1436 页。
② 胡康生主编：《中华人民共和国物权法释义》，法律出版社 2007 年版，第 510 页。
③ 高圣平：《担保法论》，法律出版社 2008 年版，第 583—584 页。
④ 胡康生主编：《中华人民共和国物权法释义》，法律出版社 2007 年版，第 510 页。

但是，如果双方协商一致，新提供的担保数额也可以更高或更低。[1] 其二，依照《担保法》第 88 条和《物权法》第 240 条的规定，新提供的担保应当为债权人所接受，如果债权不接受新的担保，则留置权不会消灭。

典型案例裁判文书

福建省福州市中级人民法院(2017)闽01民终5303号民事判决书

【典型案例 12】

案例索引：长乐亿达针纺制品有限公司、福州华冠针纺织品有限公司加工合同纠纷案。一审：（2015）鼓民初字第 8412 号；二审：（2017）闽 01 民终 5303 号。

基本案情：2014 年 3 月 1 日，华冠公司与亿达公司签订一份《染整加工合同》，约定华冠公司为亿达公司的来胚进行染整代加工。加工费按照染整加工报价单进行结算，当月的加工费于 60 日内付清。若超期未结加工费，按加工费总额的每日 0.5％收取滞纳金。合同还约定了交货期、交货地点、仓储、品质验收标准，并约定若未按时支付款项，按照所欠款项的每日千分之三支付违约金。亿达公司在合同中指定陈昌荣、刘秀玉、陈文天作为履行合同的代理人，负责接收、验收、对账等行为。2014 年 8 月 25 日，华冠公司与亿达公司进行对账后共同签署一份《对账函》，确认截至 2014 年 8 月 25 日，亿达公司尚欠华冠公司加工费 1603400.79 元。2015 年 4 月 20 日，亿达公司、林建国共同向华冠公司出具一份由亿达公司盖章、林建国签名的《保函》，确认截至 2015 年 4 月 20 日，亿达公司共欠华冠公司到期染整加工费 1833960.71 元。林建国作为保证人为上述款项的本息承担连带保证责任。亿达公司在出具《保函》后再欠华冠公司货款 196372.09 元、265254.96 元。

法院裁判：案涉《染整加工合同》签订后，被上诉人华冠公司已依约提供胚布原料染整代加工服务，上诉人亿达公司未依约支付加工费，根据《合同法》第二百六十四条关于承揽人行使留置权的规定，被上诉人有权对其已加工完成的成品布行使留置权，上诉人关于被上诉人未经通知不得直接行使留置权的上诉意见，于法无据，本院不予采纳。上诉人上诉称原

① 胡康生主编：《中华人民共和国物权法释义》，法律出版社 2007 年版，第 510 页。

审被告林建国向被上诉人出具过《保函》，其已另行提供了担保，被上诉人留置权已消灭。但林建国系在被上诉人主张行使留置权之前就出具了《保函》，该担保并非债务人为消灭留置权而另行提供，故不适用《物权法》第二百四十条关于“留置权人对留置财产丧失占有或者留置权人接受债务人另行提供担保的，留置权消灭”之规定，故上诉人主张讼争留置权消灭不能成立。

裁判要旨：承揽人行使留置权无须经过通过即可直接行使。判断债务人向留置权人提供担保是否属于《物权法》第二百四十条中“另行提供担保”以消灭留置权的情形，不能仅通过债务人提供担保的行为即加以认定，而应当进行实质判断。

第六章　定　金

定金是以担保债权的实现为目的，依据双方当事人的约定，由一方预先给付对方的金钱或其他替代物。

定金是民商事实践中常见的担保手段。1986 年《民法通则》便将定金作为一种合同担保方式，第 89 条第 3 项规定："当事人一方在法律规定的范围内可以向对方给付定金。债务人履行债务后，定金应当抵作价款或者收回。给付定金的一方不履行债务的，无权要求返还定金；接受定金的一方不履行债务的，应当双倍返还定金。"1995 年《担保法》和 1999 年《合同法》延续了这一规定，《担保法》第 89 条规定："当事人可以约定一方向对方给付定金作为债权的担保。债务人履行债务后，定金应当抵作价款或者收回。给付定金的一方不履行约定的债务的，无权要求返还定金；收受定金的一方不履行约定的债务的，应当双倍返还定金。"《合同法》第 115 条规定："当事人可以依照《中华人民共和国担保法》约定一方向对方给付定金作为债权的担保。债务人履行债务后，定金应当抵作价款或者收回。给付定金的一方不履行约定的债务的，无权要求返还定金；收受定金的一方不履行约定的债务的，应当双倍返还定金。"

定金的广泛运用也带来了诸多涉及定金条款的效力和履行方面的争议。本部分主要针对定金纠纷中的一些疑难问题进行阐述分析。

第一节　定金条款的效力

问题 1. 超过合同总价 20％的定金条款的效力如何认定

《担保法》第 91 条规定："定金的数额由当事人约定，但不得超过主合同标的额的百分之二十。”《担保法解释》对超过合同总价20%的定金效力确认进行了进一步明确，第121条规定：“当事人约定的定金数额超过主合同标的额百分之二十的，超过的部分，人民法院不予支持。”

《担保法》及其司法解释之所以会规定这一数额的限制，目的在于限制定金数额，避免定金条款对违约方过于严厉。有人认为，定金不同于可以多退少补的预付款，定金具有违约金性质，如果当事人约定定金数额过高，会违背公平和诚实信用原则，从而导致守约方获得暴利而违约方遭受严重损失。①

然而，依据《担保法解释》，最高院仅认定约定定金金额超过主合同标的额20%的部分法院不支持，但对于定金条款本身的效力应当如何认定？对此，第一种观点认为如果当事人约定的定金数额高于本条规定的比例，则超过部分无效，应返还给交付定金人。② 第二种观点认为，虽然定金数额遵从意思自治原则，但若当事人约定的定金数额超过了主合同标的额的20%，当事人不能请求法院强制执行合同。但是这一规定也并不意味着超出合同总价20%的定金条款无效，如果当事人自愿履行超出合同总价20%的定金数额，法律也没有规定予以禁止。③

笔者认为，对这个问题，应当区分多个层次。

第一，在合同支付定金方尚未支付定金的情况下，若收取定金方请求对方支付超过合同总价款20%的定金，上述争论对于裁判结果并没有影响。原因在于最高法院在担保法司法解释中已经明确表明：“当事人约定的定金数额超过主合同标的额百分之二十的，超过的部分，人民法院不予支持”，而不需要考虑定金合同是否有效。

第二，若合同支付定金方已经支付超过合同总价20%的定金，而后发生违约，守约方主张定金罚则的，上述争议也不会对裁判产生影响。原因在于，根据担保法司法解释，法院不会将超过合同总价20%的部分认定为定金的一部分，因此法院仅就合同总价20%以内的部分支持适用定金

---

① 李国光、高圣平主编：《担保法及配套规定新释新解》，人民法院出版社2006年版，第900页。

② 李国光、高圣平主编：《担保法及配套规定新释新解》，人民法院出版社2006年版，第900页。

③ 孙鹏主编：《担保法精要与依据指引》，北京大学出版社2011年版，第536页。

罚则。

第三，上述争议唯一会产生影响的情形在于，若支付定金方已经支付超过合同总价 20%的定金，其能否主张超过 20%的部分无效，而要求返还其已经支付的超过合同总价 20%部分的定金。

对此，《人民司法·案例》曾经刊登一起案例。在案例中，买卖合同双方约定了超出合同总价 20%的定金，但买方仅支付了其中的部分定金，认为其已经支付了《担保法》及其司法解释要求的 20%的定金，卖方收到定金后未依照合同发货构成违约，因此买方要求卖方双倍返还定金。审理案件二审的厦门市中级人民法院法官认为，当事人约定的定金不仅具有担保的功能，可能还具有预付款的功能，从合同当事人本意来看，卖方交货前要求买方预付部分货款时卖方了解买方交易诚信的一部分，“在遇到当事人约定的定金数额高于合同价款 20%时，不能当然否定超过 20%部分的约束力，应注意带有预付款性质的定金仍应当履行，但由于定金属实践性合同，他方不能要求定金履行方强制交付定金，其只能以行使履行抗辩权的形式来保护自己。在适用定金罚则时，也仍只能以合同价款 20%为限进行计算”。[①]

该案例虽然与笔者所述已支付超出 20%定金后能否主张超出部分无效而返还的情形不同，但法官认为超出合同总价 20%的定金约定部分可以认定为属于合同预付款的观点，事实上支持了合同有效的观点。也就是说，超出合同总价 20%定金部分的约定不应被认定为无效。虽然超出合同总价 20%的定金合同无法被强制履行，更不能在违约后被守约方主张定金罚则，但当事人自愿履行的支付超出合同总结 20%的定金后，不能以定金条款无效主张返还。

有许多学者也支持定金的预付款作用。有人认为，定金某种意义上具有预付款的作用，定金可以为对方解决迫切需要，并为对方履行合同创造条件，这是定金不同于其他担保形式的特点。[②] 但是，定金与预付款存在许多不同：第一，目的与性质不同，定金的目的是担保主合同的履行，本

---

① 纪荣典、罗发兴：《超过合同总价 20%的定金条款不必然没有约束力》，载《人民司法·案例》2011 年第 16 期。

② 王利明：《合同法研究（修订版）》第二卷，中国人民大学出版社 2011 年版，第 742—743 页。

质上是一种担保手段，而预付款的目的是履行合同义务，本质上是支付手段；第二，作用不同，定金除了付款作用，还可以成为一种责任形式，而预付款仅有预先支付价款的作用；第三，法律对定金和预付款的数额限制不同，法律规定定金不能超过合同总价款的 20%，而预付款没有金额限制；第四，产生的依据不同，定金是从合同，主合同无效，从合同不一定随之无效，而预付款属于从合同中的约定；第五，效力不同，交付定金违约后适用定金罚，不支付定金则可能构成缔约过失责任，而交付预付款违约后不存在双倍返还问题，不支付预付款则构成违约。[①]

因此，笔者认为，对于当事人约定定金超过合同总价 20%的约定是否有效的问题，应当进行以下把握：第一，超过合同价金 20%部分的定金不能由法院强制执行；第二，超过合同价金 20%部分的定金也不能适用定金罚则；第三，对于已经支付超过合同价金 20%部分的定金，应当对定金的性质进行认定，如果该部分定金可以认定为具有预付款的性质，则不能要求接受定金方返还。

【典型案例 1】

案例索引： 胡百卿诉临沂沂兴房地产开发有限公司房屋买卖合同纠纷案[②]。

基本案情： 原告胡百卿与被告临沂沂兴房地产开发有限公司于 2010 年 8 月 9 日达成了购房意向：原告购买被告沂兴公司位于费城镇中山路南端明珠花苑 9 号楼 101 号楼房一套，并于当天交给被告沂兴公司定金 50000 元，当时被告的经办人承诺半个月后交齐购房款即给钥匙并给办理房权证。2013 年 8 月 23 日，原告（买受人）与被告沂兴公司（出卖人）签订了购房合同，合同约定合同总价款为 187 944 元，出卖人应于 2010 年 8 月 30 日前依照国家和地方人民政府的有关规定将验收合格的商品房交付给买受人，原告又支付给被告沂兴公司购房款 130000 元。后被告沂兴公司作为出卖人未按合同约定将原告所购楼房交付原告。另查明，被告出卖给原告的楼房，被告已于 2006 年 10 月 17 日卖给了杨平，杨平在费县房管局通过

① 刘保玉：《担保法原理精要与实务指南》，人民法院出版社 2008 年版，第 771 页。
② 最高人民法院发布 19 起合同纠纷典型案例（2015 年 12 月 4 日）。

产权登记取得了涉案楼房的所有权证。2008 年 9 月 8 日，杨平又将涉案楼房卖给了李文平，并到费县房管局办理了产权转移登记。后费县公安局经侦大队因被告法定代表人刘伟涉嫌刑事犯罪将其刑事拘留。刘伟之妻李永梅与原告约定：李永梅自愿筹集现金 180000 元替被告归还原告购房款，后费县公安局经侦大队将 180000 元购房款转交给了原告。

法院裁判：原告与被告沂兴公司于 2013 年 8 月 23 日签订的购房合同内容不违反有关法律规定，为有效合同。被告本应按照《合同法》第六十条的规定，履行其交付房产的义务。但因合同约定的标的物，已被他人以合法的方式取得所有权，原告与被告沂兴公司签订的购房合同已不能履行，原告请求解除该合同符合有关法律规定，予以支持。《最高人民法院关于审理商品房买卖合同纠纷案件适用法律若干问题的解释》第九条规定，故意隐瞒所售房屋已经出卖给第三人的事实，导致合同无效或者被撤销、解除的，买受人可以请求返还已付购房款及利息、赔偿损失，并可以请求出卖人承担不超过已付购房款一倍的赔偿责任。被告沂兴公司故意隐瞒所售房屋已经出卖给第三人的事实，又与原告签订商品房买卖合同显系不诚信行为，故原告请求被告承担赔偿责任，并返还定金理由正当，符合相关法律规定，予以支持。但根据《担保法》第九十一条关于定金不得超过主合同标的额的 20％规定及《担保法解释》第一百二十一条关于当事人约定的定金数额超过主合同标的额百分之二十的，超过的部分，人民法院不予支持的规定，原、被告约定的定金数额为 50000 元过高，已调整为 37589 元（187944×20％）为宜，其余 12411 元应视为购房款，故原告实际支付的购房款应为 142411 元（130000 元＋12411 元）。

裁判要旨：当事人约定的定金数额超过主合同标的额百分之二十的，超过的部分，人民法院不予支持

【典型案例 2】

案例索引：福建捷胜贸易有限公司与厦门纽新进出口贸易有限公司合

同纠纷[①]。一审：（2009）思民初字第 11026 号；二审：（2010）厦民终字第 2496 号。

基本案情：2008 年 7 月 19 日，希腊客商与被告福建捷胜贸易有限公司（以下简称捷胜公司）签订购销合同，付款方式的约定为由原告厦门纽新进出口贸易有限公司（以下简称纽新公司）向捷胜公司支付 30%的定金，剩余 70%在货物装运前由纽新公司支付。2008 年 7 月 29 日，纽新公司与捷胜公司签订代理采购合同一份，由纽新公司向捷胜公司订购商品用于出口外销，总货款 63657.6 美元，约定定金为 20520 美元，纽新公司在预付人民币 10 万元后剩余的定金 10 日内支付，余款希腊方以 T/T 方式结算。交货期为收到定金 60 天内出货。合同签订后，捷胜公司于 2008 年 8 月 14 日收到纽新公司预付定金人民币 10 万元。

法院裁判：纽新公司与捷胜公司所签订的代理采购合同系缔约双方当事人真实意思表示，形式完整，内容与法不悖，应认定为有效合同。该合同对货物名称、数量、单价、总金额、交货期限、结算方式、违约责任等已作详细约定，缔约双方可根据该合同履行各自义务，因此，捷胜公司主张该合同不是独立的合同，没有事实依据。合同约定，“总货款 63657.6 美元，定金为 20520 美元，纽新公司在合同生效后预付人民币 10 万元，剩余的定金 10 日内支付，余款希腊方以 T/T 方式结算。交货期为收到定金 60 天内出货。”也就是，先支付合同项下定金 20520 美元是纽新公司的合同义务，也是捷胜公司履行交货义务的前提。纽新公司需在预付 10 万元人民币后于 10 天内支付剩余定金，否则即构成违约。

本案中，纽新公司在支付 10 万元人民币后，剩余定金至今未付，违约事实清楚。讼争合同虽然约定定金为 20520 美元，占总货款 63657.6 美元的 32.23%，超过担保法规定的定金数额，根据《担保法解释》第一百二十一条规定：“当事人约定的定金数额超过主合同标的额百分之二十的，超过的部分，人民法院不予支持。”即当事人在主张对方当事人存在违约行为且拟适用定金罚则向违约方主张违约责任时，对定金额超过主合同标的额 20%的部分，人民法院不予支持，对当事人在合同中将支付定金作为

---

① 纪荣典、罗发兴：《超过合同总价 20%的定金条款不必然没有约束力》，载《人民司法·案例》2011 年第 16 期。

对方履行义务前提的，人民法院则不予干涉，以便实现当事人最初的选择。纽新公司作为给付定金一方，更不能未经裁决，自认定金标准过高而拒绝履行其他交付义务。综上，纽新公司未完全履行足额支付定金的合同义务，已构成违约，其主张捷胜公司因未交货而存在违约行为，没有事实依据，其据此要求捷胜公司返还已经交付的双倍定金人民币186835.3元的诉讼请求，没有事实和法律依据，应予驳回。

裁判要旨：定金不能超过主合同标的额20%的法律规定，是为了避免定金罚则过于严厉。在遇到当事人约定的定金数额高于合同价款20%时，不能当然否定超过20%部分的约束力，应注意带有预付款性质的定金仍应当履行，但由于定金属实践性合同，他方不能要求定金履行方强制交付定金，其只能以行使履行抗辩权的形式来保护自己。在适用定金罚则时，也仍只能以合同价款20%为限进行计算。

问题2. 主合同无效，定金合同是否当然无效

《担保法》第5条第1款规定："担保合同是主合同的从合同，主合同无效，担保合同无效。担保合同另有约定的，按照约定。"

人们通常认为，担保合同从属于主合同，而这种从属性体现在四个方面：

其一，成立及存在上的从属性。担保合同的发生与存在以被担保的主债的成立与存在为前提，通常情况下，担保应当在主债设定之后设定，或者与主债同时设定，但在最高额抵押等情况下担保也可以为未发生之债而现行设定；不过无论如何，担保不能脱离被担保之债而单独发生。[①]

其二，处分上的从属性。担保随主债权的转移而转移，债权人不能将担保与债权分离转让给不同的受让人，也不能将担保与债权分开为他人提供担保。[②]

其三，消灭上的从属性。担保合同随主债务的消灭而消灭，当被担保的债务消灭时，担保合同也随之消灭。

---

① 刘保玉：《担保法原理精要与实务指南》，人民法院出版社2008年版，第31页。

② 孙鹏主编：《担保法精要与依据指引》，北京大学出版社2011年版，第15页。

其四，范围上的从属性。担保的范围从属于被担保的债的范围，并以被担保的债权债务的数额作为最大的限度，当事人可以在被担保的债权债务数额内约定担保的数额，但约定的担保金额不得超出该范围约定，超过该数额的担保超额部分无效。[①]

但是，在主合同无效的情况下，定金合同是否必然随之无效？要回答该问题，首先需要明确定金的类型与属性。一般认为，定金包括以下几种类型：其一，立约定金，是指为保证以后订立的合同而专门订立的定金合同，《担保法解释》第115条“当事人约定以交付定金作为订立主合同担保的，给付定金的一方拒绝订立主合同的，无权要求返还定金；收受定金的一方拒绝订立合同的，应当双倍返还定金”的规定即是对立约定金的规定。其二，证约定金，是指为证明合同成立而交付的定金，我国的担保法司法解释并未明确规定证约定金的存在。其三，成约定金，即以定金的交付作为主合同成立的要件，《担保法解释》第116条对成约定金进行了规定，即“当事人约定以交付定金作为主合同成立或者生效要件的，给付定金的一方未支付定金，但主合同已经履行或者已经履行主要部分的，不影响主合同的成立或者生效”。该条文事实上侧面认同了在一般情况下，若当事人约定交付定金作为主合同成立的条件，则该约定需要得到遵守。其四，解约定金，是指当事人可以以放弃定金或加倍返还定金为条件而解除合同。《担保法解释》第117条规定：“定金交付后，交付定金的一方可以按照合同的约定以丧失定金为代价而解除主合同，收受定金的一方可以双倍返还定金为代价而解除主合同。对解除主合同后责任的处理，适用《中华人民共和国合同法》的规定。”其五，违约定金，即通常意义上的定金，当事人一旦违约，接受定金的违约方需要双倍返还定金，而支付定金的违约方无权要求守约方返还定金。

在大多数情况下，学者们都认可定金合同是主合同的从属合同，主合同无效，定金合同随之无效。有的观点认为，若因支付定金方的责任导致主合同无效的，无权请求返还定金；若因收受定金方的责任导致主合同无效的，则应返还定金；但更多的人认为依照《担保法》第5条的规定，定

---

① 刘保玉：《担保法原理精要与实务指南》，人民法院出版社2008年版，第31页。

金合同随主合同无效而无效，应当将定金返还给交付定金的一方当事人，至于双方过错的认定与责任的分担属于缔约过失责任，而非定金罚则的适用。①

但是在司法实践中，并非所有的定金合同都会随着主合同的无效而无效。辽宁省高级人民法院的王鸿晓法官认为，虽然在一般情况下，定金合同的效力从属于主合同的效力，但是这一问题需要考虑定金本身的类型和功能，在某些情况下，定金合同的效力不会因为主合同的无效而无效。王鸿晓法官认为，其一，对于违约定金，这种定金类似于违约金，合同无效时当事人承担的是缔约过失责任，只有在合同有效的情况下，才存在适用违约责任的问题，如果定金的性质是违约定金，在主合同无效时定金合同当然无效；其二，对于成约定金，尽管担保法司法解释明确在实际履行主合同情况下即便未支付定金依然可以认定主合同成立，但该规定并非针对合同无效的情形，在主合同无效的情况下，成约定金应当自始无效，而不存在基于有效合同才能适用定金罚则的前提；其三，关于解约定金，依照合同法的基本原理，合同解除以合同有效为基础和前提，只有有效合同才涉及解除问题，若合同无效则不存在解除定金，因此在主合同被认定无效的情况下，解约定金应当无效；其四，对于证约定金，如果主合同被认定为无效，证约定金虽然依然存在，但只能证明合同成立而不涉及合同效力，证约定金因此失去证明效力而归于无效；其五，仅有在定金的性质为立约定金的情况下，定金合同的效力才有可能不受主合同效力的影响——立约定金法律效力的发生与该主合同是否发生法律效力没有关系，立约定金的生效时独立且在主合同之前便成立的，在认定定金性质为立约定金的情况下，若主合同无效，作为定金的担保合同并不当然无效。②

笔者认为，以上观点具有合理性。一般而言，定金合同属于主合同的从合同，其目的在于担保主合同中的债权债务得以实现，因此在一般的情形下，主合同无效，定金合同随之无效。但是，在判断定金合同效力是否随主合同无效而无效时，应当对定金合同的性质予以分析，如果定金属于

---

① 邬红旗：《担保法原理与适用》，人民法院出版社 2001 年版，第 432 页

② 王鸿晓：《定金合同效力的从属性原则及其例外情形》，载《人民司法·应用》2011 年第 5 期。

证约定金、解约定金、违约定金、成约定金等效力依附于主合同存在的定金类型，主合同无效，定金合同自然也无效；如果定金属于立约定金，由于其订立在主合同订立之前，其成立、生效也与主合同无关，即便主合同无效，立约定金的效力不受影响，其效力判断应当依据立约定金合同本身确定。这一观点在相关的司法案例中也为有关的法院所确认。

第二节 定金条款的履行

问题 3. 未实际交付但已出具收款及托管确认书的定金处理

《担保法》第 90 条规定，“定金合同从实际交付定金之日起生效”。有的学者认为，这一规定混淆了合同的成立与合同的生效，合同成立的要件包括合同缔约人及缔约人的合意，但在要物性的合同中，物的交付也应当属于合同成立的构成要件；而合同的生效条件一般情况下仅包括合同的成立，在法律法规特别规定的情况下或当事人特别约定生效要件时，还包括办理批准登记手续、附条件、附期限等要件，在定金合同中，定金的交付应当认为属于成立要件。[①] 担保法学者一般认为，定金合同属于实践性合同，以定金的交付为条件，如果当事人只达成合意而未交付定金，则定金合同不成立。有的学者认为，第 90 条是担保法立法上的疏忽，定金合同的成立需要以实际交付作为合同成立的要件，但是在特殊情况下也有例外，例如当事人约定以支付定金作为主合同成立或生效要件，虽然支付定金一方尚未支付定金，但主合同已经履行或者履行主要部分的，不影响主合同的成立或生效，而这一点也得到了《担保法解释》第 116 条“当事人约定以交付定金作为主合同成立或者生效要件的，给付定金的一方未支付定金，但主合同已经履行或者已经履行主要部分的，不影响主合同的成立或者生效”的确认。[②]

上述观点也可以通过担保法司法解释得以佐证。《担保法解释》第 119

---

① 刘保玉：《担保法原理精要与实务指南》，人民法院出版社 2008 年版，第 742 页。

② 邬红旗：《担保法原理与适用》，人民法院出版社 2001 年版，第 426 页

条规定："实际交付的定金数额多于或者少于约定数额，视为变更定金合同；收受定金一方提出异议并拒绝接受定金的，定金合同不生效。"该条文明确，约定的定金数额以实际交付的定金数额确定，如果交付的定金数额多于或者少于约定数额，视为变更定金合同。也就是说不论约定数额多少，最终定金数额以实际交付数额为准，这也体现了定金合同的实践性特征。

因此，在支付定金一方应当支付定金而未实际支付定金的情况下，法院应当裁判定金合同不成立，在当事人一方违约时不能适用定金罚则。但是在某些情形中，收取定金的一方非因自身的过错而不了解定金未实际支付的情况，因而在支付定金的一方违约时，守约方有得到定金及其利息的期待利益，此时应当如何裁判？如果此时认为定金合同因未支付定金而未成立，因而不主张守约方要求获得定金的主张，对于守约方显然并不公平，也不利于保护守约方的利益。如果认定违约方应当支付定金，则又与未实际支付定金的合同不成立的原则相矛盾。

在翁某与深圳世某公司房屋买卖合同纠纷一案中，房地产中介企业利用其员工签订房屋买卖合同以控制房源，并向卖方开具了收款及托管确认书，但未实际收取定金。此后，买方拒绝履行合同，卖方起诉要求中介公司支付定金。深圳中院的法官在裁判时面临三种观点：其一，涉案合同有效，按定金罚则中介公司应将收取的1万元定金返还给卖方；其二，中介公司与买方恶意串通的行为导致居间合同无效，中介公司应依法赔偿无过错方即卖方的损失；其三，中介公司违反诚实信用原则，依法应承担损害赔偿责任。[①] 二审法官经审理认为，应当采用第三种观点。原因在于：第一种观点认可协议的效力，以中介公司出具的托管确认书来认定交付定金的法律事实从而适用定金罚则，但法院查明的事实为买方未曾支付定金，认定定金合同成立与定金的实践性特征相冲突；第二种观点则认定卖方与中介公司签订的居间合同无效且约定的定金尚未支付，此时要求返还定金缺乏事实依据，且赔偿的定金损失实际上是合同的期待利益，在合同无效的情况下不应当赔偿卖方的期待利益损失，同时判决赔偿损失也存在判非

① 肖黄鹤：《未实际交付但已出具收款及托管确认书的定金处理》，载《人民法院·案例》2011年第4期。

所请的问题；作者认为，第三种观点“在事实陈述上删繁就简、去粗取精，只就各方在订立房地产买卖合同中违背诚信原则的主要事实行为进行认定，在法律上将体现诚信原则的相关法律责任适用该案，使得案件的处理结果合法合理，与公众的预期相吻合，达到了法律效果和社会效果的有机统一”，因此是较好的解决途径。

由上述的讨论得出，尽管定金合同的实践性得到了普遍认可，但在定金合同未交付而导致定金合同未成立的场合，裁判仍然应当恰当平衡当事人之间的利益关系。

【典型案例 3】

案例索引：翁某与深圳世某公司房屋买卖合同纠纷案[①]。一审：（2008）深龙法民初字第 1236 号；二审：（2009）深中法民二终字第 876 号。

基本案情：原告翁某诉称，2007 年 9 月 29 日，翁某与第三人李某及被告深圳世某公司签订了一份房地产买卖合同，合同约定李某购买翁某名下的房产。李某并向翁某交付了定金 1 万元，按照深圳世某公司要求，将该款托管至深圳世某公司处，由深圳世某公司出具收款及托管确认书。由于房地产市场行情波动，到 2007 年 10 月 30 日，按三方签订的房地产买卖合同约定应当由买卖双方签订正式的深圳市房地产买卖合同（现售）时，李某明确表示拒绝履行合同，不肯与翁某签订深圳市房地产买卖合同（现售），造成翁某不能及时卖出房产。翁某遂要求深圳世某公司向本人返还李某交付的定金，但深圳世某公司一直拒绝给付。

2007 年 9 月 29 日，翁某（卖方）、深圳世某公司（经纪方）及李某（买方）签订了编号为 5081127 号房地产买卖合同。该合同明确约定李某向翁某交付定金 1 万元，该定金由深圳世某公司托管。同日，深圳世某公司与翁某签署的收款及托管确认书（二）中，明确了收款确认和托管确认，深圳世某公司亦明确该收款及托管确认书（二）的适用情况为：经纪方已代业主出具收据给客户，业主将定金托管在经纪方，即深圳世某公司认可

① 肖黄鹤：《未实际交付但已出具收款及托管确认书的定金处理》，载《人民法院·案例》2011 年第 4 期。

托管定金1万元的事实。

上述涉案合同订立时，时为深圳世某公司员工的匡某，系原审第三人李某的男友。匡某和深圳世某公司员工尹某共同与翁某在约定地点见面，在未提供身份证件查验的情况下，匡某冒用李某的名义与翁某订立上述合同，尹某在明知匡某冒用他人名义的情况下亦以深圳世某公司的名义参与订立上述合同，合同条款中特别约定“买方有转名权”。同时，尹某在匡某未按合同约定交付定金的情况下，向翁某开立上述收款及托管确认书（二）。

关于匡某冒用李某名义订立合同和尹某在未收到定金的情况下开立收款及托管确认书（二）分别具有何目的的问题，匡某的证言证明，其为深圳世某公司员工，因楼市上涨，于是按公司要求配合尹某假扮买家通过订立合同的方式将涉案房产控制在公司手中，以便伺机找寻买家转卖谋利，因此，尹某没有收取定金而开出托管确认书是深圳世某公司认可的行为；而尹某的证言证明，当时因考虑到涉案房产价廉，为帮同事、校友匡某买房而订立该合同，同时，因信任匡某而违反公司规定在未收取定金时开具托管确认书，并因此受到公司扣工资处罚。

就其二人的证言，深圳市中级人民法院认定匡某的证言更具可信性，予以采纳。

法院裁判： 涉案的房地产买卖合同系三方当事人签订的包含房屋买卖和居间服务两种关系的合同。翁某向原审人民法院起诉主张深圳世某公司返还定金1万元及其利息，该主张系基于涉案合同中居间服务的托管行为而提出，故涉案纠纷应为居间合同纠纷。

查明的事实表明，深圳世某公司为达到控制涉案房产以寻找买家转手谋利的目的，通过匡某假扮买家和尹某代表深圳世某公司出具托管确认书的行为共同订立上述合同，其中匡某还冒用李某的名义订立该合同，且未表明其为李某代理的意思。匡某的行为系无权代理，其行为后果应由其本人承担。匡某基于其为深圳世某公司员工的职务及为该公司谋取利益的目的实施涉案行为，深圳世某公司依法应对匡某行为造成的损失承担责任。深圳世某公司明知匡某冒用他人名义订立合同、未收取定金而出具托管确认书，其行为符合《合同法》第四十二条第（二）项的规定，构成故意隐瞒与订立合同有关的重要事实或者提供虚假情况，同时其行为亦使合同卖方翁某丧失其他交易机会，与深圳世某公司的谋利目的相比，翁某其他交易机会的丧失当构成利益的损害，因此，深圳世某公司依法应赔偿无过错方即翁某因此造成的损失。订立买卖合同，促使涉案房屋交易成功，系居间合同的目的，无过错方翁某基于该居间合同的目的是顺利出售房屋取得房款，深圳世某公司出具托管确认书的行为既表明其履行居间合同的意思表示，亦有以此保证买卖双方继续履行居间合同的目的，取得涉案款项系无过错方翁某信赖买卖合同有效而订立居间合同的合理期待，但因深圳世某公司的上述涉案行为未能促成交易，致使无过错方翁某期待获得1万元定金的合同履行利益落空，深圳世某公司依法应在此限度内赔偿翁某的损失，并负担资金占用期间的利息。

裁判要旨：中介公司基于市场房价上升的预期，让员工假冒买方与卖方订立房地产买卖合同，未收取定金而向卖方出具已收取定金的托管确认书，意图以此控制房源，再选择适宜的买家转手谋利。在交易无法依约进行时，卖方主张中介公司返还托管的定金。由于订立的合同包含房屋买卖和居间服务关系，面临区分合同性质和判断合同效力等问题。最终依据各方在订立房地产买卖合同中的行为，特别是针对中介公司违背诚信的行为，适用《合同法》第四十二条，使案件处理合法合理，与公众预期吻合，达到法律效果和社会效果的有机统一。

问题4. 分期交付的定金效力

在司法实践中另一种涉及定金交付的疑难问题是分期交付定金的效力判断，正如上文所讨论的《担保法解释》第119条“实际交付的定金数额多于或者少于约定数额，视为变更定金合同；收受定金一方提出异议并拒绝接受定金的，定金合同不生效”。那么，如果当事人之间约定分期交付定金，而支付定金一方按照合同约定支付部分定金后拒绝支付剩余定金，此时面临着收取定金方是否有权要求支付定金方支付剩余定金以及违约时定金罚则数额的计算问题。如果按照合同约定，则剩余的尚未支付的资金依然属于定金，支付资金方有义务支付剩余定金，定金罚则的计算也应当以合同约定的所有定金为依据；如果依照《担保法解释》第119条，则有可能认定收取资金方收取支付定金方支付的定金数额构成对定金合同数额的变更。此外，依据担保法及其司法解释，定金合同属于实践性合同，只有在交付定金后合同方成立，剩余分期定金尚未支付，该部分关于定金的约定是否成立呢?

由于上述的差别，对于分期支付定金约定的效力认定，可以分为以下三种情况：其一，认为依据《担保法解释》第119条，应当认定双方通过实际交付少于约定的定金的方式，变更了合同中定金价款的约定，因此合同定金约定修改为较少的数额。其二，依据《担保法》中关于定金合同为实践性合同的规定，认定双方的定金约定仅就以实际支付的定金部分成立，而剩余的定金约定尚未成立，因此无权主张尚未支付部分适用定金罚则。但是支付定金方拒绝支付剩余定金的行为可以视为其预期违约，因此可以就已交付部分定金主张双倍返还。其三，依据《担保法》关于定金合同为实践性合同的规定，认定应当以约定的所有定金的支付作为合同成立的条件，而由于尚未支付所有约定的定金，定金合同并未生效。

有的学者对上述三种观点进行了分析。对于第一种观点，即双方达成对定金数额的变更，其成立的前提是收受定金一方未提出异议并接受定金的，定金合同生效，且此时交付定金的数额与约定数额不同的，视为定金的变更，但在分期交付定金的情况下，接收定金方接受定金的基础是双方达成的分期交付合意，而非双方默示的变更；对于第二种观点，即双方就已交付部分的定金合同生效，可以就该部分的定金主张双倍返还，但定金合同作为实践性合同，对于未交付部分的定金，其定金契约尚未生效，以尚未生效的契约主张预期违约，显然与定金契约的实践性特征相冲突；对于第三种观点，其合理之处在于折中主义，能够充分考虑双方当事人的利益平衡，此时的结果是仅在交付一期定金的情况下定金契约尚未生效，无权就已经交付的部分主张定金罚则，只能要求返还定金。①

此外，需要注意的是，无论如何认定分期支付定金的效力，分期定金仅在当事人明确约定的情况下适用。若合同当事人没有在定金契约中明确

---

① 黎乃忠:《分期交付之定金契约效力研究》，载《法律适用》2015年第7期。

约定定金为分期支付，则应认定支付并接受部分定金的行为构成对合同的默示修改。

问题5. 定金罚则如何适用

《合同法》第115条规定：“当事人可以依照《中华人民共和国担保法》约定一方向对方给付定金作为债权的担保。债务人履行债务后，定金应当抵作价款或者收回。给付定金的一方不履行约定的债务的，无权要求返还定金；收受定金的一方不履行约定的债务的，应当双倍返还定金。”其中，因违约而引发的给付定金方无权要求返还定金以及收受定金方应当双倍返还定金的规定被称为定金罚则。在实务中，适用定金罚则仍然有许多需要注意的问题。本节将讨论下述三个问题：其一，适用定金罚则的条件，即定金罚则的构成要件；其二，合同部分履行时如何适用定金罚则；其三，可否在定金罚则的适用过程中主张对定金数额的调整。

（一）定金罚则的适用条件

《担保法解释》第120条第1款规定：“因当事人一方迟延履行或者其他违约行为，致使合同目的不能实现，可以适用定金罚则。但法律另有规定或者当事人另有约定的除外。”该规定是对定金罚则适用条件的描述。仅从司法解释条文来看，定金罚则的适用条件包括当事人的违约、违约致使合同目的不能实现两个条件。但是实际上，定金罚则得以适用需要符合下述构成要件：

其一，适用定金罚则，需要符合定金合同成立、生效且合法有效的先决条件。这一要件又包括诸多方面：首先，定金合同需要成立，也即需要有合同各方对于适用定金条款的合意。其次，定金合同作为实践性合同，仅有在依照定金合同负有支付定金义务的一方实际支付了定金时，才能够使得定金合同随之生效。最后，定金合同合法有效，依据定金合同效力上的从属性特征，其产生所以来的主债务合同需要合法有效，且定金合同本身也应当有效。

其二，须有一方存在迟延履行债务或其他违约行为，致使合同目的不能实现的情况。合同履行过程中是否存在违约并不难判断，此处判断的困难之处在于何为“致使合同目的不能实现”。除了司法解释所列举的迟延履行的情况，导致合同目的不能实现的情况应当包括拒绝履行、履行不能，而在有些情况下，瑕疵履行、不完全履行也有可能构成合同目的不能实现，此时应当结合当事人的违约行为与合同的目的进行判断。之所以要把合同目的不能实现作为触发定金罚则的条件，是因为定金罚则的目的是担保主合同的履行，“如果使违约的所有情形都适用定金罚则，易使当事人将定金变为一种牟利手段，引发市场交易的道德风险，也有违诚实信用原则和公平原则，不利于建立健康有序的交易秩序。只有在违约行为构成根本违约时，才能适用定金罚则，这样既可以避免定金责任适用过于宽泛，减少定金罚则的负面作用，同时又能充分发挥定金罚则的担保合同履行的功能。”①

其三，适用定金罚则是否以违约方存在过错为前提？一般认为，定金罚则的适用以违约方存在过错为前提，这是因为定金罚则具有惩罚性，只有在违约方对违约的发生具有过错时，才能适用定金罚则。但也有人认为，对于归责原则的问题，应当认为只要违约的发生不落入免责事由的范围，即可适用定金罚则。② 而从法律规定看，《担保法解释》第 122 条规定：“因不可抗力、意外事件致使主合同不能履行的，不适用定金罚则。因合同关系以外第三人的过错，致使主合同不能履行的，适用定金罚则。受定金处罚的一方当事人，可以依法向第三人追偿。”从该条文出发，因不可抗力、意外事故发生合同不能履行的结果，自然属于免责的范围，而因第三人过错致使主合同不能履行时依然适用定金罚则，既可以认为体现了定金罚则的适用不以当事人的过错为前提，又可以认为是第三人的过错包含在当事人的过错之内。因此，依照担保法司法解释的规定，该两种观点并不存在显著差异。

（二）合同部分履行时定金罚则的适用

合同履行过程中可能出现的另一种情形为，当事人部分履行了合同，例如约定交付 100 吨大豆，当事人交付了其中的 50 吨，但拒绝交付剩下的 50 吨，此时是否应当适用定金罚则？这个问题存在两种观点：第一种观点

---

① 刘保玉：《担保法原理精要与实务指南》，人民法院出版社 2008 年版，第 750 页。
② 郭明瑞、房绍坤：《担保法》（第二版），中国政法大学出版社 2012 年版，第 87 页。

认为，我国法律已经将定金的数额限定在主合同标的额的20%以内，因此没有必要对定金数额进行调整；第二种观点则认为，在不完全履行合同义务的情况下，可以对定金的数额进行相应的调整。笔者认为，如果合同仅得到部分履行从而导致合同目的无法实现的结果，应当可以适用定金罚则；但是，定金罚则的适用范围应当与不履行的部分相当。

我国法律也秉承着这样的思路。在1987年颁布的《最高人民法院关于在审理经济合同纠纷案件中具体适用〈经济合同法〉的若干问题的解答》[法（经）发〔1987〕20号]中，最高法院认为，"关于不完全履行合同是否适用定金罚则的问题。《农副产品购销合同条例》第十七条第六款和第十八条第六款规定，供方不完全履行预购合同的，应加倍偿还不履行部分的预付定金；需方不完全履行预购合同的，无权收回未履行部分的预付定金。其他允许给付定金的各类经济合同不完全履行的，也可以照此办理。"虽然该规定已经失效，但《担保法解释》第120条第2款依然规定："当事人一方不完全履行合同的，应当按照未履行部分所占合同约定内容的比例，适用定金罚则。"例如，上述大豆交付的例子，如果双方约定的定金数额为1万元，在交付大豆一方拒绝交付剩下的50吨大豆的情况下，应当以5000元的金额计算定金并适用定金罚则。

但实务中的问题在于，若合同标的并非可分的可计数的标的，应当如何调整定金的比例？对此，有的学者认为对于不完全履行合同时比例的计算规定应为：其一，在不完全履行合同的情况下，若当事人接受或依法不得拒绝不完全履行的行为时，才能部分处罚或不处罚定金；其二，在当事人可以拒绝接受不完全履行行为时，若违约方不完全履行合同致使守约方产生《合同法》第94条第4项规定的法定合同解除权的，当事人有权拒绝接受履行行为，定金可以全部处罚；其三，不完全履行合同仅构成"部分根本违约"或不构成"根本违约"，对方当事人无法定合同解除权时，只能部分处罚定金或不处罚定金。[①]

（三）定金数额的调整

第三个问题所涉及的情形与上述的不完全履行不同，而是指在适用定

① 曹士兵：《中国担保制度与担保方法》（第四版），中国法制出版社2017年版，第416页。

金罚则时，能否以定金数额过高作为抗辩，并因此调整定金数额。与定金具有类似功能的违约金，在《合同法》第 114 条第 2 款中规定了违约金调整制度，即“约定的违约金低于造成的损失的，当事人可以请求人民法院或者仲裁机构予以增加；约定的违约金过分高于造成的损失的，当事人可以请求人民法院或者仲裁机构予以适当减少”。该制度能否类推至定金合同中？

笔者认为，定金与违约金存在性质上的不同。一般而言，违约金为弥补一方的损失而适用，因此当违约金过分高于与低于损失的，可以请求法院或仲裁机构予以调整，从而达到填平损失的目的；但是定金却具有惩罚性，定金的数额并不以损失作为依据。当然，定金也有数额过高的问题，为了减轻定金数额过高带来的问题，法律和司法解释已经将定金数额限制在合同价款总额 20%的范围之内，超过这个数额的不适用定金罚则。因此，定金罚则不应当根据损失数额而进行调整。这一观点也在司法案例中得到了认可。

典型案例裁判文书

最高人民法院(2015)民二终字第423号民事判决书

【典型案例 4】

案例索引：王新辉、刘安与刘天牧、刘冰琳股权转让纠纷案。一审：上海市高级人民法院（2014）沪高民二（商）初字第 1 号；二审：最高人民法院（2015）民二终字第 423 号。

基本案情：兰州万佳置业有限公司（以下简称万佳公司）成立时股东为刘天牧、刘冰琳，分别持有万佳公司股权 62.692%、37.308%。2011 年 5 月 6 日，刘天牧、刘冰琳作为转让方并共同委托刘欧士与受让方王新辉、刘安签订《股权转让意向协议》，约定刘天牧、刘冰琳将持有的万佳公司股权分别以 87768800 元、52231200 元的价格转让给王新辉、刘安，且为保证股权转让协议的签署和股权转让目的的实现，在本协议签署的当日王新辉、刘安应在刘天牧、刘冰琳指定的账户内汇入共计 1000 万元（王新辉、刘安各 500 万元）作为定金。2011 年 5 月 7 日，王新辉向刘欧士账户支付定金 1000 万元。2011 年 7 月 14 日，刘天牧、刘冰琳的委托代理人刘欧士与王新辉、刘安签订《补充协议》，约定王新辉、刘安承诺在2011年7月20日之前共同再向刘天牧、刘冰琳支付1000万元作为履约定金；如果王新辉、刘安未按期支付该定金，意向协议自动解除，之前已经支付的1000万元定金不再退还；王新辉、刘安承诺在2011年7月31日之前向刘天牧、刘冰琳支付第一期股权受让款3000万元，如未能按期支付，意向协议自动解除，则其前期已经支付的2000万元定金不再退还。2011年7月20日，王新辉通过案外人向刘欧士账户支付1000万元。

法院裁判：《合同法》第一百一十五条规定：当事人可以依照《担保法》约定一方向对方给付定金作为债权的担保；债务人履行债务后，定金应当抵作价款或者收回；给付定金的一方不履行约定的债务的，无权要求返还定金，收受定金的一方不履行约定的债务的，应当双倍返还定金。由此可见，定金作为一种担保方式，其所担保的对象就是合同双方当事人的履约合意，并以适用定金罚则为手段实现担保之目的，因此其本质特征是惩罚性。定金与违约金不同，违约金的性质以补偿性为主、惩罚性为辅，违约方为其违约行为付出的代价应与给对方造成的实际损失大致相当，在违约金约定过高的情况下允许违约一方提出调减的请求。而在适用定金罚则时，从目前法律规定看，违约方承受的丧失定金的责任仅取决于违约行为本身，并未考虑是否给对方造成损失，因此法律亦未规定可对定金数额进行调整。但对违约行为进行惩罚并非定金制度的根本目的，以惩罚为手段来实现合同目的才是制度的价值取向。基于此，《担保法》第九十一条规定：定金的数额由当事人约定，但不得超过主合同标的额的百分之二十。该条规定通过对当事人约定的定金数额进行限制，将定金的惩罚性限制在一定范围内，就是为了保证双方的公平。具体到本案，主合同标的系1.4亿元，双方约定2000万元的定金并不超过上述法律规定的限额。该种约定仅存在于当事人双方之间，是当事人自由意志的体现，是双方对风险和不公平的容忍，不触犯公共利益和第三人利益，因此不应作过多干预。其次，在《补充协议》第三条已经对第一期股权转让款支付时间以及违约责任有明确约定、刘天牧、刘冰琳又对前述合同义务给予一定宽限期并进行催告的情况下，王新辉、刘安仍未按约履行合同义务，导致股权转让协议未能签订，此种情况下刘天牧、刘冰琳一方不退还定金具有合同依据。

裁判要旨： 定金以适用定金罚则为手段实现担保之目的，其与违约金不同，违约金的性质以补偿性为主、惩罚性为辅，在违约金约定过高的情况下允许违约一方提出调减的请求。而在适用定金罚则时，从目前法律规定看，违约方承受的丧失定金的责任仅取决于违约行为本身，并未考虑是否给对方造成损失，因此法律亦未规定可对定金数额进行调整。

问题6. 商品房买卖中定金罚则如何适用

在商品买卖交易中，房地产开发商常见的销售方式是与消费者签订认购协议，并由消费者支付一定的定金，从而锁定消费者对某一套房源的预期购买权。但是，通过认购协议或者其他方式完成的预订协议效力如何，以及约定的定金能否适用一般的定金罚则，均需要明确。《最高人民法院关于审理商品房买卖合同纠纷案件适用法律若干问题的解释》（以下简称《商品房买卖合同解释》）第4条对此作出了规定："出卖人通过认购、订购、预订等方式向买受人收受定金作为订立商品房买卖合同担保的，如果因当事人一方原因未能订立商品房买卖合同，应当按照法律关于定金的规定处理；因不可归责于当事人双方的事由，导致商品房买卖合同未能订立的，出卖人应当将定金返还买受人。"

笔者认为，对于商品房买卖中定金罚则的适用问题，应从以下几个方面考虑：

（一）商品房买卖预约合同的认定与效力

预约在学理上是与本约相对应的概念，即是指约定将来订立债务合同为内容的合同。《买卖合同解释》第2条规定，"当事人签订认购书、订购书、预定书、意向书、备忘录等预约合同，约定在将来一定期限内订立买卖合同，一方不履行订立买卖合同的义务，对方请求其承担预约合同违约责任或者要求解除预约合同并主张损害赔偿的，人民法院应予支持"，明确了预约的表现形式和法律效力。于此相对应，商品房买卖预约合同，指的是"当事人为在一定期限内订立商品房买卖合同而签订的契约，意在保证将来双方依约订立买卖特定房屋的正式合同”。[①]

预约合同的构成要件包括以下几个方面：第一，交易主体的特定化，即预约合同所约束的主体是将订立本约的当事人；第二，标的物特定化，即双方在预约合同中将待交易的标的物予以明确，使之由种类物转化为特定物，进而成为商品房买卖的标的物；第三，具备合同成立的要件，即内容上包括当事人名称或姓名、标的及价款，形式上经当事人签字或盖章；第四，预约合同中必须包括承诺订立本约的合意，即应当明确表示在一定期限内订立商品房买卖正式合同，而这种合意可以根据交易惯例及合同内容可以合理推断，不一定需要明确的文字表述。[②]

具体而言，对于预约合同的内容方面，最高人民法院关于该司法解释的理解与适用中指出，预约合同包括确定条款与不确定条款：确定条款是双方已达成的具有本约效力的条款，而不确定条款是指处于未决状态的条款，即确认某些权利义务关系的条件尚未成熟，当事人签订的权利义务不确定的合同条款。[③] 实践中存在的困难是，如果合同条款不确定，是否会被认定为合同不成立？有人认为，预约当事人真实的意思表示是在将来订立特定的合同，因此预约合同应当具备当事人嗣后可以根据预约合同订立本合同的要素，预约合同的构成应当同时满足两项要求：其一，需要有订立本合同的意思表示；其二，需要构成本合同要约的要求。[④]

而对于预约合同的形式，法律并没有明确的要求，故应当认为预约合同可以采取书面或口头形式订立。有人提出，对于以下两种情况，应当注意预约合同的形式问题：其一是要式合同的预约合同，预约合同也应当采用与本合同相同的形式要求；其二是当事人约定本合同的形式，在此种情形下，此种约定只能限制本合同的形式而不可拓展到预约合同，除非当事人约定预约合同也应当采用此种形式。[⑤]

---

① 方剑磊、肖瑶、肖明明：《预约买房人可主张双倍返还定金》，载《人民司法·案例》2015 年第 2 期。

② 方剑磊、肖瑶、肖明明：《预约买房人可主张双倍返还定金》，载《人民司法·案例》2015 年第 2 期。

③ 最高人民法院民事审判第一庭编著：《最高人民法院〈关于审理商品房买卖合同纠纷案件司法解释〉的理解与适用》，人民法院出版社 2015 年版，第 57 页。

④ 钱玉林：《预约合同初论》，载《甘肃政法学院学报》2003 年第 4 期。

⑤ 钱玉林：《预约合同初论》，载《甘肃政法学院学报》2003 年第 4 期。

关于如何认定商品房买卖预约合同，实践中也存在不小的争议。在鹏远公司与朱某、程某、邱某买卖合同纠纷案中，原告鹏远公司与被告朱某、程某、邱某就原告开发的武夷山太平洋花园项目中的S6地块签订代建合同，约定甲方（原告）提供乙方（三被告）代建低层住宅的地块（编号S6），面积4812.18平方米，每平方米售价315元，总价款1515836元。合同还对款项的支付、违约责任等事项作出约定。合同签订后，三被告累计支付原告土地转让款1440044.2元。因该代建合同一直未能履行，2007年1月19日，原、被告经协商又签订了协议书一份，主要约定：一、甲方（原告）同意乙方（被告）购买太平洋花园双拼住宅原S6地块，共六幢12套住宅；二、上述住宅每平方米建筑面积单价为1800元，车库为660元，购房总价按房产证面积，车库按实际面积计算；三、原乙方交付的1440044.20元土地转让款作为购买住宅的预付款，乙方原欠甲方5%的尾款在协议签订后7天内付清，一并作为购房的预付款，同时乙方向甲方交回保管的土地证。在甲方取得双拼住宅的预售许可证7天内，通知乙方前来签订政府统一格式的商品房买卖合同。协议书签订后，被告于2007年1月21日向原告支付原土地转让尾款75791元。根据协议书的约定，原、被告双方本应在原告取得双拼住宅预售许可证的7日内订立商品房买卖合同，但因原告至今未取得商品房预售许可证，一直也未在S6地块上进行双拼别墅的建设施工，双方也未订立规范的商品房买卖合同，原告因此认为协议书属于商品房买卖预约合同，请求法院依法解除。三被告提起反诉，请求法院确认双方于2005年4月13日签订的代建合同至今合法有效。在案件审理过程中，就协议书属于商品房买卖合同本约还是预约问题就存在意见分歧：第一种观点认为，依据《合同法解释（二）》第1条“当事人对合同是否成立存在争议，人民法院能够确定当事人名称或者姓名、标的和数量的，一般应当认定合同成立。但法律另有规定或者当事人另有约定的除外”和《商品房买卖合同解释》第1条“本解释所称的商品房买卖合同，是指房地产开发企业（以下统称为出卖人）将尚未建成或者已竣工的房屋向社会销售并转移房屋所有权于买受人，买受人支付价款的合同”，本案协议书具备当事人、标的和数量合同三个要素，且交易形式符合商品预售特征，应当认定属于预售合同本约；第二种观点认为，由于协议书未对商品房付款时间、房屋交付使用日期、产权人等作出明确约定，不完全具备《商品房销售管理办法》第16条规定的商品房买卖合同的主要内容，应当认为定预售合同的预约合同。最终法院采纳了第二种观点，认为《商品房销售管理办法》第16条规定了商品房买卖合同应当具备的13项主要内容；《商品房买卖合同解释》第5条规定："商品房的认购、订购、预订等协议具备《商品房销售管理办法》第十六条规定的商品房买卖合同的主要内容，并且出卖人已经按照约定收受购房款的，该协议应当认定为商品房买卖合同。"而该协议仅对房屋坐落、价款及首付款进行约定，而未对剩余购房款的付款时间、房屋交付使用日期、产权人等作出明确约定，不完全具备《商品房销售管理办法》第16条规定的主要内容。[①]

对于预约合同的效力问题，学理上存在"必须磋商说""应当缔约说""内容决定说""视为本约说"四种观点，[②] 而从法院的观点来看，无论是最高人民法院在买卖合同司法解释理解与适用中的观点，还是司法裁判中法官的观点，均认同"应当缔约说"，即"预约合同成立后，双方均应遵照合同所确定的内容，诚实履行订立正式买卖合同的义务，否则便应承担相应的法律责任"。[③] 有的法官认为，商品房买卖预约合同签订后开发商有义务保留目标房并按照合同约定的义务与买房人订约，但无论是开发商还是买房人均不能根据商品房认购书强制要求对方与自己签订购房合同，只要双方按照约定的将来时间进行洽谈且没有恶意不签订购房合同的行为，就应当认为履行了合同的义务。[④]

（二）商品房买卖预约合同定金的性质与定金罚则的适用

依照商品房买卖合同司法解释的规定，在商品买卖预约合同中约定定金的可以适用定金罚则，除非买卖合同没有订立是因不可归责于双方当事人的原因导致的。此种定金罚则的规定与《合同法》与《担保法》中"给付定金的一方不履行约定的债务的，无权要求返还定金；收受定金的一方

---

① 辛崇华：《商品房买卖预约合同的认定与解除》，载《人民司法·案例》2015年第8期。

② 陆青：《〈买卖合同司法解释〉第2条评析》，载《法学家》2013年第3期。

③ 方剑磊、肖瑶、肖明明：《预约买房人可主张双倍返还定金》，载《人民司法·案例》2015年第2期。

④ 王平：《商品房买卖预约合同解除后的定金处理》，载《人民司法·案例》2008年第18期。

不履行约定的债务的，应当双倍返还定金”的表述不同。

一般认为，不同于作为一般意义上定金的违约定金，商品买卖合同司法解释中规定的定金是立约定金。[①] 立约定金，是指为担保合同订立而约定的定金。依照《担保法解释》第115条，“当事人约定以交付定金作为订立主合同担保的，给付定金的一方拒绝订立主合同的，无权要求返还定金；收受定金的一方拒绝订立合同的，应当双倍返还定金”，立约定金也适用定金罚则。

司法实践中另一个值得关注的问题是如何认定商品房买卖预约合同中的定金。对此，最高法院民一庭认为，“认购书中常常出现订金、押金等字眼，不能将其一概认定为法律意义上的定金，但如果认购书上记明：双方未签订正式的商品房买卖合同，买受人违约订金、押金不退还，出卖人违约双倍返还订金、押金，那么，此时订金和押金即具有定金的性质。”[②] 笔者认为，司法实践中对于定金的认定不应当从定金二字的文字上进行判断，如果出现其他字样的表述，但当事人明确交付的款项有类似于定金罚则作用的情形，也应当认定为属于定金。

一旦在商品房买卖预约合同中约定定金，一旦因一方的原因违约，违约方就需要承担定金罚则，支付定金方不得要求返还，而接收定金方需要双倍返还定金。但需要明确的问题是，适用定金罚则是否要求违约方存在过错?《担保法解释》第122条规定：“因不可抗力、意外事件致使主合同不能履行的，不适用定金罚则。因合同关系以外第三人的过错，致使主合同不能履行的，适用定金罚则。受定金处罚的一方当事人，可以依法向第三人追偿。”该条文排除了不可抗力、意外事故导致主合同不能履行时违约方需要承担定金罚则，但仍然将第三人过错纳入违约方需要承担定金罚则责任的情形。有的学者认为，第三人的过错可以解释为由于可归责于当事人的原因而承担责任，因此应当将适用定金罚则的条件认定为“存在可归责于当事人的事由”。[③] 有的学者则认为，定金罚则适用过

---

① 赵一平：《论立约定金罚则在商品房买卖合同纠纷中的适用——兼谈最高人民法院〈关于审理商品房买卖合同纠纷案件用法律若干问题的解释〉第4条》，载《法律适用》2004年第4期。

② 最高人民法院民事审判第一庭编著：《最高人民法院〈关于审理商品房买卖合同纠纷案件司法解释〉的理解与适用》，人民法院出版社2015年版，第63页。

③ 崔建远：《合同法总论（中卷）》，中国人民大学出版社2012年版，第379页。

错责任。①

在立约定金中，一般认为，由于商品房买卖预约合同中存在带有未决条款的预约与不存在未决条款的预约两种情况，对于前者，当事人达成预约后的义务是诚信缔约，不论缔约的结果是达成本约还是依照诚实信用原则行事而最终未达成本约，均属于按照合同履行了缔约义务，此时定金罚则的适用以过错为前提，即当事人没有按照诚实信用的原则履行缔约义务时，才适用定金罚则；对于后者，由于合同的条款均已明确，适用定金罚则不应当以过错为条件，只要当事人最终未达成主合同，即构成违约。②

在下文的曹求玉与中山市中南物业开发有限公司商品房买卖纠纷案中，法院即认为，“商品房认购书约定的是双方在约定的将来时间洽谈的义务，只要双方到期前来洽谈，并对认购书约定的条款都同意作为购房合同的条款，并且没有恶意不签订购房合同的行为，就已经正确地履行了商品房认购书约定的义务。”“虽然本案双方当事人签订的认购书约定了房屋的位置、面积、单价，但对买卖房屋的付款方式、交楼时间、办证时间、违约责任等等诸多直接影响双方权利义务的重要条款并无在认购书中明确约定，属于未决条款，故需在签订买卖合同时协商一致达成。在协商本合同时，当事人一方没有必须接受对方当事人提出的未决条款的义务。在一方当事人签订预约合同时并不知晓本合同的条款情形下要求其必须接受本合同的条款，对其显然是不公平的。当然，如果预约合同中已包括了本合同的详尽条款，认购书的约定是一种有效的合同义务，合同双方完全可以以商品房认购书为依据要求对方履行商品房认购书约定的义务。当认购书具备了购房合同的主要内容时，它也就构成了普通的预约……预约合同具备了强制执行的效力，当事人则有必须订立本合同的义务。”

笔者赞同此观点。尽管预约合同与本约不同，其缔约目标在于最终签订本约，但预约合同之间也不尽相同。正如《最高人民法院〈关于审理商

---

① 刘保玉：《担保法原理精要与实务指南》，人民法院出版社 2008 年版，第 751 页。

② 赵一平：《论立约定金罚则在商品房买卖合同纠纷中的适用——兼谈最高人民法院〈关于审理商品房买卖合同纠纷案件用法律若干问题的解释〉第 4 条》，载《法律适用》2004 年第 4 期。

品房买卖合同纠纷案件司法解释〉的理解与适用》一书中指出的，预约合同包含确定条款和不确定条款，而在所有条款已经确定的情况下，当事人应当依据预约合同的条款订立本约，一旦双方未达成本约，即可适用定金罚则。若预约合同中包含不确定条款，尽管预约合同当事人有诚信磋商并达成本约的意思，但不确定条款可能会导致缔约失败的后果，特别是商品房买卖合同中的条款对当事人权利义务会产生巨大影响的前提下，此时要求当事人一定需要达成本约显然要求过高。在此种情况下，仅有在当事人缔约中违背诚实信用原则时，方可就未达成商品房买卖合同主张定金罚则。

典型案例裁判文书

重庆市第一中级人民法院(2014)渝一中法民终字第00179号民事判决书

【典型案例 5】

案例索引：陈敬全、陈荟羽重庆丰盈房地产开发有限公司商品房买卖纠纷案[①]，一审：（2013）江法民初字第 07478 号；二审：（2014）渝一中法民终字第 00179 号。

基本案情：2012 年 3 月 15 日，二原告陈敬全、陈荟羽向舒晓凤（原告陈敬全之妻、陈荟羽之母）出具委托书，委托舒晓凤办理购买被告开发的重庆市江北区某楼盘商品房的相关事项。同月 26 日，舒晓凤向重庆大泽置业代理有限公司（以下简称大泽公司）提交团购申请及承诺书，求大泽公司代其向被告发出团购要约，并在交纳 10 万元团购指标费后，享受折后总价 50 万元的购房优惠。2012 年 3 月 31 日，二原告与被告的置业顾问樊星签订了一份签约置业预算表，对客户名称、房号、建筑面积、建面单价、折前总价、现金减免、付款方式、代收费用、交房标准及签约日期等内容进行了确认。该预算表还对签约时客户须提供的资料进行了明确，并特别提示："尊敬的业主，《重庆市商品房买卖合同》将严格按此表进行填写，如网上提交将无法更改，请仔细核对。"当天，被告出具专用收据，表示收到钟波、舒晓凤定金 20 万元，收据上载明的房号为预算表中所确定的房号。2012 年 4 月 6 日，被告再次出具专用收据，表示收到房款 50 万

① 方剑磊、肖瑶、肖明明：《预约买房人可主张双倍返还定金》，载《人民司法·案例》2015 年第 2 期。

元，客户名称为二原告，房号为预算表中确定的房号，客户确认栏由舒晓凤签字。

法院裁判：法院认为，签约置业预算表中包含了当事人的基本情况、房屋的基本状况、价款计算、认购时间及签署契约的时限等内容，符合认购书的要件，因此，该预算表可认定为双方签订商品房买卖合同前所订立的认购书。虽然被告对签约置业预算表及定金和房款收据等持有异议，但是，原告举示的委托书、团购申请及承诺书、置业预算表、定金收据及房款收据等证据之间能够形成证据锁链，可证实二原告欲购买被告开发的特定房屋，并向被告交纳了定金20万元及房款50万元的事实。原告向被告交付了20万元定金，因此应视为双方的预约合同关系成立。因此，在认定双方责任的前提下，本案可以适用定金罚则。根据《最高人民法院关于审理商品房买卖合同纠纷案件适用法律若干问题的解释》第四条的规定，出卖人通过认购、订购、预订等方式向买受人收受定金作为订立商品房买卖合同担保的，如果因一方原因未能订立商品房买卖合同，应当按照法律关于定金的规定处理；因不可归责于当事人双方的事由，导致商品房买卖合同未能订立的，出卖人应当将定金返还买受人。本案中，被告并未按照双方在置业预算表中约定的交房标准签订商品房买卖合同，且未举示证据证实双方未签订正式合同系原告的原因或不可归责于双方的原因，故被告应承担相应定金责任，双倍返还原告定金40万元，同时应退还已收房款50万元及相应资金占用利息。

裁判要旨：在商品房买卖过程中，买房人与开发商置业顾问签订的包含房号、面积、单价及签约期限等内容的签约置业预算表应认定为商品房预约合同。与该预约合同一并订立的定金合同具有立约定金和违约定金的双重属性，在开发商未按预约合同的约定与买房人签订商品房买卖合同时，买房人可以主张适用定金罚则，要求开发商双倍返还定金。

【典型案例 6】

案例索引：曹求玉与中山市中南物业开发有限公司商品房买卖纠纷案[①]。一审：(2007) 中石民一初字第 338 号；二审：(2008) 中中法民一终字第 54 号。

基本案情：2006 年 12 月 6 日，曹求玉（乙方）与中山市中南物业开发有限公司（以下简称中南公司）（甲方）签订中南服饰广场认购书（以下简称认购书）。该认购书约定：1. 曹求玉订购位于中南服饰广场 4 幢 1 层 L1—28 车商铺，面积 11.7 平方米，商铺总价款 268756 元，在签署认购书时付清定金人民币 3 万元。2. 买受人选择一次性付款的，96 折付款，签署认购书 10 日内付清，并签署商品房买卖合同；选择按揭付款的，98 折付款，在接到中南公司书面或电话通知 7 日内签署商品房买卖合同，即申请办理银行按揭手续。3. 双方声明共同遵守如下规定：(1) 该物业交易所产生的一切费用，依法由双方各自承担并及时缴付；(2) 曹求玉不按时足额交款或逾期不签署商品房买卖合同，或有违反此认购书之规定条款时，中南公司即可自然解除此认购书，并有权没收曹求玉所交定金及收回该物业有权另行处理，曹求玉不得有异议；(3) 该物业用途及使用性质为商铺；(4) 签署商品房买卖合同前，若因中南公司原因致使该物业不能出售时，应退还所收全部价款（含定金）给曹求玉，并承担该房价款的同期银行利息；(5) 曹求玉在签订本认购书之前，已阅读并认可中南服饰广场商铺认购须知、认购书的全部约定。当日，曹求玉支付中南公司定金人民币 3 万元。其后，中南公司要求曹求玉签订房屋买卖合同，曹求玉对其中条款提出异议，双方没有达成一致协议。

法院裁判：曹求玉与中南公司之间签订的认购书属于预约合同，即为了将来签订商品房买卖合同而签订的合同。曹求玉交纳的定金 3 万元属于订约定金，即为了保证将来签订房屋买卖合同而支付的保证金。如果曹求玉将来不签订合同，则定金 3 万元归中南公司所有；如中南公司拒绝签订合同，则双倍返还定金给曹求玉。

本案的争议焦点是何方当事人拒绝签订商品房买卖合同。虽然认购书

---

① 王平：《商品房买卖预约合同解除后的定金处理》，载《人民司法·案例》2008 年第 18 期。

约定了房屋的单价，但双方对买卖房屋的付款方式、交楼时间、办证时间、违约责任等诸多直接影响双方权利义务的重要条款并无明确约定，需在签订买卖合同时协商一致达成；亦没有约定将来只要中南公司提出签订买卖合同，无论中南公司提出的条款如何，曹求玉均应一概承诺。在中南公司要求曹求玉签订房屋买卖合同时，中南公司提供了合同条款样本，属于要约。由于曹求玉与中南公司是平等的民事法律关系当事人，曹求玉对中南公司提出的要约有权承诺、拒绝、要求修改；针对曹求玉提出的要约，中南公司亦有权承诺、拒绝、要求修改。

诉讼中，中南公司没有证据证实曹求玉在签订买卖合同时存在恶意协商，及拒绝签订合同的真实意思表示，故本案中双方在签订买卖合同时没有协商一致达成协议，不可归责于任何一方当事人。因此，中南公司要求没收曹求玉支付的定金3万元，没有依据，中南公司应当返还给曹求玉。

裁判要旨：房屋认购书是预约合同，当事人负有达成本合同的磋商义务。因不可归责一方当事人的事由没有达成商品房买卖合同，不存在违约情形的，预约合同解除，交纳定金一方当事人有权要求对方当事人返还。

问题7. 定金罚则与损害赔偿责任能否并用

定金虽是一种担保合同履行的方式，但在一方违约的时候，事实上也可以起到补偿守约一方的作用，因此在学理上有的学者认为定金是一种责任形式。有的学者认为，定金同时作为债的担保方式和违约责任方式而存在，当合同各方当事人依约履行合同义务时，定金罚则能够警示并促使当事人遵守合同的约定，此时定金的主要作用是对债履行的担保；但一旦有当事人发生根本违约，定金罚则则在现实中成为一种责任承担方式，因此定金作为责任形式与其作为担保形式并不矛盾。[①] 同时，《合同法》第116条“当事人既约定违约金，又约定定金的，一方违约时，对方可以选择适用违约金或者定金条款”的规定更是体现了我国立法机关也将定金作为违约责任的一种承担形式。有的人认为，我国现行法律规定的定金主要是违

① 刘保玉：《担保法原理精要与实务指南》，人民法院出版社2008年版，第762页。

约定金，法律关于定金的规定在原则上包含了对不履行合同的制裁，在当事人设立违约定金的情况下，任何一方不履行合同都需要承担定金责任，且定金规定在《合同法》第七章“违约责任”一章中，更是表明立法机关对定金作为责任形式的一种确认。[①] 反对者则认为，已经失效的《最高人民法院关于在审理经济合同纠纷案件中具体适用〈经济合同法〉的若干问题的解答》中指出：“关于定金与违约金能否并用问题。定金与违约金的性质不同。定金是一种担保方式，而违约金是对违约的一种制裁和补偿手段。所以合同的一方可以在对方违约时既要求对方偿付违约金，又要求按定金罚则处理定金问题，只要法律和法规没有相反规定，就应当予以保护，但并用的结果应以不超过合同标的价金总额为限。”该规定显示我国最高法院并未将定金作为违约责任形式看待。

但无论定金能否视为一种违约责任形式，在实践中常见的问题是定金罚则与损害赔偿责任能否并用的问题。若当事人约定了定金罚则，而守约方又主张违约方承担赔偿责任，此时有可能出现以下两种情况：其一，守约方实际损害的数额超过了定金罚则的数额；其二，守约方实际损害的数额低于定金罚则的数额。若第一种情形发生，是否应当同时支持损害赔偿和定金罚则，而损害赔偿的数额是否应当扣除定金罚则的数额？发生第二种情形时，又是否应当同时适用两者？或者是仅适用一种责任形式时，应当如何选择。

对于这个问题，学理上存在多种解释。第一种观点认为，定金的适用不以实际发生损害为前提，即无论一方的违约是否造成实际损害，都有可能导致定金责任；如果定金责任超出实际损害的数额，也仍然应当确定定金条款的有效性并适用定金责任，原因在于定金的设定不考虑实际的损害，而只针对不履行或其他根本违约行为而发生效力，无论这些违约是否产生实际损害或造成多大范围的损害；若认定定金罚则的适用必须等同于实际损害，这就意味着定金责任不得与法定赔偿责任相冲突，实际上否认了定金责任可以作为法定赔偿责任之外的一种单独责任存在。[②] 第二种观点认为，参考违约金的规定，法律不支持过高的违约金，同时也不支持过

---

① 王利明：《合同法研究（修订版）》第二卷，中国人民大学出版社 2011 年版，第 740 页。
② 王利明：《合同法研究（修订版）》第二卷，中国人民大学出版社 2011 年版，第 747 页。

高的定金以使当事人利用定金发不义之财，因此应当把定金算在损害赔偿金内，即在计算损害赔偿金时应考虑定金因素，只有在定金和违约金不足以弥补损失时守约方才能要求支付赔偿金。① 第三种观点认为，适用定金罚则后当事人请求损害赔偿的，应当判断定金是否足以弥补其违约造成的损失，是否还需判决赔偿超过定金部分的损失才能实现合同目的，以使当事人的状态达到合同履行后的程度。② 也有人认为，定金与损害赔偿责任具有一定的联系，当定金罚则和损害赔偿责任并用后总值超过合同价金总额的，应当酌情减少定金数额。③

笔者认为，对于这一问题，需要明确以下几个问题：第一，定金罚则的适用不以违约造成守约方的实际损失为前提，这是定金罚则的本质特征。《合同法》第 115 条规定："当事人可以依照《中华人民共和国担保法》约定一方向对方给付定金作为债权的担保。债务人履行债务后，定金应当抵作价款或者收回。给付定金的一方不履行约定的债务的，无权要求返还定金；收受定金的一方不履行约定的债务的，应当双倍返还定金。"《担保法》第 89 条规定："当事人可以约定一方向对方给付定金作为债权的担保。债务人履行债务后，定金应当抵作价款或者收回。给付定金的一方不履行约定的债务的，无权要求返还定金；收受定金的一方不履行约定的债务的，应当双倍返还定金。"上述条文均不以当事人发生实际损失作为适用定金罚则的条件。《担保法解释》第 120 条也明确："因当事人一方迟延履行或者其他违约行为，致使合同目的不能实现，可以适用定金罚则。但法律另有规定或者当事人另有约定的除外。当事人一方不完全履行合同的，应当按照未履行部分所占合同约定内容的比例，适用定金罚则。"即不以实际损失作为适用定金罚则的前提。以此为基础，应当认为定金罚则与损害赔偿是相互独立的责任形式。

第二，对于定金罚则与损害赔偿的请求顺序问题。对此，《合同法》第 112 条规定："当事人一方不履行合同义务或者履行合同义务不符合约定的，在履行义务或者采取补救措施后，对方还有其他损失的，应当赔偿损

---

① 史文清、刘晓海：《有关定金的几个问题》，载《政治与法律》1986 年第 2 期。
② 刘保玉：《担保法原理精要与实务指南》，人民法院出版社 2008 年版，第 765 页。
③ 车辉：《对适用定金罚则的几点思考》，载《河北法学》2000 年第 5 期。

失。”《买卖合同解释》第 28 条规定：“买卖合同约定的定金不足以弥补一方违约造成的损失，对方请求赔偿超过定金部分的损失的，人民法院可以并处，但定金和损失赔偿的数额总和不应高于因违约造成的损失。”上述规定得以明确，在司法裁判中应当先判决处以定金罚则，再适用违约损害赔偿。

第三，若适用定金罚则后不足以弥补违约造成的损失时，守约方可以请求赔偿超过定金部分的损失。如果认定适用定金罚则后的损失不能通过损害赔偿得以弥补，显然违背了《合同法》第 112 条的规定。

第四，定金和损失赔偿的数额总和不能高于因违约造成的损失。《买卖合同解释》第 28 条对此予以明确。

典型案例裁判文书

最高人民法院(2014)民申字第1931号民事裁定书

【典型案例 7】

案例索引：湖南海之心投资有限公司与谢灿强股权转让纠纷案。一审：(2013) 张中民三初字第 14 号；二审：(2014) 湘高法民三终字第 68 号；申请再审审查：(2014) 民申字第 1931 号。

基本案情：2013 年 4 月 4 日，湖南海之心投资有限公司及其母公司愿景集团控股有限公司共同与谢灿强签订了《关于张家界凯天国际酒店有限公司股权转让协议》，约定：1. 谢灿强将其所持有的张家界凯天国际酒店有限公司（以下简称凯天酒店）100%股权全部转让给海之心公司及其母公司愿景公司，价款为 9850 万元；2. 谢灿强在三个工作日里给被告支付 1000 万元定金，海之心公司则将相关资料递交主管部门报批；3. 违约责任条款中约定如果谢灿强不能履行或不能完全履行协议的，所交定金不予退还，如因海之心公司原因造成协议不能履行、不能完全履行的，海之心公司则向谢灿强双倍返还定金。协议签订后，谢灿强按照协议约定给海之心公司支付了 1000 万元定金，并开始对凯天酒店进行尽职调查，但海之心公司不积极履行其义务，致使主管部门没有批准本协议。海之心公司于 2013 年 7 月 26 日给谢灿强发函告知其单方解除了本股权转让协议，同月 29 日又退还了 1000 万元定金，并于 8 月 8 日对上述事项在《张家界日报》

上进行了公告。

法院裁判：《最高人民法院关于审理买卖合同纠纷案件适用法律问题的解释》第二十八条规定："买卖合同约定的定金不足以弥补一方违约造成的损失，对方请求赔偿超过定金部分的损失的，人民法院可以并处，但定金和损失赔偿的数额总和不应高于因违约造成的损失。"根据该条规定，定金和损失赔偿金可以并用，均是对于合同一方因对方违约造成的损失予以弥补，只不过定金还具惩罚性。故守约方所主张的定金双倍返还已足以弥补违约方给其造成的经济损失时，可以不再主张损失赔偿金，但是并不等于所返还的双倍定金中不包括损失赔偿金。本案中，海之心公司在起诉时请求法院判令谢灿强承担定金双倍返还的违约责任，即扣除已返还的1000万元，还应返还1000万元。海之心公司请求谢灿强承担定金1000万元双倍返还的民事责任，目的是为了弥补对方违约给其造成的经济损失，同时给予违约方相应的惩罚。故海之心公司起诉所主张返还的1000万元定金中实际上包括谢灿强解除协议给其造成的实际损失。因此，二审判决酌定由谢灿强依据定金的10%向海之心公司承担100万元的赔偿责任，并未超出海之心公司的诉讼请求范围。

裁判要旨：定金和违约损害赔偿金可以并用，但定金和损失赔偿的数额总和不应高于因违约造成的损失。

【典型案例8】

案例索引：郭淼晶与北京银禾世纪影视文化传媒有限公司委托创作合同纠纷案。一审：（2014）三中民初字第6030号；二审：（2014）高民（知）终字第4063号。

典型案例裁判文书

北京市高级人民法院(2014)高民(知)终字第4063号民事判决书

基本案情：2013年5月12日，原告银禾世纪公司与被告郭淼晶签订《关于电视剧〈我的8023号男友〉编剧等相关事宜之合同书》，约定银禾世纪公司拟聘用郭淼晶作为30集电视连续剧《我的8023号男友》编剧等相关合作事宜。合同约定，稿酬标准为30集总计人民币1000000元；合同签定后7个工作日内银禾世纪公司向郭淼晶支付预付款100000元人民币，即总报酬的10%作为定金。之后，银禾世纪公司向郭淼晶支付了10万元定金，在随后向郭淼晶催要分集故事大纲等剧本内容。在双方的沟通过程中，郭淼晶于2013年8月10日向银禾世纪公司发送电子邮件称："在其他相关协议和保障条款未能签署前，是不会再交出任何剧本内容，以防剧本中更多内容泄露。"8月19日，郭淼晶向向银禾世纪公司的电子邮箱发送《律师函》，主张自银禾世纪公司收到该律师函之日起，解除《合同书》。

法院裁判：在银禾世纪公司与郭淼晶签订了《合同书》之后，银禾世纪公司按照《合同书》第五条第1款A项的约定，向郭淼晶支付了10万元定金。由于郭淼晶的行为构成根本违约，银禾世纪公司主张解除合同，《合同书》项下的剧本全部著作权归属于郭淼晶等原始作者所有，双方根据履行情况和合同性质各自恢复原状，因此郭淼晶作为收受定金的一方，其并未履行约定的债务，故该10万元定金并未转化成稿酬，应当双倍返还给银禾世纪公司。

郭淼晶是否应当赔偿因其拒绝交付剧本而造成银禾世纪公司不能履行与案外人签订的合同引起的损失，应以郭淼晶在订立《合同书》之时能否预见或者应当预见到此种损失为依据。郭淼晶作为电视剧编剧，且从其电子邮件中表达的愿意以总编剧和总导演的身份合作项目的意愿来看，其对于电视剧的拍摄制作过程是知晓并且熟悉的。因此郭淼晶在签订《合同书》时应当能够预见到银禾世纪公司为拍摄涉案剧本而开展相关工作，亦应当预见到如果违反《合同书》拒绝交付涉案剧本可能会给银禾世纪公司造成损失。故郭淼晶应当赔偿银禾世纪公司相应的经济损失。本案系委托创作合同纠纷，银禾世纪公司可以同时主张双倍返还定金和赔偿经济损失。但定金罚则的适用和损失赔偿的数额总和不应高于其主张的经济损失总和即19万元。故郭淼晶在双倍返还银禾世纪公司定金之外，还需赔偿银禾世纪公司9万元的经济损失。

裁判要旨：合同约定定金的，接受定金的守约方可以同时主张双倍返还定金和赔偿经济损失，但定金罚则的适用和损失赔偿的数额总和不应高于其主张的经济损失总额。

问题 8. 定金与违约金能否并用

我国《合同法》第 116 条规定："当事人既约定违约金，又约定定金的，一方违约时，对方可以选择适用违约金或者定金条款。"一般认为，该约定是对定金与违约金条款择一适用的规定，表明我国法律不允许当事人并用定金和违约金的立场。全国人大法工委在对《合同法》的释义中说明了订立该条款的目的：规定违约金和定金的自由选择适用，是为了保障守约方的合同利益，补救其违约损失；但是如果允许守约方并用违约金和定金条款，一方面对补偿守约方遭受的损失并无必要，另一方面也可能导致赔偿数额远高于违约损失，加重了对违约方的惩罚也使得守约方获得高于其损失的补偿，从而构成合同的不公平。[①]

从性质而言，违约金与定金均具有补偿违约损失的作用，但人们认为定金与违约金存在诸多差异。这些差异包括：目的不同，定金属于担保，其目的是确保合同债权的实现，而违约金属于违约责任，目的是制裁违约行为；表现形式不同，定金作为从合同的形式表现，而违约金作为合同的一部分，即违约责任的一种形式表现；交付时间不同，定金的交付时间由其性质而决定，可能在合同订立前、成立前或者履行前支付，而违约金只能在违约之后支付；发生的根据不同，定金由合同当事人约定，而违约金可能是合同当事人约定，也可能是法定；确定标准不同，定金不能超过法律规定的标准，但违约金没有法律限制。[②]

虽然《合同法》已经对定金和违约金的择一适用进行了明确规定，但有的学者依然认为，违约金可以分为赔偿性违约金与惩罚性违约金。由于我国法律没有明确禁止当事人约定惩罚性违约金，在当事人同时约定定金和惩罚性违约金的情况下，应当审视二者所针对的违约形态是否相同，如果两者针对不同的违约形态而设立并惩罚不同的违约行为，对于违约方同时出现两种违约行为时，可以同时适用违约金和定金罚则。[③] 反对者则认为，"惩罚性违约金"在裁判文书中十分少见，即便约定了此种惩罚性违

---

① 全国人大法工委编：《中华人民共和国合同法释义》，法律出版社 2009 年版，第 187 页。

② 郭明瑞、房绍坤著：《担保法》（第二版），中国政法大学出版社 2012 年版，第 76 页。

③ 刘保玉：《担保法原理精要与实务指南》，人民法院出版社 2008 年版，第 763 页。

约金，支付定金的一方在对方违约后可以要求双方返还定金，这与单纯的惩罚性违约金无异，如果允许定金罚则与惩罚性违约金并用，则在法定违约责任之上附加双重给付负担，是不合理的。①

另一种定金与违约金并用的思路是，认为《合同法》第116条规定的择一适用仅限于违约定金，对于其他类型的定金，由于法律没有明文禁止同时适用违约金与定金，应当认为两者可以并用。② 此种观点的合理性在于，我国《合同法》对于定金的规定放置于“违约责任”一章，且第115条规定的“当事人可以依照《中华人民共和国担保法》约定一方向对方给付定金作为债权的担保。债务人履行债务后，定金应当抵作价款或者收回。给付定金的一方不履行约定的债务的，无权要求返还定金；收受定金的一方不履行约定的债务的，应当双倍返还定金”显然属于违约定金的规定。有的学者则更为明确地指出解约定金可以与违约金并用，并认为由于解约定金赋予当事人以丧失定金或双倍返还定金为代价而解除合同的权利，在不存在违约时，此种定金不存在与违约金并用问题，但若违约方适用解约定金解除合同，并不影响守约方主张违约金的权利。③

然而，对于这一问题，司法审判机关观点并不明确，甚至同一法院对该问题的认识亦存在前后矛盾。在“广州市金成物业管理有限公司与广东巴博斯汽车销售有限公司、广州市庞大盛世汽车销售有限公司租赁合同纠纷[(2016)粤01民终11776号]”中，广州中院支持解约定金与违约金的并用；但在“黄某邦与谭际国房屋买卖合同纠纷[(2017)粤01民终10557号]”中，广州中院不认可案件中约定的定金属于解约定金，但也存在“其认为解约定金与违约金可同时主张于法无据，本院不予采纳”的表述。

笔者倾向于赞同解约定金可以与违约金并用的观点。理由主要有：其一，《合同法》对定金的约定主要是违约定金，因此《合同法》第116条对定金与违约金禁止同时适用的规定也是针对违约定金；同时，法工委的释

① 姚明斌：《论定金与违约金的适用关系——以〈合同法〉第116条的实务疑点为中心》，载《法学》2015年第10期。

② 刘保玉：《担保法原理精要与实务指南》，人民法院出版社2008年版，第763页。

③ 姚明斌：《论定金与违约金的适用关系——以〈合同法〉第116条的实务疑点为中心》，载《法学》2015年第10期。

义也明确该规定是为了防止守约方获得过多补偿而导致合同不公平。其二，依照担保法司法解释的规定，解约定金是指："定金交付后，交付定金的一方可以按照合同的约定以丧失定金为代价而解除主合同，收受定金的一方可以双倍返还定金为代价而解除主合同。"依照此规定，解约定金是赋予合同当事人解除合同的一项权利，其与违约金性质不同，两者之间并不存在同时适用法理上的冲突。其三，既然禁止同时适用的规定是为了防止合同双方不公平，如若违约方自愿选择通过解约定金解除合同，则其自愿选择了此种"不公平"的途径。其四，类推《买卖合同解释》第28条"买卖合同约定的定金不足以弥补一方违约造成的损失，对方请求赔偿超过定金部分的损失的，人民法院可以并处，但定金和损失赔偿的数额总和不应高于因违约造成的损失"的规定，若担心守约方获得过高的赔偿，则可以通过总额的调整进行解决。当然，这一问题在司法实践中依然存在诸多争议，需要最高人民法院通过司法解释或者指导案例等方式加以明确统一。

【典型案例 9】

典型案例裁判文书

广东省广州市中级人民法院(2016)粤01民终11776号民事判决书

案例索引：广州市金成物业管理有限公司与广东巴博斯汽车销售有限公司、广州市庞大盛世汽车销售有限公司租赁合同纠纷案。一审：(2015)穗海法民三初字第1904号；二审：(2016)粤01民终11776号。

基本案情：2012年4月28日，金成公司（甲方）和巴博斯公司（乙方）签订《广州市房屋租赁合同》，约定：（第二条）甲方同意将坐落在广州市海珠区新港中路351号大院内23层综合办公大楼A区楼宇金成商务中心（以下简称该中心）的房地产1层102号单元（以下简称涉案房屋）出租给乙方作教学、办公大楼用途使用，如一方违约达到法定合同解除条件或违反本合同禁止性条款的，另一方可提出解除合同，同时可提出违约赔偿；违约责任的承担方式为，违约方应向对方支付违约当年租金额20%的违约金作为约定补偿，守约方同时可以要求违约方赔偿直接损失、间接损失及可期待利益损失；届时，守约方有权要求违约补偿和损失赔偿的双重适用，违约方不得以违约金和计算赔偿约定过高要求调整，也不得以对违约损失没有预见要求减轻或免除责任。此后，双方签订了《租赁合同补充协议》《物业管理服务协议》《租赁合同补充协议（二）》等合同。2015年5月8日，巴博斯公司向金成公司发函表示经营亏损负担太重故申请提前终止租赁合同等。对此，金成公司于2015年5月12日向巴博斯公司回函表示不同意其提出的提前退租申请，并要求其支付2015年至2016年租赁费用，否则逾期将按合同约定收取滞纳金等。

法院裁判：关于涉案租赁合同的违约责任确定问题。巴博斯公司于2015年5月8日以经营亏损为由发函要求终止租赁合同被金成公司拒绝，自2015年6月11日起未再缴纳租金。巴博斯公司的行为已构成违约，应承担违约责任。考察双方所签租赁合同及补充协议，对于违约责任的约定不够清晰准确。对违约方违约达到法定合同解除条件或违反合同禁止性条款导致合同解除（主合同第十一条）、承租人提前退租（补充协议第二条）、承租人单方终止合约（补充协议第九条）应承担的违约责任表述不尽统一。金成公司诉请巴博斯公司同时承担多项违约金，不甚合理。结合涉案场地的基本情况、金成公司的实际损失，根据巴博斯公司的申请，法院对违约金进行了调整。对履约保证金的性质认定问题，租赁合同双方在补充协议中约定了履约保证金作为租赁期内单方提前终止合同时的处罚，具备定金的特点，符合《担保法解释》第一百一十七条解约定金的规定。依该条规定履约保证金的承担并不排除巴博斯公司依合同还应承担的违约责任。本案中，金成公司主张没收巴博斯公司的履约保证金是巴博斯公司违约时合同明确约定的承责范畴，没收履约保证金与违约金支付均为违约责任的承担。

裁判要旨：解约定金不同于违约定金，解约定金不排除一方违约时另一方应当承担的违约责任。若合同同时约定了违约金，则在一方违约的同时使用解约定金解除合同的，守约方可以同时主张违约金。

问题9. 解约定金的认定与适用

《担保法解释》第117条规定：“定金交付后，交付定金的一方可以按照合同的约定以丧失定金为代价而解除主合同，收受定金的一方可以双倍返还定金为代价而解除主合同。对解除主合同后责任的处理，适用《中华人民共和国合同法》的规定。”一般认为，这是关于解约定金的规定。解约定金，是指以定金作为解除合同的代价，支付定金方可以选择放弃定金、收取定金方也可以选择双倍返还定金。

一般认为，对于解约定金的认定，应当以当事人的明确约定为准，若当事人特别约定适用解约定金的，应当从其约定；若当事人没有特别约定适用解约定金又在裁判中主张适用解约定金的，法院与仲裁庭无权适用解约定金。[①]

对于解约定金的效力，一般认为需要注意以下几个方面：其一，解约定金的发生不以当事人的过错为要件，因为解约定金规定定金的丧失或双倍返还是解除合同的全部条件，并不以解除方的过错为前提；[②] 其二，解约定金是当事人以丧失定金或者双倍返还定金为代价以解除合同，如果当事人最终未通过解约定金的手段解除合同，则解约定金应当抵作价款或者收回。[③] 其三，如果当事人满足了合同约定的其他解除条件，或者是符合法定的合同解除条件，因而适用约定解除或法定解除的，不应当适用解约定金。[④]

在司法实践中可能存在的争议在于，如果因支付定金方违约而致使另一方损失，如若违约方适用解约定金解除合同，收受定金方是否有权同时主张损害赔偿？一般认为，解约定金仅为使当事人拥有解除主合同的权利，并不当然具有损害赔偿的功能，且解约定金和违约损害赔偿性质不同，解约方解除合同时，必定会给守约方造成损失，此时应当赔偿守约方的损失。[⑤] 此外，有的学者还认为，解约定金与违约金也可以同时适用。[⑥]

---

① 刘保玉：《担保法原理精要与实务指南》，人民法院出版社 2008 年版，第 728 页。

② 崔建远：《合同法总论（中卷）》，中国人民大学出版社 2012 年版，第 379 页。

③ 孙鹏主编：《最高人民法院担保法司法解释精释精解》，中国法制出版社 2016 年版，第 443 页。

④ 崔建远：《合同法总论（中卷）》，中国人民大学出版社 2012 年版，第 379 页。

⑤ 孙鹏主编：《最高人民法院担保法司法解释精释精解》，中国法制出版社 2016 年版，第 445 页。

⑥ 姚明斌：《论定金与违约金的适用关系——以〈合同法〉第 116 条的实务疑点为中心》，载《法学》2015 年第 10 期。

反对的观点则认为，解约定金的目的是赋予当事人通过抛弃解约定金以避免履约不利益，如果允许收受定金方另外请求损害赔偿，则与这一目的不相符合。①

笔者赞成第一种观点，理由是：第一，依照解决定金的定义，解约定金是赋予合同当事人解除合同的一项权利，其与损害赔偿性质不同，两者之间并不存在同时适用法理上的冲突。第二，如果守约方的损失大于所获得的定金，如若不允许并用损害赔偿，对守约方而言并不公平。但是，解约定金与损害赔偿并用时，应当类推适用《买卖合同解释》第28条“买卖合同约定的定金不足以弥补一方违约造成的损失，对方请求赔偿超过定金部分的损失的，人民法院可以并处，但定金和损失赔偿的数额总和不应高于因违约造成的损失”的规定，即定金和损害赔偿的数额总额不应该超过守约方的损失。

【典型案例10】

案例索引：美铭文化公司诉中博世纪影视公司返还保证金案②。一审：(2007)怀民初字第02046号；二审：(2007)二中民终字第12498号。

基本案情：2006年3月28日，原告美铭文化公司与被告中博世纪影视公司签订《流媒体电影短片广告经营合作框架备忘录》，共同开发流媒体电影短片市场。双方在合同中明确约定双方合作期限为2006年3月1日至同年12月31日，原告向被告交纳保证金，该保证金应与合作备忘录约定期满后15日内返还给原告；在合作框架备忘录期限内原告单独终止合同，该保证金不退还；在合作框架备忘录期限内被告单独终止合同，按该保证金双倍退还原告；合同签订后，原告向被告交纳保证金15万元。但截至2006年12月31日合同终止后，原告多次向被告催要保证金未果。故诉至法院，要求被告返还保证金15万元。

法院裁判：关于保证金的性质问题，一方面，双方在备忘录中明确约定了“乙方向甲方缴纳30万元保证金，以其作为双方结成长期战略合作伙

---

① 高圣平：《担保法论》，法律出版社2009年版，第615页。

② 国家法官学院、中国人民大学法学院编：《中国审判案例要览》（2008年商事审判案例卷），人民法院出版社、中国人民大学出版社2009年版，第93页。

件，共同进行流媒体电影短片商业开发运营之保证，该保证金在合作备忘录约定期满后（2006 年 12 月 31 日）15 日内返还给乙方”“合作期满甲方须保证返还乙方保证金”及“在合作框架备忘录期限内乙方单独终止合同，该保证金不退还；在合作框架备忘录期限内甲方单独终止合同，按该保证金双倍退还乙方”等内容，由此可见，双方在备忘录中记载的保证金实际约定为定金性质，应具有解约定金之效力，定金交付后，交付定金的一方可以按照合同的约定以丧失定金为代价而解除合同。另一方面，由于定金合同为实践合同，不仅要有当事人的合意，还要以交付为要件，故定金合同应从定金给付方实际支付定金之日起生效；定金合同签订后，如果应当交付定金的一方实际交付的定金数额多于或者少于约定数额，则视为变更定金合同，被告已收受原告交付的 15 万元定金，可认定原、被告双方之间的定金数额已变更为 15 万元，定金从合同于 2006 年 4 月 18 日生效。

关于定金应否予以退还一节，质言之，解约定金是当事人为保留解除主合同的权利而交付的定金，定金合同生效后任何一方不得擅自变更或解除合同，除非双方协商一致并达成书面协议，亦即原告在未擅自解除合同的情况下，即有权要求定金抵作价款或收回。双方约定合同期限为 2006 年 3 月 1 日至同年 12 月 31 日，被告又未能提供证据对原告在合同履行过程中存有擅自解除合同的情形予以证实。据此，被告自当在合同期满后向原告返还定金。

裁判要旨：解约定金是当事人为保留解除主合同的权利而交付的定金，但判断是否适用定金罚则，应当对合同各方是否擅自解除合同进行实质判断。[①]

---

① 二审法院在对案件的总结中指出：其一，本案中的“保证金”应属解约定金，本案中，双方约定在合作框架备忘录期限内原告单独终止合同时该保证金不退还，在合作框架备忘录期限内被告单独终止合同时按该保证金双倍退还原告，而所谓“单独终止合同”，即单方行使合同解除权，因此，上述约定的保证金应当认定为合同解约定金；其二，解约定金与违约定金罚则存在性质和功能上的不同点，因此两者定金罚则的适用条件必然存在差异，应当进一步判断是否符合适用解约定金即是否存在单方解除合同的情形。而在本案中，由于被告接受 15 万元定金的行为构成对定金条款的变更，不能认定该种行为属于单方解除合同，因此不能认为应当适用解约定金罚则。参见国家法官学院、中国人民大学法学院编：《中国审判案例要览》（2008 年商事审判案例卷），人民法院出版社、中国人民大学出版社 2009 年版，第 97 页。

图书在版编目(CIP)数据

担保法实务札记:担保纠纷裁判思路精解/司伟,肖峰著.
—北京:中国法制出版社,2019.3
ISBN 978-7-5216-0061-2

Ⅰ.①担… Ⅱ.①司… ②肖… Ⅲ.①担保法—研究—中国
Ⅳ.①D923.24

中国版本图书馆CIP数据核字(2019)第038870号

策划编辑 戴 蕊　　责任编辑 程 思　　封面设计 李 宁

担保法实务札记:担保纠纷裁判思路精解
DANBAOFA SHIWU ZHAJI:DANBAO JIUFEN CAIPAN SILU JINGJIE

著者/司 伟 肖 峰
经销/新华书店
印刷/三河市国英印务有限公司
开本/710毫米×1000毫米 16开　　印张/47.5 字数/730千
版次/2019年3月第1版　　2019年3月第1次印刷

中国法制出版社出版
书号 ISBN 978-7-5216-0061-2　　定价:186.00元

北京西单横二条2号　　值班电话:010—66026508
邮政编码 100031　　传真:010—66031119
网址:http://www.zgfzs.com　　**编辑部电话:010—66066620**
市场营销部电话:010—66033393　　**邮购部电话:010—66033288**

(如有印装质量问题,请与本社编务印务管理部联系调换。电话:010—66032926)